Uni-Taschenbücher 1191

UTB

Eine Arbeitsgemeinschaft der Verlage

Birkhäuser Verlag Basel und Stuttgart
Wilhelm Fink Verlag München
Gustav Fischer Verlag Stuttgart
Francke Verlag München
Harper & Row New York
Paul Haupt Verlag Bern und Stuttgart
Dr. Alfred Hüthig Verlag Heidelberg
Leske Verlag + Budrich GmbH Opladen
J. C. B. Mohr (Paul Siebeck) Tübingen
C. F. Müller Juristischer Verlag – R. v. Decker's Verlag Heidelberg
Quelle & Meyer Heidelberg
Ernst Reinhardt Verlag München und Basel
K. G. Saur München · New York · London · Paris
F. K. Schattauer Verlag Stuttgart · New York
Ferdinand Schöningh Verlag Paderborn · München · Wien · Zürich
Eugen Ulmer Verlag Stuttgart
Vandenhoeck & Ruprecht in Göttingen und Zürich

Lyrik und Malerei der Avantgarde

Herausgegeben von
Rainer Warning/Winfried Wehle

Wilhelm Fink Verlag München

ISBN 3-7705-2077-7

Satz: Wasmuth, Paderborn
Druck: Westfalen-Druckerei
Buchbindearbeiten: Graph. Betrieb Ferdinand Schöningh, Paderborn
Einbandgestaltung: Alfred Krugmann, Stuttgart

Inhalt

VORWORT

Der vorliegende Band präsentiert die Ergebnisse des 2. Romanistischen Kolloquiums, das vom 1. bis 4. Oktober 1980 an der Universität Eichstätt stattfand. Unter einem neuen Thema wurde damit das Bielefelder Kolloquium des Jahres 1978 fortgesetzt, dessen Ergebnisse inzwischen vorliegen*). Die Aufgabe, die sich die Tagung gestellt hatte, war dieselbe geblieben: An exemplarischen historischen Gegenstandsbereichen Formen des Zusammenhangs von interpretatorischer Praxis und literaturwissenschaftlicher Theoriebildung aufzuzeigen. Daß mit dem Verzicht auf Begriff und Theorie nicht schon das Geschichtliche gewonnen ist, daß aber andererseits alle Theoriebildung steril bleibt, solange sie sich nicht zu bewähren sucht am historischen Gegenstand, daß also Historisches und Systematisches einander nicht ausschließen, sondern aufeinander bezogen bleiben müssen – dieses war die methodische Vorgabe, unter der sich auch der Eichstätter Teilnehmerkreis zusammenfand.

Nach der Narrativik ging es diesmal um die Lyrik, näherhin um die lyrischen Avantgardebewegungen des Jahrhundertbeginns. Dabei stand zu erwarten, daß sich ein Großteil der Teilnehmer jenen Autor zum Thema nehmen würde, in dessen Œuvre sich die Ansätze der nachbaudelaireschen Moderne verdichten wie in kaum einem zweiten: Guillaume Apollinaire. Daß das Kolloquium zeitlich mit der hundertsten Wiederkehr seines Geburtsjahrs zusammenfiel, war eine Konstellation, die der ungebrochenen Aktualität Apollinaires ohnehin schon die gebührende Aufmerksamkeit verschafft hatte. Seine Originalität relativiert vieles, was sich später bisweilen lautstark vor ihn zu drängen suchte. Insbesondere erschöpft sich die Avantgarde des Jahrhundertbeginns entgegen landläufiger Meinung nicht in einer Theorie, die von den Manifesten der französischen Surrealistengruppe um André Breton abgezogen ist. Der Herausstellung Apollinaires entsprach daher auf der anderen Seite eine behutsame Rücknahme der vermeintlich paradigma-

---

*) Gumbrecht/Stierle/Warning (Herausgeber), *Honoré de Balzac,* München 1980 (UTB 977).

tischen Bedeutung dieser Gruppe, die sich mit ihren romantisierenden Totalitätskonzepten bisweilen eher als Kontrastfolie dessen ausnimmt, was andernorts der Lyrik an zukunftsreichen Themen und Verfahren erschlossen wurde.

Daß der italienische Futurismus nicht in der geplanten Breite zur Diskussion kam, lag an der kurzfristigen Verhinderung des eingeladenen Italianisten. Was der Leser indes hier vermissen mag, wird er, wie wir hoffen, kompensiert finden durch die Beiträge zu Brecht und Chlebnikov, die es sich zur Aufgabe gesetzt hatten, Perspektiven der Avantgarde aufzuzeigen, die sich im französischen oder im spanischen Bereich so nicht finden. Erst recht gilt diese Dezentrierung einer bislang zu ausschließlich auf die romanischen Literaturen beschränkten Avantgarde-Diskussion für den Beitrag zur avantgardistischen Malerei. Die Konvergenz der Fragestellungen, unter denen sich Literatur- und Kunstwissenschaft zusammenfanden, war wohl eine der fruchtbarsten Erfahrungen der Eichstätter Diskussionen, die hier nicht eigens dokumentiert werden können, dafür aber in die Überarbeitungen der Vorlagen selbst eingegangen sind.

Zu danken haben die Herausgeber der Universität Eichstätt, deren Räumlichkeiten dem Kolloquium eine zugleich belebende und entspannte Atmosphäre sicherten, die die Tagung finanzierte und die zusammen mit der Eichstätter Universitätsgesellschaft einen großzügigen Druckkostenzuschuß beisteuerte. Besonders erwähnen dürfen wir ihren Kanzler Carl-Heinz Jacob. Unser Dank gilt sodann Elke Kaiser und Bernhard Teuber, die die Korrekturen lasen, und schließlich dem Wilhelm Fink Verlag, der sich bei der Drucklegung unserer Wünsche mit Sorgfalt und Entgegenkommen angenommen hat.

München/Eichstätt, Mai 1982 R. Warning/W. Wehle

Winfried Wehle

AVANTGARDE: EIN HISTORISCH-SYSTEMATISCHES PARADIGMA ‚MODERNER' LITERATUR UND KUNST

I

Schwierig ist der Begriff von Avantgarde nicht allein, weil er zum Diener vieler Herren geworden ist. Dieses Los teilt er mit anderen in Literatur- und Kunstgeschichte. Einem neuen Sachverhalt läßt er sich vor allem deshalb immer wieder anbequemen, weil er im Felde der Kultur und Zivilisation eine Metapher bildet. Seit er sich zu Beginn des 19. Jh. aus dem militärischen Zusammenhang gelöst hat, stellten ihn nacheinander sozialrevolutionäre Fortschrittsprogramme (Saint-Simonismus), Geschichtsphilosophie (Marx/Engels) und Politik (Lenin) in ihre Dienste[1], ehe ihn wohl Apollinaire um 1912 zur Selbstcharakteristik seiner Umgebung als Terminus ihrer ‚extremen' Kunst in Beschlag nahm[2]. Diese bemerkenswerte Vielseitigkeit hat genau besehen jedoch durchaus Konsequenz. Sie nimmt die ursprünglich militärische Ansicht in übertragenem Sinne. Diese sah in Avantgarde einen Stoßtrupp, der vor dem Gros des Heeres operierte und in feindliches Gebiet vordrang. Die Konjunktur dieser martialischen Fachbezeichnung beruht darauf, daß sie im Grunde nicht nur den vorgeschobenen Posten selbst, sondern ein ganzes Frontensystem anspricht. Im Gegensatz zu Begriffen mit ähnlicher Fortüne wie Romantik/romantisch wird darin nicht eine (historische) Eigenschaft, sondern eine Zuordnung in den Vordergrund gerückt. Sie bezieht Position im Vergleich zu ihrer Umgebung. Schon von dieser Struktur her empfahl sich der Begriff für eine übertragene Anwendung überall dort, wo gegensätzliche Standpunkte militant verfochten werden.

Militärisch gesehen erfaßt Avantgarde die Lage unter räumlichen Gesichtspunkten. Wichtig scheint ihr, wie zu einem gegebenen Zeitpunkt die Räume verteilt sind. Diese Lagebeurteilung ist jedoch nie neutral. Eine Avantgarde richtet sich stets nach der Stellung des Feindes; von ihm her werden die Fronten bestimmt. Die Avantgarde operiert daher nicht nur *vor* (avant) dem eigenen Heer; mit Blick auf den Gegner ist sie auch *vorne*, in vorderster Front; das Gros der eigenen Armee dagegen folgt hinter ihr, im sicheren Rückraum. Ob die hohen Opfer, die diese doppelte Vorrangstellung kostete, das Prestige einer Eliteeinheit aufwogen, bleibe anheimgestellt.

Zumindest aber bemißt sich daran das Risiko, das Avantgardisten einzugehen bereit sein mußten. Ohne diesen Einsatz gibt es nichts zu gewinnen. Denn militärstrategisch gesprochen bereiten sie den „Vormarsch" vor. Insofern versteht sich ihre vorgeschobene Position zugleich als Vorwärtsbewegung. Sie binden gegnerische Kräfte, rekogniszieren fremdes Terrain. Sie wollen dieses bisher nicht beherrschte Gebiet erschließen, damit die hinteren Verbände nachrücken und es in Besitz nehmen können. Über den Sieg entscheidet im Grunde also nicht die Avantgarde, sondern die Gesamtheit. Sobald die Avantgarde eingeholt wird, hat sie auch aufgehört, Avantgarde zu sein. Beides wird ihr daher zur Bewährung: daß sie den regulären Formationen voraus sein *und* in unbekanntes Gebiet eindringen muß. Letzteres insbesondere legt, weit übers Militärische hinaus, ihren unverwechselbaren Auftrag fest. Nach *vorne* gehen bedeutet für sie grundlegend, *gegen* bestehende Positionen *vor*gehen. Auf Beseitigung, Destruktion dessen, was sich dem allgemeinen Vormarsch in den Weg stellt, richtet sich ihr erstes Interesse. Avantgarde wäre nicht in ihrem Element, wenn sie gegen das ihr Widerstehende nicht militant zu Felde zöge. In der Negation der (jeweils) bestehenden Verhältnisse hat sie deshalb eine ihrer markantesten Eigenschaften. Der Begriff von Avantgarde ordnet demnach eine Situation. Er unterzieht diese einer antagonistischen Wertung (Feindbeziehung) und ist auf Veränderung dieser Situation zu seinen Gunsten aus (vorn; vorwärts). Die Übernahme seiner Systematik in nicht-militärische Auseinandersetzungen wird dadurch verständlicher: sie bietet ein geschlossenes Interpretationsschema. In den Fällen, wo gegenläufige Tendenzen um ihre Geltungsansprüche streiten, gibt es dem recht, der eine Gleichzeitigkeit des Ungleichwertigen aggressiv beseitigt. Insofern sind Avantgarden intolerant, sie lassen keine andere Position neben der eigenen gelten.

Als im 2. Jahrzehnt des 20. Jh. schließlich kulturelle Bewegungen sich als Avantgarde zu verstehen begannen, war die ursprünglich militärische Perspektive bereits mit der Patina eines fast hundertjährigen Gebrauchs überzogen. Er hatte den Begriff fest mit der Vorstellung zivilisatorischen Fortschritts verknüpft. Eine künstlerische Avantgarde konnte auch schon von daher nicht unvoreingenommen sein: sie agierte nach einem bereits vorinterpretierten Interpretationsschema. Was sie sei, wie sie auf *ihren* Begriff zu bringen sei, mußte sich deshalb zuerst im Zusammenhang ihres historischen Verständnisses entscheiden. Ihr eine theoretische ‚Schlachtordnung' zu geben, ohne zuvor die historisch-funktionalen Prämissen ihrer Theoretisierbarkeit geklärt zu haben, führte sie womöglich in einen Kampf gegen Windmühlen[3]. Im Grunde läßt sich erst *nach* einer Musterung ihrer Formationen darüber befinden, ob sich in ihrem Vorstoß nur ein allgemein in der Geschichte waltender ‚Determinismus' ästhetisch entäußerte – oder ob sie Geschichte nicht vielmehr selber gemacht hat. Immerhin war die Kunst ja seit dem ‚L'Art pour l'Art' sich ihrer selbst bewußt. Die Mitstreiter dieser künstlerischen Avantgarde zumindest traten in der Absicht an, die Künste wieder ‚auf den Stand der Zeit zu bringen'. ‚L'Art pour la vie' fordert ein früher Kampfruf[4]. Diesem Selbstverständnis nach waren jedenfalls sie es, die den Lauf der Geschichte unterbrechen und ihm eine eigene Richtung geben wollten.

In diesem selbst erteilten Auftrag äußert sich jedoch weder falsches geschichtliches Bewußtsein, noch eine unkontrollierte Anmaßung von künstlerischen Außenseitern. Sie handeln vielmehr genau im Rahmen des Avantgardekonzepts. Diesem liegt von Anfang an eine entschiedene Elite-Theorie zugrunde[5]. Auch auf ästhetischem Felde sind Avantgardisten Frontkämpfer. Unter meist höchsten persönlichen Risiken setzen sie sich vom Gros gesicherter Anschauungen, d. h. der Tradition und ihren Pfründen ab. Wie in militärischer Schlacht verleiht ihnen auch in künstlerischer die vorgeschobene Position die Dignität einer Eliteeinheit. Ihr Vormarsch löst sich seinerseits aus bekannten Stellungen, richtet sich auf mutmaßliche jenseits ihrer Grenzen, im Neuland der Expressivität. Abweichend von militärischen Plänen allerdings mußten die künstlerischen Avantgarden des Jahrhundertbeginns zugleich an einer hinteren Front kämpfen. Sie hatten typische logistische Schwierigkeiten: der Rückhalt der Tradition will sie von einem Vormarsch gerade zurückhalten. Das Ziel befindet sich zwar ‚vorne', der Feind jedoch ‚hinten'.

Sie müssen also auf eigene Faust handeln, ohne ausdrücklichen Auftrag eines Gemeinschaftswillens. Dies stellt sie vor ein beträchtliches, wenngleich geläufiges Problem der Legitimation. Aufklärung, Sturm-und-Drang, die Romantiken zumal hatten mit dem Genie-Begriff eine neue Erklärung solch originaler Schöpfungs- und Erkenntnisinitiativen der Dichter entwickelt[6]. Die Naturunmittelbarkeit ihrer Hervorbringungen entband den enthusiastisch aus seiner – göttlichen – Individualität heraus Schaffenden nicht nur von ästhetischen Regelzwängen. Sie setzte ihn zugleich auch frei von Gesellschafts- und Geschmackskonventionen. Nach der Schritt um Schritt korrumpierten französischen Revolution haben sich die, die sich noch als Genie verstehen mochten, dann vollends von der unrühmlichen neuen Gesellschaft distanziert. In der anschließenden Restaurationswelle blieb ihrer prophetischen Weitsicht nur die Wahl, entweder in die ‚tour d'ivoire' oder, wie Hugo, Baudelaire, Flaubert, die Jungdeutschen, auf die echten oder moralischen Barrikaden zu gehen. In beiden Fällen motiviert der ‚moderne' Dichter sein Handeln aus einer kritischen Frontstellung gegen geschichtliche und politische Realitäten: ‚Der Poet', so Mallarmés Standortbestimmung, ‚befindet sich im Streik gegenüber der Gesellschaft'[7]. Noch René Crevel, der Surrealist der ersten Stunde, macht der avantgardistischen Truppe unverändert zur Aufgabe, ‚mit der Welt um sich herum jeden Einklang zu verweigern'[8]. Dieser pertinente Mut zum Non-Konformismus verbürgt für den nötigen Abstand, mit dem sich klarer sehen läßt.

II

Eine Verwandtschaft mit dem 19. Jahrhundert endet entschieden, sobald es um die Ziele avantgardistischer ‚Aufklärung' geht. Die Poeten der Vergangenheit mochten sich, wenn auch zunehmend verbissener, in einer ästhetischen Erziehung des Menschen noch moralische ‚Fortschritte' erhoffen. Die Avantgarde dagegen stellt ihre Vorkämpfer an die Spitze einer radikalen Änderung der Gesellschaft selbst! Trotz aller Unterschiede stehen der futuristische ‚superuomo' (Marinetti) und die dadaistischen ‚hommes nouveaux' (Tzara/Hausmann)[9] Schulter an Schulter, wenn es um tätige, gewalttätige Abhilfe ausgehöhlter bürgerlicher Ordnungsbegriffe geht; die Kunst eingeschlossen[10]. Der Seher, der Alchimist, der Magier der Sprache steht hier im Wege. Der Avantgardist des 20. Jahrhunderts nimmt für sich und seinen Auftrag genau jene Handlungstheorie in Anspruch, welche der militärischen Strategie zugrundeliegt. Auch künstlerische Avantgarde geht vor; ihr eigentliches Element ist Bewegung; Stillstand ihr Untergang. Deshalb ersteht ihr der wesensgemäße Gegner in jeder Kraft der Beharrung. Feindlich ist ihr mithin alles, was ‚Tradition' vorstellt. Diese legt ihren unverrückbarsten Frontverlauf fest. Vom Futurismus bis zum Surrealismus, von der ersten bis zur letzten ihrer Bewegungen, bedeutet Avantgarde eine leidenschaftliche Negation all dessen, was Werten der Vergangenheit huldigt. Als ‚Passatismus' werden die Futuristen diese rückwärts gewandte Lähmung zuerst verschreien. Bereits 1904 hatte Marinetti eine Gedichtsammlung in drei Gesängen unter den Titel *Destruction* gestellt und damit von der leise-spöttischen Kritik des Crepuscolarismo zur geräuschvollen Bilderstürmerei des Futurismus übergeleitet[11]. Als ‚Antitraditionalismus' (Apollinaire) wird die Zurückweisung einer vorgefaßten Welt insgesamt zum Prüfstein avantgardistischer Gesinnung. „Zerbrecht alles, ihr Plattnasen. Herr seid ihr (nur) dessen, was ihr zerbrecht. Gesetze, Morallehren, Ästhetiken wurden allein gemacht, um euch Respekt vor allem Fragilen beizubringen. Was brüchig ist, muß zerbrochen werden" (L. Aragon)[12].

An diesem Widerstreit äußern sich zwei unversöhnliche Vorstellungen von kulturellem Handeln. Die Heftigkeit des Konflikts entzündet sich vor allem an grundverschiedenen Auffassungen von Geschichte. Auf neue Fragen der Zeit gibt Tradition Antwort nach bewährten Prinzipien der Vergangenheit. Sie nehmen dem Schicksal der Vergänglichkeit seine Schärfe, indem sie es als Varianten überzeitlicher Konstanten aufheben. Ihnen zu gehorchen gilt als Vernunft. Noch die Surrealisten werden aber nicht müde, Leitbegriffe wie Nation, Vaterland, Familie, Religion, Moral etc. als in diesem Sinne geschichtlich verhängnisvoll anzuklagen[13]. Vorausgesetzt in ihrer Empörung sowie der ihrer avantgardistischen Vorgänger ist die Ansicht, daß sich alles, und nicht zum Besten, verändert habe. Dies zumal hatte ja schon ‚Fin de siècle' und ‚Décadence' als Lebensgefühl öffentlich feilgeboten. Aus dieser Erfahrung eines fortgesetzten Wandels zum Schlechteren ziehen die Avantgardisten jedoch eine resolut positive Konsequenz: sie machen daraus ein Gesetz der aktiven Veränderung. Ihre Konstante ist dabei ihre Beweglichkeit – nach vorn, weg von der degradierenden Tradition. Ihre Rastlosigkeit, bis hinein in die Lebensläufe ihrer Mitstreiter – man denke nur an die Biographie von Blaise Cendrars – bleibt mithin durchaus im Rahmen ihres Konzepts. So gilt ihnen das Vorankommen mehr als irgendwo anzukommen. Deshalb lassen sich ihre Bewegungen auch nicht institutionalisieren. Der Aufbruch zu neuen Ufern hat selbst Vorrang vor einer Wahrung der Errungenschaften. Traditionen, Tabus werden vor allem anderen um der Entgrenzung dessen gebrochen, was sie verdeckt halten. Dieser avantgardistische Akt des Bruchs darf als die wohl elementarste Grundlegung für einen historisch-systematischen Begriff gelten[14].

Die Kunstschaffenden haben diesen ‚explorativen' Grundzug ihrer Tätigkeit jedoch durch ein zweites, nicht minder gewichtiges Patronat abgesichert: Sie radikalisieren die seit dem 19. Jh. bestehende Wahlverwandtschaft der Literatur zu Methoden der Wissenschaften. In Analogie zu deren Arbeitsweise leiten sie die Ära des ästhetischen Experiments ein. Der ‚Fortschritt' wird an ihrer neuen Leitmetapher ersichtlich. Statt als ‚romantische' Veredelungkunst, Alchimie, sehen sie sich nun im Begriff von ‚Synthese' vergegenwärtigt. Die verblüffenden Revolutionen des modernen Lebens mochten gerade weltzugewandte Dichter dazu verführen, die Prinzipien erfolgreichen wissenschaftlichen Arbeitens, denen dies alles zu verdanken war, in eine Technomythe einzubringen[15]. Das Flugzeug wird zum Symbol eines die Naturgesetze besiegenden Ikarus. Die vorfindliche Wirklichkeit bildet im Grunde nur noch den materiellen Ausgangspunkt zu ihrer technischen Umarbeitung in eine höhere, die Natürlichkeit weit übersteigende Gegenwartszivilisation: ein lebensweltlicher ‚surréalisme' (Apollinaire)[16]. Eine Kunst, die wie die avantgardistische alles Bestehende so radikal negiert – warum sollte sie nicht in diesem technischen Wissenschaftsparadigma ihre eigene Poetik legitimiert sehen, haben doch die Künste das älteste Privileg in der Herstellung künstlicher Welten. Das technische Denken des industriellen Zeitalters bot deshalb den avantgardistischen Bewegungen ein flankierendes Erklärungsmodell ihres ästhetischen Handelns[17]. In seinem Sinne konnten sie auch noch so radikale Experimente auf dem Gebiet des Ausdrucks mit der Notwendigkeit einer Versuchsreihe begründen. Welt ist dabei jeweils als – sprachlicher – Rohstoff zu behandeln, aus dessen unbegrenzten Kombinationsmöglichkeiten sich, überraschend, eine ‚höhere Natur' zum Vorschein bringen läßt. Schon darum ist das Experiment nicht Durchgang, sondern Wesenszug der Avantgarde.

Das Prinzip ihrer Vorwärtsbewegung eröffnet deshalb ständig neue Perspektiven, nach allen Seiten. Es liegt zwanglos in der Reichweite ihrer Strategie, daß sich ihr Aufbruch nicht nur an die vertrauten Spielregeln in Kunst und Literatur hält. Dort waren selbst ästhetische Aufstände im Grunde bereits einkalkuliert, noch bevor sie auftraten. Die schnell zum öffentlichen Ärgernis anwachsenden Provokationen der Avantgardisten müssen daher als frühzeitiges Indiz dafür genommen werden, daß ihre Ambitionen von Anfang diesen ästhetischen Zirkel selbst mit aufs Korn genommen hatten. Ihre Skandale bahnten der Kunst einen Weg heraus aus dem ihr zugewiesenen Reservat in der Lebenspraxis. Ihm vor allem war es zuzuschreiben, daß sie sich, wie zuletzt im Symbolismus, auf unversöhnliche Weise dem Leben entzweien konnte. Im Feldzug der Avantgarde hingegen, wo sie sich frei vom Eskapismus der Lyrik des ‚Fin de siècle' und ohne Verpflichtungen gegenüber naturalistischen Determinationslehren äußern konnte, trat sie zum ersten Mal als Teil der schaffenden Lebenspraxis selbst in Erscheinung. Wie Technik und Industrie führen ihre ‚Produkte' etwas Originales, Nicht-Dagewesenes in die Welt ein. Wie jene geben sie Zeugnis für die Naturunabhängigkeit der ‚modernen' Welt. Einer der scharfsichtigsten Parteigänger der Avantgarde, Pierre Reverdy, stellt dieser nicht-mimetischen Kunst die Aufgabe, sie solle sich vom Leben abheben, um darin eine erhabenere und absolut unabhängige Rolle zu spielen. Erst dann könne sie ins Leben zurückkehren, aber an seiner Stelle und ohne ihm mehr verpflichtet zu sein als alle anderen Dinge, aus denen es zusammengesetzt ist[18]!

Avantgarde macht sich nicht minder von der Funktion der Künste einen ihr gemäßen Begriff. Von traditionellem Nachgestalten, vom Herzeigen wie es ist, oder besser wäre, wendet sie sich so entschlossen ab, daß sie sich dadurch die radikale Perspektive einer Kunst als Aktion erschließt. Den Anfang machte zwar der kindlich-naive Überschwang der Futuristen für die Geschwindigkeit[19]. Fahrrad, Auto, Lokomotiven oder Flugzeuge kamen dadurch zu poetischen Ehren. In ihrem Gefolge zog jedoch die expressive Bewältigung von Dynamik als dem großen, der Tradition unbekannten Problem in die Poetik der literarischen und bildenden Künste ein. Wie kann Bewegung, die Quintessenz modernen Lebens, im Bild, im Text, in der Plastik zu sinnlicher Erfahrung gebracht werden? Boccionis Artikel (zusammengefaßt in *Estetica e arte futurista,* Milano 1946); Marinettis Manifeste (vgl. *Teoria e invenzione futurista*), Apollinaires *Les Peintres cubistes* (Paris 1912), H. Waldens Zeitschrift *Der Sturm* haben unter dem Programm eines ‚‚Simultanismus' die Ablösung des sukzessiven Darstellungsprinzips betrieben, das seinen Gegenstand auf die durch das jeweilige Medium gesetzten Schranken des Ausdrucks verkürzt hatte[20].

Damit verband sich eine andere Offensive. Die Entgrenzung des Gegenstandes zog von Anfang an eine solche eingeführter Wahrnehmungseinstellungen nach sich. In den ‚Serate futurista', in den ‚Soirées

Dada', in den spektakulären Auftritten der Avantgardisten insgesamt entwickelt sich nach und nach ein Vermittlungstypus von Kunst und Literatur, der mit nahezu allen Mitteln ihren privaten, musischen Charakter zu zerstören trachtet. Dahinter steckt jedoch mehr als nur ein Stück avantgardistische Opposition gegen Hergebrachtes. Wo ästhetische Gegenstände, zumal Bilder und Gedichte, von den Künstlern vor einem Publikum zu einer ‚Aufführung' gebracht werden, vervollständigt sich die Darbietung wieder zu einem längst verlorengegangenen Gemeinschaftserlebnis. Gerade für lyrisches Sprechen aktiviert es eine ungewohnte kommunikative Unmittelbarkeit aus menschlicher Stimme, Text, Gestik und Atmosphäre. Das ‚literarische Variété' darf in dieser Hinsicht als eine zwar ephemere, dennoch ursprüngliche ‚Gattungsaspiration' der Avantgarde angesehen werden. Die aufs Podium geschleuderten Schmährufe, Eier, Beefsteaks, der Austausch von Handgreiflichkeiten nicht ausgeschlossen, bezeugen zur Genüge den skandalösen Erfolg dieser Aktionskunst. Wie immer man dazu stehen mag, den avantgardistischen Akteuren ist, wenn auch nur für einige Zeit, eine ihrer Ästhetik entsprechende Wiedererweckung des ‚Gesamtkunstwerks' gelungen. Daß Maler, Musiker, Tänzer und Dichter dabei zusammenwirkten[21], erhärtet diese Tendenz. Der Generalangriff der Avantgarde richtet sich also nicht nur gegen bestehende ästhetische Praktiken, er probt zugleich den Aufstand gegen den kulturellen Status selbst, den die Lebenspraxis ihrem (schönen) Schein reserviert hatte.

III

Wie elementar eine kämpferische Überschreitung von Traditionslinien im Zentrum dieser Avantgarden steht, wird besonders offenkundig, wenn sie dieser Strategie untreu werden. Das historisch früheste Beispiel gab der Futurismus. Kaum war der funkelnde Leitsatz der ‚parole in libertà' ausgerufen, die ersten Muster («Battaglia Peso + Odore»; Marinetti 1912) aufgestellt, als sogleich zwei charakteristische Gefährdungen des avantgardistischen Vorgehens akut wurden. Substantivisch herausgeschleuderte Wort- und Lautzeichen laufen schon nach wenigen Wiederholungen auf faden Schematismus hinaus. Er läßt auch hinter noch so kühnen sprachlichen Exzessen die Machart fühlbar werden. Tzara («Pour faire une poème dadaiste») oder Breton[22] haben diese Gefahr mit burlesker Selbstkritik gestraft. Futuristische

Sprachoperationen büßten dadurch, allem Anschein zum Trotz, früh von ihrem avantgardistischen Elan ein. In diesem Sinne verlaufen auch Apollinaires Ideogramm-Studien nach und nach im Sande der Manier[23]. Dem Dadaismus aber wird diese Gefahr zur eigentlichen Prüfung. Zwar hat Tzara dessen Feuerwerk in Paris, Huelsenbeck in Berlin erneut zu entzünden vermocht. Doch die Skandalaktionen nahmen bald Seriencharakter an. Sie wechselten die Objekte, gaben sich jedoch immer offensichtlicher als pure Negativhandlungen zu erkennen. Solche Avantgarde drehte sich im Kreise. Aus dieser Einsicht heraus suchte Breton ihren originären Impuls in den Surrealismus hinüberzuretten.

Eine zweite Standardgefahr bestätigt dies auf ihre Weise. Eine der ernsthaftesten Herausforderungen aller Bewegungen erwuchs ihnen aus ihrer Tendenz zur Politisierung. Dabei entspringt sie geradezu der Konsequenz ihres Selbstverständnisses als Aktion. Bereits 1913 erlagen die Futuristen der Versuchung, ihre Zerstörungskampagne gegen alle museale Erstarrung auch politisch zu verfechten. Eine der Lösungen war für sie der Eintritt Italiens in den 1. Weltkrieg. ‚Von dieser Nummer an [15. 8. 1915] wird *Lacerba*', ihre Florentiner Zeitschrift, ‚rein politisch sein (. . .). Mit Theorie und Kunst werden wir uns wieder beschäftigen, wenn alles vorüber ist'. 1915 werden Mitglieder ihrer Bewegung zusammen mit Mussolini verhaftet; 1920 endeten sie, wenn auch nur kurzfristig, in den Reihen der italienischen ‚Fasci'. Doch sobald avantgardistisches ‚pratiquer la poésie' (Breton)[24] in die Tat umgesetzt wurde, hatte es soviel Tribut an die Gesetze der Lebenspraxis zu entrichten, daß seine Identität auf dem Spiel stand. Dies wurde besonders dann offenbar, wenn avantgardistische Bewegungen in den politischen Avantgarden die natürlichen Verbündeten zu sehen glaubten, die wie sie radikalen Umsturz in ihr Programm geschrieben hatten. Der Lebenslauf politischer Avantgarde-Parteien jedoch, wie sie aus dem sozialgeschichtlichen Erbe des 19. Jh. hervorgegangen sind, endet, ob in kommunistischer (Lenin), aber auch faschistischer (Italien; Deutschland) Version, in denselben elitären Herrschaftsansprüchen: einmal zur Macht gekommen, verwandeln sich die ehemaligen Vorkämpfer für eine bessere Zukunft des Menschen in unnachsichtige Bewahrer ihrer eigenen Vorrechte. Wo der ‚Kampf' gewonnen ist, die Zukunft Ereignis geworden – wäre eine Avantgarde jedweder Art deshalb ein ideologischer Widersinn. Darum mußten die italienischen und russischen Futuristen (1919/20), Dada/Berlin (1920) und die Surrealisten (seit 1925) nacheinander erfahren, daß sie, sofern sie sich der politischen Avantgarde nicht propagandistisch zur Verfügung stellen wollten, von ihr (nicht von den Traditionalisten!) ins Abseits der ‚entarteten Kunst' verbannt wurden[25]. Immerhin bringen diese Behauptungskämpfe ihre würdigste Aporie zum Vorschein. Der heroische Versuch, ‚fortschrittliche' Kunstprinzipien als Lebensprinzipien einzuführen, ihr elitäres Handeln zum allgemeinen Grundsatz zu machen, mußte daran scheitern, daß das Gros, dem sie vorauseilten, ihrem zu allem entschlossenen Veränderungswillen nicht schnell genug nachziehen konnte. Der Abstand von Avantgarde und Tradition brachte zwei inkompatible Zustände kultureller und intellektueller Mobilität zwar in Konflikt. Er löste jedoch, zumindest damals, nicht die erhoffte geistige Generalmobilmachung aus. Zu diesem Zweck hieß es deshalb, Kampfgenossen, Verbündete zu suchen. Dies aber mußte mit Anpassung, ja Disziplin gegenüber dem ‚Partisan' bezahlt werden – genau den Tugenden, gegen die sich die avantgardistischen Befreiungsbewegungen erhoben hatten.

Angesichts dieser Erfahrung zeigen jedoch alle noch so unterschiedlichen Gruppierungen eine bemerkenswert einhellige und darum systematisch verwertbare Reaktion. Früher (Futuristen) oder später (Surrealisten) haben sich alle *der* Front zugewandt, an der sie, ohne hinter die alte Trennung von Kunst und Leben wieder zurückzufallen, ihre militanten Operationen ganz in eigener Regie durchführen konnten: ‚vor allem anderen', erklärt der Dadaist Breton, ‚attackieren wir die Sprache. Sie ist die schlimmste aller Konventionen'[26]. Diese Stoßrichtung setzt jedoch nicht einfach die Tendenz zur Selbstzuwendung der Literatur seit dem L'Art pour l'Art fort. Hier geht es im Gegenteil um ‚Sprache' als Lebensform[27]. Sie stellt die bedeutendste Tribüne dar, auf der Wirklichkeiten verhandelt, und insbesondere festgehalten werden. Etablierte Diskurse bilden so gesehen das Kernstück unserer Organisation der Lebenspraxis. Diese Erkenntnis ermöglichte der Avantgarde eine der grundlegendsten ästhetischen Weichenstellungen zur Gegenwart hin. Die surrealistische Bewegung hat in dieser Hinsicht latente, halbbewußte oder verstreute Regungen nur vollends zum Programm ausformuliert. Vorstöße auf das Gebiet einer von Bedeutungen besetzten Sprache zielen auf die Entstellung dieser Sprachrituale als Inbegriffen von fest verwurzelten Denkritualen[28]. Literatur und Kunst sollen, avantgardistisch ins Feld geführt, auf diesem Wege eine Wende der gesellschaftlichen Entwicklung herbeiführen. Bei allem politischen Engagement lassen sich ihre Angriffe deshalb zuerst von der Utopie einer neuen Sprache leiten.

Wieweit sie Realität werden kann, hängt jedoch nicht nur von der Entschlossenheit der Avantgardisten ab. Wenn ihnen niemand in die vorgeschobenen Positionen nachrückt, werden sie früher oder später aufgerieben. Diese lebenswichtige Rückbindung an das, was sie hinter sich lassen, setzt ihrem Vorstoß eine prinzipielle Grenze auch in Beziehung zu ihrer Umgebung. Die (ungeschriebene) Geschichte ästhetischer Umbrüche scheint in diesem Punkt jedoch ein paradoxes Szenarium zu kennen: einerseits sperren sich eingeführte Traditionen gegen grundlegende Neuerungen; andererseits muß eine Avantgarde dennoch stets damit rechnen, daß sie, wenn sie erfolgreich agitiert, das kulturelle Gros auf ihre Seite bringt, ja daß ihre Errungenschaften gar als neuer Standard etabliert werden. Das aber bedeutet das Ende der Avantgarde. Diese Gefahr einer Vereinnahmung ihrer historischen Bewegungen bestand selbst für den blindwütigsten ihrer Aufstände, die dadaistische Anti-Kunst. In einem bemerkenswerten Artikel spricht Jacques Rivière, keineswegs ein Kampfgenosse der Avantgarde, bereits 1920 von «Reconnaissance à Dada»[29]. Seine Bereitschaft zur Anerkennung wirft im übrigen ein Licht auf die Rolle der Literaturkritik in diesem Umbruch. Sie ist gleichsam berufsmäßig auf der Suche nach dem Besonderen, Nicht-Alltäglichen. Insofern sie zwischen dem Neuen und Alten vermittelt, entscheidet maßgeblich ihre Stellungnahme über eine breitere Interessensbildung, d. h. über die Anbindung der fortgeschrittenen Elite nach rückwärts, an den Stand der Tradition.

Die historischen Avantgarde-Bewegungen zu Beginn dieses Jahrhunderts haben auch auf diese Gefährdung eine richtungsweisende Antwort gefunden. Sie entzogen sich allzu engen Umarmungsversuchen durch eine Verstetigung ihres Vormarsches. Dies lag einerseits darin begründet, daß ihr Ziel eine Utopie und darum in weiter Ferne war. Andererseits haben ihre Anhänger auf materielle Anpassungsgewinne standhaft zugunsten ihrer Bewegungsfreiheit verzichtet. Marinetti hat mit dem Erbe des Kaufmannssohnes seine futuristischen Kampagnen finanziert. Breton, Eluard u. a. litten, zumal nach ihrem Skandalauftritt beim ‚Dîner Saint-Pol Roux', Hunger nicht nur um seiner halluzinatorischen Effekte willen. Arthur Cravan, Max Jacob lebten ständig am Rande des existentiellen Minimums. Ein vom Erfolg wohlhabender Avantgardist wäre zu dieser Zeit wohl eine moralische Perversion. Gerade dies läßt sich deshalb zum Prüfstein für das machen, was sich seither avantgardistisch bekennt[30]. Nicht, daß es am sentimentalen Motiv des Dachkammerpoeten zu messen sei. Wo aber der gewagteste menschliche Ausdruck keine grundsätzliche Herausforderung mehr weckt; wo jegliche Form des Exhibitionismus nicht mehr Provokation, sondern nur raffinierte Spielart bezweckt, wo also weniger ein Bedürfnis der Kunst als vielmehr eine Notwendigkeit ihres Marktes das treibende Motiv bildet, sollte man dies, ohne (ab-)werten zu wollen, nicht mehr mit dem historischen Begriff von Avantgarde verrechnen.

IV

Warum aber gerade zu Beginn unseres Jahrhunderts eine überdies so vehemente Wendung gegen das aufkam, was bis dahin an der Tagesordnung der Künste war, kann freilich aus dem Konzept von Avantgarde selbst nicht mehr begründet werden. Dieses bestimmt vorwiegend den systematischen Grundriß, den Modus eines avantgardistischen Umgangs mit kulturellen Traditionsgütern. Beweggründe und Ausmaße seines historischen Inkrafttretens aber müssen vor den geschichtlichen Umständen verantwortet werden. Sie offenbar haben zu einem solchen kulturhygienischen Aufbruch herausgefordert. Daß ein Wechselbezug zwischen Kunst und geschichtlicher Welt dafür so unmittelbar überhaupt zuständig gemacht werden kann, gehört zu den epochebildenden Errungenschaften des Modernitätskonzepts, mit dem einst die Romantik ihre Abwendung von klassizistischen Lehrsätzen begründet hatte[31]. Die Literatur habe, so wurde damals festgelegt, Ausdruck der – jeweiligen – Gesellschaft zu sein. Seitdem stand ihre Entwicklung in Korrelation zur Entwicklung der Lebensbegriffe; das Kunstschöne war abgelöst von zeitloser Regelschönheit. Ein ästhetischer Änderungsdruck im Sinne dieses Grundsatzes schien daher für die Fälle vorprogrammiert, wo sich die Künste nicht mehr auf der Höhe der gesellschaftlichen Entfaltung befanden – oder aber, wenn sie gar dieses Grundverhältnis selbst in Frage stellten! – Läßt sich die Epoche der Avantgarde-Bewegungen nicht deshalb so schwer auf einen systematischen Begriff bringen, weil sie sich gerade *beides* zumutet? Vieles spricht dafür, daß erst eine solche historisch-systematische Erklärungshypothese das Bewußtsein einer Epochenschwelle zureichend verständlich macht, das die Avantgarde im natürlichen Wechsel der kulturellen Generationen durchgesetzt hat.

Dennoch ereignen sich selbst so heftige Brüche, zumal im geschmacksabhängigen Bereich von Literatur und Kunst, weder ganz unvermutet, noch in blinder Unbestimmtheit. Zugleich kündigt sich das periodische Bedürfnis nach Erneuerung im Grunde immer auch in einer sie rechtfertigenden Theorie des Wandels an. Dementsprechend müßten sich die Revolutionen der Avantgarde im Zeitraum von etwa 1905 bis in die zwanziger Jahre unter der im folgenden näher zu prüfenden These erfassen lassen: daß sie anfänglich, soweit sie erschöpfte ästhetische Diskurse des 19. Jahrhunderts erneuern, einem von ihnen begründeten ästhetischen Paradigma der Ablösung folgen; daß sie jedoch gleichzeitig, sofern sie dessen Modernitätsgesetz, den Grundsatz dieser Erneuerung, überwinden, die – epochale – Ablösung des herrschenden ästhetischen Paradigmas vollziehen. –

Die Avantgarde mag als eine noch so heftige Abstoßung der ästhetischen Tradition in die Geschichte eingegangen sein – in Gang gekommen ist auch ihr Prozeß zunächst nach einem vertrauten literarischen Evolutionsschema. T. S. Eliot hat es auf die knappe Formel von der „anti-traditional tradition“ gebracht. Sie resümiert die literarhistorische Wahrheit, daß in der Pflege von Literatur und Kunst seit jeher das Bestreben wirksam war, Kontinuitäten einerseits zu wahren, andererseits wieder aus ihnen herauszutreten. Ein Wandel des Ausdrucks sucht demnach gewandelte Interessen zu normieren. So nimmt in Italien seit dem Ende des Quattrocento eine florierende Pastoralliteratur einer sich auflösenden Ritterdichtung beträchtliche Anteile an literarischer Aktualität ab. Das vernünftige Geschmacksideal der ‚doctrine classique‘ entsteht aus einer gezielten Entgegnung auf den spektakulären Überschwang barocker Imagination. Das ‚Drame bourgeois‘ zieht die Konsequenz aus der schwindenden Problemkompetenz der Tragödie; der Sturm-und-Drang reagiert gegen die aufklärerische Fesselung des Gemüts; die französische Romantik gegen die wirklichkeitsfremde Mimesis klassizistischer Idealtypen; der ‚Crepuscolarismo‘ gegen die Herrschaft der klassizistischen ‚poeti laureati‘, ehe die Futuristen ihre Musentempel verbal zum Einsturz brachten. Die Geschichte der Literaturen ist voll von solchen produktiven Zerwürfnissen. Ihre ‚Querelles‘ bilden, wie Generationskonflikte, einen vitalen Bestandteil ihrer Regeneration. Das Neue, das sich äußern will, kräftigt sich im Konflikt mit der Tradition vor Ort.

Insbesondere im literarischen Erscheinungsbild läßt sich ein Gutteil der avantgardistischen Neuerungen in dieses Ritual einfügen (vgl. V). Ihre Ansprüche kamen keineswegs so abrupt, wie es ihre Radikalität vermuten läßt. Mit dem Bewußtsein eines ‚Fin de siècle' stellte sich längst, zumindest latent, die Notwendigkeit eines Neuanfangs. Die Belle Epoque war es, die mit ihren kurzatmigen Schulen und Programmschriften eine Überbrückung der ‚Crise des valeurs symbolistes'[32] eingeleitet hat. Sie wiederum wird den Avantgarde-Zyklus in Bewegung bringen. Kennzeichnend dafür ist, daß der Anstoß für eine Abwendung von der etablierten Literatur noch immer im Namen ihrer ‚modernistischen' Verpflichtung auf die gesellschaftliche Entwicklung erfolgte. Denn was sich zum Lebensgefühl eines ‚untergehenden Abendlandes' verdichtet hatte, entsprach auf der Seite der Literatur einem Realitätsschwund bis hin zu symbolistischer Weltverneinung. Die naturalistische Attitüde andererseits hatte die – schlechten – sozialen Verhältnisse ins Laboratorium ihres Romans gebracht, um sie dort zwar ‚wissenschaftlich' zu präparieren, ohne sie aber wirksam bekämpfen zu können. In beidem bekundete sich eine empfindliche Mißversöhnung zwischen den noch immer offiziellen Fortschrittsidealen des 19. Jh. und den geschwundenen Aussichten auf ihre Einlösung. Unter dieser Entzweiung litt insbesondere auch das Verhältnis von Literatur und Gesellschaft. Ihm galten die Ansätze der Belle Epoque zu einer neuen Runde der Modernisierung. ‚Es ist Zeit', lautete der Tenor, ‚eine (literarische) Schule um der Schönheit des Lebens willens zu begründen'[33]. Dieser ‚Art pour la vie' bleibt in seiner Entgegensetzung zur ‚Kunst um der Kunst willen' zunächst genau im Rahmen des Ablösungsschemas, mit dem das 19. Jh. ästhetischen Fortschritt programmiert hatte: eine Änderung in der Gesellschaft bedinge eine Änderung in der Kunst.

V

Sieht man von eklatanten Aufbruchssignalen wie Jarry oder Marinetti ab, dann läßt sich ein beträchtlicher Teil der poetologischen Neuerungen bis etwa zum Beginn des 1. Weltkriegs als eine organische Weiterentwicklung entsprechend dem ‚modernistischen' Konzept begreifen. In der Tat fand zur Zeit der Belle Epoque eine Revolution statt. Sie hat die menschlichen Beziehungsverhältnisse von Grund auf umgestaltet. Allerdings kommen darin nicht doch noch die moralischen und sozialen Ideale der französischen Revolution zum Ziel, auf die sich Literatur, Politik und Gesellschaftslehren seither berufen hatten. Was pathetisch von ideellem Fortschritt erwartet worden war, hat sich, unerwartet, unvorbereitet und auf andere Weise durch *technischen* Fortschritt ereignet. Er veränderte nachhaltig die Vollzugsformen menschlichen Zusammenlebens. Fahrrad, Automobil, Straßenbahn, U-Bahn, Schnellboot; Rohrpost, (drahtlose) Telegraphie und Telefon; Elektrizität; Kino; Fließband etc. – diese Auswirkungen der zweiten Industriellen Revolution verlangten dem Einzelnen die Beherrschung einer neuen ‚Lebenskunst' (Apollinaire) ab. Sie erzwingen andere Regeln des sozialen Verkehrs, schaffen eine neue Qualität des Kollektivgefühls. Die Literatur entdeckte eine unanimistische Basis der menschlichen Existenz; die Sozialphilosophie reagierte mit der Behauptung eines Kollektivbewußtseins (Durkheim); die Psychologie mit der Annahme eines kollektiven Unbewußten (C. G. Jung). Zeiten und Räume schienen sich – im Prinzip – außer Kraft setzen zu lassen. Menschheitsträume wie das Fliegen waren Wirklichkeit geworden. Der Glaube an die technische Allmacht verlieh der menschlichen Phantasie neue Flügel. Mechanische Wunder schufen einen neuen Begriff des Wunderbaren. Es konnte keinen Zweifel mehr geben: die ‚Errungenschaften' der Neuzeit hatten in wenigen Jahren das Leben nicht allein konzeptuell, sondern vor allem affektiv unwiderruflich verändert. Marinetti führt auf diese ‚großen wissenschaftlichen Entdeckungen' eine ‚vollständige Erneuerung der Sensibilität' zurück – und begründet damit seine –futuristische – Avantgarde („Sensibilità futurista").

Nach damals noch gültiger Vorstellung war nun die Kunst am Zuge. Sie hatte das Unzeitgemäße ihrer Wirklichkeitsbehandlung auszuscheiden, um diesem fortgeschrittenen Zustand der Gesellschaft den angemessenen Ausdruck verleihen zu können. Ihre Korrekturansätze seit der Jahrhundertwende setzen dabei jedoch genau an den Vorleistungen an, die ihrer Zeit schon voraus waren[34]. Kaum eine Revolution, die nichts aus dem Vorhergehenden mitgenommen hätte. Sie verleibt sich Verwertbares ein, modelt die Tradition nach einer eigenen Genealogie um, kürt eigene Vergangenheiten. Dieses Verhalten hat sich in den zahlreichen ‚Enquête sur . . .' geradezu eine Gattung der ästhetischen Identitätsfindung geschaffen. Unter den Aufbruchstendenzen übernehmen dabei, trotz Jarrys theatralischen und narrativen Paukenschlägen, Malerei und Lyrik die Führung[35]. Von allen Sprachkünsten hat die Poesie ihrem Material von jeher die höchste Kunstfertigkeit abgewonnen. Dennoch war sie meist am ehesten sensibel, wenn ihre Artefakte eine Korrespondenz zu Empfindungsweisen der Zeit preiszugeben drohten. Baudelaire hatte auf eine solche Defizienz hin die Vision einer neuen ‚poetischen Prosa' entfaltet. Sie sollte ‚musikalisch ohne Rhythmus und Reim, geschmeidig und kantig' zugleich sein, um eine ‚Beschreibung des modernen Lebens' zustande zu bringen[36]. Seine Prosa-Gedichte ebenso wie Rimbauds *Illuminations* geben einer im traditionellen Verständnis der Lyrik undenkbaren Ausdrucksform statt. Sie brechen aus der selbstverständlichen Auffassung aus, daß das Poetische der Lyrik zuallererst an versifizierter Sprache ausgewiesen sein müsse. Ihre Ablösung hat jedoch prinzipielle Perspektiven eröffnet. Spätestens die ‚écriture automatique' wird in ihnen die Wegbereiter ihrer eigenen Revolution adeln. Das jahrhundertealte Auseinanderhalten von Poesie und Prosa hatte damit seine Verbindlichkeit endgültig verloren. Das Poetische war auch von prosaischer Sprache aus erreichbar.

Eine andere Spur ergänzt dies. Innerhalb der gebundenen Sprache vollzog sich zur gleichen Zeit eine letztlich ruinöse Lockerung von Vers, Rhythmus und Reim. Verlaines *Art poétique* plädiert, stellvertretend für eine symbolistische Neigung insgesamt, zugunsten eines ‚vers libéré'. Dieser ebnet dem Verslibrismus den Weg. Er wiederum geht noch einen Schritt weiter: freie Verszahl, beliebige Abfolge, ungebundener Rhythmus, unregelmäßige Versgruppen räumen der dichterischen Sprache soviel Flexibilität ein, daß ihre Grenze zur rhythmischen Prosa fließend wird. Die ‚freien Rhythmen' Walt Whitmans insbesondere setzten ein Zeichen für eine regelrechte theoretische Programmatik, betrieben namentlich von Gustave Kahn, aber auch von Marinetti («Enquête internationale sur le vers libre», 1909). Paul Claudels *Cinq Grandes Odes* (1910) leisten dieser Bestrebung ebenso Tribut wie Charles Péguys rhythmische Prosa in *Le Mystère de la Charité de Jeanne d'Arc* (1920). In Saint-John Perse' *Eloges* (1911) gehen entbundener Vers und Prosa-Gedicht ineinander. Ungarettis Gedichtsammlung *L'Allegria,* ein Dokument italienischer Modernität, entwickelt ihre ‚poetica della parola' im Experimentierfeld zwischen Verslibrismus und futuristischem Parolibrismus[37]. Ins Zentrum avantgardistischer Inspirationen tritt sie mit Blaise Cendrars *Prose du Transsibérien* (1913) und Apollinaires Schlüssel-Gedicht *Zone* (1913). Unter Einfluß Marinettis und seinem lyrisch-orgiastischen ‚Roman' *Mafarka il futurista* (1909)[38] griff eine solche Erweiterung auch auf den Expressionismus über, vermittelt vor allem durch Herwarth Waldens Zeitschrift *Der Sturm*, pointiert in August Stramms ‚Gedichtsammlung' *Du* (1915). In gemäßigter Form bleibt sie jedoch durchaus Errungenschaft auch für so unterschiedliche ‚Töne' wie Rilkes *Duineser Elegien* (1923) oder Brechts *Hauspostille* (1927). Auf diesen historischen Vorleistungen baut ein Hauptteil der avantgardistischen Entmachtung der Verssprache auf. Vieles was ihre Ausfälle als Zerstörung erscheinen lassen, zieht nur die radikale Konsequenz, vor der ihre Vorläufer noch zurückscheuten. Auch wenn sie die Avantgarde hinter sich lassen wird, sie haben ihr doch das Prinzip der Entgrenzung und ihre Richtung nahegelegt. Schon sie zeichneten am Horizont eine Dichtung vor, in der sich Poesie in Prosa, Prosa in Poesie aufzuheben vermögen.

Die literarische Avantgarde wurde dabei entscheidend angeleitet von den revolutionären Schritten in den Bildenden Künsten[39]. Was wäre Apollinaire, Cendrars, Reverdy ohne die beispielgebenden Kategorienerweiterungen in den Versuchen Braques, Picassos, Delaunays etc.; was der Futurismus ohne die theoretischen und gestalterischen Beiträge seiner Maler Boccioni, Carrà, Severini u. a. In einer niemals zuvor so gepflegten Direktheit fand eine wechselseitige Selbsterhellung der Künste statt. Sie stützten und identifizierten sich gegenseitig in ihrer Recherche nach einem zeitgemäßen Ausdruck. Die Vorgaben der Belle Epoque erhielten durch die Entwicklungen auf dem Felde benachbarter Gestaltungsmittel wohl den zusätzlichen Schub, der die vorhandenen Aufbruchsbestrebungen schließlich in einen Umsturz überführte. Wie die Malerei ihre Orientierung an der empirischen Wahrnehmungsrealität aufgibt und eine wesensgemäße Totalität ihres Gegenstandes sichtbar zu machen sucht, kann mit der ‚Prosaisierung' der Lyrik auch das gesamte Lebensmaterial in die Dichtung einziehen, das bisher vorwiegend eine Domäne narrativer Abbildung gewesen war. Technik und Geschwindigkeit prägten das Anliegen futuristischer Maschinenpoesie; Jarry brach das Tabu über menschliche Exkremente und machte das Anti-Sublime par excellence dichtungsfähig; kein Partikel der Wirklichkeit, der im avantgardistischen Raum der Dichtung nicht hätte vorkommen dürfen. Das Ende der mimetischen Ära in der Kunst bedeutet jedoch nicht minder die endgültige Erlösung der Sprachkunst von rhetorischer und stilistischer Gegenstandserfassung. Wenn daraufhin der futuristische Parolibrismus die Syntax zertrümmert, wenn Apollinaires Ideogramme Typographie und Sprache als Bild, als Bilderrätsel anlegen, wenn Arp, Ball, Chlebnikov, Man Ray durch Wortspaltungen selbst diese sprachliche Einheit unterschreiten und aus den phonischen Segmenten Lautgedichte komponieren; wenn die Dadaisten bis hin zu Breton vorgefundene Texte zerlegen, um durch die Montage ihrer Elemente die Semantik der Normalverständlichkeit gezielt zu desavouieren – dann ließe sich auch dieses Verhalten zur Not noch als Wandel durch ‚Modernisierung' begreifen, nur eben systematischer und umfassender. Das jeweilige Medium sollte unter *allen* Aspekten und mit allen Mitteln auf seine Bedeutungserzeugung hin überprüft werden. Eine Reduktion auf seine bare – semantische, phonische, optische – Grundlage entspricht dabei experimenteller Gründlichkeit. Nur so kann man sicher sein, daß die ‚Sprache' wirksam aus der Vereinnahmung durch alte Schematismen ausgelöst wird. Umso unbelasteter stünde sie dann dem Ausdruck einer anderen Gesellschaft zur Verfügung.

VI

Soweit sich dieser Aufbruch noch mit dem modernistischen Evolutionsprinzip vereinbaren läßt, war sein Scheitelpunkt mit der ‚offenen Form der Lyrik' erreicht. Als ihr namhaftester Anwalt muß Apollinaire gelten. Im Rahmen des ‚modernen' Vorschusses der Tradition war mit ihm das Machbare wenn nicht schon getan, so doch gedanklich entworfen. Nach Ansicht kommentierender Zeitgenossen jedoch hatte das Maß an in Anspruch genommener Freiheit bereits um 1915 jede Kontinuität mit Voraufgehendem dramatisch aufgekündigt[40]. Eine solche Absetzbewegung allerdings ist aus einer innerliterarischen Folgerichtigkeit heraus kaum mehr zu begründen. Hier schlägt zunächst vielmehr die Ideologie des technischen Fortschritts gleichsam bis in die Poetik (des Gedichts, des Bildes, der Partitur, des Tanzschritts, der Bühnendekoration) durch. Sofern die Offenheit des Kunstwerks alles materialisieren kann, was vorfindbar ist, spricht daraus ein neues Bewußtsein vom uneingeschränkten Verfügungswillen über Wirklichkeit[41]. Aber nicht nur quantitativ; vor allem qualitativ, da es zunehmend dazu übergeht, die Aussageweise überhaupt über den Aussageinhalt zu stellen[42]. Apollinaire hatte dabei ja ausdrücklich auf die Analogieeinheit der Künste mit dem wissenschaftlich-technischen Modell von Wirklichkeit verwiesen. Dessen planender Verstand beruht auf derselben experimentellen Imagination wie die der Kunst. Von ihr sagt noch Breton, daß sie, uraltes Faustpfand der Dichtung, ‚sie allein *mache*, was wirklich ist'[43].

Dennoch hätte wohl auch die wissenschaftliche Begründungshilfe nicht ausgereicht, um das geläufige Paradigma der Ablösung in eine Ablösung dieses modernistischen Paradigmas selbst umschlagen zu lassen. Als letztlich auslösender Faktor muß die geschichtliche und gesellschaftliche Erschütterung angesehen werden, mit der der Erste Weltkrieg die wissenschaftlich-technische Fortschrittszuversicht annuliert hatte. Daß solcher politisch-zivilisatorische Zweifel die gegenüber Tagesereignissen gewöhnlich reservierte Lyrik verändern könnte, hatte sich bereits zuvor in der ‚Generación del 98' gezeigt, als Spanien mit dem Verlust von Kuba und den Philippinen in einen tiefgehenden moralischen und kulturellen ‚marasmo' (Unamuno) verfallen war[44]. Viele Dichter und Künstler der Avantgarde, die aus unbedachtem Nationalismus in den 1. Weltkrieg gezogen waren, mußten zum Teil am eigenen Leibe die Sinnlosigkeit der Menschen- und Materialschlachten etwa an der Marne oder bei Verdun miterleben. Andere flüchteten von vornherein ins Exil in die neutrale Schweiz. Nur wenige brachten soviel Abstraktionsvermögen auf, um in der Kriegsmaschinerie das gewaltigste Simultanspektakel des ‚Esprit moderne' zu sehen wie Marinetti oder Apollinaire. Für die meisten offenbarte dieser Exzeß den ‚Bankrott' (Hugo Ball) eben der Ideen, die ihn ausgelöst hatten. Die Vision einer technisch gestifteten Zukunftshoffnung der Menschheit war nach wenigen Jahren ihrer Verheißungen in eine existentielle Gefährdung der Menschheit umgeschlagen[45]. Die Gesellschaften der europäischen Vaterländer sahen sich offenkundig nicht in der Lage, die verfügbaren industriellen Errungenschaften dem Gemeinwohl zugute kommen zu lassen. „Die Unmöglichkeit einer Menschheit, die sich ganz und gar abhängig gemacht hatte von ihrer eigenen Schöpfung, von ihrer Wissenschaft, von Technik, Statistik, Handel und Industrie, von einer erstarrten Gemeinschaftsordnung“[46], entlud sich neben den apokalyptischen Visionen des Expressionismus am unmittelbarsten in den Unsinnsgebärden des Dada-Aktionismus. Hatte er aber nicht seinen historischen Sinn darin, daß er im Grunde nur die Unsinnigkeit der kriegstreibenden Gesellschaften wirklichkeitsgetreu im Medium der Kunst ansichtig werden ließ? Seine Abartigkeiten ahmten die der gesellschaftlichen Vernunft nach. Im übrigen stand die dadaistische Interpretation des Zeitgeschehens keineswegs allein. Weniger lautstark, aber nicht minder davon irritiert zeigte sich eine verwandte Tendenz zur antiutopischen Literatur. A. Huxley oder G. Orwell stehen durchaus für andere[47].

In dem Maße, wie die Künste ihre avantgardistische Aktualisierung mit einer Analogie zur Modernisierung der Welt begründet hatten, mußte deren menschliches und gesellschaftliches Versagen eine Krise auch der Avantgarde nach sich ziehen. Wie aber im wissenschaftlichen Bereich eine Krise die Ablösung des bisherigen Erklärungsparadigmas durch ein anderes vorbereitet[48], läßt sich dieser Prozeß mit dem ganzen Gewicht seiner Wissenschafts-Analogie auch auf die Veränderung der damaligen Künste anwenden. Der unmißverständlichste Ausdruck dieser ästhetischen Krise war Dada. Und wenn das Ausmaß der Heftigkeit jeweils das Ausmaß des Überwundenen anzeigt, dann gibt die kulturelle ‚Generalreinigung‘ (Aragon) der Dadaisten ein handgreifliches Zeugnis davon, daß es der Begriff von Kunst selbst war, der auf dem Spiel stand. Das aber konnte damals nur die Aufgabe des ästhetischen Fortschrittskonzepts bedeuten, das die Entwicklung der Literatur auf die Spur der Entwicklung der Gesellschaft gesetzt hatte. Was wäre angesichts einer vergeblichen moralischen Erziehung des Menschengeschlechts mit einer Literatur, allgemein mit einer Kunst noch zu bezwecken, die beständig nur die Diskrepanz zwischen dem Anspruch bürgerlicher Lebensordnung und ihrer tatsächlichen Defizienz aufzuarbeiten hätte. Geschichtliche Wirklichkeit hatte als ideelle Möglichkeit der Kunst überhaupt abgedankt.

Kunst und Wirklichkeit ließen sich nurmehr unter der Bedingung aufeinander beziehen, daß Kunst sich nicht länger mehr für eine bereits gedeutete Welt hergibt, sondern die (bessere) Welt selbst schafft. Ein solcher Funktionsgrundsatz bedeutet jedoch nichts weniger als die genaue Umkehrung ihrer traditionellen Rolle in der Lebenspraxis. Nicht ein Wandel in der Gesellschaft bestimmt mehr über einen Wandel in der Kunst. Doppelt ordnet sich nun die Kunst dem Leben vor: Wo ihre ästhetische Darstellung in der ,Wirklichkeit' gerade das zu Überwindende, ihre verfehlten Möglichkeiten sieht, hat sie sich von bestehenden Verhältnissen *prinzipiell* unabhängig gemacht. Wo ihre Tätigkeit die ,Wirklichkeit' jedoch als das erst eigentlich Herzustellende erkennt, dies zum Programm ihrer Poetik, damit zur Erfahrung ihres Publikums macht, hat sie sich grundlegend zugleich als eine *eigene* Lebensform projektiert. Mit Dada und dem daraus hervorgehenden Surrealismus hat die Avantgarde endgültig eine ganz und gar neue Dimension eröffnet: Sie erzwingt eine ästhetische Systemveränderung. Bereits ihr erster vehementer Ansturm, der Futurismus, ist sich dieser paradigmatischen Wende zumindest als historischer Aufgabe bewußt: er ,habe eine kulturelle und kreative Periode einzuleiten, die von vorhergehenden *absolut* verschieden, wenngleich eng auf sie bezogen sei' (Papini, 1915)[49].

Daß dieser durchgreifende Veränderungswille sich dann an der Strategie einer Avantgarde identifizierte, entspricht daher nicht nur seiner künstlerischen Entschlossenheit. Zu einem erheblichen Teil schlägt darin auch die geschichtliche und gesellschaftliche Lektion zu Buche, die die Katastrophe des Ersten Weltkrieges geschrieben hatte. Allein ein Bruch mit allem, was sie verschuldet haben konnte, den öffentlichen Faktor Literatur und Kunst eingeschlossen, schien noch einmal einen Aufbruch zu einer vom Verdacht der Mittäterschaft freien ästhetischen Äußerung zu gestatten. Dieser Neuanfang mußte allerdings mit dem Verzicht auf jede traditionelle Sublimierung der Welt in schönem Schein erkauft werden. Dafür verschafft sich Avantgarde jedoch eine Position gegenüber der Wirklichkeit, die ihr erlaubt, ästhetisches Handeln unmittelbar als gesellschaftliches zu begreifen, mit jedem Schritt vorwärts in der Kunst sich auch einen Schritt weiter in der Veränderung der Gesellschaft zu wähnen.

Militantes Konzept und historisches Erfordernis ergänzen sich dabei gegenseitig. Schon anfangs des 19. Jhs. hatten die Soziallehren auf die degradierten Hoffnungen eines sozialen Ausgleichs mit einer Änderung in den Methoden seiner Herbeiführung reagiert: sie machten sich ihrerseits die militärische Avantgarde-Vorstellung zueigen und legitimierten das kämpferische Eintreten für dieses Ziel. Im Ersten Weltkrieg hatte diese verschärfte Gangart einerseits zu einem unerwarteten Erfolg geführt: der russischen Oktoberrevolution von 1917. Sie hat die gesellschaftlichen Programme der sozialen Avantgarden – scheinbar – Wirklichkeit werden lassen. Woanders jedoch hatte der Krieg den Spielraum für eine politische Überwindung konkreter und ideologischer Gegensätze in der Gesellschaft weiter eingeengt. Da alle klassischen Anwälte für eine bessere Lebenswelt den Erfolg schuldig geblieben waren, trat jetzt die Kunst in genau die soziale Verantwortung ein, die in der Vorinterpretation des Avantgarde-Konzepts angelegt war[50]. „Wir wollen alles selbst schaffen – unsere neue Welt", kann der Dadaist Raoul Hausmann verkünden, auch wenn dies nur über den ‚Unwert und Unsinn' erreichbar scheint („Pamphlet gegen die Weimarische Lebensauffassung")[51].

VII

Fraglich bleibt freilich, wie solches Weltverbesserertum ausgerechnet mit einer auf den ersten Blick unzugänglichen und darum weitgehend unpopulären, ja massenfeindlichen Darstellungsweise zum Ziel kommen will. Der pragmatische Anspruch, mit dem diese Avantgarden zu Felde ziehen, würde es angesichts der effektiven Ohnmacht der Kunst leicht machen, in dieser Unverhältnismäßigkeit ihren größten Selbstwiderspruch zu tadeln. Gerechter wird man ihr wohl, wenn man daran das Maß für ihre utopische Energie abnimmt. Schließlich ist sie bei allem eine Kunst-Bewegung geblieben, auch wenn sie, wie keine andere vor ihr, den Lebensbezug dominant gesetzt hat. Deshalb sollte man nicht zuerst danach urteilen, *was* sie für das praktische Zusammenleben der Menschen erreicht und in welchen politischen Allianzen sie dafür Unterstützung gesucht hat. Ihr angemessen scheint eher die Frage, *wie* sie auf ästhetischem Wege das Unmögliche hat bewirken wollen. Immerhin: was sich seither für avantgardistisch hält, folgt unverkennbar dem Paradigma, dem sie Gestalt verliehen hat.

Kernstück ihres Feldzuges auf dem Gebiet der Künste bildet der von Breton und noch von Ionesco gleichermaßen apodiktisch beanspruchte Grundsatz: «L'avant-garde, c'est la liberté»[52]. Die Idee von Freiheit aber ist jeweils nur geschichtlich vermittelt zu erfahren. Insofern läßt sich Avantgarde daran abschätzen, was sie im Namen ihrer Freiheit historisch konkret erobert, *von* was sie sich gleichzeitig absetzt. Ihr erstes und öffentlichkeitswirksamstes Markenzeichen ist die Freiheit der aggressiven Negation. Ob als Revolte, Revolution, Destruktion oder als Bruch verstanden, ihr ‚Feindverhältnis' gegenüber allem, was für die vorfindlichen Ordnungen verantwortlich gemacht wird, bleibt ihr ursprüngliches Lebenselexier. Aber nicht allein, daß sie überlieferte Darstellungsmuster und die Wirklichkeit als Kontext zurückstößt; sie macht diese Verweigerung zur eigentlichen Objektivation ihrer Kunst selbst. Das Verfahren dafür hat wohl die kubistische Malerei entwickelt. Eine Geige bei Braque oder Picasso zitiert zwar typische Züge; jedoch nur um sie durch die inkohärente Art der Darstellung von einer referentiellen Erschließung gerade abzuschneiden. Das Bild soll nicht von der Realität, sondern aus sich heraus ausgelegt werden. Mit dem poème-conversation haben Apollinaire und Cendrars diese Technik an der Lyrik erprobt. Sie montieren Fragmente einer durchaus beliebigen Unterhaltung. Herausgerissen aus ihrem alltäglichen Kontext geben sie zu unvermuteten Assoziationen Anlaß. Dadaistische Text-Collagen verarbeiten willkürlich ausgewähltes Sprachmaterial, Silben, Laute, Stereotype zu wahren Un-Texten, die den normalen Bedeutungsdienst der Sprache verweigern. Rùssolos ‚Arte dei Rumori' (Geräuschtonkunst) vertont, um jeder wagnerischen Gefühlspathetik vorzubeugen, markante Geräusche seines Industriezeitalters. Marcel Duchamp stellt ein Urinoir als Plastik aus und fordert auf diese entheiligende Weise die Vorläufigkeit von Kunstanschauungen heraus.

Diese Gesten der Empörung verfolgen eine gemeinsame Absicht zumindest in dem Sinne, daß sie die unvermeidlich scheinende Abhängigkeit jeder Kunst von der Vorbedeutung ihrer ‚Sprache' und damit von ihrer konventionellen Hörigkeit zu lösen versuchen. Sie proben einen metaphorischen Aufstand gegen die Macht des Faktischen. ‚Dekonstruktion' wird im avantgardistischen Verfahren dadurch thematisch[53]. Eine Affinität zu anarchistischen Ideen ist nicht zu leugnen. Bakunins Maxime ‚Zerstören ist Schaffen' träfe auch in die Nähe des avantgardistischen Grundschritts. Im Darstellen durch Entstellen sucht er einen Ausweg aus dem Dilemma, daß auf der einen Seite nicht auszukommen ist ohne gestaltbares Material; daß auf der anderen aber das verfügbare bereits von den Spuren seines Gebrauchs gezeichnet ist. Die avantgardistischen Versuche müssen deshalb ihre Kunstobjekte so einrichten, daß durch die Art der ästhetischen Darbietung dem Wahrnehmenden verwehrt wird, darauf noch normalsprachliche Gewohnheiten anzuwenden. Die unumgängliche Sprach-Materialität sieht sich zum bloßen Mittel für die Kunst herabgesetzt. Eine solchermaßen erzwungene Unvoreingenommenheit soll der ‚Sprache' jene Verfügbarkeit zurückgeben, mit der sie die ‚Wirklichkeit' authentisch erst zu erwecken vermag. Die schroffe Destruktivität der Avantgarden veranstaltet nur ein vorgängiges ästhetisches Purgatorium. Dessen Entwertung vorgefertigter Wirklichkeitsansichten dient der Lösung der menschlichen Vorstellung aus den Fesseln einer schon immer gedeuteten Welt. Trotz der Wendung zur politisch-revolutionären Aktion bleibt dies die eigentlich bewegende Aspiration bis zum Surrealismus: ‚er sei ein Mittel zur totalen Befreiung des Geistes und all dessen, was ihm gleiche' (‚Deklaration vom 27. 1. 1925')[54].

Selbst wo diese Lust der Verweigerung bis hin zur Abschaffung der Sprache selbst geht, in Balls „Versen ohne Worte" etwa, Man Rays ‚Lautgedicht' aus rein optischen Signalen, wie „Fische's Nachtgesang" von Morgenstern, verhilft gerade diese Un-Kunst einer der genuinsten Herausforderungen der Moderne seit der Avantgarde zur Anerkennung: der Tendenz zum abstrakten Kunstwerk[55]. Sie bildet gewissermaßen die positive Rückseite ihrer Negation. Die wissenschaftlich-technische Analogie sowie die geschichtliche Krise gaben Anstöße, damit sich Kunst von jeder parasitären Logik vorrätiger Lebensvorstellungen zu ‚abstrahieren' vermochte. Sie erschlossen den Künsten die Vision eines nicht-repräsentativen Prinzips[56]. Das Dargestellte würde, in bester Absicht, wieder kulturfrei: dadurch erst könnte es sich wahrhaft seiner Zeit entwinden, um ihr voraus zu sein. Solche Beziehungslosigkeit hat jedoch gravierende Rückwirkungen auf die Poetologie. Wonach sollen sich – avantgardistische – Sageweisen richten, wenn die gängigen Sinnraster des Lebens abgeschafft sind? Die Versuche der Avantgarden erarbeiten eine für die seitherige Moderne richtungsweisende Antwort. Da Kohärenz nicht mehr von außerhalb, referentiell abgerufen werden soll, wird eine Mitteilung im Grunde unabhängig davon, ob sie im normalen Sinn noch verständlich ist. Da sie nicht mehr ‚etwas' (wieder) darzustellen hat, kann sie sich zu kompromißloser Selbstwiedergabe befreien. „Der Rahmen eines Gemäldes", erläutert Theodor Däubler in *Expressionismus*, „wird die Grenze seiner Begreifbarkeit"[57]. Abstrakte Kunst dreht sich in der Weise narzißtisch nur noch um sich selber, daß sie, um selbstgefälliger Gemeinverständlichkeit zu entgehen, sich sogar in blanke „gratuité" (Breton) flüchtet[58].

VIII

Eine Tendenz zum abstrakten Kunstwerk war jedoch geradezu angewiesen aufs *Experiment*. Erst eine Erkundung nach allen Seiten schuf Vertrautheit und Sicherheit im Umgang mit einer so neuartigen Dimension des Darstellens. Das ‚Experiment' trägt die ganze Erwartung erhoffter Entdeckungen. Denn wo wenn nicht jenseits der eingefahrenen Wege ließ sich eine höhere, eigentlichere Form der Wirklichkeit finden. Dies ist mit jenem ‚surréalisme' gemeint, den Apollinaire ästhetisch begriffen hatte, den die Dadaisten und Surrealisten zu einer Lebensanschauung machten[59].

Mit der Wahrnehmung ‚befreiter' Kunstobjekte verbindet sich deshalb das Erfordernis, eine mentale Revolution eingeübter Auslegungsmuster des Lebens einzuleiten. Aus den politischen Aktionen der Dichter und Künstler spricht sogesehen nur eine konsequente Ungeduld. Die ‚abgelöste Form' soll das Publikum dazu bewegen, für einen Sinnzusammenhang in ihren (abstraktiven) Zeichenkonfigurationen ganz selber aufzukommen. Sinn ist etwas, das nicht gefunden, sondern hergestellt sein will. Die Abstraktheit erzeugt ein so ungesättigtes Bedeutungspotential[60], daß sich Wahrnehmung in eine aktive Handlung verwandeln muß, wenn sie nicht leer ausgehen möchte. Das Publikum avanciert dadurch zum Mit-Schöpfer des Dargestellten[61]. Das Kunstwerk als kreativ-befreiende Aktion, das ist gleichsam die Entelechie der avantgardistischen Abstraktionstendenz.

Wie jede Befreiung hat jedoch auch diese ihren Preis. Je offener, d.h. je infiniter eine Mitteilung sich gibt, desto größer der Aufwand für den, der ihr einen Sinn abgewinnen will. Der Kunstgegenstand kann seine Undeterminiertheit bis an jenen äußersten Punkt treiben, wo er aus der Sicht seiner ‚Benutzer' alles – oder nichts mehr bedeuten kann und ins reine Mobile ausartet. Dort stößt er an seine absolute Grenze, an die Schwelle des Un-Sinns. Seine Ordnungsvorstellung wäre anarchisch, und nur eine chiliastische Hoffnung auf Regeneration der Kunst über ihr Chaos könnte sie noch erlösen. Angesichts dessen wagten es allenfalls einige futuristische und dadaistische Anti-Künstler, bis an diesen selbstzerstörerischen Abgrund vorzudringen. Andererseits konnte die avantgardistische Abstraktionstendenz auf diese Grenzerfahrung kaum verzichten. Da sie sich die Gesetze ihres Ausdrucks selber gab, hatte sie auch die Lizenzen und Grenzen seiner Verständigungsfunktion selber auszukundschaften. Die surrealistischen Versuche mit dem Traum, mit Schlafzuständen oder Hypnose wurden deshalb z. T. bis zur physischen und psychischen Gefährdung getrieben. Erst dann war abzuschätzen, wie weit man gehen konnte, was sich daraus für eine ästhetische Veränderung der Gegenwart gewinnen ließ.

Doch selbst auf diesem Wege der Abstraktion hat es sich frühzeitig bestätigt, daß sich noch so ungewöhnliche Strategien der Bedeutungserzeugung früher oder später zu Codes verfestigen und zur Manier werden können. Wollten die Avantgarden ihre Einflußnahme auf die Gestalt der Wirklichkeit nicht verspielen, standen sie unter der ständigen Verpflichtung, immer neu und anders zu erscheinen. Bereits die ‚modernistische' Literatur des 19. Jh. (Balzac, Baudelaire) hatte dieses Bedürfnis einer vom Publikum abhängigen Kunst verspürt und schon damals auf die ‚nouveauté' als Mittel der Interessensbegründung gesetzt. Die verschärfte Traditionskritik der Avantgarde geht auch in diesem Punkt radikal über frühere Ansätze hinaus. Sie sucht ihr Heil darin, ihre Revolution und die Werke, mit denen sie dafür kämpft, als permanenten *Prozeß* einzurichten. Damit ist eine weitere poetologische Grundtendenz bezeichnet. Ob die Avantgarde-Bewegungen anfänglich nur die dynamische Komplexität des Lebens in der Kunst vergegenständlichen wollten, oder ob sie unter dem Eindruck des Kriegselends mit ihrer Kunst einen Wandel des Lebens herbeiführen wollten – es bleibt ihr gemeinsames Anliegen, den Grundzug der Veränderung so ins Kunstwerk zu transponieren, daß er trotz der unumgänglichen, materialbedingten Fixierung als Text, Bild oder Plastik dennoch beim Wahrnehmenden als befreiende Energie ankommt.

Damit erscheint nicht zuletzt die besondere Risikobereitschaft aller avantgardistischen Richtungen verständlicher. Ihre Experimente wollten sich nicht mit revolutionären Techniken oder Kunstfertigkeiten begnügen, sondern damit eine Initiation in revolutionäre Gesinnung, ‚Esprit nouveau' bewirken, mit oder gegen technischen Fortschritt. Ihre Suche nach expressivem Neuland diente daher vor allem der Bewahrung ihrer utopischen Aggressivität. Nur solange sie bereit waren, dafür selbst vorgeschobene Positionen wie Collage-Gedicht, Ideogramm oder ‚Ecriture automatique' ihrerseits wieder in Frage zu stellen, vor ‚Abolizione di se stessa', vor Selbstaufhebung nicht zurückzuschrecken[62], konnten sie sich ihrer Avantgarde gewiß sein. Wenn umgekehrt der wahrnehmende Nachvollzug ihrer Äußerungen beim

Publikum Wirkungen in ihrem Sinne tun sollte, dann mußte auch das jeweilige Objekt etwas voran bringen. Im Zweifelsfalle steht dabei die Veränderung als solche höher als ein festumrissenes Programm. Zufälle, Unterbewußtes, Liebe, alles Agenten einer schöpferischen Irrationalität, stehen im philosophisch gestärkten Vertrauen (Bergson), ihre dunklen Wege selber zu finden, sofern sie nur in Gang gebracht werden.

Schließlich hat der grundlegende Prozeß-Charakter der Avantgarden auch für ihr Verhalten im allgemeinen Kulturbetrieb Gültigkeit. Ihre Abteilungen können sich nur solange an der Spitze der Entwicklung halten und damit die Richtung bestimmen, wie sie von anderen Formationen nicht überholt werden. Das aber ist nur gewährleistet, wenn sie sich immer auch schon selbst voraus sind, sich gewissermassen als die Avantgarde ihrer eigenen Avantgarde konstituieren. Früh hat Marinetti dies zum Richtmaß für avantgardistischen Fortschritt erhoben: ‚Die Kunst steht (stets) unter der Notwendigkeit, sich selbst zu zerstören'[63]. Daß solche bedingungslose Vorwärtsstrategie in eine tödliche Aporie münden würde, lehrt schon der militärische Zusammenhang. Im Grunde hatte es nur Dada risikiert, zugleich Anti-Dada zu sein und sich dabei zerstört. Daß sich dennoch alle so unterschiedlichen avantgardistischen Bewegungen an dieser Grenze zu messen wagten, läßt erahnen, welches Opfer ihre ‚Partisanen' für ihre Utopie, die Freiheit ihrer Künste als eine Befreiung der Menschen, zu bringen bereit waren[64].

ANMERKUNGEN

1 Zur Begriffsgeschichte vgl. M. Calinescu, „ ‚Avant-garde': Some terminological considerations", *Yearbook of Comparative and General Literature* 23 (1974) 67-78; bes. H. Böhringer, „Avantgarde – Geschichten einer Metapher", *Archiv für Begriffsgeschichte* 22 (1978) 90-114. Eine unvermindert gültige Erfassung des Problems hat H. E. Holthusen (*Avantgardismus und die Zukunft der modernen Kunst*, München 1964) geleistet.

2 *Chroniques d'Art*, ed. L. C. Breunig, Paris 1960, S. 212 ff.

3 E. Philipp hat (anläßlich P. Bürgers *Theorie der Avantgarde*, Frankfurt/M. 1974) grundsätzliche und sachliche Vorbehalte gegen dieses Vorgehen formuliert. Vgl. *Dadaismus*, München 1980 (UTB 527), S. 83 ff.

4 Vgl. F. Gregh, «Manifeste humaniste» (1902); wieder in: B. Mitchell, *Les Manifestes littéraires de la Belle Epoque (1886-1914)*, Paris 1966, S. 69 ff.

5 Mit Böhringer, „Avantgarde", S. 104 f. und Calinescu, "Terminological Considerations", S. 75 f.

6 Vgl. Art. „Genie" von R. Warning im *Historischen Wörterbuch der Philosophie* Bd III, Basel 1974; Sp. 279 ff.

7 In der Antwort auf eine von J. Huret veranstaltete *Enquête sur l'évolution littéraire* (1891) (vgl. *Œuvres complètes,* Ed. Mondot/Jean-Aubry, Paris 1945 u.ö., S. 866 ff.).

8 Zit. nach G. Durozoi/B. Lecherbonnier, *Le Surréalisme*, Paris 1972 (Coll. thèmes et textes), S. 231.

9 T. Tzara, «Manifeste Dada 1918» in *Œuvres complètes* I (ed. H. Béhar), Paris 1975, S. 359 ff.

10 Vgl. etwa R. Hausmann, „Der deutsche Spießer ärgert sich: Kunst als ästhetische Harmonisierung bürgerlicher Besitzverhältnisse" (in *Dada Berlin – Texte, Manifeste, Aktionen;* Hrsg. K. Riha, Stuttgart 1977 (RUB 9857), S. 67). – H. Finter hat dieses avantgardistische Grundanliegen einer Kunst als gesellschaftlicher Transformation im Rahmen eines pragmasemiotischen Diskursmodells erschlossen (*Semiotik des Avantgardetextes – Gesellschaftliche und poetische Erfahrung im italienischen Futurismus,* Stuttgart 1980.

11 Vgl. H. Hinterhäuser, *Moderne italienische Lyrik*, Göttingen 1964 (Kl. Vandenhoek R. 181-83).

12 In: *Littérature* No. 15/juillet-août 1920.

13 Vgl. die „Déclaration du 27 Janvier 1925", wiedergegeben bei M. Nadeau, *Histoire du Surréalisme, suivie de documents surréalistes,* Paris 1964, S. 239 f.

14 Zugleich Gemeingut der Avantgarde-Forschung. Vgl. repräsentativ A. Marino, «Essai d'une définition de l'avantgarde», Revue de l'Univ. de Bruxelles Jg. 1975, S. 64-120. Noch ebenso E. Ionesco, «Discours sur l'avant-garde», in ders., *Notes et Contre-notes,* Paris 1962, S. 26 u. ö.

15 Anschaulich gemacht bei P. Bergman, *Modernolatria et Simultaneità,* Uppsala 1962.

16 G. Apollinaire in seinem ästhetischen ‚Testament' «L'Esprit nouveau et les poetes» (in *Œuvres complètes*, ed. M. Décaudin, Bd III, Paris 1966, S. 609 ff.).

17 Die Grundthese von K. A. Otts kritischer Erarbeitung dieses Zusammenhangs (vgl. „Die wissenschaftlichen Ursprünge des Futurismus und Surrealismus", in *Poetica* 3 [1968] 371-398).

18 «Essai d'esthétique littéraire» (1917), in P. R., *Nord-Sud, Self-Defence et autres écrits sur l'art et la poésie (1917-1926),* Paris 1975, S. 44.

19 Vgl. Cl. Pichois, *Littérature et progrès – Vitesse et vision du monde,* Paris 1975; dazu aber D. Hoeges, „Alles veloziferisch?", *Rom. Forsch.* 88 (1976), 417-421.

20 Vgl. Apollinaire, «Simultanisme – librettisme» (1912-1914) in *Œuvres complètes,* Bd III, S. 888 ff.

21 Exemplarisch dafür die Aufführung von *Parade* von J. Cocteau am 17.5.1917 mit der Musik von E. Satie, dem Bühnenbild von Picasso, der Choreographie von L. Massine (der Ballets russes) und dem Programmzettel von Apollinaire (in *Œuvres Complètes* III, S. 444 f.).

22 Tzara *Œuvres complètes* I, S. 382; zu Breton vgl. «Composition surréaliste écrite, au premier et dernier jet», in *Manifestes du Surréalisme,* Paris o.J. (Coll. Idées 23), S. 42 f.

23 Zur Geschichte, den Möglichkeiten und Grenzen des Ideogramms vgl. am besten E. Pabst, „Das Idéogramme lyrique und die Tradition der Technopaignia", in *Apollinaire*, hrsg. v. E. Leube und A. Noyer-Weidner, Wiesbaden 1980 (*ZfSL* Beiheft 7), S. 1-30.

24 *Manifestes*, S. 28.

25 Vgl. das bemerkenswerte Plädoyer bei H. M. Enzensberger, der den politischen und ökonomischen Gefährdungen von Avantgarde engagiert nachspürt („Die Aporien der Avantgarde", in ders., *Einzelheiten I/Poesie und Politik,* Frankfurt/M. 1976, S. 50-80).

26 A. Breton, «Deux manifestes Dada» (1920), in *Les pas perdus*, Paris ^{1}1924 (Coll. Idées 205), S. 64 f.

27 Vgl. Breton, *Manifestes,* S. 108: «Le problème de l'action sociale (. . .) est celui de l'expression humaine sous toutes ses formes. Qui dit expression dit, pour commencer, langage. Il ne faut donc pas s'étonner de voir le surréalisme se situer tout d'abord presque uniquement sur le plan du langage». Th. M. Scheerer hat diesen Aspekt im Hinblick auf die ‚écriture automatique' gewürdigt (*Textanalytische Studien zur ‚écriture automatique'*, Diss. Bonn 1974, RVV 49; Kap. 1).

28 Vgl. bes. K. Bohrer, *Die gefährdete Phantasie oder Surrelaismus und Terror,* München 1970, S. 42 u.ö. Vgl. ebenfalls E. Lenk, *Der springende Narziß – A. Bretons poetischer Materialismus,* München 1971.

29 *NRF* 15 (1920) 216-237.

30 Mit H.E. Holthusen (*Avantgardismus*) und H.M. Enzensberger („Aporien der Avantgarde").

31 Vgl. H.R. Jauß, „Literarische Tradition und gegenwärtiges Bewußtsein der Modernität", in ders., *Literaturgeschichte und Provokation*, Frankfurt/M. 1970 (ed. Suhrkamp 418), bes. S. 50 ff.

32 So der Titel des Standardwerks von M. Décaudin (Toulouse 1960). Vgl. inzwischen auch R. Sabatier, *Histoire de la poésie française,* Bd VI, 2: «La poésie du XXe siècle», Paris 1982, S. 171 ff.

33 So im damals vielbeachteten „Manifeste humaniste" von F. Gregh (S. 73).

34 Hier setzt die stilgeschichtliche Untersuchung H. Friedrichs an (*Struktur der modernen Lyrik,* Reinbek/Hbg. ^{9}1966). Er sieht die Kontinuitäten so dominieren, daß er das Neue der Avantgarde nicht als etwas kategorial anderes einschätzt (S. 140 f. u.ö.).

35 Die verwandten Errungenschaften einer theatralischen Erneuerung sind jetzt umfassend gewürdigt worden von J. Grimm, *Das avantgardistische Theater Frankreichs (1895-1930)*, München 1982.

36 Im Widmungsbrief seiner Prosagedichte *Le Spleen de Paris* an Arsène Houssaye.

37 Behutsam differenzierend gewürdigt von A. Noyer-Weidner, *Zur Frage der ‚Poetik des Wortes' in Ungarettis L'Allegria*, Krefeld 1980 (Schrift. und Vortr. d. Petrarca-Inst. 30).

38 Zum Aufbruch des Futurismus vgl. auch in diesem Zusammenhang die Studie von E. Leube, „Das Freiheitskonzept des italienischen Futurismus – Zur historischen Begründung einer literarischen Avantgarde", in *Die Idee der Freiheit in der Literatur der romanischen Völker* (Hrsg. W. Hempel), Tübingen 1980, S. 111 ff.

39 Vgl. dazu bes. M. Imdahl, „Cézanne – Braque – Picasso – Zum Verhältnis zwischen Bildautonomie und Gegenstandssehen" in *Wallraf-Richartz-Jahrbuch* 36 (1974) 325-365.

40 Als ein repräsentatives Dokument darf die umfängliche *Historia de las literaturas de vanguardia* (3 Bde) von Guillermo de Torre gelten (Madrid [3]1974), die zwischen 1919 und 1924 erstmals geschrieben wurde und schon damals von der Grundthese ausging, daß mit den (historischen) Avantgarden nicht nur ‚eine Welt' zuende ging, sondern die ‚Morgendämmerung', der ‚Frühling' der Gegenwartskunst angebrochen war (S. 18). Dieser Enthusiasmus der ersten Stunde verleitete Vf. allerdings dazu, Auswirkungen der Avantgarden noch immer für sie selbst zu halten und in späteren Bearbeitungen ihren Begriff für Existenzialismus, Lettrismus, Konkrete Poesie etc. zerdehnend in Beschlag zu nehmen.

41 Eine der Grundthesen von H.E. Holthusen, *Avantgardismus*, S. 11.

42 Mit H. Friedrich, *Struktur der mod. Lyrik*, S. 149 u.ö.

43 *Manifestes*, S. 9.

44 Vgl. G. Siebenmann, *Die moderne Lyrik in Spanien*, Stuttgart 1965; G. Sobejano, „Die spanische Literatur 1898-1918" (in *Neues Handbuch der Literaturwissenschaft* Bd 19, S. 139 ff.); H. Laitenberger exemplarisch am Fall von *A. Machado – Sein Versuch einer Selbstinterpretation in seinen apokryphen Dichterphilosophen*, Wiesbaden 1972; mit engem Bezug zur Avantgarde L. Schrader, „Geschichte als Ursprung der Freiheit? Erneuerung und Tradition in der Generación del 98 und im Modernismo", in *Die Idee der Freiheit*, op.cit., S. 89-109.

45 Vgl. die prophetische Analyse von Georges Sorel, *Les Illusions du progrès*, Paris 1908. – Selbst im unbeteiligten Spanien wurden die Kriegsereignisse zum erregenden Moment eines avantgardistischen Ultraísmo. Vgl. A.L. Geïst, *La poetica del '27 y las revistas literarias*, Barcelona 1980, S. 32 ff.

46 Aus dem Vorwort zur expressionistischen Anthologie *Menschheitsdämmerung*, hrsg. v. K. Pinthus, Hamburg [2]1959.

47 Vgl. W. Erzgräber, *Utopie und Anti-Utopie*, München 1980 (UTB 1071).

48 Mit Th. S. Kuhn, *Die Struktur wissenschaftlicher Revolutionen*, Frankfurt/M. [4]1979 (stw 25).

49 In *Per conoscere Marinetti e il Futurismo,* ed. L. de Maria, Milano 1973 (Oscar Mondadori L 96), S. 284.

50 R. Poggiolis These, daß mit der künstlerischen Avantgarde des Jahrhundertbeginns die soziale und ästhetische Avantgarde sich abrupt und radikal trennen, scheint zu sehr nur dialektisch gedacht; sie kann daher den grundlegenden Funktionswandel nicht erfassen (vgl. *Teoria dell'arte d'avanguardia,* Bologna 1962, S. XVI f. u.ö.).

51 In *Dada Berlin,* S. 52.

52 Breton, *Manifestes,* S. 12/13; Ionesco, «Discours sur l'avantgarde», S. 37.

53 P. de Man u.a. haben sich mit diesem Begriff kritisch gegen die Anwendung des semiologischen Grammatik-Modells als Erschließungshypothese von literarischer Bedeutung gewandt. Die lesend vollzogene Überführung von Bedeutung in Sinn vollziehe sich nicht als direkte Rhetorisierung von Grammatik, sondern als Transformationsprozeß, in dem ein Zeichen (Text) ein anderes (Lektüre) dekonstruierend generiert (vgl. P. de Man, *Allegories of Reading,* New Haven/London 1979, bes. I, 1; sowie H. Bloom et al., *Deconstruction and Criticism*, New York 1979). – Diese theoretische Bedingung von Literatur wird in avantgardistischer Poetik gleichsam vergegenständlicht. – In dieser thematischen Perspektive, als einer Dialektik von Sprachzerstörung und Sprachschöpfung, hat K. Hölz dies als produktives Problem von Mallarmé bis Sollers nachgewiesen: (vgl. *Destruktion und Konstruktion – Studien zum Sinnverstehen in der modernen französischen Literatur,* Frankfurt/M. 1980 (Analecta Romanica 45).

54 Zit. bei Nadeau, *Histoire du Surréalisme*, S. 67.

55 Früh von Apollinaire als die entscheidende Tendenz der vorbildgebenden kubistischen Revolution diagnostiziert. Vgl. *Les Peintres cubistes,* Paris 1913, S. 19.

56 Mit bestechender Konsequenz von P. Reverdy theoretisch entwickelt im «Essai d'esthétique littéraire» *(Nord-Sud,* S. 39 ff.).

57 Zit. in *Expressionismus und Dadaismus,* Hrsg. O. F. Best, Stuttgart [2]1978 (Deutsche Literatur in Text und Darstellung 14), S. 24.

58 Dazu allgemein M. Raether, *Der Acte gratuit – Revolte und Literatur,* Heidelberg 1980.

59 Rückblickend auf Dada und den früheren Surrealismus (‚verkleinerter Sohn Dadas') legt G. Ribemont-Dessaignes dies als gemeinsame avantgardistische Grundaspiration frei (vgl. «Histoire de Dada» in *NRF* 36 [1931] 867 ff. und 37 [1931] 39 ff.).

60 Vgl. Apollinaire, *Esprit nouveau,* und den Kommentar bei H. Friedrich, *Struktur der modernen Lyrik,* S. 147.

61 Vgl. Reverdy, «Essai d'esthétique littéraire», *Nord-Sud,* S. 46.

62 So in A. Sofficis bedeutenden «Primi Principî di una estetica futurista» entwickelt (in *Archivi del Futurismo* Bd 1, Rom 1950, S. 577).

63 Im «Manifesto tecnico della letteratura futurista» (1912), in ders., *Teoria e invenzione*, S. 47.

64 Mit H. E. Holthusen, *Avantgardismus*, S. 46.

Fritz Nies

REVOLUTIONSPATHOS UND GATTUNGSBINDUNG IN DER FRANZÖSISCHEN LYRIK (1900 - 1918)

Ils s'entêtent à voir danser les catégories
lorsqu'ils battent la mesure.

Tzara

Moi qui sais des lais pour les reines
Les complaintes de mes années
Des hymnes d'esclave aux murènes
La romance du mal aimé
Et des chansons pour les sirènes

Apollinaire

Tiefgreifender ‚Umbruch', ‚Umkehrung' aller Werte und deren schließliches Verschwinden, Verzicht auf ‚Bedeutung', ‚extreme Freiheit' bzw. ‚Entgrenzung gegenüber Traditionsvorgaben', ‚willentlicher Traditionsbruch' und ‚geborstene Vergangenheit' sind nur einige der gängigsten Schlagworte, deren sich Literaturwissenschaftler und Kritiker zu bedienen pflegen, wenn sie Lyrik unseres Jahrhunderts überhaupt oder die seiner Anfangsphase bis zum Weltkriegsende charakterisieren sollen[1]. Manch ratlosem Betrachter gilt die „Revolution" jener knapp zwei Jahrzehnte als Katastrophe, die das Feld der Poesie völlig „verwüstet"[2] zurückließ. Als Beleg dient meist eine Handvoll von Texten jenes Halbdutzends arrivierter ‚Höhenkamm-Autoren', die als Avantgarde zu betrachten wir inzwischen übereingekommen sind[3]: Apollinaire, Cendrars, M. Jacob, V. Larbaud, Reverdy, später vielleicht noch Tzara als Galionsfigur des Dadaismus, Breton als die des frühen Surrealismus[4].

Hier kann es weder darum gehen, generelle Aussagen über den Neuheitsgrad der Lyrik jener Jahre oder eines Teils von ihr zu treffen, noch darum, eine anerkannte literarhistorische Zäsur zu bestätigen oder zu verwischen. Die Frage nach Verhaftetsein in Traditionen, deren

Weiterentwicklung oder Zurückweisung möchte ich einzig verfolgen im Hinblick auf einen – allerdings nicht nur peripheren – Teilaspekt: das Verhältnis der neuen Texte zu den literarischen Gattungen. Bedeutet doch die Zuweisung von Einzeltexten zu Gattungsmustern – oft historischen Langzeitphänomenen – zugleich Einbindung jener Texte in übergreifende und bedeutungsschaffende Zusammenhänge, Verknüpfung zwischen Gleichzeitigem wie zwischen Gegenwärtigem und Früherem. Radikalem Neuheitsstreben dagegen müßte der Verzicht auf solche Zuweisungen korrespondieren. Wie weit gilt E. Hajeks Diagnose, daß mit der Jahrhundertwende plötzlich die „Kunstgattungen ihre seit Jahrhunderten gültigen Ordnungssysteme aufgeben", für den Bereich der französischen Lyrik? Ähnlich wie im Beitrag von W.-D. Stempel soll hier gefragt werden nach ‚Grenzen der Entgrenzung' – nach den Grenzwerten möglicher Provokation, Arbitrarität und Inkohärenz, wie sie etwa durch den Beitrag von W. Wehle ins Blickfeld kommen.

Wurden nicht – auch von anderen als Breton – manche Grenzen nur scheinbar aufgekündigt, in Wirklichkeit aber respektiert (R. Warning)? Was ist das Maßverhältnis von Determiniertheit und Freiheit von und zwischen Einzeltexten und Textsystemen?

Berücksichtigt werden im folgenden beim Versuch, eine wenigstens vorläufige Antwort auf diese Fragen zu finden, weder retrospektive Kategorisierungen der Literaturwissenschaft oder späterer Herausgeber[5] noch Texte, deren Strukturmerkmale stillschweigende Weiternutzung vorhandener Gattungsmodelle erkennen lassen[6]. Ich beschränke mich auf Gedichte und Gedichtgruppen, die bei ihrer Erstpublikation im Titel[7] ausdrücklich einem Genre zugeordnet wurden, da solchen demonstrativen Voraussignalen für die Erwartungskonstitution damaliger wie späterer Rezipienten zweifellos besonderer Stellenwert zukam. Die Termini Gattung, Genus, Genre verwende ich ohne systemhierarchische Implikationen. Ich verstehe darunter Gruppen von Texten, die Merkmaldominanten oder -kombinationen gemeinsam haben, unabhängig vom Allgemeinheitsgrad (d. h. die Pluralform *Vers* wird ebenso berücksichtigt wie etwa *Sonnet* oder *Fable*). Eingliederungen dieser Art erfolgten beim von mir erfaßten Textkorpus zu einer eindrucksvollen Vielzahl – insgesamt über siebzig – unterschiedlichster Genera[8], und allein Apollinaire verwandte in seinen Gedichttiteln mehr als zwei Dutzend verschiedener Gattungsbezeichnungen.

II

Da nicht wenige Äußerungen der Fachliteratur eine revolutionäre Aufbruchsbewegung verallgemeinernd für die Lyrik des Jahrhundertbeginns ansetzen, will ich als erstes einige Sondierungen zum Stellenwert von Gattungskonzepten für die poetische Gesamtproduktion durchführen. Sie repräsentiert immerhin jenes Hauptheer, dessen sieghaftem Vormarsch die Avantgarde den Weg zu bahnen hatte und zu dem sie Sichtkontakt halten mußte, wollte sie nicht zum verlorenen Haufen werden. Als Stichproben sollen zwei Schnitte dienen, die sämtliche Titel von Buch-Neuerscheinungen einmal der Jahre 1900-1905, zum andern der unmittelbaren Vorkriegszeit und ersten Kriegsjahre 1913-1915 erfassen[9] und so ermöglichen, zwischenzeitlich eventuell erfolgte Schwerpunktverlagerungen zu diagnostizieren. Dabei ergibt sich nicht nur, daß Bücher der Kategorie *Poésies* einen der Spitzenplätze innerhalb der Neuerscheinungen jener Jahre einnahmen[10]. Es zeigt sich vor allem, daß in den untersuchten neun Jahren die Titel von insgesamt 1 960 Gedichtsammlungen, d.h. fast 82 %, Hinweise geben auf metrische Charakteristika oder Gattungszugehörigkeit der in ihnen enthaltenen Texte[11]. Das läßt (neben individuierenden Signalen oder Nennung von Adressaten, Motiv- oder Thementraditionen) auf einen erstaunlich hohen Stellenwert von Gattungskonzepten als konstituierendem Faktor von Gedichtsammlungen schließen. Beispielsweise erschienen, um nur einige der vertrautesten Gattungsmuster anzuführen, 81 Sammelbände mit im Titel angekündigten *Chansons* (1900-05: 42; 1913-15:39), 73 Bände *Sonnets* (44; 29), 39 Bände *Fables* (25; 14), 20 Bände *Odes* (15; 5), 13 Bände *Ballades*, sechs Bände *Rondeaux*, vier Bände *Epigrammes*, je drei Bände *Pastorales* und *Elégies*, zwei Bände *Idylles*, ein Band *Eglogues*. Im Umfeld des Weltkriegsbeginns ist sogar – neben Sonettsammlungen, die bei sinkender Gesamtproduktion ihre vierte Rangstelle in der Frequenzliste halten – ein relativer Anstieg jener Titel zu registrieren, die Gedichte alter, z.T. metrisch fester Genera ankündigen (*Ballades, Rondeaux, Pastorales*). Wie weit sich in solch verstärktem Rückgriff auf langbewährte, hochgradig verfestigte Gattungsmuster das Bedürfnis von Autoren wie Publikum nach Halt, nach Kontinuität spiegeln mag in einer Zeit wachsender existentieller Unsicherheit und Bedrohung, kann hier nicht weiter verfolgt werden.

Ein anderes augenfälliges Phänomen dagegen sei noch kurz erwähnt: Als zweithäufigste Angabe überhaupt – mit 373 Belegen – wurden

Gedichtsammlungen im Titel durch den Plural *Vers* vorgestellt, weitere 24 Sammlungen als *Rimes*. Nicht zuletzt dieses hundertfältig demonstrative Herausstreichen überkommener metrischer Prägung macht deutlich, wie wenig die Rede sein kann von einem die gesamte Lyrik erfassenden Trend hin zu Prosagedicht und Verslibrismus[12], den man gelegentlich ab Anfang unseres Jahrhunderts voraussetzt[13].

Einige der Haupttendenzen, die sich in der Buchtitel-Statistik abzeichneten, werden bei zusätzlicher Berücksichtigung sowohl von Sammelbänden dort nicht erfaßter Zeitabschnitte wie von Einzelgedichten bestätigt. Die weitaus meisten Gattungen, denen Lyriker ihre Gedichte zuordneten, sind seit Jahrhunderten belegt[14], viele davon seit der Antike[15] oder dem Mittelalter[16]. Mit größerer Häufigkeit tauchen bei sogenannten ‚Höhenkammautoren' insbesondere Texte auf, die bezeichnet sind als *Elégie*[17], als *Ode*[18] oder als *Sonnet*[19]. Nicht selten erfolgten Eingliederungen in Genres, die ihre Herkunft aus der religiösen oder speziell der katholischen Tradition gemeinsam haben: *Prière* vor allem[20], aber auch *Processional, Cantique, Confiteor*[21]. Erhärtet wird der weiterhin hohe Stellenwert überkommener metrischer Muster. Eine ganze Reihe in der Untersuchungsperiode benutzter Gattungsnamen bezeichnen metrisch feste Gedichtformen: neben dem *Sonnet* der *Chant royal* und das *Rondeau, Sirventois, Sextine, Stances, Tercets, Tierce-rime*. Die beachtliche Stabilität des ererbten Gattungssystems scheint selbst für Publikationsmedien zu gelten, die man stärker als das Buch durch Aktualitätsnähe charakterisiert glaubt: die großen literarischen Periodika. Als Beispiel mögen die Jahrgänge 1908-1916 des *Mercure de France* dienen, einer der „bedeutendsten literarischen Zeitschriften von Paris"; in ihr schrieb zwischen 1909 und 1918 u.a. häufig Apollinaire, der „Sprecher der literarischen Avantgarde"[22].

In ihren Heften nun finden sich, neben vereinzelter erstmaliger Zuweisung zu einem neuentstehenden Genre, Gedichte unter dem Namen einer Reihe alter[23], teilweise letztmals belegter Genera. Daß die letzten überhaupt bekannten Titelzuordnungen zu zahlreichen Gattungen aus jenen Jahren des Jahrhundertbeginns stammen[24], macht eines deutlich: das Bemühen von Autoren dieser Periode, auch und gerade alte Gattungsmuster am Leben zu halten oder wieder aufzuerwecken[25]. Denn für eine ganze Gruppe jener (überwiegend aus dem Mittelalter stammenden) Altgattungen ist keineswegs eine durchgehende breite Tradition vorauszusetzen[26], die man einzig hätte weiterzuführen brauchen. Das Bewußtsein solcher Diskontinuität war es, das Albert Erlande im *Chant Royal de la Rose* betonen ließ, er erneuere mit seinen Versen einen „rythme perdu“[27]. Es ist in diesem Rahmen unmöglich, mehr als Vermutungen anzubieten darüber, was der Anreiz gewesen sein könnte für derartige Reaktivierung weithin vergessener Modelle. Fast scheint es, als sei ihre Wiederbelebung weniger der Vertrautheit mit jenen Gattungen zu danken als gerade ihrer befremdenden Andersheit, dem über sie ermöglichten provozierenden Kontrasterlebnis zu moderner Erfahrung – kurz jener „Alterität“, in der etwa H.-R. Jauß neuerdings heutiges Interesse an mittelalterlicher Literatur zu begründen sucht[28]. Ein programmatisches Bekenntnis von Tristan Tzara zumindest deutet in diese Richtung: «J'aime une œuvre ancienne pour sa nouveauté. Il n'y a que le contraste qui nous relie au passé»[29].

III

Prüfen wir nun kurz an einigen Dutzend von Gedichten und Sammlungen, inwieweit über den Titel geweckte Erwartungen durch die Texte eingelöst oder enttäuscht werden. Beabsichtigt ist selbstverständlich nicht eine Detailinterpretation dieser Beispiele, sondern eine Antwort auf die Frage, ob vertraute Hauptmerkmale hergebrachter Gattungsmuster unverändert übernommen sind, die Muster deutlich abgewandelt oder die Titelhinweise vielleicht nur gezielter Etikettenschwindel sind. Es überrascht wohl kaum, daß Gedichte einer ganzen Reihe wenig bekannter oder nicht zur Avantgarde zählender Autoren überlieferte Dominanten des jeweils angekündigten Gattungsschemas erkennen lassen. *Epodes* heißen dort spöttische Gedichtchen in Distichen aus ungleichen Versen, *Complaintes* volkstümliche Lieder, *Georgiques* ein Poem über ländliche Umwelt, ein *Sirventois* ist Lobpreis der Gottesmutter in Form des *Chant royal*, die *Sextine* ein Gebilde aus sechs Sechszeilerstrophen plus dreizeiligem Geleit mit üblicher Reimabfolge; *Stances* behandeln in meist isometrischen Alexandrinerstrophen und elegischem Ton Themen wie Liebe und Freundschaft, die *Ode* ist mit pathetischen Ausrufen gespickte Anredelyrik, feiert große Ereignisse, bedient sich strophisch gereimter Achtsilbler[30].
Doch auch Avantgarde-Poeten erfüllten nicht selten vom Titel ausgelöste Gattungserwartungen recht weitgehend. Die *Elégies* von Tzara und Apollinaire sprechen in melancholisch-gedämpften Ton von Liebesleid und Tränen, Trennung und Tod in einem Naturdektor von Zypressen

und Trauerweiden, welkenden Blumen und Wintereinbruch[31]. Apollinaires brav gereimte *Fables* schließen sämtlich mit einer „morale", sein *Epigramme* ist ein spöttisches Kurzgedicht mit abschließender Pointe, seine strophische *Ballade* evoziert in romantischer Tradition legendär-schaurig-geheimnisvolle Geschehnisse. Der leherhafte Charakter seiner in Alexandriner gegossenen *Dicts d'amour à Linda* ist unverkennbar, und in seiner *Tierce rime pour votre âme* wurde das traditionelle Reimschema ebenso beachtet wie in seinen *Sonnets*[32].

Oftmals allerdings lassen Gedichte zwar vertraute Komponenten angekündigter Gattungsmuster erkennen, verändern jedoch zugleich jene Muster beträchtlich. An dieser Weiterentwicklung waren auch ‚Höhenkammautoren' beteiligt, die in anderer Hinsicht als Repräsentanten des Konservatismus[33] gelten. Claudels *Cinq grandes odes* bewahren zwar die seit Boileau übliche Erhabenheit des Gegenstandes und den hymnisch-preisenden pathetischen Ton; dagegen sind Metrum und Strophe zugunsten eines konsequenten Verslibrismus aufgegeben. Die *Elégies* von Jammes beschwören Altern und Tod, Trauer und Liebesleid, melancholische Herbststimmung und Lächeln unter Tränen und „tout doucement" klagende Tauben; doch zugleich wird in höchst unüblicher Weise die Gattungstradition ironisch reflektiert:

> O petite Marie, le jour où je mourrai, –
> on meurt presque toujours aux fins des élégies . . .[34]

Grundlage einer *Prière* von J. Romains bleibt der göttliche Charakter ihres Adressaten; dieser Adressat jedoch ist eine Großstadtstraße. Selbst heute längst vergessene Lyriker insistieren auf ihrem Verdienst bei der Ausweitung hergebrachter Gattungsgrenzen. Erlande etwa betonte in seinem *Chant royal*, er habe jene einst göttlichen Wesen vorbehaltene Form erstmals dem Preis der Geliebten geweiht. André Delacours *Odelette* übernahm aus der Ronsardtradition die Isometrie, nicht aber Einstrophigkeit und anakreontische Tonlage, von H. de Régnier Mehrstrophigkeit und ernsten Ton, nicht dagegen die Heterometrie[35].

Weit weniger überraschend ist solches Streben nach unüblicher Nutzung eingeführter Gattungsschablonen bei konsekrierten Hauptvertretern der Avantgarde. Apollinaires *Prière* etwa spricht paradoxerweise ein Ungläubiger. Seine in Thematik (Liebe, Krieg, Tod) wie gehobener Tonlage gattungskonforme *Ode* treibt jedoch den boileauschen „beau désordre" bis zum Verslibrismus vor, ebenso wie diejenige von

V. Larbaud. Diese preist zwar mit gebührender Erhabenheit des Stils ein ‚großes' Ereignis, das jedoch in einer Fahrt mit dem zum Anredepartner erhobenen Orient-Express besteht. In der *Berceuse* von Saint-John Perse erzeugen isometrische Verse den üblichen langsam-monotonen Rhythmus, ein kindliches Gegenüber wird angesprochen usf.; gattungsfremd dagegen ist – um nur zwei der augenfälligsten Abweichungen zu nennen – die Reimlosigkeit ebenso wie die Tatsache, daß das angeredete Mädchen „au tombeau dans des pierres noires" endet[36].

Eine eindrucksvolle Probe enger Verflechtung von Bewahrtem und Neuem ist das *Bestiaire* Apollinaires. Wie die Mehrzahl seiner mittelalterlichen Vorbilder bedient er sich der Versform und der Illustration, benutzt einen Teil der Tierfiguren aus christlicher und vorchristlicher Symboltradition in Bestiaires und darstellender Kunst[37], nicht selten mit herkömmlichem allegorischem Bedeutungskern. So werden nicht nur für Orpheus, den Bezauberer der Tiere, die alten Gleichsetzungen mit Christus in der Unterwelt und Christus = Hermes Trismegistos vorgenommen, auch Gleichungen wie Christus = Fisch, Schildkröte (npanzer) = Planetenleier, Schlange = dunkle Mächte der Erotik, Sirene = irreleitende Versucherin, Taube = Heiliger Geist, Pfau = Schönheit, geflügelter Stier = Wesen an Gottes Thron usw. sind wiederaufgegriffen[38]. Wie seit den Ursprüngen der Gattung erscheinen Gottes- und Weltvorstellungen des Christentums als Bezugspunkt des poetischen Verweisungssystems[39], demonstrieren Ermahnungen und Ermunterungen eine didaktische Attitüde[40], ist die Schar der Tiere in Untergruppen eingeteilt. Gleich den *Bestiaires d'Amour* macht Apollinaire streckenweise in witzig-heiterem Ton die Liebe zwischen den Geschlechtern zum Thema[41], und auch er sucht den Eindruck zu wecken, welcher der Überzeugung mittelalterlicher Bestiaire-Verfasser entsprach: alles Seiende hänge zusammen und verweise aufeinander[42]. Doch dieses Beziehungsgeflecht ist in Apollinaires Vierzeilerfolge nicht mehr dem Christengott als Erschaffer eines allumfassenden Kosmos zu danken, sondern dem gottgleich gewordenen Sänger-Poeten. Er taucht nicht nur an den Schlüsselstellen des Zyklus auf[43] und bildet dessen eigentliches Thema. Er ist es auch, der nach Belieben überkommene Symbolkomplexe durch neue zu ersetzen vermag. Der Löwe hat als Sinnbild Christi, seines Erlösertods, seiner sich und die Menschheit befreienden Auferstehung abgewirtschaftet; er ist zur Hagenbeckschen Kuriosität heruntergekommen –

. . . malheureuse image
Des rois chus lamentablement,
Tu ne nais maintenant qu'en cage
A Hambourg, chez les Allemands.

Der radschlagende Pfau, in Rückenansicht, „se découvre le derrière", und ähnlich schnoddrig-überraschende Pointen bietet eine ganze Reihe weiterer Quatrains[44].

Die vorstehenden Kostproben für spielerische Ausweitung von Gattungsmustern mögen genügen. Zu erörtern bleibt noch der Typus einer „Konterdetermination" des Lesers im Sinne H. Weinrichs, d.h. von Gattungsankündigungen im Titel, die durch den Text nicht einmal teilweise eingelöst werden, sondern sämtliche geweckten Erwartungen radikal enttäuschen. Diese Spielart scheint jedoch selbst in avantgardistischer Lyrik äußerst selten. Das einzige mir erinnerliche Beispiel sind die *Sonnets dénaturés* von Cendrars, in denen der (durch das Adjektiv immerhin vorgewarnte) Rezipient nicht nur die in Quartette und Terzette gegliederten Vierzehnzeiler, sondern sogar Vers und Reim so vergeblich sucht wie eine dreitaktige Denkbewegung.

Doch solch gezielte Mystifikation des Lesers ebenso wie der ungleich häufigere Versuch, ihn mit Teilneuerungen zu konfrontieren, versprach nur dann Erfolg, wenn besagter Leser mit den vom Autor vorangeschickten Gattungsankündigungen überhaupt genauere Erwartungen verband. Wer erfüllte diese Bedingung und gehörte damit zur Zielgruppe einer Lyrik, in der generische Wahrscheinlichkeitsrechnungen einen so beachtlichen Faktor darstellten? Es war unverkennbar eine relativ schmale Leserelite mit reichen literarischen Erfahrungen, und zwar Erfahrungen nicht allein mit den gängigsten Formen der poetischen Tradition oder der Dichtung ihrer eigenen Zeit. Hätte man doch von einem halben Hundert verschiedener traditioneller Gattungsnamen, die in den erfaßten Titeln auftauchen, rund der Hälfte selbst in enzyklopädischen Lexika der Zeit[45] vergeblich nachgespürt.

IV

Kommen wir nun zu Texten und Sammlungen, die auf alteingeführte Gattungsetiketten verzichten. Denn es liegt nahe, deren Zuhilfenahme nur denjenigen Lyrikern oder dem Teil des Œuvres avantgardistischer

Poeten zuzurechnen, wo noch kompromißlerisch mit der Vergangenheit paktiert wurde. Die für revolutionäre Umbrüche wahrhaft repräsentativen Werke dagegen, könnte man meinen, mußten sich jeder gleichmacherischen Appellativisierung widersetzen im Hinblick nicht nur auf frühere, sondern auch auf gleichzeitige Texte, mußten ihre Einmaligkeit und Unvergleichbarkeit betonen. Ist also im radikale Distanz zur Vergangenheit haltenden Sektor der Lyrik gewollte Gattungsbindung überhaupt nicht mehr nachweisbar?

Für die Futuristen war ihre Forderung nach umfassender Literaturrevolution sehr wohl vereinbar mit einem programmatischen und praktischen Interesse an den Gattungen[46]. Valéry, Eluard und Breton unterschieden den „lyrisme" als ein „genre de poésie" von anderen. Und als Hugo Ball in seinem Tagebuch die erstmalige Rezitation der allbekannten „Verse" „gadji beri bimba" im Café Voltaire beschrieb, sprach er keineswegs von einem einzigartigen Gebilde, unähnlich allen sonstigen denkbaren. Ball betonte vielmehr, er habe „eine neue Gattung" erfunden – die der „Lautgedichte" – deren Definition er gleich mitlieferte: Es handle sich um Versfolgen ohne Worte, „in denen das Balancement der Vokale nur nach dem Wert der Ansatzreihe erwogen und ausgeteilt" werde[47]. Selbst eines der gewagtesten, auf Atomisierung des gewohnten poetischen Materials angelegten Experimente des Dadaismus verstand sich also noch als Begründung einer neuen Gattungstradition. So nimmt es nicht wunder, daß die Prozesse ständiger Formierung von Genres in unserer Untersuchungsperiode unverändert zu beobachten sind. Die erste mir bekannte Gedicht-Benennung *Humoresques* beispielsweise stammt von Tristan Klingsor, die erstmalige Verwendung des Titels *Grotesque* von Apollinaires Freund André Salmon[48], usf.

Nicht immer kam es, wie bei den vorgenannten Beispielen, in der Folgezeit tatsächlich zur Herausbildung eines lebensfähigen Genus, und ebensowenig dürfte dies stets vom Namengeber intendiert gewesen sein. Auffallend häufig immerhin waren Gedichtsammlungen, die unter dem Titeletikett eines pluralisierten Substantivs erschienen[49]. Sie legten dem Leser nahe, den Singular jenes Substantivs auf die im Buch enthaltenen Einzelgedichte zu beziehen, deren Gesamtheit aber als Verband von Texten – anders gesagt: eine Gattung – zu sehen, deren gemeinsame Dominante durch eben jenes Substantiv signalisiert wurde. Doch beschränken wir uns vorerst auf Titel von Einzelgedichten, die unverkennbar eine neue Textart benennen wollen. Bei manchen (*Proème* bei Ponge, oder *Télégramme-poème, Poème-conversation*) signalisiert schon der gewählte Name, daß eine Art von ‚Kreuzung' zweier vorgefundener Sprechweisen beachsichtigt ist. Greifen wir eine auffällige Gruppe solch neuer Namen heraus: *Carte postale, Fable-express, Télégramme-poème, Lettre-océan, Poème simultan(é)*[50]. Die ersten vier sind dadurch verbunden, daß sie damals neue technische Errungenschaften oder daraus entwickelte Konsequenzen evozieren, die bei der Übermittlung zumindest von Kurzinformationen Raum und Zeit zum Schrumpfen oder gar völligen Verschwinden zu bringen schienen. Die Titelwahl signalisiert hier den Versuch, dies veränderte Zeit- und Raumerlebnis aus dem außerpoetisch-lebenspraktischen Bereich in den der Lyrik zu übertragen. Die konzisen Texte sind primär durch die Art ihres Weges zum Empfänger charakterisiert: Die *Fable-express, Télégramme-poème, Lettre-océan, Poème simultan (é)*[50]. (etwa der von V. Larbaud besungene Orient-Express) oder wie die mit dem Train-Poste dahinfliegende *Carte postale*. Bei der Raumüberwindung des durch Radiotelegraphie übermittelten *Télégramme*, der drahtlos die Weltmeere überquerenden *Lettre-Océan*[51] spielt der Zeitfaktor keine Rolle mehr. Das Bewußtsein der neugeschaffenen Möglichkeiten, an einem Ort das hören und sehen[52] zu können, was im selben Augenblick an weit entfernten Schauplätzen gesprochen oder getan wurde, mag verantwortlich sein für jenen Eindruck transnationaler Polyphonie, wie er sich spiegelt im *Poème simultan* von Tzara, Huelsenbeck und Janko, die sich überlagernde Texte in unterschiedlichen Nationalsprachen partiturartig zusammenstellten und gleichzeitig vortrugen.

V

Greifen wir abschließend die Konstituierung einiger neuer Textkategorien bei Apollinaire heraus. Gilt er doch als Sprecher und „Impresario" der damaligen literarischen Avantgarde[53], der sein Werk „demonstrativ" von der Tradition abkehrend die „offene Revolte im Bereich der Lyrik verkündet", und um den sich deswegen noch 1917 Tzara, Breton u.a. sammeln wollten. Auch Apollinaire benutzte zur Gruppierung seiner Gedichte gerne die beliebten Plural-Titel: *Alcools, Rhénanes, Ondes, Etendards, Lueurs de tirs*[54], *Quelconqueries*. Das Seitenlimit meines Beitrags nötigt mich, auf eine Ausdeutung dieser vom Autor nicht erläuterten Appellative zu verzichten. Dagegen verfügen wir über seine Erläuterung dessen, was die (von Apollinaire für eine Spielart experimenteller Gedichte eingeführte[55] und durch die Literaturwissenschaft aufgegriffene) Kategorie *Poèmes-conversation* meinte: Es handle sich um Texte „où le poète au centre de la vie enregistre en quelque sorte le lyrisme ambiant", und man könne sie unmöglich lesen „sans concevoir immédiatement la simultanéité de ce qu'ils experiment"[56]. Zumindest die solches Vorwissen verwertende Lektüre von Gedichten wie *Lundi rue Christine, A Travers l'Europe, Les Fenêtres* etc. macht deutlich, daß es ihnen primär darum geht, eine Vielzahl von allen Seiten zugleich anlangender visueller und akustischer Eindrücke sowie der dadurch ausgelösten, Raum wie Zeit überwindenen Konnotationen zu vermitteln. Die Rolle des Lyrikers wird gleichsam als die des Phonographen und der (schwenkbaren) Kamera gesehen, die jene erregende Atmosphäre, in ihrem Mittelpunkt stehend, einfangen und aufzeichnen. Die idealtypische Simultaneität all jener Prozesse zwischen Innen- und Außenwelt impliziert, daß solche Gedichte sich nicht mehr konsequent vom Anfang über eine Mitte um Ende hin entwickeln, und daß der Rezipient, wiederum idealtypisch gesehen, seine Lektüre bei jedem beliebigen Abschnitt, ja sogar jedem Vers beginnen oder die Zeilenfolge von hinten nach vorn lesen können müßte[57]. Die Wortneubildung *Poème-conversation* möchte offenbar jene lockere Verbindung der Elemente, die geringe Zielgerichtetheit bzw. das Nicht-Gebundensein an ein einziges zentrales Thema, die Vielfalt sich kreuzender Stimmen[58], Möglichkeiten des Einstiegs an beliebiger Stelle u.ä. evozieren, wie sie als Charakteristika der Konversation gelten. Der Verzicht auf Darstellung dieser Pluralität sich überlagernder Wirklichkeitssegmente aus gleichbleibender Perspektive bedeutet zugleich, daß das ‚lyrische Ich' und sein Gegenüber, denen in zahlreichen Spielarten damaliger Lyrik noch eine Schlüsselrolle zukam[59], im Konversationsgedicht hinter einer Mehrzahl von Sprecher- und Hörerrollen zurücktreten und gelegentlich unauffindbar werden.

Von Gattungsbildung bei Apollinaire kann man selbstverständlich nicht sprechen, ohne wenigstens kurz auf seine Bestrebungen einzugehen, eine neue Spezies des Figurengedichts zu begründen. Diese Vertextungs-Experimente, deren erste er 1914 unter dem Appellativ *Idéogrammes lyriques* gruppierte[60], gingen schließlich in ihrer Mehrzahl (zusammen mit den *Poèmes-conversation*) 1918 in seinen zweiten lyrischen Sammelband ein. Apollinaire stellte ihn unter den Titel *Calli-*

grammes und markierte durch die – nur für literarisch erfahrene Leser[61] entschlüsselbare – Wortneubildung unübersehbar seinen gattungsschöpferischen Anspruch, bisher nicht Dagewesenes zu bieten. Ich muß im Rahmen meines Themas darauf verzichten, eine umfassende und detaillierte Interpretation dieses komplexen Textverbands anzustreben, zu dem nicht nur die Apollinaireforschung bereits eine Fülle von Deutungen vorgelegt hat[62]. Es soll genügen, das Verhältnis der neuen Bildgedichte zur reichen Tradition der *Vers figurés* in wenigen Punkten anzudeuten. Gemeinsam mit der jahrtaüsendealten Überlieferung figurenbildender Schriftfolgen haben Apollinaires Produkte, daß sie über die graphische Gestaltung des Textes auch eine optische Wiedergabe von Phänomenen erstreben, welche eben dieser Text sprachlich evoziert. Wesentliche Unterschiede zu früheren *Vers figurés* zumindest der französischen und europäisch-abendländischen Literatur sind jedoch ebensowenig zu übersehen[63]. Einmal verzichten die Bildgedichte aus *Calligrammes* – mit einer einzigen Ausnahme[64] – auf das zuvor fast durchgängig beachtete Darstellungsprinzip der Symmetrie. Zum andern verbildlichen sie, während man sich früher beinahe ausschließlich mit der Nachzeichnung eines Gegenstandes begnügte, fast immer eine Mehrzahl von Objekten – beginnend mit Zweier- und Dreiergruppen[65] über die Tropfenvielfalt der Fontäne und des Bindfadenregens bis hin zur Maschinengewehrgarbe und zu den sich ausbreitenden elektrischen Wellen. Des weiteren vermeidet Apollinaire meistens, durch Kombination von Größe und zentraler Plazierung einem einzigen aus jener Pluralität von Objekten die Schlüsselposition innerhalb des Gedichts zu reservieren. Schließlich sind einzelne Bildteile erst nach der Lektüre, und manche selbst dann noch nicht[66], eindeutig zu dechiffrieren. Der Verzicht auf Symmetrieachse und Fluchtpunkte, auf deutliche Markierung von Mitte, Anfang und Ende des Gedichts entspricht einer Umsetzung simultaneistischer Konzepte, wie sie in anderer Weise schon die *Poèmes-conversation* versucht hatten: dem Bestreben, Gesetze von Kausalität und mechanischer Aufeinanderfolge in der Zeit zu durchbrechen, alles zugleich zu bieten, eine nicht zielgerichtete Bewegtheit zu erzeugen. Bei der oft ungewöhnlichen Konstellation – so werden z.B. altvertraute Versatzstücke der poetischen Welt konfrontiert mit Emblemen der Moderne[67] – von teilweise mysteriösen Objekten soll der Leser freier sein als bisher, welche Bezüge zwischen welchen Objekten er in welcher Reihenfolge herstellt.

VI

Fassen wir zusammen. Gewiß ist die Grenzmarke zwischen Evolution und Revolution das Ergebnis einer Setzung durch den zurückblickenden Betrachter. Und einerseits steht außer Frage, daß zahlreiche Einzeltexte der Avantgarde eine Orientierung an tradierten Gattungsmustern entweder verweigerten oder diese transgredierten. Andererseits scheint jene kräftige Brise, die zu Jahrhundertbeginn über die französische Lyrik dahinfegte, deren Gattungssystem eher an der Oberfläche bewegt als in der Tiefe aufgewühlt zu haben. Zwei Dritteln der kleinen Genres aus Boileaus *Art poétique* konnte auch sie nichts Entscheidendes anhaben. Überkommene Genera wurden oft unverändert weitergepflegt, teils fortenwickelt, äußerstenfalls umgestülpt, längst vergessene wurden reaktualisiert und gewannen Modernität aus ihrer Alterität. Nicht allzu häufig sind die Fälle, in denen all das einigen Vertretern der poetischen Vorhut nicht genügte. Dann versuchten sie sich an der Entwicklung neuer Modelle und versahen sie mit neuen Namen. Allerdings erwiesen sich diese überwiegend als auf die Dauer wenig vital[68]. Nirgends jedoch stellte eine Poetengeneration, deren extremste Repräsentanten weder das Metaphernarsenal noch den Vers, ja nicht einmal mehr das Wort als bewahrenswerten Bestand gelten ließen, die Existenz oder Berechtigung literarischer Genera in Frage. Selbst und gerade in einer Periode tiefgreifenden Umbruchs bewahrten also in Frankreich[69] die Gattungsmuster ihre Funktion als rezeptionslenkende „Garanten der literarischen Kommunikation"[70]. Sie verdeutlichen in besonderer Eindringlichkeit, daß es der Dichtung unmöglich ist, auf Dauer „dem Verfahren die totale Freiheit zu gewinnen"[71]. Darüber war sich am Ende unserer Untersuchungsperiode wohl nicht allein der anerkannte Wortführer der Avantgarde klar, als er mit besonderem Nachdruck betonte, in seinen *Calligrammes* (wie seinem gesamten früheren Werk) habe er sich weniger „destructeur" als „bâtisseur" zu sein bemüht, und zugleich der Hoffnung Ausdruck gab, daß andere „cette sorte de poésie" weiterentwickeln würden[72].

1 Vgl. zum Vorangehenden etwa R. Shattuck, *Die Belle Epoque – Kultur und Gesellschaft in Frankreich 1885-1918*, München 31958 [Originalausg. unter dem Titel *The Banquet Years*, New York 1955], S. 41 f., 317, 338; H. Friedrich, *Die Struktur der modernen Lyrik – Von der Mitte des 19. bis zur Mitte des 20. Jhs.*, erweiterte Neuausg. Hamburg 1967, S. 166, 168; das Einladungsschreiben zu diesem Kolloquium vom Juni 1979.

2 P. de Boisdeffre, *Une histoire vivante de la littérature d'aujourd'hui*, Perrin 61968, S. 633.

3 Siehe etwa S.Neumeister in Hinterhäuser/Neumeister, *Roman und Lyrik in Frankreich 1900-1918*, Wiesbaden 1979, S. 68; Shattuck, S. 312, 315.

4 Im Rahmen meiner Themenstellung muß die Frage unerörtert bleiben, wieweit es sich bei dieser Gruppe, die sich weitgehend von den Wurzeln literarischer Tradition löste, zugleich um sozial, religiös, national Entwurzelte auf der Suche nach einer neuen Identität handelte: früh verwaist (Larbaud), konvertierter Jude (Jacob), Ausländer: Rumäne (Tzara), Schweizer Fremdenlegionär (Cendrars), unehelicher Sohn eines Italieners und einer exilierten Baltin (Apollinaire), usf.

5 Beispielsweise „poèmes nègres" in T. Tzaras *Œuvres complètes*, Paris 1975, Bd I, S. 443 ff., 714. –Vorangegangenes Zitat: Hajek, *Literarischer Jugendstil*, Düsseldorf 1971, S. 65.

6 Etwa bei Apollinaire die zahlreichen Vier-, Fünf- und Sechszeiler oder Sonette (letztere z. B. *Œuvres poétiques* hgg. Adéma/Décaudin, Gallimard 1959, S. 517, 521, 572, 574, 577, 649, 671, 707).

7 In wenigen Ausnahmefällen auch in einem Kommentar. Ob für die Titelgebung letztlich der Autor bzw. ein Verlegerwunsch maßgebend war, kann hier außer Betracht bleiben.

8 Außer den unten erwähnten etwa zu Adieu, Carmagnole, Chansonnette, Chant, Crédo, Fantaisie, Images, Lied, Nocturne, Passetemps, Rêverie.

9 Nach *Catalogue général de la librairie française* Bd 20 (Paris 1910) und Bd 27 (Paris 1920). Die Erhebung wurde im Rahmen meines Seminars durchgeführt von Frau B. Kutzen. Selbstverständlich sind so gewonnene Ergebnisse und Relationen nicht ohne weiteres übertragbar auf jene beträchtliche Zahl von Gedicht-Neuerscheinungen, die in Periodika erfolgten.

10 Unter insgesamt 36 Kategorien Platz vier – nach Roman, Théâtre, Contes de fées – für den Zeitraum 1900-05, Platz drei für den Zeitraum 1913-15 (ohne Chansons und Fables). Erfaßt wurden insgesamt 17 831 Titel.

11 Nach dem relativ nichtssagenden „poésies". Die Angabe Vers nimmt allerdings 1913-15 im Vergleich zu 1900-05 stark ab (Absinken auf Platz fünf der Frequenz-Rangliste).

12 Verstanden als völligen Verzicht auf Silbenzählung, Reimzwang und Strophe (nach Th. Elwert, *Französische Metrik*, München 1961, S. 156).

13 So etwa M. Parent, die eine „floraison des œuvres poétiques non versifiées" bei „des poètes innombrables" – beginnend mit Jammes, Gide, Claudel, P. Fort – als Signum des 20. Jhs. sieht (*Saint-John Perse et quelques devanciers – Etudes sur le poème en prose*, Klincksieck 1960, S. 11 f.).

14 Aubade, Cantilène, Complainte, Gavotte, Guirlande, Odelette, Pastorale, Processionnal, Romance, Pastiche, Pot-pourri, Sonnet, Stance, Tercet, Tiercerime.

15 Eglogue, Elégie, Epigramme, Epithalame, Epitaphe, Epode, Fable, Géorgiques, Idylle, Ode.

16 Aube, Bestiaire, Chant royal, Dict, Rondeau, Sirventois, Sextine.

17 Etwa die 17 Gedichte bei Jammes, *Le Deuil des Primevères*, (Paris 1901; zitiert nach der Ausg. Paris 1967); zwei bei Apollinaire a. a. O., S. 337 f., 530; zwei bei Tzara, *Œuvres*, Bd I, usf. Diese Tradition wird beispielsweise G. Duhamel mit seinen *Elégies* (1920) fortsetzen.

18 Beispielsweise V. Larbaud, *Les Poésies de A. O. Barnabooth* (1908), in *Œuvres*, Gallimard 1958, S. 44 f.: P. Claudel, *Cinq grandes odes pour saluer le siècle nouveau* (1910); P.-J. Jouve, *Les Muses romaines et florentines* (1913), S. 19, 31, 35, 43 usw.; J. Cocteau, *Ode à la pipe*, in *Le Cap de Bonne Espérance, suivi de Le Discours du Grand Sommeil*, Gallimard 1925, S. 196 f.; vgl. auch J. Romains, *Odes et prières* (1913), Ch. Maurras, *Ode à la bataille de la Marne* (1915), Apollinaire, *Œuvres poétiques*, S. 487 f.

19 Etwa Apollinaire, ebd. S. 408, 858; B. Cendrars, *Sonnets dénaturés* (1916), in *Du Monde entier*, Gallimard 1967; vgl. auch L. Deubel, *Sonnets intérieurs* (1903) u. a.

20 Etwa die 14 Gedichte bei Jammes, *Le Deuil des Primevères*, oder dessen *Cinq prières pour le temps de la guerre* (1916); Romains, *Odes et Prières*; Apollinaire, *Œuvres poétiques*, S. 576.

21 Etwa Claudel, *Processionnal pour saluer le siècle nouveau* (1910), in *Cinq grandes odes*, Gallimard 1970, S. 113 ff.; M. Burnat-Provins, *Cantique d'Eté* (1910); A. Mary, *Le Cantique de la Seine* (1911); *Confiteor*, in *Le Cahier des poètes* 2, 1913, S. 95 f.; vgl. auch den hier bei A. Blüher erwähnten „*Cantique des colonnes*" Valérys.

22 Zitate: Shattuck, S. 258, 279.

23 A-propos, Chant royal, Regret, usf.

24 Neben den im *Mercure* letztmals belegten Gattungsnamen etwa Confiteor, Epode, Processionnal. Aussagen über Letztbelege geben natürlich nur Annäherungswerte: Sie basieren nicht auf exhaustiver Titel-Erfassung sämtlicher bis heute erschienenen Gedichte, aber immerhin auf Zwischenergebnissen eines Langzeit-Forschungsvorhabens zur Geschichte des französischen Literatursystems.

25 Cf. dazu den Hinweis Shattucks, S. 31, auf die parallellaufende Wiederentdeckung alter Kirchentonarten und Sammlung alter Lieder.

26 So für Chant royal, Dict, Sextine (vgl. dazu Th. Elwert, *Französische Metrik*, München 1961, S. 173) oder für Sirventois, Stances.

27 *Mercure de France* 1er mai 1906, S. 64 f.

28 *Alterität und Modernität der mittelalterlichen Literatur*, München 1977, Einleitung, bes. S. 14 ff.

29 *Manifeste Dada* (1918), in: Tzara, *Œuvres* Bd I, S. 362.

30 Siehe zu alledem etwa: E. Aubé, *Odes et Epodes*, Jouve 1919; J. Rictus, *Le Cœur populaire. Poèmes, . . . complaintes, . . .*, Rey 1914; F. Jammes, *Les Géorgiques chrétiennes*, in *Mercure de France* 1911-1913; V.-E. Michelet, *Serventois pour invoquer Notre-Dame de la Joie*, in *Mercure de France* janv. 1908, S. 67 f. (vgl. ebd. S. 69 f.); Michelet, *Sextine de l'Espoir merveilleux*, ebd. S. 66 f.; J. Schlumberger, *Stances de Moréas* (1910; zur Ode Jean Cocteau, Romains, Maurras jeweils a. a. O.).

31 Nachweise siehe oben Anm. 16.

32 Siehe a. a. O., S. 491-95, 499, 568, 320 f., 330 f., 408, 858. Vgl. auch die hier bei Ch. Grivel erwähnte *Berceuse* von Jarry „en sage distiques rimés".

33 Siehe etwa Hinterhäuser/Neumeister, *Roman und Lyrik*, S. 68.

34 *Le Deuil des Primevères*, „*Elégie onzième*", S. 58.

35 *Mercure de France* Bd 162, 15 fevr. 1923, S. 59 f.

36 *La Gloire des Rois* (1911), in *Eloges*, Gallimard 1960, S. 100 ff. Als Beispiel für die Ausweitung alter Gattungstraditionen könnte natürlich der gesamte Zyklus *Eloges* dienen, oder die ungewöhnliche Behandlung des tradierten Themas Erotik in Apollinaires *Epithalame* (S. 342 f.), oder dessen die Geliebte durch das Medium unterschiedlicher Blumen besingende *Guirlande de Lou* (S. 390 f.).

37 Beispielsweise Löwe, Hase, Ziege, Meduse, Elephant.

38 Zu alledem und den in Anm. 37 genannten Tieren siehe etwa: M. Pacaut, *L'iconographie chrétienne*, Paris (P. U. F.) 21962; O. Beigbeder, *La Symbolique*, Paris (P. U. F.) 21961, passim.

39 Siehe etwa *La Sauterelle, Orphée III, Orphée IV, La Colombe, Le Bœuf.*

40 Siehe etwa *Le Lièvre, La Chenille, Orphée III, Orphée IV.* – Zum folgenden: Dem Zweiersystem Philippe de Thauns entspricht hier ein Vierersystem (flügellose Wirbeltiere, Insekten, Wassertiere, Vögel).

41 Etwa in *La Chèvre du Tibet, Le Lièvre, Le Lapin, La Puce.*

42 Auf der Ebene zyklischer Komposition korreliert alledem die thematisch-motivliche Verknüpfung nicht allein unmittelbar aufeinanderfolgender, sondern auch weiter auseinanderliegender Quatrains (vgl. zum letzteren etwa *Orphée III* und *Le Poulpe, Le Poulpe* und *La Puce)* ebenso wie die Klammerfunktion der Orphée-Gedichte.

43 Den Orphée-Gedichten, aber auch in *La Tortue, Le Cheval, Le Lièvre, L'Eléphant, La Chenille, La Mouche, La Sauterelle, La Sirène.*

44 *Le Serpent, Le Poulpe, La Colombe, Le Bœuf* u. a.

45 Etwa dem *Dictionnaire complet illustré*, Larousse 1321904.

46 Vgl. dazu etwa die Rezension E. Reichels von H. Meter, „Apollinaire und der Futurismus", in ASNS 216, 1979, S. 232. – Zum Folgenden siehe den Beitrag von R. Warning.

47 Unter dem Datum vom 23. 6. 1916 (in Ball, *Die Flucht aus der Zeit*, München/Leipzig 1927, S. 105).

48 *Mercure de France* 74, 16 juill. 1908, S. 254-57 und No 91, 1911, S. 73. Wieweit in solchen u. a. Neugattungen eine „Karnevalisierung" der Literatur im Sinne M. Bachtins aufscheint, muß hier unerörtert bleiben. Zum Komplex Avantgarde/Lachen vgl. auch die Beiträge Preisendanz, Stempel und Stierle. Der Titel-Erstbeleg für eine Folge von *Tercets*, die nicht mehr in eine Sonett-Struktur eingebunden sind, stammt von H. Barbusse (*Le Banquet*, 7 fevr. 1893, S. 198 ff.); weitere *Tercets pour le nouvel an* von F.-R. Vanderpyl siehe *Mercure de France* 113, 1er janv. 1916, S. 464 f. Für die vorstehenden Titel-Erstbelege gilt natürlich das oben Anm. 24 über Letztbelege Gesagte.

49 Hier nur eine Auswahl auf Grundlage des Bändchens von Hinterhäuser/Neumeister (*Roman und Lyrik*): Léon Deubel, *Léliancolies* (1902); Renée Vivien, *Evocations* (1903); Jean Royère, *Eurythmies* (1904); Fernand Fleuret, *Friperies* (1907); A.-E. de Noailles, *Eblouissements* (1907); Blaise Cendrars, *Séquences* (1912); Victor Segalen, *Stèles* (1912) und *Peintures* (1916); Paul Dermée, *Spirales* (1917), usf.

50 Der erste Titelbeleg für *Fable-express* (laut *Petit Robert* s. v. „fable humoristique se réduisant souvent à une ou deux phrases et dont la moralité repose sur quelque jeu de mots") stammt aus *Le Sourire* 8, 16 déc. 1899. – Ein *Télégramme-poème copié dans Paris-Midi* von Cendrars erschien 1919 in dessen *Dix-neuf poèmes élastiques*. – Den Gedichttitel *Carte postale* benutzte Apollinaire 1918 in *Calligrammes (Œuvres poétiques*, S. 297 u. ö.), *Lettre-Océan* hieß sein erstes veröffentlichtes Figurengedicht, das nach der Publikation am 15. 5. 1914 in *Les Soirées de Paris* in der Folgenummer theoretische Erörterungen von G. Arbouin über die Möglichkeiten der Gattung auslöste (vgl. ebd. S. 1081). – Als „Poème simultan" wurde z. B. im Untertitel *L'amiral cherche une maison à louer* von Huelsenbeck, Janko und Tzara bezeichnet.

51 Wie unmittelbar Apollinaire die faszinierende technische Neuheit poetisch verarbeitete, mag daraus erhellen, daß der früheste lexikographische Beleg für *lettre-océan* nach FEW 5, 377 b erst von 1931 stammt (Erfindung der drahtlosen Telegraphie: 1897).

52 *Télégramme* und *Lettre-Océan* wurden ja wieder in Lese-Texte umgesetzt. Zur Entwicklung des neuen simultaneistischen Bewußtseins im visuellen Bereich trug insbesondere die kinematographische Technik bei, die „en images jointives des événements se déroulant au même moment en divers lieux" (FEW 11, 638 b) übergangslos nebeneinandersetzte. Vgl. dazu etwa A. Hauser, *Sozialgeschichte der Kunst und Literatur*, München 21967, S. 1010-1015. Zur zeittypischen Erfahrung einer alle bisherigen Gesetze von Raum und Zeit überwindenden Geschwindigkeit siehe auch: Cl. Pichois, *Littérature et progrès – Vitesse et vision du monde*, (Neuchâtel 1974), dazu D. Hoeges, „Alles veloziferisch?, in *RF* 1976, S. 417-21; hier den Beitrag von W. Wehle, sowie E. Leube, „Das Freiheitskonzept des italienischen Futurismus", in W. Hempel (Hg.), *Die Idee der Freiheit in der Literatur der romanischen Völker*, Tübingen 1980, S. 122 f.

53 Dazu und zum Folgenden: Shattuck, *Belle Epoque,* S. 241 ff., 280, 293 u. ö.; Neumeister, *Roman und Lyrik,* S. 67.

54 Die vier letzten sind Titel von Teilzyklen in *Alcools* und *Calligrammes,* der folgende ist Sammeltitel einer Gedichtgruppe, die zwischen dem 1. 6. 1914 und 28. 2. 1915 in der Zeitschrift *Lacerba* erschien.

55 Von der Autorintention her gesehen macht man es sich also zu leicht, wenn man mit L. Dällenbach *Lundi rue Christine* als „soi-disant poème-conversation" charakterisiert. Ob der Terminus glücklich gewählt war, ist eine andere Frage.

56 „Simultanisme – librettisme", in *Les Soirées de Paris,* 15 juin 1914 (zitiert nach *Œuvres complètes,* hg. Décaudin/Balland/Lecat, Paris 1966, Bd III, S. 890). Die Ausführungen beziehen sich auf Apollinaires zuvor an gleicher Stelle publizierte, später meist in *Calligrammes* aufgenommene Gedichte, u. a. *Lundi rue Christine, Le Musicien de Saint-Merry, A travers l'Europe,* sowie das anschließend erwähnte *Les Fenêtres.* Völlig unzureichend und mißverständlich sind Handbuchklischees wie das Englers, ‚poèmes-conversation' seien „im Sprechstil verfaßt" (*Lexikon der frz. Literatur,* Stuttgart 1974, s. v. calligrammes).

57 Ähnliches gilt, wie der Beitrag von M. Imdahl zeigt, auch für die ‚Lektüre' kubistischer Bilder.

58 Vgl. zu diesem Komplex des Perspektivenwechsels bzw. polyperspektivischen Redens bei Reverdy und Eluard, der nicht gegeneinander abgrenzbaren Redeinstanzen bei Brecht die Beiträge Dirscherl, Blüher, Preisendanz.

59 Die Texte der vielpraktizierten Gattungen Ode, Elégie, Prière (vgl. oben Anm. 17, 18, 20) waren meist Anredelyrik, ebenso wie Adieu, Apostrophe, Eloge, oder Apollinaires *Carte postale, Lettre-Océan* und seine Briefgedichte. Von hier aus gesehen ist die gängige Pauschal-Affirmation, in der Lyrik scheine nach Ende des 19. Jhs. das Ich zu fehlen (so etwa Shattuck, *Belle Epoque,* S. 323), höchst irreführend. Vgl. zu alledem auch den Beitrag von A. Blüher.

60 In *Les Soirées de Paris* (vgl. *Œuvres poétiques,* S. 1075 zu gleichzeitigen Plänen für einen Sammelband dieses Titels), nachdem eine dort erschienene Rezension von *Lettre-Océan* sich des Terminus bedient hatte (ebd. S. 1081).

61 Über Wörter wie calligraphe einerseits, annagramme, chronogramme, lipogramme, tautogramme andererseits. – Zum folgenden: Apollinaire hielt *Calligrammes* für seine bedeutendste Neuerung (Shattuck, *Belle Epoque,* S. 272 f.).

62 Angefangen bei den Rezensionen von Masson und Hirsch (vgl. dazu und zu den bis in die fünfziger Jahre erschienenen Studien die Bibliographie *Œuvres poétiques,* bes. S. 1225 f., 1230-35).

63 Der folgende Vergleich stützt sich auf die reiche Beispielssammlung bei J. Peignot, *Du Calligramme,* Paris (Eds du Chêne) 1978.

64 *La Colombe pignardée et le jet d'eau.*

65 *La Cravate et la montre, Cœur couronne et miroir* u. a. – Im folgenden: *Lettre-Océan, Il pleut, Du coton dans les oreilles, La Colombe poignardée, La Visée.*

66 Etwa am Schluß von *2e Canonnier conducteur*, in *Lettre-Océan, Saillant, Du coton dans les oreilles, Eventail de saveurs.* – Zu alledem und zum folgenden vgl. P. Bürger, der als Charakteristikum des avantgardistischen Werks sieht, daß dieses „nicht mehr um ein Prinzip zentriert" und in ihm nicht mehr ein Moment das dominierende sei (*Theorie der Avantgarde*, Frankfurt/M. 1974, S. 132 f.).

67 Etwa Sternenhimmel und Vogel mit dem Eisenbahnzug (*Voyage*), Herz und Stein mit Kanonen (*Dans le village arabe*), See und Vogel mit Phonograph und Browning (*Eventail de saveurs*). Weitere verbildlichte Embleme der Moderne: der Telegraph in *Lettre-Océan,* die *Petite auto,* Kanone und Eiffelturm in *2e cannonnier conducteur,* das Megaphon in *Du coton dans les oreilles.* Zur hohen Frequenz einerseits von Ausdrücken der Bewegtheit, andererseits von Neologismen zur Bezeichnung verschiedenster Neuheiten aus der technischen Sphäre (neben den erwähnten z. B. artiflot, autobus, autobazar, autos-canons, aviatique, biplans, ferroviaire, lacrymogène, parce-éclats, taxi, transsibérien) in *Calligrammes* vgl. meine Rezension von Quémadas *Concordances* in ZrPh 88, 1972, S. 569 f.

68 So waren die Gattungskreationen des Dadaismus ebenso zum Scheitern verurteilt wie die gesamte Bewegung, und auch Apollinaire hat für seine Angebote *Calligrammes* und „Poèmes-conversation" kaum direkte Nachfolger gefunden.

69 In der deutschen Lyrik des 20. Jhs. spielen nach Auskunft von W. Preisendanz Gattungskonzepte eine weit geringere Rolle. Daran ließe sich die Frage nach möglicherweise generell größerem Gewicht von Traditionsvorgaben in neuerer französischer Literatur anknüpfen (Diskussionsbeitrag Leube).

70 D. Janik, „Informationsästhetische Gattungstheorie", in *LiLi* 4, 1974, S. 80. Gattungshafte Strukturen von Texten sind vielleicht nicht „die eigentlichen" (so Janik), aber zweifellos wichtige Träger des Kommunikationsprozesses. Zur Rezeptionslenkung vgl. ebd. S. 87 ff.

71 K. Stierle, „Möglichkeiten des dunklen Stils in den Anfängen moderner Lyrik in Frankreich", in *Immanente Ästhetik – ästhetische Reflexion. Lyrik als Paradigma der Moderne* (Poetik und Hermeneutik 2), hg. W. Iser, München 1966, S. 194.

72 Brief Apollinaires an A. Billy im April 1918 (*Œuvres poétiques,* S. 1077).

Karlheinz Stierle

BABEL UND PFINGSTEN
ZUR IMMANENTEN POETIK VON APOLLINAIRES *ALCOOLS*

Langues de feu où sont-elles mes pentecôtes
Pour mes pensées de tous pays de tous les temps

I

In Apollinaires Dichtung, die im wesentlichen zwischen dem Anfang des neuen Jahrhunderts und dem Ausbruch des 1. Weltkriegs entstand, ist die Vergangenheit der modernen Lyrik ebenso gegenwärtig wie ihre Zukunft. Es gibt keinen unter den Dichtern, die in Frankreich der modernen Dichtung den Weg wiesen, der nicht in seinem Werk ein Echo fände. Zugleich aber ist Apollinaires Dichtung für eine Lyrik, die ihre Modernität immer mehr als eine globale, internationale begriff, zum eigentlichen Ursprung an der Schwelle zum 20. Jahrhundert geworden. Kein anderer Dichter hat auf die Dichtung des 20. Jahrhunderts eine vergleichbare Auswirkung gehabt[1]. Im folgenden geht es zunächst darum, für Apollinaires Dichtung eine Sehweise zu gewinnen. Ihre Brauchbarkeit soll sich in einem nächsten Schritte an der Interpretation exemplarischer Texte erweisen.

Apollinaires Dichtung steht in allen ihren Aspekten in einem so engen Zusammenhang mit der Geschichte der modernen Lyrik, daß sie nicht ohne Hinblick auf diese selbst betrachtet werden kann. Was sich für uns aus dem Rückblick zur Entstehungsgeschichte der modernen Lyrik ordnet, ist für sich selbst genommen indes noch keinesfalls eine kohärente geschichtliche Bewegung. Die großen Dichter der Moderne im Frankreich des 19. Jahrhunderts sind isolierte Einzelne, die den Traum einer neuen Dichtung verfolgen, ohne dabei überhaupt an öffentliche Wirkung, öffentliche Anerkennung zu denken. Die Begründer der Tradition der modernen Lyrik in Frankreich, Nerval, Baudelaire, Rimbaud, Mallarmé, waren zwar nicht ohne Zusammenhang mit dem literarischen Leben ihrer Zeit, doch verfolgten sie die innere Melodie einer neuen Dichtung jenseits aller dichterischen Konventionen in einer Einsamkeit, die nicht selten existenzbedrohende Gewalt über sie gewann. Bei Nerval läßt sich der Weg in die Gefährdungen der Umnachtung, der dennoch eine neue Kunst abgewonnen wurde, in allen Einzelheiten verfolgen. Was dem radikalen Wagnis dieser Dichter entsprang, denen das Dichten, wie zuvor schon einmal Hölderlin, zur immer ausschließlicheren Lebensnotwendigkeit wurde, ist eine Dichtung, die die Formbestimmung der Lyrik in einer bis dahin undenkbaren Radikalität verwirklicht. Schon seit es überhaupt Lyrik im modernen Sinne des Wortes gibt, spätestens also seit Petrarca, läßt diese besondere Form sprachlicher Kunst sich bestimmen als ein Antidiskurs, der in sich eine Pluralität simultaner, auf das sprechende Subjekt bezogener Kontexte vereint[2]. Hölderlin schon hatte diese Tendenz der neuzeitlichen Lyrik, die Linearität des Diskurses zu zerbrechen und gerade so einen neuen, pluralen poetischen Sinn zur Sprache zu bringen, an eine äußerste Grenze getrieben. Seinen einsamen, immer uneinholbareren Versuchen, die ihn immer mehr seiner Welt entfremdeten, blieb jede unmittelbare Wirkung versagt. Die wenigen von der Gewalt seiner Dichtung betroffenen Leser erblickten Hölderlin in einer Singularität, die sie letzten Endes ratlos ließ. Dagegen konnten die Durchbrüche zu neuen, radikalen Formen des lyrischen Antidiskurses bei Nerval, Baudelaire, Rimbaud und Mallarmé eine eigene dichterische Tradition begründen. Auch diese Dichter fanden zunächst so gut wie keine Aufnahme beim lesenden Publikum. Dennoch beginnt mit ihnen eine Kontinuität eigener Art, aus der auch noch Apollinaires besondere Situation zu verstehen ist. Literarische Kontinuität setzt Rezeption voraus. Aber diese Rezeption muß nicht in jedem Fall die Rezeption eines lesenden Publikums sein. Es gibt eine diskrete, langfristig wirksame Rezeption in Form neuer Produktion. Nerval, Rimbaud, Baudelaire, Mallarmé fanden zunächst zwar keine Leser oder nur einen winzigen und vielleicht oft eher zufälligen Kreis. Doch fanden sie Fortsetzer, deren Verständnis dessen, was dem unmittelbar kommunikativen Verstehen entzogen blieb, sich in der Fähigkeit produktiver Wiederholung erwies. Die Wiederholung ist eine eigene Form produktiver Aneignung, damit zugleich eine eigene Form des praktisch gewordenen Verstehens. Erst indem die Werke, die am Anfang der Geschichte der modernen Lyrik stehen, wiederholt wurden, Fortsetzungen fanden, konnten sie selbst aus der bloßen und puren Einmaligkeit und Singularität heraustreten in eine geschichtliche Kontinuität und so zugleich eine Wirkungsgeschichte gewinnen. Die Dichtung des Symbolismus ist wesentlich bestimmt als eine Dichtung der synkretistischen Wiederholung. Erst durch diese aber gewinnt die moderne Lyrik ihre Kontinuität und zugleich ihre geschichtliche Dynamik.

In den großen Durchbrüchen zu einer neuen Dichtung, die sich über alle geltenden poetischen Normen und poetischen Erwartbarkeiten hinwegsetzte, gewann das einzelne Werk ereignishaften Charakter. Poetische Sprache und poetisches Werk sind dort unauflösbar eins, im Werk selbst erst wird die poetische Sprache gesetzt. Indem aber das Werk wiederholt wird, wird dieser innere Zusammenhang von poetischer langue und poetischer parole aufgehoben. Die Dichtung, die wir im weitesten Sinne als symbolistische bezeichnen, bezeugt die Gewinnung neuer poetischer Sprachen und neuer Verbindungen zwischen ihnen, aber damit zugleich die Depotenzierung des Poetischen selbst. Andererseits bedeutet diese Depotenzierung zugleich Positivierung der ursprünglich negativen Momente der Dichtung. Wenn H. Friedrich in seinem Buch über die moderne Lyrik zu Recht die Bedeutung negativer Kategorien für Intention und Wirkung moderner Dichtung hervorhebt, so verlieren diese Kategorien in der symbolistischen Rezeption moderner Lyrik weithin ihre Bedeutung oder werden vielmehr durch die Weise der Wiederholung selbst positiviert. Die Wiederholung als Depotenzierung der großen ereignishaften Durchbrüche zu einer neuen Idee lyrischer Dichtung hat insbesondere zwei Formen gefunden, die für die Geschichte der Lyrik an der Schwelle zur Lyrik des 20. Jahrhunderts von wesentlicher Bedeutung sind. Man könnte sie als „procédé symboliste“ und „procédé fantaisiste“ bezeichnen und nach der Dominanz dieser Verfahren von „poésie symboliste“ und „poésie fantaisiste“ sprechen. Die poésie symboliste nimmt gleichsam die alles Erwartbare hinter sich lassende absolute poetische Setzung, in der der Durchbruch zur modernen Lyrik seinen eigentlichen Zielpunkt hat, wieder zurück, indem sie die absolute Setzung zur Metapher zurückbildet und die Metapher, insbesondere die subjektive Metapher und die suggestive Konnotationsmetapher zum eigentlichen poetischen Verfahren macht. Dabei wird zugleich die Erfahrung radikaler Dunkelheit, wie sie die moderne Lyrik in ihren kühnsten Entwürfen zumutet, zur Erfahrung einer subjektiven Entlegenheit, Kostbarkeit des Metaphorischen zurückgeführt, das prinzipiell auflösbar bleibt. Die symbolistische Dichtung von Régnier, Moréas, Samain und vielen anderen kann dies Verfahren illustrieren. In dieser Dichtung verbindet sich die Rückkehr zur Metapher und zu einer kontrollierten ‚poetischen' Sprache mit dem Bedürfnis nach traditioneller poetischer Harmonie, die von den Dichtern einer radikalen poetischen Modernität in Frage gestellt worden war. Wird hier das eigentliche Skandalon der modernen Dichtung, die absolute Setzung, wieder zurückgenommen in ein metaphorisch-symbolisches Sprechen, das die semantische Provokation zugleich setzt und aufhebt, so begegnet die poésie fantaisiste dem Skandalon der neuen Dichtung in anderer Weise. Die Bedeutung jener Dichtung, die in der Sprache der Zeit als poésie fantaisiste bezeichnet wird, für die moderne Lyrik des 20. Jahrhunderts und damit auch für die Apollinaires, ist noch allzuwenig gesehen. Es ist eine Dichtung, die mit der Inkonsistenz semantischer Achsen und Isotopien spielt, in der auf der metonymischen Achse des poetischen Sprechens Distanzen gesetzt, aber diese zugleich durch die Verfahren des Diskurses ins Licht einer subjektiven Laune, eines Caprice, subjektiv-spielerischer Verfügung über die Imagination und die Kraft des imaginativen Setzens gestellt werden[3]. Poésie fantaisiste ist das anmutige Verlainesche Zitat einer Schäferwelt zwischen Unschuld und Zynismus in seinen *Fêtes galantes*, aber auch die zur lyrischen Groteske gesteigerte Dichtung Jarrys und manches von Gides frühen Gedichten. Als eine eigene dichterische Form blieb die poésie fantaisiste im Umkreis und am Rand der Moderne lebendig, auch nachdem aus ihr schon neue Formen moderner Dichtung hervorgegangen waren. Apollinaire steht ihr nahe, mehr noch seine Freunde A. Salmon[4] und M. Jacob. 1912 bildete sich eine „École fantaisiste", und 1913 gab die Zeitschrift *Vers et prose* ein Sonderheft über die poètes fantaisistes heraus. Die Tradition dieser Dichtung scheint in die sechziger Jahre des 19. Jahrhunderts zurückzuführen. 1861 hatten die Dichter des Parnasse eine Zeitschrift mit dem Titel *Revue fantaisiste* herausgegeben. Unter dem Artikel „Fantaisie" findet sich in Band 8 des *Grand dictionnaire universel du XIXe siècle* (1872) eine kritische Auseinandersetzung mit der „École fantaisiste", die dem Verfasser des Artikels wegen ihrer programmatischen Willkür und Abweichung von allen poetischen Normen eine verhängnisvolle Fehlentwicklung zu sein scheint:

> *École fantaisiste.* Tel est le nom que s'est attribué de nos jours, ou que s'est laissé donner tout un groupe de poètes et de littérateurs qui prétendent ériger en principe l'absurde formule de *l'art pour l'art*, et ne suivre que les caprices de leur imagination. Ne jamais se préoccuper des règles de la tradition ni des convenances du goût, s'affranchir de la loi commune, dédaigner le bon sens, rechercher des paradoxes, rêver tout debout, se complaire hors du réel et du possible, planer insolemment au-dessus des problèmes sociaux et des besoins du plus grand nombre, braver par le plus hardi mépris le goût et l'opinion du public, afficher une superbe indifférence pour tout ce qui est l'ombre d'un progrès, d'une science ou d'une idée, étonner enfin par tous les moyens faux, violents, bizarres, tel est le but que se proposent d'ordinaire les adeptes à tous crins de *l'école fantaisiste.* (S. 91)

Die poésie fantaisiste ist eine Poesie der subjektiven Abweichung, die aber gerade dadurch, daß sie als Abweichung thematisiert und relativiert ist, die Provokation der modernen Lyrik oft bis zur Harmlosigkeit zurücknimmt. Andererseits aber treibt sie aus sich selbst eine eigene Form der Steigerung in der lyrischen Groteske hervor, wo das Merkwürdige, Absonderliche, Befremdliche als Disposition des Spleen oder eines humour erscheint. Wenn auch hier noch die Rückversicherung einer subjektiven Disposition wirksam ist, die die Verletzung der poetischen Normen relativiert, so erscheint diese Rückversicherung doch der Gewalt der gesetzten Bilder in ihrem Eigenrecht nicht mehr wirklich mächtig. Von der poésie fantaisiste über ihre Steigerung zur lyrischen Groteske bis zu den Formen surrealistischer Setzung und surrealistischen ‚Humors' gibt es eine innere Kontinuität, die sich darin bestätigt, daß die Kategorie des humour selbst eine zentrale Kategorie des Surrealismus ist[5].

II

Apollinaires Lyrik steht unter den Formbedingungen der Dichtung des Fin de siècle und führt zugleich über sie hinaus. Apollinaire ist, im Geist der Dichtung des Fin de siècle, ein Virtuose produktiver Rezeption. Schon in seinen Anfängen besitzt er eine stupende Begabung, die lyrische Sprache, den lyrischen Gestus, die lyrische Stimme eines Werks freizulegen und in der Wiederholung ‚darzustellen'. In Apollinaires Dichtung findet sich die Sprache und die Stimme der großen Wegbereiter der modernen Dichtung in Frankreich, aber auch das Echo von Dichtern, die ihrerseits schon in einer Tradition produktiver Rezeption stehen wie Verlaine, Laforgue und Maeterlinck. Die Quellenforschung ist bei Apollinaire noch längst nicht an ihr Ende gekommen. Doch nicht nur die Werke der Begründer der modernen Lyrik und ihrer Nachfolger macht sich Apollinaire verfügbar. Auch im poème en prose und den neuen aus dem poème en prose entstandenen Prosaformen des Fin de siècle entdeckt er Möglichkeiten der produktiven Übernahme.

Als Lyriker steht Apollinaire in den durch den Symbolismus geschaffenen Traditionen[6]. Er setzt die symbolistische Praxis der Wiederholung fort und eignet sich die Formen metaphorischer Bezugsetzung ebenso an wie die Formen lyrischer Setzung in der Tradition der poésie fantaisiste. Doch auch darin folgt Apollinaire symbolistischer Praxis, daß er die Grenze zwischen Poesie und Prosa in beiden Richtungen überschreitet und aus solchen Grenzüberschreitungen neue poetische Möglichkeiten gewinnt. Es gibt ein Gedicht, das diese Grenzüberschreitung paradigmatisch vollzieht. Das Gedicht *La maison des morts* ist nichts anderes als eine in die Form des vers libre gebrachtes poème en prose[7].

Apollinaires erstaunliche Kunst der Aneignung poetischer Sprachen, der Imitation fremder Stimmen, ist nicht auf die Lyrik beschränkt geblieben. Apollinaires früheste Veröffentlichungen sind kurze Erzählungen befremdlicher Begebenheiten in der Tradition des symbolistischen Erzählens, die in prosaischer Form poetische Strukturen späterer Gedichte vorentwerfen. Als Prosaist, als der Apollinaire sich auch verstand und als der er bis heute zu wenig gewürdigt ist, macht er sich die Sprache des mittelalterlichen Prosaromans zu eigen in *L'Enchanteur pourrissant*. Das poème en prose mit dem rätselhaften Titel *Onirocritique* schließlich, das Apollinaires ‚Roman' beendet, zitiert und überbietet die poetische Sprache von Rimbauds *Illuminations*.

Apollinaire, der virtuose Imitator, ist unersättlich in der Aneignung fremder Sprachen und Stimmen. Um sich als junger Schriftsteller in Paris über Wasser zu halten, schreibt er pornographische Romane, er schreibt als ‚Neger' in fremdem Auftrag, er verfaßt Reklametexte, schreibt kleine journalistische Beiträge, dann auch Kunstkritiken und versucht sich sogar mit einem Courier du rentier, der wohlhabende Bürger bei der Anlage ihrer Vermögen beraten sollte[8]. Apollinaire ist zunächst ein Leser, aber ein Leser, für den Verstehen in erster Linie Durchschauen des Verfahrens bedeutet und die Fähigkeit, sich das Verfahren anzueignen. Seine Weise des Verstehens ist die produktive Rezeption. Er selbst hat sich zweimal über seine Lektüren geäußert und diese als sehr geringfügig eingeschätzt. Es mag sein, daß dabei das Interesse mitgespielt hat, die eigene Originalität ins Licht zu stellen und die empfangenen Anregungen herunterzuspielen[9]. Apollinaires Verstehen ist ein Verstehen in der Perspektive der Produktion. In dieser spricht er von seinem «goût naturel qui me fait bien saisir l'intensité de vie et de perfection d'un ouvrage».

Die besondere Tendenz symbolistischer Dichtung zur aneignenden Wiederholung, zur Übersetzung des einmaligen Werks in die Wiederholbarkeit seiner ‚Sprache', ist bei Apollinaire zu einer höchsten Form gesteigert und gewinnt gerade dadurch eine neue Qualität. Die Vielfalt der dichterischen und außerdichterischen Sprachen, über die Apollinaire verfügt, ist gegenüber den Reduktionsformen der poetischen Sprache des Symbolismus etwas grundsätzlich Neues. Man könnte gerade diese Steigerung im Sinne des russischen Formalismus als ‚Aufdeckung des Verfahrens' verstehen.

Mit der Vielfalt der poetischen Sprachen, die er sich aneignet, der poetischen Stimmen, die er beschwört, indem er sie wiederholt, mit der Steigerung und Radikalisierung der Verfahren metaphorischer und metonymischer poetischer Bezugsetzung überschreitet Apollinaire die Grenzen des Symbolismus und gewinnt sich neue Möglichkeiten des Dichtens, die am Ursprung der Dichtung des 20. Jahrhunderts stehen.

III

Bei aller Wandlungsfähigkeit seiner dichterischen Sprache[10] bewahrt oder vielmehr gewinnt Apollinaire sich eine unverwechselbar eigene Stimme. Apollinaires Dichtung ist eine oft erstaunliche Verbindung von höchster Virtuosität mit einer Unvermitteltheit der Gefühlsaussprache, in der eine ursprüngliche Naivität sich durchzusetzen scheint. Wie Goethe verstand Apollinaire selbst seine Gedichte als Ausdruck eines dem eigenen, realen Leben entspringenden Anlasses. «Chacun de mes poèmes est la commémoration d'un événement de ma vie»[11]. Das ist nicht episodisch gemeint, sondern als Augenblick einer erfahrenen leidenschaftlichen Intensität, die sich im Gedicht bewahrt. «On croyait autrefois que les yeux de la chatte croissaient avec la lune et diminuaient avec elle; de même les facultés poétiques se trouvent toujours au niveau des passions du poète»[12]. Das Subjektive, Unmittelbare ist in jedem seiner Gedichte zu fassen. Doch ist das Apollinairesche Gedicht so wenig der Ausdruck der Unmittelbarkeit wie es in der Virtuosität der poetischen Realisierung aufgeht, in der immer neu eine Vielfalt poetischer Sprachen zusammenkommt. Der unmittelbare, biographisch verwurzelte Anlaß wird zum thematischen Impuls, der sich in thematischen Konstellationen konkretisiert, doch so, daß er gleichsam erst in einer experimentierenden hermeneutischen Imagination zu sich selbst kommt. Nur im Vermittelten, in der Setzung imaginärer Distanzen einer thematischen Konstellation, kann der thematische Impuls ursprünglicher Empfindung sich seiner selbst inne werden. Er schafft sich thematische Äquivalente, die entweder auf dem Weg der Metapher oder dem Weg der metonymischen Setzung das Unvertraute erreichen, dessen er bedarf, um zur poetischen Illumination seiner selbst zu werden.

So aber, wie zwischen thematischem Impuls und thematischer Konstellation bei Apollinaire eine unreduzierbare Distanz liegt, so gibt es in seinen Gedichten noch einmal eine unreduzierbare Distanz zwischen der thematischen Konstellation und ihrer konkreten sprachlichen Realisierung. Diese verwirklicht eigene Formen des Sprachlich-Unvertrauten. Der sprachliche Gestus von Apollinaires Lyrik setzt Distanzen, indem die Norm des Sprachlichen und Literarischen überschritten, Möglichkeiten der Sprache ins Spiel gebracht werden, die die Norm des poetischen Sprechens wie des Alltagssprechens noch nicht ergriffen hat. Die Dichte von Apollinaires Lyrik ist durch solche konkreten Abweichungen, die oft nur feinste Differenzen sind, wesentlich bestimmt. Die Aneignung lyrischer Sprachen, das Stilzitat, das Pastiche ist Apollinaires besondere Begabung, aber sie ist zugleich auch sein besonderes Problem. Apollinaire sucht eine Poetik der Vielsprachigkeit, Vielstimmigkeit, die es ihm erlaubt, Vielheit der Sprachen und Gesten und Einheit eines elementaren thematischen Impulses zusammenzubringen. Er hat dieses für ihn zentrale Problem seiner eigenen Poetik, das zu einem Hauptproblem für die Dichtung des 20. Jahrhunderts werden sollte, immer wieder reflektiert. In einem von Apollinaires schönsten ‚vielstimmigen' Gedichten, der *Chanson du Mal-Aimé*, wird die Übersetzbarkeit des thematischen Impulses in thematische Konstellationen und poetische Sprachen selbst zum Thema. Der Dichter versteht sich als Dichter gerade in der Spannung zwischen Unmittelbarkeit der Empfindung und der Notwendigkeit, diese in der Vielzahl poetischer Sprachen und in der Differenz zwischen ihnen zu konkretisieren:

Moi qui sais des lais pour les reines
Les complaintes de mes années
Des hymnes d'esclave aux murènes
La romance du mal-aimé
Et des chansons pour les sirènes (Bd 3, S. 71)

Das Ich, das als ein dichtendes Ich hier in der Vielfalt seiner poetischen Möglichkeiten erscheint, erscheint in der vorausgehenden Strophe in der Unvermitteltheit einer das Ich selbst überwältigenden Empfingung.

Les cafés gonflés de fumée
Crient tout l'amour de leurs tziganes
De tous leurs siphons enrhumés
De leur garçons vêtus d'un pagne
Vers toi toi que j'ai tant aimée (Bd 3, S. 71)

In dem Picasso gewidmeten Gedicht *Les Fiançailles,* das Apollinaire selbst zu seinen wichtigsten zählte, ist die Differenz von Unmittelbarkeit der Empfindung und poetischer Vielfältigkeit des sprachlichen Gestus erneut zum Thema gemacht:

Pardonnez-moi mon ignorance
Pardonnez-moi de ne plus connaître l'ancien jeu des vers
Je ne sais plus rien et j'aime uniquement
Les fleurs à mes yeux redeviennent des flammes
Je médite divinement
Et je souris des êtres que je n'ai pas créés
Mais si le temps venait où l'ombre enfin solide
Se multipliait en réalisant la diversité formelle de mon amour

J'admirerais mon ouvrage (Bd 3, S. 131)

Das Einfältige der reinen Empfindung („ Je ne sais plus rien et j'aime uniquement") ist hier der Grund der „diversité formelle de mon amour", die sich im Werk erfüllt.

Daß Dichtung die Möglichkeit sei, die einfache und dennoch ungreifbar subtile Empfindung sich ihrer selbst gewiß werden zu lassen in der Projektion auf die Vielfältigkeit thematischer Konstellationen und poetischer Sprachen und Stimmen, ist eine Grundvoraussetzung von Apollinaires immanenter Poetik. Doch wird dies Verhältnis von Vielfalt der Sprachen und Einheit einer übergreifenden poetischen Figur, in der sich, wie fern auch immer, und durch alle Vielfalt hindurch die Einheit einer Stimme spiegelt, Apollinaire zum Problem, zum Ort poetischer Reflexion. Am Ende eines von Apollinaires rätselhaftesten, lyrisch-grotesken Gedichten, in dem sich Symbolismus und poésie fantaisiste zu einer barocken Vision zwischen Allegorie und phantastischer Setzung verbinden, finden sich jene Verse, die ich für den Schlüssel zum Verständnis der inneren Dynamik von Apollinaires Dichtung halten möchte:

Langues de feu où sont-elles mes pentecôtes
Pour mes pensées de tous pays de tous les temps (Palais, Bd 3, S. 74)

Diese Verse, in denen sich Apollinaires ästhetische Erfahrung verdichtet, sind bestimmt durch zwei Hintergrundvorstellungen, die sie zusammenführen: die Vorstellung vom ewigen Juden und die vom Pfingstereignis des christlichen Glaubens, der Ausbreitung des Heiligen Geistes. Jene „pensées de tous pays de tous les temps", von denen die letzte Zeile spricht und die der Gegenstand der dichterischen Sprache, der „langues de feu" sein soll, sind die Gedanken des ewigen Juden, der nicht sterben kann und der alle Zeiten und Länder durchwandert, so wie Apollinaire ihn in einer seiner frühesten Geschichten, *Le Passant de Prague*, dargestellt hat. Die Erfahrung des ewigen Juden, die alle Zeiten und alle Länder vereint, ist als eine lyrische Erfahrung der Simultaneität und der Pluralität der Kontexte das Paradigma jenes dichterischen Ich, das Apollinaire selbst ist. Die Vielfalt der Erfahrungen aber muß eingehen in eine Vielfalt der dichterischen Sprachen, die in der Entzweiung und Differenz doch die Einheit einer Stimme vernehmbar machen können. Die Entzweiung der Sprachen, in der mythischen Vorstellung mit dem Turmbau von Babel verbunden, findet ihre Aufhebung im Pfingstereignis der verkündenden Apostel, die nach der Apostelgeschichte des Lukas erfüllt vom Geist mit feurigen Zungen redeten, und zwar so, daß jeder in der vielsprachigen Menge der Zuhörenden sich in seiner Sprache angeredet fand. Die eine, vom Geist erfüllte Stimme spricht zugleich in vielfältigen Sprachen. Die vielfältigen Sprachen sind der Ausdruck des einen Geistes. Der Mythos vom Ursprung christlicher Verkündigung, mit dem der Mythos von der Entstehung der babylonischen Sprachenvielfalt gleichsam zurückgenommen erscheint, wird bei Apollinaire zur Metapher seines Dichtens. Der Dichter erfindet Sprachen, „langues de feu", die zugleich Sprachen einer Stimme sind. In der Vielfalt dichterischer Sprachen wird die Vielfalt der Zeiten und Lebenswelten artikulierbar und zugleich aus der Entzweiung und Vereinzelung in einen neuen, vom poetischen Geist gesetzten Zusammenhang gebracht. Bei Apollinaire oszilliert das christliche Bild der Pfingstverkündigung freilich zugleich zwischen seiner ursprünglich sakralen und einer neuen profanen Bedeutung. Der Titel von Apollinaires Gedichtband selbst, *Alcools,* der mit seiner ungewöhnlichen Pluralbildung schon auf die ebenso ungewöhnliche Pluralbildung von „pentecôtes" verweist, legt es nahe, den dichterischen Geist zu verstehen im Spielraum zwischen dem sakralen Geist der Pfingstverkündigung und der profan-banalen Begeisterung durch den Geist des Alkohols. So steht der Titel der Sammlung selbst mit den „langues de feu" und dem Pfingstgeist in einer Beziehung, die als Profanation gemeint ist und hinter dieser dennoch den Mythos in seiner Unzerstörbarkeit aufscheinen läßt.

Wie sehr das Pfingst-Ereignis für Apollinaire eine zentrale Metapher des poetischen Aktes, der Bindung einer Vielfalt von Sprachen im neuen dichterischen Wort ist, bezeugt der schon zitierte Artikel über Apollinaires Freund Jean Royère (wie sich überhaupt in Apollinaires Artikeln über seine Dichterfreunde wesentliche Aufschlüsse über seine eigene Werkpoetik gewinnen lassen). Auch hier ist Pfingsten zugleich ein Bild für die Aufhebung der Sprachen in einer neuen Sprache wie für dichterische Simultaneität und Ubiquität: «' La poésie que j'aime, dit Jean Royère, est une quiétude intense.' qu'en penser? Sinon que cette quiétude est divine, qu'elle est celle du Créateur. Voici que tout est miraculeux. Cette langue est claire comme les flammes de la Pentecôte et ces poèmes sont plus beaux à cause de leur obscurité. Les mots et le poète peuvent être en même temps dans un lieu et ailleurs, comme un prêtre d'Halberstadt, nommé Jean et surnommé le Teutonique, qui en 1271, le jour de Noël, dit trois messes à minuit: l'une à Halberstadt, l'autre à Mayence et la troisième à Cologne. Les miracles lyriques sont quotidiens» (Bd 3, S. 780 f.). Wurde die „parole de feu" einer radikal neuen Dichtung im Symbolismus zur „langue" depotenziert, die sich poetisch kalkulieren und verwenden ließ, so wird bei Apollinaire die Vielfalt der „langues" zu „langues de feu", denen in der Vielfalt die neue unvordenkliche poetische Einheit entspringt.

Die Pfingstgeschichte ist verdeckt und offen in Apollinaires ganzem Werk präsent. In der Geschichte Aldavids *(L'Amphion faux-messie ou histoire et aventures du baron d'Ormesan)* erscheint sie im Kontext einer jener phantasmagorischen Erzählungen, die bis heute noch zu wenig die Aufmerksamkeit der Apollinaire-Kritik gefunden haben. «Ses nouvelles apparitions duraient toujours autant que celles des premiers temps, mais il se taisait fréquemment, priant à voix basse, puis reprenant sa prédication toujours dans la langue du peuple parmi lequel il se trouvait. Et ce don des langues, qui faisait de sa vie une Pentecôte quotidienne, n'était pas moins surprenant que son don d'ubiquité et que la faculté qui le laisse disparaître à son gré» (S. 221). Der Pfingstmythos ist für Apollinaire der Mythos einer neuen Sprache, in der die Vielheit der Sprachen poetisch aufgehoben ist. Mit der Pfingstgeschichte wird die Geschichte vom Turmbau von Babel gleichsam zuende geführt. Das Aufbrechen der einen Sprache in die Vielfalt der Sprachen, die Rückkehr aus der Vielfalt der Sprachen in die eine Sprache, die Geschichten von Babel und Pfingsten, stehen in einem inneren Zusammenhang[13]. Apollinaire hat diesen inneren Zusammenhang zur verborgenen Achse seines poetischen Universums gemacht. Die vielfältigen Anklänge seines Werks an die Pfingstgeschichte stehen in Korrespondenz zur vielfältigen Erscheinung der Geschichte vom Turmbau von Babel. In dem Gedicht *Hôtels* erscheint das Hotel als Ort der babylonischen Sprachverwirrung und zugleich als Ort der unüberbrückbaren Einsamkeit, wo jeder, in seine Sprache eingeschlossen, mit sich allein ist:

Et tous ensemble
Dans cet hôtel
Savons la langue
Comme à Babel (Bd 3, S. 139)

In dem Gedicht *Cortège* wird der Turmbau von Babel zur kühnen phantasmagorischen Metapher für das sprechende Ich selbst[14]:

Les géants couverts d'algues passaient dans leurs villes
Sous-marines où les *tours* seules étaient des îles
Et cette mer avec les clartés de ses profondeurs
Coulait sang de mes veines et fait battre mon cœur
Puis sur terre il venait mille peuplades blanches
Dont chaque homme tenait une rose à la main
Et le langage qu'ils inventaient en chemin
Je l'appris de leur bouche et je le parle encore
Le cortège passait et j'y cherchais mon corps
Tous ceux qui survenaient et n'étaient pas moi-même
On me bâtit peu à peu comme on élève une tour
Les peuples s'entassaient et je parus moi-même
Qu'ont formé tous les corps et les choses humaines (Bd 3, S. 85)

Das Ich selbst erfährt sich als ein Turm, erbaut von einem imaginären Menschheitszug, der dieses Ich zusammensetzt. Das so geschaffene Ich ist Vielheit und Einheit zugleich, Identität aus Identitäten.

Wenn in dieser Aktualisierung des babylonischen Turms die bloße Vielheit schon im Zeichen einer neuen Einheit steht, so gilt dies mehr noch für Apollinaires Symbol der Moderne schlechthin, den Eiffelturm. Immer wieder erscheint der Eiffelturm als die moderne Aktualisierung des Turmbaus von Babel wie als utopischer Vorgriff auf die Gewinnung einer neuen, menschheitlichen Kommunikation. Der Eiffelturm, mit dem die Moderne ein Zeichen ihrer kühnsten Hoffnungen gesetzt hat, ist die menschheitsgeschichtliche Aktualisierung von Babel und Pfingsten zugleich[15]. Als Ort der Konvergenz von Babel und Pfingsten aber kann er zum Emblem jener neuen dichterischen Sprache werden, die Apollinaire sucht[16].

IV

Apollinaires Weg als Dichter ist folgerichtig, wenn man ihn im literarhistorischen Kontext betrachtet. Doch ist er zugleich auch konsequent als Lebensentwurf. Apollinaire oder, wie er nach dem Namen seiner Mutter wirklich heißt, Wilhelm de Kostrowitzky, der nie erfahren hat, wer sein Vater war, der neben einer Mutter aufwuchs, die eine Lebedame der internationalen aristokratischen Welt war, Glücksspielerin, in schlechten Zeiten auch Hochstaplerin, Apollinaire erfand seine Identität gleichsam im dichterischen Akt der Projektion des eigenen Ich in die poetischen Räume seiner Sprache. Hölderlins „dichterisch wohnet der Mensch" hätte auch von Apollinaire gesagt sein können, der, seit früher Jugend in einer Welt der Kunst und Literatur lebend, sich in dieser Welt eine Identität schafft. Ausgehend vom Pastiche, der sublimen Wiederholung, der Konfrontation, Kombination von Sprachen und Stimmen im Raum von Dichtung und Literatur, aber auch diesen Raum überschreitend, findet Apollinaire seine eigene Stimme. Die Sprachen, die ihm im dichterischen Akt „langues de feu" werden, bringen in der Vielheit ein Ich zur Darstellung, das sich erst in dieser Vielheit selbst erfährt. Wenn es richtig ist, daß das Dichten für Apollinaire eine Lebensform ist, so bedarf diese Lebensform selbst auch besonderer Beachtung. Apollinaire lebt nicht, wie seine großen Vorgänger im 19. Jahrhundert, in der Isolierung, sondern im täglichen Austausch mit Dichter- und Malerfreunden, besonders A. Jarry, A. Salmon, M. Jacob, Picasso und Braque, später Delaunay. Der Freundeskreis ist ein Boden für kühne ästhetische Spekulation, für ephemere Zeitschriften und programmatische Manifeste. In solcher literarischen Geselligkeit setzt sich eine Tradition des Symbolismus fort. Während aber dort die literarischen Gruppen zumeist durch Doktrinen festgelegt waren, ist der Kreis um Apollinaire ein offener, auf kein Programm festgelegter Freundeskreis, der in beständiger Bewegung nach Möglichkeiten einer neuen Kunst und Dichtung sucht[17].

Apollinaire ist kein Provokateur, kein Neuerer, der Grenzen einreißen, das Etablierte in Frage stellen will. Was er in seiner Programmschrift *L'esprit nouveau et les poètes* verkündet, daß klassische Gesinnung und moderner Geist keine Gegensätze seien, ist auch für das Verständnis seiner Lyrik ernst zu nehmen. Apollinaires Dichtung ist eine Dichtung prekärer Balancen. Aus Kontrasten, unvermuteten Wechseln und Übergängen, entstehen Figuren mit einer komplexen

Einheit höherer Ordnung. Aus Vielsprachigkeit und Vielstimmigkeit, aus Inkonsistenzen, Brüchen, unerwartbaren Wechseln und Übergängen entspringen Kontinuitäten, neue unvordenkliche Einheiten, die die diskrete, außerordentliche lyrische Qualität seiner Gedichte ausmachen, die sich oft erst der mehrfachen, in Überlagerungen und Schichtungen des Gedichts eindringenden Lektüre erschließt. Apollinaire ist ein Virtuose solcher prekärer Konstellationen, ein Äquilibrist, der das Ungleichgewichtige in ein poetisches Gleichgewicht bringt. Für einen unwahrscheinlichen Augenblick scheint im Apollinaireschen Gedicht zur Einheit zusammenzukommen, was ohne die Kraft der poetischen Figur in unverbundene Disparatheit auseinanderfallen müßte. Fast immer ist übrigens ein wesentliches Moment solcher poetischer Figuren die Endgültigkeit, die nachklingende poetische Bestimmtheit der Schlußzeile. Gerade in der Kunst, dem Gedicht einen endgültigen Abschluß zu geben, der eine prägnante Schwelle setzt, das Innehalten des poetischen Diskurses markiert, ist Apollinaire kaum zu übertreffen.

Apollinaires Dichtung der Einstimmigkeit in Vielstimmigkeit sucht immer wieder prägnante Verhältnisse von Sprache und Gegensprache, die zur komplexen Figur des Gedichts zusammentreten. Die Sprache des Sakralen und der Profanität, des Banalen und des Wunderbaren, des Märchens, des Mythos und der Alltäglichkeit, Sprachen der ironischen Brechung und des unvermittelten Pathos stehen sich entgegen und werden doch zu einer unauflöslichen, zwischen ihren Gegensätzen oszillierenden Spannung zusammengefaßt. Solche Konfrontation der Sprachen aber bedeutet immer auch Konfrontation von Welten oder Sinnsphären, die sich nach gewöhnlicher Erfahrung wechselseitig auszuschließen scheinen. Auch die Form des Apollinaireschen Gedichts ist bestimmt von solcher Durchdringung. Sprache der Prosa und Sprache der gebundenen Rede werden zu spannungsvollen Verhältnissen zusammengeführt. Der Rhythmus kennt vielfältige Formen zwischen Formgebundenheit und Formfreiheit. So wie Apollinaire im Bereich des Semantischen kunstvolle Formen der Konfrontation und Vereinigung gefunden hat und wie er die rhythmischen Formen zwischen Regelmäßigkeit und Unregelmäßigkeit zu virtuosen rhythmischen Figuren entwickelt hat, so ist auch der Reim bei Apollinaire ein eigener Bereich virtuoser Vielfältigkeit in der Erfüllung und Enttäuschung, im Einlösen und im Verweigern von Erwartungen, die an die Form des Reims gebunden sind. Es gibt in der französischen Dichtung wohl keinen größeren Virtuosen des Reims als Apollinaire.

Dichtung wohl keinen größeren Virtuosen des Reims als Apollinaire. Darin ist er Rilke vergleichbar, der von ihm angeregt sein mag. Apollinaire sucht den entlegenen Reim, auch den fehlerhaften, der bis zur Assonanz reduziert ist, zugleich aber benutzt er das Sinnspiel des Reims, um das semantisch Entlegenste in die privilegierte semantische Relation des Reims zu bringen und in dieser Konstellation die Kontingenz des so Vereinigten selbst ‚aufzudecken'. In solcher Vielfalt der Sprachen und thematischen Konstellationen wie der formalen Mittel von Rhythmus und Reim, die immer neu zu spannungsreichen Kontrasten oder überraschenden Verbindungen zusammengebracht sind, sucht das Gedicht immer subtilere, immer schwierigere Balancen und Äquivalenzen. Zwischen Unmittelbarkeit der Empfindung und kühner Metapher, zwischen dem Banalen und dem Außerordentlichen, dem Absurden und dem Pathetischen, zwischen dem Grotesken und dem Lyrischen, findet Apollinaires Gedicht immer neue, noch unerschlossene Quellen lyrischer Spannung. Dabei wird immer mehr auch der Bereich des Mißlingens, der falsche Reim, der falsche Rhythmus, die falsche Semantik, die falsche Syntax einbezogen und der poetischen Artikulation verfügbar gemacht. Hier liegt ganz sicher eine von Apollinaires großen poetischen Innovationen. Wie sehr er sich der Möglichkeiten gerade in diesem Feld bewußt war, verdeutlicht erneut sein Artikel über seinen Freund Jean Royère, dessen „fausseté enchanteresse" er als poetische Kreativität rühmt: «Nous n'avons pas besoin de vérités; la nature et la science en ont assez qui nous portent malheur. La poésie de Jean Royère est aussi fausse que doit l'être une nouvelle création au regard de l'ancienne. Quelle fausseté enchanteresse! Rien qui nous ressemble et tout à notre image! Jean Royère a rempli ainsi la première condition de l'art le plus pur et le moins stérile. La fausseté est une mère féconde» (Bd 3, S. 783).

V

Apollinaires Lyrik ist von einer Vielfalt der Formen, die ihrer ‚Vielstimmigkeit' entspricht. Die Gedichtsammlung *Alcools* selbst[18], in der Apollinaire das Wesentliche aus einer langjährigen dichterischen Produktion vereinigte, ist ein Ort dichterischer Vielstimmigkeit, der als dieser, in der konkreten Differenz der Gedichte, erfaßt werden muß. Zugleich aber ist auch das einzelne Gedicht in immer neuer

Weise ein Ort der Stimmenvielfalt. Dennoch lassen sich, bei aller Vielfältigkeit, zwei Grundtendenzen dieser Dichtung erkennen. Apollinaires Lyrik ist entweder Kurzgedicht oder Langgedicht. Beide Formen sind der Ausdruck je verschiedener Tendenzen der poetischen Imagination. Während das Kurzgedicht auf einer metaphorischen Achse der Imagination zentriert ist, ist das Langgedicht zentriert auf einer metonymischen Achse. In den Kurzgedichten Apollinaires, die zu den vollkommensten in französischer Sprache gehören, werden die semantischen Distanzen des Gedichts in einer Art semantischer Gleitbewegung zugleich gesetzt und aufgehoben. Das Gedicht entfaltet sich als metaphorische Spiegelung einer Grundkonstellation, die zumeist in sich selbst aus konträren Momenten aufgebaut ist. In Apollinaires Kurzgedicht wird eine lyrische Konstellation in ein Verhältnis von Sprache und Gegensprache gebracht und dieses in metaphorische Distanzen gesetzt. Dabei erscheint die Ebene der Setzung, das heißt die metonymische Ebene, zumeist als eine Projektionsebene metaphorischer Relationen. Metaphorische Relationen, insbesondere auch solche, die man als Konnotationsmetaphern[19] bezeichnen könnte, werden auf die metonymische Ebene projiziert und so zu einer poetischen Figur vereinigt, die zwischen metaphorischer Relation und metonymischer Setzung oszilliert. So entstehen Fügungen, die für sich selbst betrachtet geheimnisvoll und undurchdringlich erscheinen, die aber zugleich als Projektionen einer metaphorischen Relation lesbar sind. R. Jakobson hat in seiner berühmten Definition das ‚poetische Prinzip' als die Projektion der metaphorischen auf die metonymische Achse bezeichnet. Dabei hatte er allerdings die von Apollinaire genutzte Möglichkeit nicht im Auge, daß die metaphorische Relation in eine absolute Setzung überführt werden kann, die sich von ihrer metaphorischen Bindung abgelöst hat. In Apollinaires Kurzgedicht ist die Vielfalt am konsequentesten einer Einheit unterworfen, die dadurch noch gesteigert wird, daß hier Rhythmus und Reim sich ganz der Formintention des glissement, der Gleitbewegung zwischen den Bildern unterwerfen. Diese wird aber erst dadurch lyrisch wirksam, daß sie zwischen einer Pluralität simultaner Kontexte vermittelt und eine Vielfalt von Bildern und Assoziationen bindet. Im Kurzgedicht steht Apollinaire am meisten in der Tradition symbolistischer Verfahren. Dagegen ist die Form des Langgedichts wesentlich durch das Paradigma der poésie fantaisiste bestimmt. Die Vielstimmigkeit des Langgedichts geht hervor aus Brüchen, abrupten Wechseln der Bilder und Sprachen, bei gleichzeitiger unterirdischer Kontinuität metaphorischer Bezüge. Einheit und Vielfalt, Kontinuität und Diskontinuität stehen hier in spannungsreichen Verhältnissen. In der *Chanson du Mal-Aimé* ist der eine thematische Impuls, die Klage über die verschmähte Liebe, in eine Vielfalt von thematischen Kontexten projiziert, die jeweils eigene metaphorische Spiegelungen ausbilden. Während *Le Larron* formal ein dialogisches Gedicht mit verteilten Sprecherrollen ist, ist *Les Femmes* ein Gedicht, das aus dem Kontrast zwischen banaler Alltagskonversation und einer lyrischen Stimme aufgebaut ist, die das Alltägliche übergreift und es auf eine bodenlose, unheimliche Welt öffnet. In dem großen Gedicht *Le Brasier* wird die Vielfalt imaginärer Projektionen getragen von einer Vielfalt von Versformen, die vom Achtsilber über den Alexandriner bis zum freien Vers reicht. *Vendémiaire* ist ein Gedicht, in dem die Vielstimmigkeit ausdrücklich und etwas allzu unmittelbar themenbezogen die Struktur des Gedichts bestimmt. Die Städte Frankreichs preisen Paris, die Stadt in ihrer Mitte. In *Zone* schließlich ist die Vielfalt der Stimmen und Gegenstimmen, der Sprachen und Gegensprachen vereint zum inneren Monolog eines die Stadt Paris durchwandernden Ich, das zugleich in der Vielfalt erinnerter Lebensmomente einer offenen, vielfältigen, undurchdringlichen Welt inne ist.

Die Anschauungsschemata, die diese Vielfalt binden, sind in erster Linie das der Reise, besonders der erinnerten und der imaginären Reise (so in *Voyage, L'Emigrant de Landor Road,* dem Hochzeitsgedicht für A. Salmon und *Zone),* und das eines Zugs imaginärer Gestalten oder Bilder (wie in *Cortège* und *La Maison des morts).* Es sind Anschauungsformen, in denen Kontinuität und Diskontinuität sich verbinden, wo der Bruch der Bilder und Vorstellungskreise aus einer primären Dynamik hervorgeht, die ihrerseits aber, wie in den Kurzgedichten, bezogen bleibt auf einen thematischen Impuls der unmittelbaren Empfindung.

VI

Im folgenden soll das ‚Gedichtete' von Apollinaires Dichtung im poetischen Prozeß selbst aufgesucht werden. Die Interpretation dreier Kurzgedichte (*La Blanche Neige, Cors de Chasse, Clotilde*) und zweier Langgedichte (*Les Femmes, Zone*) soll die Konstruktion der poetischen Möglichkeit zur Konkretheit und Lebendigkeit des je einzelnen Werks in seiner bestimmten poetischen Bewegung und Gestalt weiterführen.

LA BLANCHE NEIGE

Das kleine, bisher kaum beachtete Gedicht kann beispielhaft den Übergang von der Poetik in die konkrete dichterische Gestalt verdeutlichen. Das Gedicht ist vom diskreten Reiz einer reichen und genauen poetischen Instrumentation. Wenn es bei erster Lektüre von leichter, fast kindlicher Unmittelbarkeit und poetischer Eigensinnigkeit zu sein scheint, so erschließt die wiederholte Lektüre eine immer größere Vielfalt subtiler poetischer Verfahren, die jene merkwürdige Intensität der nachklingenden poetischen Wirkung bedingen, die diesem Gedicht trotz seiner scheinbaren poetischen Leichtigkeit und spielerischen Bewegung eigen ist.

Der Titel selbst präfiguriert schon das Poetische dieses Gedichts. „La Blanche Neige“ spielt zwischen zwei Referenzen, ohne daß eine von ihnen sich endgültig setzen ließe. Blanche-Neige ist die Märchengestalt Schneewittchen. Aber der Titel des Gedichts besagt: „La Blanche Neige“. Der bestimmte Artikel und die getrennte Schreibweise verweisen darauf, daß die Märchengestalt Schneewittchen nicht gemeint sein kann. Aber es kann auch nicht der weiße Schnee gemeint sein, denn dann müßte der Titel „La neige blanche“ heißen. Indem aber der Titel selbst schon das Gedicht in die Referenzlosigkeit zwischen zwei Referenzen setzt, setzt er zugleich einen eigenen poetischen Raum.

Die erste Strophe erscheint in den unerwartbaren poetischen Assoziationen, aber auch in der Unvorhersehbarkeit des Rhythmus und der Entgliederung des Reimsystems wie ein poetischer Scherz.

> Les anges les anges dans le ciel
> l'un est vêtu en officier
> l'un est vêtu en cuisinier
> Et les autres chantent

Der erste Vers mit seinen 9 Silben ‚hinkt‘, die beiden folgenden achtsilbigen Verse dagegen sind nicht nur syntaktische und semantische Parallelismen, sie haben die feste rhythmische Struktur eines Aufzählreims. Zugleich aber sind sie durch einen ‚schlechten‘ Reim miteinander verbunden. Gegen den markierten Rhythmus der beiden gleichmäßig gebauten Achtsilber kontrastiert der sechssilbige Schlußvers, der wie ein plötzliches Herausfallen aus dem poetischen Rhythmus in einen Prosarhythmus wirkt, umso mehr als das „chantent“ gegen alle Erwartung an keinen Reim gebunden ist, sondern das System von Paarreim und umfassendem Reim aufhebt. Zugleich aber wird damit das semantische Thema der Differenz – „les autres“ – sinnfällig, das diesen Vers bestimmt.

Dem Spiel mit der Unerwartbarkeit auf der Ebene von Rhythmus und Reim korrespondiert eine semantische Bewegung der Unerwartbarkeit. Von den Engeln im Himmel ist einer als Offizier, einer als Koch gekleidet. Dagegen heben sich dann in sinnfällig gemachter Differenz die anderen Engel ab, die gemäß traditioneller Vorstellung singen. Die semantische Bewegung „ange“ – „officier“ – „cuisinier“ ist ein Beispiel jener absoluten Setzungen im Zeichen der fantaisie oder des Grotesken, die in Apollinaires Dichtung allgegenwärtig sind. Aber gerade im Kurzgedicht Apollinaires ist die poetische Setzung dieser Art kein Selbstzweck. Sie erweist sich als Projektion metaphorischer Verhältnisse. Dies aber wird nur diskret im Fortgang des Gedichts angedeutet.

In der ersten Strophe des Gedichts erscheinen ange-cuisinier und ange-officier beieinander. Von den folgenden beiden Strophen steht die erste im Zeichen des ange-officier, die zweite im Zeichen des ange-cuisinier.

Bel officier couleur du ciel
Le doux printemps longtemps après Noël
Te médaillera d'un beau soleil
D'un beau soleil

Mit dem Engel als Offizier verbindet sich die blaue Farbe des Himmels und diese assoziiert den Frühling, „Le doux printemps“, und zwar „longtemps après Noël“, wo der Soldat die Sonne zur Auszeichnung bekommen wird. Auch diese Strophe ist von einer eigenen rhythmischen Struktur, der eine eigene Reimstruktur entspricht. Mit dem Reimwort „ciel“ wird das uneingelöst gebliebene Reimwort der ersten Zeile der ersten Strophe wieder aufgenommen und in der folgenden Strophe mit „Noël“ zu einem unreinen Reimpaar verbunden, während das folgende Reimwort „soleil“ noch einmal echohaft wiederkehrt. Die rhythmische Struktur der Strophe ist die des achtsilbigen Verses, der aber im zweiten Vers erweitert ist um eine rhythmische

Einheit, durch die im Kontrast das Wort herausgehoben wird, das den semantischen Nachdruck trägt: „longtemps". Der vierte Vers ist nichts anderes als die noch einmal aufgenommene zweite Hälfte des vorangegangenen Verses. Stand der erste Vers ganz im Präsens, so steht dieser zweite Vers in der Spannung von Gegenwart und Zukunft, „Noël" und „doux printemps". Die Evokation des ange-officier führt in assoziativen Schritten hin zum Blau des Himmels im erwarteten Frühling. So erhält zugleich das Bild des Offiziers eine nachträgliche poetisch-komplizierte Legitimation.

Die letzte Strophe steht im Zeichen des „cuisinier", ehe sie sich in einem unvermittelten Wechsel dem lyrischen Ich und seiner Selbstaussprache zuwendet.

Le cuisinier plume les oies
Ah! tombe neige
Tombe et que n'ai-je
Ma bien-aimée entre mes bras

Während der erste Vers mit seinem deskriptiven Präsens im Kontext jener märchenhaften Fiktionalität verbleibt, in der die Engel Köche sein können, wird mit dem Übergang zum zweiten Vers der metaphorische Charakter des ersten deutlich, und zwar in einem emphatischen Ausruf. Der Koch ist in einer Art Märchenbricolage mit dem Märchen der Frau Holle verknüpft, die des winters die Betten ausschüttelt. Hier sind die gerupften Federn der Gans die zur Erde fallenden Flokken. „Neige" reimt sich mit der sehnsuchtsvollen Wunschgebärde des sprechenden Ich in einer kühnen Reimverknüpfung: „Tombe et que n'ai-je", die hinüberführt zur unmittelbaren Benennung: „Ma bien-aimée entre mes bras". Mit dem letzten Vers sind wir vom Märchen zur Wirklichkeit des Mangels, vom Himmel zur Erde, vom Dort zum Hier und zum Jetzt, zum emotiven Ursprung des Gedichts gekommen, aus dem die Setzung der ersten Strophe wie deren metaphorische Motivierung in den folgenden Strophen hervorgeht. Von allen Strophen ist die letzte in ihrem Bau die regelmäßigste: erster und letzter Vers entsprechen sich rhythmisch genau bis hin zu den Verhältnissen von Hauptton und Nebenton. Ein Reim von kühner Falschheit („oies"– „bras") unterstreicht dies genaue Verhältnis und setzt sich zugleich zu ihm in Kontrast. Auch die beiden viersilbigen Verse im Innern entsprechen sich, wobei der emphatische Zusammenfall der beiden

Hebungen „Ah! tombe“ sich im folgenden in eine weiche Musikalität auflöst. Der Binnenreim „neige“ – „n'ai-je“ faßt gleichsam in nuce die lyrische Spannung des Gedichts zusammen.

Wie die Gedichte Mallarmés muß auch dieses Gedicht vom Ende zum Anfang gelesen werden. Es setzt ein mit der größten Distanz zu seinem Zielpunkt, dem poetisch-direkten Ausdruck der Liebessehnsucht. Vom Punkt der am weitesten fortgetriebenen poetischen Transformation nähert das Gedicht sich in einer Folge von Schritten seinem Ausgangspunkt. Das Ende des poetischen Prozesses metaphorischer Transformation und metonymischer Korrelation ist der Ursprung des Gedichts. Mit ihm ist die Situation selbst gesetzt, dem die poetische Imagination entspringt: es ist die Erfahrung der Abwesenheit und der Ferne des ins Märchenhafte entrückten Himmels, der Ferne des ersehnten Frühlings, der Ferne der Geliebten. Die Ferne wird zur Erfahrung in der ruhigen, beständigen Bewegung der fallenden Flocken, die, aus der Ferne kommend, die Ferne verbergen und sie zur Erfahrung der Abwesenheit machen. Die Nähe der fallenden Flocken ist eine Erfahrung, in der sich die Ferne des Himmels, die Ferne des Frühlings und die Ferne der ersehnten Geliebten zur Einheit zusammenschließen. Die fallenden Flocken sind tröstlich in ihrer ruhigen Bewegung und schmerzlich in der Erfahrung der Ferne, die ihre Nähe evoziert.

In Apollinaires kurzen Gedichten ließen sich immer neue Formen der poetischen Verdichtung des Vielfältigen zur kunstvollen Balance des poetischen Moments auffinden. Wir müssen uns auf zwei weitere Beispiele beschränken.

CORS DE CHASSE

Auch dieses Gedicht ist ein Liebesgedicht. Wie in *La Blanche Neige* ist sein biographischer Hintergrund deutlich erkennbar, wobei dieser selbst freilich für die abgehobene Bestimmtheit des Gedichts nur von untergeordneter Bedeutung ist.

Das Gedicht ist das Gedicht einer „histoire“, die indes nicht als sie selbst, sondern nur gebrochen in Bildern und intertextuellen Bezügen zur Darstellung kommt. Eine Vielfalt von Bildbereichen und Kontexten ist aufgeboten, um das Einfache, die elementare Empfindung des Liebenden in seiner Einsamkeit, zu poetischem Bewußtsein zu bringen. Zugleich steht das Gedicht in einem dichten Geflecht intertextueller Bezüge. Es verweist ausdrücklich auf Thomas de Quincey und unausdrücklich auf Vigny, Baudelaire und – was der Apollinaire-Kritik, soweit ich sehe, bisher entgangen ist – auf Marcel Schwob[20].

So wie der Titel *La Blanche Neige* zwischen zwei Referenzen oszilliert, so oszilliert die erste Strophe von *Cors de chasse* zwischen zwei sich widersprechenden Bedeutungen:

> Nul drame hasardeux ou magique
> Aucun détail indifférent
> Ne rend notre amour pathétique

Der Satz kann einmal bedeuten, daß kein indifferentes Detail die pathetische Liebe wiederzugeben vermag, die die Liebenden verbindet und die ihre Geschichte „noble et tragique" macht. Aber der Satz kann auch besagen, daß kein romaneskes Drama und auch kein Detail die verschwiegene, ruhige Tragik dieser Liebe pathetisch im Sinne eines extrovertierten Ausdrucksgestus machen können. Die bewegungslose starre Maske ist das Bild einer Tragik, die sich nicht an den dramatischen Ausbruch des „drame hasardeux ou magique" entäußert, sondern in der intensiven Ruhe des Schmerzes verharrt. Die Geschichte scheint so entrückt in eine mythische Ferne, in der die Erfahrung des Tragischen noch nicht teil hat an der Expressivität eines drame im Sinne Diderots mit seinem „détail indifférent". Zugleich aber verweist das Bild vom „masque d'un tyran" auf einen spezifischen literarischen Hintergrund, den „roi au masque d'or", den leprakranken König im Marcel Schwobs *Le roi au masque d'or,* der, als er zum ersten Mal sein von der Lepra befallenes Gesicht erblickt, sich selbst blendet, und der durch die Liebe eines Mädchens geheilt wird, das selbst leprakrank ist, der aber stirbt in dem Glauben, noch immer leprakrank zu sein. Die Liebe, von der diese erste Strophe in befremdlichen Bildern und Entgegensetzungen spricht, oszilliert zwischen einer pathetischen Expressivität, die jenseits dessen liegt, was ein drame auszudrücken vermöchte, und einer ausdruckslosen Gefaßtheit und Ruhe, der alles Pathetische fremd ist. Weder das eine noch das andere ist aber vom Gedicht gemeint, sondern vielmehr ihr paradoxes Ineinanderspielen.

Die zweite Strophe schließt mit einem reihenden „et" an, was sachlich nicht in der Ordnung einer Reihung steht. Das Bild des in seinen Opiumträumen versunkenen Thomas de Quincey ist das Bild des Dichters, den die Erinnerung an die verlorene Geliebte wie ein Tagtraum bedrängt. So wie in der ersten Strophe die ‚Geschichte' nicht selbst zur Darstellung kam, sondern nur ihr Echo in der Spiegelung einer anderen Geschichte und in der Negation einer Möglichkeit der Geschichte, so erscheint sie in der zweiten Strophe erneut im Spiegel einer anderen Geschichte, der des kranken Thomas de Quincey und seiner „pauvre Anne". Auch hier gibt es eine intertextuelle Beziehung zu Marcel Schwob. In dessen *Le livre de la Monelle* wird die Geschichte von de Quincey und dem kleinen Straßenmädchen Anne, das ihm das Leben rettete, so wie de Quincey selbst sie in seinen *Confessions of an English Opium Eater* berichtet, neu erzählt. Die Wendung „pauvre Anne" findet sich nicht bei de Quincey, sondern nur in Schwobs im Gestus des lyrischen poème en prose gehaltener Wiedererzählung. – An die Stelle der verschwiegenen Geschichte ist eine andere gesetzt, die die verschwiegene beleuchtet, ohne sie jedoch deutlich zu machen. Die Korrespondenz bleibt der poetischen Ahnung überlassen. Die beiden letzten Verse aber ziehen den Schluß aus der Situation des sprechenden Ich:

Passons passons puisque tout passe
Je me retournerai souvent

Der Gestus der Selbstüberredung in dem atemlosen «Passons passons puisque tout passe», die Aufforderung, nicht bei der Geschichte zu verweilen, sie abgeschlossen sein zu lassen, ist erneut die eine Seite eines Widerspruchs. Denn dem steht das «Je me retournerai souvent» entgegen, das Eingeständnis, daß der Vorsatz machtlos bleiben muß.

Die Spannung des Gedichts zwischen sich artikulierendem und sich ganz zurücknehmendem Pathos findet noch einmal ein Bild in den beiden Versen, mit denen das Gedicht in vollkommener Harmonie und Gleichmäßigkeit des rhythmischen Baus zum Abschluß kommt:

Les souvenirs sont cors de chasse
Dont meurt le bruit parmi le vent

Das Bild des Jagdhorns, das hier für die Erfahrung der Erinnerung steht, ist ein romantisches Motiv, das seit Vigny in der französischen Dichtung immer wiederkehrt. Aber nie ist es zu so subtiler lyrischer Bedeutung ausgelegt worden wie hier. Die Erinnerung im Bild des „cor de chasse" faßt alle Bilder zusammen, in denen die eine verschwiegene Geschichte sich spiegelt. Dem entspricht die Reimverbindung, die die beiden Schlußverse mit der vorausliegenden Strophe verknüpft: „passe" – „chasse", „souvent" – „vent". Zugleich ist „chasse" die Verknüpfung der unreinen Reimwörter „chaste" und „passe" der zweiten Strophe. Trotz dieser Verbindung aber stehen semantisch und rhythmisch die beiden letzten Verse als eine Einheit für sich, die die Essenz des Gedichts zusammenfaßt. Apollinaire hat sich bei seiner Gleichsetzung von „souvenirs" und „cors de chasse" an den Schluß von Baudelaires Gedicht *Le Cygne* erinnert:

Ainsi dans la forêt où mon esprit s'exile
Un vieux Souvenir sonne à plein souffle du cor!

Bei Apollinaire aber steht das Bild des „cor de chasse" in einem für die Intensität der Erinnerung wie für ihr Sichverlieren in der Ferne. So ist im Bild des „cor de chasse" die doppelte Erfahrung von der Intensität der hervorbrechenden Erinnerung wie vom Sichverlieren der Erinnerung aufgehoben, und zwar so, daß beide Erfahrungen sich wechselseitig zu der einen poetischen Erfahrung von Nähe und Ferne einer Erinnerung, immer neu aufbrechender Nähe und immer neuem Verklingen in eine unergründliche Ferne steigern.

CLOTILDE

In der Reihe der kurzen Gedichte Apollinaires, in denen eine Empfindung, die mit einer Geschichte verknüpft ist, übersetzt wird in die Vielfalt der Bilder und in die vielfältigen Strukturen von Rhythmus und Reim, ist dieses Gedicht eines der verschwiegendsten. Das Gedicht, das den Namen einer Frau trägt, deren Abwesenheit und poetische Gegenwart das Gedicht bestimmt, steht in der Tradition der Gedichte über den wiedergefundenen Ort, die ihren Ursprung hat bei Petrarca und der im 19. Jahrhundert insbesondere Hugos Gedicht *La Tristesse d'Olympio* und Verlaines *Après trois ans* aus den *Poèmes saturniens* zugehören. Der Garten der ersten Strophe ist zugleich ein Garten der Vergangenheit und der Gegenwart:

L'anémone et l'ancolie
Ont poussé dans le jardin
Où dort la mélancolie
Entre l'amour et le dédain

Dieser Garten steht im Zeichen einer verschwiegenen Geschichte und einer subjektiven Erfahrung, die indes als eine allegorische Konkretisation von ihrem subjektiven Ursprung freigesetzt zu sein scheint. Melancholie wie Liebe und Abweisung sind allegorische Gestalten nach Art der allegorischen Gestalten des Rosenromans. Die Allegorie konfiguriert die komplizierte Stimmungslage einer melancholischen

Indifferenz, die von „amour“ und „dédain“ gleichermaßen entfernt ist. Die Strophe, wie die beiden folgenden Strophen, steht in einem subtilen Ungleichgewicht zwischen den drei in sich selbst ungleichgewichtigen siebensilbigen Versen und dem achtsilbigen Abschlußvers, der das Ungleichgewicht einerseits unterstreicht, andererseits aufhebt. Auch die zweite Strophe projiziert die subjektive Erfahrung in eine gleichsam subjektentzogene Objektivation. Der Garten ist der Ort einer vergangenen Begegnung, mit deren Erinnerung die Gegenwart des Gartens schattenhaft belebt zu sein scheint. Nicht das sprechende Ich ist gegenwärtig, sondern „nos ombres“. Zugleich erscheinen die jetzt gegenwärtigen Schatten als vergängliche, sie leben von der Sonne, die untergehen und sie mit sich hinwegnehmen wird. So wendet sich das Tempus von der Gegenwart zur nahen Zukunft der Nacht, in der die Schatten sich verlieren werden.

Während die erste Strophe im Zeichen der Ruhe, die zweite im Zeichen der erwarteten Bewegung gestanden hatten, ist in der dritten Strophe die Bewegung allgegenwärtig. Das fließende Wasser erscheint im mythologischen Bild als „déités des eaux vives“, die ihr Haar – ihre Wellen – laufen lassen. Mit seiner Wahrnehmung ist zugleich der Bann des Verweilens gebrochen. Das Ich des Gedichts fordert sich auf vorüberzugehen, und zwar in einem Bild, das nur entschlüsselbar ist, wenn man seine intertextuelle Referenz einlöst. Das «il faut que tu poursuives/Cette belle ombre que tu veux» verweist auf La Fontaines Fabel *Le Chien qui lache sa proie pour l'ombre.* Dort ist der Hund, der um des Schattens willen seinen Vorteil, seine Beute preisgibt, Beispielgestalt des Toren:

Chacun se trompe ici-bas
On voit courir après l'ombre
Tant de fous, qu'on n'en sait pas
La plupart du temps le nombre.[21]

Bei Apollinaire ist der Dichter jener melancholische Tor, der nicht aus Unachtsamkeit die Beute um ihres Schattens willen preisgibt, sondern der willentlich den Schatten selbst verfolgt.

Apollinaire beherrscht die Kunst, das Disparate in metaphorischen Brechungen zu vermitteln und zugleich in eine rhythmische Figur zusammenzuführen. Seine kurzen Gedichte mit ihrer einfachen Thematik und ihrem gleitenden Rhythmus scheinen sich im vertrauten Umkreis traditioneller Liebeslyrik zu bewegen. Ihre poetische Dichte, diskrete Verweisungsvielfalt und Kühnheit erschließt sich indes nur dem Leser, der bereit ist, dem Wort sein ihm zukommendes Gewicht zu geben, hinter der Leichtsinnigkeit der poetischen fantaisie die abgründige poetische Besonnenheit dieser Sprache ernst zu nehmen. Der Vielfalt der Bilder und Verweisungen entspringt eine komplizierte poetische Einheit, die nur vermittels solcher Vielheit zur Sprache kommen kann. So setzen diese Gedichte beim Leser eine zweifache Bewegung des ästhetischen Erfassens voraus: Die unbestimmte Einheit des lyrischen Gestus muß erst in seiner konkreten Vielfältigkeit erfaßt werden, ehe hinter dieser die Erfahrung einer subtilen, reich artikulierten poetischen Einheit erstehen kann.

LES FEMMES

Das Gedicht gehört zur Reihe der *Rhénanes,* in denen Apollinaire mit neuen Möglichkeiten der poetischen „couleur locale“ experimentiert. Es steht in der thematischen Tradition der im 19. Jahrhundert reich entfalteten Lyrik der „douceur du foyer“[22], die man als eine Form der Idylle auffassen kann. Im Haus des Winzers kommen an einem Winternachmittag die Frauen zusammen, während draußen der Wind in den Bäumen rauscht und über die schneebedeckte Landschaft sich allmählich die Dämmerung senkt. Doch steht die – in französischen Augen – exotische ‚Gemütlichkeit‘ dieses winterlichen Interieurs so sehr im Licht einer banalen Alltäglichkeit, daß das Gedicht als eine parodistische Auflösung der poetischen Tradition der „douceur du foyer“ erscheinen könnte. Die Frauen, die in der Wärme der Winzerstube zusammensitzen und nähen, schwatzen über belanglose Alltäglichkeiten, während sie Kaffee trinken und dazu mit Butter, Marmelade oder Schmalz belegte Brote essen. Das Apoetische dieser exotisch-banalen Alltäglichkeit entgliedert gleichsam von innen heraus das Versmaß des Alexandriners, macht ihn sperrig und hinkend und öffnet ihn immer wieder auf ein Enjambement, das kein anderes Motiv zu haben scheint, als daß die prosaische Umständlichkeit sich in der Einheit des Verses nicht zu fassen weiß. So etwa in der ersten Strophe, wo umständlich der Ofen gefüllt und das Kaffeewasser aufgesetzt werden soll: *«Lenchen remplis le poêle et mets l'eau du café/ Dessus* – (. . .)». Ein solchermaßen triviales Enjambement kann selbst von Strophe zu Strophe führen, wie im Übergang von der zweiten zur dritten Strophe: «Le facteur vient de s'arrêter / / Pour causer avec le nouveau maître d'école (. . .)».

Im spöttisch beleuchteten rhenanischen Idyll wird die „douceur du foyer“ zur lyrischen Groteske poesieloser Alltäglichkeit und Banalität. Doch würde die Auslegung zu kurz greifen und das Wesentliche von Apollinaires Poesie verfehlen, wollte sie es hierbei belassen. Apollinaires poetische Beweglichkeit, Dialektik, macht gerade das Poesielose selbst zum Moment einer neuen Poesie. Um diese Dialektik zu begreifen, muß die Auslegung der Bewegung des Gedichts selbst folgen und seine Momente in ihrer Entgegensetzung und ihrem Zusammenhang zu erfassen suchen. *Les Femmes* ist in mehrfacher Hinsicht ein Gedicht der abrupten Übergänge, in denen, der Willkür einer ungreifbaren fantaisie folgend, Lebens- und Wirklichkeitsbruchstücke ineinandergeschoben werden, in einem poetischen Kubismus avant la lettre. Die Lebenswelt der „douceur du foyer“, die im 19. Jahrhundert eine gleichsam in sich gereimte war, erscheint in Apollinaires Gedicht nicht nur reduziert auf Momente einer provokanten Alltäglichkeit, sondern diese selbst werden durch eine neue Poetik der abrupten Übergänge isoliert, fragmentarisiert und erhalten so gerade als alltägliche eine neue poetische Valenz.

Schon formal erweist sich die Struktur der abrupten Übergänge an der Dominanz des Gedankenstrichs, der die poetischen Fragmente voneinander trennt. Einzig in den beiden Strophen, in denen das Gedicht seinen Abschluß findet, ist das formale Mittel des Gedankenstrichs aufgegeben. Hinzu kommt der Kontrast von kursiven und nichtkursiven Passagen, wobei alle narrativen Passagen des Gedichts nicht kursiv, alle übrigen kursiv erscheinen, ohne daß den kursiven Passagen ein ebenso eindeutiges Prinzip entsprechen würde wie den nichtkursiven. Doch scheint es, daß die ‚Erzählerstimme‘, die in den nichtkursiven Versen zur Sprache kommt, zugleich auch noch einmal als wahrnehmendes Bewußtsein in den kursiven Passagen präsent ist.

Das Gedicht setzt ein mit einer Zeile, die die Situation benennt, ehe sogleich die eine Stimme in eine Vielfalt von Stimmen übergeht und drei inkohärente Bruchstücke ganz verschiedener Sinnwelten aufeinanderfolgen. Was so entsteht, ist weder ein Stück Konversation noch sonst eine irgendwie thematisch zusammengefaßte Einheit. Die Fragmente, gegen die Eingangszeile durch Kursivierung abgesetzt und voneinander durch Gedankenstrich getrennt, stehen für sich.

Dans la maison du vigneron les femmes cousent
Lenchen remplis le poêle et mets l'eau du café
Dessus – Le chat s'étire après s'être chauffé
– Gertrude et son voisin Martin enfin s'épousent

Erneut sind in der folgenden Strophe inkongruente Wirklichkeits- und Erfahrungsbereiche gegeneinandergesetzt. In unvermitteltem Übergang folgt zunächst in der Erzählerstimme die einzige Passage des Gedichts, die in der ereignishaften Vergangenheit des passé simple steht:

Le rossignol aveugle essaya de chanter
Mais l'effraie ululant il trembla dans sa cage

Aber diese stimmungshaft verdichtete ‚narrative Eröffnungsklausel' bleibt ungesättigt. In den zwei gegeneinander abgesetzen kursiven Passagen der Strophe wird eine Winterimpression gesetzt – von wem, aus wessen Wahrnehmung? Es folgt die Hinwendung zu dem Briefträger, von dem wir in der folgenden, durch Enjambement verknüpften Strophe erfahren, daß er sich mit dem neuen Schullehrer unterhält. Darauf folgen drei gegeneinander abgehobene, miteinander unverbundene Bruchstücke über den Winter, der kalt zu werden verspricht, den Sakristan, der im Sterben liegt, die Tochter des Bürgermeisters, die dem Pfarrer eine Stola bestickt. Auch das Ende dieser Strophe führt in einem trivialen Enjambement zur folgenden weiter, wo die Erzählerstimme das Unausgesprochene, im Inneren Verborgene ins Draußen projiziert und dieser Vereinigung mythisch-allegorische Gestalt gibt. Die Welt der Alltäglichkeit ist in diesen Versen durchbrochen, sie selbst in ein neues Licht gestellt:

(. . .) La forêt là-bas
Grâce au vent chantait à voix grave de grand orgue
Le songe Herr Traum survint avec sa sœur Frau Sorge

Diese Evokation eines poetischen Horizonts, der zugleich bestimmt ist durch die deutschen Namen der allegorischen Projektionen und ihre intertextuellen Verweisungen[23], steht aber in unvermitteltem Kontrast zur Banalität des letzten Verses, der in die Winzerstube und ihre Enge zurückführt: *«Kaethi tu n'as pas bien raccommodé ces bas»*. Die folgenden beiden Strophen stehen nun ganz im Zeichen einer Konversation, in der Aufforderung zum Einschenken des Kaffees, Herbeibringen der Brote, dann Betrachtungen über den Liebeskummer sich erneut unvermittelt zusammenfügen. Die Stimmen gehen durcheinander, bleiben in sich befangen, sinken ins Schweigen zurück, dem sie entsprungen sind. In die folgende, drittletzte Strophe aber, die erneut vereint, was thematisch unverbunden ist – Bitte um Zucker, Feststellung des Befindens, Wahrnehmung des Draußen, Alltagsgedanken über Schmerz und Glück der Liebe – mischt sich wieder die Erzählerstimme, die in die geschlossene Welt der Winzerstube das Außen einblendet und zugleich die Dimension des Vergangenen bewußt hält: «Le vent faisait danser en rond tous les sapins». Die folgende Strophe, als einzige ohne die Kontrastwirkung der Kursivierung und die Entgegensetzung vermittels des Gedankenstrichs, gehört ganz der Erzählerstimme, die das Draußen als eine unheimliche Welt in der Metaphorik des Todes gegenwärtig macht:

La nuit tombait Les vignobles aux ceps tordus
Devenaient dans l'obscurité des ossuaires
En neige et repliés gisaient là des suaires
Et des chiens aboyaient aux passants morfondus

Die letzte Strophe aber gibt dem Gedicht mit dem Tod des Sakristans so etwas wie eine narrative Achse, wenngleich die ‚narrative Schlußklausel' nicht narrativ, in der Perspektive des Erzählers, sondern als Moment des Gesprächs gesetzt ist. Gespräch und Narration, Drinnen und Draußen, Tod und Alltag, sind in dieser Strophe nicht gegeneinandergesetzt, sondern ineinander verschlungen. Dem entspricht, daß gegen alle vorausliegenden Strophen diese von vollkommener Regelmäßigkeit und weicher Musikalität des Alexandriners ist. Was im Gedicht schroff und unverbunden gegeneinandergesetzt war, ist in dieser Strophe zu lyrischer Koexistenz der simultanen Kontexte gebracht:

Il est mort écoutez La cloche de l'église
Sonnait tout doucement la mort du sacristain
Lise il faut attiser le poêle qui s'éteint
Les femmes se signaient dans la nuit indécise

Wenn das Gedicht mit einem narrativen Schlußpunkt endet und so selbst eine dominante narrative Achse zu gewinnen scheint, so bleibt doch diese Narrativität auf eine lyrische Funktion bezogen. Der Tod des Sakristans ist nur die letzte Steigerung einer Erfahrung des Unheimlichen, die in immer neuen Bildern gegenwärtig ist. Sie konkretisiert sich zuerst im Erschrecken der blinden Nachtigall vor dem Ruf der Eule. Dann ist erstmals vom Todeskampf des Sakristans die Rede.

In der vorletzten Strophe verdichtet sich die Stimmung, die das Gedicht beherrscht, zu einer Todesvision der erstarrten Landschaft. Vom metaphorischen Tod führt die letzte Strophe zum Tod des Sakristans, der zugleich die Projektion einer metaphorischen Relation auf die Achse der Erzählfiktion bedeutet. Das Gedicht ist bestimmt durch die Entgegensetzung des Alltäglich-Banalen und des eindringenden Unheimlichen, aber zugleich durch die Einheit einer Frömmigkeit, die die Vielfalt der Lebensbereiche durchdringt und wie ein Wall gegen das Unheimliche gesetzt ist. Die Metaphorik des Gedichts ist entweder Metaphorik aus dem Erfahrungshorizont katholisch-volkstümlicher Frömmigkeit oder aus dem Horizont des Unheimlichen. Im Alltäglichen wird das Unheimliche verdrängt, das zugleich aus dem Draußen der nächtlichen Winterlandschaft wie aus dem Innern der Person selbst aufsteigt. Das Drinnen der Idylle scheint so zweifach vom Unheimlichen belagert. Zugleich entspringt der Verdrängung des Unheimlichen die unausgesprochene Sorge, die der Grund des im Belanglosen sich drehenden Gesprächs und der alltäglichen Besorgung ist. So können am Horizont des Draußen die Figuren des Innern sich zu Bildern verdichten:

> (. . .) La forêt là-bas
> Grâce au vent chantait à voix grave de grand orgue
> Le songe Herr Traum survint avec sa sœur Frau Sorge

Apollinaire gibt dem Banalen und Apoetischen selbst einen neuen Rang, indem er es als Moment einer Entgegensetzung gegen das bedrängend Unheimliche zum Thema macht. Die Dialoge und Wahrnehmungen, die dieses Gedicht ineinanderblendet, sind nur Momente eines aus Entgegensetzungen sich bildenden Ganzen, dem auch die Erzählerstimme zugehört, die gleichfalls keinen Eigenwert besitzt, sondern Teil der lyrischen Konfiguration ist. Das Lyrische des Gedichts liegt gerade in dieser wechselseitigen, unauflösbaren Bedingtheit, die gleichsam den Erfahrungsraum des sich selbst nicht zur Sprache bringenden lyrischen Subjekts konstituiert. Das Alltägliche, Apoetische wird in seiner unaufhebbaren Schwere poetisch ernst genommen und doch überschritten durch den verdrängten, aber präsent gehaltenen Horizont des Draußen, der zugleich ein Bild des nicht zur Sprache kommenden Innen ist. So geht aus dem, was beim ersten Blick nur Parodie oder ironisch gesetzte fantaisie zu sein scheint, eine neue poetische Wirkung hervor, die die Entdeckung eines neuen Spielraums poetischer Möglichkeiten bezeugt.

Es gibt seit Petrarca, spätestens aber seit Rousseau, eine eigene Tradition lyrischer Dichtung, die man Dichtung der Entfremdung nennen könnte. Der Wanderer in Petrarcas *Canzoniere*, den die Liebesleidenschaft mit sich selbst entzweit und in die einsame Landschaft hinaustreibt, der seinen „rêveries" hingegebene „promeneur solitaire" bei Rousseau, Hölderlins Wanderer zwischen Fremde und Heimat, zwischen dem Ursprung und dem Offenen, die Wanderung des Flaneurs durch die Großstadt in Baudelaires *Tableaux parisiens* bezeichnen Stationen einer Geschichte poetischer Erfahrung der Entfremdung, der auch Apollinaires *Zone* als ein neues, großes Zeugnis zugehört[24].

In vielfältiger Hinsicht ist dieses Gedicht eine Summe. Es ist die Summe eines Lebens, die ein Ich bei seiner einsamen, einen Tag und eine Nacht dauernden Wanderung durch Paris zieht. Es ist zugleich eine Summe von mythischen Horizonten, in denen das Ich sich begreift. Nicht zuletzt aber ist es eine Summe der poetischen Verfahrensweisen, die Apollinaire sich seit seinen dichterischen Anfängen angeeignet hat. Als eine poetische Summe ist das Gedicht zu einem Ursprung moderner Dichtung und moderner Fiktion im 20. Jahrhundert geworden. Die Lyrik T. S. Eliots, E. Pounds, die Dichtung der Surrealisten in Frankreich, aber auch die Stadtlyrik Bert Brechts und Gottfrieds Benns sind ohne dieses Paradigma der Moderne nicht zu denken. Zugleich aber macht gerade dieses Gedicht die Kraft der modernen Lyrik sinnfällig, auch für den neuen Roman amimetische Strukturen vorzuentwerfen. Der *Ulysses* von J. Joyce steht im Horizont von Apollinaires großem Stadtgedicht und ebenso ein neues großes Paradigma der epischen Wanderung durch die moderne Großstadt, C. Simons *Les corps conducteurs*.

Die Bewegung von *Zone* folgt dem einfachen narrativen Schema der Wanderung. Es setzt ein mit der Gegenwart der Sprechsituation am Morgen in Paris. Das Ich[25], am Morgen der Welt der Großstadt ausgesetzt, will ausbrechen aus der alten Welt, der auch noch die gegenwärtige zugehört. Einzig das Christentum scheint die Chance eines Durchbruchs aus der Enge des „monde ancien" zu bieten. Dennoch ist für dieses moderne Ich, das sich nach Ausbruch aus der alten Welt sehnt, die Welt des Glaubens verloren, und so gibt es sich an die profane Poesie der modernen Welt hin, die Kataloge, Plakate, Zeitungen und Groschenliteratur, die ihm die wahre Dichtung und Prosa der modernen Welt zu sein scheinen. In einer neuen Bewegung geht das Gedicht zur Naherinnerung an die Straße eines Industriegebiets über, durch die das Ich an diesem Morgen hindurchgegangen ist. So wie dem Ich die banalen Gebrauchstexte der modernen Welt, die Zeitungen und Groschenhefte, zur Poesie der modernen Welt werden, so wird die anonyme Straße eines neuen Industriegebiets zur Erfahrung einer Schönheit, die jede vorgegebene Vorstellung des Schönen provokativ durchbricht. Die Naherinnerung an die „jolie rue“ führt hinüber zur Fernerinnerung der „jeune rue“, jener Kindheitsstraße, um die sich ein Erinnerungsfragment der Kindheit kristallisiert. In ihm ist die Erfahrung einer religiösen Ergriffenheit bewahrt, die den jungen Schüler überkam, als er gemeinsam mit dem Freund im geheimnisvollen Dämmerlicht der Schulkapelle die Nacht verbrachte. Aus dieser Erinnerung geht als eine neue Sequenz die Phantasmagorie des wie ein Flugzeug zum Himmel auffliegenden Christus hervor, der von einer phantastischen Wolke exotischer und mythischer Vögel umgeben ist. Von hier geht das Gedicht zu einem neuen Jetztpunkt des sprechenden Ich zurück, das einsam im Strom der Menge einhergeht. Diese Passage ist der emphatische Höhepunkt des Gedichts. Der einsam Einhergehende ist wie bei Petrarca gezeichnet vom Schmerz einer unerfüllten Liebe, der sich in ihm bis zur Erfahrung einer gleichsam das Bewußtsein überflutenden Seinsverlassenheit steigert. Die folgende Sequenz ist eine Sequenz von Erinnerungsfragmenten, in denen das Ich sich seiner Identität zu vergewissern sucht. In Erinnerungsbildern gleichsam photographisch erfaßter und stillgelegter Augenblicke von Reisen in den Süden, Norden und Osten Europas hält das Ich sich Gestalten seiner vielfältigen und ins Augenblickliche versprengten Identität vor, ehe das Gedicht erneut zu einem Jetztpunkt des Sprechens zurückkehrt und in einer Art ‚tableau parisien‘ eine Gruppe jüdischer Emigranten in der Gare Saint-Lazare ins Auge faßt. Die folgenden Bilder sind Bilder des nächtlichen Paris, des Einsamen, der seine Einsamkeit in der Bar und im Bordell zu vergessen sucht. Das Gedicht endet mit dem hereinbrechenden Morgen, als das Ich auf dem Heimweg nach Auteuil begriffen ist.

Wenn die Bewegung des Gedichts in ihrer Grundstruktur von einfacher Durchsichtigkeit ist, so ist die konkrete dichterische Realisierung von einer hohen lyrischen Komplexität. Das Gedicht steht nicht in der Ordnung eines ausdrücklich gemachten narrativen Zusammenhangs. Es geht hervor aus einer Reihe von Jetztpunkten, die durch Zeit und Ort bestimmende Adverbien, besonders „maintenant“, „voici“, „voilà“, markiert sind. Aber auch wo solche Verweismarken auf die Hier-Jetzt-Situation fehlen, ließen sie sich leicht hinzufügen. Die Hier-Jetzt-Punkte des Gedichts sind einerseits die Sprechsituationen, aus denen das Ich im Fortgang seiner Wanderung durch die Stadt spricht, zum anderen aber sind es imaginäre Versetzungen in vergangene Zeiten und an entfernte Orte. Im inneren Monolog des Ich durchdringen sich die Zeiten und Orte und schließen sich zu einer imaginären Simultaneität und Ubiquität zusammen. Gelebte, imaginäre und erinnerte Gegenwart werden so zu einer poetischen Gegenwärtigkeit vereinigt, die im durchgehaltenen Tempus des Präsens und des ihm zugehörigen Perfekts ihr sprachliches Äquivalent findet. So bezeichnet die Linearität des Diskurses einerseits den Ort eines unausdrücklichen narrativen Fortgangs, andererseits aber zugleich die Projektionsebene für eine imaginäre Simultaneität und Ubiquität des wahrnehmenden und sich erinnernden Ich. Das Ich begegnet seinen abgelebten Gestalten, während es, von innerer Unrast getrieben, im Zustand der Krise die Stadt durchwandert und die Summe seines Lebens zieht. Das Ich, das sich in der Vielfalt von Wahrnehmungssituationen und erinnerten Gestalten zur Sprache bringt, spricht aus der Erfahrung der Selbstentzogenheit, des Selbstverlusts, des Verlusts der Geliebten, des Verlusts der Religion. «J'ai vécu comme un fou et j'ai perdu mon temps». In der Erfahrung der Entzweitheit mit der Welt aber macht das Ich zugleich die Erfahrung der Entzweitheit mit sich selbst. Diese wird deutlich in der Verdoppelung des Ich, das sich als sprechendes und angesprochenes, als „je" und „tu" setzt. In der Differenz beider wird die Differenz des seiner Identität entzogenen lyrischen Ich sinnfällig.

Zone ist eine Summe, aber eine Summe aus Bruchstücken. Schon in *Les Femmes* ist die Abgebrochenheit ein wesentliches Moment der Poetik des Gedichts. Der Fortgang in *Zone* ist unterbrochen durch scharfe, markierte Einschnitte, die Fragmente der Wahrnehmung und der Erinnerung ineinanderblenden. Die markierte Diskontinuität ist bei Apollinaire ein bestimmendes Ausdrucksmittel seiner Modernität. Es steht in innerem Zusammenhang mit dem Verfahren der Zeitung, die das Vielfältigste auf einer Seite vereint, zugleich auch mit dem Verfahren des Schnitts beim Film, der in scharfem Übergang Sequenz an Sequenz stoßen läßt und der gerade so die Illusion einer gesteigerten Welthaltigkeit und Ereignisfülle zu erzeugen vermag, bei der der Betrachter in eine nie zuvor gekannte Beweglichkeit der Blickpunkte und Kontexte gerissen wird. Es ist kein Zufall, daß zur gleichen Zeit auch die Malerei mit den ästhetischen Möglichkeiten des Schnitts experimentiert. Die Ästhetik der kubistischen Malerei beruht wesentlich auf der Konzeption idealer oder kategorialer Schnitte, die den dargestellten Gegenstand zerstückeln und ihn nach bildimmanenten Gesichtspunkten wieder aufbauen, so ein neues ästhetisches Objekt konstituierend, das dennoch vermittels seiner kategorialen Schnitte die Idee des Objekts durchsichtig werden läßt. Wollte man das Verfahren des Schnitts, wie Apollinaire es in *Zone* und später in seinen pòemes-conversation noch radikaler verwendet, als kubistisches verstehen und Apollinaire in Abhängigkeit zu Picasso sehen, so würde das Abhängigkeitsverhältnis wohl genau falsch herum gesehen. Apollinaire experimentiert schon früh mit den Möglichkeiten des Schnitts, so wie er auch mit den Möglichkeiten des poetischen glissement experimentiert. Naheliegend scheint es, daß Apollinaire Picasso, den er 1903 kennenlernte und mit dem er sich sogleich anfreundete, dazu angeregt hat, seinerseits das Prinzip des Schnitts und der amimetischen Montage in die Malerei zu übertragen und dort mit einer neuen Ästhetik des Schnitts und der athematischen ‚Kante' zu experimentieren.

In der Diskontinuität des Übergangs der Jetztmomente spiegelt sich eine Welt der Diskontinuität und unvermittelten Vielfalt. Die eine Stadt umfaßt eine Vielfalt von Lebenssphären und Erfahrungsbereichen, die im Blick des wandernden Ich kaleidoskophaft sich ablösen, und die ihrerseits durch Assoziationen und metaphorische Brechungen in eine Vielfalt von Kontexten integriert werden. Insbesondere aber werden die Bilder der Stadt – die morgendliche Straße eines Industriegebiets, Eiffelturm, Omnibusse in der Straße, Bahnhof Saint-Lazare, Judenviertel, nächtliches Restaurant, Bordell – gleichsam überflutet von Erinnerungsfragmenten, wobei zwischen Wahrnehmung, sprachlicher Artikulation und Erinnerung vielfältige Korrespondenzen und Überlagerungen entstehen. Wahrnehmungen und Erinnerungen aber stehen ihrerseits in mehrfachen mythischen Horizonten. Die moderne Welt dieses Gedichts ist durchlässig auf Mythen fernster Vergangenheiten und Religionen. So wird die Himmelfahrt Christi zu einer Art religiös-mythologischer Phantasmagorie, in deren Mittelpunkt Christus als Flieger steht, in einem Amalgam von Fortschrittsmythos und überliefertem Mythos. Während Christus am Anfang des Gedichts in seiner modernsten Gestalt als Flieger erscheint, erscheint er am Ende des Gedichts in der Vorzeitigkeit des ozeanischen Fetischs, als «Christ inférieur des obscures espérances». Die Welt von *Zone* ist eine Welt der Zerstückelung, Fragmentarisierung in diskontinuierliche Momente und Einzelheiten, die ihrerseits wiederum auf diskontinuierliche Momente und Einzelheiten verweisen oder in diese gespiegelt werden. Zum Chocbild gesteigert findet die Erfahrung der Zerstückelung sich am Ende des Gedichts im Bild des zerstückelten Körpers:

Adieu Adieu
Soleil cou coupé

Dennoch steht das Gedicht nicht ausschließlich im Zeichen der Diskontinuität. Das Diskontinuierliche wird übergriffen von der konkreten Gestalt des poetischen Vollzugs, der das Getrennte in subtiler Weise zu neuer Einheit zusammenbringt. Auch *Zone* steht im Horizont von Apollinaires Zentralmythos von „Babel und Pfingsten". Das Zusammenhanglose wird in einen neuen Zusammenhang gebracht, das Unpoetische selbst wird Moment der einen poetischen „langue de feu", der das Gedicht als Einheit in der Vielfalt entspringt.

Das Vielfältige, Diskontinuierliche des Gedichts ist Moment einer Konfiguration des Konträren, in der alles einzelne aufgehoben ist. Das diskontinuierliche Moment erweist sich im Horizont wiederholter Lektüren vielfältig eingebunden in sekundäre Zusammenhänge, die die Dichte und kontextuelle Vielfalt des Gedichts bedingen, und die zugleich die subtile poetische Arbeit der inneren Verknüpfung und Vertiefung sinnfällig machen. Die Vielfalt des Gedichts ordnet sich zu großen kontrastiven Formationen, und diese selbst finden ihre poetisch-surreale Aufhebung in Überblendungen, Übergängen, Analogien im Entgegengesetzten.

Der Anfang des Gedichts steht im Zeichen einer großen Entgegensetzung von „monde ancien" und monde moderne. Doch wird diese Entgegensetzung überraschend so aufgehoben, daß die gegenwärtige Welt selbst noch dem „monde ancien" zuzugehören scheint. Die Aufhebung der Entgegensetzung wird deutlich in der Metaphorik, in der der Eiffelturm, Signum der Moderne, erscheint: «Bergère ô tour Eiffel le troupeau des ponts bêle ce matin» (S. 55). Das Modernste und das Uranfängliche werden in metaphorischer Überlagerung zu einem synthetischen Bild zusammengeschlossen. Dieselbe metaphorische Überlagerung kehrt noch einmal wieder im Bild der „troupeaux d'autobus mugissants" (S. 57), in dem erneut die Erfahrungsbereiche frühester und spätester Kultur ineinandergeblendet werden. Der Aufhebung der Moderne im „monde ancien" entspricht aber umgekehrt die Überführung der mythischen Vergangenheit in einen Mythos der Moderne, wenn nunmehr die christliche Religion allein als „toute neuve" erscheint und dem Modernsten, den „hangars de Port-Aviation" (S. 55) verglichen wird. So erscheint das Haupt der Kirche, Papst Pius X., als „L'Européen le plus moderne" (S. 55). Moderner aber noch ist Christus selbst, der in der profanen Sprache der modernen Welt erscheint als Inhaber eines Höhenweltrekords, mit dem er alle Flugzeugflieger schlägt. Die folgende Phantasmagorie der Moderne im Zeichen des auffliegenden Flugzeugs, Bild des auffliegenden Christus wie des ‚emporfliegenden' 20. Jahrhunderts, steht im Zeichen der Verbrüderung der mythologischen Flugwesen aller mythischen Traditionen, denen sich Vogelschwärme mit Vögeln vertrauter und exotischer Bereiche zugesellen.

Aber diese phantastische, phantasmagorische Vision einer Religion der Moderne, die im Zeichen des grotesken und dennoch nicht blasphemisch-unernsten Mythologems des Christus-Flugzeugs alle mythischen Horizonte der Vergangenheit in sich aufgehoben hat, steht zugleich in Kontrast zum lyrischen Ich, das sich seiner religiösen Bedürfnisse und Regungen schämt, das beten möchte und kein Gebet über die Lippen bringt und das, statt an diesem Morgen eine Kirche zu betreten und die Beichte abzulegen, sich der profanen Welt der Moderne anheimgibt. In dieser profanen Welt ist Poesie die banale Poesie der Werbung, der Zeitungen und der Groschenliteratur, Schönheit die Schönheit einer namenlosen „rue industrielle". Aber auch diese Welt ist mit der mythischen Welt verknüpft. So ist bei der Sirene, die dreimal des Morgens aufheult, noch immer der Bezug zu jenen Sirenen mitgemeint, die mitfliegen in dem phantasmagorischen Zug mythischer Flugwesen, die Christus bei seinem Aufflug begleiten. Dem metaphorischen Bezug zwischen mythischer und moderner Welt aber entspricht ein metonymischer der subjektiven Erfahrung. In einer sprachlich vermittelten Folge von Assoziationen wird das Ich von der „jolie rue" der Naherinnerung zur fernen Erinnerung an die „jeune rue" der frühen Kindheit geführt, die im imaginären Präsens erscheint und die Erinnerung an die blaue und weiße Kleidung des Kindes heraufruft:

> Voilà la jeune rue et tu n'es encore qu'un petit enfant
> Ta mère ne t'habille que de bleu et de blanc (S. 56)

Die Farbe blau aber ist das Relais für eine neue Zelle der Erinnerung:

> Il est neuf heures le gaz est baissé tout bleu vous
> sortez du dortoir en cachette (S. 56)

Damit ist die Erinnerung an jene nächtliche Erfahrung in der Kapelle des Collège eingeleitet, die in Kontrast steht zu der Erfahrung des Erwachsenen, dem der Zugang zu der Erfahrung verlorenging, von der das Kind einst ergriffen war.

Alles Moderne, was in *Zone* erscheint, steht im Licht mythischer Perspektiven. Diese aber haben ihre verborgene Achse im Mythos des Turmbaus von Babel als dem Urmythos der Entfremdung und dem Pfingstmythos als dem Mythos der Aufhebung der Entfremdung. Das Zerfallen der Sprache in die Sprachen, der Identität in Vielfalt, Heterogenität, die Befreiung aus der Heterogenität in die neue Identität, sind Vorstellungen, die den Haushalt von Apollinaires Bildern immer neu bestimmen. Das Ich, das sich in *Zone* zur Darstellung bringt, ist jenes Ich, das in *Cortège* gleichsam selbst als ein von Generationen erbauter Turm von Babel erscheint. Es ist zugleich aber ein Ich auf der Suche nach seinem Pfingsten: der Aufhebung des Vielfältigen in den „langues de feu“ der Poesie. Und schließlich ist es die neue Verkörperung des Mythos vom „Juif errant“, in dessen Erinnerung alle Zeiten und Orte zusammenkommen. Im Hinblick darauf ist der Zusammenhang mit Apollinaires früher Geschichte *Le Passant de Prague* von besonderem Interesse, wo in der Gestalt des rätselhaften Passanten, der sich als Laquedem, der ewige Jude, erweist, gleichsam das mythische Urbild des modernen, die Großstadt durchstreifenden Flaneurs entworfen wird. Zugleich bietet diese Geschichte den Schlüssel zum Verständnis eines rätselhaften Erinnerungsfragments, das erst vor diesem Hintergrund seine eigentliche Bedeutung gewinnt und so die zentrale Stellung der Prag-Erinnerung in der Sequenz der erinnerten Momente sinnfällig machen kann.

> Épouvanté tu te vois dessiné dans les agates de Saint-Vit
> Tu étais triste à mourir le jour où tu t'y vis (S. 58)

heißt es im Kontext der Prag-Erinnerung. Dem entspricht die folgende Stelle aus *Le Passant de Prague,* die den Grund des Erschreckens erklärt: «Nous visitâmes le château royal du Hradschin, aux salles majestueuses et désolées, puis la cathédrale, où sont les tombes royales et la châsse d'argent de saint Népomucène. Dans la chapelle où l'on couronnait les rois de Bohême, et où le saint roi Wenceslas subit le martyre, Laquedem me fit remarquer que les murailles étaient de gemmes: agates et améthystes. Il m'indiqua une améthyste:

– Voyez, au centre, les veinures dessinent une face aux yeux flamboyants et fous. On prétend que c'est le masque de Napoléon.

– C'est mon visage, m'écriai-je, avec mes yeux sombres et jaloux!» (S. 110)

Auch die rückwärtslaufende Uhr im Prager Judenviertel ist ein Detail aus Apollinaires *Passant de Prague*. Diese thematischen Anklänge aber werden in *Zone* gemäß einer neuen Poetik neu geordnet. Die Prag-Erinnerung ist darin paradigmatisch für die Poetik des Gedichts selbst, daß sie in sich sowohl die Erfahrung des vollkommenen Glücks wie die Erfahrung einer äußersten Selbstentfremdung enthält.

Tu te sens tout heureux une rose est sur la table
Et tu observes au lieu d'écrire ton conte en prose
La cétoine qui dort dans le cœur de la rose (S. 58)

Das Bild des in der Rose schlafenden Rosenkäfers ist von deutlicher erotischer Konnotation, aber es geht in seiner erotischen Bedeutung nicht auf. Es ist ein Bild des reinen, unentfremdeten, vollkommen glücklichen Aufgehobenseins im anderen. Der Vers, der diese Erfahrung trägt, ist ein ganz regelmäßig gebauter Alexandriner. Gegen das Bild des unentfremdeten Aufgehobenseins aber steht die chochafte Erfahrung der Entfremdung: «Épouvanté tu te vois dessiné dans les agates de Saint-Vit». In dieser Entgegensetzung wiederholt sich die Entgegensetzung des vorausliegenden Erinnerungsbildes an eine mediterrane Szene, das ein Simultanbild der Erfahrung des metaphysischen Schrekkens wie der metaphysischen Hoffnung ist:

Nous regardons avec effroi les poulpes des profondeurs
Et parmi les algues nagent les poissons images du Sauveur

Erst die Textstelle von *Le Passant de Prague* macht deutlich, daß die Entdeckung des eigenen Gesichts in den Achatsteinen des Veits-Doms eine Erfahrung der Selbstentfremdung, ja der Ichauflösung ist. Zugleich aber ist dieses Schreckbild, das dem Ich aus den Adern des Achatsteins des Prager Doms entgegenblickt, bezogen auf die Erfahrung der religiösen Hingabe beim nächtlichen Gebet in der Schulkapelle. Dort ist ein Amethyst der Spiegel des ewigen Lichts, in dem Christus gegenwärtig ist:

Tandis qu'éternelle et adorable profondeur améthyste
Tourne à jamais la flamboyante gloire du Christ (S. 56)

In *Le Passant de Prague* erscheinen Achat und Amethyst noch in einer Perspektive: die Mauern der Krönungskapelle des Veits-Doms sind damit besetzt. Dann wird die Aufmerksamkeit auf den einen Amethyst gelenkt, in dem das Gesicht mit den brennenden Augen erscheint, das das Ich als sein eigenes erkennt. In *Zone* stehen Amethyst und Achat für die Entgegensetzung von unentfremdeter religiöser Kindheitserfahrung und der chochaften Erfahrung der Selbstentfremdung. Die Erfahrung der Selbstentfremdung wird nun auf den Achatstein bezogen, während der Amethyst für die unentfremdete religiöse Erfahrung einsteht.

Wie die Prag-Episode mit den vorausgehenden Passagen subtil verknüpft ist, so zugleich mit den folgenden. Der Wanderer durch Paris erblickt in der Bahnhofshalle von Saint-Lazare eine Gruppe auswandernder Juden. Das Bild des Lazarus, das sich angesichts der Erfahrung der Selbstentfremdung in der Prag-Erinnerung eingestellt hatte – «Tu ressembles au Lazare affolé par le jour» (S. 58) –, kehrt wieder im banalen Kontext des Bahnhofs Saint-Lazare, der jedoch durch diese Relation selbst in eine neue Dimension gestellt wird. Das Tableau der jüdischen Emigranten aber ist erneut ein Gegentableau zu den Bildern der Entfremdung. Ihrem ungewissen Schicksal sehen sie gemeinsam entgegen. Sie sind im festen Familienverband vereint, ihr Glaube ist ungebrochen. «Ils croient en Dieu ils prient les femmes allaitent des enfants» (S. 59). Sie vertrauen ihrem Schicksal und haben die große, naive Hoffnung darauf, in der neuen Welt ihr Glück zu machen:

> Ils ont foi dans leur étoile comme les rois-mages
> Ils espèrent gagner de l'argent dans l'Argentine
> Et revenir dans leur pays après avoir fait fortune (S. 59)

Der Erinnerung an das vollkommene Glück des Rosenkäfers in der Rose entspricht, daß die Juden, die nicht auswandern, sich niederlassen in der rue des Rosiers. So gesellt sich zu der Wahrnehmung die Erinnerung an jene Juden, die dort des Abends langsam wie Schachfiguren sich aus ihrer Wohnung bewegen, während die Frauen in den kleinen Läden zurückbleiben. Ein eingesprengtes Detail aber stellt einen neuen Zusammenhang her:

> Une famille transporte un édredon rouge comme
> vous transportez votre cœur (S. 59)

Dieses zugleich realistische und surrealistische Wahrnehmungsfragment führt in eine zentrale Bildkonstellation, die bisher noch erörtert blieb. Das ganze Gedicht ist beherrscht von zwei korrespondierenden Bildfeldern, dem des Feuers[26] und dem des Bluts, in denen die grundlegende Entgegensetzung zwischen den Vorstellungsbereichen der Zerstückelung und Entfremdung und dem der Vereinigung des Zerstückelten zur Anschauung kommt.

In der ersten Erinnerungssequenz an das nächtliche Eindringen in die Kapelle bezeugt das ewige Licht die „flamboyante gloire du Christ“, und noch einmal ist Christus gegenwärtig im Bild der „torche aux cheveux roux que n'éteint pas le vent“ (S. 56). Dagegen steht das gegenwärtige Ich im Zeichen des „feu de l'Enfer“:

> Tu te moques de toi et comme le feu de l'Enfer ton rire pétille
> Les étincelles de ton rire dorent le fond de ta vie (S. 57)

Mit diesem Gegenbild aber setzt eine Bildsequenz ein, in der erstmals das Bild des Feuers und das Bild des Bluts sich verbinden. Dem einsamen Flaneur erscheinen die vorübergehenden Frauen unter der zwanghaften Vorstellung des Bluts:

> Aujourd'hui tu marches dans Paris les femmes sont
> ensanglantées (S. 57)

Dies Bild der Verletzung des Körpers ist der Anstoß zweier Erinnerungsfragmente, in denen das Bild des Bluts und das Bild der Flamme, als Gegenbilder der Verletzung und der Wiederherstellung, sich durchdringen:

> Entourée de flammes ferventes Notre-Dame m'a regardé à Chartres
> Le sang de votre Sacré-Cœur m'a inondé à Montmartre (S. 57)

Die Vorstellung vom blutenden Herzen Christi aber überlagert das Augenblicksbild des „édredon rouge“, das ineins rotes Kissen und blutig-rotes Herz ist. Schließlich erscheint das Bild des Feuers noch einmal als Bild für die profane Erleuchtung des Alkoholgenusses:

> Et tu bois cet alcool brûlant comme ta vie
> Ta vie que tu bois comme une eau-de vie (S. 60)

Beide Bildfelder aber werden am Ende des Gedichts noch einmal unvermittelt einander entgegengesetzt:

> Adieu Adieu
> Soleil cou coupé (S. 60)

Der sprachliche Gestus dieser rätselhaften letzten Verse ist der des Telegramms als der modernsten Form der Kommunikation. Ohne syntaktische Beziehung werden das Bild der Sonne und das Chocbild des zerstückelten Körpers nebeneinandergesetzt als letzte Steigerung der Gegensätze, die die poetische Struktur dieses Gedichts bestimmen. Die Sonne ist aber nicht nur dem Bild des zerstückelten Körpers entgegengesetzt, sie erscheint selbst im Bild dieses Chocbilds. Denn vom Rot der Sonne geht der Weg der Assoziation zum Rot des „cou coupé". Dennoch wäre es falsch, wollte man das Gedicht einseitig nach der Seite des Chocbilds hin auflösen. Denn dieses selbst erscheint gleichsam aufgehoben durch seine kosmische Projektion in das Bild der Sonne.

Das Bild des zerstückelten Körpers ist eine der poetischen Obsessionen, die in Apollinaires Werk immer wiederkehren. Häufig ist es die Vorstellung abgeschnittener Hände, die sich mit der Vorstellung im Herbst fallender Blätter verbindet. So heißt es in *Rhénane d'automme:*

> Oh! je ne veux pas que tu sortes
> L'automne est plein de mains coupées
> Non non ce sont des feuilles mortes
> Ce sont les mains des chères mortes
> Ce sont tes mains coupées (S. 123)

Das Bild kehrt wieder in *Signe:*

> Mon Automne éternelle ô ma saison mentale
> Les mains des amantes d'antan jonchent ton sol (S. 127)

und ebenso in *Marie:*

> Sais-je où s'en iront tes cheveux
> Crépus comme mer qui moutonne
> Sais-je où s'en iront tes cheveux
> Et tes mains feuilles de l'automne
> Que jonchent aussi nos aveux (S. 89)

Aber in noch näherer Verbindung zu *Zone* erscheint in *Les Fiançailles* das Bild des Enthaupteten, der im Kosmischen lebendig bleibt:

> Il vit décapité sa tête est le soleil
> Et la lune son cou tranché (S. 131)

Und ebenso wird in *Le Brasier* der zerstückelte Körper in einem phantasmagorisch-surrealistischen Bild ins Kosmische gesteigert und in ihm aufgehoben:

Dans la plaine ont poussé des flammes
Nos cœurs pendent aux citronniers
Les têtes coupées qui m'acclament
Et les astres qui ont saigné
Ne sont que des têtes de femmes (S. 113)

Die Differenz von Einheit und Vielheit, Bruchstück und Totalität, wird bei Apollinaire weder als reine Entgegensetzung belassen noch zur Versöhnung gebracht. Sie bleibt als ein spannungsvolles, lebendiges Verhältnis bestehen, das das Poetische des Gedichts selbst bestimmt. Dem entspricht auch die Form des Gedichts: seine rhythmische Grundstruktur ist die des klassischen Alexandriners. Der Vers in seiner freien Bewegung zerbricht das Versmaß oder deformiert es und bleibt dennoch auf seine normative Einheit bezogen. So wird im lebendigen Verhältnis zwischen Norm und Abweichung die poetische Bewegung des Gedichts selbst sinnfällig. Daß der Vers, in dem die vollkommene Erfahrung des Glücks sich ausspricht, zugleich die vollkommene rhythmische Form des regelmäßigen Alexandriners hat, ist kein Zufall. Hier, in diesem enthobenen Moment, in dem die Erfahrung des Glücks sich zu einem Bild verdichtet, tritt zugleich der Rhythmus in reiner Form zutage, auf den auch noch der unregelmäßigste Vers bezogen ist.

Am lebendigen poetischen Verhältnis dieses Gedichts hat auch das Reimsystem teil, das zugleich die privilegierten klanglichen wie die privilegierten sekundären semantischen Relationen organisiert. Apollinaires Virtuosität in der Behandlung des Reims erweist sich in *Zone* in einer Vielfalt von Reimverhältnissen, die vom reinen Reim bis zu vielfachen Formen des poetisch aufgeladenen falschen Reims oder der bloßen Assonanz reichen. In *Zone* dient der Reim, wie in seiner traditionellen Verwendung, der Artikulation tragender Bedeutungsrelationen, die durch den Gleichklang herausgehoben und unterstrichen werden, aber auch der formalen Bindung purer Kontingenz, die durch den Reim erst als diese markiert und vermittels des Reims als eine poetische Kontingenz deutlich wird. So ist etwa, wenn es in der großen Sequenz der Erinnerungsbilder heißt:

Te voici à Amsterdam avec une jeune fille que tu trouves belle
Et qui est laide
Elle doit se marier avec un étudiant de Leyde (S. 58)

der Reim „laide“ – „Leyde“ der fast ironische Ausdruck reiner Kontingenz der thematischen Beziehung, dennoch erhält diese dadurch einen poetischen Eigenwert. Dies gilt auch für den Reim, in dem in der banalen Kontingenz der beiden Reimwörter ein ganzes Lebensschicksal zusammengefaßt wird:

> Elle est la fille d'un sergent de ville de Jersey
> Ses mains que je n'avais pas vues sont dures et gercées (S. 59)

In nuce kann dieser Reim noch einmal Apollinaires Poetik verdeutlichen: was auf den ersten Blick als bloßes Spiel einer das Überraschende um seiner selbst willen suchenden poetischen Willkür, ja Leichtfertigkeit erscheint, erweist sich als vielfältig poetisch motiviert und führt in die Erfahrungsdichte unerwarteter und unvordenklicher poetischer Verhältnisse.

VII

Apollinaires poetisches Vermögen ist außerordentlich in seiner Wandlungsfähigkeit, Vielfältigkeit und in der Fähigkeit, solcher Vielfältigkeit eine lyrische Figur zu geben und sie in einer Pluralität von Kontexten zu vertiefen. Offenheit der Sprachen und poetischen Verfahren bestimmt diese Dichtung ebenso wie der höchste handwerkliche Anspruch an lyrische Verdichtung. Der moderne Dichter hat keine vorgängige Poetik mehr, die er zur Richtschnur seiner Arbeit nehmen kann. Die Erfahrung des Lyrikers ist mehr und mehr auch die Erfahrung einer Malerei geworden, die sich von der Referentialität abgelöst hat. Im Hinblick auf die neue Malerei Picassos formuliert Apollinaire so etwas wie sein eigenes ästhetisches Credo: «Il me suffit, à moi, de voir le travail, il faut qu'on voie le travail, c'est par la quantité de travail fournie par l'artiste, que l'on mesure la valeur d'une œuvre d'art. Contrastes délicats, les lignes parallèles, un métier d'ouvrier, quelquefois l'objet même, parfois une indication, parfois une énumération qui s'individualise, moins de douceur que de grossièreté. On ne choisit pas dans le moderne, de même qu'on accepte la mode sans la discuter. Peinture . . . Un art étonnant et dont la lumière est sans limites»[27]. Und in Apollinaires Aufsatz über Braque heißt es noch einmal: «Le travail, surtout dans ses réalisations les plus grossières, contient une multitude d'éléments esthétiques dont la nouveauté est toujours d'accord avec le sentiment du sublime qui permet à l'homme d'ordonner le chaos: il ne faut pas mépriser ce qui paraît neuf, ou ce qui est sali ou ce qui nous sert, le faux bois ou le faux marbre des peintres en bâtiment. Même si ces apparences paraissent triviales, il faut, lorsque l'action réclame un homme, qu'il parte de ces trivialités»[28].

Es ist schwer, im Hinblick auf Apollinaires poetische Verfahren eine Entwicklung festzustellen, zumal die Datierung einzelner Gedichte vor erhebliche Schwierigkeiten stellt. Apollinaire ist früh schon im Besitz seiner Verfahren. Er gibt keines seiner Verfahren auf. Der Apollinaire der späten ‚avantgardistischen' Gedichte benutzt immer noch die ‚symbolistischen' und der poésie fantaisiste entlehnten Verfahren seiner poetischen Anfänge. Zugleich aber differenziert er seine Verfahren, nimmt neue auf und gibt ihnen eine neue lebensweltliche Bedeutung. Apollinaire ist offen für jede Sprache, für jede thematische Konstellation. Diese Offenheit ist ein Vermögen und zugleich eine Last. In ihr ist eine ‚lebensweltliche' Erfahrung ins Dichterische transponiert, die in dem Gedicht *Marizibill* selbst zur Darstellung kommt:

> Je connais gens de toutes sortes
> Ils n'égalent pas leurs destins
> Indécis comme feuilles mortes
> Leurs yeux sont des feux mal éteints
> Leurs cœurs bougent comme leurs portes (Bd 3, S. 86)

Apollinaires dichterischer Weg kennt keine Durchbrüche, sprunghaften Weiterentwicklungen, sondern nur ein Anwachsen seiner poetischen Sprachen und Artikulationsformen und seines Vermögens, das Gedicht aus den prekären Balancen zwischen Sprachen und Gegensprachen, Stimmen und Gegenstimmen, Welten und Gegenwelten aufzubauen. Die Offenheit, Beweglichkeit, die das Wesen seiner Poetik selbst ist, hat es ihm ermöglicht, sich immer wechselnden Programmen, Tendenzen, Richtungen, Avantgarden zu eröffnen, ohne doch sich an sie zu verlieren. Jede neue Tendenz, sei es Kubismus, Futurismus, Orphismus, ist nur eine Provokation, seine Sprachen weiter zu vervielfältigen, ihre Gelenkigkeit weiter zu vervollkommnen. So kann Apollinaire zum avanciertesten Avangardisten werden, ohne dabei seine dichterische Identität aufzugeben. Im Gegenteil, gerade dadurch, daß er jeder neuen Tendenz mit seiner eigenen poetischen Virtuosität und dem Reichtum seiner dichterischen Vermögen begegnet, kommt die neue Tendenz selbst erst eigentlich zu ihrer intendierten Bedeutung.

Wenn Apollinaire seine dichterischen Vermögen für alle thematischen Konfigurationen offenhält, so hat er sie doch in zwei lebensweltliche Perspektiven gebracht, die für seine Dichtung von besonderer Bedeutung sind. Insbesondere seine Langgedichte sind, wo sie über die imaginative Offenheit der poésie fantaisiste hinausreichen, in zweifacher Weise thematisch zentriert. Sie sind zum einen kosmische Dichtung, in der der Dichter die Vision einer poetischen Kosmologie in einer Folge von kosmologischen Illuminationen entwirft, wie in *Le Brasier* oder wie in *Les Fiançailles,* wo der Dichter selbst sich in eine kosmische Tiefe projiziert:

Tous les mots que j'avais à dire se sont changés en étoiles
Un Icare tente de s'élever jusqu'à chacun de mes yeux
Et porteur de soleils je brûle au centre de deux nébuleuses (Bd 3, S. 130)

In dem Hochzeitsgedicht für André Salmon wird der Dichter zum Sachwalter über das Universum gemacht: «... fondés en poésie nous avons des droits sur les paroles qui forment et défont l'univers» (S. 68). In seinem Artikel über A. Salmon nimmt Apollinaire den Gedanken der kosmologischen Funktion und Dignität des Dichtens auf und rühmt den Freund als einen Dichter, der mit seinem Dichten gleichsam selbst in den Kosmos eingeht. «Les poèmes d'André Salmon nous donnent de l'univers une vision essentielle, concrète et merveilleuse. Il a achevé son lyrisme par une ironie qui si on la changeait en fleur deviendrait, sans doute, un myosotis. Et lui-même, une sublime ivresse le transportant quelque soir dans ces plaines du firmament que les nuits illuminent, il chassera, à cor et à cri, les ourses étincelantes et les autres constellations bestiales, jusqu'à l'heure où pour dernière féerie il créera encore lyriquement les astres de sa propre transfiguration. Alors les hommes s'étonneront du miracle de ces yeux stellaires admirant le monde et des doigts étoilés faisant vibrer la Lyre qui constelle le ciel et l'espoir des poètes» (Bd 3, S. 828).

Zum anderen aber orientiert sich Apollinaires Dichtung mehr und mehr an einer Poetik der Modernität, in deren Mittelpunkt Paris als Zentrum der Modernität steht. Die moderne Lebenswelt ist ein thematischer Horizont, in dem alle poetischen Verfahrensweisen Apollinaires eine neue thematische Interpretation erfahren können. So kann der Mythos von Babel aktualisiert werden in einem neuen Mythos von Paris und der Entzweiung seiner Sprachen und ‚Welten'. Es scheint, als sei das Bewußtsein der Moderne, wie es sich zu dieser Zeit artikuliert und in theoretischen Versuchen, ästhetischen Programmen und Manifesten bekundet, der ideale Gegenstand von Apollinaires poetischen Verfahren, als hätte seine phantasmagorische Dichtung hier in der realen Phantasmagorie der Moderne ihr lebensweltliches Äquivalent gefunden. Im Zeichen der Moderne lassen alle Aspekte von Apollinaires Dichtung sich neu auslegen. Die Gebrochenheit dieser Dichtung wird im Horizont der Moderne zum Anzeichen einer spezifischen lebensweltlichen Erfahrung: «La forme rompue des poèmes dont vous parlez rend à mon sens ce que je puis rendre de la vie infiniment variée» (Brief an A. Breton v. 14. 2. 1916, zit. Ausg., S. 23). Apollinaire öffnet sich der programmatisch modernen Poetik des Futurismus, er läßt sich anregen von den Dichtern eines neuen kosmopolitischen Modernismus wie Valéry Larbaud und Blaise Cendrars. Er wird zum theoretischen Wortführer der Moderne mit dem den Futuristen entliehenen Schlagwort der Simultaneität. Aber Apollinaire ist mit solchen Programmen, deren Bedeutung man gelegentlich überbewertet, nicht identisch. Simultaneität war schon in seinen Anfängen ein wesentliches Moment seiner Dichtung, wie es immer in der lyrischen Dichtung schon ein wesentliches Moment war. Neu ist nur die lebensweltliche Konnotation: die Vorstellung einer spezifischen, pathetischen Simultaneität, Ubiquität der modernen Zivilisation, die den alten Mythos vom wandernden Juden auf ihre Weise aktualisiert. Aber auch als Apollinaire sich dem programmatischen Modernismus öffnet, bleibt dessen Sprache nur eine unter vielen. Das Babel des modernen Paris ist nur eine besonders prägnante Aktualisierung jener Erfahrung, die der Mythos in unvordenklicher Zeit schon gestiftet hat. Und die Hoffnung des Dichters, kraft der Gewalt seiner eigenen „langues de feu" jene Vielfalt zu neuer Einheit zusammenzubringen, hat sich dadurch nicht verändert. Apollinaire entdeckt in der modernen Welt selbst die Möglichkeit einer Versöhnung des Entzweiten. Wenn diese Welt in eine unendliche Vielfalt und Vereinzelung zerfällt, so gibt es in ihr andererseits ein neues Pathos der Kommunikation, das gerade der Inhalt von Apollinaires Poetik der Simultaneität ist: eine utopische Hoffnung auf eine neue Vereinigung, die Vision eines „homme nouveau", die dem Dichter aufgegeben ist. Unter diesem Aspekt kann die babylonische Welt der modernen Technik eine Welt der Kommunikation und Schönheit werden. In der Programmschrift *L'Esprit nouveau et les poètes* (1918) erscheint der Dichter als der Verkünder eines menschheitsgeschichtlichen Pfingsten, dem er in der Konkretheit des dichterischen Worts voraus ist. «Le moindre fait est pour le poète le postulat, le point de départ d'une immensité inconnue où flambent les feux de joie des significations multiples» (Bd

3, S. 907). In solchem Vorgriff erfährt die Dichtung ihre Aufgabe, die göttliche Bestimmung des Menschen in der Sprache zum Vorschein zu bringen: «Les poètes enfin seront chargés de donner par les téléologies lyriques et les alchimies archilyriques un sens toujours plus pur à l'idée divine, qui est en nous si vivante et si vraie, qui est ce perpétuel renouvellement de nous-mêmes, cette création éternelle, cette poésie sans cesse renaissante dont nous vivons» (Bd 3, S. 908). Apollinaire verdankt seine bleibende Modernität als Dichter indes nicht der Hinwendung zu einem programmatischen Modernismus seiner Zeit. Vielmehr konnte er – und das hebt seine Dichtung über den Modernismus des kosmopolitischen Globetrotters Valéry Larbaud wie über den Modernismus von Blaise Cendrars' Reportagedichtung unvergleichlich hinaus – gerade dank seiner eigenen offenen, vielfältigen, gelenkigen poetischen Sprache die Themen der Modernität zu lyrischer Konkretheit und perspektivischer Tiefe bringen. Sein poetisches Ingenium verläßt Apollinaire aber, wo er, wie in seiner späteren Kriegsdichtung, sich der Lebenswelt der Moderne allzu unvermittelt zuwendet. Seine Kriegsgedichte, die die Phantasmagorie des modernen Krieges feiern, sind ein bedrückendes Zeugnis dafür, wie die „langues de feu" des Dichters erlöschen und er, von wenigen noch bedeutenden Werken abgesehen, der puren Privatheit, einem immer inhaltsleereren Modernismus oder einer blind-offiziösen Vorstellung von Dichtung verfällt.

„Das Leben liegt als letzte Einheit dem Gedichteten zum Grunde. Je früher aber die Analyse des Gedichts, ohne auf die Gestaltung der Anschauung und Konstruktion einer geistigen Welt zu stoßen, auf das Leben selbst als sein Gedichtetes führt, desto – im engeren Sinne – stofflicher, formloser, unbedeutender erweist sich die Dichtung. Während die Analysis der großen Dichtungen nicht zwar auf den Mythos, aber auf eine durch die Gewalt der gegeneinanderstrebenden mythischen Elemente gezeugte Einheit als eigentlichen Ausdruck des Lebens stoßen wird."[29] Walter Benjamins Gedanken über die Natur des Gedichteten führen ins Zentrum von Apollinaires Dichtung. Sie ist eine Figur des unendlich Vielfältigen der Sprachen und Sinnwelten, die das Gedicht konfrontiert und dem durch alle Vielfalt hindurch und vermittels ihrer die Unmittelbarkeit einer dichterischen Stimme entspringt. Wenn dem mythischen Bewußtsein Vielfalt immer eine Figur der Einheit zu sein scheint, so ist dem in Apollinaires Gedicht die offene, ungesicherte, lebendige, aus der Vielheit entspringende Einheit des poetischen Bewußtseins entgegengesetzt.

Anmerkungen

1 Vgl. zur Wirkung Apollinaires auf die amerikanischen Lyriker des 20. Jahrhunderts A. Ginsburgs Gedicht *At Apollinaires's Grave,* in *Evergreen Review* 2 (1959) S. 59-62.

2 Vgl. Verf., „Die Identität des Gedichts – Hölderlin als Paradigma", in O. Marquard/K. Stierle (Hgg.), *Identität* (Poetik und Hermeneutik 8), München 1979, S. 505-552. Die methodischen Überlegungen dieses Aufsatzes sind auch die Grundlage der vorliegenden Arbeit.

3 Das berühmte Beispiel hierfür ist *Le hareng saur* von Ch. Cros.

4 Zu Salmons Gedichtband *Féerie* , einem typischen Werk der poésie fantaisiste, vgl. Apollinaires Bemerkung in seinem Artikel A. Salmon (*Vers et Prose* 1908): «A cet égard la *Féerie* qui met en branle tout ce qu'une imagination peut concevoir de merveilles, demeurera comme une des plus admirables créations de la sensibilité humaine.» (*Œuvres complètes de Guillaume Apollinaire,* hg. M. Décaudin, Paris 1966, Bd 3, S. 828. Alle Texte werden, falls nicht anders vermerkt, nach dieser Ausgabe zitiert.)

5 Die lyrische Groteske ist eine der Quellen jenes *humour,* auf den die Surrealisten sich berufen. Vgl. A. Bretons *Anthologie de l'humour noir* (1939) und bes. L. Aragons *Traité du style* (1928, photomech. Nachdruck Paris 1980), wo der humour zur wesentlichen Bedingung der Dichtung gemacht wird: «Que l'humour est la condition négative de la poésie, ce qui prête à équivoque mais signifie que pour qu'il y ait poésie il faut que l'humour fasse d'abord abstraction de l'antipoésie, et soudain une bobine de fil prend la vie de l'humour, du coup si vous êtes poète vous en faites une jolie femme ou le murmure des flots dans le corail chanteur, que l'humour est une condition de la poésie, voilà ce que je dis sous une forme détournée. Quel humour chez tous les grands poètes! Sans nommer Lautréamont» (S. 138 f.).

6 Zum Einfluß des Symbolismus auf Apollinaire vgl. J. Durry, *Guillaume Apollinaires «Alcools»*, 3 Bde, Paris 1964, hier: Bd 2 (*Entre le symbolisme et le surréalisme*), und S. I. Lockerbie, «‚Alcools' et le symbolisme», in *Revue des Lettres Modernes* 85-89 (1963, *Guillaume Apollinaire* 2), S. 5-40.

7 *L'Orbituaire,* in *Le Soleil,* 31. August 1907.

8 Vgl. Brief an J. Onimus vom 2. Juli 1902, *Œuvres complètes,* Bd 4, S. 714-716, wo Apollinaire seine literarischen Anfänge in Paris erzählt.

9 Vgl. Apollinaires Brief an A. Breton vom 14. 2. 1916 (in «Lettres d'Apollinaire à André Breton», hg. M. Bonnet, in *Revue des Lettres Modernes* 104 (1964, *Guillaume Apollinaire* 3), S. 22): «Je vous avouerai donc, Monsieur et cher poète, que si Mallarmé a toujours été dans l'air autour de moi, je n'ai jamais beaucoup médité sur son compte. J'ai dû le lire entièrement (mais non sa prose) à bâtons rompus aux hasards des trouvailles. En réalité je n'ai lu avec soin que des livres spéciaux sur tous les sujets, des catalogues, des journaux de médecine, des livres de linguistique, les contes de Perrault, des grammaires, des voyages et des poètes par fragments, beaucoup de conteurs anciens par fragments ou entiers, Villon, Racine, La Fontaine et beaucoup

d'auteurs célèbres par fragments, les Robinsons aussi, des romans populaires, Paul Féval, les épopées américaines (Buffalo Bill, Nick Carter) (...)

Je ne vous donne pas le détail de toutes mes lectures. Les anthologies des classes y jouent un grand rôle, et en 1901 j'ai lu pas mal de romans de chevalerie. Enfin j'ai beaucoup parcouru livres sotadiques, etc. etc., poésie, prose, etc. etc., mais la lecture n'occupe pas une très grande place dans ma vie quoique j'aie des livres mais j'en lis peu, surtout de nouveaux livres.» Und in dem Brief an H. Martineau vom 19. Juli 1913 heißt es: «Quoi qu'on dise! je ne suis pas un grand liseur, je ne lis guère que les mêmes choses depuis mon enfance et je ne me suis jamais adonné à la lecture d'une facon méthodique (...)» *Œuvres complètes,* Bd 4, Paris 1966, S. 768).

10 Zu Apollinaires ,Vielfalt der Sprachen' vgl. *Apollinaire inventeur de langages – Actes du colloque de Stavelot* 1970 (*Bibliothèque Guillaume Apollinaire* 7), Paris 1973, darin bes. M. Décaudin, «Apollinaire et ses langues» und J. Burgos, «Naissance d'un langage – Apollinaire correcteur de lui-même».

11 Brief an H. Martineau vom 19. Juli 1913, *Œuvres complètes,* Bd 4, S. 768.

12 Artikel Jean Royère (zuerst erschienen Januar 1908 in *La phalange*), in *Critique littéraire, Œuvres complètes,* Bd 3, S. 783.

13 Erstaunlicherweise geht die Arbeit von R. Couffignal, *L'inspiration biblique dans l'œuvre de Guillaume Apollinaire,* Paris 1966, die Apollinaires genaue Kenntnis des Alten und Neuen Testaments aufweist, auf die tragende Bedeutung der Geschichte des Turmbaus von Babel und der Pfingstgeschichte für Apollinaires Dichtung nicht ein.

14 Auf diesen Zusammenhang hat schon P. Szondi verwiesen, allerdings ohne den Bezug zu Apollinaires Babel-Mythos zu sehen. Vgl. P. S., „'Zone' – Marginalien zu einem Gedicht Apollinaires", in *Schriften* II, Frankfurt 1978, S. 416 f.

15 Vgl. zum Eiffelturm als Symbol des neuen Babel wie der neuen Kommunikation auch *Zone* (S. 55-60), dann in *Calligrammes* die Gedichte *Liens* (S. 159: «Cordes / Cordes tissés / Câbles sous-marins / Tours de Babel changées en ponts ...», *Lettre-Océan* (S. 174 f.), wo der Eiffelturm in einer lettristischen Bildkonstellation das Zentrum ist, von dem in alle Richtungen Botschaften in verschiedensten Sprachen und aus verschiedensten Kontexten ausgesendet werden, sowie die darauf folgende Bildkonstellation, wo der Eiffelturm in einer noch komplexeren Synthese als Zentrum fragmentarischer und inkohärenter Botschaften erscheint. In *2e cannonier conducteur* (S. 202 f.) ist das Bild des Eiffelturms zusammengesetzt aus dem Satz «Salut monde je suis la langue éloquente que sa bouche ô Paris tire et tirera toujours aux Allemands» (S. 203). (Zugleich ein Beispiel, wie Apollinaire in *Calligrammes* seine poetischen Themen oft nur noch zitiert und dem unmittelbaren Affekt dienstbar macht.) Daß Apollinaire auch Autor eines pornographischen Romans mit dem Titel *La fin de Babylone* ist, der in der Bibliothéque des Curieux erschien, darf heute als sicher gelten. Vgl. J. Burgos, «'La fin de Babylone' – Un ouvrage signé Guillaume Apollinaire», in *La Revue des Lettres Modernes* 183-188 (1968, *Guillaume Apollinaire*), und M. Boisson, «Sur la genèse de 'La fin de Babylone'», in *Revue des Lettres Modernes* 530-536 (1978,

Guillaume Apollinaire 14). Auch die Pfingstgeschichte ist in vielfältigen Brechungen und Bildern, vor allem im Bildfeld der Flamme, in Apollinaires Dichtung präsent. Vgl. in *Alcools* bes. *Le brasier* (S. 114): «Je flambe dans le brasier à l'ardeur adorable / Et les mains des croyants m'y rejettent multiple innombrablement» in *Calligrammes* bes. *Les collines:* «Tu vois que flambe l'avenir / Sache que je parle aujourd'hui / Pour annoncer au monde entier / Qu'enfin est né l'art de prédire» (S. 163) und im selben Gedicht: «Mais ce sont de petits secrets / Il en est d'autres plus profonds / Qui se dévoileront bientôt / Et feront de vous cent morceaux / A la pensée toujours unique.» (S. 169) und schließlich das unveröffentlicht gebliebene Kalligramm *Les Profondeurs* (S. 517), wo im Umriß zweier gezeichneter Personen mit sich öffnenden und sich schließenden Armen die Sätze stehen: «J'ai la prescience des choses si subtilement neuves qu'elles empliront l'espace» und «C'est comme si le ciel se mettait a parler mille et mille langues diverses».

16 Ein frühes Zeugnis dieser Mythenverschmelzung ist Apollinaires von ihm selbst nicht veröffentlichtes Gedicht *Le Dôme de Cologne,* wo der Turm des Kölner Doms im Zeichen des Eiffelturms erscheint:

Mais sois moderne et que tes prêtres défiques
Tendent entre tes tours des fils télégraphiques
Et tu deviendras luth alors et l'ouragan
Fera gémir aux fils un hymne extravagant

Dôme merveille entre les merveilles du monde
La tour Eiffel et le Palais de Rosemonde
Les cigognes noires et blanches tout l'été
Imitent sur tes tours ton immobilité (S. 466)

Apollinaire sucht als Dichter die Erfahrung, die R. Barthes als Erfahrung des Lesers beschrieben hat, dem sich die babylonische Sprachverwirrung zum Genuß verwandelt: «Alors le vieux mythe biblique se retourne, la confusion des langues n'est plus une punition, le sujet accède à la jouissance par la cohabitation des langages qui travaillent *côte à côte:* le texte de plaisir, c'est Babel heureuse.» (R. Barthes, *Le plaisir du texte,* Paris 1973, S. 10. Auf die Stelle hat mich freundlicherweise A. Hörning hingewiesen.)

17 Zu Apollinaires Freundeskreis vgl. die lebendige und treffende Darstellung von R. Shattuck, *The Banquet Years,* New York 1955 (dt. Übers. unter dem Titel *Die Belle Epoque,* München 1963).

18 Grundlegend für jede Beschäftigung mit Apollinaires *Alcools* ist noch immer die Exegese von M.-J. Durry sowie die perspektivenreiche stilistische Untersuchung von J.-C. Chevalier, «Alcools» – *Analyse des formes poétiques, (Bibliothèque des Lettres Modernes* 17), Paris 1970.

19 Vgl Verf., „Aspekte der Metapher", in *Text als Handlung,* München 1975, S. 160 f.

20 Apollinaire ist durch einen Onkel Marcel Schwobs, Léon Cahun, den er in der Bibliothèque Nationale kennenlernte, in die Judaistik eingeführt worden. Er wurde Schwob vorgestellt, hatte aber keine persönlichen Beziehungen zu ihm. Vgl. Brief an J. Onimus v. Juli 1902, *Œuvres complètes,* Bd 4, S. 715. Zu Apollinaires Beziehung zu Marcel Schwob vgl. den gerade er-

schienenen Aufsatz von M. Jutrin, «Guillaume Apollinaire et Marcel Schwob – Une affinité», in *Guillaume Apollinaire* 15, *La Revue des Lettres Modernes* 576-581, Paris 1980, S. 69-75. Der kurze Beitrag geht auf *Cors de chasse* nicht ein.

21 La Fontaine, *Fables*, hg. G. Couton, Paris 1962, S. 167.

22 Zum Thema der „douceur du foyer" in der Lyrik des 19. Jahrhunderts vgl. H. R. Jauß, „La douceur du foyer", in *Ästhetische Erfahrung und literarische Hermeneutik* Bd 1 (UTB 692), München 1977, S. 343-376.

23 Für das allegorische Paar Herr Traum und Frau Sorge gibt es, soweit ich sehe, keine deutsche Vorlage. Doch verweist die allegorische Gestalt der Frau Sorge auf das Gedicht mit gleichem Titel in Heines Lazarus-Zyklus und auf die Sorge im zweiten Teil von Goethes *Faust*. Die damit gesetzten intertextuellen Relationen kommen in Apollinaires Gedicht selbst aber kaum zur Geltung. Eher könnte der Zusammenhang von Sorge, Alltäglichkeit und Verdrängung, wie er in Apollinaires Gedicht erscheint, als eine poetische Entsprechung zu Heideggers Interpretation der Sorge als „Sein des Daseins" (*Sein und Zeit*, 5. und 6. Kapitel) gelesen werden.

24 Als erster hat P. Szondi das Gedicht als ein Gedicht der Selbstenfremdung verstanden. Vgl. „'Zone' – Marginalien zu einem Gedicht Apollinaires", in P. Szondi, *Schriften* II, S. 414 ff. Zur Struktur der Erinnerung in *Zone* gibt Szondi einen wertvollen Hinweis auf Baudelaires *Les paradis artificiels*, wo das menschliche Gehirn einem Palimpsest verglichen wird (vgl. S. 415).

25 Zum lyrischen Ich von *Zone* vgl. bes. L. M. Porter, "The Fragmented Self of Apollinaire's 'Zone'", in *Esprit créateur* 10 (1970).

26 Dem Thema des Feuers in Apollinaires Dichtung hat M. Durry in ihrer Darstellung von *Alcools* eine subtile Studie gewidmet. Vgl. Bd 3, Kap. 3: „Les poèmes du feu", S. 153-187.

27 Les Peintres cubistes. Peintres nouveaux. Picasso, *Œuvres complètes*, Bd 4, S. 32.

28 Les Peintres cubistes. Peintres nouveaux. Georges Braque, *Œuvres complètes*, Bd 4, S. 33.

29 W. Benjamin, „Zwei Gedichte von Friedrich Hölderlin", in *Illuminationen – Ausgewählte Schriften*, hg. von S. Unseld, Frankfurt/M. 1969, S. 22-46, hier: S. 42 f.

Karl Alfred Blüher

DAS 'LYRISCHE DU' IN DER DICHTUNG DER MODERNE MODELLANALYSEN ZU BAUDELAIRE, APOLLINAIRE UND ÉLUARD

Le critique ne doit pas être un lecteur,
mais le témoin d'un lecteur.
Paul Valéry

Es mag erstaunen, daß in einem Beitrag zur Bestimmung der Avantgardelyrik des Jahrhundertbeginns vom *lyrischen Du* die Rede ist, gilt doch gerade die moderne Lyrik als eine rein monologische Dichtung, deren Ich-Instanz für niemanden mehr zu sprechen scheint und in der das dichterische Subjekt sogar mehr und mehr einer ichlosen, anonymen Stimme den Platz zu überlassen beginnt. In H. Friedrichs einflußreicher Monographie über *Die Struktur der modernen Lyrik* wird z. B. die Entwicklung seit Baudelaire als eine von der „Neutralisierung der Person zur Enthumanisierung des lyrischen Subjekts"[1] führende Evolution charakterisiert, für die sich die Frage nach der Funktion des Du im modernen Gedicht gar nicht erst stellt. Im Gegensatz zu dieser vorherrschenden Meinung ergibt indes eine genauere Untersuchung der Gedichtstrukturen der französischen Avantgardelyrik seit Baudelaire, daß weder die These vom subjektiv-monologischen Charakter der Dichtung der Moderne noch die von der Enthumanisierung des lyrischen Subjekts aufrecht erhalten werden kann. Wie wir im folgenden zu belegen versuchen, hat die Entwicklung der Avantgardelyrik von Baudelaire zum Surrealismus im Gegenteil zu einer Rückgewinnung jener *kommunikativen* Tiefenstruktur des lyrischen Diskurses geführt, die sich innertextlich insbesondere im Auftreten einer Sprechsituation zwischen einem *lyrischen Ich* und einem *lyrischen Du* manifestiert. Die in der Lyrik der Moderne zu beobachtende Wiedergewinnung einer kommunikativen Dimension im Gedicht besteht freilich keineswegs in der bloßen Wiederaufnahme traditioneller Beziehungsmuster, sondern entfaltet sich im wesentlichen aus dem

Einsatz neu entwickelter Relationsstrukturen, die einerseits in Abkehr von den überkommenen, in der écriture festgeschriebenen Schemata eine Annäherung an den Code der gesprochenen Sprache vornehmen, die aber andererseits im Unterschied zu der wie selbstverständlich vorgegebenen, gesicherten Kommunikationsbasis früherer Lyrik eine zutiefst verunsicherte, gestörte Kommunikationssituation bereitstellen, die dem schockierten und desorientierten Leser ein offenes, mehr perspektivisches Interaktionsmodell anbietet, dem er sich in unterschiedlichen Identifikationsversuchen zuwenden kann[2].

Um unseren Interpretationsansatz zu begründen, sind einige methodologische Vorüberlegungen unerläßlich. Zunächst erscheint es evident, daß die traditionell produktionsästhetisch orientierte Literaturwissenschaft in dieser Hinsicht den Zugang zu einer adäquaten Deutung der modernen Avantgardelyrik zumindest wesentlich behindert, wenn nicht ganz verstellt hat. Wir können hier nur andeuten, daß sich die herkömmliche Auffassung der Lyrik als einer „monologischen Aussprache eines Ich", wie W. Kayser formuliert[3], letztlich vor allem aus den philosophischen Voraussetzungen der von Descartes eingeleiteten, von Kant fortgesetzten und im Denken des 19. Jahrhunderts, insbesondere auch von Goethe und Hegel vertretenen Subjektivitätsauffassung nährt[4]. Solange die textinterne Ich-Instanz der lyrischen Texte mit dem empirischen Ich-Subjekt des Dichters identifiziert wird, kann in der Tat die Sprechsituation im Gedicht kaum anders als ein monologisches Sprechen verstanden werden, in der im Gegensatz zu den ‚objektiven' Darstellungsweisen in Narrativik und Dramatik nur eine ‚subjektive Aussage' geboten wird[5]. So kann man beispielsweise noch in einem 1974 erschienenen Aufsatz lesen: „Nach bewährter Definition ist die Lyrik die subjektiv-monologische Gattung, in der ein Ich spricht, das niemanden, höchstens sich selbst, anredet"[6]. Diese These von der wesensmäßig monologischen Subjektivität der Lyrik liegt auch dem heutigen literatursoziologischen Denken weitgehend zugrunde. So geht z. B. die Ästhetik Adornos ebenfalls von der Annahme der ‚poetischen Subjektivität' des lyrischen Ich aus, wenngleich sie sich das Ziel setzt, die Abhängigkeit dieser Subjektivität von den objektivierenden Elementen kollektiver Erfahrung, die durch die Teilhabe des empirischen Ich an der sprachlichen Kommunikation gegeben ist, darzulegen[7].

Um den spezifischen kommunikativen Status lyrischer Texte zu erfassen, ergibt sich die Notwendigkeit, über die herkömmliche produktionsästhetische Argumentation hinaus die rezeptionsästhetische Problematik der Interaktion von Text und Leser, die bereits namentlich im Bereich der Narrativik methodisch erarbeitet worden ist, für die folgenden Analysen heranzuziehen[8]. Die Frage eines kommunikationsästhetischen Interpretationszugangs stellt sich um so dringlicher, als sich die Lyriker der Moderne des kommunikativen Status der Lyrik selbst in hohem Maße bewußt sind. Von Baudelaire ist zur Genüge bekannt, daß er weitgehend die seinerzeit provozierenden Thesen der Poeschen Effektästhetik übernahm, derzufolge der Leser mittels einer kalkulierten Rezeptionslenkung in einen „état singulier" versetzt werden soll: «En effet», pflichtet Baudelaire den Auffassungen Poes bei, «un poème ne mérite son titre qu'autant qu'il excite, qu'il enlève l'âme, et la valeur positive d'un poème est en raison de cette excitation, de cet *enlèvement* de l'âme»[9]. Und auch Éluard verkündet: «Le poète est celui qui inspire bien plus que celui qui est inspiré»[10], und stimmt damit, trotz sonstiger fundamentaler Divergenzen, zumindest im Hinblick auf die Leserstrategie mit Valéry überein, der in den *Cahiers* geschrieben hatte: «Le but poétique est de créer l'inspiration»[11].

Das im folgenden herangezogene Corpus von lyrischen Texten, bestehend aus den Gedichtbänden *Les Fleurs du Mal* (1857) von Baudelaire, *Alcools* (1913) von Apollinaire sowie *Capitale de la Douleur* (1926) und *La Vie immédiate* (1932)[12], erscheint in der Tat geeignet, um anhand repräsentativer Werke der Avantgardeliteratur unsere Auffassung zu belegen, daß die Lyrik des französischen Symbolismus und Surrealismus nicht als monologisches Genre ichbezogener Subjektivität gewertet werden kann, sondern eine innere kommunikative Struktur aufweist, die sich in der Mehrzahl der Gedichte in der expliziten Anrede an einen Sprechpartner, den wir hier *lyrisches Du* nennen wollen, manifestiert.

Der hier gewählte kommunikationsästhetische Ansatz geht – daran sei kurz erinnert – von der Annahme aus, daß ebenso wie für jede menschliche Kommunikation auch für die spezifisch ästhetische und poetische Kommunikation der Satz gilt: „Man kann nicht *nicht* kommunizieren"[13]. Wie jedes literarische Werk ist auch das Gedicht von einer *empirischen* Kommunikations- und Sprechsituation bestimmt, die sich aus den Grundeinheiten Autor – Text (Botschaft) – Publikum (Zuhörer/Leser) zusammensetzt und die von der *innertextlichen* Kommunikations- und Sprechsituation zu unterscheiden ist, die in der Textstruktur eines literarischen Werks selbst angelegt ist. Das von M.

Pfister für den Sektor narrativer und dramatischer Texte benutzte Kommunikationsmodell, demzufolge neben dem übergeordneten *äußeren* Kommunikationssystem (faßbar in den Kategorien des empirischen und implizierten Autors bzw. Lesers) ein *inneres* Kommunikationssystem (gegeben durch die dialogisch miteinander kommunizierenden fiktiven Figuren) funktioniert, zu dem im Fall der Narrativik noch als dritte Zwischeninstanz ein *vermittelndes* Kommunikationssystem (der im Werk explizit formulierte fiktive Erzähler bzw. Hörer) tritt[14], bietet zweifellos mit gewissen Modifikationen auch einen Ausgangspunkt für die Analyse der Kommunikationsstruktur lyrischer Texte.

Für die *äußere* empirische Kommunikationssituation lyrischer Texte, deren historische soziokulturelle Kontextbedingungen aus produktions- oder rezeptionsästhetischer Perspektive zu betrachten sind, verwenden wir auf der Empfängerseite drei verschiedene Begriffe, mit denen unterschiedliche Rezeptionssituationen markiert werden sollen. Zu unterscheiden ist einerseits der reale *Leser*, mit dem jener Leser gemeint ist, der das publizierte Gedicht empirisch rezipiert, weiter der literaturwissenschaftliche *Interpret*, der auf Grund seiner ungewöhnlichen Informiertheit zum Sonderfall eines Superlesers wird, und schließlich im Falle der Lyrik im besonderen noch der persönlich angesprochene *Adressat*, an den sich der Dichter zum Beispiel in einem Liebes- oder Trostgedicht direkt wendet und der in solchen Texten manchmal ausdrücklich genannt, häufig aber auch nur versteckt angesprochen wird. Die beiden hier gebrauchten Begriffe des *lyrischen Ich* und des *lyrischen Du* bleiben hingegen ausschließlich reserviert für den Bereich des *textinternen* Kommunikationssystems und bezeichnen Textinstanzen, die zu einem gewissen Grade mit den innertextlichen Begriffen des *fiktiven Erzählers* und des *fiktiven Lesers* in narrativen Texten verglichen werden können.

Hinsichtlich des Terminus *lyrisches Ich* kann daran erinnert werden, daß er sich bereits seit langem zur Unterscheidung der textinternen Sprecherinstanz im Gedicht von der realen Person des Autors und dessen empirischem Ich bewährt hat[15]. Auch im Französischen wird die Bezeichnung *je poétique* oder *je lyrique* bereits verwendet[16], um jene deiktischen Textelemente zu benennen, die auf eine ‚erste Person' als Sprecher verweisen. Dieser ‚ersten Person' ist im Normalfall aufgrund bestimmter Kontextgegebenheiten (Titelblattangaben usw.) als Referenz der Name des Autors zugeordnet, so daß die sprachlichen Äußerungen des *lyrischen Ich* die Illusion einer unmittelbaren Aussage des *empirischen Ich* des Autors zu erzeugen vermögen. Wird stattdessen eine Referenz zu einer fiktiven Figur hergestellt, so tritt im Gedicht ein *lyrisches Rollen-Ich* auf, ein herkömmliches Verfahren, das bei Baudelaire und Apollinaire noch mehrfach vorkommt, während es in der surrealistischen Lyrik Éluards völlig an Bedeutung verliert[17].

Das *lyrische Ich* vermag im Gedicht, wie bisher nicht genügend erkannt wurde[18], eine Kommunikation in doppelter Hinsicht begründen: Einerseits kann es in einer Sprechsituation auftreten, in der es wie in einer normalsprachlichen Kommunikation scheinbar direkt einen implizierten Adressaten anspricht, und andererseits in jener spezifisch poetischen Sprechsituation, in der es sich an den implizierten Leser wendet. Das *lyrische Ich* spricht z. B. in Liebesgedichten gleichzeitig als liebender Mensch, der die Geliebte leidenschaftlich beschwört, und als Dichter, der dem vorgestellten Leser seine Liebesleidenschaft poetisch vor Augen führt. Es kommt zuweilen in Gedichten vor, daß diese Doppelfunktion des *lyrischen Ich* ausdrücklich in Erscheinung tritt. So wendet sich in Baudelaires «Je te donne ces vers afin que si mon nom» (*FM* XXXIX), einem Sonett in der Tradition des nachruhmstiftenden Lobgedichts, das lyrische Ich einerseits an die Geliebte („Je te donne ces vers (. . .)") – der literaturwissenschaftlich versierte Interpret erkennt in ihr Jeanne Duval wieder –, und verweist doch zugleich direkt auch auf den implizierten Leser, der auf den – in diesem Fall recht zweifelhaften – Ruhm der Geliebten aufmerksam gemacht werden soll („afin que (. . .) ta mémoire (. . .) fatigue le lecteur").

Ein besonders eindrucksvolles Beispiel bietet Baudelaires Gedicht *Les Petites Vieilles (FM XCI)*, wo diese doppelte Rolle des *lyrischen Ich* im Text durch einen Wechsel des Ansprechpartners dokumentiert wird. Im ersten Teil dieses Gedichts, der das lyrische Ich als geheimen Beobachter des Pariser Großstadtelends einführt, wird durch direkte Leser-Anrede eine poetische Kommunikationssituation inszeniert („Avez-vous observé (. . .)"), in der mittels ‚inklusiven' Gebrauchs der ersten Person Plural der potentielle Leser in das Mitgefühl einbegriffen ist („aimons-les"). Deiktische Komponenten setzen im zweiten und und dritten Teil diese Sprechsituation fort („ces êtres frêles", «Ah! que j'en ai suivi de ces petites vieilles!»), bis dann im vierten Teil des Gedichts die Anredeperspektive auf die insgeheim beobachteten Frauen überspringt, die in der Folge dann mehrfach angesprochen werden („Telles vous cheminez (...)"; „moi qui de loin tendrement vous surveille"), ohne daß in diesem Falle natürlich die Illusion echter Kommunikation angestrebt ist. Im Höhepunkt dieser innertextlichen Inszenierung einer Anredesituation steigert sich das lyrische Ich sogar in den Versuch einer gefühlsmäßigen Identifikation mit den implizierten Adressaten hinein: «Mon cœur multiplié jouit de tous vos vices!/ Mon âme resplendit de toutes vos vertus!»

Ausschließlich Bezugnahme auf einen ‚lecteur' ist bei Baudelaire freilich sehr selten zu beobachten und kommt sogar bei Apollinaire und Éluard überhaupt nicht mehr vor. Der herkömmliche Typ des an einen *anonymen* Leser gerichteten *Widmungsgedichts* zeigt deutlich, daß es sich bei der direkten Leseranrede um ein recht traditionelles Textverfahren handelt, das im 20. Jahrhundert weitgehend aufgegeben wird. In gewisser Hinsicht ist die Sprechsituation des lyrischen Ich in solchen Fällen der des auktorialen Erzählers in narrativen Texten vergleichbar, wo innertextlich in ähnlich distanzierter Weise ein fiktiver Leser angesprochen wird, und man darf in diesem Zusammenhang daran erinnern, daß durch Flauberts Einführung einer personalen Erzählweise die distanzbildende auktoriale Sprechsituation im modernen Roman ebenfalls in Frage gestellt wurde. Die beiden Gedichte *Au lecteur* und *Épigraphe pour un Livre condamné* offenbaren recht deutlich, daß die direkte Leseranrede bereits von Baudelaire als eine stark konventionalisierte, in ihrer Funktion erstarrte, Distanz schaffende Ansprechsituation empfunden wurde, die für ihn nur noch dadurch verwendbar blieb, daß er an die Stelle der üblichen captatio benevolentiae eine aufreizende, provokative Herausforderung des Lesers setzte, wie dies in Baudelaires berühmten Worten: «Hypocrite lecteur, – mon semblable, – mon frère!» zum Ausdruck kommt. In Baudelaires späterem *Épilogue* zu *Le Spleen de Paris* ist der textinterne Ansprechpartner bereits nicht mehr der anonyme fiktive Leser, sondern – neben Satan – die als ‚énorme catin' apostrophierte, zu einem monströsen Wesen personifizierte Großstadt Paris, die ‚capitale infâme', von deren unbekannten Reizen sich das lyrische Ich wie von einem bösen Zauber berauschen läßt: «Je voulais m'enivrer de l'énorme catin / Dont le charme infernal me rajeunit sans cesse»[19].

Wie noch näher zu zeigen sein wird, ist dieser weitgehende Verzicht auf die direkte anonyme Leseranrede nicht als ein Aufgeben der kommunikativen Textstruktur schlechthin zu werten, sondern lediglich als

Rückzug des lyrischen Ich aus einer distanzierten, der des auktorialen Ich-Erzählers vergleichbaren Position in eine veränderte Sprechsituation, die neuere, modernere Formen des Leserbezugs entwickelt. Es ist bezeichnend, daß Baudelaire in seinen späten *Petits poèmes en Prose,* wie schon zuvor in den *Tableaux parisiens,* wo er dem lyrischen Ich den Status eines die Großstadtmenschen fasziniert und betroffen betrachtenden *Beobachters* verleiht, die *kommunikative* Sprechsituation der Ich-Darstellung keineswegs aufgibt, sondern diese fast überall beibehält[20]. Hier äußert sich offensichtlich der verzweifelte Versuch, selbst im entfremdeten Status des bloßen Beobachters noch das Bemühen um Kommunikation des Ich mit der Umwelt und insbesondere mit der anonymen Menge der modernen Großstadt zu bekunden. In der besonderen kommunikativen Sprechsituation des Ich, wie sie exemplarisch in den *Tableaux parisiens* und in *Le Spleen de Paris* erscheint, dokumentiert sich keine bewußt Abstand haltende ironische Distanz, sondern im Gegenteil das desperate Streben, einen prekären Kontakt mit der dem eigenen Ich entfremdeten Umwelt aufrechtzuerhalten[21]. Kommunikation bleibt begrenzt auf die sprachliche Möglichkeit einer „sainte prostitution de l'âme qui se donne tout entière, poésie et charité, à l'imprévu qui se montre, à l'inconnu qui passe". Die Begegnung mit dem anderen ergibt sich aus der Evasionshaltung eines vereinsamten Ich, das einen flüchtigen Rausch in der Berührung mit der fremden Umwelt zu erleben sucht: «Le promeneur solitaire et pensif tire une singulière ivresse de cette universelle communion», schreibt Baudelaire über den Dichter, der wie eine „âme errante" in die Haut der anderen zu schlüpfen begehrt (*Les foules*).

Man versteht, weshalb Baudelaire auch in den sonstigen Gedichten von *Les Fleurs du Mal* ebenso wie in *Le Spleen de Paris* die distanzschaffende Bezeichnung „lecteur" meidet und an deren Stelle das vertraulichere „vous" setzt, dessen Gebrauch in den späten Prosagedichten, die von den konventionalisierten Versstrukturen der *Fleurs du Mal* zu einem neuartigen, der Alltagsprosa angenäherten und diese zugleich poetisch verfremdenden Sprachstil übergeht, sogar wieder zunimmt. In *Les Fleurs du Mal* wird nur in *Sisina* (LIX) die „vous"-Anrede verwendet; *Le Masque* (XX) läßt sich allerdings ebenfalls als ein Gespräch mit einem fiktiv angesprochenen Leser verstehen (freilich auch als Selbstgespräch des lyrischen Ich oder als Gespräch mit einem Partner). In den Prosagedichten von *Le Spleen de Paris* tritt hingegen das persönliche Ansprechen des Lesers in „vous"-Form wieder vermehrt auf (so in *La Chambre double*, *Les Veuves*, *Le Joujou du Pauvre*, *Les Dons des Fées*, *Les Fenêtres* und anderen Texten); die „tu"-Anrede bleibt hier indes weiter für den persönlichen Ansprechpartner (die Geliebte, den Freund) reserviert.

Neben der direkten Leseranrede gibt es natürlich noch zahlreiche andere Textstrukturen, die implizit einen Leserbezug im Gedicht signalisieren können. Baudelaires Lyrik setzt an mehreren Stellen ein ‚inklusives' „nous" ein, das den Leser an der hierdurch erweiterten Ich-Aussage teilnehmen läßt. So weitet sich die Sprechsituation in *L'Ennemi* (*FM* X) von der eines anfänglich eingeführten lyrischen Ich in der letzten Strophe zu der eines „nous" aus. Auch in «J'aime le souvenir de ces époques nues» wird die anfängliche Ich-Situation zu einer Wir-Sicht ausgedehnt und damit eine allgemein menschliche Aussage angedeutet. Umgekehrt geht *Spleen IV (FM* LXXVIII) von einer allgemeingültigen, überindividuellen Wir-Perspektive aus, die in der Schlußstrophe auf die Position des lyrischen Ich („mon âme") eingeengt wird. Noch unauffälliger operieren andere deiktische Textelemente, namentlich Demonstrativpronomina, die sogar in solchen Texten, die den Leserbezug scheinbar unberücksichtigt lassen, die Dimension dieser poetischen Kommunikation verdeutlichen können. Selbst in jenen Gedichten der *Tableaux parisiens*, die auf eine Präsenz des lyrischen Du verzichten und einen anscheinend leserneutralen Beobachterstandpunkt einnehmen, wie *Le Soleil (FM* LXXXVII), *Les Sept Vieillards (FM* XC), *Le Jeu (FM* XCVI), *Rêve parisien (FM* CII) und *Le Crépuscule du Matin (FM* CIII), treten deiktisches „ce" oder „voilà" auf.

Bei Apollinaire und Éluard verändert sich dann die Situation, denn nun tritt definitiv an die Stelle des fiktiven anonymen „lecteur" ein „vous", das im Sinne der Avantgardehaltung dieser Lyriker nur noch den Kreis der Freunde und Gleichgesinnten bezeichnet. Erst beim späteren, politisch engagierten Éluard wird dieser Kreis wieder ausgeweitet auf den der „camarades" und schließlich sogar die Gesamtheit aller Menschen überhaupt („j'écris pour tous", *Œ* Bd 2, S. 164)[22].

Apollinaires Gedicht *Le Voyageur (Œ* S. 78-80) setzt mit der unvermittelten Aufforderung ein «Ouvrez-moi cette porte oû je frappe en pleurant», die – wie sich erst aus dem folgenden Text ergibt – offsichtlich nur verständlich ist, wenn sie nicht als Anrede an den anonymen Leser, sondern als Bitte an enge Vertraute gedeutet wird, von denen eine Reaktion erwartet werden kann. In der Tat heißt es im weiteren Verlauf des Gedichts "(. . .) et vous mes compagnons" und

„Ô vous chers compagnons". Ähnlich wie hier wendet sich ein lyrisches Ich auch in anderen Texten hilfesuchend an Freunde und Vertraute, um diese um Beistand in der eigenen Not und Verzweiflung zu bitten: „Eloignez du brasier les ossements" (*Le Brasier,* Œ S. 109), «Et vous soutenez-moi / Laisserez-vous trembler longtemps toutes ces lampes / Priez priez pour moi» (*Un Soir,* Œ S. 126), «Pardonnez-moi mon ignorance / Pardonnez-moi de ne plus connaître l'ancien jeu des vers» (*Les Fiançailles,* Œ S. 132; vgl. auch den Text der Urfassung: «Mes amis ne craignez pas de m'avouer votre mépris», Œ S. 1068). Was Apollinaire mit diesem Anredeverfahren bewirken will, ist zweifellos der Eindruck einer echten Kommunikationsbasis zwischen dem lyrischen Ich und den angesprochenen Freunden. Das lyrische Ich steht nicht mehr einsam als ‚schreibende' Instanz einem potentiellen anonymen Leser gegenüber wie bei Baudelaire, sondern es scheint sich in einem konkreten, pragmatischen Interaktionsfeld mit nahen Vertrauten zu befinden, an die es wie in einer authentischen präsenten Sprechsituation direkt das Wort richtet.

Ganz ähnlich verfährt auch der Surrealist Éluard, der ausdrücklich bekundet, daß die Anrede an das „vous" bewußt nur auf die Gruppe der Freunde und Gleichgesinnten zu beziehen ist. In den Worten *«Entendez-moi / Je parle pour les quelques hommes qui se taisent / Les meilleurs» (L'amour la poesie XI,* Œ Bd 1, S. 249) ist ein metasprachlicher Kommentar zur Aussage selbst gleich mitgegeben. Das lyrische Ich spricht hier zunächst scheinbar in einer echten Kommunikationssituation mit anderen und bespricht unmittelbar darauf, die Sprechsituation wechselnd, auf einer übergeordneten Ebene das eben Gesagte. Diese übergeordnete Sprachebene aber ist offensichtlich die der poetischen Kommunikation mit dem *implizierten* Leser (ein fiktiver Leser wird freilich hier nicht in Szene gesetzt). Ein ähnlicher Wechsel in den Ansprechperspektiven läßt sich in Éluards Gedicht *Celle de toujours, toute* beobachten, das mit einer „vous"-Anrede im Sinne des pragmatischen Ansprechens von Gleichgesinnten und Vertrauten einsetzt, aber unmittelbar darauf zu einer leserbezogenen Mitteilung in Er-Code übergeht: «Si je *vous* dis: ‹J'ai tout abandonné› / C'est qu'*elle* n'est pas *celle* de mon corps». Dieses Gedicht ist darüber hinaus noch deshalb bemerkenswert, weil hier außer den beiden genannten Ansprechperspektiven noch eine dritte auftaucht, die nämlich der direkten Anrede an ein *lyrisches Du.* Wird eingangs von der Geliebten nur in der *dritten Person* gesprochen, so wird diese schließlich, nach einem kaum merklichen Übergang, mit *Du* adressiert: «L'éventail de *sa* bouche, le reflet de *ses* yeux / Je suis le seul à *en* parler, / Je suis le seul qui soit cerné / Par ce miroir si nul où l'air circule à travers moi / Et l'air a un visage, un visage aimé, / Un visage aimant, *ton* visage» (Œ Bd 1, S. 196-197). In diesem – freilich seltenen – Fall findet also ein mehrfacher Perspektivenwechsel statt, bei dem sich das lyrische Ich nacheinander an ein „vous", an den implizierten Leser und an ein lyrisches Du wendet. Unterstützt wird dieses perspektivische Sprechen von einer für Éluards Lyrik charakteristischen Spiegelmetaphorik („Je suis le seul qui soit cerné / Par ce miroir (. . .) / Un visage aimant, ton visage"), mit der die Ich-Du-Kommunikation als eine nicht nur sprachliche, sondern zugleich konkret visuelle ausgewiesen wird.

Die Analyse des Éluardschen Gedichts belegt außerdem eindeutig, daß der von H. Friedrich als „Unbestimmtheitsfunktion der Determinanten" gedeutete, in der modernen Lyrik seit Rimbaud gehäuft auftretende ‚anomale' Gebrauch des bestimmten Artikels in einer Sprechsituation, bei der im Text nichts allgemein Bekanntes oder zuvor eindeutig Bestimmtes bezeichnet wird, nicht etwa als sprachmagische Verfremdung verstanden werden kann im Sinne einer Bedeutungsentleerung des Nomens, das zu einem bloßen „Sprachklang" und „Klangzeichen" wird[23]. Vielmehr muß wohl in der surrealistischen Lyrik die Verwendung des bestimmten Artikels eher als eine Wiederbelebung der ursprünglichen deiktischen Funktion interpretiert werden, die im französischen bestimmten Artikel infolge seiner Herkunft aus einem Demonstrativpronomen mitgegeben ist[24]. Der Gebrauch des bestimmten Artikels erfüllt in der modernen Lyrik offenbar innertextlich eine ähnliche deiktisch ‚situierende' Funktion wie die Demonstrativa, ohne daß hierbei allerdings der besondere Distanzfaktor eines „ce" ausdrücklich markiert wird. Wenn in diesem Gedicht Éluards von „la brume de fond", „l'éventail de sa bouche, le reflet de ses yeux" die Rede ist, wird damit die konkrete Einbettung des Geschehens in einer visuell-sinnlich wahrgenommenen Umwelt signalisiert, wird die Existenz einer pragmatischen Hic-et-nunc-Kommunikations- und Sprechsituation gekennzeichnet, in die auch der implizierte Leser mit einbezogen werden soll. Die insistierende Verwendung des bestimmten Artikels in der modernen Lyrik ist daher nicht als Merkmal nihilistischer Entfremdung und Enthumanisierung zu deuten, sondern als Mittel zur Wiederbelebung der ursprünglichen *kommunikativen* Basis der lyrischen Sprache.

Wir kommen damit zum eigentlichen Anliegen unseres Beitrags, der Bestimmung der Funktion des *lyrischen Du* in der modernen Lyrik. Wie bereits gesagt, verstehen wir unter dem *lyrischen Du* die in der Textstruktur eines Gedichts explizit auftretende Instanz eines Kommunikationspartners des lyrischen Ich, der in der zweiten Person Einzahl oder in analoger Form (z. B. in der französischen Höflichkeitsform „vous") angesprochen wird. Selbstverständlich kann diese Du-Instanz auch im Plural „vous" (in inklusiver oder exklusiver Verwendung) oder im Plural „nous" (bei inklusivem Gebrauch) einbegriffen sein oder mit entsprechenden anderen deiktischen Elementen gekennzeichnet werden. Mit dem Ansprechen eines lyrischen Du wird im Gedichttext eine innertextliche Sprechsituation inszeniert, die eine gewisse Analogie zur normalsprachlichen pragmatischen Sprechsituation aufweist, jedoch sich von dieser wesentlich unterscheidet, da sie innerhalb eines sekundären poetischen Zeichensystems völlig anderen Bedingungen ausgesetzt ist. So kommt z. B. das Ansprechen *nicht-personaler* Instanzen in der Normalsprache nur in wenigen Ausnahmefällen vor, während es im poetischen Sekundärsystem des Gedichttextes ein althergebrachtes Verfahren ist (dessen Ursprünge hier nicht zur Debatte stehen). Gleichwohl gilt auch für das besondere Sprachsystem der Lyrik, daß im Regelfall ein *personales* lyrisches Du die Bezugsinstanz bildet.

Bevor wir auf Unterschiede in der Präsentierung des lyrischen Du zwischen der symbolistischen Lyrik Baudelaires und der vorsurrealistischen bzw. surrealistischen Lyrik Apollinaires und Éluards zu sprechen kommen, sollen zunächst einige generelle Aspekte behandelt werden, die für alle drei lyrischen Textsysteme Gültigkeit besitzen, obgleich sie nicht in allen in gleichem Umfang und in gleicher Funktion auftreten. Statistisch betrachtet ergibt sich aus einer Untersuchung der vier Gedichtbände *Les Fleurs du Mal, Alcools, Capitale de la Douleur* und *La Vie immédiate,* daß in den weitaus meisten Gedichten eine innertextliche Ich-Du-Kommunikation, und zwar vornehmlich in Form einer personalen Ansprechsituation, gestaltet worden ist[25]. Zwei Aspekte der Verwendung des lyrischen Du sollen zunächst etwas näher beleuchtet werden: einerseits die Problematik des *Authentizitätssignals,* das insbesondere bei einer *personalen* Ich-Du-Beziehung gesetzt werden kann, und andererseits der Aspekt der *poetischen Verfremdung,* durch die das lyrische Du mehr oder weniger in ein ästhetisiertes, poetisiertes Du verwandelt wird.

Die Authentizitätsproblematik taucht akut immer dann auf, wenn – wie in der herangezogenen Lyrik zumeist – das lyrische Du eine *personale* Instanz ist. Bei Baudelaire, Apollinaire und Éluard ist ein Großteil der Gedichte Liebeslyrik, die sich, wie die Forschung in zahlreichen Fällen plausibel machen konnte, auf echte Liebesbeziehungen der drei Dichter bezieht. Man weiß heute bei den meisten Liebesgedichten dieser Autoren sehr genau, welche Geliebte jeweils als biographische Referenzperson gemeint ist: in Baudelaires *Fleurs du Mal* sind es vor allem Jeanne Duval, Apollonie Sabatier und Marie Daubrun; in Apollinaires *Alcools* Annie Playden und Marie Laurencin und in Éluards *Capitale de la Douleur* und *La Vie immédiate* Gala und Nusch. Derartige biographische Gesichtspunkte können zwar für den literaturwissenschaftlichen Interpreten bei produktionsästhetischen Fragestellungen wichtig werden, bleiben jedoch für die Problematik der Interaktion zwischen Text und Leser nur dann relevant, wenn sich durch explizite Namensnennung eine solche Referenz aus dem Text selbst ergibt. Nun ist z. B. in Baudelaires *Les Fleurs du Mal*, aber auch in den Lyrikbänden Apollinaires und Éluards rasch zu erkennen, daß eine Du-Anrede nur in ganz seltenen Fällen mit ausdrücklicher Nennung eines Namens verbunden ist. In Baudelaires Texten redet das lyrische Ich sogar nicht einmal – wie in der petrarkistischen Lyrik üblich – das lyrische Du mit einem Vornamen an, wenn es sich um Gedichte handelt, die nachweislich an Jeanne Duval, Apollonie Sabatier und Marie Daubrun gerichtet sind. Andererseits weisen einige Gedichte Baudelaires, die an nicht oder nur ungenau identifizierbare Bekanntschaften gerichtet sind, eine solche Namensnennung auf: Francisca in dem lateinischen Gedicht *Franciscae meae laudes*, einer Kontrafaktur christlicher Hymnendichtung; Agathe in *Moesta et errabunda* und Marguerite in *Sonnet d'Automne*. Man sieht hieraus, daß das Motiv des verhüllenden, camouflierenden Verschweigens eines Eigennamens offentsichtlich nur von sekundärer Bedeutung sein kann. Diese Beobachtung wird auch durch die Namensverwendung bei Apollinaire, der drei seiner Gedichte mit *Annie*, *Marie* und *Clotilde* betitelt hat, und bei Éluard, der einen Text *Nusch* nennt, bestätigt.

Es ist offensichtlich gar nicht die Namensnennung selbst, die im Gedicht die Authentizität des lyrischen Du signalisiert; hierzu dienen vielmehr in den untersuchten Gedichtsammlungen bestimmte Vertextungsverfahren, und zwar im wesentlichen die Strukturierung des Textes als Sprechsituation zwischen einem lyrischen Ich und lyrischen Du. Das

Gedicht erzeugt durch die textinterne Gestaltung einer Ich-Du-Kommunikation, bei der das lyrische Ich auf das empirische Ich des Autors verweist und die wie in der Normalsprache eine mehr oder weniger markierte Einbettung in einen zeiträumlichen Kontext erhält, den Eindruck einer echten Gesprächssituation.

Eine solche Sprechsituation, in der sich das lyrische Ich an seinen Gesprächspartner wendet, kann in den Gedichten sehr verschieden in Szene gesetzt werden: die Skala reicht in den vorliegenden Texten von zeit-räumlich völlig unbestimmter Situierung über Erinnerungen und Zukunftsvorstellungen bis zu genauer angedeuteten Einbettungen in ein bestimmtes Hic et Nunc. Vornehmlich bleibt die Sprechsituation unspezifiziert, wie z. B. in Baudelaires «Je t'adore à l'égal de la voûte nocturne» (*FM* XXIV), wo der Topos der vergöttlichenden Frauenanbetung paradox variiert wird, in Apollinaires *Marie* (Œ S. 81) oder auch in Éluards «Que deviens-tu pourquoi ces cheveux blancs et roses» (Œ Bd 1, S. 363). Einen Erinnerungsrahmen erstellen Baudelaires Sonett «Une nuit que j'étais près d'une affreuse Juive» (*FM* XXXII) und dessen *Confession* (*FM* XLV), Apollinaires *La Tzigane* (Œ S. 99) oder Éluards Prosagedicht *Nuits partagées* (Œ Bd 1, S. 372 ff.), während Baudelaires betörende *Invitation au Voyage* (*FM* LIII) ein Zukunftsbild suggeriert: «Mon enfant, ma sœur, / Songe à la douceur / D'aller là-bas vivre ensemble!» In allen diesen lyrischen Texten wird der Eindruck einer konkreten Sprechsituation, in der sich das lyrische Ich an sein Gegenüber wendet, im wesentlichen nur durch die Anbindung der Aussage an das Potential präsentischer Verbformen der ersten und zweiten Person erweckt. Auch in Erinnerungsgedichten werden entsprechende Präsensformen eingesetzt, um das in Vergangenheitstempora Erinnerte als ein präsentisch Erinnertes innerhalb einer gegebenen Sprechsituation zu kennzeichnen. So wird in Baudelaires Sonett «Une nuit que j'étais près d'une affreuse Juive» (*FM* XXXII) der Erinnerungsvorgang einer präsentischen Sprechsituation zugeordnet:

> *Je me représentai* sa majesté native (sc. der Geliebten),
> Son regard de vigueur et de grâces armé,
> Ses cheveux qui lui font un casque parfumé
> Et dont le souvenir pour l'amour me *ravive*.
>
> Car *j'eusse* avec ferveur *baisé* ton noble corps (. . .)'

In *Confession (FM* XLV) erfolgt die Einbettung des Vergangenen in die Gegenwart mittels eines (in Klammer gesetzten) Einschubs im Perfekt:

> Une fois, une seule, aimable et couve femme,
> A mon bras votre bras poli
> *S'appuya* (sur le fond ténébreux de mon âme
> Ce souvenir n'*est* point *pâli)*

Une Charogne (FM XXIX) setzt mit der präsentischen Aufforderung an die gemeinsame Erinnerung ein: «Rappelez-vous l'objet que nous vîmes, mon âme, / Ce beau matin d'été si doux (. . .)».

Eine *explizite* Hic-et-nunc-Situierung der Anrede an das lyrische Du mittels entsprechender situationsgebundener Adverbien und adverbialer Bestimmungen des Ortes und der Zeit ist weniger häufig als man erwarten könnte. Baudelaire begnügt sich zumeist mit knappen, mehr andeutenden als genau inszenierenden Raum- und Zeitangaben. In *La Chevelure (FM* XXIII) ist z. B. nur von einer „alcôve obscure" und „ce soir" die Rede, in *Le Possédé (FM* XXXVII) von „aujourd'hui" und der ‚bedeckten Sonne', und in «J'aime de vos longs yeux la lumière verdâtre»*(FM* V) ebenfalls von „aujourd'hui" sowie von einem „boudoir" und einem „âtre", in *Le jet d'eau* von „ce soir" und einem Springbrunnen „dans la cour". Bei Apollinaire ist ein einprägsames Beispiel *Le Pont Mirabeau* (Œ S. 45), bei Éluard, dessen surrealistisch beeinflußte Lyrik die Wirklichkeitsebene permanent überschreitet, beginnt das Gedicht *Au revoir* mit den Worten: „Devant moi cette main (. . .)" (Œ Bd 1, S. 370-371.

Die angeführten Beispiele belegen, daß die Wirkung des Authentischen in der Lyrik gar nicht auf eine genaue mimetische Verankerung der Sprechsituation in einer detailliert beschriebenen Wirklichkeit angewiesen ist, so wie diese von der Widerspiegelungsästhetik bei den narrativen Darstellungstechniken des realistischen Romans gefordert wird. Es genügt, daß eine explizite Ich-Du-Beziehung im Text erscheint. Zu dieser Grundstruktur innertextlicher Kommunikation gehört auch das Präsens als eigentliches lyrisches Tempussystem, denn nur das Präsens vermag dem Leser die Identität des lyrischen Ich und Du mit einem biographischen Ich und Du im poetisch gestalteten Kommunikationsakt glaubhaft zu machen. Wenn das lyrische Ich im Präsens formuliert: „Je t'adore (. . .)" oder „J'implore ta pitié (. . .)" (*De profundis clamavi, FM* XXX), so bedeutet dies nicht nur textintern, daß ein lyrisches Ich ein Du anbetet und um Liebe anfleht, sondern eben auch zugleich, daß dem Leser die Illusion eines echten Sprechaktes vorgeführt wird.

Neben die authentifizierende Verankerung des lyrischen Du in einer mehr oder weniger präzise situierten Sprechsituation tritt aber im Gedicht stets die Dimension der *poetischen Verfremdung*. Mit anderen Worten: Es wirken sich auf die Textstruktur des lyrischen Du in ganz erheblichem Maße auch jene Strukturelemente aus, die von der poetischen Funktion der Sprache gesteuert werden. Wie ich an anderer Stelle gezeigt habe, sind diese Elemente in der surrealistischen Lyrik Éluards, trotz des nahezu völligen Verzichts auf die traditionellen Merkmale der französischen Verssprache, kaum weniger häufig anzutreffen als in der symbolistischen Lyrik Baudelaires[26]. Aus der Vielzahl dieser Phänomene wollen wir hier nur auf einige bei der sprachlichen Gestaltung des lyrischen Du besonders auffallende Komponenten näher eingehen, an denen sich beispielhaft die Wirkung der poetischen Funktion der Sprache in der Lyrik aufzeigen läßt.

Als erstes sei hier auf die ausgeprägt bildhaft-metaphorische Ausgestaltung der innertextlichen Anredestrukturen bei Baudelaire hingewiesen. Gerade Baudelaires Anredeverfahren sind in dieser Hinsicht noch stark von den überkommenen poetischen und rhetorischen Techniken geprägt. So spricht das lyrische Ich sein geliebtes Du an mit „vase de tristesse" («Je t'adore à l'égal de la voûte nocturne», *FM* XXXIV), mit „Démon sans pitié" / „Mégère libertine" (*Sed non satiata, FM* XXVI), „Étoile de mes yeux, soleil de ma nature" (*Une Charogne, FM* XXIX), „Mère des souvenirs, maîtresse des maîtresses" (*Le Balcon, FM* XXXVI), „Lune de ma vie" (*Le Possédé, FM* XXXVII), „chère déesse, être lucide et pur" (*L'Aube spirituelle, FM* XLVI), „aimable pestilence" (*Le Flacon, FM* XLVIII), „Nymphe ténébreuse et chaude" (*Chanson d'après-midi, FM* LVIII), „Tigre adoré" (*Le Léthé*) oder „Machine aveugle et sourde, en cruautés féconde! Salutaire instrument, buveur du sang du monde" («Tu mettrais l'univers entier dans ta ruelle», *FM* XXV). Auch Apollinaire greift mitunter, wenn auch seltener, zu preziöser Bildhaftigkeit, um das lyrische Du zu benennen, wie in folgendem Beispiel: „Ma colombe ma blanche rade / Ô marguerite exfoliée / Mon île au loin ma Désirade / Ma rose mon giroflier (*La Chanson du Mal Aimé, Œ* S. 54). Er setzt indes andererseits auch häufig bereits kontrastierend eine betonte Schlichtheit ein, die dem Konversationsstil der Alltagssprache entlehnt ist und auf rhetorische Anredeformeln weitgehend verzichtet. Diese Tendenz setzt sich in Éluards surrealistischer Liebeslyrik verstärkt fort, wo zuvor ebenfalls noch einige gesagte Bilder auftauchen, wie z. B. „Captive de la plaine, agonisante folle“ *(Premiere du Monde),* „reine des lavandes“ (*A la Flamme des Fouets,* Œ Bd 1, S. 180), wo jedoch vor allem die betont antirhetorische Anredetechnik einer stilisierten Einfachheit vorherrscht, die gängige Nachgestaltung von Redeweisen des Code oral:

> Je veux t'embrasser je t'embrasse
> Je veux te quitter tu t'ennuies . . .
> (*L'Univers-Solitude,* Œ Bd 1, S. 399)

Die in den Anredewendungen zum lyrischen Du gebrauchte, teils positive, teils negative Metaphorik kann in Baudelaireschen Liebesgedichten sogar auf den gesamten Text ausstrahlen, wie z. B. in *Ciel brouille* *(FM* L), dessen Bildersprache die Geliebte mit einer *Semantik des bedeckten Himmels* beschreibt („vapeur“, „ciel“, „horizons“, „soleil“, „paysage“, „climats“, „neige“, „frimas“ usw.), in *Le Beau Navire* (*FM* LII), dessen Metaphorik um das zentrale Bild des Schiffes kreist („vaisseau“, „toile“), oder in *Le Jet d'Eau,* wo das Bild des sich entfaltenden und dann wieder in sich zusammenfallenden Springbrunnens den „éclair brûlant“ der Liebeslust der Geliebten umschreibt. Die damit verbundenen Abweichungen von der Normalsprache werden noch kühner, wenn – wie schon insbesondere in der Barocklyrik geschehen – statt der Person auffallende, bewundernswerte Körperteile der Geliebten direkt oder auch metaphorisch apostrophiert werden. Das berühmteste Beispiel bei Baudelaire ist wohl *La Chevelure* (*FM* XXIII), wo das Haar der Geliebten, die „toison“ und „crinière“ nacheinander „forêt aromatique“, „mer d'ébène“, „noir océan“, „pavillon de ténèbres tendues“, „oasis“ und schließlich „gourde“ genannt wird, aus der das Ich den Wein der Erinnerung schlürfe. Eine nicht minder effektvolle Apostrophierung ist die der Augen, die wir in *Le Flambeau vivant* oder *Les Yeux de Berthe* finden, wo sie mit „arcanes dorés“ und „grottes magiques“ verglichen werden. Es verwundert nicht, daß bei Baudelaire in *Sonnet d'Automne* (*FM* LXIV) und in *Les Promesses d'un Visage* die Augen der Angesprochenen sogar in gewagter Personifizierung eine Stimme erhalten und zu sprechen beginnen. Mit derartigen poetischen Verfremdungsverfahren wird in Baudelaires Dichtung das lyrische Du zu einem eigentümlich metaphorisierten Wesen, zu einer Instanz von eigenartiger, faszinierender Irrealität. Baudelaires symbolistische Ästhetik der Analogiebeziehungen, die in *Correspondances* programmatisch formuliert ist, ermöglicht es, daß dem lyrischen Du zugleich der Status des Authentisch-Wirklichen und der des Metaphorisch-Irrealen verliehen werden kann. In dieser Poetisierung der Geliebten im Gedicht, die in den bildhaften Anrede-Strukturen exemplarisch in Erscheinung tritt, wird natürlich nur eine der Varianten jener Baudelaireschen Evasionshaltung sichtbar, die vom ‚Spleen' zum ‚Ideal' vorzudringen versucht.

Die in der Lyrik nach Rimbaud und Lautrémont eintretenden Wandlungen haben sich zunächst in Bezug auf die Gestaltung des lyrischen Du bei Apollinaire und Éluard vor allem in Richtung auf einen Abbau jeder bildhaft ausschmückenden, in ornamentalen Vergleichen schwelgenden Metaphorik ausgewirkt, an deren Stelle nun in der Regel eine betont schlichte Form der Anrede tritt, die auch rhythmisch dem parataktischen Stil des gesprochenen Französisch angepaßt erscheint. Im Poème-conversation ebenso wie in den liedartigen Gedichten Apollinaires verwandelt sich das angesprochene lyrische Du vielfach in eine wie beiläufig en passant eingeblendete Anredeinstanz. Man beobachte etwa das fast unbemerkt bleibende Auftreten der „nous"-Komponenten in *Le Pont Mirabeau* (Œ S. 45):

> Sous le pont Mirabeau coule la Seine
>   Et *nos* amours
> Faut-il qu'il m'en souvienne (. . .)
> Les mains dans les mains, *restons* face à face
>   Tandis que sous
> Le pont de *nos* bras passe
> Des éternels regards l'onde si lasse.

Trotz der Hic-et-nunc-Situierung bleibt in diesem Gedicht das Einflechten der Anrede ganz unauffällig. Das im „nous" implizierte lyrische Du ist textintern zu einer und für den Leser nicht mehr genau bestimmbaren Instanz geworden. Im ‚Konversationspoem' *Le Voyageur* (Œ S. 78 ff.) bleibt das lyrische Du ebenfalls unspezifiziert. Die den Rhythmus des Gedichts mitorganisierenden mehrfach wiederholten Worte: „Te souviens-tu (. . .)" übernehmen ebenso wie die anderen Du-Referenzen „Tu regardais (. . .)", „Et toi tu m'avais oublié", „Qui donc reconnais-tu (. . .)" einfache normalsprachliche Strukturen, die geeignet sind, die Anrede an das lyrische Du als Teile eines Alltagsgesprächs erscheinen zu lassen. Im historischen Kontext ihres Auftretens

1912 betrachtet, sind sie jedoch eine stilistische Provokation gegen die noch immer vorherrschende traditionelle Verspoesie.

In der von der surrealistischen Ästhetik beeinflußten Du-Anrede der Liebeslyrik Éluards wirken sich dann die Vorstellungen von jener überindividuellen „voyance" aus, die in der Tradition von Rimbauds *Lettre du Voyant* („Je est un autre") und unter Aufnahme Freudscher Gedanken die Ich-Du-Beziehung als eine Begegnung zwischen den Schichten des Unbewußten der beiden Partner verstehen. Die hierbei freigesetzten imaginativen Kräfte werden ähnlich wie in sprachlichen Bildassoziationen ‚visualisiert'. Hierdurch wird die poetische Verfremdung der Normalsprache in den Anredestrukturen ganz anders als in der symbolistischen Lyrik wirksam. Betrachtet man z. B. Éluards Gedicht *La Saison des amours* (Œ Bd 1, S. 364), so findet man als Grundlage der Sprechsituation nicht mehr den Versuch einer illusionistischen Einbettung in einen äußeren Kommunikationsrahmen, sondern eine bildhaft inszenierte, in Sprache umgesetzte Traumvorstellung: „Dans l'ombre à trois pans d'un sommeil agité / Je viens à toi (. . .)". Die traumhaften Vorstellungsbilder, die das lyrische Ich im weiteren Verlauf des Gedichts mit dem angesprochenen lyrischen Du verknüpft, sind hierbei nicht als subjektiv unverbindliche, rein imaginäre Phantasieprodukte zu werten, sondern – in Übereinstimmung mit dem Selbstverständnis des Autors und den Erkenntnissen der psychoanalytischen Menschenanalyse Freuds – als unbewußte Widerspiegelungen einer realen Liebesbeziehung (der Éluards zu Gala). Für den Normalleser wirkt dieser Authentizitätsanspruch auch hier auf Grund der Ich-Referenz evident. Das angesprochene lyrische Du zerfällt in eine Vielzahl bildhafter Vorstellungen, Metonymien und Metaphern, die für den Leser keine dekorativ-beschreibende oder auf Analogie-Bezügen beruhende Funktion mehr besitzen wie in der symbolistischen Lyrik Baudelaires, sondern bei der Lektüre assoziative, nicht-mimetische Verbindungen herstellen, die sich extrem von der Logik der Normalsprache entfernen. Das lyrische Du kann daher angesprochen werden als „toi la double la multiple (. . .) semblable à l'ère des deltas". Zwar werden konkrete äußere und innere Merkmale des lyrischen Du erwähnt: „Ta tête (. . .) plus petite que la mienne", „tes formes fragiles", „ta face supérieure", „Ton inexpérience", „Tes rires", „tes larmes", doch stets in engster assoziativer Verbindung mit Vorstellungskomponenten, die sich nicht mehr – wie in der symbolistischen Lyrik – zu einer auf Analogie basierenden kohärenten Bildlichkeit zusammenfügen lassen.

Das ‚Meer' gebietet daher hier über den ‚Sommer' der „formes fragiles", und ‚Tiere' schwimmen auf der „transparence vagabonde" der „face supérieure".

Die Poetisierung des lyrischen Du hebt, wie man sieht, in der surrealistischen Lyrik keineswegs persönliche, individuelle Züge der angesprochenen Geliebten hervor, sondern unterstreicht im Gegenteil das Überindividuelle, Allgemeingültige der Sprechsituation und erweitert damit zugleich beim Leser das Spektrum der Identifizierungsmöglichkeiten. «La poésie d'amour d'Éluard», schrieb Claude Roy zu Recht, «est merveilleusement anti-autobiographique», denn hier wird ein lyrisches Du gestaltet, das gleichsam als ‚die Geliebte' schlechthin angesprochen und poetisch zu einem überpersönlichen Wesen erhöht wird (Zitat nach Œ Bd 1, S. 1438).

Die bisher am Beispiel der Liebeslyrik skizzierten Gemeinsamkeiten und Unterschiede in der *personalen* Du-Anrede der symbolischen und surrealistischen Dichtung sind durch einige Beobachtungen zur *nicht-personalen* Du-Anrede zu ergänzen[27]. Das aus der religiösen Tradition und insbesondere der christlichen Lyrik bekannte und weit verbreitete Ansprechen einer Gottheit ist in Baudelaires Dichtung zu einer höchst seltenen Ausnahme geworden, die ausdrücklich nur in *Bénédiction (FM* I) aus dem Munde des Rollen-Ich eines Poeten („Mon Dieu") und ein anderes Mal in *Un Voyage à Cythère* (*FM* CXVI) unmittelbar vom lyrischen Ich geäußert („Seigneur") erscheint. Als negative transzendente Instanz wird in blasphemischer Anrede Satan in *Les Litanies de Satan (FM* CXX) mit einem Gebet angesprochen. Man muß hierzu daran erinnern, daß Baudelaire offensichtlich in solchen Appellen an die Transzendenz zwei komplementäre Forderungen der menschlichen Natur sieht: «Il y a dans tout homme», schreibt er in *Mon Cœur mis à nu,* «à toute heure, deux postulations simultanées, l'une vers Dieu, l'autre vers Satan. L'invocation à Dieu, ou spiritualité, est un désir de monter en grade; celle de Satan, ou animalité, est une joie de descendre»[28]. Die seit der Romantik auch in der französischen Lyrik sehr häufige Natur-Anrede schrumpft beim Anti-Romantiker Baudelaire zu wenigen negativ pointierten Ansprechformeln zusammen. Beispielhaft ist dies an dem Sonett *Obsession (FM* LXXIX) zu erkennen, wo die „Grands bois" nur als angstspendende und der „Océan" als tief gehaßte Instanzen angesprochen werden. Hingegen gewinnen im Bereich des ‚Spleen' die Kategorien der Nacht (*Obsession, FM* XXIX, *Les Yeux de Berthe*), der Zeit, die wie eine

Lawine zerstörend ins Leben eingreift (*Le Goût du Néant, FM LXXX),* und des Todes, der als „vieux capitaine" das Lebensschiff schließlich dem Unbekannten zuleiten wird *(Le Voyage, FM* CXXVI), an Gewicht. Ambivalent, wie das erotische Verhältnis zur Geliebten, ist bei Baudelaire auch die Apostrophierung der Großstadt, die in den *Tableaux Parisiens (Les Sept Vieillards, FM* XC; *Les Aveugles, FM* XCII) und in *Le Spleen de Paris (Épilogue)* auftritt.

Das Spektrum der personifizierend angesprochenen nicht-personalen Instanzen umfaßt bei Baudelaire aber vor allem noch die *Poesie* selbst, die als hypostasierte Idealfigur wie eine Geliebte apostrophiert wird. Hiermit wird bei Baudelaire nicht nur eine althergekommene Tradition konventionalisierter Musenanrede fortgesetzt. Vielmehr sind Muse (*La Muse malade, FM* VII; *La Muse vénale, FM* VIII) und Schönheit (*Hymne à la Beauté, FM* XXI) zu allegorischen Figuren einer Art persönlichen Mythologie des Dichters geworden, die – wie noch eingehend zu besprechen sein wird – in einem inneren Selbstgespräch des lyrischen Ich personenhaft angeredet werden. Dieses metapoetische Ansprechen der hypostasierten Dichtung selbst, das bezeichnenderweise in den Gedichtbänden Apollinaires und Éluards nicht mehr vorkommt, veranschaulicht die Bedeutung der zu einer maßgeblichen Denk- und Vorstellungskategorie gewordenen l'art-pour-l'art-Idee in der symbolistischen Ästhetik Baudelaires.

Was die weitere Entwicklung der nicht-personalen Anrede bei Apollinaire und Éluard betrifft, so verwundert es nicht, daß diese zwar noch in *Alcools* vereinzelt auftritt, in den surrealistischen Texten Éluards jedoch absolut vermieden wird. Apollinaire kennt die Anrede an einen christlichen Gott in der Situation existentieller Not, wie sie im Zyklus *À la Santé* gestaltet ist („Que deviendrai-je ô Dieu qui connais ma dou leur", Œ S. 143); „Christianisme" und „Pape Pie X" werden in *Zone* (Œ S. 39) angesprochen. Die „Voie lactée" wird als symbolisch gemeintes herrliches Leitbild personifizierter Sehnsucht mehrfach in *La Chansons du Mal Aimé* (Œ, S. 48, 53, 58) eingesetzt:

> Voie lactée ô sœur lumineuse
> Des blancs ruisseaux de Chanaan
> Et des corps blancs des amoureuses
> Nageurs morts suivrons-nous d'ahan
> Ton cours vers d'autres nébuleuses.

Die „villes de France et d'Europe et du monde" treten als Ansprechpartner in *Vendémaire* auf. Ebenso wie die Symbolinstanzen des Vogels (*Cortège*, *Œ* S. 74-76) und des Feuers (*Le Brasier*, *Œ* S. 108-110) gehören auch die nicht-personalen Anrede-Instanzen Apollinaires wie bei Baudelaire allgemein zu einer inneren persönlichen Mythologie, deren Figuren im Selbstgespräch des lyrischen Ich apostrophiert werden können. Der Übergang vom Symbolismus Baudelaires zu moderneren Textstrukturen zeigt sich bei Apollinaire jedoch darin, daß die Eindeutigkeit der Symbolsprache zugunsten einer Polyvalenz der Bilder aufgegeben worden ist, die nur noch in alogischen Assoziationen aneinandergereiht werden. Bleiben diese Bilder für Apollinaire noch personifizierbare Instanzen, die sich gleichsam zu allegorischen Figuren verdinglichen lassen, so wird die surrealistische Bildersprache Éluards auf derartige distanzschaffende, traditionell wirkende Mittel völlig verzichten.

Aus den bisher besprochenen Texten ist deutlich zu ersehen, daß in der Entwicklung der französischen Lyrik von Baudelaire bis Éluard die *nicht-personale* Anrede an ein lyrisches Du entscheidend zurückgeht, während die *personale* Anrede in vollem Umfang weiter gebraucht wird. Zweifellos spiegelt sich in diesem Faktum die seit dem 19. Jahrhundert zu beobachtende Abnahme einer Kommunikation mit den überkommenen transzendenten Bezugsinstanzen. Der kommunikative Status der Lyrik selbst wird hierdurch jedoch keineswegs in Mitleidenschaft gezogen. Vielmehr verlagert sich lediglich die im Gedichttext thematisierte Beziehung zwischen dem lyrischen Ich und dem lyrischen Du auf die Ebene der interpersonalen Kommunikation und – wie gleich näher zu zeigen sein wird – darüber hinaus in zunehmendem Maße auf die einer *inneren* Kommunikation des Ich mit sich selbst.

Bei Baudelaire begegnet man – wie mitunter schon in früherer Lyrik – einem lyrischen Ich, das mit sich selbst spricht und hierbei die Ich-Du-Sprechsituation auf innere Gegebenheiten überträgt. Der Gattungszwang des lyrischen Sprechens in Ich-Du-Relationen ist in solchen Fällen offensichtlich derart mächtig, daß die Textstruktur des lyrischen Du sogar zur Darstellung der geistig-seelischen Innenwelt herangezogen wird. Bei Baudelaire kann inneres Geschehen recht häufig zu einer Art Bühne werden, auf der ein Ich-Sprecher mit einem angesprochenen Du eine innere Sprechsituation bildet. In einem solchen Zwiegespräch mit sich selbst kann sich das lyrische Ich an „mon esprit" wenden (*Élevation*, *FM* III; *Le Goût du Néant*, LXXX), an „mon cœur"

(Le Goût du Néant) oder an „mon âme" (*Le Crépuscule du Soir, FM* XCV, *Le mauvais Moine, FM* IX). Das Prosagedicht *Any where out of the world* besteht insgesamt aus einem Dialog zwischen dem lyrischen Ich und der eigenen Seele („mon âme"). Und in dem ergreifenden späten Sonett *Recueillement* wird der eigene Schmerz personifizierend angesprochen: „Sois sage, ô ma Douleur, et tiens-toi plus tranquille (...)" und wie die Allegorie einer Frau betrachtet: „Ma Douleur, donne-moi la main; viens par ici (...)", „Entends, ma chère, entends la douce Nuit qui marche".

Die in Baudelaires Lyrik zu beobachtende Tendenz zur Gestaltung einer rein *inneren* Sprechsituation, in der das Ich mit sich selbst in Du-Form spricht, wird dann in der spätsymbolistischen Dichtung Paul Valérys zur dominanten Textstruktur überhaupt werden[29]. In Valérys Gedichtband *Charmes* wird das lyrische Ich fast nur noch in innerer Sprechsituation gezeigt, sei es daß es sich an die „Similitudes amies" der Wörter, an die „Maîtresses de l'âme, Idées" wendet *(Aurore)*, oder an symbolisch zu deutende Instanzen wie eine Platane *(Au platane)*, Tempelsäulen *(Cantique des colonnes)* und das Meer *(Le cimetière marin)*. Lyrik als inneres poetisches Gespräch mit sich selbst sind auch Valérys *La jeune Parque* und *Fragments du ‹ Narcisse ›*, in denen an die Stelle des lyrischen Ich ein Distanz bewirkendes Rollen-Ich getreten ist, das symbolisch die Ich-Funktion übernimmt[30].

An der Baudelaireschen Lyrik wird indes schon deutlich, in wie starkem Maße sich die moderne Lyrik von der Gestaltung einer *äußeren* der einer *inneren* Sprechsituation zuwendet, in der das lyrische Ich hypostasierten inneren Vorstellungsbildern gegenübertritt, die, mehr oder weniger personifiziert, die Funktion des angesprochenen Du übernehmen können. Gewiß muß dieser Rückzug in eine *innere* Sprechsituation im Zusammenhang mit der allgemeinen Entwicklung des Individualismus in der zweiten Hälfte des 19. Jahrhunderts gesehen werden, wie auch mit der besonderen psychischen Situation, in der Baudelaire in den Augenblicken des ‚Spleen' sein eigenes Ich empfand. Uns interessiert in diesem Zusammenhang jedoch vor allem, wie sich diese Verinnerlichung der Sprechsituation im Symbolismus auf die Leserrezeption auswirkt. Hierbei ist zunächst erneut daran zu erinnern, daß auch für diese innertextliche Sprechsituation der implizite Leserbezug gilt – und daß sich gerade Baudelaire und Valéry dieser Tatsache voll bewußt waren. Das Gespräch des lyrischen Ich mit sich selbst ist deshalb als eine Art selbstinszenierter Rollenmonolog aufzufassen, vergleichbar dem zuschauerorientierten Monolog im Theater oder dem leserorientierten Inneren Monolog im Ich-Roman. Mit der Einführung einer Art Aufspaltung des Ich in ein Ich-Subjekt, das einem als Du-Partner angesprochenen Ich-Objekt gegenübertritt, wird es dem Leser ermöglicht, sich nicht nur mit dem subjektiven Ich-Kern, der auf die privat-persönliche Ich-Identität des Autors verweist, zu identifizieren, sondern außerdem noch mit einer weiteren, gleichsam transsubjektiven, überpersönlichen Ich-Komponente, die als Du-Instanz apostrophiert wird und die auch als Allegorie einer inneren Mythologie auftreten kann. Auch im Hinblick auf solche Gedichte Baudelaires sollte nicht von ‚Entpersönlichung' und ‚Enthumanisierung' gesprochen werden[31], da ein völliges Auslöschen des humanen Ich keineswegs zu beobachten ist. Vielmehr kommt es auch hier nur zu einem In-Frage-Stellen des Ich-Begriffs im Sinne jener rationalistischen Ich-Konzeption, wie sie im 19. Jahrhundert auf Grund des cartesianischen Postulats einer ausschließlich in der res cogitans gründenden Ich-Subjektivität allgemein verbreitet war. Im Baudelaireschen Monolog des lyrischen Ich mit sich selbst werden dem Leser also bereits überpersönliche Aspekte des Ich vermittelt, wie sie dann später im 20. Jahrhundert sowohl in der spätsymbolischen transsubjektiven Bewußtseins-Lyrik Valérys wie in der surrealistischen Lyrik des Unbewußten im Anschluß an Rimbauds Entdeckung vorpersönlicher, kollektiver Schichten des Ich («On me pense. (. . .) je est un autre») auftreten.

Bemerkenswert ist, daß sich in einigen Gedichten Baudelaires auch bereits die Ansätze zu jener späteren Entwicklung erkennen lassen, die, über die Du-Position hinausgehend, zu der noch stärker distanzierenden Er-Darstellung der Ich-Phänomene führt[32]. In solchen Fällen spricht das lyrische Ich einen Teil seines Selbst nicht mehr nur in Du-Form an, sondern greift zum Code der dritten Person. So wechselt z. B. in *La Cloche fêlée* (*FM* LXXIV), das Ich in eine Er-Perspektive über: „*Moi, mon âme* est fêlée, et lorsqu'en *ses* ennuis / *Elle* veut (. . .)". Im Bereich der introspektiven *Spleen*-Gedichte häufen sich die Beispiele für eine solche ‚objektivierende' Darstellung der geistigen Innenwelt. Das eigene Hirn („mon triste cerveau") kann vom lyrischen Ich als Pyramide und Gruft beschrieben werden; und das lyrische Ich selbst nennt sich einen „cimetière abhorré de la lune" oder ein „boudoir plein de roses fanées (. . .)" (*Spleen* II, *FM* LXXVI).

Einen weiteren entscheidenden Schritt in die gleiche Richtung tut Apollinaire, indem er in einigen herausragenden Gedichten von *Alcools* das lyrische Ich einfach sich selbst mit Du anreden läßt. Damit wird in der inneren Sprechsituation des Gedichts das lyrische Ich mit dem lyrischen Du auf eine vergleichbare Ebene gestellt. Am eindrucksvollsten läßt sich dieses neue Textverfahren in Apollinaires *Zone* (1912) beobachten, das bereits im ersten Vers als unüberhörbares Modernitätssignal die Selbstanrede im Du-Code gebraucht: „A la fin tu es las de ce monde ancien (...)". Zweifellos ist damit ein wesentlich neues Element in die Avantgardelyrik des 20. Jahrhunderts eingeführt worden. Apollinaire wird diese auffallende Du-Anrede nur ab und zu von Ich-Formulierungen unterbrochen im gesamten Gedicht verwenden. In einigen anderen Versen wird er außerdem die Du-Anrede zu einem inklusiven „vous" erweitern, wodurch – in ebenfalls neuartiger Verwendung – in das Selbstansprechen der Ich-Instanz die Anrede an einen Freund einbezogen wird: «*Tu* es très pieux et avec le plus ancien de *tes* camarades René Dalize / *Vous* n'aimez rien tant que les pompes de l'Église / Il est neuf heures le gaz est baissé tout bleu *vous* sortez du dortoir en cachette». An anderer Stelle dieses Gedichts wendet sich die „vous"-Anrede an eine Gruppe von Freunden, in denen ebenfalls das Ich einbegriffen ist, wobei alternierend auch eine „nous"-Anrede auftritt: «Une famille transporte un édredon rouge comme *vous* transportez *votre* cœur / Cet édredon et *nos* rêves sont aussi irréels». Der innovative Charakter dieses mehrperspektivischen Anredeverfahrens wird noch wesentlich dadurch verstärkt, daß infolge einer konsequenten Anwendung des Simultanprinzips auf die Tempusgestaltung Gegenwart und Vergangenheit des Ich, präsentische Vorstellungen und Erinnerungen, völlig unterschiedslos im Präsens erscheinen. Es wird damit bereits in einem vorsurrealistischen Sinne eine Art permanenter Du-Anrede im Präsens geboten, deren deiktische Elemente wie „voilà" („Voilà la jeune rue et tu n'es encore qu'un petit enfant"), „maintenant" („Maintenant tu marches dans Paris (...)"), „aujourd'hui" („Aujourd'hui tu marches dans Paris") oder situationsbestimmende Adverbien („Te voici à Marseille (...), Te voici à Coblence (...), Te voici à Rome (...), Te voici à Amsterdam") keine chronologische Situierung mehr vornehmen. Man erkennt deutlich, daß eine echte äußere Einbettung des Sprech- und Anredevorgangs in einen Zeit-Raum-Kontext gar nicht mehr intendiert ist. Die zeitnivellierende Situierung aller Deiktika erzeugt eine Art Simultanvision, bei der das lyrische Ich in wechselnder Perspektive eine disparate Zusammenschau eigener widersprüchlicher und chronologisch unzusammenhängender Erfahrungen vornimmt.

An dieser neuartigen Du-Struktur der Selbstanrede des lyrischen Ich in der Lyrik Apollinaires, neben der im übrigen auch noch herkömmliche, uns von Baudelaire bekannte Selbst-Anredeformen wie „ma mémoire" (*La Chanson du Mal Aimé, Œ* S. 47), „mes pensées" (*Palais, Œ* S. 61) oder „Chère raison" (*À la Santé, Œ* S. 145) vorkommen, wird vollends deutlich, daß man es in dieser Lyrik ebenfalls nicht mit der ‚Enthumanisierung' eines monologisch entpersönlichten Ich zu tun hat. Vielmehr wird im Gegenteil durch das Mittel der Selbstanrede im Du-Code erreicht, daß das lyrische Ich für den Leser in eine überpersönliche, transsubjektive Instanz verwandelt wird. Über den Bereich der subjektiven Ich-Erfahrung hinaus erhebt sich im Du das Paradigma einer allgemeinen modernen Lebenserfahrung. Die Du-Anrede in Apollinaires Lyrik transzendiert überall, wo sie auftritt (z. B. auch in *Le Brasier, 1909, À la Santé* und *Cortège:* «Je me disais Guillaume il est temps que *tu* viennes / Pour que je sache enfin celui-là que je suis / Moi qui connais les autres»), die Aussage des lyrischen Ich und damit natürlich auch dessen Zerbrechlichkeit und Verunsicherung ins Allgemeingültige.

In der surrealistisch beeinflußten Lyrik Éluards schließlich wird ein Stadium erreicht, in dem die Sprechsituation im Gedicht generell von einem lyrischen Ich geprägt ist, das – wie Pierre Emmanuel es formuliert hat – auf eine Art ‚je universel' bezogen ist: «(. . .) bien qu'inséparable du tempérament du poète, qui saisit le monde à sa façon, ce *je* constitue le principe de cohésion interne du monde restitué par le langage, et d'où le drame personnel est exclu, sans que disparaisse pour autant le tragique inhérent à l'homme»[32]. Das lyrische Ich löst sich in Éluards Lyrik weitgehend von den üblichen Referenzen zum Biographisch-Persönlichen: «Il faut effacer le reflet de la personnalité», betont Éluard, «pour que l'inspiration bondisse à tout jamais du miroir (*Ralentir travaux, Œ* Bd 1, S. 270). Das lyrische Ich wird damit der Sprechinstanz eines Tagträumers vergleichbar, eines „rêveur éveillé" (*L'Évidence poétique, Œ* Bd 1, S. 515), der in seinem Unbewußten aufsteigende inkohärente Visionen dem Leser vermittelt. «Le surréalisme, qui est un instrument de connaissance (. . .)» schreibt Éluard, «travaille à mettre au jour la conscience profonde de l'homme». Da nach Auffassung der Surrealisten die sich im Menschen manifestierende „conscience profonde" nicht nur eine persönliche, sondern zugleich eine überindividuelle, allgemeinmenschliche Tiefenstruktur ist, spricht aus dem lyrischen Ich im Gedicht gleichsam ein universales Ich, und zwar das gleiche, das latent auch im Unbewußten jedes Lesers anzutreffen ist, wo es im Rezeptionsakt freigesetzt werden kann. Diese Konzeption des Surrealismus führt Éluards Lyrik dazu, daß sich das lyrische Ich in eine sprachliche Instanz verwandelt, die permanent durch ein transsubjektives Du oder – was besonders häufig geschieht – durch das noch stärker verallgemeinernde Er ersetzt werden darf. Dieser Perspektivenwechsel zwischen Ich, Du und Er geschieht häufig sogar im gleichen Gedicht. *À perte de vue dans le sens de mon corps* (Œ Bd 1, S. 364-5) beginnt z. B. mit einer Selbstanrede in Du-Form: „Au loin la mer que *ton* œil baigne (. . .) / Et les passantes exhalées par *tes* recherches obstinées / *Tes* idées fixes au cœur de plomb (. . .)" und geht dann in die Dimension der unpersönlichen dritten Person über: «La confusion des corps des lassitudes des ardeurs / L'imitation des mots des attitudes des idées / Les vices les vertus tellement imparfaits / L'amour c'est l'homme inachevé». In Éluards Gedicht *À peine défigurée* (Œ Bd 1, S. 365) wird die eigene „tristesse" zunächst personifizierend vom lyrischen Ich als Du-Instanz angesprochen, dann aber in die Perspektive der dritten Person gerückt: «Adieu tristesse / Bonjour tristesse / *Tu* es inscrite dans les lignes du plafond / *Tu* es inscrite dans les yeux que j'aime (. . .) Puissance de l'amour / Dont l'amabilité surgit / Comme un monstre sans corps / Tête désappointée / Tristesse beau visage». Charakteristisch ist jedoch für Éluards Lyrik vor allem die objektivierende Setzung des Ich als *Er,* die sich mit besonders zahlreichen Beispielen belegen ließe. Wir möchten hier nur zur Illustrierung dieses Verfahrens die Anfangsverse aus *Ne plus partager* zitieren:

Au soir de la folie, nu et clair,
L'espace entre les choses a la forme de *mes* paroles,
La forme des paroles d'*un inconnu*,
D'*un vagabond* qui dénoue la ceinture de sa gorge
Et qui prend les échos au lasso. (Œ Bd 1, S. 175)

Im Schlußvers dieses Gedichtes geht diese Sprechperspektive wieder in eine ichbezogene Selbstanrede über:

O reflets sur moi-même! ô mes reflets sanglants!

Auch Éluards Darstellung von Ich-Phänomenen in der dritten Person reiht sich in die Versuche moderner Lyrik ein, den Subjektivismus der

Ich-Aussage zu überwinden und zu einer überindividuellen ‚universalen' Aussage zu gelangen, mit der sich jeder Leser im nachschöpfenden Akt der Lektüre identifizieren kann.

Aus den gleichen Voraussetzungen erklärt sich der Anrede-Perspektivismus, der in Éluards Lyrik die Strukturen der personalen Du-Anrede beherrscht. Das angesprochene Du wird im Surrealismus ebenso wie das lyrische Ich gleichsam zu einem *universalen Du* erweitert, dessen private Züge gegenüber den menschlich-allgemeinen zurücktreten. Man versteht, weshalb in Éluards Lyrik das lyrische Du nicht von individualisierenden Beschreibungen, insbesondere charakterisierenden Adjektiven, begleitet ist. Die im lyrischen Du angesprochene Geliebte vertritt im surrealistischen Gedicht die zu einem fast mythischen Wesen stilisierte Frau schlechthin. Auch die Du-Perspektive kann daher in Éluards Gedichten bruchlos in eine objektivierende Darstellung in der dritten Person übergehen, wobei sich beide Perspektiven ihrerseits im lyrischen Ich spiegeln:

> La courbe de *tes* yeux fait le tour de *mon* cœur (. . .)
> Le monde entier dépend de *tes* yeux purs
> Et tout *mon* sang coule dans *leurs* regards.
> (*Capitale de la douleur,* Œ Bd 1, S. 196)

Ein ähnlicher Perspektivenwechsel findet in *Disparition* statt:

> Ta tête délicate et faible
> *Cette* grande *déshéritée*
> Où fait-on ce silence qui *la* persuade
> Que *sa* naissance a prévalu
> Pour toujours sur *sa* vie (Œ Bd 1, S. 372)

Besonders überzeugend wird die Allgemeingültigkeit des perspektivisch gestalteten Ich-Du-Bezuges in Éluards *L'Entente* formuliert:

> T'es-tu déjà prise par la main
> As-tu déjà touché *tes mains*
> Elles sont petites et douces
> Ce sont *les mains de toutes les femmes*
> Et *les mains des hommes* leur vont comme un gant
> *Les mains* touchent aux mêmes choses
> Écoute-toi parler *tu parles pour les autres*
> Et si tu réponds ce sont *les autres* qui *t'entendent*
> Sous le soleil au haut du ciel qui te délivre de ton ombre
> *Tu prends la place de chacun et ta réalité est infinie.* (Œ Bd 1, S. 460)

Ein letzter Aspekt verdient noch hervorgehoben zu werden: Die surrealistische Dichtung bemüht sich, der Lyrik die Dimension der mündlichen Kommunikation zurückzugewinnen. Die Sprechsituation in den Gedichten moderner Autoren wie Apollinaire und Éluard versucht, unter Verzicht auf die traditionellen Regelmechanismen des in der Schriftsprache fixierten französischen Verssystems gewisse Bedingungen des Code oral wieder für die Lyrik nutzbar zu machen.

Das lyrische Ich wird im vollen Sinne des Wortes zu einem *sprechenden* Ich, zu einer „voix", einer Stimme, die sich an der oralen Spontansprache orientiert. Der im Text angesprochene ‚implizierte' Leser wird hierdurch in den Status eines *Hörers* versetzt, der eine scheinbar mündlich übermittelte Botschaft entgegennimmt. An die Stelle der Vorstellung eines entfernten anonymen Lesers tritt die Konzeption eines unmittelbar mündlich angesprochenen Zuhörers, der wie ein Vertrauter oder ein Gleichgesinnter in ein Zwiegespräch hineingezogen werden soll, in dem sich der eine im anderen in perspektivischer Brechung spiegelt: «La poésie ne se fera chair et sang,» schrieb Éluard, «qu'à partir du moment où elle sera réciproque» (*Premières vues anciennes*, Œ Bd 1, S. 532). Das surrealistische Gedicht inszeniert eine Sprechsituation, in der die Illusion einer spontanen *oralen* Kommunikation, freilich im Status poetischer Verfremdung, erzeugt wird.

Es ist das entscheidende Verdienst der lyrischen Avantgarde des Jahrhundertbeginns, daß der *kommunikative* Charakter der Lyrik infolge des Abbaus der traditionellen Verssysteme und eines konsequenten Rückgriffs auf die besonderen Sprechweisen und Anredeformen des oralen Sprachsystems wieder sinnfälliger hervortreten konnte. Das Textelement des *lyrischen Du* bildet hierbei, wie gezeigt werden konnte, eine grundlegende Komponente der Kommunikationsstruktur lyrischer Texte, durch die sich diese von narrativen und dramatischen Textstrukturen unterscheiden.

ANMERKUNGEN

1 H. Friedrich, *Die Struktur der modernen Lyrik*, Hamburg 21967, S. 30.

2 R. Warning wies mich auf einen bemerkenswerten Diskussionsbeitrag H. Blumenbergs hin, in dem dieser im Hinblick auf die Interpretation von Apollinaires Gedicht *Arbre* die Unabdingbarkeit der Frage nach dem Adressaten hervorhob und dessen maßgebliche Funktion in der Lyrik der Moderne be-

tonte (in W. Iser (Hg.), *Immanente Ästhetik – Ästhetische Reflexion* (Poetik und Hermeneutik II , München 1966, S. 481-484).

3 W. Kayser, *Das sprachliche Kunstwerk*, Bern-München 121967, S. 191.

4 Zur Herausbildung des Gattungssystems der Lyrik und zu der sich seit der Ästhetik der Romantik etablierenden Gegenüberstellung der ‚objektiven' Gattungen Epos und Drama und der ‚subjektiven' Gattung Lyrik vgl. I. Behrens, *Die Lehre von der Einteilung der Dichtkunst, vornehmlich vom 16. bis 19. Jahrhundert*, Halle/S. 1940 (Beihefte zur *Zeitschrift für Romanische Philologie*, Heft 92), und K. R. Scherpe, *Gattungspoetik im 18. Jahrhundert – Historische Entwicklung von Gottsched bis Herder*, Stuttgart 1968.

5 Käte Hamburger *(Die Logik der Dichtung*, Stuttgart 1957) versuchte sogar nachzuweisen, daß das lyrische Gedicht eine existentielle Wirklichkeitsaussage sei, die sich von den Fiktionalisierungen der Epik und Dramatik grundlegend unterscheide.

6 W. G. Müller, „Anrede und Selbstgespräch in John Donnes 'Songs and Sonnets'", in *Germanisch-romanische Monatsschrift*, NF 24 (1974), S. 305-323, Zitat S. 305.

7 Vgl. Th. W. Adorno, *Ästhetische Theorie*, Frankfurt/M. 1970, S. 249 ff.

8 Vgl. hierzu insbes. R. Warning (Hg.), *Rezeptionsästhetik*, München 1975, und W. Iser, *Der Akt des Lesens – Theorie ästhetischer Wirkung*, München 1976.

9 Baudelaire, «Notes nouvelles sur Edgar Poe», in *Nouvelles histoires extraordinaires par Edgar Poe*, in *Œuvres complètes*, hg. J. Crépet, Paris 1933, S. XVIII.

10 Paul Éluard, *Œuvres complètes*, hgg. M. Dumas, L. Scheler, Paris 1968, Bd 1, S. 270 und 515.

11 Paul Valéry, *Cahiers*, 29 Bde, Paris 1957-1961, Bd 6, S. 548. Vgl. hierzu auch Verf., «La fontion du ‹public› dans la pensée esthétique de Valéry – Ébauches d'une théorie de la réception littéraire», in K. A. Blüher, J. Schmidt-Radefeldt (Hgg.), *Poétique et Communication: Paul Valéry – Colloque international de Kiel 19-21 oct. 1977*, Paris 1979 (*Cahiers du 20e siècle* 11), S. 105-128.

12 Sämtliche folgenden Zitate nach den Ausgaben: Charles Baudelaire, *Œuvres complètes*, hgg. V.-G. Le Dantec, C. Pichois, Paris 1961, *(Les Fleurs du Mal* abgekürzt als *FM)*; Guillaume Apollinaire, *Œuvres poétiques*, hgg. M. Adéma, M. Décaudin, Paris 1959 (abgekürzt *Œ*); Paul Éluard, *Œuvres complètes*, 2 Bde, hgg. M. Dumas, L. Scheler, Paris 1968 (abgekürzt *Œ*).

13 P. Watzlawick, J. H. Beavin, D. D. Jackson, *Menschliche Kommunikation*, Bern-Stuttgart-Wien 1969, S. 53. Zur semiotischen und soziokulturellen Fundierung der Kommunikationsphänomene s. vor allem U. Eco, *Einführung in die Semiotik*, München 1972.

14 M. Pfister, *Das Drama*, München 1977, S. 20 ff.

15 Der Begriff des *lyrischen Ich* wurde eingeführt von Margarete Susman (*Das Wesen der modernen Lyrik*, Stuttgart 1910, S. 16 ff.). Zur weiteren Verwendung vgl. insbes. K. Pestalozzi, *Die Entstehung des lyrischen Ich – Studien*

zum Motiv der Erhebung in der Lyrik, Berlin 1970, S. 342-356. Den Begriff des *lyrischen Du* hat bereits F. Lockemann verwendet („Gedanken über das lyrische Du", in K. Bischoff, L. Röhrich (Hgg.), *Volk, Sprache, Dichtung – Festgabe für Kurt Wagner*, Gießen 1960, S. 79-106).

16 Vgl. z. B. J.-C. Chevalier, *Alcools d'Apollinaire – Essai d'analyse des formes poétiques*, Paris 1970, S. 151 ff. („Le je lyrique et la puissance de la parole").

17 Beispiele für das herkömmliche Textverfahren des *lyrischen Rollen-Ich* bieten bei Baudelaire die Gedichte *Bénédiction (FM* I), wo neben dem Poeten dessen Mutter und Frau Ich-Rollen übernehmen, *La Beauté (FM* XVII), *La Pipe (FM* LXVIII), *Horreur sympathique (FM* LXXXII), *L'Horloge (FM* LXXXV), *L'Âme du Vin* (*FM* CIV) und *Le Vin de l'Assassin* (*FM* CVI), bei Apollinaire vor allem *Le Larron* (Œ, S. 91-95), *Salomé* (Œ, S. 86), *L'Ermite* (Œ, S. 100-103) und mehrere Gedichte aus den *Rhénanes*.

18 Vgl. hierzu vor allem N. Ruwet, «‹Je te donne ces vers (. . .)› – Esquisse d'analyse linguistique», in *Poétique* 2 (1971), S. 388-401, dort S. 396 ff., sowie die Untersuchung von K. Dirscherl, *Zur Typologie der poetischer Sprechweisen bei Baudelaire – Formen des Besprechens und Beschreibens in den* «Fleurs du Mal», München 1975, wo die Begriffe *Sprecher* und *Angesprochener* zum ersten Mal konsequent zur Analyse pragmatischer Sprechsituationen in der Lyrik verwendet werden.

19 Vgl. hierzu auch F. Nies, *Poesie in prosaischer Welt – Untersuchungen zum Prosagedicht bei Aloysius Bertrand und Baudelaire*, Heidelberg 1964, insbes. S. 261 ff.

20 Lediglich in fünf von Baudelaires *Poèmes en prose* tritt kein lyrisches Ich auf (*FM* II, XXIV, XLI, XLII, XLIII).

21 Vgl. hingegen F. Nies, der von einem „abstandhaltenden Sich-Bewußtmachen" spricht (op. cit., S. 265).

22 Vgl. hierzu H. T. Siepe, *Der Leser des Surrealismus*, Stuttgart 1977.

23 H. Friedrich, *Die Struktur der modernen Lyrik*, S. 160.

24 Vgl. hierzu J. Lyons, *Einführung in die moderne Linguistik*, München 21972, S. 283.

25 Bei Baudelaire kommt in über zwei Drittel aller Gedichte in *Les Fleurs du Mal* eine explizite Sprechsituation mit Du-Anrede vor, in Apollinaires *Alcools* ebenfalls; in den beiden Gedichtsammlungen Éluards ist der Prozentsatz infolge der Verlagerung von der Du- auf die Er-Perspektive etwas geringer.

26 S. hierzu Verf., „Die poetische Funktion der Sprache in der symbolistischen und surrealistischen Lyrik – Konstrastiver Strukturvergleich von Baudelaires ‹Spleen› (II) und Éluards ‹Le Mal›", in E. Köhler (Hg.), *Sprachen der Lyrik – Festschrift für Hugo Friedrich zum siebzigsten Geburtstag*, Frankfurt/M. 1975, S. 22-45.

27 Die Anrede von Freunden und Bekannten findet sich traditionell vor allem in sog. Gelegenheitsgedichten. In Baudelaires *Les Fleurs du Mal* ist sie selten (vgl. *Le Rêve d'un Curieux*, *FM* CXXV). Apollinaire und Éluard , die ihre Lyrik in engstem Kontakt mit gleichgesinnten Künstlern verfassen, wenden sie hingegen häufiger an (s. Apollinaires *Poème lu au mariage d'André Salmon*,

Œ S. 83-84; und Éluards Gedichte *Pablo Picasso,* Œ Bd 1, S. 178, *Yves Tanguy,* Œ Bd 1, S. 384-385, und *Salvador Dali,* Œ Bd 1, S. 385-386, die bezeichnenderweise das inklusive „nous" als Anredeform wählen.

28 Baudelaire, *Œuvres complètes,* S. 1277.

29 Vgl. hierzu die wegweisenden Überlegungen Paul Valérys zur ‚inneren' Kommunikation des „écrivain" in seinen *Cahiers* (Verf., «La fonction du ‹public› dans la pensée estétique de Valéry», S. 118, und M. Lechantre, «Valéry bouchoreille», in *Le Langage et l'Homme* 18 (1972), S.49-53.

30 P. Valéry, *Œuvres* Bd 1, Paris 1957, S. 96-156.

31 H. Friedrich, *Die Struktur der modernen Lyrik,* S. 36 (im Anschluß an Ortega y Gassets Begriff der „deshumanización"). Im Hinblick auf ähnliche Tendenzen in der Lyrik von Trakl hatte schon O. Walzel von einer „Entichung" der Lyrik gesprochen (*Das Wortkunstwerk,* Leipzig 1926, S. 264).

32 J. Kristeva hat dieses Phänomen bereits bei Lautrémont beobachten können (*La révolution du langage poétique,* Paris 1974, S. 330 ff.).

33 Zitiert nach H. T. Siepe, *Der Leser im Surrealismus,* S. 118-119.

Hans Ulrich Gumbrecht

WARUM GERADE GONGORA?
POETOLOGIE UND HISTORISCHES BEWUSSTSEIN IN SPANIEN ZWISCHEN JAHRHUNDERTWENDE UND BÜRGERKRIEG

„Das sind im übrigen innerspanische Angelegenheiten“
Hugo Friedrich, *Die Struktur der modernen Lyrik,* 1967, S. 146

1 Lyrische Modernität und kulturelle Tradition

Kapitel mit Überschriften wie „Surrealismus“ oder „Avantgarde“ wird man in Darstellungen der spanischen Literatur kaum einmal finden. Daß diese Beobachtungen nicht, wie häufig bei den Handbüchern unserer Disziplin, auf ein wissenschaftsgeschichtlich eingeschliffenes Vergessen oder Verdrängen zurückgeht, das erweisen ab und an auftauchende klassifikatorische Überlegungen ihrer Verfasser zu der Frage, ob man das eine oder andere Gedicht aus den 20er Jahren nicht doch ‚surrealistisch‘ nennen sollte – welche dann freilich stets zu einem negativen Schluß gelangen[1]. Die Erinnerungen einiger von jenen Dichtern und Literaturkritikern, welche mit ihrem Werk selbst Teil des ‚zweiten klassischen Zeitalters der spanischen Literatur‘ wurden, zeigen nun, daß dieser textypologische Befund einen rezeptions- und poetologiegeschichtlich höchst interessanten Hintergrund hat. «España no podía ser ajena a *la diffusion mondiale du surréalisme*», so beginnt Jorge Guillén seinen Beitrag zu einer 1970 in Madrid erschienenen Festschrift für Dámaso Alonso und bezeugt, daß die spanischen Dichter die zentraleuropäische Avantgarde-Diskussion in all ihren Nuancen und Wendungen mitverfolgten. Daß sie aber am Ende die Verwirklichung solcher Theorien in ihrer Lyrik nie ernsthaft versuchten, sieht er als Zeichen ihrer besonderen ‚Reife‘ an: «Aquel estilo se redujo, pues, a una transición parcial . . . Precisamente porque no llegaron *au terme extrême de l'aspiration surréaliste, à sa plus forte 'idée limite'* lograron su propia madurez y compusieron sus propios poemas originales Federico García Lorca, Vicente Aleixandre, Emilio Prados, Luis Cernuda, Rafael Alberti, Manuel Altolaguirre»[2]*.

Wo der Literarhistoriker die Auswirkungen einer Surrealismusrezeption erwarten könnte, da findet er Spaniens Dichter an einer Bewegung partizipieren, welche ihr zeitgenössisches mitteleuropäisches Pendant in dem Kulturwissen hatte: gemeint ist eine Rückwendung auf die nationale Barockkultur, vor allem auf das lyrische Werk von Luis de Góngora. Die Barockbegeisterung erreichte anläßlich des dreihundertsten Todestags von Góngora im Jahr 1927 ihren Höhepunkt, und sie gab, das gehört zum literarhistorischen Quiz-Wissen, der poetischen ‚Generation von 27' ihren Namen[3]. Der Sachverhalt, daß eine Gruppe von Lyrikern der Moderne, deren Aktualität sich in einer weltliterarischen Breite ihrer Rezeption bis heute bewährt hat, historische und künstlerische Identität in der Auseinandersetzung mit dem Erbe einer fernen nationalen Vergangenheit gewann, statt sich einer der allesamt zukunftsorientierten Dichtungsbewegungen des Auslands anzuschließen, bietet die Chance einer weiterführenden geistes- und sozialgeschichtlichen Ausdeutung[4]. Unsere Vermutung, das Ereignis der Góngora-Rezeption des Jahres 1927 sei nicht nur literarhistorisch, sondern auch geistes- uns sozialgeschichtlich signifikant, wird gestützt durch die Parallele eines ähnlichen rezeptionsgeschichtlichen Prozesses in der spanischen Literatur um die Jahrhundertwende. Denn so wie offenbar die Góngora-Begeisterung der ‚Generation von 27' einer Aufnahme und produktiven Umsetzung des Surrealismus gegen Ende der 20er Jahre in Spanien im Weg stand, hatte drei Jahrzehnte zuvor ein alternativer nationaler Kulturkanon, welchen die populären Autoren der ‚Generation von 98' dem von Staat und Kirche ‚offizialisierten' Horizont von Meisterwerken spanischer Vergangenheit entgegensetzten, in wenigen Jahren die literarische Mode des Modernismo verdrängt; mit ihr waren, vor allem dank der Vermittlung des Südamerikaners Rubén Darío, Verfahren und Themen des französischen Symbolismus in Spanien heimisch

---

* Die mit Sternchen * gekennzeichneten spanischsprachigen Zitate finden sich hinter dem Anmerkungsteil am Ende dieses Aufsatzes (S. 185 ff.) in deutscher Übertragung durch den Verfasser. Die Übersetzungen literarischer Texte sind nicht mit der Intention erarbeitet worden, selbst ‚literarischen Charakter' zu haben; sie orientieren sich vielmehr möglichst genau am Originaltext.

geworden – ganz so, wie es mutatis mutandis Stierle in diesem Band für den französischen Symbolismus darstellt.

Die Bedingungen zur Konstitution von lyrischer Modernität machen also ein Kapitel der literarhistorischen Sonderentwicklung Spaniens aus. Allerdings, das sei vorab betont, sehen wir nicht schon die stimulierende Wechselbeziehung zwischen der Genese lyrischer Modernität und der Genese eines neuen Geschichtsbewußtseins als spanisches Sonderphänomen an; denn historisches Bewußtsein als Bewußtsein von der Identität der eigenen Gegenwart, welches aus dem Bewußtsein ihrer Differenz zur Vergangenheit entsteht, bringen ja jene zentraleuropäischen Avantgarde-Bewegungen, die mit der gesamten Vergangenheit radikal brechen wollen, ebenso hervor wie die spanische Rückwendung auf die nationale Kulturtradition. Die Besonderheit des durch poetologische Reflexionen seit der Jahrhundertwende in Spanien entfalteten Modernitätsbewußtseins liegt vielmehr in dem Sachverhalt, daß die gegen künstlerische, gesellschaftliche und politische Nahvergangenheit gerichtete Negation und Destruktionsabsicht dort – zumindest markanter als in Frankreich, Italien oder Deutschland – von einer programmatischen Wiederentdeckung und Positivierung jener kulturellen Zeugnisse aus der nationalen Fernvergangenheit begleitet sind, welche eben in der offiziellen Kultur der Nahvergangenheit und Gegenwart – angeblich oder tatsächlich – unterdrückt wurden. Anders gesagt: die *Komplementarität* von Negation offiziell positivierter Nahvergangenheit und Positivierung offiziell negierter Fernvergangenheit fordert als spanisches Sonderphänomen unser historisches Verstehen heraus.

Selbstverständlich eröffnet dieses aus komparatistischer Perspektive relativ leicht zu erfassende Bedingungsgefüge zur Konstitution von Modernitätsbewußtsein in Spanien nicht nur, wie schon angedeutet, die Möglichkeit des Weiterfragens nach seinen eigenen sozialhistorischen Bedingungen. Man kann auch die Weite des Objektbereichs *romanistischer* Literaturwissenschaft nutzen, um Anschluß an eine Diskussion über die französische, italienische und deutsche Lyrik der Jahrhundertwende zu gewinnen, deren Aktualität die vielfältigen Reaktionen auf Peter Bürgers Buch *Theorie der Avantgarde* erweisen[5], deren allgemeinhistorische Relevanz Jacob Taubes allerdings vor mehr als fünfzehn Jahren mit einschlägigen geschichtsphilosophischen Spekulationen weit eindrucksvoller demonstriert hat[6]. Wenn es uns nämlich gelänge, ausgehend von der Sozialgeschichte zu verstehen, warum in Spanien die poetologischen Vorgaben der zentraleuropäischen Avantgarde-Bewegungen bei der Konstitution von Modernitätsbewußtsein kaum, kulturelle Denkmäler der nationalen Fernvergangenheit aber vorrangig wirksam wurden, dann müßte ein solches Ergebnis umgekehrt auch unseren Blick für die Spezifik jener sozialhistorischen Rahmenbedingungen schärfen, auf welche die Avantgarde-Bewegungen Zentraleuropas antworteten.

Mit der Artikulation dieses doppelten sozialhistorischen Erkenntnisinteresse ist freilich unsere Titelfrage *„Warum gerade Gongora?"* nur in einer Hinsicht charakterisiert, nämlich in dem Sinn: ‚Warum gerade Gongora – *und nicht etwa Bretons Manifest?*' Die zweite im Titel implizierte Frage könnte umschrieben werden: ‚Warum gerade Góngora – *und nicht etwa Garcilaso?*'. Ihre Beantwortung soll uns dem Verständnis jener einzigartigen Popularität bei den Lesern näherbringen, welche Hugo Friedrich bewog, die ‚Generation von 27' von seinem Avantgarde-Verdikt auszunehmen, und Werner Krauss in seiner spanischen Ideologiegeschichte des XX. Jahrhunderts zu einer hyperbolischen Kapitelüberschrift anregte: „Die Erfüllung in der spanischen Gegenwartsdichtung"[7].

Damit sind anhand der Titelfrage die Interesssenrichtungen dieses Artikels abgesteckt. Der Untertitel und die Überschriften einzelner Abschnitte bedürfen noch einiger Erläuterungen. Mit dem Prädikat *‚Poetolgie'* bezeichnen wir jegliche Reflexion über Literatur, speziell Lyrik, der Gegenwart, Vergangenheit und Zukunft – wobei es den historischen Befunden entspricht, daß wir nicht zwischen der akademischen und den vielfältigen anderen Formen der Lyrikdiskussion unterscheiden. Ein *historisches Bewußtsein*, in dessen Rahmen die Identität jeweiliger Gegenwarten, wie bereits angedeutet, aufgrund ihrer Verschiedenheit zu den entsprechenden Vergangenheiten erfahren und die Verschiedenheit der Zukunft von Gegenwart und Vergangenheit erwartet wird, sehen wir nicht als einen metahistorisch konstanten Modus menschlicher Orientierung in der Zeit an, sondern als einen komplexen Sinnbildungsrahmen, der sich, wenigstens in Zentraleuropa, an der Wende vom XVIII. zum XIX. Jahrhundert zuerst konstituierte und im Laufe des XIX. Jahrhunderts ausdifferenzierte.

Die Paare von Werktiteln und poetologischen Zentraltermini in den Überschriften einzelner Abschnitte sollen nicht einschlägige Interpretationen oder besonders ausführliche begriffsgeschichtliche Rekonstruktionen ankündigen; vielmehr markieren sie – metonymisch –

poetologische Positionen, in deren jeweiligen Entgegensetzungen sich während kurzer literarhistorischer Verlaufsphasen die Umsetzung und – wenn man will – Depotenzierung ausländischer Anregungen vollzog, wobei mit der Abfolge der jeweils entgegengesetzten Positionen der erste Umriß einer Hypothese über die Entstehung der Lyrik in der ‚Generation von 27' vorgezeichnet ist. Es wird uns auf den folgenden Seiten vor allem darum gehen, diesen Umriß mit anschaulichen Zitaten und literarhistorischen Erklärungsansätzen zu füllen, welche ihrerseits die Zitate in einen komplexen Zusammenhang rücken.

2 *Azul* und *Campos de Castilla*

Las composiciones de este primer libro, publicado en enero de 1903, fueron escritas entre 1899 y 1902. Por aquellos años, Rubén Darío, combatido hasta el escarnio por la crítica al uso, era el ídolo de una selecta minoría. Yo también admiraba al autor de *Prosas profanas*, el maestro incomparable de la forma y de la sensación, que más tarde nos revelo la hondura de su alma en *Cantos de vida y esperanza*. Pero yo aprendí – y reparad en que no me jacto de éxitos, sino de própositos – seguir camino bien distinto. Pensaba yo que el elemento poético no era la palabra por su valor fónico, ni el color, ni la línea, ni un complejo de sensaciones, sino una honda palpitación del espíritu; lo que pone el alma, si es que algo pone, o lo que dice, si es que algo dice, con voz propia, es respuesta animada al contacto del mundo[8]*.

Antonio Machado schrieb diese kommentierenden Sätze zu seiner ersten, im Jahre 1903 veröffentlichen Gedichtsammlung *Soledades* aus der Retrospektive des Jahres 1917. In weniger als eineinhalb Jahrzehnten war ihm bewußt geworden, daß schon die lyrische Praxis seiner Jugendjahre in einem Spannungsverhältnis zu jener Verehrung gestanden hatte, welche die spanischen Dichter der Jahrhundertwende für den Modernisten Rubén Darío hegten. *Azul*, der Titel einer Gedichtsammlung Rubén Daríos, deren Erscheinen im Jahre 1888 viele Literaturgeschichten als ‚Beginn des Modernismo in Spanien' zum Ereignis stilisieren, implizierte ein lyrisches Programm, das der südamerikanische Dichter in Paris unter dem Eindruck französischer Vorbilder, vor allem Mallarmés und Verlaines, entwickelt hatte. Seine Gedichte sollten nicht, um Machados Formulierungen zu gebrauchen, dem ‚tiefen Pulsen des Geistes' , ‚der Stimme der Seele', ihrer ‚Antwort auf den Kontakt mit der Welt' Ausdruck geben, sondern den Rezipienten durch die Gestaltung der textuellen Bezeichnungs- und Inhaltsebenen eine neue Qualität und Intensität sinnlicher Erfahrung erschließen. Wir möchten hier zwei literarhistorische Fakten festhalten, welche ein erstes Licht auf die Sonderbedingungen zur Konstitution lyrischer Modernität in Spanien werfen. Zum einen: Rubén Darío, der die Anregungen der um die Jahrhundertwende modernsten französischen Lyrik nach Spanien brachte, war ebenso Südamerikaner wie Huidobro, der sich – wie Dieter Janik zeigt – im zweiten Jahrzehnt des XX. Jahrhunderts selbst die Rolle des Vermittlers von aktuellen Theorien zur Literatur und bildenden Kunst zuschrieb. Auch junge spanische Dichter, etwa Antonio Machado, weilten um die Jahrhundertwende in der ‚Hauptstadt des XIX. Jahrhunderts' – aber es ist symptomatisch, daß Machado selbst und, ihm folgend, Biographen und Interpreten bloß sein Interesse am phänomenologisch-philosophischen Thema der Zeiterfahrung als Folge dieses Paris-Aufenthalts identifizieren. Zum zweiten: Rubén Darío und seine Epigonen scheinen eine Verpflichtung gespürt zu haben, die eigene poetologische Position und das eigene Werk nicht nur durch den Verweis auf die französischen Vorbilder zu charakterisieren, sondern ebenso durch typologische Parallelsetzungen mit Stücken der kulturellen Tradition Spaniens; und hier stand als Bezugsfeld der Barock, allen voran Góngora und El Greco, im Vordergrund[9].

Wenden wir uns nun zunächst dem partikularsten Aspekt der Frage „Warum gerade Góngora?" zu und versuchen zu verstehen, *warum Góngora und kein anderer Dichter der Vergangenheit* bedeutend für die Identitätsbestimmung des Modernismo wurde. Der Beginn der Góngora-Renaissance hat zweifellos mit dem Stellenwert des Modernismo im ‚System' der spanischen Literatur gegen Ende des XIX. Jahrhunderts zu tun: er war – auch – programmatische Gegenbewegung zu einer in ihren Inhalten oft trivialen Gedankenlyrik, welche an die Stelle religiöser Unterweisung getreten war oder diese doch mindestens flankierte. Den Autoren und Freunden einer solchen, ganz auf Wissensvermittlung abgestellten Lyrik war der schwer verständliche, scheinbar allein an Formexperimenten und der Freisetzung von Imagination orentierte Góngora gewiß ein Greuel gewesen. «Góngora se había atrevido a escribir un poema entero *(Las Soledades)*, sin asunto, sin poesía interior, sin afectos, sin ideas, una apariencia o sombra de poema, enteramente privado de alma. Sólo con extravagancias de dicción (verba et voces praetereaque nihil) intentaba suplir la ausencia de todo, hasta de sus antiguas condiciones de paisajista. Nunca se han visto juntos en una sola obra tanto absurdo y tanta insignificancia», so hatte Marcelino Menéndez Pelayo, der Begründer der wissenschaftlichen Geistesgeschichte in Spanien, gegen Góngora gewettert, der wenig später zu einem der Idole des Modernismo werden sollte; und er dehnte seine Invektive auf Leser und Nachahmer aus: «Llega uno a avergonzarse del entendimiento humano cuando repara que en tal obra gastó míseramente la madurez de su ingenio un poeta, si no de los mayores (como hoy liberalmente se le concede), a lo menos de los mas bizarros, floridos y encantadores en las poesías ligeras de su mocedad. Y el asombro crece cuando se repara que una obrilla, (...) como *Las Soledades*, donde no hay una línea que recuerde al autor de los romances de cautivos y de fronteros de Africa, hiciese escuela y dejase posteridad inmensa ...»[10*]. Góngora zum Vorbild küren, das hieß auch Menéndez Pelayos Kulturfahrplan und dessen praktisch-philosophisches Vorzeichen negieren. Mit anderen Worten: für die Góngora-Rezeption des Modernismo scheint die Negativrolle dieses Lyrikers in der ‚offizialisierten' Traditionsbildung eine weit größere Rolle gespielt zu haben als die Charakteristika seines Werkes selbst[11].

Es mag mit an der Übereinstimmung in dem Ziel gelegen haben, die Dogmen Menéndez Pelayos, seiner Schüler und seiner Bewunderer zu erschüttern, daß jenes Spannungsverhältnis zwischen dem Modernismo und der ‚Generation von 98', welches Antonio Machado aus der Retrospektive von 1917 gleichsam als ‚pragmatischen Kontext' seiner neuen *Soledades* hervorhebt, um die Jahrhundertwende noch kaum erfahrbar war. Blättert man durch die wenigen Nummern der Zeitschrift *Alma española*, die als ein Integrationsmedium verschiedener Autoren und Tendenzen der ‚Generation von 98', als eines der wichtigsten Publikationsorgane ihres nationalen Diskurses (Stempel) gilt, obwohl sie nur wenige Monate lang, von November 1903 bis April 1904, erschien[12], so fällt neben der Emphase und dem Pathos, mit denen der national-kulturelle Neubeginn proklamiert wird, das Bestreben auf, die Modernisten gegenüber dem offenbar gängigen Vorwurf zu verteidigen, sie betrieben eine Überfremdung der spanischen durch die französische Literatur: «Y luego es notoriamente injusta la acusación de afrancesamiento. Estos escritores, á quienes dicen modernistas, son los más españoles de todos – en cuestión literaria –; los que, enamorados de los viejos estilos y de los procedimientos de antaño, admirando en los clásicos españoles lo admirable, intentan traerlo á actualidad y en ellos estudian y en la mística fuente tradicional buscan las aguas claras de inspiración[*]» (7. Februar 1904). Wenn es in jenen Jahren überhaupt einen Unterschied zwischen den Positionen der Modernisten und der

‚Generation von 98' gab, so die – wahrscheinlich erst heute erkennbare – höhere Differenziertheit des historischen Bewußtseins bei Autoren wie Unamuno, Azorín, Baroja oder Machado. Azorín zum Beispiel betonte in einem programmatischen Artikel vom 10. Februar 1904 mit dem provozierenden Titel *«Somos iconoclastas»* (den er übrigens noch mit seinem bürgerlichen Namen Martínez Ruiz zeichnete) die historisch nicht hintergehbare Vorläufigkeit jeglicher Geschmacks- und Kanonbildung. ‚Zeitmodalisierung'[13] – hier manifestiert durch die Fähigkeit, die Gegenwart als Vergangenheit der Zukunft zu denken, – ist Voraussetzung solcher Entsubstantialisierung des ästhetischen Urteils: «Y luego hemos de convenir que no hay nada definitivo é inmutable en las cosas humanas. Lo absoluto no existe; nuevos gustos, una sensibilidad más afinada, una orientación estética desconcocida, la misma labor implacable de los siglos, pueden dejar insensibles á futuras generaciones ante obras que nosotros gustamos con deleite»*. Wir wissen, daß sich die Autoren der ‚Generation von 98' in ihrer unter zwei Perspektiven identitätsstiftenden Auseinandersetzung mit der kulturellen Vergangenheit – der weitgehend globalen Kritik und Negation der Nahvergangenheit und der Positivierung von meist vergessenen Stücken der nationalen kulturellen Tradition – kaum je einmal aus eigenem Antrieb Góngora zuwandten. So gestand Unamuno 1903 anläßlich einer Umfrage der modernistischen Zeitschrift *Helios* zur Góngora-Rezeption ohne Umschweife, daß er die Góngora-Lektüre bisher für allzu mühsam gehalten habe, und dieses Desinteresse sprach auch aus seiner Antwort auf dieselbe Frage der *Gaceta literaria* zum Góngora-Jahr 1927[14]. Ganz ähnlich warf Antonio Machado in den der Poetologie gewidmeten Abschnitten des *Juan de Meirena* Góngora einen ‚Kult des künstlich Schweren und des indirekten Ausdrucks' vor[15]. Das Verdikt der ‚Generation von 98' gegen Góngora fällt in der Jahrhundertwende offenbar noch zusammen mit einer Ablehnung des französischen Symbolismus und des Modernismo. Unamunos 1901 veröffentlichter Essay *Literatismo, preciosismo, turrieburnismo* bestätigt diese Vermutung und hilft uns zugleich verstehen, was die Autoren der ‚Generation von 98' an Góngoras Werk vermißten, weshalb sie – nolens volens – mit Menéndez Pelayo in der Ablehnung seines Werkes übereinstimmten. Da ist zum einen ein Mangel an Referenzgebundenheit – Unamuno definiert die Poesie als ‚eine Übersetzung der Natur in Geist' –, zum anderen seine radikale Unbrauchbarkeit für die Kommunikation mit vielen Lesern – die großen französischen Autoren des XIX. Jahrhunderts, so Unamuno, schüfen Gemeinden mit wenigen Lesern, statt eine Integrationsfunktion anzustreben[16].

Wie läßt sich nun das Bedürfnis eines Unamuno, eines Machado oder eines Azorín nach Referenzgebundenheit und Verständlichkeit, wie – globaler – die Tendenz aller prominenten spanischsprachigen Autoren der Jahrhundertwende erklären, ihre Identität in der Auseinandersetzung mit der nationalen kulturellen Vergangenheit auszubilden? Glaubt man der Zentralthese der jüngsten ‚Theorie der Avantgarde', dann verweisen die erwähnten literarhistorischen Sonderphänomene darauf, daß die ‚Institution Literatur' im Spanien des späten XIX. und frühen XX. Jahrhunderts noch nicht ‚funktionslos' geworden war. Die ‚historischen Avantgarden' werden von Peter Bürger als der Versuch gewertet, der Erfahrung eben solcher Funktionslosigkeit durch ihre Demonstration, aber auch durch das Programm einer Aufhebung der Grenze ‚zwischen Kunst und Leben' zu begegnen[17]. Nun läßt freilich die Plausibilität dieser These zu wünschen übrig, und wir zögern deshalb, sie durch Umkehrschluß auf die spanische Literaturgeschichte anzuwenden. Vor allem muß festgehalten werden, daß eine seit dem späten XVIII. Jahrhundert schwindende Bewußtheit von Autoren und Lesern über die Funktionen von Literatur nicht mit ‚Funktionslosigkeit' verwechselt werden darf, weil diese schwindende Bewußtheit ganz offenbar Bedingung der Möglichkeit für die Erfüllung bestimmter sozialpsychisch kompensatorischer Funktionen war[18]. Darüber hinaus stützen die Belege zur poetologischen Diskussion der Avantgarden viel eher als die Vermutung vom Versuch einer Überwindung erfahrener Funktionslosigkeit die These, daß die Autoren – optimistischer – „Kunst (. . .) auf völlig neue Weise als Mittel zum Zweck der Organisation von Erfahrungen"[19] verwenden wollten.

Die Bedeutungsgeschichten der beiden wichtigsten Namen für Dichterbewegungen um die Jahrhundertwende verweisen uns auf weiterführende Wege der Reflexion. Sie machen es nämlich wahrscheinlich, daß Avantgarde und Surrealismus mit der Erfahrung schwindender Gültigkeit der zwei von Michel Foucault rekonstruierten Hauptprämissen jenes ‚klassischen' globalen Weltinterpretationsmodells[20] zu tun haben, welches im XVII. und XVIII. Jahrhundert fraglos gegolten hatte: mit der représentabilité des êtres *(Surrealismus)* und der continuité des êtres *(Avantgarde)*. Durch die *Verzeitlichung der Erfahrung* (durch die Aufhebung der continuité des êtres) entsteht für die Kunst, wie für alle sozialen Teilsysteme, der Impetus, sich stets ‚auf der Höhe der Gegenwart' zu halten, welchen die Künstler gegen Ende des XIX. Jahrhunderts sogar mehr und mehr in den Ehrgeiz umsetzten, durch eine gängige Themen und Kunstmittel negierende Innovation ‚ihrer Zeit voraus zu sein'. Hier liegt eine Erklärung für die progressive zeitliche Verkürzung aufeinander folgender, dominanter Epochenstilarten, welche endlich im frühen zwanzigsten Jahrhundert ihre Sukzession in die Gleichzeitigkeit avantgardistischer Schulen überführt[21]. Das Vertrauen auf die etwa gleichzeitig mit der continuité des êtres in die Krise geratende Prämisse der représentabilité des êtres, des *Glaubens an die Möglichkeit des intersubjektiven Erfahrens und der intersubjektiven sprachlichen Repräsentation jeglicher Phänomene,* hatte mehrere Jahrzehnte lang in Zentraleuropa der realistische und naturalistische Roman des XIX. Jahrhunderts restituiert – seit Flaubert aber auch problematisiert und in die Aporie getrieben. So kann der Surrealismus als die Hoffnung interpretiert werden, durch die Mittel der Psychologie zu einer neuen, nicht mehr hintergehbaren Wirklichkeit, nämlich der Realität des Vor- oder Unterbewußten vorzustoßen[22]. Diese beiden für das XIX. Jahrhundert in Zentraleuropa so wesentlichen Negativerfahrungen werden gewiß nur vor dem Hintergrund jenes sozialen Strukturwandels verständlich, den man abkürzend ‚Institutionalisierung der bürgerlichen Gesellschaft' nennen könnte. Wir werden uns hier auf einige sozialhistorische Hinweise in diese Richtung beschränken.

Die für das Selbstverständnis der künstlerischen Avantgarden spezifische Zeiterfahrung ist Teil jener umfassenden Erfahrung der ‚Zeitbeschleunigung', die sich im späten XVIII. Jahrhundert durch das schwindende Prestige der Vergangenheit als handlungsorientierender Vorgabe für Gegenwart und Zukunft zuerst abzeichnet und in eine fortschreitende Verengung des ‚Raums der Gegenwart' mündet, welche am Ende nur mehr als jener Moment erscheint, von dem aus zukünftige Handlungen gewählt werden. Niklas Luhmann erklärt diese neue Zeiterfahrung als Modus gesellschaftlicher Verarbeitung eines wachsenden Überschusses an Handlungsmöglichkeiten, der seinerseits Resultat simultaner Fortschritte auf den Gebieten der Technik, der Wissenschaft und der politischen Organisation sein soll. Die Krise der représentabilité des êtres, anders formuliert die wachsenden Schwierigkeiten bei der intersubjektiven Wirklichkeitserfassung und -konstitution, verweist hingegen auf den Verlust eines quasi-kosmologischen Rahmens der Wirklichkeitsdeutung, wie ihn bis ins XVIII. Jahrhundert vor allem die Religion bereitgestellt, verbreitet und gestützt hatte. Mit der Aushöhlung seiner Verbindlichkeit fällt eine Ausdifferenzierung und wechselseitige Abschottung sozialer Teilsysteme zusammen, welche jeweils eigene Modelle der Wirklichkeitsinterpretation und -konstitution entwickeln.

Nun lassen sich freilich auch in der spanischen Geschichte des XIX. Jahrhunderts Symptome für Schwierigkeiten bei der Konstitution einer intersubjektiven Alltagswelt und für den Erfahrungsvollzug einer ‚Zeitbeschleunigung' ausmachen. So wird etwa in den frühesten Belegen für costumbristische Stadtbeschreibungen aus dem ersten Jahrzehnt des XIX. Jahrhunderts stets mit erheblichem narrativen Aufwand der Standpunkt eines ‚objektiven Beobachters und Erzählers' eingeführt, und dieser Erzähler allein soll dann frei von jener Perspektivenverzerrung bei der Wirklichkeitsinterpretation bleiben, welche die Texte den verschiedenen sozialen Gruppen zuschreiben[23]. Ganz deutlich ist darüber hinaus zu erkennen, daß zahlreiche Texte des Costumbrismc in jenem literarhistorischen Augenblick, da er sich im zweiten Drittel des XIX. Jahrhunderts von einer feuilletonistischen zur literarischen Gattung emanzipierte, Orientierungswissen vermittelten, wie es die Leser angesichts eines durch tiefgreifende wirtschaftliche und politische Veränderungen motivierten gesellschaftlichen Strukturwandels offenbar dringend benötigten. Die Autoren wußten, daß sie Folgen eines solchen Wandels der gesellschaftlichen Umwelt deshalb kompensieren mußten, weil dieser sich zu schnell vollzog, als daß die Zeitgenossen ihn wirklich hätten verstehen können. Schließlich gibt es auch in Spanien mindestens einen realistischen Roman, nämlich Clarins *Regenta*[24], der dem Leser weder auf der narrativen Ebene auktorialen Erzählens, noch über seine Protagonisten einen als ‚objektiv' ausgezeichneten Standpunkt problemloser Wirklichkeitserfahrung mehr anbietet.

Trotz dieser und anderer Symptome hat es den Anschein – einschlägige mentalitätsgeschichtliche Studien stehen freilich aus –, daß in Spanien die Gültigkeit der beiden oben genannten Prämissen der klassischen Episteme, die continuité des êtres und die représentabilité des êtres, während des XIX. Jahrhunderts nicht grundsätzlich erschüttert wurden. So bleiben die ‚objektiven Beobachter' im frühen Costumbrismo ja erhalten; die bloße Möglichkeit intersubjektiver Wirklichkeitskonstitution steht für Clarín außer Frage (er will lediglich zeigen, daß keine der wichtigen gesellschaftlichen Gruppen seiner Gegenwart für solche Objektivität qualifiziert war); der späte Costumbrismo verstand sich als ein Medium von Orientierungswissen, das auf die Bedürfnisse einer *einmaligen* Krisen- und Übergangssituation zu beziehen war – nicht auf eine prinzipielle Krise oder Wirklichkeitserfahrung.

Für unsere globale These zur spanischen Sozialgeschichte soll hier nur ein repräsentativer Beleg angeführt werden. In der Ausgabe der *Enciclopedia universal ilustrada* des Jahres 1907 findet sich – erstaunlicherweise – ein Artikel «Modernismo». Dessen Autor gibt seiner Verwunderung über die Tatsache Ausdruck, daß man angesichts der Schnellebigkeit der eigenen Gegenwart einer künstlerischen Schule den Namen „Modernismo" gegeben habe; denn was man im Jahr 1907 ‚mo dern' nenne, das könne schon in wenigen Jahren veraltet erscheinen. Bemerkenswert ist, daß dieser Kritik – anders als der Zeiterfahrung Zentraleuropas um die Jahrhundertwende – immer noch ein *statischer* Modernitätsbegriff, ein Konzept von der Gegenwart als *zeitlichem Raum* zugrunde liegt. Vor diesem Hintergrund wird die thematisierte Schnelllebigkeit als Störung erfahren. Dagegen indiziert der Bezeichnungswandel von „Moderne" zu „Avantgarde", daß die Erfahrung einer punktuellen, sich stets selbst überholenden Gegenwart im Französischen und Deutschen bereits von der Sprachnorm eingeholt und damit institutionalisiert war.

Es liegt nahe, solche Beobachtungen mit dem Ausbleiben einer bürgerlichen Revolution in Spanien – das heißt auch: mit der Verspätung des ‚Innovationsschubs' durch Industrialisierung – in Zusammenhang zu bringen; doch wir wollen die Entwicklung differenzierterer Erklärungsversuche der Sozialgeschichte überlassen. Literaturgeschichtlich ist festzuhalten, daß der Blick auf die spanische Situation zum einen ex negativo unsere Hypothese erhärtet, nach der die künstlerischen Avantgarden um die Jahrhundertwende im Zusammenhang mit der Krise der représentabilité des êtres und der continuité des êtres, spezifisch zentraleuropäischen Prozessen also entstanden; daß zum anderen die Position der ‚Generation von 98' – nationenübergreifend wie nationalgeschichtlich – Identität gerade dadurch gewinnt, daß ihr Wirklichkeitserfassung und Zeitbeschleunigung noch nicht zu radikalen Problemen geworden waren.

Autoren wie Unamuno, die Gebrüder Machado, Baroja und Azorín stammen aus jenem freiberuflichen und politisch liberalen Bürgertum, das sich nach dem Scheitern der Ersten Spanischen Republik in den 70er Jahren des XIX. Jahrhunderts nicht an der Bildung des politischgesellschaftlich dominierenden Blocks aus Adel, landbesitzendem Bürgertum und Industriebürgertum beteiligt hatte (die spanischen Historiker nennen diese Gruppe von Intellektuellen deshalb auch „otra burguesía"). Schon vor dem Verlust der letzten überseeischen Kolonie an die Vereinigten Staaten *im Cuba-Krieg des Jahres 1898,* in dem sich eine langfristige nationale Krise ereignishaft verdichtete, hatte die otra burguesía ihren Führungsanspruch durch vielfältige Ansätze zur Neuinterpretation der nationalen Geschichte artikuliert. Zwei Grundregeln ihres neuen nationalen Diskurses sollten durch unseren sozialhistorischen Exkurs verständlich werden: zum einen, daß dieser Führungsanspruch durch eine Rückwendung auf Geschichte und nicht durch die Entwicklung utopischer Zukunftsmodelle artikuliert wurde; zum anderen, daß die Möglichkeit von ‚richtigem Geschichtsverständnis' noch nicht zum erkenntnispraktischen Problem geraten war.

Zwei Ansätze zur Begründung eines solchen neuen Geschichtsbildes treten bei den Autoren der ‚Generation von 98' besonders prägnant hervor. Eine Reihe von Autoren, so Ganivet oder Azorín, sehen in der *Geographie* der iberischen Halbinsel die Voraussetzung für Spaniens historische Sonderentwicklung; andere, so Unamuno oder Baroja, glauben in der *Kultur ‚des Volkes'* den Zugang zu jener intrahistoria zu finden, die man gegen das offizielle Geschichtsbild kehren will. Angesichts solcher Perspektiven fiel der Blick der ‚Generation von 98' kaum auf Góngoras Sprachartistik, in der statt der nationalen Folklore Motive der klassich-antiken Literatur verfremdet wurden; und dies, obwohl Góngoras Werk schon allein durch seine Negativrolle im Kulturkanon von Menéndez Pelayo *eine* der Voraussetzungen für eine Reaktualisierung im neuen Geschichtsbild erfüllt hätte.

Als Antonio Machado im Jahr 1912 seine zweite Gedichtsammlung unter dem programmatischen Titel *Campos de Castilla* veröffentlichte, wurde deutlich, daß er seine lyrische Praxis ganz der beschriebenen Erkenntnisperspektive der ‚Generation von 98' unterstellt hatte. Dichtung war hier das Medium einer gewandelten, positivierenden Erfahrung der kargen Landschaft von Kastilien und ihrer bäuerlichen Bewohner, sie sollte Voraussetzung sein für das neue, authentische Verständnis der spanischen Geschichte. Die beiden ersten Strophen seiner lyrischen Evokation der *Campos de Soria,* wo er einige Jahre als Französischlehrer am Gymnasium verbrachte, heiratete und jung zum Witwer wurde, zeigen noch deutlich den Einfluß modernistischer Verfahren auf Machado, aber ebenso deren Einsatz zur Modellierung außertextueller Wirklichkeit, wie sie das poetologische Programm des Modernismo gerade ausschloß:

Es la tierra de Soria árida y fría.
Por las colinas y las sierras calvas,
verdes pradillos, cerros cenicientos,
la primavera pasa
dejando entre las hierbas olorosas
sus diminutas margaritas blancas.

La tierra no revive, el campo sueña.
al empezar abril está nevada
la espalda del Moncayo;
el caminante lleva en su bufanda
envueltos cuello y boca, y los pastores
pasan cubiertos con sus luengas capas[24a*].

3 *Ultraismo* und *deshumanización*

Lejos de ir el pintor más o menos torpemente hacia la realidad, se ve que ha ido contra ella. Se ha propuesto denodadamente deformarla, romper su aspecto humano, deshumanizarla. Con las cosas representadas en el cuadro tradicional podríamos ilusoriamente convivir. De la *Gioconda* se han enamorado muchos ingleses. Con las cosas representadas en el cuadro nuevo es imposible la convivencia: al extirparles su aspecto de realidad vivida, el pintor ha cortado el puente y quemado las naves que podían transportarnos a nuestro mundo habitual. Nos deja encerrados en un universo abstruso, nos fuerza a tratar con objetos con los que no cabe tratar humanamente. Tenemos, pues, que improvisar otra forma de trato por completo distinto del usual vivir las cosas; hemos de crear e inventar actos inéditos que sean adecuados a aquellas figuras insólitas. (. . .)

Se dirá que para tal resultado fuera más simple prescindir totalmente de esas formas humanas – hombre, casa, montaña – y – construir figuras del todo originales. Pero esto es, en primer lugar, impracticable. Tal vez en la más abstracta linea ornamental vibra larvada una tenaz reminiscencia de ciertas formas 'naturales'. En segundo lugar – y esta es la razon mas importante –, el arte de que hablamos no es sólo inhumano por no contener cosas humanas, sino que consiste activamente en esa operación de deshumanizar. En su fuga de lo humano no le importa tanto el término *ad quem*, la fauna heteróclita a que llega, como el término *a quo*, el aspecto humano que destruye. No se trata de pintar algo que sea por completo distinto de un hombre, o casa, o montaña, sino de pintar un hombre que se parezca lo menos posible a un hombre, una casa que conserve de tal lo estrictamente necesario para que asistamos a su metamorfosis, un cono que ha salido milagrosamente de lo que era antes una montaña, como la serpiente sale de su camisa[25*].

Im Jahr 1925 veröffentlichte José Ortega y Gasset den Essay *La deshumanización del arte*, der, obwohl Ortega seine Argumentation hauptsächlich an Beispielen aus der Malerei entwickelte, für die poetologische Diskussion der 20er Jahre in Spanien als zusammenfassender Rückblick und als provozierende Anregung zentrale Bedeutung erlangen sollte. Unser Zitat ist ein schöner Beleg für Ortegas philosophischen und feuilletonistischen Stil: von der erkenntnistheoretischen Position der Phänomenologie ausgehend analysierte er distanziert Gesellschaft, Politik und Kunst seiner Gegenwart. Werner Krauss' ironische Charakterisierung trifft diese Attitüde mit der Sicherheit des historischen Zeitgenossen: „Ortega y Gasset trat als Mann des Schicksals vor die spanische Dichtung, um ihr weltmännisch mit leisem Erbarmen den Pulsschlag zu fühlen"[26].

Für unseren Zusammenhang ist zum einen festzuhalten, daß Ortegas phänomenologischer Terminus „deshumanización" aus einer metonymischen Beziehung zum Namen ‚Verfremdung' verstanden werden kann, mit dem die zeitgenössische Poetologie in Deutschland neue ästhetische Verfahren beschrieb. Malerei, Musik und Literatur zwingen durch Verfremdung ihre Rezipienten, eingeschliffene Modi der Sinnbildung aufzugeben, sie – wenigstens für jene kurze Zeitspanne, während der sie in ‚ästhetischer Einstellung' verharren – durch ein ‚neues Sehen' zu ersetzen[27] (Ortegas Begriff hebt demgegenüber die vorgängige Gestalterfahrung negierende Wirkung derselben Verfahren hervor). Interessanter, weil spanienspezifischer, ist eine zweite Beobachtung: Ortega betont, daß im Kunstwerk als Ergebnis der deshumanización allemal jene Gestalt, in der die Verfremdung ihren Angriffspunkt findet, noch durchscheinen und damit für den Betrachter oder Leser restituierbar bleiben müsse. Wer in seinem Essay nach einer Hypothese zur historischen Erklärung des Phänomens der deshumanización sucht, der wird enttäuscht. Ortega begnügt sich mit einem vagen Hinweis auf anthropologisch-biologische Rhythmen[28] – Geschichtsphilosophie war gewiß nicht seine Stärke oder besser: seine unglücklichste Liebe.

Erst wenn man den *Deshumanización*-Essay im Kontext der zeitgenössischen Poetologiediskussion situiert, tritt sein dialogischer Charakter zutage. Mit dem prononcierten Festhalten an der Gestalt als Hintergrund der deshumanización antwortet Ortega auf künstlerische Programme aus dem zweiten Jahrzehnt des XX. Jahrhunderts, welche in Anlehnung an die französischen Avantgarden und den italienischen

Futurismus – mehr oder weniger bewußt – die Überschreitung der Gestalt als traditioneller Grenze von Verfremdung und Negation proklamieren. Eine dieser Bewegungen, den *Ultraísmo,* hat man gewiß zu Recht als spanische Variante des Dadaismus charakterisiert[29]. Freilich gibt es neben Ortegas rascher Reaktion auf den Ultraísmo und ihrem Publikumserfolg noch weitere Symptome, die uns vermuten lassen, daß diese ‚Spielform des Dadaismus' in Spanien nur einen marginalen Stellenwert hatte. Da ist die Beobachtung, daß der Name „Ultraísmo" das von so zahlreichen Dichterbewegungen des Jahrhundertbeginns thematisierte ‚Hinausgehen über das Gegenwärtige' ohne semantischen Temporalaspekt evoziert. Sicher verdankt sich der Name dem gemeineuropäischen Innovationsstreben – aber es ist eben doch wohl kein Zufall, daß er das Transzendieren durch eine räumliche und nicht durch eine zeitliche Metapher („ultra" vs. „avant") vergegenwärtigt. Darüber hinaus wird man den Eindruck nicht los – und dieser Eindruck wird bestätigt von den Erlebnisberichten der Zeitgenossen[30] –, daß in manchen der ultraistischen Manifeste nicht nur etablierte Kunst attakkiert wird, sondern der heilige Ernst zukunftsgerichteter poetologischer Programmschriften selbst als Objekt der Ironie herhalten muß. Die ‚säkularisierten Friedhöfe' und die ‚entschwängerte Frau' aus den ersten Zeilen der 1910 veröffentlichten futuristischen ‚Proklamation' von Ramón Gómez de la Serna sprechen für sich:

> !Futurismo! !Insurrección! !Algarada! !Festejo con música wagneriana! !Modernismo! !Violencia sideral! !Circulación en el aparato venoso de la vida! !Antiuniversitarismo! !Tala de cipreses! !Iconoclastia! !Pedrada en un ojo de la Luna! !Movimiento sismico resquebrajador que da vuelta a las tierras para renovarlas y darlas lozania! !Rejón de arador! !Secularización de los cementerios! !Desembarazo de la mujer para tenerla en la libertad y en su momento sin esa gran promiscuación de los idilios y de los matrimonios! !Arenga en un campo con pirámides! (. . .)[30a*]

Ganz offenbar, man verzeihe die ahistorische Totalperspektive der folgenden Parenthese, eignet sich als Verstehensgrundlage des Ultraísmo weniger die Poetologiediskussion des Jahrhundertbeginns denn die spanische Tradition der intellektuellen tertulia. Sie ist von einem alltagsweltlichen Unernst charakterisiert, dem die Rezeption des romantischen Geniekults im frühen XIX. Jahrhundert ebenso zum Spiel geriet wie die Übernahme der hehren Intentionen engagierter Literatur durch den heutigen pasota; man möchte *nur halb* im Scherz fragen, ob in diesem Milieu ausländischer Surrealismus nicht rezipiert zu werden brauchte, weil es seit Ewigkeiten *‚surrealistisch'* (avant la lettre) gelebt hatte. Ernstzunehmende Antagonisten jedenfalls konnten und wollten die Ultraístas für Ortega – im wahrsten Sinne des Wortes – wohl nicht sein.

Wenn man das Festhalten an der semantischen oder bildlichen Gestalt als ein Vergleichskriterium anwendet, dann läßt sich der *Creacionismo* zwischen Ultraísmo einerseits und Ortegas kunsttheoretischer Position andererseits verorten – damit aber auch als ein zweiter Bezugspunkt von Ortegas Position identifizieren. Der Name „Creacionismo" ist in den Literaturgeschichten stets mit dem Namen des schon erwähnten Südamerikaners Huidobro assoziiert. Ähnlich wie Rubén Darío knapp dreißig Jahre zuvor, so versuchte im zweiten Jahrzehnt des XX. Jahrhunderts Huidobro, in Paris empfangene Anregungen – diesmal waren es die Techniken und Theorien der meist spanischstämmigen kubistischen Maler – in ein Dichtungsprogramm umzusetzen. Die nach diesem Programm zu schreibenden Texte sollten einerseits unabhängig von den Gestalten der Wirklichkeit und ihrer Äquivalente im sozialen Wissen bleiben, andererseits den unverbindlichen, rein negativen Transgressionen des Ultraísmo neuerschaffene Gestalten eigener Prägnanz gegenüberstellen: «El poeta es el iniciado que conoce el conjunto misterioso, que las (sc. palabras) hace volar y agruparse en torno de él, como si hubiera un imán de mariposas. El poeta es el que humaniza este juego del azar de las palabras, el que lo guía y le da algo así como un destino. El poema tendrá unidad perfecta mientras ninguna palabra se desmande y todas sigan el cayado del guía como el rebaño que asciende la colina»[31]*.

Es ist bezeichnend, daß für den Creacionismo neben Rubén Daríos Modernismo – und anders als bei den Ultraístas – Góngoras Lyrik wieder zum Anknüpfungspunkt in der nationalen Kulturtradition wird[32]. Hinter diesem neuen Góngora-Interesse scheint aber nun als Motiv nicht mehr – mindestens nicht mehr alleine – die Ablehnung von Góngoras Werk im Kulturkanon des offiziellen und traditionalistischen Spanien zu stehen, sondern eine spezifische Möglichkeit der Góngora-Lektüre. Wenn die Mühe der Góngora-Lektüre durch die Schwierigkeit verursacht ist, gleichsam ‚gegen' die Syntax und die Metaphorik seiner Texte Sinn zu bilden und eine intendierte Referenzgestalt zu re-konstituieren, dann ist eine Rezeptionsweise denkbar, die nicht mehr zu dieser Referenzgestalt gelangt, sondern sich mit der Evokation von Imaginationsbildern durch ihre Texte begnügt. Sollte der Góngora-Begeisterung des Creacionismo eine solche Lektüre zugrunde gelegen haben, dann wäre die Rückwendung auf die kulturelle Vergangenheit mit dem Preis der Enthistorisierung der Texte erkauft gewesen.

Wir haben versucht, Ortegas Theorie der deshumanización del arte einerseits und andererseits den Ultraísmo, vor allem aber den Creacionismo literarhistorisch als einen ‚Dialog' zwischen poetologischen Positionen zu deuten. In dieser Konstellation, so vermuten wir aus dem historischen Rückblick, kam Ortegas Position die Funktion zu, kunsttheoretische und kunstpraktische Anregungen aus Frankreich, Deutschland und Italien so zu selegieren und umzuformen, daß sie an spezifisch spanische Tendenzen der Moderne, besonders die intellektuelle Welt der ‚Generation von 98' anschließbar wurden. Anregung für unsere These bieten die zentralen Themen und Diskussionen der von Ortega begründeten und geleiteten *Revista de Occidente* während der zwanziger Jahre.

Die *Revista de Occidente* war das Forum, auf dem die von Autoren der ‚Generation von 98' erstmals gestellte, aber noch dilettierend behandelte Frage nach der Sonderentwicklung der spanischen Geschichte neu formuliert und in die Diskussion zwischen den zuständigen Fachwissenschaften eingeholt wurde, ohne daß die Debatte der Fachwissenschaftler je den Kontakt zur gebildeten Öffentlichkeit verloren hätte. Hier begann etwa die so fruchtbare Auseinandersetzung zwischen Claudio Sánchez Albornoz und Américo Castro über die kulturelle Fremdbestimmtheit des spanischen Mittelalters, welche nun schon länger als ein halbes Jahrhundert – seit dem Brügerkrieg aus dem amerikanischen Exil – die Gemüter der spanischen Intellektuellen erregt[33]. Ortega fördert aber auch die von Ganivet, Unamuno und Baroja eingeleitete Tendenz einer Öffnung auf das europäische Geistesleben, welche Unamuno und Baroja nach dem Ersten Weltkrieg weitgehend aufgegeben hatten, um am Paradigma ihrer eigenen Person einem Kult des ‚großen spanischen Individuums' zu frönen. Deshalb wurden die Abonnenten der *Revista de Occidente* beispielsweise über die neuesten Entwicklungen auf dem Feld der Psychologie und Psychoanalyse so gut informiert, daß es sich der Herausgeber leisten konnte, Bretons surrealistisches Manifest im Jahr 1924 auf der Basis der dort zitierten Psychoanalysetheorien besprechen zu lassen. Fernando Velas Analyse des surrealistischen Programms stellt demgegenüber Breton das Zeugnis des überlegenen Freud-Kenners aus: er hebt die Notwendigkeit einer Grenzziehung zwischen Bewußtem und Unterbewußtem in der Dichtung hervor, zeigt (wie Rainer Warning in seinem Beitrag für diesen Band), daß das Unterbewußtsein nur durch eine reflektiert-konstruierte Textstruktur im Gedicht inszeniert werden kann, und betont, ganz so als wolle er Ortegas ein Jahr später erschienenen *Deshumanización*-Essay vorbereiten, die Bedeutung der Modelle impressionistischer und kubistischer Malerei für die Poesie:

> En ultima instancia, el suprarrealismo sigue el procedimiento de otras escuelas extremistas: destacar de entre todos los elementos que juntos constituyen la obra de arte, uno solo – la forma lineal o el volumen o el color o la metáfora – y elevarlo al rango de elemento esencial y único. En la elaboración literaria intervienen multitud de factores conscientes e inconscientes; el suprarrealismo aparta a un lado, suprime los primeros – incluso el gusto artístico, el juicio estético – para dejar obrar exclusivamente a los últimos. Ahora que por una ironía casual, a veces por una ironía insidiosa de la crítica, es frecuente que se alaben las obras cubistas por ciertas armonías de color, una pintura impresionista por algún acierto de expresión voluminosa y aun en lo que es mera extensión, un cuadro enorme por un milímetro cuadrado pintado con el detallismo de los primitivos[34]*.

Rezeptionsgeschichtlich sollte nun verständlich geworden sein, warum sich schon einige Bände vor dem Góngora-Jahr 1927 in der *Revista de Occidente,* gleichsam auf dem Schnittpunkt von ästhetischer Theorie und geschichtsphilosophischer Reflexion, ein besonderes Interesse an der das alltägliche Sehen verfremdenden spanischen Barockkultur durchsetzte.

Auch hier hatte sich Ortegas Gespür für intellektuelle und künstlerische Strömungen seiner Epoche im Ausland bewährt: um 1915 war seine – freilich kurze – Reflexion über das neue Interesse am Barock beim Kunstpublikum und den Fachwissenschaftlern Mitteleuropas veröffentlicht worden[35]. Auch hier blieb es freilich, um Werner Krauss' Metapher fortzuführen, bei der Diagnose: «La nueva sensibilidad aspira a un arte y a una vida que contengan un maravilloso gesto de moverse.»

Man kann ebenso leicht erklären, weshalb diese – übrigens nicht nur – von der *Revista de Occidente* propagierte kunsttheoretische Position in Spanien während der 20er Jahre auf eine erstaunlich breite Resonanz stieß. Die deshumanización, ihr zentraler Programmbegriff empfiehlt es den Rezipienten ja nicht, wie Ortegas Terminologie suggerieren könnte, einen ‚un-menschlichen' Blickwinkel zu beziehen; vielmehr geht es um das *andere, das neue Sehen,* das sich gegen traditionelle Sinnbildungskonventionen, nicht aber – wie Dadaismus oder

der intellektuell allzu elitäre Ultraísmo – gegen die Möglichkeit intersubjektiver Sinnbildung schlechthin richtet. Die kunsttheoretischen Beiträge der *Revista de Occidente* übertragen also auf die Ebene der Kunstmittel, was die Autoren der ‚Generation von 98' auf der Ebene der Inhalte, vor allem im Hinblick auf die nationale Geschichte, mit Erfolg propagiert hatten: einen Perspektivenwandel, die Positivierung zuvor negierter und die Negation zuvor gängiger Stilelemente statt radikaler Negation. Bemerkenswert ist hier, daß selbst die Einbeziehung der Kunstmittel in die allgemeine Tendenz zum Perspektivenwandel das Vertrauen auf die représentabilité des êtres in Spanien nicht gänzlich erschütterte. Als Beleg für diese These verweisen wir auf die Konsequenzen, welche Ortega aus der phänomenologischen Erkenntnistheorie zog. Auch diese Reflexionen wurden im Jahr 1924 unter dem Titel «Sobre el punto de vista en las artes» in der *Revista de Occidente* veröffentlicht[36]. Ortega konzediert zwar einerseits die philosophische Möglichkeit der Hypothese, daß die menschlichen Bewußtseinsinhalte gänzlich von der außermenschlichen Wirklichkeit unabhängig seien; auf der anderen Seite spricht er aber eben den Bewußtseinsinhalten – mit philosophiegeschichtlich für das XX. Jahrhundert erstaunlicher Selbstverständlichkeit – intersubjektiven Charakter zu. Hier ist nicht der Ort zu einer systematischen Kritik von Ortegas erkenntnistheoretischer Position. Literatur- und sozialhistorisch symptomatisch und deshalb relevant ist der am Beispiel Ortegas illustrierte Befund, daß in Spanien weder der durchaus politisch motivierte Impetus der Intellektuellen zum Perspektivenwandel des Geschichtsbewußtseins noch die Auseinandersetzung mit dem Surrealismus noch die Rezeption der phänomenologischen Philosophie oder des neuen europäischen Barockinteresses so etwas wie eine ‚Sprachkrise' provozierten.

Das Vertrauen auf Literatur und Kunst als Medien einer gegen das traditionelle Spanien gerichteten authentischen Schau von Vergangenheit und Gegenwart war ungebrochen.

El filósofo retrae todavía más su atención, y en vez de dirigirla a lo subjetivo como tal, se fija en lo que hasta ahora se llamaba 'contenido de la conciencia', en lo intrasubjetivo. A lo que nuestras ideas idean y nuestros pensamientos piensan podrá no corresponder nada real, pero no por eso es meramente subjetivo. Un mundo de alucinación no sería real, pero tampoco dejaría de ser un mundo, un universo objetivo, lleno de sentido y perfección. Aunque el centauro imaginario no galope en realidad, cola y cernejas al viento, sobre efectivas praderas, posee una peculiar independencia frente al sujeto que lo imagina. Es un objeto virtual o, como dice la más reciente filosoffa, un objeto ideal. Hé aqui el tipo de fenómenos que el pensador de nuestros días considera mas adecuado para servir de asiento a su sistema universal. Cómo no sorprenderse de la coincidencia entre tal filosofia y su pintura sincrónica, llamada expresionismo o cubismo36a*.

4 *Polifemo* und *Romancero gitano*

Frecuentemente, en sus (sc. de Góngora) ensayos más avanzados, su peculiar sintaxis agrupa y recorta frases que, aparte de lo que en sí son, están colmadas de incitaciones. Un admirado poeta me señalaba en cierta ocasión algunos de estos hallazgos, que él obtenia aislando, según el giro del ritmo, determinados versos. «La playa azul de la persona mía». Este verso continúa la frase «Espejo de zafiro fué luciente», puesta en boca de Polifemo. Y aunque esa perspectiva de contemplar el verso en su falso sentido aislado no será lo que quiso decir Góngora, con todo, es de una belleza imponderable, y como en el caso que al iniciar estas notas exponíamos, «alli está». Como allí están esas rocas del camello o del elefante que se enseñan como primores naturales, o esos torsos que quieren expresar los abruptos troncos de esos visitados olivos o aquellos célebres pinos. Y no vamos a hacer a la naturaleza responsable de estas siluetas de azar, pero la mirada de los artistas tiene mucho que agradecerle.

Queda todo un Góngora virgen a la valoración estética según nuestro módulo. La rica arquitectura material de sus estrofas encierra en sí una propia virtud poética que presenta las más variadas frases según la traza del motivo a que se aplique37*.

Ebenfalls in der *Revista de Occidente* und ebenfalls im Jahrgang 1924 erschien unter dem bezeichnenden Titel «Escorzo de Góngora» – frei übersetzt: ‚Eine Perspektivierung von Góngora' eine Abhandlung von Gerardo Diego. Noch bevor er als einer der Autoren der ‚Generation von 27' über Spanien hinaus bekannt wurde, hatte sich Diego als Literaturkritiker und Autor an der Bewegung des Creacionismo beteiligt. Seine Reflexionen bestätigten unsere oben entwickelte Hypothese über eine neuentdeckte Möglichkeit der Góngora-Lektüre im frühen XX. Jahrhundert – und führen einen Schritt weiter.

Denn bei einer Rezeptionsweise, die nicht mehr um Re-konstitution der vom Autor intendierten Bedeutungsgestalt bemüht ist, verliert nicht allein, wie schon vermutet, der hirstorisch-pragmatischen Rahmen vergangener Dichtung seine Orientierungsfunktion für das Verstehen, auch die Prägnanz der Textstruktur wird aufgelöst. Diego feiert das Gesamtkorpus von Góngoras Lyrik als ein Repertoire, aus dem man je nach Interesse größere oder kleinere Versatzstücke herauslösen und mit Sinn füllen kann. Wir haben das ausführliche Zitat aus Diegos Góngora-Artikel an den Anfang dieses Abschnitts gesetzt, um einen

Konstrast-Hintergrund für die Beschreibung der historischen Besonderheit der Góngora-Rezeption des Jahres 1927 zu gewinnen, nachdem wir uns zunächst sozusagen in der Gegenrichtung bemüht hatten, deren Ereignischarakter durch die Dokumentation ihrer Vorgeschichte zu relativieren und damit sozialhistorischem Verstehen näherzubringen.

Gewiß erzählen die Literarhistoriker so gerne über die Góngora-Feiern der jungen spanischen Lyriker am 23. und am 24. Mai 1927, weil sie jenen traditionellen tertulia-Unernst vergegenwärtigen, wie er etwa auch die Futurismusrezeption gekennzeichnet hatte[38]. Rafael Alberti, Dámaso Alonso und Gerardo Diego bildeten ein Tribunal, das ‚Góngora-feindliche Schriften', allen voran Menéndez Pelayos Werk, den Flammen übergab – um sich aber nicht in eine schlechte historische Tradition zu stellen, verbrannten sie anstelle der Bücher symbolisch nur ein Blatt *Zigarettenpapier.* In der Nacht vom 23. zum 24. Mai versahen die Góngora-Enthusiasten das ehrwürdige Gebäude der Spanischen Akademie mit einer ‚Girlande *abwaschbarer* gelber Farbspritzer', und am nächsten Morgen um 11 Uhr wohnten sie in der Salesianer-Kirche von Madrid einem Seelenamt für Góngora bei. Zusammen zeigen Happenings und Seelenamt noch einmal, gewiß ohne daß dahinter eine programmatische Absicht gestanden hätte, jene Ambivalenz, die Góngora für die Vertreter der literarischen Moderne seit der Jahrhundertwende attraktiv gemacht hatte: *die Ablehnung durch das traditionalistische Spanien der Gegenwart und seine Zugehörigkeit zur großen Tradition der nationalen Kultur.*

Auch wenn Jahrhundertfeiern aus verständlichen Gründen offenbar in den 20 Jahren zum kulturellen Alltag in Spanien gehörten – die von Elsa Dehennin minutiös bis zur letzten Provinzzeitung dokumentierte Breite der Góngora-Huldigungen stellte gewiß dennoch einen Höhepunkt in dieser Bewegung der Neuaneignung nationaler Kulturtraditionen dar. Wir wollen auf drei Quellen zur Góngora-Rezeption im Góngora Jahr näher eingehen: noch einmal auf die *Revista de Occidente,* auf die Sondernummer der von Menéndenz Pidal herausgegebenen *Revista de filología española* und auf das literarhistorisch berühmt gewordene, Góngora gewidmete Heft der in Málaga erscheinenden Lyrikzeitschrift *Litoral,* dessen Titelblatt bezeichnenderweise eine von Picasso kolorierte Zeichnung des Kubisten Juan Gris schmückte.

Dámaso Alonso, heute selbst ehrwürdiger Präsident der Spanischen Akademie, hatte nicht nur an den erwähnten Happenings zum Góngora-Fest teilgenommen, er war auch – zumindest nach Seitenzahlen – als Dichter und Literaturwissenschaftler der produktivste Autor der Jahrhundertfeier. Zu seinen Beiträgen gehört eine in der *Revista de Occidente* veröffentlichte – enthusiastische – Besprechung der 1927 von Gerardo Diego herausgegebenen *Antología en honor de Góngora.* Sie hat deshalb literarhistorischen Ereignischarakter, weil Damaso Alonso hier zum ersten Mal programmatisch die Prämissen einer neuen Góngora-Lektüre formuliert, welche dem von Diego 1924 vorgeschlagenen Modus der Góngora-Reaktualisierung in einem zentralen Aspekt entgegengesetzt ist:

En el primer cuarto del siglo XX, poco a poco, por causas muy varias y muy complejas, se produce un cambio total en la manera de considerar la vida como materia de ciencia o de arte. Al nuevo modo de entender el fenómeno estético, acompaña una nueva valoración crítica de la literatura del pasado. Y vuelve a adquirir importancia un poeta como Góngora, cuyo central empeño fué la creación de un cosmos poético en el que la realidad del mundo está traducida, término a término, en materia irreal, orden, sistema, nitidez, depuración: un mundo estético, superpuesto y paralelo al contingente de aquí abajo, como un cielo inmutable sobre un mar polimórfico y tornadizo[39*].

Wenn Dámaso Alonso von einer ‚Übersetzung der Wirklichkeit in dichterisches Material' bei Góngora spricht, so impliziert diese Beschreibung die Möglichkeit einer ‚Rückübersetzung'. Eine solche Rückübersetzung von Góngoras vielleicht schwierigstem Text, den *Soledades,* eine mit philosophischem Scharfsinn erarbeitete, der Alltagssprache des XX. Jahrhunderts angenäherte Paraphrase, in der jene Reflexionen, an denen Góngoras Verfremdung angesetzt hatte, wieder Gestalt gewannen, war Dámaso Alonsos eigentlich innovativer Beitrag zum Góngora-Jahr. In der Einleitung zu dieser Ausgabe («Claridad y belleza de las Soledades») und einem 1928 veröffentlichten weiteren Góngora-Artikel («Alusión y elusión en la poesía de Góngora») setzte er die in ihrer Entschlüsselung gewonnenen Erfahrungen mit Góngoras schwieriger Sprache in eine stilgeschichtliche Charakterisierung um[40]. Seine Entschlüsselung des intendierten Textsinns ist wie seine Stilanalyse zu einem Paradigma für die Literaturwissenschaft geworden: noch 1966, im zweiten Band von *Poetik und Hermeneutik,* verwies Wolf-Dieter Stempel auf Dámaso Alonsos Góngora-Arbeiten, um seine Theoriethese zu belegen, daß Texte bei rein quantitativem Anwachsen ihrer semantischen und syntaktischen Komplexität zwar graduell schwerer, nie jedoch gänzlich unverstehbar werden[41].

Noch im selben Jahr 1927 wurde die neue *Soledades*-Ausgabe durch die *Revista de filología española* besprochen. Die Rezension demonstriert, was uns heute kaum glaublich erscheinen will, nämlich daß der von Dámaso Alonso geführte Beweis der prinzipiellen Verständlichkeit von Góngoras Lyrik von seinen Zeitgenossen als Innovation, als ein rezeptionsgeschichtlicher Durchbruch erlebt wurde:

> Ataca (sc. Dámaso Alonso) seguidamente el tema de la dificultad gongorina, escollo en que se estrellaron tantos lectores de buena voluntad y fingieron estrellarse otros muchos de fé dudosa. Innegable es esta dificultad, dice el Sr. A., pero vencible en su mayor parte; y dejando aparecer tras ella, una vez vencida la más trabada cohesión gramatical, la más perfecta lógica poética. Superados pues, los superables obstáculos, nos hallaremos no con la oscuridad o el nihilismo que la crítica equivocada o rutinaria colgó como atributos inseparables a la poesía gongorina, sino con un mundo poético de sin par claridad y hermosura. El prólogo recién resumido no es sólo un brioso credo de fé gongorina, constituye el más certero intento hecho hasta el día para aprehender en su entraña los valores más vitales y característicos del poema, y renueva totalmente las ideas que sobre él se tenían[42*].

Die sich seit dem Ende des XIX. Jahrhunderts konstituierende Góngora-Identität war – und hier ist gewiß ein literarhistorisches Ereignis des Jahres 1927 zu sehen – um eine Facette bereichert worden: zu dem vom traditionalistischen Spanien verachteten Góngora, dem Schöpfer imaginärer Welten trat nun das Bild vom *zerebralen Übermenschen,* der auf dem Niveau des eigenen Intellekts und dem ihm ebenbürtiger oder geduldiger Leser mathematisch klar, für jene Rezipienten hingegen, die der in seiner Sprache gebändigten Komplexität nicht gewachsen waren, dunkel und unverständlich erscheinen mußte.

Die ganze, von der Literaturgeschichtsschreibung bisher kaum beachtete Entwicklung, die sich zwischen den Góngora-Rezeptionen des Creacionismo und jener der ‚Generation von 27' vollzog, läßt sich paradigmatisch veranschaulichen, wenn wir etwa eine Passage aus dem Originaltext von Góngoras *Fabula de Polifemo y Galatea* zum einen mit der Parallelstelle aus der *Fabula de Equis y Zeda* konfrontieren, einer Reprise, die Gerardo Diego in der Góngora-Sondernummer von *Litoral* publizierte; zum anderen – etwa – mit der philologischen Übersetzung, die Dámaso Alonso nach dem in den 20er Jahren entwikkelten Prinzip erarbeitete und 1961 veröffentlichte. Die zitierte Strophe von Góngoras Gedicht nimmt jenen Moment der mythischen Handlung auf, in dem der in die Nymphe Galatea verliebte Riese von einem Felsen aus ihre Umarmungen mit dem jungen Acis beobachtet[43].

Su aliento humo, sus relinchos fuego, / si bien su freno espumas, ilustraba / las columnas Etón que erigió el griego / do el carro de la luz sus ruedas lava, / cuando, de amor el fiero jayán ciego, / la cerviz oprimió a una roca brava, / que a la playa, de escollos no desnuda,/ linterna es ciega y atalaya muda.

(Luis de Gongora)

Con su aliento hecho todo humo y sus relinchos fuego, aunque con el freno lleno de espumas, ilustraban o iluminaban ya Etón y los otros caballos del sol las columnas de Hércules, que erigió este héroe griego en el estrecho de Gibraltar, sitio donde el carro solar lava en el océano, al ponerse, sus ruedas. Estaba, pues, ya el sol, todavía ardoroso, inclinado hacia occidente y próximo a la puesta, cuando Polifemo, el fiero gigantazo, se sentó, oprimiéndolo con su peso, sobre lo alto de una brava roca, que a la playa, erizada de escollos, le sirve – aunque sin luz – de faro, y –aunque sin emitir señales – de atalaya (pues como un faro o una atalaya domina el arenal)*.

(Dámaso Alonso)

Desde el plano sincero del diedro / que se queja al girar su arista viva/ contempla el amador – nivel de cedro – / la amada que en su hipótesis estriba / y acariciando el lomo del instante / disuelve sus dos manos en menguante.

(Gerardo Diego)[44]

An diesen Textausschnitten lassen sich nun die beiden wichtigsten Verfahren aufzeigen, mit denen Dámaso Alonso Góngoras ‚dunklen Stil' in Formulierungen überführt, welche – zumindest – einem mythologisch gebildeten Leser verständlich sein müssen. Die vor allem durch die Figur des Hyperbaton charakterisierte *barocke Syntax* wird in den Bereich grammatikalischer und stilistischer Normalität gerückt: so steht etwa in der Übersetzung das Verb „sirve", welches das Prädikat „es" aus der letzten Zeile von Góngoras Strophe ersetzt, an dem zu erwartenden Ort, nämlich vor dem Prädikatsnomen, und nicht mehr wie bei Góngora zwischen dem Substantiv („linterna") und dem Adjektiv („ciega"), die dort zusammen das Prädikatsnomen bilden. Góngoras

Metaphern werden nicht getilgt, sondern um Ausdrücke ergänzt, als deren Substitution Alonso die Metaphern versteht. Anstelle des komplexen Bildes «la cerviz oprimió a una roca brava» findet sich etwa ein Satz – «oprimiéndolo con su peso, sobre lo alto de una brava roca» –, in dem die angenommene Primärbedeutung («se sentó . . . sobre lo alto de una brava roca») von dem den Felsen anthropomorphisierenden Aspekt der Metapher («oprimiéndolo con su peso») getrennt wird, ohne daß der letztere verloren geht.

Für Diego hingegen wird Góngoras Vorgabe, ganz seinem 1924 formulierten Programm des Creacionismo gemäß, zum Stimulus für die Entfaltung einer imaginären Welt, die nicht mehr durch eine Wirklichkeitsreferenz einzuholen ist. Syntagmen wie der ‚ehrlichen Ebene des Flächenwinkels' kann man ‚lyrische Prägnanz' nicht mehr zusprechen. Textkohärenz wird hier nicht durch ein restituierbares, eindeutiges Signifikat gestiftet, sondern durch eine Ebene semantischer Isotopie; sie wird von Prädikaten aus dem Wortfeld der mathematischen Wissenschaften eingebracht, welche teils auf die Protagonisten, teils auf den sie umgebenden imaginären Raum appliziert werden: „plano", „diedro", „arista", „hipótesis", „menguante". Im Hinblick auf partielle Berührungspunkte zwischen den im Grundprinzip entgegengesetzten Góngora-Rezeptionen von Dámaso Alonso und von Gerardo Diego bliebe lediglich die Frage weiter zu verfolgen, ob die in Diegos Text angelegte semantische Isotopieebene der mathematischen Wissenschaften konnotativ auf jenen neuen Aspekt des Góngora-Verständnisses verweisen soll, die brillante Intellektualität, die Alonso in der perfekt strukturierten und damit Verstehbarkeit garantierenden Komplexität von Góngoras Texten sah; sie könnte freilich mindestens ebenso gut auf den geometriebeflissenen Kubismus der Malerei anspielen, dem Diego so wichtige Impulse verdankte.

Wissenschaftliche Analyse und kreative poetische Rezeption des Jahres 1927 bereicherten freilich gemeinsam das Góngora-Bild noch um eine weitere Anschauungsmöglichkeit, welche zunächst der Facette vom ‚zerebralen Übermenschen' entgegenzulaufen scheint. Hatte der Creacionismo Góngoras Metaphern als Verfahren zur Evokation von imaginären Welten aufgefaßt, die allein der schöpferischen Kraft des Dichters zu verdanken seien, so setzte sich seit 1927 die Überzeugung durch, daß eben in diesen Metaphern eine Rückbindung von Góngoras höchst elaboriertem Werk an die *Bildwelt und Poesie ‚des Volks'* manifest würde. Auf solche ‚Dualität' stoßen die wissenschaftlichen Analysen der *Revista de filología española:* «Es sumamente interesante la dualidad que existe en la obra de Góngora: él lleva la letrilla al más alto grado de sencillez y de gracia aromatizándola con las mismas flores silvestres con que el pueblo teje sus guirnaldas, y, por otro lado, hace de la poesía algo sumamente artificioso y difícil, de su barroquismo que nos parecería excesivo si no estuviese siempre envuelto y animado por la deslumbradora belleza, sutil e inimitable de las imágenes poéticas»[45 *]. Es hilft uns, die literarhistorischen Vorbedingungen für die Genese dieser neuen Hinsicht auf Góngora zu verstehen, daß gerade Federico García Lorca 1932 in der Zeitschrift der berühmten Residencia de Estudiantes einen Aufsatz veröffentlichte, in dem als historisches Faktum vorausgesetzt wird, was die wissenschaftliche Analyse eben erst vorsichtig, die Schwebe zwischen Behauptung und Vergleich haltend, angedeutet hatte: Góngoras Rückgriff auf die populäre spanische Bildwelt[46].

Dezidierter und programmatischer als irgendein anderer Lyriker seiner Zeit hatte Lorca schon mehrere Jahre zuvor Gattungsstrukturen, Verfahren und vor allem Bilder aus der Volkspoesie übernommen, die während der 20er Jahre in Spanien noch durchaus lebendig geblieben und – darüber hinaus – vor allem durch die Arbeiten von Menéndez Pidal und seinen Schülern seit Ende des XIX. Jahrhunderts ins Interessenfeld der Gebildeten gerückt worden war. Zur Illustration dieses literarhistorischen Sachverhalts zitieren wir die vielleicht bekannteste Strophe aus Lorcas zwischen 1924 und 1927 entstandenem *Romancero gitano:*

> Verde que te quiero verde.
> Verde viento. Verdes ramas.
> El barco sobre la mar
> y el caballo en la montana.
> Con la sombra en la cintura
> ella sueña en su baranda,
> verde carne, pelo verde,
> con ojos de fría plata.
> Verde que te quiero verde.
> Bajo la luna gitana,
> las cosas la están mirando
> y ella no puede mirarlas[46a*].

Vor dem Hintergrund der Rezeptionsvorgeschichte gewinnt das Góngora-Bild des Jahres 1927 den Stellenwert einer Synthese von zwei noch um die Jahrhundertwende in Opposition stehenden literarischen Bewegungen der nationalen Erneuerung, einer Synthese, wie man sie sich vollkommener kaum vorstellen kann. In Góngora sah man jene intellektuelle Prägnanz der bildschöpferischen Kraft, welche der Modernismo gegen die bloß triviale Lebensweisheiten verdoppelnde spanische Lyrik des XIX. Jahrhunderts gestellt hatte, mit jener Nähe zu den Mythen der Volkskultur vereint, aus deren Aneignung die ‚Generation von 98' die Konstitution eines neuen Bildes von der spanischen Geschichte und eine nationale Regeneration hatte einleiten wollen. Zudem implizierte die öffentliche Beschäftigung mit Góngora auch noch 1927 – allerdings wohl nur bis dahin – einen Akt der Negation gegenüber dem offiziellen Kulturtraditionalismus. Die Góngora-Begeisterung von 1927 war also Brennpunkt und Integrationsmedium von scheinbar zentrifugalen Tendenzen, in denen die otra burguesía am Ende der 20er Jahre ihre um die Jahrhundertwende selbst gewählte historische Mission zu verwirklichen suchte. Als ‚warnendes Beispiel' mag sie Góngoras Werk und seine Rezption daran erinnert haben, dabei Kunstmittel der Verfremdung nur so lange zu übernehmen und so lange weiter zu entwickeln, wie sie die kommunikative Rückbindung an die Öffentlichkeit nicht radikal in Frage stellten.

‚Góngora als Brennpunkt' – diese gemeinsame Faszination beförderte auch eine *Ausdifferenzierung des historischen Bewußtseins* bei den Autoren der ‚Generation von 27'. Denn ein Ergebnis der so intensiven Auseinandersetzung mit seinem Werk war die Erfahrung, daß die eigene Position auf keine der überkommenen Rezeptionsalternativen – Ausblendung Góngoras aus dem nationalen Kulturkanon oder distanzlose Begeisterung – zugeordnet werden konnte[47]. Lassen wir noch einmal Dámaso Alonso zu Wort kommen: «Hora es ya de ir mostrando los abismos que, irremediablemente, entre él (sc. Góngora) y nosotros se interponen. (...) Convendrá puntualizar serenamente en que consiste nuestra admiración por Góngora, y cómo no hay que confundirla con una absoluta adhesión ni un ciego partidismo»[48 *]. Schon derselbe Jahrgang der *Revista de Occidente,* in dem Dámaso Alonso eine Bilanz des Góngora-Jubiläums zog und daraus als Folgerung die Notwendigkeit eines reflektierteren Verhältnisses zur nationalen Kulturvergangenheit zog, präsentierte ein Programm von José María de Cossío, das wir als erste Antwort auf Dámaso Alonsos Postulat lesen können: «Captar aportaciones remotas, podría ser la formula de una actitud típica del momento español. No ahondar en el presente, sino tender cables a través del tiempo, lo mismo del que llamamos pasado que del que creemos actual. Claro es que tal función puede servir intenciones diversas, desde la de almacenar inútiles materiales, por frivolidad erudita o por frivolidad de *snob*, hasta la de transustanciar esas aportaciones en carne de nuestra vida mística, o intelectual, o estética, es decir, de nuestra vida espiritual»[49*].

Aus der Nähe von literarischer Praxis und literaturwissenschaftlicher Analyse, auf der Grundlage einer Überlappung von akademischer und gebildeter Öffentlichkeit war das historische Bewußtsein der spanischen Intellektuellen vor einem halben Jahrhundert bis zur Einsicht in die Dialektik von Alterität und Modernität vergangener Kultur fortgeschritten. Der in historische Ferne gerückte und gerade deshalb aktuelle Góngora gewann eine Aura, mit der er aus den kulturtheoretischen und kulturpolitischen Debatten um die Wende von den 20er zu den 30er Jahren heraustrat und selbst zum Objekt ästhetischer Verklärung werden konnte. Eben diese Möglichkeit verwirklichen die letzten Sätze von Lorcas oben erwähnter Abhandlung über die poetischen Bilder bei Góngora:

La mañana del 23 de mayo de 1627 el poeta pregunta constantemente la hora que es. Se asoma al balcón y no ve el paisaje, sino una gran mancha azul. Sobre la torre Malmuerte se posa una larga nube iluminada. Góngora haciendo la señal de la cruz, se recuesta en su lecho oloroso a membrillos y secos azahares. Poco después, su alma, dibujada y bellísima como un arcángel de Mantegna, calzadas sandalias de oro, al aire su túnica amaranto, sale a la calle en busca de la escala vertical que subirá serenamente. Cuando los viejos amigos llegan a la casa, las manos de don Luis se van enfriando lentamente. Bellas y adustas, sin una joya, satisfechas de haber labrado el portentoso retablo barroco de las Soledades. Los amigos piensan que no se debe llorar a un hombre como Góngora, filosóficamente se sientan en el balcón a mirar la vida lenta de la ciudad. Pero nosotros diremos este terceto que le ofreció Cervantes:

Es aquel agradable, aquel bienquisto,
aquel agudo, aquel sonoro y grave
sobre cuantos poetas Febo ha visto[50*].

5 Epilog: poesía pura, poesía civil und die Aktualität der spanischen Lyrik des Jahrhundertbeginns

Sobre una poesía sin pureza

Es muy conveniente, en ciertas horas del día o de la noche, observar profundamente los objetos en descanso: Las ruedas que han recorrido largas, polvorientas distancias, soportando grandes cargas vegetales o minerales, los sacos de las carbonerías, los barriles, las cestas, los mangos y asas de los instrumentos del carpintero. De ellos se desprende el contacto del hombre y de la tierra como una lección para el torturado poeta lírico. Las superficies usadas, el gasto que las manos han infligido a las cosas, la atmósfera a menudo trágica y siempre patética de estos objetos, infunde una especie de atracción no despreciable hacia la realidad del mundo.

La confusa impureza de los materiales, las huellas del pie y los dedos, la constancia de una atmósfera humana inundando las cosas desde lo interno y lo externo.

Así sea la poesía que buscamos, gastada como por un ácido oliente a orina y a azucena, salpicada por las diversas profesiones que se ejercen dentro y fuera de la ley[51]*.

Diese programmatisch-poetischen Sätze stellte Pablo Neruda, damals chilenischer Botschafter in Madrid, als Programm der im Oktober 1935 veröffentlichten ersten Nummer seiner Dichtungszeitschrift *Caballo verde para la poesía* voran. Es liegt auf der Hand, daß Neruda ganz bewußt auf ein Gegenkonzept, auf die theoretische Position der poesía pura Bezug nahm, die sich in den 20er Jahren – chronologisch parallel zur Góngora-Rezeption – in Spanien vor allem in der Auseinandersetzung mit den ästhetischen Schriften Paul Valérys herausgebildet hatte. ‚*Reine* Poesie' sollte nach Valéry, sieht man einmal von gewissen, in Spanien viel diskutierten ethischen Implikationen ab, von allen Referenzbezügen zur Wirklichkeit gelöst sein[52]. Nerudas deutliche Anspielung auf die poesía pura war gewiß rhetorisch wirkungsvoll, dennoch muß der Literaturhistoriker fragen, ob er sich so wörtlich tatsächlich allein von einer relativ marginalen Tendenz der spanischen Lyrik absetze.

Denn im Herbst 1935, wenige Monate nach dem Ausbruch des spanischen Brügerkriegs, standen auch die Dichter vor dramatischeren Alternativen. Als nach dem Kollaps der faschistischen Militärdiktatur Miguel Primo de Riveras (im Volksmund: „dictablanda") 1931 die Zweite Spanische Republik ausgerufen worden war, hatten sich zahlreiche Literaten, unter ihnen die meisten Mitglieder der ‚Generation von 27', öffentlich in den Dienst des neuen Staates oder einzelner Parteien gestellt – Federico García Lorca und Rafael Alberti waren die wohl prominentesten unter ihnen. Im Zuge einer zwischen 1931 und 1936 fortschreitenden politischen Polarisierung war ihr Engagement immer intensiver, ihr Eintreten für jeweilige politische Gruppen immer eindeutiger geworden. Miguel Hernández und Rafael Alberti auf der Linken standen auf der Rechten José María Pemán und Gerardo Diego gegenüber – Gerardo Diego übrigens veröffentlichte 1939 eine Sonettsammlung zu Ehren des Falange-Gründers und ‚nationalen Märtyrers' Jose Antonio Primo de Rivera. Sozialisten wie Faschisten, Alberti wie Pemán, hatten schon 1931 ihre neue, engagierte Lyrik mit dem Programmwort „*poesía civil*" getauft. Poesía civil sollte eine Lyrik sein, welche verständlich genug war, um ‚die Massen' zu erreichen, aggressiv genug, um als Waffe im politischen Kampf wirksam zu werden.

Ob eine solche Lokalisierung Nerudas seiner Intention entspricht oder nicht (man könnte immerhin vermuten, daß politische Solidarität mit Autoren wie Alberti ein Bewußtwerden künstlerischer Vorbehalte gegen die poesía civil hemmte) – die poesía sin pureza ist literarhistorisch durch ein doppeltes Negationsverhältnis bestimmt. Sie thematisiert Wirklichkeit und – darin ist sie geradezu Umkehrung der poesía pura – nicht die Wirklichkeit schlechthin, sondern die ‚unpoetische' Welt des Alltags; aber sie bringt die Welt des Alltags – und damit setzt sich Neruda von der Praxis der poesía civil ab – unter Perspektiven ins Blickfeld der Leser, welche, weit davon entfernt, mit den ‚Standpunkten' oder ‚Weltbildern' von Parteien übereinzustimmen, selbst aus dem Alltag herausgerückt sind. Nur während ganz ‚bestimmter Stunden des Tages und der Nacht', so heißt es im Vorwort zum *Caballo verde,* sei es möglich, die ruhenden Dinge des Alltags lange zu beobachten; erst dann könne der ‚gepeinigte lyrische Dichter', erst dann könnten seine Leser wieder erkennen, wie ‚Mensch und Erde' aufeinander einwirken. Geht man, wie wir es soeben getan haben, bei der Unterscheidung der drei Haupttendenzen spanischer Lyrik in den 30er Jahren unseres Jahrhunderts von den Kriterien ‚Wirklichkeitsbezug' und ‚Perspektive auf die thematisierte Wirklichkeit' aus, dann wird deutlich, daß am ehesten Nerudas poesía sin pureza an die Schreibweise der ‚Generation von 27' anknüpft. Sollte dieses Kontinuitätsverhältnis und die von ihm bedingte Nähe jeweiliger Verfahren der Textkonstitution Symptom für die Gründe sein, die dazu geführt haben, daß – etwa – Lorca *und* Neruda mittlerweile von einer immer noch wachsenden internationalen Lesergemeinde zu ‚Klassikern der Moderne' kanonisiert worden sind, während man doch wohl – im Normalfall – entschieden historisches Interesse aktivieren muß, um an der poesía pura oder der poesía civil der 30er Jahre Geschmack zu finden? Sollte der rezeptionsgeschichtliche Gegensatz zwischen ‚Kanonisierung' und – metaphorisch gesagt – ‚Vergilben' nicht als Fundament eines prägnanten ästhetischen Werturteils genutzt werden – zumal angesichts der heute im allgemeinen eher wachsenden Probleme – speziell – der Literar*historiker* mit ästhetischen Werturteilen?

Wenn Konsens darüber zu erzielen ist, daß ästhetische Werturteile – in letzter Instanz – allein von den Wirkungen – oder genauer: von den ethischen und kognitiven Wirkungsmöglichkeiten – der Texte ausgehend ergründet werden können, dann erweist sich die Hoffnung, diese Abhandlung mit einer literarhistorisch abgesicherten Wert*hierarchie* abschließen zu können als Illusion. Denn poesía pura, poesía civil und poesía sin pureza ordnen sich *je verschiedenen Feldern potentieller Wirkung* zu. Poesía pura ist ein dem Diskurs der Sprachphilosophie funktionsäquivalentes oder zumindest funktionsähnliches Medium, welches Anstöße zur Reflexion über die Konstitution und die Grenzen natürlicher Sprachen zu vermitteln vermag; poesía civil soll – vergleichsweise – extrem situationsspezifische Einigkeit des Urteilens, des Empfindens und des politischen Handelns zwischen Autoren und ihren Lesern stiften. Die Konstellation von ‚Alltag' als Referenz und von ‚Nicht-Alltäglichkeit' in der Perspektive seiner Thematisierung, welche der Name „poesía sin pureza" meint, stellt – und hier kommen wir beistimmend auf eine Formulierung Nerudas zurück – eine von der Partialität historisch spezifischer Bedürfnislagen weitgehend unabhängige Reflexion über das Verhältnis des Menschen zu ‚seiner' Wirklichkeit in Aussicht.

Poesía civil, poesía pura und poesía sin pureza können allesamt in jeder ihrer Konkretisationen scheitern oder gelingen. Diese an sich triviale Feststellung wird nicht selten durch die literaturwissenschaftliche Gewohnheit – und ihren alltagssprachlichen Hintergrund – verstellt, die Begriffe ‚Poesie' oder ‚Lyrik' allein durch ein sehr allgemeines *formales Kriterium* abzugrenzen, nämlich durch ihr Abgehobensein von der Prosasprache. Diese gemeinsame Distanz wird jedoch unter den verschiedenen Funktionsentelechien von poesía civil, poesía pura und poesía sin pureza in je verschiedener Weise genutzt und konkretisiert. In der poesía civil ermöglichen lautliche und rhythmische Rekurrenzen *gemeinsamen Vollzug, gemeinsames Sprechen* der Texte; durch dieselben formalen Besonderheiten, aber auch durch das bewußte Überschreiten jeweiliger gesellschaftlicher Sprachnormen lenkt poesía pura die Aufmerksamkeit ihrer Leser *auf die Sprache selbst;* die formale Entfernung von der Prosa (die wir als ‚Sprache des Alltags' zu identifizieren gewohnt sind) wirkt in der poesía sin pureza zusammen mit der (von Stierle eindrucksvoll beschriebenen) An-Isotopie der textimpliziten Sprecherrolle als ein Appell an die Leser, bei der Rezeption *eine Einstellung jenseits aller alltagspraktischen Relevanzperspektiven* zu beziehen.

Mindestens *eine* zentrale Frage ist bei unseren allgemeintheoretischen Überlegungen offen geblieben: Müßte man nicht für die poesía pura, deren Thema, die Strukturen und Grenzen natürlicher Sprachen, so wenig situationsgebunden ist wie das Thema der poesía sin pureza, ebenfalls sehr lang anhaltende Aktualität veranschlagen? Dieser Einwand trifft gewiß zu, was die Selbstthematisierung der Sprache im Hinblick auf ihre Konstitutionsprinzipien angeht, nicht jedoch bezüglich einer Selbstthematisierung, der es um die Grenze zwischen kommunikativer Verwendung natürlicher Sprache und eine Verwendung von ‚Materialien aus der natürlichen Sprache' geht, wo diese Verwendung mit Textverstehen nicht mehr rechnen kann oder die kommunikative Grundvoraussetzung der Textverstehbarkeit gezielt in die Aporie führt (ein einschlägiges Beispiel analysiert Dällenbach in diesem Band). Eben die *Tendenz zur Überschreitung der Grenzen kommunikativer Sprachverwendung* aber ist es, welche viele, wenn nicht die meisten jener Texte vereint, die wir den ‚lyrischen Avantgarden der Jahrhundertwende' zuschreiben. Man kann diese Tendenz als – mittelbare – Folge eines Wandels von Grundstrukturen der Zeiterfahrung deuten, dafür spricht die Semantik des Namens ‚Avantgarde'; man kann in ihr einen Protest gegen die – freilich historisch hinterfragbare – Erfahrung von ‚Autonomie' und ‚Funktionslosigkeit' der Literatur sehen. Von beiden historischen Verstehensmöglichkeiten war am Anfang dieses Artikels die Rede.

Hier – am Ende unserer Überlegungen – wollen wir ergänzend festhalten, daß auch eine (scheinbar paradoxe) Epochencharakterisierung der literarischen Moderne, die sich auf dem Kolloquium über „Lyrische Avantgarden des Jahrhundertbeginns" durchsetzte, als Folge der Tendenz zur Selbstthematisierung der Sprache im Hinblick auf ihre Grenzen dargestellt werden kann. Die Einheit der literarischen Moderne, so die These des Kolloquiums, liege in der literarhistorisch am Beginn des XX. Jahrhunderts erstmals festzustellenden Absenz eines ‚Epochenstils', die Einheit der literarischen Moderne sei die grenzenlose Vielfalt der Möglichkeiten literarischen Sprechens. Die Nähe zwischen solcher ‚paradoxer Einheit' und dem Thema von den Grenzen kommunikativer Verwendung natürlicher Sprachen liegt auf der Hand. Dieses Thema kann von jedem Text (wenn von ‚Text' hier noch die Rede sein kann) vergegenwärtigt werden, welcher die Regeln kommunikativer Sprachverwendung überschreitet, die Richtungen solchen Überschreitens aber sind eben unbegrenzt. Die zweite Folgerung lautet: Eben da die ,textuellen' Möglichkeiten zur Vergegenwärtigung des Themas von den Grenzen kommunikativer Sprachverwendung von vornherein unbegrenzt sind, birgt dieses Thema nicht die Chance prozeßhaft-*literarhistorisch* zu entfaltender Variation und Vervollkommnung in sich. In den literarischen Avantgarde-Bewegungen fällt die Erfahrung des zentralen Themas mit seinem Trivialwerden zusammen.

Nun hat der Hauptteil unserer Untersuchung, in dem wir ausgehend vom Brennpunktereignis der Góngora-Rezeption im Jahr 1927 versucht haben, das sozialhistorische und poetologische Bedingungsgefüge für die Konstituierung literarischer Modernität in Spanien während der ersten drei Jahrzehnte dieses Jahrhunderts zu rekonstruieren, zweierlei deutlich – und, wie wir hoffen, verstehbar – gemacht: das Thema von den Grenzen kommunikativer Sprachverwendung und das Überschreiten eben dieser Grenze bleibt in der spanischen Lyrik zwischen Jahrhundertwende und Beginn des Bürgerkriegs *marginal;* es gibt – und dies ist ja in der Verwendung des Prädikats ,marginal' schon impliziert – in Spanien sehr wohl eine *Haupttendenz* bei der Konstitution lyrischer Texte während jener dreieinhalb Jahrzente. Haben wir einleitend den Sondercharakter lyrischer Modernität in Spanien ex negativo erklärt (nämlich durch das Ausbleiben kollektiv erlebter, neuartiger Probleme bei der Wirklichkeitserfahrung und eine kollektiv erlebte Umstrukturierung von Grundprinzipien der Zeiterfahrung), können wir nun, wenn wir die Góngora-Rezeption als Symptom für eine allgemeine Disposition der lyrischen Autoren und ihres Publikums in Spanien ausdeuten, auch positive Gründe für den historischen Sachverhalt benennen, daß die dominierenden Paradigmen moderner Lyrik in Spanien, nämlich die Werke der ,Generation von 27' und die poesía sin pureza, fundiert sind in der besonderen Konstellation eines Festhaltens am Prinzip der Wirklichkeitsreferenz einerseits und andererseits einer von alltagspraktischen Relevanzen unabhängigen Perspektivierung eben dieser Wirklichkeitsreferenz. Das Ziel der spanischen Intellektuellen des Jahrhundertbeginns, die *Essenz der nationalen Geschichte neu zu erfassen* und die *,Kultur des Volkes'* als Zugang zu einer solchen ,adäquaten Geschichtsinterpretation' zu nutzen, war mit dem bloßen avantgardistischen Überschreiten von Grenzen kommunikativer Sprachverwendung nicht realisierbar, bedingte – positiv formuliert

– darüber hinaus das Insistieren auf einer aus den Texten rekonstituierbaren semantischen Gestalt als Grenze der Verfremdung. Die Frontstellung der – meisten – modernen Lyriker Spaniens *gegen eine ‚offizielle' kulturelle Traditionsbildung* und deren Hang zur expliziten Vermittlung wohlfeiler Lebensweisheiten provozierte Begeisterung für die *intellektuelle Herausforderung,* die in ‚dunklen Texten' – wie denen Góngoras – steckte, und eine Distanznahme zu alltagspraktischen Relevanzprofilen.

Zu jener Konstellation von Prinzipien der Textkonstitution, welche die Haupttendenz lyrischer Modernität in Spanien kennzeichnet, sind die Dichter in anderen Ländern nach der – aus benannten Gründen – so erstaunlich raschen ‚Abnutzung' des Themas von den Grenzen der kommunikativen Sprachverwendung in den Avantgarde-Bewegungen zurückgekehrt. Die Formel „Referenzhaltigkeit und Distanz zur alltagspraktischen Perspektivierung" ist natürlich offen für Konkretisierungen in die verschiedensten Richtungen, so daß es auf Anhieb nicht unbedingt naheliegt, sie als einen gemeinsamen Nenner der Lyrik eines Brecht, eines Ponge oder eines Pound zu identifizieren. Gewiß ist aber die kaum in Frage gestellte Aktualität solcher Lyriker und ihrer Werke eine weitere, sehr wichtige Voraussetzung für die Kontinuität in der Rezeption spanischer Lyrik aus den ersten dreieinhalb Jahrzehnten dieses Jahrhunderts und für deren Kanonisierung.

In Spanien selbst – und mit dieser Bemerkung möchten wir unsere Überlegungen beschließen – ist die Kontinuität in der Rezeption der Lyrik der ‚Generation von 27' und der poesía sin pureza heute geradezu ein Substitut für die – ausbleibende – Fortsetzung der im ersten Drittel unseres Jahrhunderts begründeten lyrischen Tradition durch gegenwärtige Produktion. Dafür sprechen die Verleihung des Nobel-Preises an Vicente Aleixandre auf internationaler Ebene und auf nationaler Ebene die unantastbare kulturrepräsentative Position von Dámaso Alonso, die ungebrochene Verehrung also, welche diesen – zusammen mit Rafael Alberti – beiden letzten Überlebenden von den Freunden der Lorca, Machado, Neruda zuteil wird. Die Möglichkeit, ihre künstlerischen Impulse – im wahrsten Sinne des Wortes – an jüngere Generationen von Dichtern zu *tradieren,* scheint von der Erfahrung des Bürgerkriegs abgeschnitten worden zu sein. Antonio Machados letztes Gedicht, das im Bürgerkriegsjahr 1936 entstand, artikuliert – ein letztes Mal in lyrischer Schreibweise –, daß im Vernichtungskampf der ‚beiden Spanien' der psychische, kognitive und – vielleicht auch –

der Zeit als Muße erlebbar machende Spielraum für die ästhetische Distanznahme von alltagspraktischen Relevanzen schwand. Die ‚kältestarrende Luft' des ‚anderen Klimas' hat die ‚Stradivari' des Dichters verstummen lassen. Sein Ohr blutet. Er kann nicht mehr Prophet sein, die Zeichen der Natur nicht mehr entziffern. Noch in dieser eine Blütezeit der spanischen Kultur beschließenden Reflexion über Gründe des Verstummens der literarischen Moderne in Spanien bewähren sich die poetologischen Einsichten und das historische Bewußtsein, welche aus der Dichtung und ihrer Lektüre während der ersten dreieinhalb Jahrzehnte des 20. Jahrhunderts in Spanien hervorgegangen waren und sie begleitet hatten.

OTRO CLIMA

«Oh cámaras del tiempo y galerias
del alma! !Tan desnudas!
— dijo el poeta —. De los claros días
pasan las sombras mudas.
Se apaga el canto de las viejas horas
cual rezo de alegrías enclaustradas;
el tiempo lleva un desfilar de auroras
con séquito de estrellas empanadas.
?Un mundo muere? ?Nace
un mundo? ?En la marina
panza del globo hace
nueva nave su estela diamantina?
?Quillas al sol la vieja flota yace?
?Es el mundo nacido en el pecado,
el mundo del trabajo y la fatiga?
?Un mundo bueno para ser salvado
otra vez? ?Otra vez? Que Dios lo diga.»
Calló el poeta, el hombre solitario
porque un aire de cielo aterecido
le amortecía el fino estradivario.
Sangrábale el oído.
Desde la cumbre vio el desierto llano
con sombras de gigantes con escudos,
y en el verde fragor del océano
torsos de esclavos jadear desnudos.
Y un *nihil* de fuego escrito
tras de la selva huraña,
en áspero granito,
y el rayo de un camino en la montaña . . .53*

ANMERKUNGEN

1 Vgl. – beispielsweise – G. G. Brown, *El siglo XX* (Historia de la literatura española Bd 6), Barcelona 1974, und C. Blanco Aguinaga/J. Rodríguez Puértolas/I. M. Zavala, *Historia social de la literature española (en lengua castellana),* Bd 2 und Bd 3, Madrid 1978. Das einschlägige Kapitel bei Brown heißt schlicht «Poesía». Die ‚Sozialgeschichte der spanischen Literatur' hingegen versucht ihrem Sonderanspruch gerecht zu werden, indem sie die Kapitelgliederung an der politischen (!) Geschichte ausrichtet (man findet – auch – die Lyrik des frühen XX. Jahrhunderts unter dem Titel «El siglo XX: Monarquía en crisis, República») und die nach traditionellem Muster biographistisch und immanentistisch gestaltete *literar*historische Darstellung hie und da mit Marx-Zitaten oder schiefen Aktualisierungen garniert. – Die folgende Abhandlung gehört zu den Vorarbeiten für eine ‚Sozialgeschichte der spanischen Literatur im XIX. Jahrhundert'; ihre theoretisch-methodologische Fundierung und ihre Grundstruktur sind zur Diskussion gestellt in Vf., "For a history of spanish literature 'against the grain'", in *New literary history* 11 (1979/80) S. 277-302.

2 Zitiert nach J. M. Rozas, *La generación del 27 desde dentro – Textos y documentos,* Madrid 1974, S. 152; vgl. S. 166 f., den Text von Dámaso Alonso. (Den Hinweis auf diese ausgezeichnete Anthologie verdanken wir C. Real Ramos).

3 Eine informative und – hinsichtlich des Generationenbegriffs als literarhistorischer Kategorie – kritische Übersicht zu diesem Ereignis bieten jetzt J. Link/U. Link-Heer, *Literatursoziologisches Propädeutikum,* München 1980, S. 362-367.

4 Vielfältige Vorgaben in dieser Richtung übernehmen wir aus den ersten drei Kapiteln von Werner Krauss' – bahnbrechendem, aber von der Hispanistik kaum rezipiertem – Buch *Spanien 1900-1965 – Beitrag zu einer modernen Ideologiegeschichte,* München 1972.

5 P. Bürger, *Theorie der Avantgarde,* Frankfurt 1974; dazu Vf.s Rezension in *Poetica* 7 (1975) S. 223-233, M. Lüdke (Hg.), *„Theorie der Avantgarde" – Antworten auf Peter Bürgers Bestimmung von Kunst und bürgerlicher Gesellschaft,* Frankfurt 1976, und K. Barck/D. Schlenstedt/W. Thierse (Hgg.), *Künstlerische Avantgarde – Annäherungen an ein unabgeschlossenes Kapitel,* Berlin 1979.

6 „Noten zum Surrealismus", in W. Iser (Hg.), *Immanente Ästhetik – Ästhetische Reflexion – Lyrik als Paradigma der Moderne* (Poetik und Hermeneutik, Bd. 2), München 1966, S. 139-144 (Diskussion, S. 429-442).

7 *Spanien 1900-1965* S. 100.

8 Zitiert nach Manuel y Antonio Machado, *Obras completas,* Madrid 1967, S. 659.

9 Vgl. E. Dehennin, *La résurgence de Góngora et la Génération poétique de 1927,* Paris 1962, S. 27. Dieses Buch präsentiert eine kaum überbietbare Belegfülle zur internationalen Góngora-Rezeption im frühen XX. Jahrundert und ihrer Vorgeschichte seit dem Siglo de Oro.

10 M. Menéndez Pelayo, *Historia de las ideas estéticas en España*, in R. de Balbin (Hg.), *Edición nacional de las obras completas de Menéndez Pelayo*, Bd. 2, Madrid 1962, S. 329 f.

11 Vgl. das Resumé zur Góngora-Rezeption des Modernismo bei Dehennin, *La résurgence de Góngora*, S. 55.

12 Ein von P. O'Riordan eingeleiteter und kommentierter Reprint von *Alma española* ist 1978 bei den Ediciones Turner (Madrid) erschienen.

13 Wir übernehmen den Terminus von N. Luhmann, „Weltzeit und Systemgeschichte – Über Beziehungen zwischen Zeithorizonten und sozialen Strukturen gesellschaftlicher Systeme", in *Kölner Zeitschrift für Soziologie und Sozialpsychologie*, Sonderheft 16, S. 81-115, bes. S. 91 ff.

14 Vgl. zu Unamunos Desinteresse an Góngoras Werk die bei Dehennin, S. 31, 33, zitierten Dokumente.

15 Vgl. Dehennin, S. 41.

16 Miguel de Unamuno, *Ensayos*, Bd 2, Madrid 1964, S. 34-37.

17 Zu den verschiedenen Modi der Grenzaufhebung zwischen Kunst und Leben, aber auch zu einer Kritik der literarhistorischen Übernahme dieser Selbstdeutung der ‚historischen Avantgarden' vgl. Barck/Schlenstedt/Thierse, „Einleitung", in dies. (Hgg.), *Künstlerische Avantgarde* S. 7-21, bes. S. 9 f.

18 Vgl. zur Genese des literarischen Intentionslosigkeits-Postulats (und damit zur Vorgeschichte der Funktionslosigkeits-Klage) Vf., „Skizze einer Literaturgeschichte der Französischen Revolution", in J. von Stackelberg (Hg.), *Neues Handbuch der Literaturwissenschaft*, Bd 13, Wiesbaden 1980, S. 269-328, bes. S. 329 f., und „Lebenswelt als Fiktion/Sprachspiele als Antifiktion – Über Funktionen des realistischen Romans in Frankreich und Spanien", in D. Henrich/W. Iser (Hgg.), *Funktionen des Fiktiven* (Poetik und Hermeneutik, Bd 10), München 1982.

19 K. Barck, „Differenzierung der Beziehungen zwischen künstlerischer und politischer Avantgarde. Blickrichtung französischer Surrealismus", in Barck/Schlenstedt/Thierse, *Künstlerische Avantgarde* S. 191-219, hier S. 200.

20 Vgl. *Les Mots et les Choses*, Paris 1966.

21 Vgl. Vf., „Zum Wandel des Modernitätsbegriffes in Literatur und Kunst", in R. Koselleck (Hg.), *Studien zum Beginn der modernen Welt*, Stuttgart 1977, S. 375-382, und Art. „Modern, Modernität, Moderne", in O. Brunner/W. Conze/R. Koselleck (Hgg.), *Geschichtliche Grundbegriffe – Historisches" Lexikon zur politisch-sozialen Sprache in Deutschland*, Bd 4, Stuttgart 1978, S. 93-131 (dort weitere Literatur). – Beide Arbeiten verfolgen jene sozialhistorische Forschungsrichtung einer Rekonstruktion kollektiver Modi der Zeiterfahrung, die R. Koselleck während der letzten fünfzehn Jahre propagiert und exemplifiziert hat; Kosellecks einschlägige Arbeiten sind jetzt zugänglich in dem Band *Vergangene Zukunft – Zur Semantik geschichtlicher Zeiten*, Frankfurt 1979.

22 Zu den funktionsgeschichtlichen Beziehungen zwischen Krise der représentabilite des êtres, literarischem Realismus und avantgardistischer Lyrik vgl.

Barck, „Differenzierung der Beziehungen zwischen künstlerischer und politischer Avantgarde". S. 202, und vor allem L. Costa Lima, *Mímesis e modernidade – Formas das sombras*, Rio de Janeiro 1980, bes. S. 65-227, der die neuesten französischen und westdeutschen Arbeiten zur Geschichte der Zeiterfahrungsmodi für eine literarische Funktionsgeschichte nutzt.

23 Vgl. Vf./J. J. Sánchez, „Der Misanthrop und die Tänzerin – Über die Gattung des spanischen ‚Costumbrismo' und die Beziehungen zwischen Gesellschaft, Wissen und Diskurs", erscheint 1982 in einem von J. Link und W. Wülfing herausgegebenen Sammelband mit Arbeiten des Bochumer Sonderforschungsbereichs „Wissen und Gesellschaft im XIX. Jahrhundert" in der Reihe „Sprache und Geschichte" bei Klett/Cotta (Stuttgart).

24 Vgl. Vf., „Lebenswelt als Fiktion/Sprachspiele als Antifiktion – Über Funktionen des realistischen Romans in Frankreich und Spanien" (vgl. Anm. 18).

24a Wir geben lediglich den ersten von neun Teilen des Gedichts *Campos de Soria* wieder; zitiert nach *Obras completas* S. 767.

25 José Ortega y Gasset, *La deshumanización en el arte*, Madrid [8]1964, S. 32-34.

26 *Spanien 1900-1965* S. 107.

27 Vgl. H. R. Jauß' einschlägige Problemgeschichte „Aisthesis: die rezeptive Seite der ästhetischen Erfahrung (voir plus de choses qu'on n'en sait)", in *Ästhetische Erfahrung und literarische Hermeneutik*, München 1977, S. 97-13.

28 *La deshumanización en el arte*, S. 63: «No hay duda: entra Europa en una etapa de puerilidad. El suceso no debe sorprender. La historia se mueve según grandes ritmos biológicos. Sus mutaciones máximas no pueden originarse en causas secundarias y de detalle, sino en factores muy elementales, en fuerzas primarias de carácter cósmico. Bueno fuera que las diferencias mayores y como polares, existentes en el ser vivo – los sexos y las edades – no ejerciesen también un influjo soberano sobre el perfil de los tiempos. Y, en efecto, fácil es notar que la historia se columpia rítmicamente del uno al otro polo, dejando que en unas épocas predominen las calidades masculinas y en otras las femeninas, o bien exaltando unas veces la índole juvenil y otras la de madurez o ancianidad»*.

29 Bark/Schlenstedt/Thierse, „Einleitung" S. 13.

30 Vgl. Krauss, *Spanien 1900-1965* S. 83-91. Krauss gehörte zeitweilig selbst der tertulia von Gómez de la Serna im Madrider Café Pombo an und wurde als „alemán rebelde" von Gómez de la Serna im zweiten Teil der Pombo-Chronik (1924) literarisch verewigt.

30a Zitiert nach Rozas, *La generación del 27 desde dentro* S. 101.

31 Zitiert nach Rozas, S. 115 f.

32 Vgl. Dehennin, *La résurgence de Góngora* S. 28 f., 65.

33 C. Sánchez-Albornoz, «España y Francia en la Edad media. Causas de su diferenciación política», *Revista de Occidente* (1923). Der Ertrag dieser Diskussion ist zugänglich in zwei monumentalen Werken: Américo Castro, *La realidad histórica de España*, Mexico 1975, und Claudio Sánchez-Albor-

noz, *España – Un enigma histórico* (2 Bde), Barcelona 1977. – Vgl. zum kulturgeschichtlichen Ort der Albornoz-Castro-Debatte und zu ihrer gegenwärtigen Bedeutung als Anregungspotential für sozial- und literarhistorische Studien K. Schnelle, „Zur geschichtlichen Grundlegung der hispanistischen Studien bei Werner Krauss", in H. Scheel (Hg.), *Literaturgeschichte als geschichtlicher Auftrag – In memoriam Werner Krauss*, Sitzungsberichte der Akademie der Wissenschaften der DDR/Gesellschaftswissenschaften/Jahrgang 1978, Nr. 5/G, S. 214-222.

34 Fernando Vela, «El suprarrealismo», *Revista de Occidente* 6 (1924) S. 428-434, hier S. 430 f.

35 Zugänglich in der oben (Fn. 28) zitierten Ausgabe von *La deshumanización en el arte* S. 171-176.

36 *Revista de Occidente* 3 (1924) S. 129-160. Die geplante Fortsetzung dieses Essays, der als „primera parte" veröffentlicht wurde, hat Ortega offenbar nicht geschrieben, denn der identische Text geht, S. 185-207, ohne Hinweis auf einen zweiten Teil in die zitierte *Deshumanización*-Ausgabe ein. – Daß Ortegas Position tatsächlich als *Vermittlung* zwischen den Avantgarden (Ultraísmo, Creacionismo) und der Lyrikkonzeption von Autoren der ‚Generation von 98' verstanden werden muß – nicht einseitig als Kritik der Avantgarden und als Versuch ihrer geschichtsphilosophischen Deutung – zeigt sein Briefwechsel mit Antonio Machado, dem er 1912 «menos *impresión* y más *construcción*» verordnete. Vgl. J. L. Cano (Hg.), «Tres cartas inéditas de Machado a Ortega», *Revista de Occidente*, tercera época 5/6 (März/April 1976) S. 26-33, hier S. 30.

36a *Revista de Occidente* 3 (1924) S. 159 f.

37 Gerardo Diego, «Un escorzo de Góngora», *Revista de Occidente* 3 (1924) S. 76-89, hier S. 85.

38 Vgl. den ausführlichen Bericht bei Dehennin, S. 85 ff.

39 «Antología poética en honor de Góngora, recogida por Gerardo Diego», *Revista de Occidente* 18 (1927) S. 396-401, hier S. 397.

40 «Claridad y belleza en las 'Soledades'», in *Góngora, Soledades*, editadas por Dámaso Alonso, Madrid 1927; «Alusión y elusión en la poesía de Góngora», *Revista de Occidente* 19 (1928) S. 179-202.

41 „Syntax in dunkler Lyrik (zu Mallarmés *A la nue accablante)*", in W. Iser (Hg.) *Immanente Ästhetik – Ästhetische Reflexion* S. 33-46, hier S. 37.

42 «Notas bibliográficas», *Revista de filología española* 14 (1927) S. 443 f.; die Besprechung der *Soledades*-Ausgabe von Dámaso Alonso ist mit den Buchstaben P. S. gezeichnet.

43 Der Góngora-Originaltext und die Übertragung werden zitiert nach Dámaso Alonso, *Góngora y el «Polifemo»*, Bd 2, Madrid [4]1961, S. 215 f.; die Passage aus der Reprise von Gerardo Diego entnehmen wir dem Reprint der Nummern 1-9 von *Litoral*, der 1975 bei Detlev Auvermann (Frankfurt)/Ediciones Turner (Madrid) erschienen ist (Números 5, 6, 7, Octubre 1927, S. 27).

44 Übersetzungsvorschlag zu Diegos Text: „Von der ehrlichen Ebene des Flächenwinkels, / der beim Drehen seiner Flächenschnittlinie klagt, / betrachtet

der Liebhaber – auf Zedernhöhe – / die Geliebte, die in seiner Hypothese ruht / und löst, die Lende des Augenblicks liebkosend, die beiden Hände abebbend auf."

45 E. M. Torner, «Elementos populares en las poesías de Góngora», *Revista de filología española* 14 (1927) S. 415-424, hier S. 424.

46 «La imagen poética de don Luis de Góngora», unten zitiert nach Federico García Lorca, *Obras completas*, Madrid [16]1971, S. 62-85.

46a A. a. O. S. 430; es handelt sich um die erste Strophe aus dem vierten Teil des *Romancero gitano*, der den Titel *Romance somnámbulo* trägt.

47 Vgl. K. Barck, „Góngora und die Poetik", in W. Bahner (Hg.), *Beiträge zur französischen Aufklärung und zur spanischen Literatur* (Festgabe für Werner Krauss zum 70. Geburtstag), Berlin 1971, S. 477-492, hier S. 479; Barck tut allerdings – zumindest: dem jungen – Dámaso Alonso Unrecht, wenn er ihm vorwirft, Góngora „als Ausdruck eines ewigen spanischen Gesetzes" gesehen zu haben. – W. Krauss, „Das neue Góngorabild", in ders., *Gesammelte Aufsätze zur Sprach- und Literaturwissenschaft*, Frankfurt 1949, S. 185-198, entwickelt eine Synthese der – etwa – zwischen 1927 und 1935 entstandenen literaturwissenschaftlichen Góngora-Arbeiten, in denen sich für ihn eine Wende von der rein stilistisch-deskriptiven zur form*geschichtlichen* Interpretation vollzogen hatte.

48 «Alusión y elusión en la poesía de Góngora» S. 198 f.

49 «Clásicos olvidados», *Revista de Occidente* 18 (1927) S. 123-125, hier S. 124.

50 «La imagen poetíca de don Luis de Góngora» S. 84 f.

51 Pablo Neruda, «Sobre una poesía sin pureza», *Caballo verde para la poesía* (Madrid, Octubre 1935) S. 5. – Die Nummern 1-4 des *Caballo verde* sind 1974 bei Detlev Auvermann (Glashütten im Taunus)/Kraus (Liechtenstein) als Reprint erschienen.

52 Vgl. etwa den bei Rozas, *La generación del 27 desde dentro* S. 146 f., wiedergegebenen Brief Jorge Guilléns an Fernando Vela aus dem Jahr 1926, in dem Guillén von seinen Gesprächen mit Valéry und deren Einfluß auf seine eigene Poetik und Dichtung berichtet.

53 S. 767 in der oben zitierten Machado-Ausgabe.

Übersetzung der spanischsprachigen Zitate

Zitat I/S. 145 f.

Spanien konnte der *diffusion mondiale du surréalisme* nicht fernstehen. Jener Stil war freilich nicht mehr als der Teil eines Übergangs . . . Genau weil sie nicht am *terme extrême de l'aspiration surréaliste, à sa plus forte 'idée limite'* angelangten, erreichten Federico García Lorca, Vicente Aleixandre, Emilio Prados, Luis Cernuda, Rafael Alberti, Manuel Altolaguirre ihre eigene Vollendung, schrieben sie ihre eigenen, eigenständigen Gedichte.

Zitat II/S. 149

Die Arbeiten dieses ersten, im Januar 1903 veröffentlichten Buchs wurden zwischen 1899 und 1902 geschrieben. In jenen Jahren war der von der damals modischen Kritik heiß umkämpfte Rubén Darío das Idol einer elitären Minderheit. Auch ich bewunderte den Autor der *Prosas Profanas,* den unvergleichlichen Meister der Form und des Fühlens, der uns später die Tiefgründigkeit seiner Seele in *Cantos de vida y esperanza* offenbarte. Aber ich lernte – und vergeßt nicht, daß ich mich mit Vorsätzen statt mit Erfolgen brüste – einen ganz anderen Weg zu verfolgen. Ich dachte nämlich, daß das poetische Element nicht das Wort in seinem Lautwert war, auch nicht die Farbe oder die Linie oder ein Bündel von Empfindungen, sondern eine tiefe Bewegung des Geistes; was uns die Seele gibt, wenn sie überhaupt etwas gibt, oder was sie, wenn sie überhaupt etwas sagt, mit eigener Stimme sagt, ist eine lebendige Antwort auf die Berührungen mit der Welt.

Zitat III/S. 150 f.

Góngora hatte es gewagt, ein ganzes Poem *(Las Soledades)* zu schreiben, das keinen Gegenstand, keine innere Poesie, keine Gefühle, keine Ideen hatte – einen Schein oder einen Schatten eines Gedichts, das gänzlich der Seele beraubt war. Allein mit einer extravagenten Diktion *(verba et voces praetereaque nihil)* wollte er das Fehlen von schlechthin allem, was ein Gedicht ausmacht, ausgleichen, ja sogar das Fehlen seines früheren Talents als Landschaftsdichter. Nie hat man in einem einzigen Werk zugleich soviel Absurdes und soviel Nichtssagendes gesehen ... Es kommt so weit, daß man sich für den menschlichen Verstand schämt, wenn man daran denkt, daß ein Dichter in einem solchen Werk die Reife seines Talents vergeudete, der – wenn er schon nicht zu den größten zählte (wie man ihm heute freizügig einräumt) – so doch in den kleinen Gedichten seiner Jugendzeit einer der eigenartigsten, reichsten und begeisterndsten gewesen war. Und das Erstaunen wächst noch, wenn man bemerkt, daß ein Werkchen ... wie *Las Soledades,* in dem nicht eine Linie an den Autor der Romanzen der Gefangenen und der Führer von Afrika erinnert, Schule machen und ein unendliches Nachleben entfalten sollte ...

Zitat IV/S. 151

Und außerdem ist der Vorwurf der Frankreich-Nachahmung schlichtweg ungerecht. Diese Schriftsteller, die Modernisten genannt werden, sind – im Literarischen – die spanischsten von allen; es sind jene, welche aus Liebe zu den alten Stilarten und Dichtungstechniken der Vergangenheit, aus Bewunderung für das Bewundernswerte an den spanischen Klassikern versuchen, dies in die Gegenwart zu bringen; welche die hellen Wasser der Inspiration an ihnen lernen und in der mystischen Quelle der Volksdichtung schöpfen.

Zitat V/S. 152

Wir müssen auch festhalten, daß es für die Menschen nichts Endgültiges und Unveränderliches gibt. Das Absolute existiert nicht; einige Geschmacksrichtungen, ein geschulteres Empfinden, eine zuvor unbekannte ästhetische Ausrichtung, die unaufhaltsame Wirkung der Jahrhunderte können es bewirken, daß Werke, welche wir mit Freude genießen, künftige Generationen kaltlassen.

Zitat VI/S. 158

Es ist die Erde von Soria rauh und kalt. Über die kahlen Hügel und Gebirgszüge, die grünen Matten, die aschfahlen Erhebungen zieht der Frühling; er läßt zwischen dem Duft der Kräuter seine winzigen weißen Margeriten. Die Erde belebt sich nicht, das Land schlummert. Wenn der April beginnt, ist der Rücken des Moncayo noch verschneit; der Wanderer trägt in seinen Schal gewickelt Hals und Mund, und die Hirten ziehen mit ihren langen Mänteln bedeckt.

Zitat VII/S. 158

Es kommt dem Maler nicht in den Sinn, sich der Wirklichkeit mehr oder weniger linkisch anzunähern, vielmehr sieht man, daß er gegen sie angegangen ist. Er hat sich fest entschlossen, ihre Formen auseinanderzunehmen, den menschlichen Blickwinkel in ihr zu brechen, sie zu entmenschlichen. Mit den Dingen, die in einem traditionellen Gemälde dargestellt waren, konnten wir wie mit einer Illusion zusammenleben. In die *Gioconda* haben sich viele Engländer verliebt. Mit den im neuen Gemälde dargestellten Gegenständen ist das Zusammenleben unmöglich: weil er aus jenen die Perspektive erlebter Wirklichkeit herausgebrochen hat, hat der Maler die Brücke zerstört und die Schiffe verbrannt, die uns zu unserer Alltagswelt gebracht hätten. Er verläßt uns dort, wo wir in ein abstruses Universum eingeschlossen sind, er zwingt uns zur Auseinandersetzung mit Objekten, für die jede Auseinandersetzung auf menschliche Weise ausgeschlossen ist. Wir müssen also aus dem Stegreif eine neue Form des Umgangs erfinden, die anders ist als unsere übliche Form, die Dinge zu erleben; wir müssen noch gar nicht erahnte Handlungen schaffen und erfinden, damit sie jenen unerhörten Figuren angemessen seien . . .
Man wird sagen, daß es im Hinblick auf ein solches Ergebnis einfacher wäre, ganz auf diese menschlichen Formen – Mensch, Haus, Berg – zu verzichten und gänzlich eigenständige Figuren zu konstruieren. Aber solches ist zuallererst gar nicht realisierbar. Wohl noch in der abstraktesten, rein ornamentalen Linie schlägt der Keim einer unauslöschbaren Erinnerung an gewisse ‚natürliche' Formen. Zweitens – und dies ist der wichtigere Grund – ist die Kunst, von der wir sprechen, nicht allein deshalb unmenschlich, weil sie nichts Menschliches enthält, sondern weil sie in der aktiven Handlung des Entmenschlichens besteht. Auf seiner Flucht vor dem Menschlichen ist ihm (sc. dem Künstler) nicht der Zielpunkt primär wichtig, die vielgestaltige Fauna, zu der er gelangt, sondern der Ausgangspunkt, die menschliche Hinsicht, welche er zerstört. Es geht nicht darum, etwas zu malen, das dann gänzlich von einem Menschen oder einem Haus oder einem Berg verschieden sein soll, sondern darum, einen Menschen zu malen, der so wenig wie möglich einem Menschen ähnelt, ein Haus, das nur das Allernotwendigste enthält, damit wir seine Verwandlung noch nachvollziehen können, einen Kegel, der wie durch ein Wunder aus einem Gegenstand hervorging, der vorher ein Berg war – geradeso wie eine Schlange aus ihrer Haut fährt.

Zitat VIII/S. 160

Futurismus! Aufruhr! Reiterspiel! Fest mit Wagnermusik! Modernismus! Sternengewalt! Kreislauf im Venenapparat des Lebens! Antiuniversitätentum! Zypressenfällen! Bildersturm! Steinwurf in ein Auge des Monds! Brechende seismische Bewegung, welche die Länder umkreist, um sie zu erneuern und ihnen Jugend zu geben! Egge des Pflügers! Säkularisierung der Friedhöfe! Entschwängerung der Frau, um sie in Freiheit und zum rechten Augenblick, ohne jene große Befleckung der Idyllen und der Ehen zu besitzen! Festansprache auf einem Feld mit Pyramiden! . . .

Zitat IX/S. 161

Der Dichter ist der Eingeweihte, er kennt das mysteriöse Spiel, welches die Wörter fliegen und sich um ihn versammeln läßt, so als gäbe es einen Schmetterlingsmagneten. Der Dichter ist es, welcher dieses Spiel des Wortzufalls menschlich macht, der es leitet und ihm so etwas wie eine Bestimmung gibt. Das Gedicht wird so lange eine vollkommene Einheit haben, wie kein Wort ausbricht und alle dem Stab des Führers folgen wie eine Herde, die einen Hügel hinaufsteigt.

Zitat X/S. 163

Letztlich folgt der Surrealismus dem Verfahren anderer extremistischer Schulen: man hebe eines aus all jenen Elementen, die zusammen das Kunstwerk konstituieren, ein einzelnes nur heraus – die eindimensionale Form oder den Umfang oder die Farbe oder das Bild – und mache es zum wesentlichen und einzigen Element. In der literarischen Arbeit spielen eine Vielzahl von bewußten und unbewußten Komponenten zusammen; die ersteren läßt der Surrealismus beiseite, ja er unterdrückt sie – das gilt sogar für den künstlerischen Geschmack, das ästhetische Urteil –, um ausschließlich die letzteren wirken zu lassen. Es kommt freilich, sei es aufgrund einer zufälligen Ironie, sei es aufgrund einer hinterhältigen Ironie der Kritik, häufig vor, daß man kubistische Werke wegen gewisser Farbharmonien lobt, ein impressionistisches Bild wegen seines besonders gelungenen räumlichen Ausdrucks und sogar – allein im Hinblick auf die Ausdehnung – ein riesiges Bild wegen eines Quadratmillimeters, der mit der Detailgenauigkeit der primitiven Kunst gemalt ist.

Zitat XI/S. 164

Der Philosoph lenkt seine Aufmerksamkeit noch mehr auf sich selbst zurück; statt sie auf das Subjektive als solches zu lenken, konzentriert er sich auf das, was man bisher als ‚Bewußtseinsinhalt' benannte, auf das Innersubjektive. Es ist denkbar, daß das, was sich unsere Vorstellung vorstellt, und das, was unsere Gedanken denken, keine Referenz in der Wirklichkeit hat, aber deshalb ist dies doch nicht bloß subjektiv. Eine Halluzinationswelt mag nicht wirklich sein, aber deswegen bleibt sie doch eine Welt, ein objektiv bestehendes Universum, erfüllt von Sinn und Vollkommenheit. Auch wenn der imaginäre Kentaur nicht in der Wirklichkeit mit Schwanz und wehender Mähne auf echten Weiden dahingaloppiert, so besitzt er doch eine besondere Art der Unabhängigkeit gegenüber dem Subjekt, welches ihn imaginiert. Er ist ein virtuelles Objekt oder, wie man in der neuesten Philosophie sagt, ein ideelles Objekt. Das genau ist jene Kategorie von Phänomenen, die der heutige Denker für besonders angemessen hält, um seinem Universalsystem als Fundament zu dienen. Wie sollte einem da die Übereinstimmung zwischen einer solchen Philosophie und ihrer Malerei, ob sie nun Expressionismus oder Kubismus heißt, nicht ins Auge fallen?

Zitat XII/S. 165

Oft komponiert seine (sc. Góngoras) besondere Syntax in seinen späteren Versuchen die Sätze um und zerschneidet sie, wobei die Sätze – abgesehen von dem, was sie an sich sind – schon mit Stimuli dicht besetzt sind. Ein Dichter, den ich sehr bewunderte, zeigte mir einmal einige jener Funde an, die er erzielte, wenn er, der Bewegung des Rhythmus folgend, bestimmte Verse isolierte. „Der blaue Stand meiniger Person". Dieser Vers führt den Satz fort: „Ein leuchtender Spiegel war des Saphirs", der in Polyphems Mund gelegt ist. Und auch wenn diese Perspektive, den Vers in seinem falschen, abgetrennten Sinn zu betrachten, nicht zu dem führt, was Góngora sagen wollte, so ist er doch von einer unschätzbaren Schönheit und – genau wie in dem Fall, den wir zu Beginn dieser Bemerkung vorstellten – „das ist es". Genau wie es jene Felsen in Kamel- oder Elefantenform sind, die man sich als Naturwunder zeigt, oder jene Torsi, welche die schroffen Stämme dieser vielbesuchten Olivenhaine und jener berühmten Kiefern zeigen. Und wir werden diese Formen des Zufalls nicht der Natur zuschreiben, aber der Blick der Künstler hat ihr viel zu danken.

Ein ganzer, noch jungfräulicher Góngora bleibt der ästhetischen Wertschätzung nach unserer Formel zu erschließen. Der reiche Rohstoff in der Konstruktion seiner Strophen schließt eine eigene poetische Kraft in sich, welche, je nach dem Grundmotiv, das man ihr anlegt, die verschiedensten Sätze hervorbringt.

Zitat XIII/S. 167

Im ersten Viertel des XX. Jahrhunderts findet schrittweise und aus verschiedenen und sehr komplexen Gründen ein vollständiger Wandel der Betrachtungsweise des Lebens als Gegenstand der Wissenschaft oder der Kunst statt. Die neue Weise, das ästhetische Phänomen zu verstehen, wird von einer neuen kritischen Wertung der Literatur der Vergangenheit begleitet. Und von neuem gewinnt Bedeutung ein Dichter wie Góngora, dessen zentrale Bemühung die Schaffung eines poetischen Kosmos war, an dem die Wirklichkeit der Welt, Stück um Stück in irrealen Stoff, Ordnung, System, Klarheit, Geläutertsein überführt wird: in eine ästhetische Welt, welche auf die kontingente Welt, in der wir leben, gelegt und ihr parallel ist, so wie ein unbewegter Himmel über einem vielgestaltigen Meer voller Wirbel.

Zitat XIV/S. 168

Anschließend geht er (sc. Dámaso Alonso) das Thema der Schwerverständlichkeit Góngoras an, eine Klippe, an der so viele gutwillige Leser gescheitert sind und an der zu scheitern viele andere vorgaben, deren guter Wille fragwürdig ist. Nicht zu leugnen sei diese Schwierigkeit sagt Herr A., aber zum größten Teil überwindbar; und so läßt er hinter ihr, nach der er einmal das verwinkeltste grammatische Gefüge überwunden hat, die vollkommenste poetische Logik erscheinen. Wenn wir also einmal die überwindbaren Hindernisse überwunden haben, dann werden wir uns nicht bei der Dunkelheit oder dem Nihilismus finden, welche eine fehlorientierte oder allzu routinierte Kritik Góngoras Dichtung als untrennbare Attribute angehängt hat, sondern in einer poetischen Welt von unvergleichbarer Helligkeit und Schönheit. Der eben zusammengefaßte Prolog ist nicht nur ein überschäumendes Credo der Góngora-Begeisterung, er stellt den bis heute gelungensten Versuch dar, die kräftigsten und typischsten Werte des Gedichts in ihrer Tiefe zu verstehen, und erneuert von Grund auf alles, was man bisher darüber gedacht hat.

Zitat XV/S. 169 (Übersetzung von D. Alonso; Übersetzung von G. Diego befindet sich in Fn. 44)

Mit ihrem Atem, der ganz zu Dampf geworden war, und ihren Feuernüstern, mit einem Zügel freilich, der von Schaum bedeckt war, erleuchteten Äthon und die anderen Sonnenpferde die Säulen des Herkules, welche dieser griechische Halbgott an der Meerenge von Gibraltar errichtete, an jenem Ort, wo der Sonnenwagen beim Sonnenuntergang seine Räder im Ozean wäscht. Es war also die Sonne schon, wenn auch noch glühend, nach Westen geneigt, hin nach ihrem Untergang, als Polyphem der stolze, mächtige Riese sich, indem er ihm mit seinem Gewicht erdrückte, auf die Spitze eines vorspringenden Felsens setzte, der dem klippenbewehrten Stand – auch ohne Licht – als Leuchte im Meer und – auch ohne Zeichen auszusenden – als Turm dient (denn wie das Leuchtzeichen oder der Leuchtturm, so herrscht der Felsen über den Sandstrand).

Zitat XVI/S. 171

Die Dualität, die im Werk Gongoras besteht, ist höchst interessant: er bringt das Gedicht zum höchsten Grad an Einfachheit und Anmut, indem er ihm das Aroma jener wilden Blumen verleiht, aus denen das Volk seine Girlanden knüpft, und auf der anderen Seite macht er aus der Dichtung etwas höchst Künstliches und Schwieriges mit seinem Barockstil, den wir für übertrieben ansähen, wenn er nicht stets in blendende Schönheit eingehüllt und von ihr belebt wäre, von einer Schönheit die in den poetischen Bildern fein und unnachahmlich ist.

Zitat XVII/S. 171

Grün, ja grün will ich dich. Grün ist der Wind. Grün die Zweige. Das Schiff auf dem Meer und das Pferd auf dem Berg. Mit dem Schatten in der Hüfte träumt sie auf ihrer Balustrade, grün das Fleisch, grün das Haar, mit Augen aus kaltem Silber. Grün, ja grün will ich dich. Unter dem Zigeunermond sehen die Dinge sie an, und sie kann die Dinge nicht ansehen.

Zitat XVIII/S. 172

Es ist an der Zeit, auch einmal die Abgründe aufzuzeigen, die sich unweigerlich zwischen Góngora und uns auftun. (. . .) Es wird darauf ankommen, in aller Gelassenheit darzulegen, worin unsere Bewunderung für Góngora besteht und warum man sie nicht mit bedingungsloser Anhängerschaft oder blindem Parteigängertum verwechseln darf.

Zitat XIX/S. 172 f.

Anregungen von weither aufzufangen, so könnte man formelhaft eine typische Einstellung der spanischen Gegenwart nennen. Sich nicht in der Gegenwart vertiefen, sondern Kabel durch die Zeit spannen, durch jene, die wir für gegenwärtig halten. Es ist klar, daß solches Tun verschiedenen Absichten nützlich sein kann: auf der einen Seite dem von Stubengelehrsamkeit oder Snobismus getragenen Anhäufen unserer Gegenstände, auf der anderen Seite der Transsubstantiation dieser Anregungen in Fleisch unseres mystischen, intellektuellen oder ästhetischen Lebens, das heißt: in Fleisch unseres geistigen Lebens.

Zitat XX/S. 173

Am Morgen des 23. Mai des Jahres 1627 fragt der Dichter beständig, wieviel Uhr es sei. Er geht zum Balkon und sieht nicht die Landschaft, sondern einen großen blauen Flecken. Auf dem Turm Malmuerte setzt sich eine dichte lange Wolke nieder. Góngora macht das Kreuzzeichen, legt sich wieder auf sein Bett, das von Quitten und trockenen Orangenblüten duftet. Wenig später tritt seine Seele, feingezeichnet und wunderschön wie ein Erzengel von Mantegna, angetan mit Goldsandalen und mit schwebender Amarant-Tunika auf die Straße, um die Leiter nach oben zu suchen, die sie heiter erklimmen wird. Als die alten Freunde im Haus ankommen, werden die Hände von Don Luis langsam kalt. Schön und braun sind sie, ohne Edelsteine, zufrieden, die großartige Barockgruppe der *Soledades* erschaffen zu haben. Die Freunde denken, daß man einen Mann wie Góngora nicht beweinen soll, sie setzen sich wie Philosophen auf den Balkon, um das langsame Leben der Stadt zu betrachten. Aber wir werden dieses Terzett sprechen, das ihm Cervantes widmete:

Er ist jener angenehme, jener auserwählte,
jener feinsinnige, jener tönende und feier-
liche unter allen Dichtern die Phoebus gesehen hat.

Zitat XXI/S. 173 f.

ÜBER EINE DICHTUNG OHNE REINHEIT

Zu gewissen Stunden des Tages oder der Nacht ist es schön, die ruhenden Dinge anzusehen: die Räder, die lange, staubige Entfernungen durchfahren haben und dabei schwere Lasten aus Pflanzen oder Stein trugen, die Kohlensäcke, die Fässer, die Körbe, die Schäfte und Griffe der Werkzeuge des Schreiners. Von ihnen hebt sich die Berührung des Menschen und der Erde wie eine Lehrstunde für den gequälten lyrischen Dichter ab. Die abgenutzten Oberflächen, Gebrauchsspuren, welche die Hände den Dingen beigebracht haben, die oft tragische und immer pathetische Atmosphäre dieser Objekte flößt so etwas wie eine nicht verachtenswerte Anziehung hin zur Wirklichkeit der Welt ein.

Die wirre Unreinheit des Menschengeschlechts nimmt man an ihnen wahr, die Zusammenstellung, den Gebrauch und Mißbrauch der Werkstoffe, die leichten Aushöhlungen, welche der Fuß und die Zehen hinterlassen, die Beharrlichkeit einer menschlichen Atmosphäre, welche die Dinge von innen und von außen überschwemmt.

So soll die Dichtung sein, die wir suchen, von den Handarbeiten wie von einer Säure genutzt, durchdrungen vom Schweiß und vom Rauch, nach Urin und Lilie riechend, bespritzt von den verschiedenen Berufen, die man unter dem Schutz des Gesetzes und außerhalb seiner ausübt.

Zitat XXII/S. 180

ANDERES KLIMA

„Oh Kammern der Zeit und Galerien der Seele! So nackt!" – sagte der Poet. „Der klaren Tage stumme Schatten ziehen vorbei. Es erlischt der Gesang der alten Stunden wie ein Murmeln von Freuden hinter Mauern; die Zeit führt ein Aufmarschieren von Morgenröten mit sich, hinter dem umhüllte Sterne ziehen. Eine Welt stirbt? Geboren wird eine Welt? Im meerfarbenen Bauch des Globus macht ein neues Schiff seine diamantene Gischt? Liegt die alte Flotte mit den Kielen zur Sonne? Ist das die in Sünde geborene Welt, die Welt der Arbeit und Mühe? Eine gute Welt, um noch einmal gerettet zu werden? Noch einmal? Gott soll es sagen." Es schwieg der Poet, der einsame Mann, weil ein Lufthauch aus zitterndem Himmel seine feine Stradivari quälte. Sein Ohr blutete. Vom Gipfel sah er die flache Wüste und Schatten von Riesen mit Schilden, und im grünen Dampf des Ozeans sah er verstümmelte Sklaven nackt stöhnen. und ein *nihil* aus Feuer geschrieben hinter den flüchtigen Wald in rauhen Granit und den Streifen eines Wegs im Berg . . .

Zitat XXIII/Anmerkung 28, S. 183

Es gibt keinen Zweifel: Europa tritt in eine Epoche der Pubertät ein. Dieses Ereignis muß nicht überraschen. Die Geschichte bewegt sich in großen biologischen Rhythmen. Ihre Hauptmutationen können nicht aus zweitrangigen und geringfügigen Gründen entstehen, sondern nur aus sehr elementaren Faktoren, aus Urkräften kosmischen Charakters. Wie sollten denn auch die größten und gleichsam idealtypisch entgegengesetzten Unterschiede bei Lebendigen – die Geschlechter und die Altersstufen – keinen dominanten Einfluß auf das Profil der Zeiten ausüben? Und es ist in der Tat leicht festzustellen, daß die Geschichte rhythmisch vom einen zum anderen Pol schaukelt, daß sie zuläßt, wie in manchen Epochen männliche Eigenschaften vorherrschen und in anderen weibliche, daß sie manchmal die Jugendkraft und andere Male die Reifheit oder das Alter hervorhebt.

Dieter Janik

VICENTE HUIDOBRO UND CESAR VALLEJO: ZWEI AUSSENSEITER DER EUROPÄISCHEN AVANTGARDE AUS SPANISCHAMERIKA

„Die moderne Lyrik" ist bei uns zu einem Begriff geworden, der mit größter Selbstverständlichkeit auf eine gesamteuropäische Krisis der lyrischen Dichtung als künstlerischer Aussageform bezogen wird. H. Friedrich gab seinem 1956 erschienen, auf Werke vieler Nationalliteraturen ausgreifenden Buch den Titel *Die Struktur der modernen Lyrik* und behielt ihn auch für die neu bearbeitete und erweiterte Ausgabe von 1967 bei. Nur der Untertitel änderte sich. Statt „Von Baudelaire bis zu Gegenwart" hieß es nun „Von der Mittes des neunzehnten bis zur Mitte des zwanzigsten Jahrhunderts". Im Jahr 1965 veröffentlichte W. Höllerer unter dem Obertitel *Theorie der modernen Lyrik* Dokumente zur Poetik von Coleridge bis Rozewicz. Von M. Hamburger folgte dann 1972 die deutsche Fassung der schon 1969 in englicher Sprache erschienenen Untersuchung *Die Dialektik der modernen Lyrik.* Ich nenne diese drei Publikationen, weil sie ausgezeichnete und zugleich erfolgreiche Taschenbücher waren. Eine weitere Gemeinsamkeit liegt darin, daß der angestrengte Wille zu verstehen – allen Sprachschwierigkeiten der modernen Lyrik zum Trotz – auf eine fast verwirrende Zahl von Autoren und Werken verschiedener Sprachräume und Nationalliteraturen Europas und darüber hinaus gerichtet ist. Daß dieser weit ausgreifende Zugriff notwendig ist, hat M. Hamburger lapidar damit erklärt, daß „das Moderne an der modernen Lyrik ein internationales Phänomen" ist. Er beschreibt die immer weiteren Kreise, die er sich zu ziehen bemühte: „Ich hatte englische, amerikanische, deutsche, französische und italienische Dichter in der Originalsprache gelesen. Aber ich hatte keine gleichermaßen authentische Kenntnis von der Lyrik der Spanier, Portugiesen, Iberoamerikaner, Russen, Polen, Jugoslaven, Tschechoslovaken, Ungarn, Griechen, Holländer oder Skandinavier – um nur einige der Nationalitäten zu nennen, die in eine umfassende Studie mit einbezogen werden müßten"[1]. Schon 1960 hatte H. M. Enzensberger von der Entstehung einer „Weltsprache der modernen Poesie" in den Jahren zwischen 1910 und 1945 gesprochen, eine sehr hoch gegriffene Formel, wenn man bedenkt, wie wenig zahlreich die Dichter aus außereuropäischen Ländern sind, die in seinem Museum einen Platz erhielten. Standen sie zudem nicht allesamt durch ihren Lebensweg sowie durch unmittelbar oder mittelbar erhaltene Bildungseinflüsse in enger Beziehung zu den geistigen Zentren Europas? Die euro-zentrierte, lange Zeit unkritische Gleichsetzung von Europa und Welt hat auch diese imposante Formel „Weltsprache der modernen Poesie" hervorgebracht, die einer genaueren Überprüfung wohl kaum standhält. War die „moderne Lyrik", von der hier die Rede ist, nicht gerade die letzte große gemeineuropäische Literaturbewegung, deren Faszinationskraft stark genug war, außereuropäische Eliten – zumindest vorübergehend – in ihren Bann zu ziehen? Dies ist meine persönliche Auffassung. Sie impliziert die These, daß in allen Richtungen der modernen Lyrik, soweit sie deren Strukturmerkmale aufweist, Auseinandersetzungen mit Problemen geführt werden, die aus dem Bewußtsein vom Ende der Geschichte des Geistes – des göttlichen Geistes bzw. des philosophischen Weltgeistes – herrühren, ein Prozeß, der sich in aller Breite um die Mitte des letzten Jahrhunderts vollzog – registriert von vielen Hellsichtigen, zu Tode Erschrockenen, Ungläubigen, Melancholischen und schadenfroh Schaulustigen. Diese Auseinandersetzungen verdichten sich in antithetischen geistigen Haltungen, die in der modernen Lyrik als Motive zur Sprache kommen, Sprache werden und über die Sprache Macht gewinnen: die Entromantisierung der Weltsicht / die absolute Romantisierung; die Absage an die technische Zivilisation / die emphatische Hingabe an die technische Zivilisation; das menschliche Dasein begriffen als auf sich zurückverwiesene Existenz/Projektion menschlichen Daseins in den kosmischen Zusammenhang; das Postulat vom Ende der Kunst/die Aufhebung der ontologischen Differenz von Leben und Kunst in neuen Ausdrucksformen.

Inwiefern konnten aber Intellektuelle außerhalb Europas diese Probleme zu ihren eigenen machen, sie selbständig verarbeiten und ihnen in charakteristischen Ausdrucksformen Gestalt geben? Teilten sie wirklich die Denkvoraussetzungen, von denen die europäische reflexionsgesättigte und -übersättigte Dichtung ihre neuen Wege nahm? Sind denn originelle Antworten gegeben worden – als poetologische Reflexion oder in dichterischen Äußerungen von überzeugender Kraft? Welche Verpflichtung haben wir als Europäer diesen geistigen Anstrengungen und Leistungen gegenüber? Genügt es in Anmerkungen festzuhalten, daß da in der Ferne auch Verwandtes, Ähnliches gedacht und gemacht wurde? Oder sind die Anstöße, die von der Peripherie kamen, so stark, daß sie im Zentrum aufgenommen wurden, werden mußten – oder noch werden müssen? Diese Fragen, die zunächst in sehr allgemeiner Weise aufgeworfen wurden, sollen nun konkret in bezug auf die Gedichte und die poetologische Reflexion Vicente Huidobros und César Vallejos gestellt werden.

Beide sind dem deutschen Leser seinerzeit zuerst durch H. M. Enzensbergers Anthologie vorgestellt worden: César Vallejo mit 5 Gedichten, Huidobro mit zwei französischen Gedichten.* H. Friedrich erwähnte in der ersten Auflage seines Buches keinen von beiden, gab aber in der zweiten Auflage einige Hinweise zu Vallejo in der Bibliographie. Bei Höllerer erschcint keiner der beiden. M. Hamburger bezieht sich neben anderen Iberoamerikanern ausführlicher auf Vallejo, ohne daß freilich zentrale Merkmale seiner Dichtung in den Blick geraten.

Vicente Huidobro ist Chilene (1893-1948), César Vallejo Peruaner (1892-1938). Was sie verbindet, scheint viel zu sein: sie sind fast gleichaltrig; ihre Heimat sind zwei nahegelegene Länder der pazifischen Küste Spanischamerikas; ihre Muttersprache ist das Spanische ihrer Länder; die spanische Literatur ist das gemeinsame kulturelle Erbe ihrer kolonialen Vergangenheit; sie durchlaufen in den Jahren zwischen 1911 und 1922 als dichtungsbegeisterte Intellektuelle einen ähnlichen Prozeß. Aus jugendlichen Dichtern, die in epigonaler Manier die Motivik, die Stilformen und das Melos des modernismo reproduzieren, werden avantgardistische Überwinder dieser seit Rubén Daríos kontinen-

---

* Das deutsche Publikum wurde durch folgende Übertragungen ausgewählter Gedichte näher mit den genannten Autoren bekannt: Vicente Huidobro, *Poesie (Gedichte)*, Dt. Übertragung und Nachwort Fritz Vogelsang, Frankfurt a. M. 1966 (Suhrkamp); César Vallejo, *Gedichte – Spanisch und deutsch*, Übertr. und Nachwort von Hans Magnus Enzensberger, Erstauflage, Frankfurt a. M. 1963 (Bibliothek Suhrkamp 110). Die mit einem Sternchen * gekennzeichneten spanischsprachigen Zitate dieses Aufsatzes finden sich an dessen Ende im Anschluß an den Anmerkungsteil (S. 208 f.) in deutscher Übersetzung durch H. M. Enzensberger (a. a. O.) bzw. durch den Verfasser. Bei einigen Gedichtstellen mußte leider aufgrund ihres hohen Schwierigkeitsgrades und ihrer Kommentierungsbedürftigkeit auf die Beifügung einer deutschen Wiedergabe verzichtet werden. Der des Spanischen unkundige Leser kann sich hier damit begnügen, die poetischen Verfahren rein optisch am jeweiligen Original wahrzunehmen.

talem Erfolg dominanten Stilrichtung der spanischamerikanischen Lyrik. Beide verlassen ihre Heimatländer und wählen Paris zur neuen Heimat. Sie treffen sich dort zwar, aber eine tiefere Begegnung findet nicht statt. Zuviel trennt sie. Das soll noch zur Sprache kommen. Der Grund, warum ich sie dennoch zugleich vorstellen möchte, liegt darin, daß sie früh und mit großer Selbständigkeit eigene Wege einschlugen, zwei sehr verschiedene Wege, die jedoch konsequente Antworten auf das in ihren Augen unwiderrufliche Ende des modernistischen Symbolismus und seine erledigten Prämissen sind, nämlich: daß durch den Dichter der geheime Seinsgrund aller Erscheinungen und damit auch ihre tiefere Sinndimension durch sprachliche Evokation zum Vorschein gebracht und auf den Leser durch die Musik des Dichterwortes als Schwingung übertragen werden könnte. Freilich nahmen Huidobro und Vallejo sehr unterschiedliche Positionen zum möglichen Fortbestand von Dichtung als Kunstform und autonomer Geistestätigkeit ein.

Ein Wort noch zu der Verwendung des Begriffs ‚avantgardistisch' im Zusammenhang mit den beiden Autoren. Legt man die zum Beispiel von Jean Weisgerber in den Mittelpunkt gestellten soziologischen Merkmale von Avantgarde als einer bewußt auf die Gesellschaft einwirkenden, Leben und Kunst zugleich revolutionierenden Gruppe zugrunde, dann sind weder Huidobro noch Vallejo als Träger oder Mitglieder einer avantgardistischen Bewegung anzusehen[2]. Faßt man den Begriff weiter und versteht darunter alle poetologischen und künstlerischen Anstrengungen, die – mit der Tradition brechend – im Bewußtsein der absoluten Immanenz menschlichen Daseins Sprache und Funktion der Dichtung neu zu begründen suchten, dann sind Huidobro und Vallejo so gut wie viele andere und viele vergessene andere zwischen 1910 und 1925 Avantgardisten.

Was war im Falle Huidobros und Vallejos der Anstoß für die Grenzüberschreitung, die zu neuen Gedanken und neuen Ausdrucksformen führte? Bildhaft gesprochen lautet die Antwort: Huidobro suchte geistige Abenteuer, Vallejo reflektierte zwanghaft sein Schicksal. Als Sohn einer der feinsten und reichsten Familien Chiles hatte Huidobro, der dank einer französischen Gouvernante zweisprachig aufwuchs, durch den Einfluß seiner Mutter eine ausgesprochen literarisch orientierte geistige Bildung erhalten. Die Berufung zum Dichter schien für ihn nie problematisch gewesen zu sein. Seine sprachliche Modulationsfähigkeit, seine an vielen Vorbildern geschulte Einbildungskraft und formale Meisterschaft traten in seinen frühen modernistisch geprägten Gedichtsammlungen – besonders in *Ecos del Alma* (1911) – bewundernswürdig zutage. Charakteristisch für ihn wurde jedoch, daß er mit aller Macht einen neuen, eigenen, unverwechselbaren Dichtungsstil zu schaffen suchte. Das Verhältnis von Theorie und Praxis ist in seinem Falle freilich besonders genau zu prüfen. Im Vorwort zu seinem 1916, also noch vor seinem Parisaufenthalt veröffentlichten, an Hugos *Légende des Siècles* erinnernden großen Gedicht *Adán* stehen verschiedene Impulse programmartig, aber ohne hinreichende innere Verknüpfung nebeneinander: «En este poema he tratado de verter todo el panteísmo de mi alma, ciñéndome a las verdades científicas, sin por esto hacer claudicar jamás los derechos de la Poesía. Muchas veces he pensado escribir una Estética del Futuro, del tiempo no muy lejano en que el Arte esté hermanado, unificado con la Ciencia. Para ello tengo ya entre mis papeles bastantes anotaciones y documentos»[3*]. Dem folgt ein Plädoyer für den verso libre als genuine Form seiner Dichtung. Huidobro bekräftigt den Vorrang der dichterischen Idee vor der rythmischen Form und stützt sich – ausführlich zitierend – auf die Ästhetik Emersons: «Pues el poema no lo hacen los ritmos, sino el pensamiento creador del ritmo.» Daran schließt sich eine weitere Anleihe bei Emerson, die für seine eigene ästhetische Konzeption bedeutsam werden sollte: die Vorstellung von der „arquitectura propia" des Gedankens, wenn er als Gedicht Gestalt erhält. Von Emerson hat Huidobro auch die noch durchaus romantische Begründung der eigenständigen Existenz und Funktion des Dichters übernommen, an der er selbst später unter anderen Vorzeichen festhält. «El poeta es el unico sabio verdadero; sólo él nos habla de cosas nuevas, pues solo el estuvo presente a las manifestaciones íntimas de las cosas que describe. Es un contemplador de ideas; anuncia las cosas que existen de toda necesidad como las cosas eventuales»[4*]. Der creacionismo – schlagartiges Etikett der ästhetischen Konzeption, die mit Huidobros Name seit seinem programmatischen Gedicht *Arte Poética* von 1916 (aus *El espejo de agua)* verbunden ist – enthält alle diese Elemente der ersten tastend entworfenen Poetik unter einem neuen Vorzeichen. Huidobro bekennt sich seit diesem Jahr immer konsequenter zu einer Dichtungsauffassung, in deren Zentrum der Dichter als autonomer Gestalter steht, der über alle in der Natur vorgebenen Elemente, Beziehungen und Bindungen frei verfügt. Er kann alles durch sein Wort aufrufen, Verhältnisse schaffen, Beziehungen stiften. Das Gedicht wird als Seinsgebilde eigener Art den Dingen der Natur entgegengesetzt.

Huidobro hat besonders seit seinem Besuch in Spanien 1919 immer wieder, später auch in Manifesten, diese Vorstellungen zu präzisieren und einsichtig zu machen versucht. Folgt man der Wiedergabe eines Interviews mit ihm aus dem Jahr 1919, lauteten seine Bestimmungen des creacionismo damals folgendermaßen: «Queremos hacer un arte que no limite ni traduzca la realidad; deseamos elaborar un poema que tomando de la vida sólo lo esencial, aquello de que no podemos prescindir, nos presente un conjunto lírico independiente que desprenda como resultado una emoción poética pura. Nuestra divisa fue un grito de guerra contra la anécdota y la descripción, esos dos elementos extraños a toda poesía pura y que durante tantos siglos han mantenido el poema atado a la tierra»[5*]. Die Dichtung hat ihre „propia finalidad". Da sie alles Mimetische abgestreift hat, teilt sie sich als „emoción poética pura" mit. Dies scheint als Programm sehr konsequent gedacht. Allerdings sind die Dichtungen Huidobros selbst nur schwer auf dieses Konzept zu beziehen oder von ihm her verständlich zu machen. Auffällig ist allein schon, daß seine Gedichte Titel tragen, die referentiellen Charakter bewahren. Ich gebe ein Beispiel aus den *Poemas árticos:*

Luna

Estábamos tan lejos de la vida
Que el viento nos hacía suspirar
LA LUNA SUENA COMO UN RELOJ

Inútilmente hemos huido
El invierno cayó en nuestro camino
Y el pasado lleno de hojas secas
Pierde el sendero de la floresta
Tanto fumamos bajo los árboles
Que los almendros huelen a tabaco
Medianoche
Sobre la vida lejana
alguien llora
Y la luna olvidó dar la hora[6*]

Sicherlich wird hier kein ‚Argument' entwickelt und kein Vorgang erzählt, aber für heutige Leser sind die beschreibenden Züge noch von hinreichender Kohärenz, um das ganze nicht nur als autoreferentielles Sprachgebilde aufzufassen.

Daß solche Gedichte zu jener Zeit und besonders für Huidobros Freunde in Spanien sehr modern waren, hängt an Gestaltungsweisen, die mit seinem eigentlichen Programm nur bedingt zu tun haben: Verzicht auf eine elaborierte Dichtungssprache zugunsten einfacher konstatierender Aussagen; zugleich auch Verzicht auf eindeutige temporale oder logische Verknüpfung der Aussagen; rhythmische Gestaltung und Gliederung der Aussagen und einzelner Elemente nach einem einmaligen, nur diesem Gebilde zugehörigen Muster; Verzicht auf die Interpunktion als sichtbarer Ausdruck der dominanten rhythmischen Strukturierung, hinter der die grammatische Logik und ihre Signale ganz zurückzutreten haben. Das eigentliche Probelm, das mit dem Konzept einer ‚entrealisierten' Dichtung unentrinnbar verbunden ist, wurde von Huidobro – soweit ich sehe – nie durchdacht und thematisiert. Ich meine die Unaufhebbarkeit der sprachlichen Bedeutung in ihrer primären Bezeichnungsfunktion in allen Fällen, wo nicht durch sprachliche Entrealisierungsverfahren auf die Bedeutungswahrnehmung des Lesers eingewirkt wird. Huidobro gelangt allenfalls zu einer kühnen Metaphorik und einem ‚Tachismus' der entworfenen Bildvorstellungen, was freilich den Leser nicht an einer referentiellen, allenfalls durch den mosaikartigen Verbund der Notationen erschwerten Lektüre hindert.

Wo immer Huidobro die semantischen Solidaritäten der Sprache bewußt aufhebt, liegt dem keine sprachkritische Intention zugrunde, sondern dort wirkt ein ludischer Trieb, der magisch-schöpferisch ist. Diese Seite wird in seinem berühmtesten Gedicht mit dem Titel *Altazor* gut erkennbar. Da ist zum Beispiel die sich verselbständigende Aufzählung, die über viele Druckseiten reicht:

Jugamos fuera del tiempo
Y juega con nosotros el molino de viento
Molino de viento
Molino de aliento
Molino de cuento
Molino de intento
Molino de aumento
Molino de ungüento
Molino de sustento[7]

usw. insgesamt fast 200 Glieder

Und ein weiteres durch den Kontext vielleicht noch sinnfälligeres Beispiel:

> Empiece ya
> La farandolina en la lejantaña de la montanía
> El horimento bajo el firmazonte
> Se embarca en la luna
> Para dar la vuelta al mundo
> Empiece ay
> La faranmandó mandó liná
> Con su musiquí con su musicá
> La carabantantina
> La carabantantú
> La farandosilina
> La Farandú
> La Carabantantú
> La Carabantantí
> La farandosilá
> La faransí[8]

Es ist hier nicht möglich, ausführlich auf die poetologische Begründung der aufwendigen Konstruktion von *Altazor* einzugehen. Nur ein Hinweis: ganze Partien entspringen und gehorchen dem kreationistischen Impuls insoweit, als reine Nennung vorherrscht, ohne daß das Genannte und Benannte zu Aussagen verknüpft wird. Die nennenden Evokationen sind dem kosmischen Wahrnehmungsraum Altazors zuzurechnen, der freilich in anderen Partien, die als Abfolgen von Aussagen strukturiert sind, als Ich spricht. Hier kommt Huidobro dem altehrwürdigen Verfahren der Prosopopöe jedoch von der Wirkung her sehr nahe.

Festzuhalten bleibt, daß Huidobro um das Jahr 1916 eine Dichtungskonzeption vor Augen hatte, die durchaus beachtliche innovatorische Elemente enthält, selbst wenn er manche Anregungen – die er freilich in den Bereich der Dichtung transponierte – von Apollinaire bezogen haben mag[9]. Seine französischen Gedichte der Sammlungen *Horizon carré* und *Automne régulier* stehen zur Zeit seiner Zusammenarbeit mit Reverdy dessen Werken an innovatorischer Kraft nicht nach. Insofern hätte Huidobro immer schon einen besseren Platz in französischen Literaturgeschichten verdient, die sich offensichtlich allein seiner Nationalität wegen zumeist mit der schieren Erwähnung des Namens begnügen[10]. Die konzeptuellen Elemente der Dichtung

Huidobros setzen den Kontext der europäischen Dichtung voraus und finden keine andere Erklärung. Sein kosmisches Naturempfinden, das allenthalben durchbricht, mag ein amerikanischer Zug seiner Dichtung sein, der freilich mit dem kreationistischen Konzept in keiner innerlich notwendigen Beziehung steht. Huidobro ist ein klassisches Beispiel für kulturelle Dependenz hispanoamerikanischer Intellektueller und Dichter. Alles, was in bezug auf ihn diskutierenswert erscheint, ist von europäischen Koordinaten aus anzugehen.

Huidobro gelang es nach seiner Ankunft in Paris im Jahre 1916 sehr schnell, Anschluß an die führenden Zirkel von Literaten und Malern zu finden. Es gelang ihm vor allem, in Madrid als ‚Avantgardist' der neuen Dichtung Anerkennung zu finden. Die Verwicklung in zahlreiche Polemiken über Prioritätsansprüche – im Verhältnis zu Reverdy – schadete ihm nicht, sondern nützte ihm eher[11]. Um Vallejo dagegen war es lange still, sehr still sogar. Dies lag einmal daran, daß er zum Zeitpunkt seiner Ankunft in Paris die Problemstellungen, die Ausgangspunkt allen poetischen Avantgardismus waren – Protest gegen die Tradition und voluntaristischer Neubeginn – für seinen Teil schon überholt hatte. Seine beiden in Peru veröffentlichten Gedichtbände *Los Heraldos Negros* (1918) und *Trilce* (1922) sind ein Kapitel für sich, das heißt eine für ihn definitive Auseinandersetzung mit den metaphysischen, ästhetischen und formal-künstlerischen Grundlagen der Poesie des modernismo. Diese sich verschärfende und zuspitzende Auseinandersetzung wird in der Ausdrucksform der Gedichte, die zur Sammlung *Trilce* zusammengefaßt sind, mit letzter Konsequenz manifest. Vallejo hat darin einen persönlichen Konflikt zu Ende gebracht, aber keinen neuen Dichtungsstil in Kraft gesetzt. *Trilce* enthält eine Abrechnung, aber keine programmatische Poetik. Die späteren Werke, von denen hier nicht die Rede sein kann, sind ein Neuanfang unter neuen Prämissen.

Die Zuwendung zum frühen Werk Vallejos erfolgte erst im Lauf der fünfziger Jahre. Die eingehende Erforschung der beiden genannten Gedichtbände als Dichtungen der Moderne von höchster innerer Konsequenz und radikaler Stimmigkeit setzte sogar erst in den letzten zehn Jahren ein. In dieser Zeit sind in rascher Folge sehr zahlreiche ausgezeichnete Studien erschienen, die in dem Buch von Jean Franco *César Vallejo – The Dialectics of Poetry and Silence* (1976) gipfeln, ein Höhepunkt verständniserzeugender Interpretation auch in den Fällen, wo traditionelles ‚Verstehen' nicht mehr möglich ist[12].

Die Lebensumstände Vallejos geben zwar keine hinreichende Erklärung für die Form, in der er die Abrechnung mit der Ästhetik des modernismo vollzog. Doch eröffnet ihre Kenntnis den Zugang zum Verständnis für die Traditionsbrüche in Vallejos Gedichten. Der Kontrast zu Huidobro – vor allem anderen ist Vallejos harter Existenzkampf im Vergleich zu den glücklichen Lebensbedingungen Huidobros zu nennen – wird durch ihre divergierenden Bildungsgeschichten und intellektuellen Positionen noch verschärft. Wie erinnerlich zog Huidobros Ästhetik Impulse aus der Hoffnung, der Dichter könne sich in Analogie zu dem die Natur beherrschenden Natur*wissenschaftler* und Techniker über die Natur erheben. Dieser – etwas naive – Glaube an die Verfügungskraft des Dichters ist ein Zentralmotiv des creacionismo. Vallejo war dagegen sehr früh und mit ungeheurer Wucht von den anthropologischen Konsequenzen erfaßt worden, die sich für ihn aus E. Haeckels materialistischer Natur*geschichte* ergaben. Sie äußerten sich als Reflexion über die transzendenten Bedingungen seiner personalen Existenz. Dazu trat die durch M. Müllers *History of Religion* eröffnete entmythisierte Sicht des Zusammenhangs von Wahrnehmung und Außenwelt, Sprache und Bewußtseinswirklichkeit aller dem Göttlichen zugerechneten Vorstellungen und Begriffe. In Stufen – bewußtseinsmäßig und körperlich – durchlebte Vallejo in wenigen Jahren die Zerstörung aller Fundamente, auf denen sein Leben in den Kindheitsjahren geruht hatte: Gott schied aus seinem Leben; mit dem Tod der Mutter zerbrach der unmittelbare, sinnerfüllte Lebensbezirk des Elternhauses; eine kurze Gefängniszeit brachte die unaufhebbare Erfahrung von Unfreiheit, von Reduktion auf den Körper, außerdem das Bewußtsein von Gerechtigkeit als ausschließlicher Dimension der Macht von Menschen über Menschen. Gegenüber diesen Erfahrungen existenzieller Reduktion waren die Erlebnisse erfüllten und sinnerfüllten Daseins nur flüchtige Momente: Liebesempfindung, sexuelle Vereinigung, Erinnerung an Kindheitsglück, Schönheit der geschaffenen Formen und Erfülltheit des schöpferischen Aktes selbst. Indem Vallejo seine Erfahrung existenzieller Reduktion zur Sprache zu bringen versuchte, mußte er die Ausdrucksformen der modernistischen Poesie sprengen. Der eingeschlagene Weg führte ihn schließlich konsequent bis dorthin, wo er die Sprache aufbricht und ihre kommunikative Dimension zerbricht. In dieser Verfügungsmacht über die Sprache äußert sich jene Radikalität, die zugleich seine Modernität ausmacht. Das soll nun an einigen Beispielen verdeutlicht werden.

Nicht die explizite Auflehnung ist es, die vielen Gedichten aus *Los Heraldos Negros* ihren modernen Charakter gibt. Zu häufig wird das Gedicht *Espergesia* zitiert, das für jeden, der mit Nietzsche in Berührung gekommen ist, nichts verwegen Neues darstellt:

Espergesia

Yo nací un día
que Dios estuvo enfermo.

Todos saben que yo vivo,
que soy malo; y no saben
del diciembre de ese enero.
Pues yo nací un día que Dios estuvo enfermo
(. . .)13*

Bedeutsamer erscheinen mir jene Ausdrucksverfahren, durch die grammatikalische Kategorien zu ontologischen umgewertet werden. Ich denke beispielsweise an die Ontologisierung der Negation in folgendem Gedicht:

Agape

Hoy no ha venido nadie a preguntar;
ni me han pedido en esta tarde nada.

No he visto ni una flor de cementerio
en tan alegre procesión de luces.
Perdóname, Señor: qué poco he muerto!

En esta tarde todos, todos pasan
sin preguntarme ni pedirme nada.

Y no sé qué se olvidan y se queda
mal en mis manos, como cosa ajena.

He salido a la puerta,
Y me dan ganas de gritar a todos:
Si echan de menos algo, aquí se queda!

Porque en todas las tardes de esta vida,
yo no sé con qué puertas dan a un rostro,
Y algo ajeno se toma el alma mía.

Hoy no ha venido nadie;
Y hoy he muerto qué poco en esta tarde!14*

Die Ironie – als weiteres Audrucksmittel – zeigt, wie dieses Dichten aus dem Bereich des Singens ausgetreten und zu einem einsamen, verlassenen Sprechen geworden ist. Insofern ist *Agape* eines der konsequentesten Gedichte aus *Los Heraldos Negros*. In anderen ist der Übergang von der melischen Dichtung zur kalkulierten Rede noch spürbar.

Verano

Verano, ya me voy. Y me dan pena
las manitas sumisas de tus tardes.
Llegas devotamente; llegas viejo;
Y ya no encontrarás en mi alma a nadie.

Verano! Y pasarás por mis balcones
con gran rosario de amatistas y oros,
como un obispo triste que llegara
de lejos a buscar y bendecir
los rotos aros de unos muertos novios.
(. . .)[15]

Hier sind Melos und Bildlichkeit noch stark vom modernistischen Stil geprägt, doch die poetische Idee selbst steht ihm entgegen. Das Bild ist breit ausgeführt, voll schönen Scheins, aber heimlicher Brisanz: der Bischof, der die zerbrochenen Ringe segnet!

Von manchen Gedichten aus *Los Heraldos Negros* gibt es noch Übergänge zu jenen aus *Trilce*, aber zumeist wird dem Leser ein Sprung in eine neue, ganz auf sich selbst bezogene Sprachwirklichkeit zugemutet. Die Grenzen zwischen Bezeichnung und Bild sind aufgehoben, beide ununterschieden in einen argumentativen Zusammenhang einbezogen.

Trilce XXIX

Zumba el tedio enfrascado
bajo el momento improducido y caña.

Pasa una paralela a
ingrata línea quebrada de felicidad.
Me extraña cada firmeza, junto a esa agua
que se aleja, que rie acero, caña.

Hilo retemplado, hilo, hilo binómico
¿por dónde romperás, nudo de guerra¿

Acoraza este ecuador, Luna[16].

Die semantischen Ambiguitäten werden durch die grammatische Logik der Satzzeichen eher noch verstärkt. Die strenge Interpunktion dieser Gedichte wird zur grammatischen Ironie! Vallejo, für den die Sprache als überliefertes Symbolrepertoire jede notwendige Beziehung zum Absoluten verloren hat, reibt ihre beziehungslosen Teile in vielfältiger Weise aneinander und erzeugt kunstvoll Un-Sinn!

Trilce XX

Al ras de batiente nata blindada
de piedra ideal. Pues apenas
Acerco el 1 al 1 para no caer.

Ese hombre mostachoso. Sol,
herrada su única rueda, quinta y perfecta,
Y desde ella para arriba.
Bulla de botones de bragueta,
libres,
bulla que reprende A vertical subordinada.
El desagüe jurídico. La chirota grata.

Mas sufro. Allende sufro. Aquende sufro.

Y he aquí se me cae la baba, soy
una bella persona, cuando
el hombre guillermosecundario
puja y suda felicidad
a chorros, al dar lustre al calzado
de su pequeña de tres años.

Engállase el barbado y frota un lado.
La niña en tanto ponese el indice
en la lengua que empieza a deletrear
los enredos de los enredos,
y unta el otro zapato, a escondidas,
con un poquito de saliba y tierra,
pero con un poquito,
no má
.s.[17]

Un-Sinn drückt dieses Gedicht insofern aus, als Sinn grundsätzlich eine gesellschaftliche Dimension der Verständigung über Sinnmöglichkeiten voraussetzt. Hier sind jedoch die Bedeutungen von Worten, Syntagmen und Sätzen einem ganz und gar privaten Koordinatensystem von Verweisungen zugeordnet. ‚Verbindlich' bleiben nur noch die sprachlichen Muster der beschreibenden und konstatierenden Rede als solcher. In manchen Gedichten jedoch kehrt Vallejo zum einfachsten Reden zurück, um die absurde Situation seiner Existenz zu skizzieren. Nur als Selbstgespräch bleibt die kommunikative Funktion der Rede erhalten.

Trilce LVII

Craterizados los puntos más altos, los puntos
del amor de ser mayúsculo, bebo, ayuno, ab-
sorbo heroína para la pena, para el latido
lacio y contra toda corrección.

¿Puedo decir que nos han traicionado? No.
¿Que todos fueron buenos? Tampoco. Pero
allí está una buena voluntad, sin duda,
Y sobre todo, el ser así.

Y qué quien se ame mucho! Yo me busco
en mi propio designio que debió ser obra
mía, en vano: nada alcanzó a ser libre.

Y sin embargo, quién me empuja.
A que no me atrevo a cerrar la quinta ventana.
Y el papel de amarse y persistir, junto a las
horas y a lo indebido.

Y el éste y el aquel[18*].

Dieses existenzielle Selbstgespräch bewegt sich in Dimensionen, in denen die Frage nach der möglichen Begründung des Dichterseins als Daseinsform gar nicht mehr gestellt wird. Es ist dies ein Problem von jenseits der „puntos más altos craterizados". In dem radikalen Diesseits, das nur durch Deiktika der Gegenwart – der hier, der da, das ist so, so eben ist das – ausgedrückt wird, hat die Sprache als Sinnträger und selbstwertiges Organ der Sinnsuche verspielt. Der Autor von *Trilce* hat, an dieser Position angelangt, den Raum der Dichtung als Kunstform längst hinter sich gelassen. Diese Gedichte vorwiegend unter poetologischen Gesichtspunkten zu betrachten hieße einen Ausgebrochenen erneut in die Zelle zu sperren, deren Gitter er gerade durchsägt hat. Daß die erreichte Freiheit von der Sprache und den in ihr aufgehobenen tradierten Sinnpotentialen als eine unendliche Last und ein absurdes Schicksal erlebt wird, ist ein anderes Problem, dessen Lösung Vallejo auch nicht mehr *in* der Dichtung suchte, sondern allenfalls *mittels* der Dichtung im Zugehen auf den anderen Menschen.

Für Vallejo war der radikale Bruch mit dem modernismo eine existenzielle Notwendigkeit. Dies hat seine Dichtung zu einem Dokument gemacht, nicht zu einem Programm. Das Dokument war lange vergessen. Es zwingt aber jeden, der es kennenlernt, noch heute zur Auseinandersetzung, da es das Dokument eines konsequenten Geistes und eines konsequenten Menschen ist.

ANMERKUNGEN

1 M. Hamburger, *Die Dialektik der modernen Lyrik – Von Baudelaire bis zur konkreten Poesie,* München 1972, S. 7.

2 J. Weisgerber hat in Übereinstimmung mit der Brüsseler Arbeitsgruppe eine Definition von „avant-gardes" als Arbeitsgrundlage für eine umfassende Untersuchung vorgelegt; vgl. «Les avant-gardes littéraires au XXe siècle – Problèmes théoriques et pratiques», in *Neohelicon* II, 2-4 (1974) S. 414.

3 Vicente Huidobro, *Obras completas,* Bd. 1, Santiago de Chile 1976 (Editorial Andrés Bello), S. 187.

4 Ebd. S. 189.

5 A. Cruchaga, «Conversando con Vicente Huidobro» (1919), in *Vicente Huidobro y el Creacionismo,* edición de René de Costa, Madrid 1975, S. 63. – Wie nahe diese Formulierungen denen von P. Reverdy stehen, daß sie sich vielleicht direkt an sie anlehnen, zeigt der Vergleich mit den von K. Dirscherl kommentierten poetologischen Texten, siehe in diesem Band ders. S. 445 ff.

6 V. Huidobro, *Obras completas,* Bd. 1, S. 306.

7 Ebd. S. 423 ff.

8 Ebd. S. 428.

9 Vgl. A. Pizaroo, «El creacionismo de Vicente Huidobro y sus origenes» (1969), in *Vicente Huidobro y el Creacionismo,* S. 229 ff.

10 Vgl. die Äußerungen von Guillermo de Torre, «La polémica del Creacionismo: Huidobro y Reverdy» (1962), in *Vicente Huidobro y el Creacionismo,* S. 163.

11 Ebd. S. 151 ff.

12 Eine gedrängte bibliographische Einführung bietet der Anhang "Guide to Texts and Criticism" in dem Buch von Jean Franco, *César Vallejo – The Dialectics of Poetry and Silence,* London/New York 1976, S. 259-263. – Letzte Dokumentation des Forschungsstands in *César Vallejo,* Actas del Coloquio Internacional, Freie Universität Berlin, 7-8 junio 1979, hgg. Gisela Beutler/Alejandro Losada, Tübingen 1980.

13 César Vallejo, *Obra poética completa,* Lima 1974 (mosca azul editores), S. 96.

14 Ebd. S. 64.

15 Ebd. S. 37.

16 Ebd. S. 130.

17 Ebd. S. 120.

18 Ebd. S. 159.

Übersetzungen einiger spanischer Zitate und Gedichte

Zitat I/S. 197

In dieses Gedicht versuchte ich den ganzen Pantheismus meiner Seele auszugießen, wobei ich mich eng an die wissenschaftlichen Wahrheiten hielt, ohne deshalb die Rechte der Poesie jemals zu kurz kommen zu lassen.

Viele Male habe ich daran gedacht, eine Ästhetik der Zukunft zu schreiben, jener nicht mehr fernen Zeit, in der die Kunst mit der Wissenschaft verschwistert, ja vereint ist. Dazu habe ich unter meinen Papieren zahlreiche Notizen und Unterlagen. (Übers. D. J.)

Zitat II/S. 197

Der Dichter ist der einzige wahre Weise; er allein spricht uns von neuen Dingen, denn er allein hatte teil an den innersten Vorgängen der Dinge, die er beschreibt. Er betrachtet und erschaut Ideen; er kündet von den Dingen, die aus Notwendigkeit existieren, und von denen, die zufällig sind. (Übers. D. J.)

Zitat III/S. 198

Wir wollen eine Kunst schaffen, die die Wirklichkeit weder eingrenzt noch übersetzt; wir möchten ein Gedicht ausarbeiten, das aus der Lebenswirklichkeit nur das Wesentliche nimmt, soviel wie unerläßlich ist, und das uns als unabhängiges lyrisches Gebilde entgegentritt, welches eine reine poetische Empfindung auszulösen vermag.

Unsere Devise war ein Kriegsschrei gegen das Erzählen und Beschreiben, diese zwei Elemente, die der reinen Dichtung fremd sind und die jahrhundertelang das Gedicht an die Erde gefesselt hielten. (Übers. D. J.)

Zitat IV/S. 198

Mond

Wir waren so weit weg vom Leben / Daß der Wind uns seufzen ließ / Der Mond tönt wie eine Uhr / Umsonst sind wir geflohen / Der Winter fiel auf unseren Weg / und die Vergangenheit voll trockener Blätter / Verliert den Weg zum grünen Hain / Soviel rauchen wir unter den Bäumen / Daß die Mandelbäume nach Tabak riechen / Mitternacht / Über das ferne Leben / weint jemand / Und der Mond vergaß die Stunde anzusagen (Übers. D. J.)

Zitat VII/S. 203

Erwachen

Am Tage meiner Geburt
war Gott krank.

Alle wissen es, daß ich lebe
daß ich böse bin; und wissen nichts davon,
daß dieser Januar einen Dezember hat.
Denn am Tage meiner Geburt
war Gott krank.
(H. M. Enzensberger)

Zitat VIII/S. 203

Agape

Heute hat niemand nach mir gefragt, nichts
hat man mir abverlangt an diesem Nachmittag.

Keine einzige Friedhofsblume hab ich gesehen
in diesem heiteren Lichtzug.
Vergib mir, Herr: wie wenig bin ich gestorben!

An diesem Nachmittag gehen alle, alle vorbei
und fragen mich nichts, nichts verlangt man mir ab.

Und ich weiß nicht was sie vergaßen und war mir
arg in den Händen bleibt, wie etwas Fremdes.

Ich bin zur Tür gegangen
und möchte am liebsten rufen:
Wenn ihr etwas braucht, hier ist genug!

Denn an all den Nachmittagen dieses Lebens
werfen sie mir, ich weiß nicht was für Türen zu vor der
Nase
und etwas Fremdartiges fängt sich in meiner Seele.

Heute ist niemand gekommen, und ich bin so wenig
gestorben an diesem Nachmittag!
(H. M. Enzensberger)

Zitat XII/S. 205 f.

Trilce LVII

Rissige Krater sind sie nur noch, die höchsten Ziele, die Ziele der Liebe, ein großer Name zu sein, und so trinke ich, hungere ich, schlucke ich Heroin für den Schmerz, für den müden Puls und gegen jede Regel der Ordentlichkeit.

Kann ich sagen, daß wir verraten wurden? Nein. Daß alle gut waren? Genausowenig. Aber guter Wille ist schon da, ohne Zweifel, und vor allem, daß alles so ist.

Und wie soll man sich schon sehr lieben! Ich suche in meinem Tun, das mein Werk sein sollte, vergeblich nach mir: nichts vermochte frei zu sein.

Und dennoch, jemand stößt mich weiter. Wie ich es nicht wage, das fünfte Fenster zu schließen. Und da bleibt noch: sich lieben und weitermachen, mit den Stunden und dem Ungeschuldeten. Und der hier und der da. (Prosaübers. D. J.)

Dieter Ingenschay

POESIE DES DESKRIPTIVEN

FIGUREN DER BESCHREIBUNG IM POÈME EN PROSE DES FRÜHEN 20. JAHRHUNDERTS

1. Baudelaires *Petits poèmes en prose* – nach F. Nies „typischster Ausdruck rastlosen Suchens nach einer neuen Poesie in einer prosaisch gewordenen Welt"[1] – entwickeln seit den siebziger Jahren des 19. Jahrhunderts für das poème en prose eine anscheinend gleichzeitig prosaische und poetische Gattungsfigur, die besonders durch Entwicklung und Wirkung der Rimbaudschen *Illuminations* weiter geprägt wird. Poèmes en prose entstehen gleichzeitig mit jener Lyrik, die als „Paradigma der Moderne" gilt; deutlicher noch als andere moderne Formen des poetischen Diskurses suchen sie die Grenzbereiche der Textkonstitution auszuloten und auszuweiten. So ist dann am Übergang zum 20. Jahrhundert das Prosagedicht ein Experimentierfeld, in dem neben Gide, Claudel, Valéry, Apollinaire, Jarry zahlreiche auch weniger bekannte Dichter des Jahrhundertbeginns ihre neuen Möglichkeiten poetischen Sprechens durchspielen. Im folgenden soll nach dem Beitrag des poème en prose für die Poetik der Moderne gefragt werden, die sich in den ersten Jahrzehnten dieses Jahrhunderts herausgebildet hat. Dabei geht den Fragen nach der Gattungspoetik des Prosagedichts und nach dessen Konstitutionsbedingungen die Analyse dreier beschreibender Prosagedichte voraus.

2. Unter den verschiedenen im poème en prose vorfindlichen grundsätzlichen Organisationsformen des Diskurses, die die Form des Prosagedichts bestimmen können, wählen wir die der *Deskription*, die für die Erarbeitung der Poetik des Prosagedichts besonders vielversprechend scheint. Im poème en prose findet das Vordringen der literarischen Beschreibung seit dem 19. Jahrhundert eine eigene Prägung; die Gattung des Prosagedichts, die sich konsequent um die Erweiterung des poetischen Diskurses bemüht, gibt der Deskription im poetischen Kontext eine neue Funktion. Als eine entpragmatisierte Beschreibung

vor dem Hintergrund pragmatischen Beschreibens gewinnt sie erstmals *ästhetische Autonomie*. Die drei Paradigmen, die im folgenden der Erläuterung der Poetik des deskriptiven poème en prose dienen sollen, zeigen die ästhetische Autonomie der Beschreibung auf je spezifische Weise: ein erster Text aus Claudels *Connaissance de l'Est* macht Abhängigkeit und Loslösung von Formen pragmatischen – ‚wissenschaftlichen' – Beschreibens anschaulich und verdeutlicht die innovative Ausnutzung der poetischen Deskription als Modell menschlicher Erkenntnis (2.1); ein zweites Beispiel aus G. Steins *Tender Buttons* belegt die von der Beschreibung ausgehende Kreation einer ästhetisch autonomen Sprachwirklichkeit (2.2); auch das dritte Paradigma, ein Prosagedicht aus Ponges *Le Parti pris des choses*, zeigt die Tendenz zur ästhetischen Autonomie. Anders als bei G. Stein wird in diesem letzteren aber die Sprachwirklichkeit des Textes theoretisch an eine ‚adäquate Erfassung' des beschriebenen Gegenstandes gebunden, so daß gerade aus dem Spannungsverhältnis zwischen dem Objekt und der Beschreibung eine neue ästhetische Legitimation der sprachlichen Kreationen hervorgeht (2.3).

Um die Rolle von Texten wie den hier interpretierten für die weitere Entwicklung poetischer Diskurse zu unterstreichen, bezeichnen wir sie als „objektivistisch". Die Übertragung dieses Terminus, den die Amerikanistik vor allem für die Lyriker um W. C. Williams und L. Zukofsky benutzt[2], scheint uns einmal gerechtfertigt durch die Gleichheit der dichtungstheoretischen Absicht. Die Gemeinsamkeit der im folgenden analysierten Beispiele und des „Objektivismus" im engeren Sinne liegt ferner darin, daß sich all diese Texte die Erfassung banaler alltäglicher Gegenstände zum Ziel setzen, daß ihre Darstellungsweise sich aber dennoch von jeder Form von ‚Realismus' radikal unterscheidet. Diese Texte stehen unter der Rahmenbedingung, daß eine schon vom Kunstschönen entfernte Ästhetik der Alltagswelt übergeht zum expliziten Verzicht auf sämtliche ästhetisch-referentiellen Konventionen. Solche objektivistischen Deskriptionen sind hier nicht nur deshalb gewählt, weil sie die Frage noch Poetik und Pragmatik des Diskurses provozieren, sondern auch, weil sie für die Geschichte der modernen Lyrik und darüber hinaus der narrativen Literatur in Frankreich und auch in den Vereinigten Staaten von bahnbrechender Bedeutung sind.

2.1. Als erstes Beispiel eines objektivistischen poème en prose sei ein kurzer Text aus P. Claudels Prosagedichtzyklus *Connaissance de l'Est* vorgestellt. Claudel, der als Diplomat China bereist hatte, artikuliert sein ‚Erkennen des Ostens' in der von ihm zuvor nicht benutzten Form kurzer Prosatexte, deren poetische Sprachgestalt oft an Mallarmé inspiriert ist[3]. Das Sprachhandlungsschema, welches ihm die Erfahrung einer fremden Kultur zu artikulieren geeignet scheint, ist die Deskription, auch wenn Claudel diese im allgemeinen nicht schätzt[4]. Der ersten Gesamtveröffentlichung des Zyklus aus dem Jahre 1900, der 1907 eine erweiterte zweite Auflage folgte, gingen Publikationen einzelner Prosagedichte (in Zeitschriften wie *Revue blanche, Mercure de France, L'Occident*) voraus. Neben poèmes en prose, die (wie «Pagode», «Jardins», «Tombes-Rumeurs» u. a.) sich in typisch deskriptiver Art Einzelelemente der fernöstlichen Kultur aneignen, treten Beschreibungen, die auf Asien zunächst keinen direkten Bezug nehmen; so der hier interpretierte Text «Le Porc»[5], der in der Sammlung zuerst erschien. Dieses Prosagedicht kann die der Claudelschen *Connaissance de l'Est* unterliegende Intention, die über die bloßen Beschreibens weit hinausgeht, spezifisch verdeutlichen. Die ‚Erkenntnis' der fremden Kultur nimmt die Beschreibung eines Tieres zum Ausgangspunkt, das – in europäischen Augen – der Beschreibung, gerade der poetischen Beschreibung, kaum wert zu sein scheint. Provozierend legt der erste der fünf Absätze das Programm dar: «Je peindrai ici l'image du Porc.» Die Konnotationen, die mit der Nennung des Schweins schon seit dem Titel entstehen, werden im folgenden in eine spezifische Richtung gelenkt und einer ‚Reinigung' unterzogen, an deren Ende der Text sich nicht als bloße Beschreibung, sondern als die Artikulation eines Erfahrungsvollzugs darstellen wird, der fernöstlichem *Wissen* entspricht, aber westlicher *Kenntnis* zunächst unzugänglich ist. Es wird zu verfolgen sein, wie erst mit dem Vollzug des von der Beschreibung ausgehenden Textes die „connaissance" als Erfahrung eines neuen Erkenntniszusammenhangs mitteilbar werden kann.

Die Beschreibung beginnt im zweiten Absatz zunächst mit dem Äußeren des Schweins und seinen typischen Eigenarten. Die Deskription steht deutlich vor dem Hintergrund des systematisch-deskriptiven „zoologischen" Diskurses Buffons oder Linnés; sie unterscheidet sich von ihm jedoch dadurch, daß der Text die treffende Präzision nicht aus einer Systematik der beschriebenen Elemente, sondern aus der Beobachtung von kleinen Details bezieht (als Beispiel: «Il renifle, il sirote, il déguste, et l'on ne sait s'il boit ou s'il mange»). Dabei zeigt die Sprache in ihrer Lexik, in den Negationen, in der Rekurrenzstruktur des „il“, sogar in den außergewöhnlichen Assoziationen der verborgenen Anthropomorphismen spezielle poetische Verfahren. Dies gilt auch für die syntaktische Gestaltung, für den Wechsel zwischen nur setzenden *c'est*-Wendungen und präzisierend ausschmückenden Adjektiven und Partizipien. Augenscheinliches Beispiel der elaborierten Poetisierung ist die Wiederholung und Steigerung der *c'est*-Formeln: «C'est une bête solide ... c'est une trompe en marche ... ce n'est point l'allégresse ... c'est une jouissance profonde ...». Doch solche poetischen Verfahren stehen nie rein als Zweck in sich. Selbst der Binnenreim und der markante Rhythmus einer Phrase wie «il s'avance et s'enfonce au gras sein de la boue fraîche» sind legitimiert durch eine spezifisch poetische Präzision und Adäquatheit der Beschreibungsleistung. Subtile Querverbindungen (wie die mögliche Lesart von „au gras sein ...“ als eine Einheit, die den chthonischen Charakter des Schweines konfiguriert) und sprachlich-syntaktische Eigenarten (wie die eigene Setzung des grammatisch unbeziehbaren „fondamental“ im letzten Satz dieses zweiten Paragraphen) bleiben der Beschreibungsleistung untergeordnet.

Der Übergang vom zweiten zum dritten Absatz ist durch einen semantischen Parallelismus von schweinischem Instinkt per se („terre“, „ordure“ am Ende des zweiten) und seiner anthropozentrischen Bewertung („gourmand“, „paillard“ eingangs des dritten Absatzes) gekennzeichnet. Im dritten Absatz führt die Beschreibung zu einer Reflexion über Glück und Körperlichkeit, die indes ihren Bezug auf das „modèle“ des Schweins nicht aufgibt, sondern die die „vérité“ einer condition humaine in Bezug setzt zu der vérité der Deskription, des „œil seul“. Die Beschreibung des Schweins löst also die ungewöhnlichen Konnotationen von Wahrheit und Glück aus, die in den Dienst einer lebensweltlichen Reflexion gestellt werden. Der menschlichen, persönlichen Problematik entspricht eine grammatische Besonderheit: nur hier tauchen die Formen der Anrede und das *nous* auf. – Im folgenden vierten Absatz dann erscheint die Muttersau, die für Aeneas Vorzeichen ist, als „emblème politique“. Zugleich wird wieder die Deskription in ihrer Konkretheit genutzt zur Darstellung von Sau und Ferkeln; mit den Elementen des direkt Beobachtbaren – der dunklen Flanke des Schweines – werden die bildlichen Entsprechungen der von Menschen bewohnten Hügel kombiniert. So wird aus der beschriebenen Szenerie der die Sau bedrängenden Ferkel das zugleich sprachgewaltige und ungewöhnlich konkrete Bild von Dörfertrauben, die die Berghänge melken.

Hier ist der Punkt erreicht, an dem die primären Konnotationen, die die Beschreibung eines Schweines auslösen kann, gleichsam gereinigt sind. Der Brückenschlag vom Äußeren des Schweines zur Reflexion menschlichen Zusammenlebens erscheint als der exemplarische Vollzug einer Erfahrung, die als Teil des ‚östlichen Wissens' dem Horizont westlicher Erfahrung fremd ist; sie wird mitteilbar erst im Entwurf jener „connaissance", deren Interpretation als einfühlend miterfahrende „co-naissance" für Claudel keineswegs nur ein Wortspiel, sondern ein Prinzip der Erfahrung selbst und ihrer Artikulation ist, das er in seinem *Traité de la co-naissance au monde et de soi-meme*[6] vielfältig reklektiert.

Der kurze fünfte Absatz konkretisiert den Bezug zur Lebenswelt nicht mehr in Form der Reflexion, sondern als eine Information im Gestus einer Enzyklopädie-Eintragung: «Je n'omets pas que le sang de cochon sert à fixer l'or.» Die Ungewöhnlichkeit dieser Information stellt einen Bruch dar gegenüber dem vorausgehenden Text; die in ihr mitgeteilte ungewöhnliche Wahrheit setzt der Deskription ein – willkürliches – Ende und läßt diese Willkür auch spürbar werden. Dieses Element, dessen isolierter, fragmentarischer Charakter durch die Gesamtperspektive der poetischen Beschreibung kaum aufgefangen werden kann, zeigt eine grundsätzliche Problematik der Deskription auf spezifische Weise. Wenn nämlich die Deskription (anders als etwa die Narration) *theoretisch* ein in seiner Besetzung stets weiterführbares, weiter konkretisierbares und daher stets unvollständiges Textschema ist[7], so ist sie in der Praxis deshalb stets einer (evtl. gattungspragmatisch begründeten) Pragmatik des Kontexts unterstellt, die die Deskription im Hinblick auf spezifische Kriterien organisiert und die erst Relevanz und Kohärenz der deskriptiven Elemente garantiert. Hinter Claudels freiem Umgang mit Kontext und Situation wird die eminente Rolle dieser Faktoren für die Prägnanz der Beschreibung deutlich. Claudels letzter Satz wäre denkbar im Kontext einer Beschreibung z. B. Buffons, stände dort aber nicht vereinzelt, sondern in einer Reihe vergleichbarer ‚enzyklopädischer Details'. Er assoziiert hier den Kontext des elementaren Textschemas der wissenschaftlichen Deskription, der in allen anderen Teilen des Prosagedichts allenfalls stärker gebrochen erscheint. Diese Dekonstruktion des Textschemas ermöglicht erst das, was man die ‚poetische Identität' der Claudelschen Beschreibung nennen könnte. Gleichzeitig mit dem ‚wissenschaftlichen' Kontext evoziert diese ‚ungewöhnliche Wahrheit' noch eine poetische Perspektive in dem Binnenreim vom „porc" und „or". Bei ihm liegt nicht nur der Bezug zu anderen Texten der *Connaissance de l'Est* nahe, sondern mit „or" wird eine Mallarmésche ‚Metaphernzelle'[8] aufgegriffen. Der ‚poetischen Wahrheit' scheint Primat zuzukommen vor der ‚wissenschaftlichen'. Das enzyklopädische Detail am Ende dieses poème en prose problematisiert auch noch einen (etwa nach Ph. Hamon) für die Deskription wesentlichen Aspekt, den ihrer Kohärenz[9]. Gerade die *problematische Beschreibung* wird erst gattungstypisch für das deskriptive Prosagedicht, da dieses nicht einfach eine rhythmisch markierte oder metaphorische Sprache in pragmatisch-deskriptive Texte interpoliert. Vielmehr bricht es das in den institutionalisierten Diskursformen ‚gesicherte' Textschema pragmatischer Beschreibungen, z. B. indem es, wie hier Claudel, die Deskription des bloß Äußeren in sprachlicher wie referentieller Hinsicht überhöht. Die Leistung des Dichters liegt somit nicht allein in der (sprachlichen) Poetisierung der äußeren Realität, sondern auch in der Aufhebung von institutionalisierten ‚gesicherten' Diskursformen, in deren Preisgabe an eine lyrische Offenheit. Das Programm des Eingangssatzes «Je peindrai ici l'image du Porc» wird somit nicht durch ein konformes Portrait des Schweines erfüllt, sondern – auf mehreren Ebenen – *poetisch* realisiert: auf der Ebene der Besetzung des Sprachhandlungsschemas, wo schon der Verstoß gegen das Regularium der Beschreibung den Text entpragmatisiert; auf der Ebene der sprachlichen Konkretisation, die von Eurhythmien und langgestaffelten Alliterationen («ne vont point aux parfums passagers des fleurs ou de fruits frivoles») über den Spannungsbogen zwischen „porc" und „or" zu der Evokation mächtiger Bilder (Abs. 4) führt; auf der Ebene des Beschriebenen dadurch, daß das Beobachtete in die Aura der ‚Erkenntnis des Ostens' und östlicher Weisheit, letztlich in die Suche des Menschen nach Glück und in das Ringen des Dichters um neue Artikulationsformen überhöht wird.

2.2. Wenn bereits auf die Bedeutung des deskriptiven poème en prose für die amerikanische Literatur des frühen 20. Jahrhunderts hingewiesen wurde, so läßt sich kaum ein geeigneterer Beweis dafür finden als Gertrude Steins Prosagedichte der Sammlung *Tender Buttons*, die 1911 verfaßt und 1914 erstmals veröffentlicht wurden. Die zwar zwiespältige, doch eher ablehnende zeitgenössische Rezeption dieser Prosagedichte kann man als typisch betrachten für die Ratlosigkeit, mit der man sich der gesamten Gattung näherte[10]. Die drei Teile der Sammlung, die im Untertitel "Objects Food Rooms" genannt sind, präzisieren bereits ein thematisches Programm, anscheinend dasjenige der Beschreibung von Gegenständen der alltäglichen häuslichen Umgebung – in den Worten J. M. Brinnins: das einer „iconography of household life"[11].

Der näheren Untersuchung wird hier der zweite Text aus "Objects" dienen, der zu den bekanntesten der Sammlung zählt[12]. Sein die drei Absätze überschreibender Titel "Glazed Glitter" steht mit seiner emphatischen Alliteration sprachlich in Gegensatz zu dem Oxymoron im Titel des Gesamtwerks. Anders als bei den meisten anderen Texten der *Tender Buttons,* bei denen in der Überschrift Gegenstände des alltäglichen Lebens genannt werden ("A Box", "Mildred's Umbrella", "Red Roses", "Sugar" oder – Ponge antizipierend – "Potatoes" und "Orange"), enthält diese hier keine hinreichend konkrete Information darüber, was genau mit „Glazed Glitter" gemeint ist. Solche Unsicherheit wird im Verlauf des Textes nicht aufgehoben, sondern verstärkt. Es bleibt schon offen, ob das Anfangswort des poème en prose, „Nickel", das Mineral oder das so genannte Fünfcentstück bezeichnet, und die Frage "what is a nickel" wird durch das folgende "it is originally rid of a cover" zumindest im Sinne einer definitorischen Klärung nicht beantwortet. Solche Unklarheit hat System: auch in den nächsten Absätzen bleibt änigmatisch, was da ‚glitzert'.

Der Blick auf den Text läßt zunächst mehrere Oppositionen erkennen: die von Glanz und Unglanz, von Frage und Antwort, von „what" und „that", von affirmativer Setzung („there is") und Negation. Das Strukturierungsprinzip durch binäre Relationen fällt auf: sowohl auf der Ebene einzelner Wörter als auch auf der Ebene komplexerer syntaktischer Einheiten treten Doppelungen auf (etwa die zweifachen Nennungen von „nickel", „change", „charming" und Zweigliedrigkeiten wie „clean and cleansing", „handsome and convincing", „mercy and medicine", „washing and polishing", „borrowing . . . giving"). Die Alliteration in „mercy and medicine" spiegelt die zahlreichen grammatischen, syntaktischen Parallelismen (etwa in den zugleich morphologisch und lautlich rekurrenten *ing*-Formen). All diese Merkmale weisen den Text als einen sprachlich *überstrukturierten* (und daher nach einer Definitionskonvention *poetischen)* aus[13]. Das Wechselspiel von Negation und affirmativer Setzung taucht zum ersten Mal auf in der Folge: "There is no search. But there is, there is that hope ..." Aus der Opposition der nichtvorhandenen Suche und der vorhandenen Hoffnung wird der Satz entwickelt, der den im Titel angekündigten ‚Glanz' – in einer verbalen Wendung – aufgreift, jener Kernsatz: "Certainly glittering is handsome and convincing."

Gerade in seiner sprachlichen Gestaltung löst dieser Satz G. Steins Programm einer Sprache ein, die das Substantiv isoliert, vereinzelt[14]. Darüber hinaus fehlen hier durchweg die finiten Vollverben; Formen von *to be* und *ing*-Formen kennzeichnen den Text, der so gleichsam das Glitzern seines Themas eher vorführt, als beschreibt. Den wenigen auffindbaren Kennzeichen des deskriptiven Diskurses – das Präsens, die *there-is*-Wendungen – stehen Berechnungen der Deskription, Brechungen der pragmatisch gegebenen Bedingungen dieser Diskursform gegenüber, wenn etwa dem „there is" statt eines erwarteten konkreten Gegenstandes das Abstraktum „that hope" folgt. Der Text führt sich auf diese Weise *als Beschreibung* selbst ad absurdum. Läßt er sich sinnvoll anders – etwa als Narration – klassifizieren?

Ein Interpretationsangebot, das dieses versucht, könnte von der schon eingangs des Textes in dem Wort „originally" impliziten Opposition zwischen einem ursprünglichen und einem veränderten Zustand ausgehen und nach der narrativen Überbrückung dieser Zustände fragen. Die Veränderung – in „change" thematisiert – ist die der (rost?-) roten Farbe, die durch den Nickelglanz abgelöst wird. Im dritten Absatz wird diese ‚gestern gewählte' Farbe wieder thematisch; sie wird sichtbar durch das Säubern, durch das dem Anhauchen folgende Polieren der (asiatisch bemalten) Geschenkdose. Ein alltäglicher Vorgang. – Ein solcher Deutungsversuch, der rekurrente Elemente des Textes aufgreift und andere ‚Themen' der *Tender Buttons* (die Schachtel, die Opposition „clean" vs. „dirty") einbezieht, muß indes als bloße Spekulation eingeschätzt werden. Die narrative Achse, die ein solcher Ansatz entwirft, bleibt in jedem Fall unverbindlich, und die narrativen Elemente erscheinen als noch vager als die deskriptiven, die – trotz einer regelsprengenden Verwendung – ins Auge fallen. Was aber solcher Deutung am nachdrücklichsten widerspricht, ist die Offenheit des Textes selbst. Die änigmatische Esoterik macht gerade die *Uneinlösbarkeit* zum konstitutiven Spezifikum dieses Prosagedichts. Was, so wird man fragen, ist aber die Funktion einer Beschreibung, die systematisch verschleiert, was sie beschreibt? Die Antwort setzt voraus, daß das Werk G. Steins näher situiert wird.

Die Stein-Kritik hat die sprachliche Technik von *Tender Buttons* stets primär in Abhängigkeit von Picassos kubistischem Malen interpretiert, etwa als „example of verbal collage“[15], als Abstraktionismus[16], als „cubist dispensation“[17]. Daneben ist zu betonen, daß in mindest gleich starkem Maße zeitgenössische französische Lyriker ihr Dichten beeinflußten, allen voran G. Apollinaire, der – wie Picasso – in G. Steins Pariser Wohnung ein- und ausging. Zwar läßt sich bei Picasso (und im Kubismus allgemein) vermutlich auch die Aufwertung einer autonomen Kunstwirklichkeit finden, doch deutet sein konzeptuelles Anliegen in eine andere Richtung als das Steins. Der Kubist Picasso sucht – gemäß der Deutung M. Imdahls[18] – den Gegenstand von dem Zwang der monoperspektivischen Ansicht zu befreien zugunsten einer Vielansichtigkeit als polyperspektivischer Synthese, gleichsam mit dem Ziel einer ‚Allansichtigkeit‘, die wieder zu dem Gegenstand zurückführt. G. Stein dagegen führt die Bewegung ihrer Anti-Beschreibungen – denn um solche handelt es sich – vom Gegenstand ausgehend hin in einen Raum eigener, unvergleichbarer Sprachwirklichkeit. Der ‚psychische Automatismus‘[19] in *Tender Buttons* erinnert ebenso an Apollinaires „Onirocritique“ wie die Banalität der Gegenstände an dessen „Quelconqueries“.

Wesentlicher noch als die Suche nach solchen Einwirkungen ist es, *Tender Buttons* in die eigene Entwicklung der Autorin einzuordnen. Schon ihr Frühwerk, dort am deutlichsten der Kurzroman *Things as They Are (Quod erat demonstrandum)* aus dem Jahre 1903 – in späteren Ausgaben kurz *Q.E.D.* betitelt –, zeigt eine hohe Reflexion der Möglichkeiten, die (hier noch realistische) Deskription in andere literarische Formen einzubringen. Auf dem Wege zu der theoretischen Abhandlung *An Acquaintance with Description* (1926), die in typischer Art selbst natürlich auch ein dichterischer Text ist, ventiliert G. Stein vielfältig die Umsetzung der Diskription in Portraits und Geographien, in Texte, die zum Teil als Prosagedichte entstehen. Eine Schlüsselstellung kommt dem Experiment *Tender Buttons* zu, wo in dem Gegensatz zwischen der Banalität des Beschriebenen und der Esoterik der Beschreibung die Frage noch poetischer und pragmatischer Bestimmtheit des Diskurses selbst zum Thema gemacht wird, zu dem Thema einer Diskursform, die die gattungspragmatischen Beschränkungen z. B. des Portraits aufgegeben hat[20]. Die beiden Fragen, die demnach zu klären sind, sind die nach dem *deskriptiven* und die nach dem *poetischen* Charakter dieser Texte.

Anders als etwa F. Ponge geht es G. Stein nicht um das Problem, eine dem Gegenstand adäquate Sprachform zu finden, sondern allein darum, eine eigene poetische Sprachwirklichkeit, die ‚Wirklichkeit von Wörtern', von einem Gegenstand aus entstehen zu lassen[21]. Der Text von "Glazed Glitter" z. B. bringt das im Titel Angekündigte in eine alle ‚kubistischen' Verfahren radikalisierende Anschauungsform, die einer ‚objektiv erfassenden' Beschreibung ebenso widerspricht wie den Regeln logischer Diskursordnung. Steins Prosagedichte, die oft nur minimale typische Konstituenten der Deskription (im Titel, im Tempus, in Einzelattributionen wie Farbnennungen) beibehalten, sind letztlich gerade insofern deskriptiv, als sie der ‚regelrechten' Beschreibung am eindeutigsten widersprechen. Nicht die objektivierte Nachvollziehbarkeit, sondern die sprachlich, genauer: poetisch konkretisierte Assoziation legitimiert die Benutzung der deskriptiven Diskursorganisation. G. Steins bekannte Zeile "A rose is a rose is a rose" macht den Übergang von der Deskription gegenständlicher Materialität zu einer in der Tautologie poetischen, poetisch objektivierten und erst poetisch legitimen Sprachform, Erfahrungsform sinnfällig. – Die Theorie einer von Gegenständen ausgehenden eigenständigen Sprachwirklichkeit im Gedicht wird in der objektivistischen Lyrik bei W. C. Williams, L. Zukofsky und dessen Nachfolgern dann später ins Zentrum eines sicherlich eigenwilligen, doch lang wirkenden Lyrikkonzepts gesetzt[22].

Durch die Brechung der konstitutiven Voraussetzungen der Deskription sind die Beschreibungen in *Tender Buttons* deutlich Anti-Beschreibungen. Ihre ‚Poetizität' ließe sich leicht durch eine Analyse der poetischen Überstrukturiertheit nachweisen. G. Stein selbst drückt erst lange nach dem Erscheinen von *Tender Buttons* aus, daß sie diese als „good poetry" empfindet. Doch der Essay, in dem sie dies sagt, *Poetry and Grammar* (1934), zeigt, daß die theoretische Reflexion über das Verhältnis von Prosa und Poesie durch die neu gewonnenen Diskursmöglichkeiten entschieden kompliziert wurde. Der Anfang ihrer Überlegung: "What is poetry and if you know what poetry is what is prose. There is no use in telling more than you know, no not even if you do not know it. But do you do you know what prose is and do you know what poetry is"[23] macht das Dilemma der Entscheidungsverpflichtung sinnfällig. Dieses Dilemma ist vorgezeichnet in ihrer dichterischen Praxis, wo sie die prosaische Ikonographie des Alltäglichen poetisch realisiert hat. So bleibt ihr letztlich für die theoretische

Definition einzig der Verweis auf die sprachliche Eigenart, auf ein ‚Vokabular': "Poetry is I say essentially a vocabulary just as prose is essentially not"[24]. Dieser Verweis allerdings scheint verkürzt angesichts der Rolle von *Tender Buttons* als Schlüsseltext der angloamerikanischen Lyrik des 20. Jahrhunderts (hin zu Imagismus, zu Objektivismus, zur Black-Mountain-Bewegung, um es stichwortartig zu benennen). Diese Rolle kommt Steins Experimentaltexten gerade durch ihre Leistung zu, die Gegenstandsbeschreibung aufzubrechen, das heißt sie der noch bestehenden pragmatischen Grenzen zu entheben, und in den poetischen Text als Gegenstand eigener Legitimation zu übersetzen, dem so eine lyrische Stimme gegeben werden kann.

2.3. Obwohl die Produktion objektivistischer poèmes en prose schon am Anfang des 20. Jahrhunderts nicht nur quantitativ bedeutend ist, werden erst F. Ponges Texte – gerade die frühen des *Parti pris des choses* – in der Diskussion ‚moderner' deskriptiver Dichtung besonders beachtet; Ponges Beschreibungen sind klassische Texte der objektivistischen Richtung[25]. Als Beispiel für sein frühes Werk wählen wir «Le papillon»[26]. Dieses Prosagedicht gehört zu den zahlreichen Texten Ponges, die nicht tote Gegenstände, sondern Pflanzen oder Tiere beschreiben. Eine intertextuelle Relation zum systematischen Diskurs der zoologischen Beschreibung, wie sie Claudels Text unterlag, wird hier nicht greifbar. Für Ponge gewinnt das schon bei G. Stein formulierte Konzept einer eigenständigen poetischen Wortwirklichkeit eine andere Nuance: das deskriptive poème en prose erhebt bei ihm den besonderen Anspruch einer literarischen Kreation sui generis[27], deren Selbständigkeit vom Beschriebenen sich aber auf dieses zurückwendet mit dem – nahezu notwendigerweise vergeblichen – Bemühen um die dem Gegenstand ‚adäquate' Sprachform. Dieses Bemühen, das als ein poetisches Ringen nicht zu dramatisch beschrieben ist, setzt voraus, daß an die Stelle der Restriktionen pragmatischer Textorganisation die Offenheit des poetischen Diskurses tritt, die die Beschreibung eigens als literarische Kreation legitimiert. Das ‚System' , unter das sich das, was Ponge in Sprache übersetzt, einordnen ließe – Schmetterling, Kieselstein, Auster, Pferdeapfel –, kann nur das einer apragmatischen Beschreibung sein. Dennoch macht diese apragmatische, poetische Beschreibung den pragmatischen Aspekt der Adäquatheit, der Prägnanz zum Programm einer Poetik.

In dem gewählten Beispiel zeigt schon die bei Ponge häufige temporale Konjunktion am Textanfang die Loslösung von konventionalisierten Formen der Deskription. – Der erste Absatz situiert durch diese Konjunktion das Entstehen des Schmetterlings aus der Raupe gleichzeitig mit dem Steigen des Nektars im Blütenstiel (und konfiguriert hier auch noch das Entstehen des Textes vom Anfang her). Diese Disposition enthält ein Programm, das ‚Blume' und ‚Schmetterling' von Beginn an assoziiert und das man auch als eine sprachliche Setzung (oder – mit M. Riffaterre – als ‚Matrix') bezeichnen könnte. Diese sprachliche Setzung im ersten Absatz, die Kombination von Blume und Schmetterling, wird im folgenden in einer Reihe von Parallelen und Differenzen vielfältig variiert. Variation und Derivation dieser Setzung erscheinen so durchgängig, daß – wie zu zeigen sein wird – hierin für den weiteren Verlauf des Prosagedichts ein generierendes Verfahren zu sehen ist.

Wenn auch im zweiten Absatz statt eines grammatisch korrekten Satzes eine schon durch „comme" mehrdeutige Ellipse entsteht, ahmt er in der Syntax den vorausgehenden Satz nach und greift mit der Abfolge der präpositionalen Wendungen („par", „d'où") wörtlich den ersten Absatz auf. Die Tempuswahl des passé simple setzt den plötzlichen Bruch der Raupe in eine zeitliche Distanz zum temporalen Nullpunkt der Beschreibung; der folgende Text bleibt im Präsens. – Am Übergang zwischen dem zweiten und dem dritten Absatz fällt auf, daß trotz der syntaktischen Zusammengehörigkeit beider, die durch das Komma ausgewiesen ist, der dritte Abschnitt seine neue Zeile mit Großbuchstaben beginnt: „Dès lors. . ." Dieses an das (konventionelle) Gedicht erinnernde Detail macht sinnfällig, wie das poème en prose neben allen innovativen Prägungen an traditionelle dichterische Praxis anknüpfen kann und unterstreicht jene poetische Wirkung von Wortwahl und Syntax, die auch diesen Text kennzeichnet. Das „prennent leur vol" vom Ende des ersten Absatzes wird im dritten wieder thematisiert als die Ungebundenheit des sich ziellos bewegenden Schmetterlings, wie sie am Textende in «il vagabonde au jardin» erneut auftauchen wird. Das zufällige Sich-Setzen des Schmetterlings evoziert wieder die Blume, einmal aufgrund des Erfahrungswissens, daß Schmetterlinge sich auf Blumen setzen, aber gleichzeitig eben auch, weil die textuelle Setzung die Kombination Blume/Schmetterling vorgibt. Durch diese Vorgabe selbst wird die Textrezeption gleichsam ‚überstrukturiert'.

Der vierte Absatz kleidet seine eröffnende Apostrophe in die vielfältig bestimmte Metapher der „allumette volante". Neben das die Metapher garantierende tertium comparationis der Form und das der schnellen, flackernden Bewegung wird hier semantisch und phonetisch die Wendung «les ailes . . . flambèrent» vom Ende des zweiten Absatzes wieder aufgegriffen und konkretisiert in „sa flamme", „Contagieux" als Qualität des Taktilen knüpft an die Qualität des „sucre élaboré dans les tiges" an und wird fortgeführt in der Metaphorik der Blume als Öllampe und des Schmetterlings als Kontrolleur. Diese neue Füllung der rekurrenten Einheit Blume/Schmetterling eröffnet in der poetischen Umsetzung des Schmetterlingsflugs eine anthropomorphe Dimension, die in der ‚Rache' des Tieres für seine „longue humiliation amorphe de chenille" gipfelt. Das Oben und das Unten der Blume – expliziert in der parallel gesetzten Opposition zwischen „au sommet des fleurs" und „au pied des tiges" – sind jeweils Orte der „guenille atrophiée" und der „chenille aveuglée". So wird die *zeitliche* Distanz zwischen zwei ‚Zuständen' der Raupe, die schon im Wechsel der Tempusstruktur vom ersten zum zweiten Absatz thematisiert war, zusammengebracht mit einer *örtlichen* Distanz zwischen dem Oben und Unten der Blume. – Das Textende stellt eine Synopse der verschiedenen Metaphernbereiche dar: Die Metapher des „voilier" nimmt mit „prennent leur vol" wieder Bezug auf die spezifische Bewegung des Schmetterlingsflugs, die noch verstärkt wird in dem alliterierenden und semantisch verwandten „par le vent" und „vagabonde" (das seinerseits die Wendung „erratique" semantisch variiert). Die Blume wird nicht nur evoziert durch „jardin" als dem Ort des Beschriebenen, sondern sie ist aus der ungelösten Opposition von Blume und Schmetterling herausgenommen durch die Metapher von der „pétale superfétatoire". Blume und Schmetterling, deren – nicht ungewöhnliche – Verbindung nicht nur den konkreten Textverlauf des Prosagedichts, sondern auch seine Metaphorik und seine poetische Realisation allgemein bestimmt, sind hier letztlich der sprachlichen Metapher vom überflüssigen Blütenblättchen unterstellt und in ihr in eins gesetzt. Diese ‚Generalmetapher' bestimmt den Text bis in seine kleinsten Teile, sie bewirkt jene suprasegmentale Überdetermination, zu der in der Metaphorik, in der Syntax, in der Wortwahl, in Alliterationen und Apostrophen das Poetische dieses poème en prose tritt.

«Le papillon» zeigt, daß Ponge nicht ein pragmatisches systematisch-deskriptives Textschema sekundär besetzt, sondern daß die Beschreibung als eine selbständige apragmatische Textform realisiert wird, die sich nur noch auf den Erfahrungshintergrund, das Erfahrungsschema des Beschreibens bezieht, die davor aber eine neuartige Erfahrung artikuliert. Unter je eigengesetzten Bedingungen gewinnt Ponges Prosagedicht relative Autonomie von den Regeln und Prinzipien der pragmatischen Beschreibung. So treten hier Referentialität und Autoreferentialität in ein Spannungsverhältnis: die referentielle Ebene, die mit dem Anspruch der adäquaten Beschreibung auf das zielen muß, was Ponge programmatisch ein Schreiben ‚im Namen der Dinge' nennt, bleibt stets angebunden an die poetischen ‚Regeln' der (überdeterminierten) Sprachoberfläche[28]. Das Konzept einer apragmatischen, autonomen Beschreibung ist einer doppelten Bedingung verpflichtet: jedes Textelement in ihr muß einmal für das Beschriebene relevant sein, um *deskriptive* Kohärenz zu garantieren, und es muß ferner auf das die Textoberfläche bestimmende Regularium beziehbar sein, um *poetische* Kohärenz zu ermöglichen. Die ästhetische Legitimation dieser Deskription ist ebenso problematisch, wie ihre Autonomie ungesichert ist; erst aus der ästhetischen (dabei zugleich dem Gegenstand adäquaten) Sprachform und dem in der Realität (und der Realität des Textes) entwickelten Diskursschema entsteht die für die Einmaligkeit eines Zustandes gültige Konkretisierung, die als die ‚Textrealität' erfahrbar ist.

Ponges Deskriptionen ergreifen kein anderes Textschema als das im Diskursuniversum des Textes aus der Artikulation von Erfahrbarem und neu Erfahrbarem selbst gesetzte. Die Beziehbarkeit der poetischen Verfahren – der Assonanzspiele, der Rekurrenzen, der Metaphern usw. – in «Le papillon» auf ein im Text angelegtes System und die Anbindung dieses Systems an eine beobachtbare Erfahrung von Realität sind konstitutive Bedingungen, die gleichzeitig aber auch als restriktive Kontrollinstanzen fungieren: sie kontrollieren eine von Imagination und sprachlicher Allmacht[29] angetriebene zur Verselbständigung neigende rage de l'expression, sie garantieren den Bezug auf primäre Erfahrungen, die jeder Artikulation vorgängig sind. Primäres Erfahren und rage de l'expression ermöglichen erst die adäquate Erfassung des Gegenstandes. Mit der Betonung der außertextuellen Realitäten, der ‚Objekte', geht das Mißtrauen einher gegenüber allen Erfahrungen ‚aus zweiter Hand', gegenüber der sekundären Benutzung konventioneller pragmatischer oder poetischer Diskursformen und das Mißtrauen auch gegenüber der Einordnung in literarische Kontinuitäten. Gleichwohl können die Objekte nur als actes de parole, als Eintrag im *Littré* oder im Annäherungswert der autonomen idealen poetischen Deskription den Augenblick ihrer vollendeten Formulierung finden, in dem sie – wie es Ponge in sexueller Metaphorik selbst nennt – ‚jubilieren'[30]. Die Apragmatizität des Textschemas und der Einsatz einer Sprache, die – von konventionellem Ballast gereinigt – neu und ursprünglich zu sein beansprucht, sind Faktoren, die die Konstitution der Texte Ponges als poèmes en prose am deutlichsten kennzeichnen, deutlicher als die oft diskutierten philosophischen Voraussetzungen[31], die implizit in Ponges Konzept einer eigengültigen Textrealität und einer Poesie gegen herkömmliche Verfahren der Poetik, gegen die Pragmatizität gesicherter Diskursformen enthalten sind. So verdeutlicht gerade Ponges Werk exemplarisch die wesentlichen Momente des poème en prose im 20. Jahrhundert, das Moment der Sprachlichkeit des Diskurses und seine thematische Konstruktion. In deren Verarbeitung faßt Ponge die Möglichkeiten der Entwicklung dieser Gattung zusammen.

3. Die Interpretation der untersuchten drei Prosagedichte hat ergeben, daß alle auf einem sekundären, genauer: verfremdenden Umgang mit typischen Diskurselementen der Deskription basieren. Diese verfremdende Besetzung eines konventionellen Schemas bewirkt – am stärksten wohl in G. Steins Text – beim Leser eine Desorientierung, die man als typisch im Rezeptionsprozeß des poème en prose ansehen kann. Solche Verfremdung der pragmatischen Deskription (die durch die sich ergänzenden rhetorischen und poetischen Verfahren[32] unterstrichen wird) entwickelt jeweils eigene Prägungen: die Dekonstruktion des wissenschaftlich-deskriptiven Diskurses bei Claudel, die Anti-Beschreibung der vom betreffenden Gegenstand abgehobenen Sprachwirklichkeit bei Stein, das Netz von Variationen und Derivationen einer sprachlich gesetzten Opposition hin zu ihrer metaphorischen Vermittlung in deskriptiver Prägnanz bei Ponge. Durch das Spannungsgefüge zwischen der ‚regelrechten' Deskription und dem je realisierten Diskurs entsteht eine signifikante Distanz, mit der das Prosagedicht eine eigene Form eines poetischen Charakteristikums des lyrischen Gedichts verändert aufgreift: wie das lyrische Gedicht etwa in einer „thematischen Distanzsetzung" oder in der „Distanzsetzung der Metapher" die Kontexte eines jeden Diskurselements vervielfältigt[33], multiplizieren auch die untersuchten poèmes en prose in der Distanz zwischen der regelmäßigen Deskription und der je eigens realisierten Überschreitung dieses Textschemas die Kontexte ihrer Ele-

mente, ja die Kontexte des Erfahrbaren. Die Besonderheit des Prosagedichts aber ist mit diesem Merkmal, das gerade auch das Gedicht kennzeichnet, nicht hinreichend beschrieben. Zur weiteren Klärung sollen drei Gesichtspunkte betrachtet werden: einmal die jüngere Diskussion der Gattungspoetik des Prosagedichts[34] (3.1), ferner die Entwicklung der frühen Dichtungstheorie und der ergriffenen Möglichkeiten des poème en prose (3.2), letztlich die Analyse der Textkonstitution im engeren Sinne (das heißt die Rolle von Poetik und Pragmatik) und die Frage nach der Leistung des Prosagedichts für die Moderne (3.3).

3.1. Jede normative Gattungsbestimmung erweist sich für das poème en prose, das durch eine Mischung von Merkmalen poetischer und nicht-poetischer, ‚prosaischer' Sprache charakterisiert zu sein scheint, als besonders problematisch. Wenn man mit M. Décaudin fordert, die spezielle Sprachform, die parole des Prosagedichts zu suchen[35], so steht man vor der Schwierigkeit, daß auf der Ebene der parole manche Prosagedichte Versdichtungen ähneln, weil weitgehend identische Verfahren – etwa in der Metaphorik – angewandt werden. Ferner kann auch Ähnlichkeit zwischen dem poème en prose und ‚poetischer Prosa' bestehen[36], und letztlich tauchen auch Parallelen zwischen Prosagedichten und nicht-poetischen Texten auf, z. B. bereits in der Syntax. Die rein linguistische, insbesondere jede abweichungsquantifizierende Poetizitätsbestimmung wird demnach durch die potentielle Gleichheit der parole im Prosagedicht und anderen (literarischen) Texten erschwert. M. Zamfirs Versuch, die ‚Rhetorik' des poème en prose vom „message ordinaire" (!) des realistischen Romans abzuheben, führt einmal zu einer engen normativen Gattungsbestimmung, zu der Definition des Prosagedichts als „une forme littéraire fermée"; sie schließt sich aber auch an an die Definition der poetischen Sprachfunktion bei R. Jakobson: wenn die Referenten des Prosagedichts von Zamfir als „signes de deuxième degré" gesehen werden, die auf die „unique réalité du poème" zielen[37], so sind damit Elemente beschrieben, die bei R. Jakobson und J. Lotman ja gerade auch zur Bestimmung des *Gedichts* benutzt werden. Das Besondere des Prosagedichts läßt sich auf diese Weise von der Prosa nur schwer, von der (lyrischen) Dichtung aber gar nicht abheben.

Das poème en prose scheint überhaupt die bloße Zuteilung zu ‚Poesie' oder ‚Prosa' eher zu problematisieren, indem es zunächst einmal einzelne Charakteristika beider in sich aufnimmt: den Bezug auf Formen pragmatischer (oder gattungspragmatischer) Diskurse ebenso wie den rhythmischen Sprachduktus des freien Verses. In einer *Relation der Unbestimmtheit* gegenüber ‚Prosa' wie ‚Poesie' kann man daher provisorisch ein erstes Gattungsprinzip des poème en prose sehen[38]. Die Verlegenheit, die G. Steins oben zitierten Abgrenzungsversuch kennzeichnet[39], findet so auch in den Prosagedichten selbst greifbaren Niederschlag.

Am Ursprung des poème en prose moderner Prägung, in Baudelaires Parallelfassungen jeweils in den *Fleurs du Mal* und in den *Petits poèmes en prose,* werden sowohl die Ähnlichkeiten zwischen poèmes en prose und Versdichtung auf der Ebene der parole als auch die Differenz der ‚Rhetorik' zwischen beiden besonders augenscheinlich. Anhand einer Analyse einzelner Parallelstellen – namentlich von «La chevelure», einem lyrischen Gedicht der *Fleurs du Mal*, und «Un hémisphère dans une chevelure» aus den *Petits poèmes en prose* – gelangt B. Johnson zu einer neuen Sicht des Verhältnisses der lyrischen und der ‚prosasprachlichen' Fassung[40]. Ihr Fazit lautet: «Le poème en prose est une répétition de la poésie, à travers laquelle la poésie se différencie rétrospectivement d'elle-même. En subvertissant l'opposition binaire ‘prose *ou* poésie' par une indétermination qui n'est ni tout à fait ‘*ni* prose *ni* poésie' ni tout à fait ‘à la fois poésie *et* prose', le poème en prose n'est ni extérieur ni intérieur à la poésie: tout en parlant *de* la poésie, il *la* parle et la déparle, la déplace précisément en la répétant»[41].

In dieser Sicht wird in Frage gestellt, daß ‚Poesie' als ‚markierte' der ‚Prosa' einer ‚unmarkierten' Sprache gegenübersteht; vielmehr sei die Prosa des poème en prose hier gleichsam das metasprachliche Derivat einer vorgängigen Poesie, das durch sein Referenzobjekt ‚Literatur(sprache)' in der Prosaisierung eine systematische Literarisierung realisiert[42]. Als Ort der Dysfunktionalität von Poesie und Prosa kann das poème en prose «Un hémisphère dans une chevelure» interpretiert werden als die „lecture déconstructrice du poème en vers"[43], also des Gedichts «La chevelure». Zwischen beiden Texten besteht eine unmittelbare intertextuelle Beziehung, die die Entstehung des Prosagedichts von der Lyrik her sinnfällig macht. Wenn auch solche direkte Intertextualität in der folgenden Entwicklung der Gattung nie mehr gegeben ist, so läßt sich doch das Konzept der Intertextualität als tragend für die Definition des Prosagedichts benutzen, wie M. Riffaterres Reflexion darüber belegt: " . . . the significance of the prose poem lies wholly in intertextuality, that is, it depends entirely upon the reader's ability to perceive ... the interplay, both relatedness and conflict, between the two derivations (sc. of a matrix)"[44]. Die Expansion einer „contradiction in terms" macht für Riffaterre im Prosagedicht – anders als in der Versdichtung – die Bezugnahme auf eine eigene ‚Matrix' unabdingbar. Solche Matrices sind in der Tat im Prosagedicht gerade deshalb häufig anzutreffen, weil zahlreiche Elemente ‚prosaischer' (pragmatischer oder gattungspragmatischer) Textformen in ihm beibehalten bleiben. Unter den Prämissen einer systematischen Literaturwissenschaft, denen der hier vorgestellte Ansatz verpflichtet ist[45], ist zu bedenken, ob textuelle Matrices – wenn sie sich als dienlich zur Gattungscharakteristik erweisen sollten – nicht erst sinnvoll in bezug auf Schemata sprachlichen Handelns zu analysieren sind. Dabei sind mit ‚Schemata sprachlichen Handelns' nicht Gattungen bezeichnet, sondern grundsätzliche Organisationsformen des Diskurses, so z. B. Appell, Narration, systematische Darstellung oder – wie im Fall der hier für die Interpretation gewählten Texte – Deskription.

3.2. Wenden wir uns nun der Dichtungstheorie und den Realisationsformen des poème en prose am Jahrhundertbeginn zu. Die beiden von S. Bernard aufgeführten Entwicklungsbedingungen des Prosagedichts – Aneignung von bis dahin nicht in der Dichtung thematisierten Gegenstandsbereichen und eine neue Konzeption des poetischen Textes[46] – werden gerade dort deutlich, wo es um die Reflexion bzw. um die Legitimation der Beschreibung geht. So rechtfertigt zuerst das 1897 vom *Mercure de France* veröffentlichte «Manifeste du Jammisme» erstmals pauschal die Deskription als poetische Aufgabe, ja nahezu als Selbstzweck, denn: «Toutes choses sont bonnes à décrire lorsqu'elles sont naturelles»[47]. Das Kriterium der Natürlichkeit wird sich im folgenden verzweigen: es tritt in Erscheinung in jenen frühen poèmes en prose, die sekundäre Besetzungen des naturwissenschaftlichen deskriptiven Diskurses sind – etwa in dem interpretierten Text Claudels –, ferner später in der Thematisierung von „hard dry things" (T. E. Hulme), von ‚kleinen, natürlichen Dingen', so der Kieselsteine Ponges, Queneaus oder des Objektivisten George Oppen[48]. Gerade aus der Aneignung einer belanglosen, scheinbar banalen Welt wird hier das Innovationspotential für den deskriptiven poetischen Diskurs gewonnen.

Der objektivistischen Deskription gehen die stadtbeschreibenden und geographischen poèmes en prose voraus. Der Beschreibung der Stadt Paris, die Baudelaire explizit mit jenem Formwillen verbindet, der im Prosagedicht Ausdruck findet[49], werden bei Luc Durtain, Carco, L.-P. Fargue neue Möglichkeiten erschlossen[50]; Claudels ‚kulturgeographische' Texte der *Connaissance de l'Est* finden einen absurden Endpunkt in Michaux' parageographischen poèmes en prose[51], die im Entwurf einer fiktionalen Geographie zugleich ein hervorragendes Paradigma für die Wendung der poetischen Besetzung des Deskriptionsschemas gegen den gesellschaftlich gesicherten Diskurs darstellen. – Die freie, (gattungs-)pragmatische Schemata überschreitende Organisation des poème en prose ermöglicht die stets sich neu erweisende Variabilität der Gattung und damit ihre Fortsetzung. Zu unrecht hält Gide, der mit den Texten der *Nourritures terrestres* selbst in den Bereich des poème en prose tritt, unter dem Eindruck der Mallarmé- und Rimbaud-Epigonen des letzten Jahrzehnts des 19. Jahrhunderts die Form des Prosagedichts für erschöpft: «Ce n'est plus le moment d'écrire des poèmes en prose»[52]. Gerade im deskriptiven Prosagedicht eröffnet sich aber der Gattung ein erhebliches Potential. Beschreibungen, die bekanntlich selbst im Kontext narrativer Genres der Legitimation bedurften[53], sind als *poetische* Texte nur unter der Bedingung produzierbar und rezipierbar, daß dem poetischen Text ein veränderter Status, der Status einer Realität sui generis, zugestanden wird.

Dieser neue Status, der in den vorangehenden Interpretationen wohl bei G. Stein den sinnfälligsten Ausdruck findet, wird theoretisch formuliert in Max Jacobs Schriften zum poème en prose, in *Art poétique*[54] und vor allem im Vorwort der Prosagedichtsammlung *Cornet à dés* (1916/17)[55], die die elaborierteste Theorie des poème en prose im frühen 20. Jahrhundert enthalten. Dort ist das Ideal der Imagination ersetzt durch das innovative Konzept der „constitution formelle" des Prosagedichts als eines „objet construit". Ebenso greifbar wird der Vollzug dieses Paradigmenwechsels vom Imaginationskonzept hin zum ‚Handwerklichen' im amerikanischen Objektivismus: zum Poeten als bloßem „miglior fabbro" (Pound), zum Gedicht als „machine made of words" (Williams) und als „another created thing in the world" (Zukofsky). Max Jacob, der mit dem Anspruch der alleinigen Erleuchtung und mit impliziten Invektiven gegen Rimbaud seine Theoreme vorträgt, rekurriert bei seinem Konzept des poème-objet primär auf die Größen Situation und Stil («sa situation et son style y sont tout»). Beide wirken im poème en prose zusammen: die Situation als das Ergebnis einer sprachlichen ‚Transplantation' in eine eigene (Wirkungs-)Sphäre, der Stil als die „mise en œuvre des matériaux" und als „composition de l'ensemble". In der Tat sind hier wesentliche Konstitutionsprinzipien des Prosagedichts im Ansatz beschrieben, wenn man in der Transplantation die sekundäre Besetzung von Textschemata und in der „mise en œuvre des matériaux" die poetische Eigengesetzlichkeit der Besetzungsverfahren sieht. Demgegenüber gelingt Jacob kaum die gerade im zeitgenössischen Kontext aktuelle und stets geforderte Abgrenzung zur „poetischen Prosa", zumal die von ihm genannten Charakteristika der Kürze und der Geschlossenheit willkürlich, normativ bleiben. Statt des „sentiment du fermé" thematisiert das Prosagedicht selbst – z. B. auch der oben interpretierte Claudel-Text – seine Unabgeschlossenheit bzw. Unabschließbarkeit. So sehr Jacob sich auch in Gegensatz zu dem Baudelaireschen Imaginationsbegriff setzt, so bleibt er in bezug auf die Kürze des poème en prose – sehr oft als dessen einziges Gattungskriterium genannt[56] – den Theorien Poes und Baudelaires verpflichtet, wenn er die Kürze allein als ästhetische Notwendigkeit betrachtet («il est difficile d'être longtemps beau»). Doch diese gattungstypische Kürze hängt viel stärker ab von jenen eigens geprägten Ordnungsprinzipien, die – jenseits der pragmatischen Textschemata – die Organisation des Prosagedichts als eines freien poetischen oder auch lyrischen Diskurses leiten.

Das Konzept des konstruierten poème-objet, das in Teilen des amerikanischen Objektivismus in eine naiv philosophierende Sicht mündete[57], wird gerade in Ponges Dichtungstheorie und -praxis reflektiert und problematisiert. Nicht um den Preis einer wiedergewonnenen Imaginationstheorie, sondern durch die rage de l'expression und durch die wahrhaft verzweifelte Suche nach der sachadäquaten Sprachform sieht er das objektivistische poème en prose nicht mehr als bloßes Objekt, sondern als ein objet/objeu/objoie, als eine Kreation, die gleichzeitig in den multiplen Kontexten etwa von Beschreibung und ästhetisch idealem Text, von Sprachgegenstand und Sprachspiel steht.

3.3. Die obigen Textanalysen legen zunächst nahe, die ‚Poetizität'[58] des poème en prose als Effekt der sekundären, verfremdenden Besetzung pragmatischer Textschemata (im Falle der Claudelschen

Deskription etwa), gattungspragmatischer Textschemata oder auch primärer Erfahrungsschemata (bei Ponge) anzusehen. Doch wie es nicht *ein* lyrisches Diskursschema gibt, lassen sich auch die elementaren Textschemata, die im poème en prose sekundär besetzt werden, nicht begrenzen. M. Décaudin will entsprechend auf den Rekurs auf Textschemata verzichten: «entre le vers et l'écriture du poème en prose . . . la poésie doit être cherchée dans une forme de la parole, non dans un schéma du discours»[59]. Mit solchem Diskursschema aber meint er nicht sekundär besetzte Textschemata, sondern eine Gattungsfigur, wie sie die normative Gattungstheorie erstellen will. Aber schon die Gleichheit von poetischen Verfahren im poème en prose einerseits und in Lyrik und poetischer Prosa andererseits beweist, daß in der jeweiligen „forme de parole" allein die gattungsspezifischen Konstituenten keinesfalls greifbar werden können, denn *die* Sprache des poème en prose gibt es weniger noch als dessen Schema.

Das Konzept sekundärer Besetzungen von Text- und Erfahrungsschemata im Spannungsfeld von poetischer und pragmatischer Textkonstitution ermöglicht dann eine präzisere Sicht, wenn man die verfremdende Art der Besetzung zunächst näher bestimmt als die *entpoetisierte poetische Besetzung eines entpragmatisierten pragmatischen Schemas.* Dies bedarf der Erläuterung, zumal poetische und pragmatische Textsituierung sowie die Prinzipien poetischer und prosaischer Sprache im Prosagedicht einer komplizierten Dialektik unterliegen. Die in seiner Gattungsbezeichnung evozierte Dichotomie von Poesie und Prosa wird – wie B. Johnson nachweist – im Prosagedicht annulliert[60], so daß die Frage M. Décaudins (und vieler anderer): «Où faire passer une frontière qui sépare prose et poésie? »[61] unbeantwortbar wird.

Der innovative Eigenwert des poème en prose, der für Baudelaire im Wunder des Paradoxen einer ‚poetischen Prosa' liegt[62], stellt sich für S. Bernard dar in der Übernahme von pragmatisch-alltagsweltlichen (und damit texttypologisch ‚prosaischen') Elementen, also in der Integration neuer Gegenstände in den poetischen Diskurs («l'on chercha dans la prose les éléments d'une nouvelle poésie»[63]). Gerade das Prosagedicht hebt aber auch die Problematisierung der Dichotomie von Prosa und Poesie, diese binäre Zuteilung auf. Indem es auf prosodische Verfahren verzichtet, aber gleichzeitig das Repertoire ‚lyrischer' Figuren ausnutzt und erweitert, indem es poetische Verfahren und pragmatische Textcharakteristika aktualisiert und kombiniert, stellt es das

Apriori der Dichotomie von Prosa und Poesie in Frage. Die grundsätzliche Annullierung jener Dichotomie ist deshalb die konstitutive Voraussetzung und das spezifischste Kennzeichen des Prosagedichts. Als Ort der Dysfunktionalität von Poesie und Prosa wird seine literaturtheoretische und -geschichtliche Bedeutung gerade darin sichtbar, daß seine Konstruktion der Dekonstruktion der Opposition Poesie vs. Prosa folgt, einer Opposition, die in unserem kulturellen Wissen verankert scheint, seit man über Molières Jourdain lacht, der weder ‚Prosa' noch ‚Poesie' schreiben lassen will.

Diese Dekonstruktion kann die gegebene vorläufige Definition des Prosagedichts als entpoetisierte poetische Besetzung eines entpragmatisierten pragmatischen Schemas ergänzen. Die verfremdende Besetzung, die die Entpragmatisierung des Textschemas garantiert, bewirkt nämlich nicht nur den amimetischen Charakter des poème en prose, sondern sie setzt dieses in einen neuen, re-poetisierten Kontext. Erst in ihm kann das Prosagedicht *als Gedicht* rezipiert werden. Solche Poetisierung durch neue Kontextualisierung, die radikal in der zeitgenössischen Lyrik verwirklicht ist[64], wird im poème en prose schon früh exemplarisch vorgestellt. Wenn etwa B. Cendrars einen fait divers in ein Prosagedicht transkribiert[65], so wird damit jener literaturwissenschaftliche Poetizitätstest vorvollzogen, den J. Cohen Jahrzehnte später durchführt, indem er seinen Studenten eine in Verszeilen aufgeteilte und interpunktionslos gesetzte Zeitungsmeldung vorlegt[66]. Dieses Beispiel veranschaulicht ferner die Rolle des discours im Prosagedicht: wie in der Lyrik[67] dominiert auch in ihm der discours die histoire.

Vor dem Hintergrund der vorangehenden Überlegungen bleibt nach der spezifischen Leistung des poème en prose für die Moderne zu fragen. Das Prosagedicht wird zunächst einmal nur deshalb zum Experimentierfeld, weil es nach dem Aufbrechen der Grenzen von Poesie und Prosa neue Formen der Diskursorganisation ermöglicht, weil es Verfahren (im Bereich der pragmatischen Regel, der poetischen Gestaltung, der referentiellen und konnotativen Bezüge) bereitstellt, die der vorherigen Literatur fremd waren. Durch die Ordnung seiner Verfahren liefert das Prosagedicht stets mehrere – nicht nur sprachliche – Perspektiven sprachlich gleichzeitig. Wie z. B. in unserem ersten Beispiel Claudel die Reflexion der condition humaine und menschlichen Wissens, die Entfaltung einer metaphorischen Figur und den zoologischen Diskurs in eins setzte, um eine neuartige ‚Erkenntnis' zu vermitteln, so meistert das Prosagedicht generell dank seiner *Vielperspektivität* eine Erfahrungskomplexität, die sich einer anderen – z. B. der narrativen – Ausarbeitung erst einmal entzog (und die entsprechend erst über das Prosagedicht in den Roman eingehen wird).

Diese Diskursorganisation, die vielfältige Erfahrungsmöglichkeiten simultan aktualisiert, macht das poème en prose zum Wegbereiter in der Moderne: es leistet den *je ersten Vollzug* innovativer Verfahren, so daß es Modellcharakter gewinnt für andere literarische Formen. Es ließe sich aufzeigen, wie gerade die deskriptiven Prosagedichte Kafkas, Gides oder Prousts modellhaft das in ihren späteren komplexen Narrationen entfaltete Repertoire entizipieren. Für Proust ist nachgewiesen, wie die frühen poèmes en prose der Sammlung *Les Plaisirs et les Jours,* die zum Teil später als deskriptive Passagen in *A la recherche du temps perdu* integriert sind[68], auch die wesentliche funktionale Neuerung vorvollziehen: die „Erinnerungspoetik" Prousts bestimmt auch schon seine frühen Prosagedichte[69]. – Die Avantgarde-Funktion der von Ponge entwickelten ‚expressiven' Deskription erweist sich nicht zuletzt durch deren neue Funktionalisierung im nouveau roman[70]. H.-D. Hayer hat die Parallelität der Verfahren in N. Sarrautes Prosagedichten der *Tropismes* und in den späteren Romanen herausgearbeitet[71]; auch in Robbe-Grillets Romanen erkennt er die Techniken aus dessen früheren in *Instantanés* zusammengefaßten deskriptiven poèmes en prose wieder[72]. Die Rolle eines Wegbereiters spezifisch moderner Erzählformen kommt dem Prosagedicht stärker zu, als man allgemein annimmt.

Die Differenz zwischen beliebigen Texten und poèmes en prose, also zwischen fait divers, wissenschaftlicher Deskription, romantischem Kunstmärchen, Baudelaire-Sonett einerseits und den – thematisch gleichen – poèmes en prose anderseits liegt nicht in der Poesie-Prosa-Opposition, sondern in der Differenz zwischen der lebensweltlich gesicherten oder gattungspragmatisch konventionalisierten Position der ersteren gegenüber der Ungesichertheit der letzteren. Diese Negativbestimmung deduziert die Poetik des Prosagedichts allein aus seiner *Apragmatizität.* Diese absolute Apragmatizität schließt jene stets nur partielle *Apoetizität* ein, die mit dem Verzicht auf prosodische Verfahren eben nur der konventionalisierten Poetizität – am deutlichsten der Prosodie – entsagt. Zwar bleiben im poème en prose sprachliche Formideen des Rhythmus und der Metaphorik der Lyrik verpflichtet, doch entwickelt es über diese hinaus neue diskursive Formationen, die von der Perspektive eines lyrischen Subjekts losgelöst sind. – Die Reflexionen des jungen Gide über eine Zukunft von Dichtung ohne Vers sind ein deutlicher Ausdruck jenes Horizonts, vor dem das Prosagedicht auftaucht: die Schaffung von originär poetischen Texten, die freigesetzt sind von den Künstlichkeiten konventioneller, institutioneller Poetik[73]. Dies geschieht nicht einfach in der unmittelbaren Aneignung der Alltagswelt, sondern in der Entpragmatisierung (gattungs-)pragmatischer Schemata, im Aufbrechen von alltagsweltlich gesicherten Sprachhandlungsformen, im Abbau einer lyrischen Ich-Perspektive zugunsten eines Spiels von Referentialität und Sprachwirklichkeit. Sieht M. Riffaterre eine Matrix mit doppelter Funktion (der Bedeutung und der formalen Konstante) als das Charakteristikum des poème en prose[74], so läßt sich hier diese Matrix näher bestimmen als das eigengesetzte Regularium, das ein entpragmatisiertes primäres Textschema ergreift. Die Aneignung gegebener Diskursformen im poème en prose steht also unter der dreifachen Bedingung der *Entpragmatisierung*, damit der Dekonstruktion der (gattungs-)pragmatischen Regeln, der *Entpoetisierung*, das heißt des Verzichts auf poetisch-rhetorische Konventionen, und der *(Re-)Poetisierung*, der Einordnung in ein als poetisch konzipiertes und rezipiertes Diskursuniversum. Erst dieser letzte Aspekt erlaubt es, über die Definition der poèmes en prose als apragmatischer Texte hinauszugehen und die Identität dieser Diskurse als poetische Diskurse zu bestimmen.

Die ‚Poesie' des Prosagedichts hängt nicht ab von *einem* Textschema, sondern von der Dekonstruktion elementarer Textschemata, von der Negatividentität eines gesellschaftlich nicht gesicherten Diskurses, die das Formenspektrum des poème en prose stets dynamisch hält; sie hängt nicht ab von *einer* Form der parole, sondern vom innovativen Ausnutzen poetischer Verfahren in neuen Kontexten; sie hängt nicht ab von der Aneignung eines (etwa modernistischen) Themenrepertoires, sondern sie führt zu einer neuen ästhetischen Erfahrung. Diese neue ästhetische Erfahrung setzt voraus, daß der simultane Ausdruck einer Erfahrungskomplexität als das dem Prosagedicht wesentliche innovative Moment angenommen wird. Es stellt sich dann das Verfahren dieser Konkretisierung im poème en prose dar als ein *neues Verfahren poetischer Sinnbildung*, das das Spektrum des literarisch Sagbaren signifikant erweitert.

ANMERKUNGEN:

1 F. Nies, *Poesie in prosaischer Welt – Untersuchungen zum Prosagedicht bei Aloysius Bertrand und Baudelaire*, Heidelberg 1964, S. 287.

2 Zum amerikanischen Objektivismus s. R. Schiffer, „Die Poetik und Lyrik der Objektivisten", in H. Bungert (Hg.), *Die amerikanische Literatur der Gegenwart – Aspekte und Tendenzen*, Stuttgart 1977, S. 89-111.

3 Den Einfluß Mallarmés und Jules Renards auf Claudel untersucht G. Gadoffre in der Einleitung seines Buches *Claudel et l'Univers chinois*, Paris 1968; s. dazu auch S. Bernard, *Le poème en prose de Baudelaire jusqu'à nos jours*, Paris 1959, S. 528.

4 Vgl. Claudels Brief an Mallarmé vom Dezember 1895: «Malgré mon aversion pour les descriptions, j'ai écrit (...) une série de notes intitulées *Pagodes, Jardins, Ville, La Nuit*» (zit. n. S. Bernhard, a. a. O., S. 256).

5 Je peindrai ici l'image du Porc.

C'est une bête solide et tout d'une pièce; sans jointure et sans cou, ça fonce en avant comme un soc. Cahotant sur ses quatre jambons trapus, c'est une trompe en marche qui quête, et toute odeur qu'il sent, y appliquant son corps de pompe, il l'ingurgite. Que s'il a trouvé le trou qu'il faut, il s'y vautre avec énormité. Ce n'est point le frétillement du canard qui entre à l'eau, ce n'est point l'allégresse sociable du chien; c'est une jouissance profonde, solitaire, consciente, intégrale. Il renifle, il sirote, il déguste, et l'on ne sait s'il boit ou s'il mange; tout rond, avec un petit tressaillement, il s'avance et s'enfonce au gras sein de la boue fraîche; il grogne, il jouit jusque dans le recès de sa triperie, il cligne de l'œil. Amateur profond, bien que l'appareil toujours en action de son odorat ne laisse rien perdre, ses goûts ne vont point aux parfums passagers des fleurs ou de fruits frivoles; en tout il cherche la nourriture: il l'aime riche, puissante, mûrie, et son instinct l'attache à ces deux choses, fondamental: la terre, l'ordure.

Gourmand, paillard! si je vous présente ce modèle, avouez-le: quelque chose manque à votre satisfaction. Ni le corps ne se suffit à lui-même, ni la doctrine qu'il nous enseigne n'est vaine. «N'applique point à la verité l'œil seul, mais tout cela sans réserve qui est toi-même.» Le bonheur est notre devoir et notre patrimoine. Une certaine possession parfaite est *donnée*.

– Mais telle que celle qui fournit à Énée des présages, la rencontre d'une truie me paraît toujours augurale, un emblème politique. Son flanc est plus obscur ques les collines qu'on voit au travers de la pluie, et quand elle se couche, donnant à boire au bataillon de marcassins qui lui marche entre les jambes, elle me paraît l'image même de ces monts que traient les grappes de villages attachées à leurs torrents, non moins massive et non moins difforme.

Je n'omets pas que le sang de chochon sert à fixer l'or.

(Ben. Ausg.: P. C., *Œuvres poétiques*, Paris 1957, ed. Pléiade, S. 58 f.)

6 «Traité de la co-naissance au monde et de soi-même», datiert «Fou-tchéou 1904» agbedr. in *Œuvres poétiques* S. 147-204.

7 Diese Tatsache ist eine Folge der grundsätzlichen Differenz zwischen Beschreibung und Beschriebenem, auf die Ph. Hamon, «Qu'est-ce qu'une description?», in *Poétique* 3 (1972) S. 465-485, hinweist, etwa S. 477: «toute description se présente donc comme un ensemble lexical (. . .) dont l'extension est liée au vocabulaire *disponible* de l'auteur, non au degré de complexité de la réalité elle-même.» – Vgl. im übrigen schon Marmontels Ausführung im Artikel «Description» der *Encyclopédie:* «Les descriptions n'auroient point de limites, si on les étendoit indistinctement à tous les êtres de la nature (. . .) & à tous les détails de leur conformation ou de leur organisation» – *Encyclopédie ou Dictionnaire raisonné des Sciences, des Arts et des Métiers*, nouvelle impression en facsimilé de la 1ère éd. de 1751-80, Bd. 4, Stuttgart 1966, S. 878.

8 Siehe S. Bernhard, a. a. O., S. 528. Sie weist auf die «développements complexes à partir d'une 'cellule métaphorique' initiale *or-soleil*» bei Mallarmé hin, die sie auch in anderen Texten der *Connaissance de l'Est* findet.

9 Kohärenz als konstitutive Anforderung an die Deskription ergibt sich aus Ph. Hamons Teildefinition der Deskription als «énoncé . . . unifié du point de vue des prédicats et des thèmes» (a. a. O., S. 466). Hier zeigt sich, daß die Beschreibungen des modernen Prosagedichts sich insofern gegen das pragmatische Schema stellen, als sie die von Hamon erwähnten (logischen oder lexikalischen) Vorhersehbarkeiten systematisch brechen. Das hier gefundene Verfahren Claudels, diesen Bruch durch ein überraschendes ‚enzyklopädisches Detail' zu realisieren, findet sich im übrigen gehäuft in Ponges Prosagedichten wieder.

10 Im Juni 1914 rezensierte die *Chicago Tribune* das Werk: *"Tender Buttons* is the most recent product of Miss Gertrude Stein, the literary cubist (. . .). Her own gyrations with words have been printed before, but privately. (. . .) It is a nightmare journey in unknown and uncharted seas. Miss Stein's followers believe she has added a new dimension to literature. Scoffers call her writings a mad jumble of words (. . .). It is not clear whether 'Tender' of the title means a row boat, a fuel car attached to a locomotive or is an expression of human emotion", zit. n. M. J. Hoffmann, *The Development of Abstractionism in the Writings of G. Stein*, Philadelphia 1965, S. 175. – Zur frühen Rezeption von *Tender Buttons* s. auch J. M. Brinnin, *The Third Rose – Gertrude Stein and her World*, Boston 1959, S. 158 f.

11 J. M. Brinnin, a. a. O. S. 157.

12 GLAZED GLITTER

Nickel, what is nickel, it is originally rid of a cover.

The change in that is that red weakens an hour. The change has come. There is no search. But there is, there ist that hope and that interpretation and sometime, surely any is unwelcome, sometime there is breath and there will be a sinecure and charming very charming is that clean and cleansing. Certainly glittering is handsome and convincing.

There is no gratitude in mercy and in medicine. There can be breakages in Japanese. That is no programme. That is no color chosen. It was chosen yesterday, that showed spitting and perhaps washing and polishing. It cer-

tainly showed no obligation and perhaps if borrowing is not natural there is some use in giving.
(Ben. Ausg.: G. S., *Tender Buttons,* New York 1914, S. 9)

13 Zur Überstrukturierung im Gedicht s. J. Link, „Das lyrische Gedicht als Paradigma des überstrukturierten Textes", in H. Brackert/E. Lämmert (Hgg.), *Funk-Kolleg Literatur* 1, Frankfurt 1977, S. 234-256, hier: S. 248 ff.

14 Vgl. die Bemerkungen dazu in G. Steins Programmschrift "Poetry and Grammar", im folgenden zit. n. d. Ausg. *Lectures in America,* Boston 1957, S. 207-246.

15 M. J. Hoffmann, a. a. O. S. 179.

16 Vgl. dazu M. J. Hoffmann, a. a. O. passim, sowie ders., *Gertrude Stein,* London/Boston 1976, S. 21 ff.

17 So J. M. Brinnin in seiner Einleitung zu *Selected Operas and Plays of Gertrude Stein,* Pittsburgh 1970, S. XII.

18 S. den Beitrag M. Imdahls in diesem Band sowie ders., „Cézanne – Braque – Picasso: Zum Verhältnis zwischen Bildautonomie und Gegenstandssehen", in *Wallraf-Richartz-Jahrbuch* 36 (1974) S. 325-365.

19 Die Idiosynkrasie der Steinschen Beschreibung leiht sich der psychologischen Interpretation, deren frühestes Beispiel der kontrovers aufgenommene Beitrag von B. F. Skinner, "Has G. Stein a Secret?", *Atlantic Monthly* 153 (Jan. 1936) S. 50-57, ist.

20 Zur Problematik von Portrait und Beschreibung bei G. Stein s. auch die ergebnisreiche Analyse von W. Steiner, *Exact Resemblance to Exact Resemblance – The Literary Portraiture of G. Stein,* New Haven 1978, Kap. 5: "Portrait as Program: The Place of the Portrait in Stein's Typology of Genres", S. 161-205, hier bes. S. 167-170.

21 Sie selbst beschreibt diesen Prozeß in "Poetry and Grammar": "I remember . . . looking at anything until something that was not the name of that thing but was in a way that actual thing would come to be written" (a. a. O. S. 237).

22 S. dazu R. Schiffer, a. a. O. bes. S. 109.

23 A. a. O. S. 209.

24 Ebd. S. 231.

25 Die Rezeption Ponges wurde entscheidend beeinflußt durch J.-P. Sartres Essay «L'homme et les choses», in *Situations* I, Paris 1947, S. 245-293 (zuerst in *Mercure de France* 1944). – Die umfassendste monographische Darstellung und Interpretation Ponges: G. Butters, *Francis Ponge – Theorie und Praxis einer neuen Poesie,* Rheinfelden 1976. – Für neue Beiträge und Diskussionen s. *Ponge – Inventeur et classique,* colloque de Cerisy-la-Salle, hg. P. Bonnefis/P. Oster, Paris 1977.

26 LE PAPILLON

Lorsque le sucre élaboré dans les tiges, surgit au fond des fleurs, comme des tasses mal lavées, – un grand effort se produit par terre d'où les papillons tout à coup prennent leur vol.

Mais comme chaque chenille eut la tête aveuglée et laissée noire, et le torse amaigri par la véritable explosion d'où les ailes symétriques flambèrent,

Dés lors le papillon erratique ne se pose plus qu'au hasard de sa course, ou tout comme.

Allumette volante, sa flamme n'est pas contagieuse. Et d'ailleurs, il arrive trop tard et ne peut que constater les fleurs écloses. N'importe: se conduisant en lampiste, il vérifie la provision d'huile de chacune. Il pose au sommet des fleurs la guenille atrophiée qu'il emporte et venge ainsi la longue humiliation amorphe de chenille au pied des tiges.

Minuscule voilier des airs maltraité par le vent en pétale superfétatoire, il vagabonde au jardin.

(Ben. Ausg.: F. P., *Le Parti pris des choses – Suivi de Proêmes,* Paris o. J., S. 56).

27 Zur Rolle der „création d'ordre artistique, littéraire" im objektivistischen Kontext s. Ponges Ausführungen in "My creative method", in F. P., *Méthodes,* Paris 1961, S. 9-43.

28 Das Verhältnis von Referentialität und Autoreferentialität beleuchten M. Riffaterre, «Ponge tautologique ou le fonctionnement du texte», in *Ponge – Inventeur et classique* S. 66-84, sowie die Beiträge zur Diskussion der Vorlage Riffaterres von K. Stierle, ebd. S. 87 f.

29 So charakterisiert Ponge Sprache in «Notes d'un poème – Sur Mallarmé»: «Le langage ne se refuse qu'à une chose, c'est à faire aussi peu de bruit que le silence», Ponge, *Parti pris* S. 136.

30 «Voyez-vous le moment béni, ... c'est lorsque la vérité *jouit* ... C'est le moment où l'objet jubile ... le moment où se produit une espèce de floculation: la parole, le bonheur d'expression.» – «Tentative orale», in *Méthodes* S. 264.

31 S. dazu bes. H. Maldiney, *Le Legs des choses dans l'œuvre de F. P.,* Lausanne 1974.

32 Im folgenden wird stets von ‚poetischen Verfahren', nicht von ‚poetischen Strukturen' geredet, um deren *funktionalen,* nicht *strukturalen* Charakter zu betonen. Die Existenz poetischer Verfahren – nicht *der* poetischen *Sprache* – soll hier in Art eines empirischen Befundes gesetzt sein, da im gegebenen Rahmen auf die kritsiche Auseinandersetzung mit der formalistischen (Jakobson, Lotman), der generativistischen (Bierwisch, Baumgärtner) oder der semiotischen (Riffaterre) Bestimmung poetischer Verfahren verzichtet werden muß.

33 S. K. Stierle, „Die Identität des Gedichts – Hölderlin als Paradigma", in K. S./O. Marquard (Hgg.), *Identität,* Poetik und Hermeneutik 8, München 1979, S. 505-552, hier: S. 517 ff.

34 Ansätze der Gattungsbestimmung finden sich zuerst bei F. Rauhut, *Das französische Prosagedicht,* Hamburg 1929; s. ferner auch M.-J. Durry, «Autour du poème en prose», *Mercure de France* (1. Feb. 1937) S. 495; P. Mansell Jones, *The Background to Modern French Poetry,* Cambridge 1951 (21968), bes. Kap. V "From Poetic Prose to the Prose Poem"; S. Bernard, a. a. O.; M. Parent, *Saint-John Perse et quelques devanciers – Etude sur le poème en*

prose, Paris 1960; für Details zum Gattungsproblem in ästhetischer Theorie s. F. Nies, a. a. O. S. 11-47.

35 M. Décaudin, «Du poème en prose et, comme on dit, de sa problématique», in *Missions et Démarches de la critique – Mélanges offerts a J. A. Vier*, Paris 1973, S. 701-704.

36 Eine gleiche Sprache in Prosagedicht und poetischer Prosa stellt in der Tendenz auch J.-Y. Tadié, *Le Récit poétique*, Paris 1978, S. 99 fest.

37 M. Zamfir, «La rhétorique du poème en prose», in *Actele celui de-al XII-lea congres internaţional de Lingvistică şi filologie romanică* II, Bukarest 1971, S. 729-733.

38 Den „Konflikt" zwischen Poesie und Prosa beschreibt J. M. Lotman in dem Kapitel „Poesie und Prosa" (in *Die Struktur literarischer Texte*, München 1972, S. 143-158). Lotman sieht in der Ablösung des je herrschenden Typs im poetischen Diskurs den wichtigsten Faktor der Entwicklung sprachlicher Kunstformen (s. S. 147). Die Unbestimmbarkeit erscheint bei ihm als Form der „‚puškinschen' Gleichbewertung von Poesie und Prosa" (S. 153), sie wird jedoch aufgehoben in der Notwendigkeit einer Zuteilung, da für ihn „‚Gedicht-sein' und ‚Prosa-sein' . . . eine für alle Kulturtypen jeweils festgelegte *Funktion des Textes*" (ebd.) ist.

39 S. dazu oben S. 220 f.

40 B. Johnson, «Quelques conséquences de la différence anatomique des textes – Pour une théorie du poème en prose», *Poétique* 7 (1976) S. 450-465.

41 Ebd. S. 465.

42 Vgl. dazu bes. ebd.

43 Ebd. S. 461.

44 M. Riffaterre, *Semiotics of Poetry*, Bloomington/London 1978, bes. das Kap. "The Semiotics of a Genre: The Prose Poem", S. 116-124, hier: S. 124.

45 Für diese Perspektiven allgemein s. K. Stierle, *Text als Handlung – Perspektiven einer systematischen Literaturwissenschaft*, München 1975; der hier vorgestellte Ansatz knüpft wesentlich an die Theorie des lyrischen Textes an, die Stierle in „Die Identität des Gedichts" vorstellt: Zur Problematik von Diskursschemata in lyrischen Texten und zur „lyrischen Transgression" s. dort bes. S. 513 ff., zur Multiplikation der Kontexte bes. S. 517 ff. – Herrn Stierle sei für seine hilfreichen Anregungen herzlich Dank gesagt.

46 Vgl. S. Bernard, a. a. O. S. 615.

47 «Un manifeste littéraire de monsieur Francis Jammes: le jammisme» in *Mercure de France* (März 1897).

38 Zu Oppens Dingerfahrung s. R. Schiffer, a. a. O. S. 98.

49 Vgl. die Einleitung der *Petits Poèmes en prose*, «A Arsène Houssaye»: «C'est surtout de la fréquentation des villes énormes, c'est du croisement de leurs innombrables rapports que naît cet idéal obsédant.»

50 Hier läßt sich verfolgen, daß die globalen neuen Erfahrungen des Menschen in der Großstadt abgelöst sind durch individuelle, exzentrische und ‚surrealistische' und daß entsprechend die Deskription nicht mehr an die Trans-

position dieser Wirklichkeit als Erfahrung in den lyrischen Diskurs gebunden ist, sondern auf die *doppelte* Herausforderung durch die schon literarisch vermittelte Erfahrung und durch die Poetisierbarkeit in neuen Diskursformen reagiert.

51 Am deutlichsten in den Prosagedichten der *Voyage en Grande Garabagne.*

52 Zit. n. S. Bernard, a. a. O. S. 582.

53 Für die Problematik sei verwiesen auf Lukács' Essay „Erzählen oder Beschreiben?" (1936) und die folgende Diskussion. Die Problematik von Deskriptionen in narrativen Kontexten untersucht eingehend M. E. Blanchard, *Description: Sign, Self, Desire,* The Hague 1980.

54 M. Jacob, *Art poétique,* Paris 1922.

55 Ders., *Le Cornet à dés,* Paris 1923 (selbstverl. 1917), ben. Ausg.: Paris 1945 (die folgenden Zitate sind der Einleitung entnommen).

56 Vgl. etwa M. Béalus Bemerkung: «Je ne sais pas ce que c'est qu'un poème en prose (...) Ce qui me paraît caractériser la poésie moderne est uniquement la brièveté» (zit. n. S. Bernhard, a. a. O. S. 724).

57 Vgl. dazu auch R. Schiffer, a. a. O. S. 95 ff.

58 Der Terminus der Poetizität wird hier – wie auch der der „poetischen Verfahren" (s. o. Anm. 32) – unabhängig von der abweichungsquantifizierenden linguistischen Poetizitätsanalyse benutzt zur Bezeichnung eines funktionalen Befundes in Produktion und Rezeption. Theoriegeschichtlich folgte dem linguistischen Paradigma der formalen Poetizitätsbestimmung das semiotische, etwa bei M. Hardt, *Poetik und Semiotik – Das Zeichensystem der Dichtung,* Tübingen 1976, S. 19 ff., oder bei R. Kloepfer, *Poetik und Linguistik – Semiotische Instrumente,* München 1975. Im Rahmen der *Poetica*-Diskussion „Poetizität", in *Poetica* 10 (1978) S. 285-395, werden einmal der linguistische Ansatz erweitert (in W. A. Kochs Modell der „Poetizität zwischen Metaphysik und Metasprache", S. 285-341), der semiotische kommunikationstheoretisch fortgeführt (bei S. J. Schmidt, „Zu einer Theorie ästhetischer Kommunikationshandlungen", S. 362-382), und die Analyse einer funktionalen (statt einer strukturalen) Poetizitätsbestimmung erstmals vorgeschlagen (bei H. U. Gumbrecht, „Poetizitätsbestimmung zwischen Funktion und Struktur", S. 342-361).

59 M. Décaudin, a. a. O. S. 704.

60 S. dazu oben S. 22.

61 M. Décaudin, a. a. O. S. 701.

62 S. das Vorwort der *Petits Poèmes en prose,* «A Arsène Houssaye».

63 S. Bernard, a. a. O. S. 435.

64 Z. B. in den Texten Peter Handkes und Wolf Wondratscheks.

65 Das „Télégramme-poème" «Dernière heure» ist ausgewiesen als «copié dans *Paris-Midi*»; «Dix-neuf poèmes élastiques», zit. n. B. Cendars, *Du monde entier au cœur du monde/Anthologie nègre (Œuvres complètes,* Bd. 1), Paris 1963, S. 68.

66 S. J. Cohen, *La Structure du langage poétique,* Paris 1966, S. 76.

67 Zur „Dominanz des Diskurses über die Geschichte" in der Lyrik s. K. Stierle, „Identität des Gedichts" S. 515 ff.

68 I. Nolting-Hauff, „Prousts *A la recherche du temps perdu* und die Tradition des Prosagedichts", *Poetica* 1 (1967) S. 67-84, geht bes. ein auf die Paralleldeskriptionen etwa der Kirchtürme von Martinville.

69 Der Zusammenhang ist ausführlich dargestellt bei A. Corbineau-Hoffmann, *Beschreibung als Verfahren – Die Ästhetik des Objekts im Werk Marcel Prousts*, Stuttgart 1980.

70 Den – von Robbe-Grillet selbst geleugneten – Einfluß Ponges verdeutlichen u. a. die *Entretiens de F. Ponge avec Ph. Sollers*, Paris 1970.

71 H.-D. Hayer, „Zwei Erzählsysteme des *nouveau roman* – Sarraute und Robbe-Grillet", in P. Bürger (Hg.), *Vom Ästhetizismus zum Nouveau Roman – Versuche kritischer Literaturwissenschaft*, Frankfurt 1975, S. 163-191, z. B. S. 170: „Das Erzählsystem, das in den kleinen Texten der Sammlung *Tropismes* modellhaft entwickelt ist, wird später auf die Großform des Romans übertragen. Die Romane Sarrautes sind ausgeweitete *Tropismes*."

72 S. ebd. S. 175 ff.

73 Vgl. Gides «Lettre à Angèle» vom 10. Mai 1899, abgedr. in *Prétextes* (Mercure de France), Paris 1919.

74 S. M. Riffaterre, *Semiotics* S. 117.

Charles Grivel

DIE EXPLOSION DES GEDÄCHTNISSES: JARRY ÜBER DIE ENTWICKLUNG IM LITERARISCHEN PROZESS

Man wird im folgenden mehrere sehr unterschiedliche Themen vorfinden: eine Theorie der Avantgarde und der allgemeinen literarischen Prozesse, aus denen sie hervorgeht, ferner eine Theorie der Poesie im Rahmen der Alternativen, die für den ‚Ausdruck' („expression") bestehen, und schließlich eine Theorie des unmittelbaren Intertexts, d. h. der Beziehungen zwischen den Texten eines Buches, einer Sammlung oder eines Werkes. Diese drei Ansätze bilden zusammen die Grundlage einer – in den Grenzen eines Aufsatzes notwendigerweise fragmentarischen – Sozio-Analyse des Literarischen, mit deren Hilfe man bestätigen kann, welche Notwendigkieten zu einem gegebenen Zeitpunkt, um die Jahrhundertwende zum Beispiel, dem Erscheinen und der Lektüre eines bestimmten Textes (beispielsweise Jarrys *Minutes de sable mémorial)* unterliegen. Darüber hinaus will diese Arbeit einen Abriß der innovativen Ästhetik Jarrys vorlegen, um daraus praktische Schlüsse ziehen zu können für das Verständnis eines konkreten poetischen Verfahrens. Als Beispiel wird der änigmatische Text *Phonographe* aus der erwähnten Sammlung dienen. Das Vorgehen beschreibt also einen Übergang vom Allgemeinen zum Besonderen: das eine ist zweifellos in dem anderen enthalten, und was man vielleicht für einen Umweg halten mag, ist daher in Wahrheit eine Abkürzung. Zumindest wenn man davon ausgeht, daß die Beschreibungen tatsächlich Rechenschaft ablegen über jene kaum greifbare Größe x, die es zu ermitteln gilt: ‚die Sache des Literarischen' („la chose littéraire"), das, was seit jeher aus der Tiefe der Bibliotheken aussendet, aufrührt, ausstrahlt. Die Betrachtung der Ursachen wird ein erster Schritt sein, die der Wirkungen ein zweiter.

1. Der Große Mechanismus

Macht und *Sprache* sind miteinander verbunden. Dies ist evident, und doch sollte man es sich in Erinnerung rufen. „Wenn ich ein Wort gebrauche, hat es die Bedeutung, die ich ihm gebe – und keine andere... Man muß nur wissen, wer Herr ist, das ist alles"[1]. Wer über Autorität verfügt, verfügt auch über den Sinn; er kann ‚Bedeutung' („vouloir-dire") in Abhängigkeit von seiner Herrschaft festlegen: gegenüber dem Medium, dessen Legitimität er selbst bestimmt, und gegenüber dem Kommunikationspartner, dem er dieses vorschreibt. Das heißt, es ist mehr im Spiel als nur die ‚Kompetenz' dessen, der spricht. Dies war freilich bekannt; doch in dem Maße, wie der Sprecher hinsichtlich der Ausdrucksmittel eine Herrschaftsstellung innehat, ist es ihm möglich, sie seinen Zielsetzungen dienstbar zu machen, denn diese treten notwendigerweise in Konkurrenz zu anderen. Wer sich also nach einer Sprache richtet, gibt nicht nur den latenten Anstößen dieser Sprache selbst nach, sondern er fügt sich auch in eine gewisse gesellschaftliche Unterordnung. Gegen eine Sprache anzugehen heißt dementsprechend – und hierin liegt das Ziel der Avantgarde an sich – zumindest implizit auch um die Macht zu kämpfen. Keine dieser Positionen – Dominanz, Unterordnung, Übertretung – ist indes absolut gegeben, sie alle finden ihre Bestimmung nur im Hinblick auf das kommunikative Gesamtsystem. Seine Sprache besitzen bedeutet aber noch nicht gleichzeitig, sie antasten zu dürfen. Und dies aus mindestens zwei Gründen. Zunächst weil (ich zitiere Deleuze) «le sens réside dans les croyances (ou désirs) de celui qui s'exprime»[2], und man kann ergänzen: insoweit sie sich berühren mit den Vorstellungen und Wünschen des Kommunikationspartners; zum andern weil (so Barthes) «on ne peut pas recommencer intégralement une forme passée»[3], selbst wenn man es wollte, und man kann es eigentlich nicht wollen. Mit anderen Worten: der Sinn, auch der herrschende, ist nicht durch bloße Wiederholung oder Kumulierung aufrechtzuerhalten. Ein gewissermaßen selbstauslösender Mechanismus verursacht Überdruß am System, schafft Distanz zu ihm und veranlaßt das Subjekt, im Ungenügen am Diskurs von ihm *abzuweichen* bzw. ihn zu *verändern*. Wer schreibt oder liest, hat die Macht, sich vor dem Diskurs zu schützen, sich von ihm freizusetzen, möglicherweise ihn noch einmal neu zu beginnen. Die Situation stellt sich damit in großen Zügen folgendermaßen dar:

I. Das Gesellschaftliche bestimmt den ‚Ausdruck' und seine Formen, es schreibt eine normierte, kanonische Sprache vor, der das Subjekt zwingend unterworfen ist. Dieser ‚Ausdruck' wird kontrolliert und gesichert durch die Institutionen. Das Individuum hat nicht *die* Sprache zu seiner Verfügung, sondern nur einen ihrer Zustände in eng begrenzter Form, und dort kann es sich verwirklichen[4].

II. Ebenfalls unter bestimmten Bedingungen und in bestimmten Grenzen kann das Subjekt sich auch außerhalb der Norm ausdrücken wollen. In diesem Falle ist der Fächer seiner Reaktionsmöglichkeiten weit gespannt, diese selbst von sehr unterschiedlicher Intensität. Das reagierende Subjekt kann sich etwa irren, Opfer eines Mißverständnisses oder mangelnder Kenntnisse sein, oder es erscheint ihm der konventionelle Sinn unangemessen. Idiolekte oder Idiotismen, vulgäre Sprachformen, Argots, legasthenische Fehlleistungen, ‚Schöne Literaturen' und Avantgarden, dienen alle mehr oder weniger solchem ‚Ausdruck' außerhalb der Norm[5].

III. Natürlich ist der normierte ‚Ausdruck' Produkt eines langen tiefgreifenden Lernprozesses (und scheint seinem Benutzer auf natürliche Weise eigen zu sein), während der unnormale ‚Ausdruck' (d. h. der ‚Ausdruck', der – ohne jede Wertung – nicht den Normen entspricht) erst eingeführt und erworben werden muß, er muß sich durchsetzen, ohne daß man sich des institutionellen Verbreitungsapparates bedienen könnte. Das Feld der Kommunikation, auf dem er versuchen muß, sich zu behaupten, ist bereits *besetzt*.

IV. Zar sind erfahrungsgemäß die gesellschaftlichen Strukturen in ihren Grundlagen so gut wie unantastbar und unveränderbar für ein Subjekt, dessen Handlungsspielraum und dessen Handlungszeitspanne notwendigerweise begrenzt sind, doch hat sein Bemühen um eine mögliche Befreiung, sein Versuch einer Korrektur an der Norm, gute Aussichten, auf den Bereich der sogenannten ‚Überbauphänomene' zu zielen – d. h. auf die Sprache, dorthin, *wo die Norm ihr Aktionsfeld hat, wo das Subjekt sie erleidet.* Von der Karikatur zur Satire, vom Witz zur Literatur (im engeren Sinne), immer geht es darum, dem herrschenden ‚Ausdruck' Einhalt zu gebieten, ihn zu erschüttern in Ermangelung einer Einflußmöglichkeit auf die Ordnung des ‚Realen' („réel"), die ihn verlangt. Wenn dem Subjekt die Hände gebunden sind, scheint sich zwangsläufig *seine Zunge zu lösen*[6].

V. Literatur (wieder im engeren Sinne): gute Literatur, Literatur, die sich in den Randzonen bewegt, ist zu verstehen als beständiger, unabschließbarer und überindividueller Versuch eines Sich-Widersetzens gegenüber der normierten Basissprache, während Literatur im weiteren Sinne, ihre Standard-, Trivial- und Vulgärformen, eine Sprache total ausbeutet. Die erste negiert, die letztere manifestiert[7]. – Das Subjekt der ‚guten Literatur', das sich auf sie einläßt, strebt danach, das Unmögliche möglich zu machen und Herr zu werden über die Worte, die es verwendet, um sich mitzuteilen. In diesem Sinne will das schreibende – und lesende – Subjekt sich der Sprache bemächtigen, sie zu seiner Sprache machen, sie in Beziehung setzen zu seiner Person, sie dem ‚Eigenen' („propre"), wonach es strebt, anpassen. Das andere Subjekt aber, das vom System und den Texten ausgebeutet wird, akzeptiert wie selbstverständlich das Angebot und richtet daran seine Ansprüche und Nachfrage aus. Zwei Zielsetzungen stehen sich gegenüber: eine individualistische („Ich will ich selbst sein!") und eine kollektive („Wir wollen das Gesetz aufrechterhalten!"). Die eine treibt voran, die andere hält zurück[7].

Exkurs: Schon diese kurzen Ausführungen machen deutlich, daß Schreiben oder Lesen ein Produkt der gesellschaftlichen Gesamtlage, der ‚Konjunktur'[8] ist: kein Individuum, keine Gruppe, so marginal sie auch erscheinen, noch irgendein Text, so negativ oder oppositionell er sich auch immer geben mag – selbst wenn er aus den sogenannten „langages de la rupture" (Bataille) hervorginge oder dem Gegen-Literarischen zuzurechnen wäre –, hat seinen Ort tatsächlich dort, wo sein intendierter Wirkungsbereich liegt: in den Randzonen jenseits oder noch diesseits der Norm. Die Kultur einer gesellschaftlichen Ordnung, einschließlich der Verstöße und Überschreitungen, bildet ein umfassendes Ganzes, und nichts – auch keine Reaktion darauf – entgeht ihrem Zugriff. Personen, Bücher, Lektüren – sie alle manifestieren mittelbar oder unmittelbar den Willen des Gesellschaftlichen. Der gesellschaftliche ‚Anspruch' („demande") allerdings wie auch die ‚Antwort' der Literatur ihrerseits fallen sehr verschiedenartig aus. Von Gruppe zu Gruppe, von Klasse zu Klasse, von Konsumtionsweise zu Konsumtionsweise, immer sind es jeweils angepaßte, d. h. differenzierte und je spezifische Texte, mit denen wir es zu tun haben. So stehen sich zum einen herkömmliche Literatur und Avantgardeproduktion gegenüber, aber die Avantgarden kontrastieren an jedem Punkt der kulturellen Entwicklung auch untereinander. Die globalisierende Sicht der Literaturgeschichte gibt davon allerdings ein verfälschendes Bild; sie sieht Vorläufer, findet Epigonen, wo in Wahrheit die Ungleichheit und Gegensätzlichkeit des Gleichzeitigen in den Programmen herrscht: das Literarische – im weiteren Sinne! – ist ein *polylogisches, polydimensionales Feld*[9]. Von einer Konsumtionsebene zur anderen (und innerhalb derselben) sind Ideen und Formen im Umlauf, besteht eine allgemeine Konkurrenz, in die der Autor eingebunden ist. Daraus folgt, daß der einsame, meteorhafte Autor ein Mythos ist[10]: wenn er schreibt, dann für jemanden, zumindest für Freunde oder Gleichgesinnte; er braucht eine Bühne, so klein sie auch sein mag; *sein Text erhebt einen ‚Anspruch', der nach dem ‚anderen' („l'autre") verlangt;* die Anzahl ist dabei unerheblich.

VI. Damit wird klar, daß die Sprache, als Produkt einer kolletiven Verwendung und als Instrument der Verwirklichung einer Gemeinschaft, nicht beschlagnahmt werden kann: das, womit ich spreche, bleibt für mich unerreichbar, denn es wird trotz aller meiner Bemühungen, weiterhin der gesellschaftlichen Norm dienen. Was dagegen möglich ist, ist ein alternativer, marginaler, provokativer Diskurs, ein *paralleles Kommunikationsnetz:* man kann sich der Alternative unterstellen, dem ‚anderen' des ‚Ausdrucks', das (leider) in einem ist und das ‚von innen heraus' die Worte formt. Die Literatur stellt in dieser Hinsicht eine Sprache in der Sprache dar, eine mehr oder weniger gelungene parallele Sprache, eine Sprache des Widerstandes, des Vermeidens. Wie auch immer man das Phänomen bezeichnet, es geht um ‚Differenz' („différence") und Antinomie. (Jenseits der Schranke, auf der Ebene der Standardkonsumtion, muß man entsprechend von Konformität und Legitimität sprechen.)

VII. Aus dem Vorhergehenden ergibt sich, daß die Wahrscheinlichkeit (die Akzeptabilität, Grammatikalität, Lesbarkeit) des literarischen Textes sich ganz offensichtlich umgekehrt proportional zum Grad seiner Provokation (seiner Abweichung, ‚Differenz', Alterität) verhält. Angesichts der Pyramide der Konsumtionsformen, denen dieser Text ausgesetzt ist, läßt sich ferner feststellen: a) daß der Text auf ‚seiner' Ebene, vor seiner ursprünglichen Leserschaft und unter Gleichgesinnten im Hinblick auf seinen relativen Konformismus aufgenommen wird: er entspricht einer Erwartung, er überracht und gefällt dabei gleichzeitig; b) daß der Text auf einer *höheren* Gebrauchsebene (wenn etwa ein Text der ‚kultivierten', ‚gebildeten' Kommunikationsebene von einem Avantgardepublikum rezipiert wird) die Schwelle des Konformismus nicht erreicht: er ruft Enttäuschung und Desinteresse hervor; c) daß auf einer *niedrigeren* Gebrauchsebene (wenn umgekehrt ein Avantgardetext einem ‚gebildeten' Publikum zur Lektüre angeboten wird) diese Schwelle überschritten wird: der Text erregt Anstoß.

VIII. Betrachten wir die Dinge von der anderen Seite, und konzentrieren wir unser Interesse auf das ‚abweichende' Subjekt! Wir wollen darunter ein Subjekt verstehen, das vom ‚Begehren' („désir") nach einem ihm angemessenen ‚Ausdruck' beherrscht wird, einen ‚Autor', den die Norm nicht ausfüllt. Um die potentielle Inakzeptabilität seiner Schreibweise zu reduzieren, richtet dieses Subjekt sie auf intellektuelle Mikrogesellschaften (Schulen, Cliquen) aus, denen sie sich anpaßt und die sie umwirbt. Was dieses Subjekt einerseits, auf der Ebene der normierten ‚unteren' kulturellen Kommunikation negiert und verliert, das affirmiert, gewinnt es andererseits innerhalb seiner Zielgruppe. Bei einem solchen Vorgehen strebt das Schreiben nicht nach allgemeiner Anerkennung, sondern nach der zwar begrenzten, aber um so wertvolleren Zustimmung der ‚Brüder'[11].

IX. Das ‚abweichende' literarische Verfahren kann, global gesehen, verschiedene Auswirkungen auf die etablierte Sprache haben: es kann sie z. B. kontaminieren (und schließlich finden sich Leser dafür, der Kreis erweitert sich, neue Verstehensgewohnheiten setzen sich durch)[12]. Zweite Möglichkeit: Die Abweichung wird zum Gemeingut (man imitiert sie, der Grad der Provokation nimmt ab, die Akzeptabilität nimmt zu; Beispiel: Der Schul-Baudelaire). Dunkles Schreiben (Mallarmé), Nichtmehrschreiben (Rimbaud) oder farcenhaftes Schreiben (Jarry) können verstanden werden als Versuche, jenem (fatalen?) Prozeß der Vulgarisierung, der Degradation, entgegenzutreten. Weitere Möglichkeit: das abweichende Verfahren setzt sich nicht durch (man begegnet ihm mit Indifferenz, Schweigen, Vergessen und Unwissenheit entstehen).

Exkurs: Dieser komplexe Mechanismus wird gestützt einerseits durch die rasche Zunahme von Schulen, die auf das Prinzip der Abweichung bauen, andererseits durch eine Generationenfrage: ein Autor hat selten mehr als zehn, fünfzehn Jahre, um sich Gehör zu verschaffen, dann fegen ihn die neuen Besen weg.

Von den verschiedenen genannten Möglichkeiten ist daher die erste bei weitem die unwahrscheinlichste. Alles weist darauf hin, daß (abweichende) Literatur im allgemeinen, wenn überhaupt, nur in solche kulturellen Systeme Eingang findet, die sie denaturieren, oder daß sie sich gar nicht durchsetzen kann und sich dann – mit sehr begrenzter

Wirkung – allein auf der Ebene des parallelen Kommunikationsnetzes bewegt[13]. Generell kann man davon ausgehen, daß *keine Abweichung imstande ist, über die Dominante zu triumphieren, es sei denn, sie gibt ihre spezifischen Züge auf* (dann jedoch steht sie ein für die schlimmsten Restaurationen). Die Abweichung kann sich mithin nur außerhalb der Standardkommunikation erhalten, da, wo die Norm nur als Zitat, a contrario erscheint. Im umgekehrten Fall bleibt ihr nichts übrig, als sich zu arrangieren.

X. Dennoch sind die Vorzeichen nicht so schlecht, wie es scheint: die versteckte Zensur und die verlegerischen und institutionellen Repressalien bestimmen zwar weitgehend den Umgang mit Büchern – auch mit den ‚alternativen' Büchern des parallelen Kommunikationsnetzes –, aber sie können niemals eine völlige Unterdrückung des subversiven Diskurses erreichen. Zum Beispiel lassen – um nur eine seiner möglichen Überlebensformen darzustellen – die nachfolgenden abweichenden Gruppen von der zweiten Generation an Autoren der gleichen Richtung wieder aufleben, um ihre eigenen Verfahren zu konsolidieren (indem sie also ‚Autorität' nutzen). So lancierte Tel Quel Artaud und Bataille, wie man sich heute auf Blanchot[14] oder Rigaut bezieht und – wer weiß? – auf Jarry . . . Eine abweichende Literatur, *die einmal in den ‚Rudgang' („circuit") eingetreten ist, hört niemals vollkommen auf zu existieren;* ein geheimnisvolles Gesetz der Nachfrage und des ‚Anspruchs' bewirkt, daß sie periodisch wieder in Erscheinung tritt. Ebenso, wie es nie gelingt, die Abweichung zu annullieren, kann sich die Dominanz nie völlig durchsetzen. Rede und Gegenrede verfolgen einander, können sich aber gegenseitig nie einholen.

Exkurs: im übrigen verfügt der abweichende Autor noch über andere Mittel, um die Rezeptionsbarriere aufzubrechen und sich mit seinem Werk im Standardkommunikationsnetz durchzusetzen (oder dort zumindest eine gewisse Aufmerksamkeit für sein Werk zu erreichen): er kann durch die Selbstdarstellung seiner Person Anstoß erregen (exzentrische Kleidung, unmäßiges Verhalten, grün gefärbte Haare, offen zur Schau gestellte Homosexualität, gespieltes oder tatsächliches Verrücktsein, Drogengenuß und Revolverschüsse . . ., Jarry verstand sich darauf bekanntlich wie kein zweiter), er kann seine Literatur zum Schauspiel werden lassen, Verwunderung und Abscheu erregen, als Ersatz für eine nicht erreichbare Anerkennung. Schreiben ist in diesem Fall nicht zu trennen von dem Spektakel, das damit einhergeht. Das Autorsubjekt präsentiert sich selbst dem staunenden Publikum als Original – als ‚Ubu' – und *spricht von dort aus;* es unternimmt den – freilich hoffnungslosen – Versuch, Verständnis oder Zustimmung zu erzwingen.

2. Das System der poetischen Formen

Wenn wir die spezifische Eigenart der ‚Poesie' ermitteln wollen, müssen wir sie im Zusammenhang mit den Gattungen betrachten, von denen sie sich abhebt. Man kommt nicht an der Tatsache vorbei, daß das ‚kulturelle Wissen' (die ‚Bibliothek') ein umfassendes Ganzes bildet und daß eine Interdependenz zwischen den Ausdrucksformen besteht, die es vorgibt oder zuläßt. Auch die Poesie ist dem Zwang unterworfen, die Mittel der Sprache beständig zu verfeinern und ihrer Abnutzung, ihrer Konventionalisierung entgegenzutreten; die Poesie zielt darauf, das leere Gerede, das ‚Rauschen', zu unterdrücken, zu ‚entparasitieren' den optimalen, ‚unmittelbaren' Kanal zu finden und die Schwierigkeiten zu umgehen, die Normierung, Standardisierung und Stereotypisierung mit sich bringen. Zu diesem Zweck will auch sie *das Prinzip der Universalisierung des Diskurses,* die Reduktion auf seine Regel und die Begrenzung auf seine ‚doxischen' („doxique" – in etwa: ‚mentalitätsprägend', ‚meinungsbildend', ‚überzeugungsstiftend') Konstituenten *aufbrechen.*

Führen wir uns einige historische Aspekte vor Augen. 18. Jahrhundert: die poetischen Gattungen werden normiert, einer festen Ordnung unterworfen, und die Alternative scheint im Roman, auch im libertinistischen[15] Roman, zu liegen. 19. Jahrundert: die Gattungen des Romans werden – unter der Vorherrschaft der realistischen Ästhetik – nun ihrerseits normiert, einer Ordnung unterworfen, die durch das Drei-Phasen-Schema der narrativen Demonstration bestimmt ist[16]. Seit Baudelaire scheint die Alternative in der Poesie zu liegen, genauer: in einer bestimmten Poesie, um deren Definition es hier gerade geht – um eine nicht-konforme, nicht-positive Poesie, eine Poesie, die sich gegen die konventionellen Produkte wendet, die im 19. Jahrhundert durchaus noch existieren, denn Ausdrucksformen, die einmal in ein Kultursystem eingetreten sind, halten sich hartnäckig am Leben. Mit dem Vorzug einer retrospektiven Sicht werden wir die ‚Bedeutung' der Abweichung, der ‚antechristlichen' Pfade, wie Jarry sagen würde, untersuchen.

Man kann beobachten, daß sich auch das ‚Ja' – ebenso wie das ‚Nein' – ‚verschiebt' in einem Prozeß der Verarbeitung, Aneignung und Imitation der Strategien des Gegenspielers (und so weiter). Diskurse folgen auf Diskurse, stoßen einander ab und reproduzieren sich. Die Vermittlung von Botschaften unter einem bestimmten kulturellen System kann mithin nicht einer einzigen, etablierten Ausdrucksform zugeordnet werden. Der ‚Ausdruck' ist – zumindest in unseren Gesellschaften – ein sichtbar intertextuelles Phänomen, das auch durch die Beziehungen zwischen den Gattungen bestimmt wird. Wertlos sind deshalb die Theorien und Typologien, die ‚Bündel' und ‚Reihe' nicht berücksichtigen. Die Eigenart des ‚Ausdrucks' geht hervor aus den wechselseitigen antithetischen Zwängen, die ihn begründen. Die Generierung der Gattungen wäre demnach zu erklären als ‚Flucht nach vorn' einer Rede, die abwechselnd darum bemüht ist, sich abzuheben und sich anzupassen.

Ein solches kulturelles System funktioniert gleichsam mittels zweier Ventile: es ist so angelegt, daß es ‚den Ausdruck komprimiert', ihm jedoch gleichzeitig gestattet, sich in begrenzten Bereichen zu entfalten. Betrachtet man die Dinge vom Standpunkt der *Institution* (die zumindest ihrer Intention nach als konservativ angesehen werden kann), so *festigt* der ‚freie Ausdruck' (der stets in ein bestimmtes, für ihn vorgesehenes Medium wie Roman oder Poesie gebunden ist) indirekt, durch Kompensation, das dominante Modell, während das Individuum, dem man den Willen zur Abweichung unterstellen kann, durch den ‚freien Ausdruck' das Modell *negiert* (und als unangepaßtes, authentisches ‚Ich' („moi“) seine Werte verkündet).

Im übrigen ist, wie gesagt, in diesem System die Dissimilierung von Diskursen ein und derselben Art die Regel: es gibt Roman und Roman, Poesie und Poesie. (Tatsächlich sind alle Ausdruckskanäle *simultan* besetzt; dem Sprecher steht nicht nur eine, sondern eine ganze Auswahl von Sprachen, d. h. aber auch von Regeln und Zwängen, zur Verfügung.) Neben den konformen, der Norm entsprechenden, stets gleichen Verfahren findet sich in demselben Medium in geringem Maße auch das Unangepaßte: Noailles neben Apollinaire, Courteline neben Jarry. Wir können davon ausgehen, daß jedes Ausdruckssystem gleichzeitig und nebeneinander mehrere umfassende Ästhetiken besitzt, von denen im Prinzip nur *eine* jene negative Alternative repräsentiert, die wir hier beschreiben wollen. Der Ort des ‚Anderen' („l'Autre“), der Abweichung, ist mithin im kulturellen

System schon *im vorhinein angelegt, markiert, in seiner Entwicklung vorgezeichnet und durch das System selbst beherrscht.*

Um zusammenzufassen: Neben den mannigfaltigen Standardverfahren der Gattungen entsteht eine parallele Poesie, die keiner Typologie, keiner Schule zugeordnet werden kann. Gemäß den gesellschaftlichen, ‚konjunkturellen' Gegebenheiten richtet sie sich gegen den sogenannten naturalistischen Roman, dessen Vulgärformen die vorherrschende zeitgenössische Form der Fiktion darstellen. Und dies, obwohl dieser Roman bei der Rechten noch umstritten ist und bei der Linken schon wieder ersetzt wird. Somit wird durch den Roman, durch die relative Abgeschlossenheit, die er der Lektüre auferlegt, eine Hinwendung zur Poesie erzwungen: man gibt auf, was den Erwartungen nicht mehr genügt.

Exkurs: Es besteht keine genaue Parallelität zwischen den aufgezeigten Alternativen (von Poesie und Roman, von Roman und Poesie). Tatsächlich kann die Poesie keine dominante Position im kulturellen System einnehmen, da die Nachfrage nach Roman und Theater immer ungebrochen bleiben wird. Und dies aus drei Gründen: einerseits erfährt der Roman während des gesamten Lernprozesses eine Privilegierung (auch wenn die Institution es kaum zugesteht); andererseits kann man davon ausgehen, daß die Poesie niemals jene unerläßliche, versichernde Geschlossenheit des Sinns hervorbringen kann, wie sie für narrative Texte konstitutiv ist; und schließlich basiert ein wirkungsvolles ‚Simulakrum' („simulacre"), durch das erst der Roman seine Verführungskraft erhält, auf einer ‚Repräsentation' („représentation"), die das Gedicht nur mit Mühe zustande brächte.

Das bisher Vorgebrachte, das detaillierterer Untersuchung bedürfte, besagt, daß eine gegebene Ausdrucksform aufgegeben wird, sobald sie eine bestimmte Schwelle des Gebrauchs überschreitet, sobald die Standardsprache sich ihrer bemächtigt oder sich ihr aufpfropfen kann. Das Gesamtsystem ist nicht auf das Bessere hin ausgerichtet – wie die rationalistische Sichtweise des Systems glauben machen möchte –, sondern auf das *‚Andere'* (wenn man so will: auf die *Neuheit),* und dies um jeden Preis. *Die ‚Differenz' ist das treibende Prinzip der stets unabgeschlossenen evolutionären Tendenzen des Gesamtsystems, obwohl es in gleich grundlegendem Maße auch durch den Widerstand gegen diese ‚Differenz' bestimmt wird.* (Daraus resultiert die kulturelle Spannung, das offenkundige Oszillieren literarischer Strömungen.) Was den mechanischen Normalisierungsprozeß hemmt, sind die hartnäckigen, ebenso unabschließbaren Bemühungen isolierter oder fast isolierter ‚unangepaßter' Individuen. Solange das Gesellschaftliche (wirklich ungewollt?) ‚Abweichler' hervorbringt, wird es auch deren unfreiwillig anarchischen ‚Anspruch' auf ‚Imaginäres' („imaginaire") integrieren müssen.

Exkurs: Die Formen der Abweichung und ihre Entwicklungen sind nicht vorhersehbar: der Text der Negation läßt sich nicht programmieren, nicht durch einfache antithetische Extrapolation aus den Standardformen ableiten: er überrascht, brüskiert. So ist die Poesie – in einer günstigen gesamtgesellschaftlichen, ‚konjunkturellen' Lage – immer dort anzutreffen, *wo man sie nicht erwartet;* sie ist ihrem Wesen nach unsituierbar.

Hier wird also vorgeschlagen, zu unterscheiden zwischen einer Poesie, die den herrschenden Sinn *aushöhlt,* und einer anderen, die ihn im Gegenteil bestärkt. Im ersten Fall ist die negierende Funktion sinnfällig; sie kann sogar bis ins Extrem gesteigert sein, so daß sie das gesamte positive Fundament der Äußerung verdeckt. (Die Inhalte scheinen dann zu schwimmen, da die geistige Strömung, aus der sie hervorgehen, a priori nicht bekannt, nicht erkennbar ist.) Im zweiten Fall hat umgekehrt die affirmative Funktion den Vorrang: die Inhalte, vermittelt in gesicherten Formen, bestätigen dann Punkt für Punkt, was der Benutzer weiß, was er gelten läßt, und leisten seiner Moral Genüge. (Was der Text unterdrückt, um diese Funktion zu erfüllen, bleibt verborgen.) Das Dichten kommt in diesem Fall einem Überbieten des bestehenden Sinns gleich, während die andere Alternative ganz offensichtlich auf eine Veränderung dieses Sinns hinausläuft. Eine konservative Intention, *‚Realität' zu schaffen,* steht einer subversiven Intention, *‚Realität' zu zerstören,* gegenüber: die letztere stellt überkommene Wahrheiten und ihre Verbreitung in Frage und entkanonisiert das vorgetäuschte ‚Reale', das man erlebt. In gewissem Maße kann der Konflikt zwischen einer rezessiven und einer transgressiven Rede jene änigmatische, pendelartige Entwicklung der Ausdruckssysteme dokumentieren.

Bezogen auf den hier interessierenden Fall ergäbe diese Hypothese etwa folgenden Sachverhalt: seit 1830 ungefähr, parallel und im Widerspruch zur Etablierung der liberalen bürgerlichen Ideologie, entstand die Notwendigkeit, eine optimale ‚Repräsentation' zu schaffen, um die traditionelle idealistische Symbolik aufzubrechen; die Namen der verschiedenen literarischen Realismen sind dabei ohne Bedeutung. (Inwieweit dies gelungen ist und ob es bei genauerer Betrachtung nicht doch dem bekämpften System genützt hat, ist eine andere Frage.) Gegen Ende des Jahrhunderts stellt sich die Situation grundlegend anders dar: die Literaturen sind nun gehalten, die ‚Repräsentation' aufzulösen. Es entstehen auf dem Boden dieses Programms immer neue Avantgarden, um mit den etablierten Wahrscheinlichkeiten abzurechnen: angesichts der sich nun durchsetzenden positivistischen Parolen entsteht eine Dringlichkeit, die Idee der mimetischen Entsprechung von Sprache und ‚Realem' zu zerstören. Die beiden Tendenzen sind freilich nicht parallel zu sehen: während die Darstellung von ‚Realem' dem Herrschaftssystem kurzfristig entgegenkommen konnte, mußte ihm eine Veränderung der ‚Repräsentation' dieser ‚Realität' notwendigerweise lästig sein. Gerade am Beispiel Jarrys kann man dies sehr gut ermessen.

Exkurs: Der Vorgang der ‚Repräsentation', so sei erläuternd angemerkt, bewirkt eine Abgeschlossenheit der Bedeutung. Je mehr der Text ‚Realität' schafft, desto mehr bleibt er reduziert auf einen vorausgesetzten, fiktiven oder tatsächlichen Referenten, und desto eher kann der Sinn, den er vermittelt, fixiert werden. Umgekehrt: je mehr der Text ‚Realität' zerstört, desto mehr kann der Sinn ‚spielen'. Im Mittel des Dichtens kann man dementsprechend die Wahrheiten der verfügbaren Sprache beseitigen, jeden möglichen Referenten übergehen, die vorgeschriebenen Wortverbindungen versperren, den Zweifel in das Wörterbuch tragen. Die ‚Entregelung' („dérèglement"[17]) des Sinns antwortet auf die vorgeschriebene Ordnung des Sinns; diese bedarf der Mimesis, jene macht sich von ihr frei.

Exkurs: Es ist schon jetzt festzuhalten, daß Jarry seine ‚Anti-Literatur' simultan und alternativ auf drei Ebenen ausspielt: der Ebene der (dekadenten, reimspielerischen) Poesie, des (allegorischen) Theaters *(Ubu)* und des Romans *(Le Surmâle)*. Sein Ziel: die Oberhand zu gewinnen über den institutionellen ‚Ausdruck' in den verschiedenen Gattungen. Im Hinblick auf die Nachwelt erweist es sich jetzt, daß das Jarrysche Theater Schule gemacht hat *(Les Mamelles de Tirésias,* Artaud). Auch das Konzept der ‚Pataphysik' hat seine Anhänger gefunden (man denke an das bekannte ‚Collège de pataphysique" und die Entwicklung der „Littérature potentielle"[18]). Dagegen hat sein poetisches System nur eine negative Resonanz erfahren. Aus diesem Grund hat auch der eigentliche *Text* des Werkes kaum Aufmerksamkeit auf sich gezogen[19]. Hier wird deshalb vorgeschlagen, an den Text heranzugehen und dort die berühmten ‚imaginären Lösungen' („solutions imaginaires") zu verfolgen, die ein stets unruhiges ‚Begehren' dem Dichter diktiert.

3. Über die Möglichkeiten des ‚Ausdrucks' der Identität

Ein Text ist - für seinen Autor und für seinen Konsumenten – eine Rückerstattung von Identität; ein Text (Roman, Gedicht ...) vermittelt Modelle für das Handeln, die ‚Stimme', für Sinn und Denken, für Einstellungen, Verhaltens- und Empfindungsweisen. Es sind Modelle, die bestimmten Normen unterworfen sind. Sie stützen sich auf den ‚Archetyp', d. h. auf ein Konglomerat von ‚doxischen' Universalien. Gemäß seiner Gattung bindet der Text an eine spezifische Handlungsweise oder Seinsweise; er ermöglicht einen ‚Effekt' der Bestärkung, des Glücks, der aus der *mir gehörenden*, verlorenen, schließlich wiedergefundenen Bedeutung erwächst, und einen ‚Effekt' der Herstellung von ‚Realität', von ‚Wahrheit' aus einer ‚natürlich' gewordenen Botschaft. Das Wiederholte gewinnt Allgemeingültigkeit, Wahrheiten sind Produkte des Einhämmerns. Die normierte textuelle Identität stellt für den Benutzer zugleich einen *Grenzwert*, ein unerreichbares Ideal und einen *Ersatz* dar: der Person im Text kommt eine Stellvertreterfunktion zu; an sie wird dieses Verhalten delegiert. Die Erprobung von Rollen vollzieht sich in der Fiktion über ‚Simulakra': der Leser hat gleichsam vom Spielfeldrand her teil am Kampf der Werte. Er nimmt an ihm nicht wirklich teil, sondern über eine Vortäuschung wird ihm Identität vermittelt.

Das System (bestehend aus Sprache, ‚Doxa' und Institutionen) weist Inhalten Werte zu und versieht sie mit Erkennungszeichen. Die Gattungen nun spezifizieren solche Objekte und richten sie auf ihr Publikum aus, entsprechend den Bedürfnissen, die die ‚konjunkturelle' Lage erzeugt. Sie sind es also, über deren Vermittlung sich die ‚Repräsentationen' der Botschaften als ‚Wahrheit' durchsetzen. Wer die Gattungen antastet, greift infolgedessen auch in diese Zuordnungsrelation ein: die Gattung will ihrem Konzept nach die Unsicherheit der Perspektive vermeiden, doch sobald die Perspektive nicht mehr gesichert ist, verliert die Person im Text jede Homogenität, ist sie nicht mehr die, für die man sie hält, kann keine Aktantenrolle sie mehr aufnehmen, mit einem Wort: kann der Prozeß der Identifikation sich nicht mehr an ihr festmachen. Man muß sich in diesem Zusammenhang darüber im klaren sein, daß ein Vorgang, der nur ‚technisch', ‚stilistisch' oder ‚literarisch erscheinen mag, eingreift in den Stabilisierungsmechanismus der gesellschaftlichen Subjekte, denen über die verfügbaren Identitätsmodelle ihr Platz immer wieder zugewiesen wird. Wer die Gattung antastet, nimmt nicht nur Einfluß auf einen Inhalt oder eine Form, sondern auf die (geregelte) Wirkung, die sie gemeinsam auf das Subjekt ausüben. Wer die Gattung angreift, stört (gegen alle Widerstände) den Übertragungsprozeß und das Funktionieren der gleichsam unschädlich gemachten ‚Simulakra'. Ein Autor, der dies tut, ist eine Art Bilderstürmer, ein Ikonoklast (doch ohne geoffenbarte Religion). Hier verfälscht die Literaturgeschichte durch ihre Überbewertung der Gattungsregeln etwas die Perspektiven. Ihr zufolge hätte ein Autor sozusagen ein primäres Interesse an der Gattung und trachtete danach, den von ihr konstituierten Kommunikationskanal zu verfeinern. Er zielt jedoch – wohlverstanden – gerade darauf ab, ihr Funktionieren zu behindern, den Untergang einer Gattung herbeizuführen, um einen Sinn zu vermitteln, der in ihr nicht Fuß fassen kann. Von diesem Gesichtspunkt aus blockiert die Abweichung die Rezeption und infolgedessen auch die Aneignung des ‚Selbst' („soi"), die das ‚Simulakrum' fiktiv für den Leser bereitstellt; sie versucht, in die ‚Repräsentation' der Identitätsmodelle einzugreifen mit dem Ziel, sich von ihnen zu lösen. In der soziokulturellen Lage des hier betroffenen Fin de siècle bedeutet dies, daß solche Abweichung, solche negative Schreibweise auf die Zerstörung von ‚Realität' ausgerichtet ist. Die ‚natürliche Wahrheit' der traditionellen Textmuster gerät – eventuell – ins Wanken.

Ein weiterer Gesichtspunkt in diesem Gedankengang, der geradewegs zu Jarry führt: der normierte Kode ist nur dort zu erschüttern, zu untergraben, zu kontaminieren, wo sein eigentlicher Ort ist: *im Gedächtnis.* Der Dichter trifft den Kode gerade an jenem Platz, wo er gespeichert und verfügbar gehalten wird, und bringt ihn eben dort in Unordnung. Das Gedächtnis kann als das Zentrum der Wahrheitskonstitution des Subjekts angesehen werden. In ihm bewahrt es seine Werte, seine Modelle, seine kleinen kategorischen Imperative, kurz: alles, was es sinnhaft erfährt und schon an ‚Eigenem' erlebt hat. Wer unter diesen Prämissen schreibt, bricht den inneren Bezug zwischen dem Subjekt und seinem Gedächtnis auf, greift ein in den

Mechanismus des Ordnens, Normierens und Homogenisierens, der nicht zu trennen ist von der Konstitution einer gesellschaftlich möglichen Identität. Wer liest (und d. h. eine Standardanwendung von Standardtexten durchführt), füllt das vorstrukturierte Tableau des Gedächtnisses, integriert das Passende und weist das Unpassende, das für unlesbar oder schädlich Erklärte zurück. Durch das Lesen des ‚anderen' Textes jedoch, durch das ‚andere' Lesen dieses papierenen Geschosses, das die Gesetze des Verstehens in Unordnung bringt und das ‚Simulakrum' aufbricht, wird ein völlig anderer Raster der Selektion von Gedächtniswerten geschaffen, ein Raster, der dem Sinn nicht gerecht wird, ein variabler Raster, auf dem das unbeständigste Objekt des ‚Begehrens' – „l'absente de tous bouquets"[20] – sich ablagern kann. Ein abweichender, negierender Text zerstört die ‚Realität' im Gedächtnis des Subjekts und läßt den Sinn zweideutig werden. In dessen Wirkungsbereich kann sich die Norm, können sich die Werte nicht fixieren: die Leistungen des Gedächtnisses ergreifen ihn nicht. Der abweichende Text bringt das System der Kategorien durcheinander. Was man von ihm zu lesen bekommt, ist eigentlich nicht möglich und hat keine innere Entsprechung, wie auch das, was man vom Vorwissen her selbst besitzt, mit dem Text nicht vereinbar ist. Die normierte Übereinstimmung des ‚Selbst' mit dem ‚Selbst' kann sich nicht vollziehen, jene Übereinstimmung, die sich sonst über Formen des konventionellen, genormten Sinns vollzieht, der dem Geschriebenen ebenso wie dem Gedächtnis eingeprägt ist.

In einem Standardkommunikationssystem stehen sich zwei deutlich unterschiedene Elemente gegenüber: das Buch und der Leser. Dieser ‚liest auf', was jenes ihm vorgibt, ein angemessenes ‚Simulakrum' entsteht für den passiven Benutzer. In einem abweichenden System dagegen wird das ‚Simulakrum' verhindert; der Vorgang der Herstellung von Entsprechungen, den es erfordert, muß daher in der Regel scheitern; die ‚Repräsentationen' sind nicht zu Ende geführt; was man in ihnen vorfindet, paßt in kein vorgefertigtes Modell; man identifiziert allenfalls Elemente, die nicht anwendbar sind und daher abstrakt bleiben müssen. Das bedeutet, daß der Leser – oder der Autor als Benutzer des von ihm verfertigten Textes – (relativ) allein bleibt, nicht die autoritären Regelanweisungen des Kodes des ‚anderen' hinzunehmen hat. Er wird auf sich selbst zurückverwiesen, auf sich selbst, der er nicht prädestiniert ist oder dessen Prädestination zerbröckelt. Was er entziffert oder in Gang setzt, ist der Bewegungsablauf eines Geistes, der ohne festen Maßstab, ohne letztgültigen Referenten und ohne Norm wiedererinnert wird. Unbestimmbar, unidentifizierbar. Explodiert oder implodiert, denn was ihn durchdringt, was von ihm ausstrahlt – sein Diskurs, sein Leben, diese blindwütige ‚Tendenz', der er unterworfen ist –, dies alles würde, sollte es sich noch ein klein wenig steigern, sein Funktionieren unmöglich machen.

Die poetische Abweichung verwirklicht die Expansion eines Gedächtnissubjekts, das modell-los (nicht modellierbar) und unübertragbar (unbegreiflich) ist. Was dieses entbietet, schreibt sich ohne ideologische Brechung auf narzißtische Bildflächen ein; es ruft über eine andere Schreibweise unvermeidlich auch eine andere Lektüre hervor. Der Geist des Lesers fände dann endlich seine Wahrheit nicht mehr im Text (nur um darauf festgenagelt zu werden!); die fortwährende Reproduktion des Wahren in Form des Klischees stünde dann endlich nicht mehr im Kurs. Jarry: Ich bin der einzige Autor meines Gedächtnisses, sein einzig möglicher Autor, auch sein einziger Leser, *das ‚Ich' allein identifiziert mich!* Mein Text ist *frei,* denn er ist nicht auf die Herstellung deckungsgleicher ‚Repräsentationen' verpflichtet, er überschneidet sich mit keinem Apriori: Ich kann das sagen, von dem ich will, daß es mir paßt; genau das nenne ich *Literatur!* Und zwar endlos, bodenlos, ganz unmittelbar. Und außerdem: Wenn der Text gelungen, völlig ‚unfigürlich', in meinem Sinn ist – ohne ‚Repräsentation', unter Ausschluß des Referenten –, dann ist es der Text einer *einzigartigen,* mir gehörenden Wahrheit, die weder zu messen noch zu vermitteln, die in gewisser Weise *absolut* ist; es gibt keinen Zugang zu diesem höchst persönlichen Schauspiel, das ich darstelle. Oder allenfalls für meine Brüder, für meinesgleichen. Die anderen aber wird es entweder amüsieren oder langweilen – je nachdem –, und es wird ihnen nicht entsprechen. *Die Identität weicht zurück; Schreiben desorganisiert Lesen; das ist ein Coup der Dichtung jener Zeit.*

4. Der Text als Intertext

Wir gehen davon aus, daß ein Text mit den Bedeutungen, die er manifestiert, und mit dem Verständnis, das er voraussetzt, abhängig ist von dem Ganzen, das ihn unmittelbar umschließt. (Im Falle eines Gedichtes handelt es sich dabei meistens um die *Sammlung.)* Natürlich sind auch das Gesamtwerk des Autors und darüber hinaus die gesamte Bibliothek oder gar die Sprache als Horizont jenes komplexen Zusammenhangs anzusehen, in dem die wenigen konkreten Zeilen unserer Lektüre stehen. Doch die Dimensionen dieser globalen kontextuellen Einheiten sind viel zu weit, als daß der reale Leser sie tatsächlich einbeziehen könnte. Ferner erscheint es zweckmäßig, zu unterscheiden zwischen der Aktualisierung eines Buches, das innerhalb einer bestimmten ‚Konjunktur' als ein Handelsgut angeboten wird (damit haben wir es zu tun), und den unendlichen Virtualitäten, die es in sich birgt und die man potentiell aus ihm erschließen kann.

Wir ziehen es vor, den isolierten Text (als Gegenstand des Lesens und des Schreibens) zu seinem *unmittelbaren* Rahmen in Bezug zu setzen. Wir glauben, daß es auf diesem Wege eher möglich sein wird, seine spezifischen Verfahren zu ermitteln, vor allem wenn es sich – wie hier – um Schriften handelt, deren Gattungsgesetze und deren inhärente Ästhetik mit einiger Wahrscheinlichkeit nicht a priori bekannt sind: gerade diese Ästhetik und diese Gesetze sollen hier aus dem konkreten Text herausgearbeitet werden als etwas noch nicht in die Öffentlichkeit Gebrachtes. Wir wollen daher Grenzen setzen und am Text, ohne Generalisierungen vorzunehmen, den spezifischen literarischen Akt namens ‚Gedicht' – ein anomisches Gedicht – untersuchen, das die Signatur Jarrys trägt. Dieser Text wird in Beziehung zu setzen sein zu seinen unmittelbaren Determinanten – zu dem Werk, in das er integriert ist und das seine Wirkung bestimmt (weniger zu der Nummer der Zeitschrift, in der er möglicherweise zuerst erscheint). Die Sammlung bildet in der Tat zu einem nicht unerheblichen Teil den Parameter der Lektüre – und parallel dazu: den Parameter der Schreibweise – für die Stücke, die sie einschließt. Dies gilt besonders für den Fall, der uns hier beschäftigt. Wenn die poetischen Einzelstücke eines Standardwerks sich selbst genügen, insofern sie thematisch miteinander in Beziehung stehen, insofern sie aufgehen in einem einheitlichen Sprechen und insofern sie eine Serie von Gleichartigem bilden, so bezeichnen sich die Jarryschen Texte demgegenüber unablässig mittels ihrer *wechselseitigen ‚Differenz'* – und dies auch innerhalb ein und desselben Ganzen, ohne daß sich ein semantischer Ruhepunkt fände. Wer dieses Phänomen nicht berücksichtigt, wer von der homogenisierenden Massivität des Jarryschen Gesamtwerks ausgeht oder wer im Gegenteil einen Sinn aus nur einem Teil ableiten will, ohne das für die Veröffentlichung gewählte Gesamtgefüge zu berücksichtigen, der ist notwendigerweise blind für die tatsächlichen konkreten Zusammenhänge dieses Textprozesses, weil er ihn zwangsläufig mit der Kategorie der Negativität fassen will, die indes nicht als eine allein adäquate betrachtet werden kann. Die Korrektur des Textes durch den Text, das Spiel des Textes mit dem Text – dies sind Phänomene, die man im Auge behalten muß. Um den Sinn dessen zu erfassen, was wir im Blick auf jeweilige kulturelle Ausdrucksformen als ‚Abweichung' bezeichnet haben, müssen auch die ihr eigenen Normen aufgedeckt werden. Zu diesem Zweck ist der Rahmen, der den Text situiert, zu berücksichtigen: das Buch. Auch hundert Jahre später besitzen wir immer noch kein klares Bild von den Gebrauchsregeln dieses Textes. Doch den Bemerkungen zur Theorie des Buches als Kommunikationsmaschine sei noch ein weiter greifender Aspekt vorangestellt, der des *Intertextes.*

Der Intertext ist zunächst zu verstehen als ein Prozeß der Entgrenzung des Sinns (Bachtin): das Spiel der differenzierten Bezüge, die den Sinn erfassen, öffnet diesen und stellt sich den Zwängen entgegen, die sich für den Sinn aus den Gattungen, aus dem referentiellen Kontext, aus den Gesetzen der Narration, ja aus seiner ideologischen Ausrichtung ergeben. Der *dissimilierende* Faktor, der Heterogenität schafft, scheint – wenn man den Theoretikern glauben darf – im intertextuellen Prozeß gegenüber dem *assimilierenden* Faktor, der Kongruenz schafft, zu überwiegen; gleichwohl ist der letztere von ebenso grundlegender Bedeutung, denn die Ähnlichkeit zwischen den Texten (Einfluß, Entlehnung, Zitat) macht sich in ihm gleichermaßen bemerkbar, wenn auch weniger spektakulär. Die Intertextualisierung würde damit automatisch einem Buch Bezugsmöglichkieten garantieren, die von ihm selbst aus nicht bestehen. Dies ist etwa die Meinung von M. Arrivé, dem Herausgeber der Werke Jarrys in der Bibliothèque de la Pléiade[21]. Seiner Interpretation nach weist das auf die *Minutes de sable mémorial* folgende Werk *César-Antechrist* der erstgenannten Textsammlung einen in ihr selbst noch verborgenen Sinn zu; die Sammlung selbst wird damit gleichzeitig einer definitiven Sinngebung entzogen. Gewiß ist einzuräumen, daß jeder Text aus einem anderen oder aus einem Bündel anderer Texte hervorgegangen ist. Doch tritt ein solcher Text auch und gerade als Objekt der Lektüre, als etwas in sich Vollständiges auf mit einem je konkreten Sinn, auf den das Interesse des Lesers ausgerichtet ist. Die intertextuellen Spuren einer Schrift brauchen, wie M. Riffaterre[22] sehr treffend bemerkt, im Grunde nicht erkannt und verstanden zu werden, um funktionieren zu können; es genügt, daß ihr denaturierender Aspekt spürbar ist. Es scheint, daß im

Gegenüber von Buch und Leser dieser in seiner notwendigerweise homogenisierenden Praxis den Intertext und seine dissimilierenden Tendenzen einschränkt, seine assimilierenden Elemente dagegen privilegiert. Die Praxis der Lektüre isoliert *Einheiten* – oder versucht es zumindest –, obwohl das Werk, in das diese Einheiten integriert sind, ihre Bedeutung immer wieder ‚verschiebt'. Darin liegt der Widerspruch: das Lesen kommt einem Rivalisieren verschiedener Tendenzen – der eigenen Prägung des Buchs und dem Dominanzwillen des Lesers – gleich; was dieser aus einem Text macht, ist notwendigerweise instabil, unabschließbar – nicht falsifizierbar.

Was nun das *Buch* und seine Verbreitung betrifft, so ist folgendes zu unterstreichen: die Sammlung verstärkt die thematische Rekurrenz und vereinheitlicht die in ihr zusammenstehenden Stücke. Diesem Zweck dienen beispielsweise die internen Kapiteleinteilungen, die Titel, die einheitliche Typographie und die Konvergenzen des Äußern. Die Spuren des ursprünglich Disparaten werden verwischt; der Autor unternimmt alles Notwendige, um den Eindruck von Kontinuität in der Schreibweise seiner Texte zu erwecken; er strebt nach Kohärenz, Vollständigkeit, Bestätigung, Konzentration. Ein Werk dieser Art ist einem vereinfachenden Raster vergleichbar, der den Stücken, die er enthält, Beschränkungen auferlegt. Im Prozeß der Abweichung hingegen *schafft das Buch notwendigerweise eine Öffnung, ja eine Explosion dessen, was es auf seinen Seiten – Fragment für Fragment – zur Lektüre anbietet.* Die Serie konstituiert hier eine infinitesimale, wenngleich nicht streuende Verweisstruktur des Sinns: was die Serie immer wieder ins Spiel bringt, ist nicht der Unlesbarkeit und dem Nichts anheimgegeben, sondern hat Folgen; es erreicht die Instanz, die darauf ‚Anspruch' erhebt: das Gedächtnis eines Menschen in seinem Lebenszusammenhang.

Unser Vorgehen wird sich in folgende Arbeitsschritte gliedern:

a) eine Beschreibung der veröffentlichten Sammlung *Les Minutes de sable mémorial* (1894);

b) ein Abriß der Jarryschen Ästhetik, wie sie in diesem textuellen Ganzen zum Tragen kommt;

c) den – skizzenhaften – Versuch einer Bewertung der Realisierung dieser Ästhetik in einem Stück des Buches: *Phonographe*[23].

Wir werden im Verlauf der Untersuchung zeigen, daß der Jarrysche Text sich offenbar den üblichen Formen der Erfahrung entzieht und daß das adäquate Verständnis eines solchen Textes die Aneignung und Applikation eines positiven, noch nicht verfügbaren Denkens voraussetzt in bezug auf Verfahren des Schreibens, Verstehens und Handelns, die weder vor dem Werk noch außerhalb desselben existieren. Wer bei der Lektüre und Interpretation auf die generellen Konzepte jener Texte zurückgreift, gegen die Jarry gerade anschreibt, muß notwendigerweise scheitern. (Die Jarry-Kritik übersieht allzuoft diesen doch so evidenten Aspekt[24].)

5. Die Sammlung

Werfen wir also einen Blick in das erste von Jarry veröffentlichte Buch, *Les Minutes de sable mémorial,* eine Sammlung von Texten, die im gleichen oder im vorhergehenden Jahr getrennt erschienen waren! (Es ist allerdings von Bedeutung, daß man sich das Buch in seiner ursprünglichen Gestalt vor Augen hält[25].) Wir werden versuchen, zu zeigen, wie ein solches Werk als Ganzes ebenso wie in seinen Teilen den Rahmen der Gattung in jeder Hinsicht sprengt. Das Inventar der Faktoren, die es ermöglichen, dieses Phänomen zu umreißen, sähe etwa folgendermaßen aus:

I. Das Wappen

Am Anfang des Buches findet man neben dem Namen des Autors und dem Titel des Buches auf dem Einband der Originalausgabe[26] zusätzlich die Wappensymbole Jarrys: Sand und Pfähle[27]. Dieses ‚Detail', dieses exzentrische Moment, falsifiziert unmittelbar all das, was sich im folgenden darbieten wird – also eine Menge von, wie man voraussetzt, poetischen Texten –, und stellt offenbar den Bezug her zu einem nicht-literarischen Referenten. Das Wappen zeichnet, wie jeder Leser weiß, symbolisch (‚heraldisch') die Person aus vornehmer Familie aus. Folglich macht dieser Text schon auf den ersten Blick deutlich, daß er auf Symbole aufbaut oder einer in sich geschlossenen Symbolik unterliegt. Ohne Schlüssel ist er unlesbar, denn die Zeichen des Wappens zu dechiffrieren ist eine Wissenschaft für sich. Wenn dieser Text aktualisiert wird, dann in chiffrierter Abhängigkeit von seinem Autor, in der Partikularität eines einmaligen, unveräußerlichen, nicht erfahrbaren Bezugs, gleichsam als Ausdruck einer *arbiträren Identität* ohne psychologische oder ontologische

Wahrheit, ohne ‚Ich'. Es entsteht eine Schrift – oder sollte man sagen: ein Akt – jenseits jeder Authentizität, jenseits alles Lyrischen, aus persönlichen, noch nie an die Öffentlichkeit getretenen Zeichen (wenn etwas so Ungeheuerliches überhaupt vorstellbar ist), eine Schrift, die in beispielloser Weise jede Wahrscheinlichkeit sprengt und so die Teilnahme des Lesers problematisch macht. Diese Vorstellung eines Textes, in dem, wie Jarry schreibt, «tout sera par blason», d. h. eines Textes, der eine absolute, exakte und vollständige Entsprechung zwischen dem Zeichen und seinem einzigen Signifikat herstellt, wird gestützt durch die Tatsache, daß in der Originalausgabe der *Minutes* mit eben diesen Worten[28] *Cesar-Antechrist* angekündigt wird; die Intention Jarrys ist deutlich erkennbar. Schon hier zu Beginn sind wir also sehr weit entfernt von den üblichen poetischen Lehrmeinungen, denen zufolge der imaginäre Text auf der Ebene des Falschen, der unverbindlichen Fiktion, des autonomen Traums zu sehen ist. Jarry dagegen erklärt schon allein durch die Voranstellung dieser Ankündigung die absolute Wahrheit seines Textes (und es gibt noch weitere Indizien): in seiner privaten Konvention umfaßt er all das, was er bedeuten kann – und nur dies.

II. Die Abbildung

Die Sammlung liefert ein System von Illustrationen (man zählt 15 Holzschnitte, überwiegend von der Hand des Autors). Erste Anomalie: ihre Anzahl und ihre Stellung, denn sie sind in den Text integriert (und nicht von ihm abgehoben, wie es in dieser Art von Literatur üblich ist). Zweite Anomalie: Bilder und Texte stammen von derselben Person. Dritte Anomalie (vgl. die nachstehende Reproduktion[29]): diese Illustrationen sind nicht ‚illustrativ', sie beschränken sich nicht darauf, bloße Wiederaufnahme des Textes zu sein. Sie sind im Gegenteil zu verstehen als Motivkompositionen, analog jenen Wortkompositionen, in die sie eingefügt sind und die sie überlagern. Einem verbalen Text wird pikturaler Text beigeordnet; weit davon entfernt, von ersterem abzulenken oder nur dessen vage Entsprechung darzustellen, hat er vielmehr teil an seinem Funktionieren. Die Jarryschen Bilder lassen visuell den nicht-linearen, tabularischen Bedeutungsmodus des darunter liegenden (oder besser: mitlaufenden) Textes hervortreten; sie nehmen ihm seine narrative Dimension und seinen Wirklichkeitscharakter. Die Gegenstände, die sie zusammenstellen, aber nicht zu einer Figuration orchestrieren, werden lokalisiert auf einem leeren

Grund ohne Realität, ohne Referentialität, jeder Dichte, Tiefe, Wahrscheinlichkeit entbehrend: sie sind einfach da, gleichsam ortlos, naive allegorische Figuren und unbeholfene Symbole ohne gewollte Bedeutung. Diese Bilder sind eine Art Schaukasten für Symbole – ebenso wie die Texte, mit denen sie einhergehen: beide Medien – die Zeichnung und der Satz – bringen auf je spezifische Weise die Motive zur Geltung, die sie arrangieren. Die Bilder verkünden daß der Sinn ‚*figural*' („par figure")[30] entsteht (nicht durch einen Bezeichnungsprozeß, durch Realitätsbezug, durch eine Moral). Sie machen darüber hinaus deutlich, daß erst die vom Symbol ergriffene Form in ihrer ‚Buchstäblichkeit' („lettre")[31] den Sinn trägt. Sie bieten, zumindest in diesem Punkt, Ersatz für den Text, der die Form der verwendeten Worte nicht sichtbar machen kann, ohne ihnen zu schaden und ohne aus der Sprache herauszutreten, und der auch das Symbol nicht außerhalb der übergreifenden ‚doxischen' Substanz operieren lassen kann.

III. Der Heterotext

Die Sammlung umfaßt 16 Texte bzw. 17, wenn man den in die Originalausgabe aufgenommenen *Acte prologal* zu *César-Antechrist* mitrechnet. In Aufbau, Stil und Form, von der Gattung her, im Ton und auch von ihrer Bedeutung her sind sie mehr als verschieden: die *Minutes* entfalten die *Heterogenität einer Schreibweise.* Hier eine Zusammenfassung nach der Reihenfolge: die Sammlung wird eröffnet durch drei *Lieds funèbres*, strophisch gegliederte Prosagedichte. Die *Trois neubles du nage surannés,* die sich daran anschließen, könnten, mit allem, was an Reim dazu erforderlich ist, als Sonette angesehen werden, doch sind sie gleichzeitig in der Art der vorausgehenden Prosastücke zu lesen, da Zäsuren fehlen und Enjambements zahlreich sind. Poesie und Prosa unterscheiden sich bei Jarry augenscheinlich nicht voneinander[32]. Poesie – Prosa? «Vieux schmémas occlusifs et usés!», wie Denis Roche provozierend verkündet[33]: man hat hier vorausgehend schon den Beleg dafür. Es hat den Anschein, als verlöre der Text der *Minutes* die Kontrolle über den Begriff der Gattung und des Aufbaus, als erschiene ein und derselbe disparate Text abwechselnd in unterschiedlichen typographischen (kompositionellen) Masken. Die konventionellen Formen des Schreibens werden nicht verworfen, sondern gewissermaßen im Text zusammengerufen – und das nicht um ihres Eigenwerts, nicht um ihrer selbst willen, sondern um Substanz des neuen Textes in seiner unvergleichlichen Besonderheit zu werden.

IV. Die Sortierungsfunktion der Typographie

Es bleibt noch eine andere Eigentümlichkeit der Sammlung hervorzuheben: ihre nach großen und kleinen Drucktypen unterschiedliche Typographie. Auch in diesem Fall kann der normale Gebrauch als Maßstab dienen: der ‚Buchstabe' eines Standardwerkes wird sorgfältig kalibriert, vereinheitlicht; der Text besticht durch die Regelmäßigkeit, durch die Diskretion seines Erscheinungsbildes: seine Worte werden nicht gesehen, sondern nur verstanden in ihrem Sinn. Die Idee Jarrys nun unterscheidet sich grundlegend davon[34]. Die *Minutes* enthalten – wie er selbst schreibt – ‚passable' Stücke und solche, die nichts wert sind. Der Grund dafür ist einfach (?): beim Schreiben geht das Gute immer mit dem weniger Guten einher: «L'œuvre est plus complète quand on n'en retranche point tout le faible et le mauvais»[35]. Und er erläutert: die Proben des Mittelmäßigen – d. h. jene, die in kleineren Drucktypen erscheinen – erklären die anderen Stücke, mit denen sie in Beziehung stehen «par similitude ou différence». Zum einen lassen sie erkennen, was sie gleichwohl nicht realisieren; andererseits gelingt ihnen, gerade in ihrem Scheitern (?), was die ‚gelungenen' Texte verfehlen. (Wäre es dann möglich, daß das Mißlungene eine Art Auffangbecken darstellt für all das, was die Äußerung per definitionem nicht erfassen kann, und daß es dies unfreiwillig besser zum Ausdruck bringt als ein gut getroffenes Stück?) Vor allem jedoch hat die Verbindung von ‚gut' und ‚weniger gut' innerhalb desselben Buches einen außergewöhnlich starken, weil selten eingesetzten ‚Effekt' der ‚Verneinung' („dénégation"): dadurch, daß sich in einer textuellen Einheit mehrere unterschiedliche Aussageformen überlagern, tritt ihr Signifikant hervor und wird als solcher sichtbar gemacht. Dieser Zusammenhang geht noch weiter: wenn auch gemeinhin ein Autor nur solche Textelemente verarbeitet, denen er selbst einen gewissen Wert zuerkennt, so hat Jarry hier ein Werk im Sinn, das gerade deshalb ‚mehr als vollständig' ist, weil es sich den Grundregeln der Selektion nicht mehr beugt. Außer den ‚technisch' schwachen Stellen kann Jarry dann selbst solche Passagen beibehalten, von denen er in keineswegs gespielter Offenheit erklärt, er könne sie nicht mehr als seine anerkennen. Man wird diese nicht vom Autor stammenden Stücke interessant finden – schreibt Jarry, um sie zu legitimieren –, schon allein deshalb, weil sie vom Autor niedergeschrieben wurden. Es besteht also beim Schreiben eine Determination, die im Schreiben selbst gründet und die hierarchisch an höchster Stelle steht, höher selbst als die Determination durch den, der dieses Schreiben ‚signiert'. ‚Es steht geschrieben' – d. h. es enthält, ob ich es will oder nicht, notwendigerweise die ihm eigene, adäquate, faszinierende Bedeutung.

V. Logomachie

Die Sammlung enthält schließlich drei ‚dramatische' Texte mit dem gemeinsamen Titel *Guignol.* Das erste Stück, *L'Autoclète,* ‚inszeniert' in ubuesker Manier einen betrügerischen Streich (der darin besteht, daß Ubu sich einem anderen aufdrängt und seine Unverfrorenheit schließlich so weit treibt, daß er seinen Gastgeber zum Dank spektakulär pfählt!). Dabei wird im übrigen die Szene selbst *beschrieben* und das Geschehen, abgesehen von den Dialogpartien, *erzählend* vermittelt. Das dritte Stück, *L'Art et la Science,* erzählt in Dialogen und Hymnen den Triumph Ubus über seinen Rivalen, einen gewissen Barbapoux, Abortleerer aus Leidenschaft, den zu ‚besiegen' ihm, wie man vermuten kann, keine Mühe bereitet, da sein Wissen um diese ‚Materie' alle Grenzen übersteigt. Das zweite Stück in diesem Zyklus, *Phonographe,* wird am Ende dieser Untersuchung genauer analysiert werden. Dieses Prosagedicht, das durch Gesang unterbrochen wird, scheint durch nichts in Beziehung zu stehen mit dem Ganzen, in das es sich einfügt: es handelt sich dabei um die – tragische – Darstellung der ‚Umarmung' der männlichen und der weiblichen Teile des besagten Phonographenapparates, aus der die Stimme hervorgeht. Das Heterogene dominiert somit. Es ist unmöglich zu entscheiden, ob das burleske oder das ernsthafte Moment überwiegt, ob (und, wenn ja, nach welchem Prinzip) die Inkompatibilität der Tonarten beibehalten oder aber aufgehoben wird. Man erkennt lediglich, daß der Text abwechselnd verschiedene Gattungen verwebt, ohne daß es zum Hindernis für den Sinn wird. Polymorphismus kennzeichnet diese Schreibart, die, ohne dies explizit zu machen, die Sinnkonstellationen überdeterminiert, die an die von ihr verwendeten Formen geknüpft sind. Die Stimme eines Autors zielt normalerweise aufs ‚Gut-Sprechen': hier aber ist sie dem schlimmsten Durcheinander ausgesetzt.

Es hat den Anschein, als wären in diesem Wirrwar die Formen und Motive, die gewählt wurden, letztlich beliebig und in jedem Fall richtig. Die Stücke, die sich an *Guignol* anschließen, verstärken diesen Eindruck noch. So findet man (in dieser Reihenfolge): *Berceuse* in artigen gereimten Distichen; *L'Opium,* einen in Prosa gehaltenen Bericht einer Vision unter Dorgeneinfluß, unterbrochen von den Klängen eines „hymne infernal"; *La Régularité de la châsse,* eine Komposition im Stil Hugos; *Tapisseries,* strophische Gedichte in gereimten Achtsilblern, freie Kommentare zu Werken des Malers Munthe; *Les Cinq Sens,* Stükke in poetischer Prosa; *L'Homme à la hache,* Verse über ein (verschollenes) Bild Gauguins; *Les Prolégomènes de Haldernablou,* eine lyrische Darstellung, illustriert und in Prosa; *Haldernablou*, einen Liebesdialog, unterbrochen von den gereimten Couplets eines Chors; *Les Paralipomènes* – der Titel verweist schon darauf, daß es sich dabei um „choses omises" handelt – mit vier Sonetten, einer längeren lyrischen Darstellung des Uhus und des Geschlechts, einer weiteren, ähnlichen, ebenfalls in Prosa gehaltenen des Todes und der Mutter. Schließlich folgen *Les Prolégomènes de César-Antechrist,* bestehend aus einem ersten Teil mit dem Titel „Prose" – natürlich in gereimten Strophen – und einem zweiten Teil, dessen einziger einzeiliger Satz («Quand j'aurai pris toute la Phynance, je tuerai tout le monde et m'en irai»[36]) die Signatur „Ubu“ trägt. Ferner: *L'Acte prologal de César-Antechrist*, Theater, Prosa und Verse; *Prologue de conclusion*, unregelmäßige Strophen, die durch einzelne kursiv gedruckte Sätze unterbrochen werden, und schließlich, in der gleichen Art, *Le Sablier*, ein Text, der die Unausweichlichkeit des ‚Verlusts‘ („perte“)[37], der unendlichen ‚Ausgabe‘ der Zeichen und des Gedächtnisses zum Gegenstand hat.

Jarry unterschlägt nichts in diesem Buch; alle möglichen Formen, ob passend oder unpassend, finden Aufnahme – und zwar gleichzeitig. Während die ‚Regel‘ für jedes Buch eine einheitliche Form verlangt, schon um die dargebotene textuelle Information im Griff zu behalten, wird hier eine nichts respektierende Formenvielfalt ins Spiel gebracht, als ob es darum ginge, über eine Einberufung aller Gattungen und Tonarten – ganz zu schweigen von den Themen und Motiven – den Sinn gleichsam *auszustreuen*, vor allem jedoch zu verhindern, daß er zu einem Schluß, einer Lösung findet. Der Jarrysche Text transportiert keinen Sinn; er operiert.

6. Eine Poetik des ‚Eigenen‘

Im folgenden sollen die großen Linien der Jarryschen Ästhetik nachgezeichnet werden, sofern dies nicht schon an sich einen Widerspruch darstellt. Eine Ästhetik bringt im allgemeinen mehr oder weniger stillschweigend die Regeln zusammen, die man anzuwenden hat, um bestimmte, im voraus festgelegte Sinneffekte zu erzielen; man kann davon ausgehen, daß ihre Anweisungen sich daher nicht widersprechen oder daß zumindest – wenn dies der Fall sein sollte – das negierende Prinzip, die Ironie, letztlich aufgehoben wird. (Wie könnte das, was man liest, sonst annehmbar sein?) Hier liegen die Dinge jedoch anders: Jarry verhöhnt geradezu die Logik der traditionellen Systeme: was er verwirft, behält er gleichzeitig doch bei, der Satz vom ausgeschlossenen Dritten findet hier keine Anwendung.

Die Grundlage einer ‚Ästhetik‘ ist ihr Autor – oder vielmehr: ihr Subjekt. Herkömmliche Poetiken allerdings versuchen den Eindruck zu vermitteln, daß sie sich nicht als Ausdruck eines Subjekts verstehen, sondern vielmehr als Applikation eines ‚Gut-Schreibens‘, eines ‚opportunen Schreibens‘ gegenüber der Welt, der Gesellschaft. Die Beziehung zwischen dem Produzenten, dem Schriftsteller und seinem Produkt, dem Geschriebenen, wird dabei zwangsläufig verschwiegen.

Sein Text – d. h. das, was davon an die Öffentlichkeit tritt – wird entweder als ‚Anspruch' auf Stil, als künstlerische Leistung, als Virtuosität aufgenommen oder als ‚Anspruch' auf Wissen, als Offenbarung, als Wahrheit; in jedem Fall aber als ein Wert. Der Text manifestiert die Überlegenheit der Beherrschung des Werkzeugs, die Überlegenheit des Wissens, der Information. Dem Autor wird das Verdienst für seinen Text zugesprochen; die Wirkung des Textes selbst aber kann nur in dem Nutzen gründen, den der Leser aus ihm glaubt ziehen zu können – etwa durch sublimierte Teilhabe am ‚Anderen', am Wissen.

Der Jarrysmus hingegen geht von völlig anderen Voraussetzungen aus: *das Schreiben widerfährt* hier gleichsam *der Person;* ‚Stil' und ‚Wahrheit' einer Schreibweise sind ‚Stil' und ‚Wahrheit' der Person, die sie hervorbringt, wobei beide Instanzen in eine Wechselwirkung zueinander eintreten. Das Schreiben nimmt in diesem Fall Einfluß auf die Einheit und Bestimmtheit des ‚Selbst' im ‚Selbst', des ‚Selbst' im Text und des Textes gegenüber dem, der ihn schreibt. Sein Ziel ist es, soviel wie möglich von der Individualität des Subjekts einzubringen in das Werkzeug seines ‚Ausdrucks' (d. h. in das notwendigerweise ‚allgemeine' Medium des Kommunikationsträgers Buch). ‚Stil' und ‚Wahrheit' sind in diesem Zusammenhang nurmehr sekundäre ‚Effekte' eines unausgesprochenen ‚Anspruchs' auf das ‚Selbst', an das ‚Selbst' über die Literatur und in der Literatur. Schreiben heißt dann: zum ‚Selbst' zurückkehren, das ‚Selbst' bearbeiten, heißt die *erworbene Identität aufbrechen* und die (wenn man so sagen darf) *angeborene Identität des Subjekts wieder einsetzen.* Der Kode ist dem Subjekt eingeschrieben; er löst sich und er löst es dort auf; er setzt sich an ihm fest und bindet es an sich: es gilt nun, dieses übermächtige Band zu zerreißen, indem man dort ansetzt, wo es seinen unheilvollen ‚Ausdruck', seine Expansion, seine ‚Verdichtung' findet. Da das Subjekt mit dem Erwerb seiner Identität sich den Kode aneignet, muß es gesprengt werden, um jenem ‚anderen' ein Ende zu setzen, mit dem es behaftet ist, in dem es sich wiedererkennt, das ihm innerlich jedoch nicht entspricht. Erst dann kann das Subjekt zum ‚Selbst' zurückfinden. Man muß sein Gedächtnis in der Sprache sprengen. Beim Schreiben wird die ganze Sprache dem Gedächtnis einverleibt und dieses insgesamt wieder in Sprache eingepaßt – es wird entgrenzt, verallgemeinert (ich kann alles sagen, alles, was ich sage, ist *richtig).* Damit sind dem Subjekt keine Grenzen mehr gesetzt. Ein solches Schreiben geht demnach gegen die Mechanismen der Identifikation vor; es kommt der Darstellung und

Entfaltung eines ‚wild gewordenen' Subjekts gleich, eines unhaltbaren Subjekts von dem gilt: «plus compliqué», «avec plus de synthèse», «une abstraction qui marche»[38], eines Subjekts, das in seiner Art vollendet und zugleich zerschlagen ist.

Das Schreiben bewirkt eine ‚Entregelung' dessen, der schreibt, und zwar durch eine ‚Entregelung' des Kodes, der das Gedächtnis konstituiert, somit durch eine Umordnung des Gedächtnisses. In dieser ‚Entregelung' kann sich das Subjekt hinwegsetzen über eine identitätsschaffende Kontinuität (über sein ‚Schicksal', seine ‚Geschichte', sein ‚Leben'), über eine prädisponierte Identität; es bildet sich ein Subjekt heraus, das die Möglichkeiten der Sprache bejaht – *gegen* die (‚doxischen') Petrifikationen des Kodes, der jedem seine Rolle zuweist (männlich, weiblich, Vater, Mutter, heiterer Autor, tragischer Autor . . .). Schreiben wird zur *Enteignung des ‚Selbst' in der Sprache.* Jemand macht den Versuch, sich den Bewertungen zu entziehen, denen er gegen seinen Willen ausgesetzt ist. Er entuniversalisiert das Allgemeine, seine allgemeinen Bestimmungen, indem er einerseits entmoralisiert und andererseits jenem verbleibenden unbestimmbaren Faktor freien Lauf läßt: ‚ich' („je").

Man sieht, daß es bei alldem gar nicht so sehr darum geht, bestehende Formen, einen bestehenden Kanon zu zerstören, ‚schönere' und ‚wahrere' Gegenstände der ‚Repräsentation' vorzulegen, einem Konzept zu folgen, das noch immer das gleiche wäre. Jarrys Intention ist es, der normativen Reduktion des ‚Selbst' durch die Kunst entgegenzutreten und das ‚Selbst' ganz drinnen zum ‚Ausdruck' zu bringen – auch durch die Kunst. Ein Subjekt ohne Kode, ein Subjekt, dem der Kode entzogen wird, ist nicht denkbar. Ein Subjekt, dessen Beziehung zum Kode getrübt, unsicher, von ‚Parasiten' befallen ist, ist einfach ‚unnütz' oder ‚unglücklich'. (Welche Grundlage hat es noch in den Augen der anderen, welche Kompetenz, was kann man über dieses Subjekt sagen, was an ihm ist noch zu verstehen?) Es schreibt – wenn es schreibt – zugleich, *was ihm in der Sprache widerfährt* (das Leid, das sie ihm zufügt, die Fehler, die sie ihm auferlegt) und auch *damit ihm all dies in der Sprache widerfährt* (damit es hier zumindest despotisch und lustvoll Macht ausüben kann).

Hier nun eine kurze Darstellung der fünfzehn vermutlich zentralen Aspekte dieses Werks, eine Darstellung des Systems, das seine Dynamik ausmacht, d. h. dessen, was ihm erlauben könnte, das utopische Ziel zu erreichen, das im Vorhergehenden skizziert wurde.

Der Tick

Alles beruht auf dem Begriff der Person. Während die traditionelle Auffassung die Besonderheit und die Unabhängigkeit der Person in den Vordergrund stellt (bis zu dem Punkt hin, wo man sie zum Eckpfeiler von Verfassungen macht), verkündet und demonstriert Jarry, daß das ‚Eigene' nur Maske, Karikatur, etwas Allgemeines, ein Tick, d. h. ein automatisiertes Allgemeines ist («L'âme est un tric»[39]). Das ‚Ich' ist nur eine arbiträre und burleske Wiederholung. Nachdem das Zurücktreten des Individuums in die Norm erfolgt ist, bleibt als einzige Möglichkeit, gegen diese vorzugehen, ihre *bewußte Wiederholung.* Jarry outriert, wie man weiß, er hyperbolisiert, treibt die Wiederholung auf die Spitze: sein Ubu ist zunächst (und vor allem) beleibt, voluminös, gigantisch, aber all die Marionetten, die er in seinem Text auftreten läßt, sind es ebenfalls: Gestalten der Übertreibung, exzessive und unglaubliche Organe, Glieder und Diskurse, Subjekte ohne Wahrheit, ohne Wesen und ohne Tiefe, unwahrscheinlich und nicht zu verneinen; es sind reine Sprachgestalten, reine Zeichen. Ihr Diskurs ist mechanisch, aber gerade deshalb ‚wirklichkeitstreu' und ‚authentisch'! Aus dem gleichen Grund stellt ihr Diskurs, ihre Gestik, ihre Beschreibung, ihr Aussehen für uns jenes utopische ‚Begehren' nach einer immerzu ‚präsenten, und ‚klaren' Poesie dar.

‚Prudhommie' und ihre Parodie

Man könnte es nicht besser ausdrücken als Prudhomme[40]: «J'ai des oreilles pour parler et vous une bouche pour m'entendre» (*Ubu Roi*[41]). Es bedarf also nur einer Verdrehung des Sinns, den die Sprache zuweist. Dieser Text ist nur als Parodie seiner selbst zu verstehen (doch davon ahnt der Held Monniers nichts). Seine Wahrheiten sind unwiderlegbar, weil falsch, assertorisch und verdreht. Es sind Behauptungen, Klischees, leere Wiederholungen und Lapsus. Sie sind folglich nur dann wahr, wenn man sie ‚buchstäblich' („à la lettre") nimmt. Dies ist es, worum sich Jarry allem Anschein nach in seinem Leben und seinem Werk bemüht, wenn er unmögliche Sätze hervorbringt. Seine Sprache ist ebenso voll wie platt: in ihr ist nicht zu unterscheiden, was er positiv setzt und was er negiert. Die Affirmation ist so stark, der Lapsus so auffällig, daß sie sich verselbständigen – noch lustig, aber schon wahr. Folglich ist der Sinn nicht zu fixieren: erstens ist es der Sinn, den man schon vorgegeben in der Sprache aufgreift, den man selbst denkt; zweitens ist er arbiträr, er ist der, den man will (oder das Gegenteil davon); und drittens übt er Gewalt aus, nicht an der Norm, aber an der Vorstellung, die man von ihr hat.

Denaturieren

Entsituieren, um zu dekonstruieren, heißt hier das Konzept. Jeder Rückgriff auf ‚externe' Wahrscheinlichkeiten wird gestrichen: im Text ist man überall und nirgends, in irgendeinem abstrakten Raum. Die Regieanweisungen Jarrys in diesem Zusammenhang sind eindeutig: «Nous aurons d'ailleurs un décor parfaitement exact, car de même qu'il est un procédé facile pour situer une pièce dans l'Eternité, à savoir de faire par exemple tirer en l'an mille et tant des coups de revolver, vous verrez des portes s'ouvrir sur des plaines de neige sous un ciel bleu, des cheminées garnies de pendules se fendre afin de servir de portes, et des palmiers verdir au pied des lits, pour que broutent de petits éléphants perchés sur des étagéres»[42]. Antinaturalismus mithin. Die surrealistischen Oppositionen („neige"/„bleu": Niederschlag/ Licht, „étagere"/„éléphant": Zerbrechlichkeit/Dickhäutigkeit) führen weg von jedem möglichen Raum. Die Solidaritätsbeziehung, die die Gegebenheiten und das Subjekt an das Gesellschaftliche, an die Geschichte und an deren Logik bindet, gibt hier keinen Rückhalt mehr. Die positiven Ursprünge dieses Subjekts, das sich in der Sprache manifestiert und das nicht aus seinen Lebensumständen deduziert werden kann, sind nicht mehr gegeben. Der paradoxe Ort, an dem sich die Personen dieses Textes mit ihren im übrigen auch schon zweideutigen Handlungen bewegen, macht jeden Standpunkt zunichte, den man ihnen gegenüber einnehmen könnte: die ‚psychologische' Relation, die die Personen verbindet, fällt weg, ebenso die ‚interpretative' Relation, die sie verstehbar werden ließe. Der Jarrysche Text ist ein dezentriertes Feld mit vielen Zugängen, ohne Wahrheit, solipsistisch, unvergleichlich.

Das Zeichen

Es ist eine seit langem bestehende Evidenz, die eine nicht weniger alte, unausrottbare Meinung zu Fall bringt, daß das Zeichen seine Substanz dominiert, seinen mutmaßlichen natürlichen Referenten: «Le signe seul existe – provisoire»[43]. Beim Schreiben verfolgt man die ‚buchstäblichen' (und nicht substantiellen) Suggestionen des Zeichens zurück: «Faire dans la route des phrases un carrefour de tous les mots»[44]. Die Worte werden gebraucht wie Drehscheiben, wie „polyèdres d'idées"[45], mit mehreren Seiten, Aspekten, mit mehreren sich widersprechenden

Ausrichtungen, aus denen ein multipler, veränderlicher, ineinandergeschachtelter Text gezogen wird, ein Text ohne Einschränkung der Information, in dem die gesamte Sprache sich – potentiell – entfaltet und wieder ‚verdichtet' oder explodiert. Solch ein vollkommen zirkulärer Text ist zu einem unendlichen System von unendlich vielen, wenngleich nicht aleatorischen Rückverweisen geworden. Mit einem Wort: ein Text, der die Mittel, die Verfahren und Substanzen seiner Realisation explodieren läßt; ein Text, der sich nicht ohne weiteres auf eine ihm vorausgehende Situation, auf seinen Ursprung beziehen läßt.

Das Wortspiel

Übertrieben, maßlos, aber auch schwach und nicht lustig. Das Wortspiel hat die Funktion, die verschiedenen ‚Isotopien' zu artikulieren, die den Text konstituieren[46]: tatsächlich ‚erzählt' der Jarrysche Text nicht, sondern verwebt lediglich ihre Fäden. Es hat die Funktion, den Text ‚auszuschalten' und die für Standardliteraturen konstitutive Unterscheidung aufzuhaben, in der gerade deren Wahrscheinlichkeit gründet. Es setzt statt dessen einen unmittelbaren, ursprünglichen, ‚buchstäblichen' Referenten ein, nämlich die Worte des Textes, die ‚buchstäblich' genommen und weiter verfolgt werden. So z. B. in der folgenden Sequenz: «A n'en pas douter, et en ne faisant appel qu'au plus élémentaire bon sens et à la plus grossière linguistique, ce cri *(Au drapaud!,* d. Verf.) a pour but de convoquer le plus grand nombre possible de courageux citoyens à l'extermination d'un ennemi commun. C'est dans cette intention que l'on profère les cris similaires: *Au voleur! A l'assassin! Au loup! Au viol! et Au feu!»* Hier schließt sich eine Episode an über die „chasse au drapeau", die Jagd auf die Fahne als Jagd eines seltsamen und gefährlichen Tieres, das zugleich als Phönix und als Wildschwein verstanden wird, ferner eine Beschreibung seiner sonderbaren Verhaltensweisen wie auch der erstaunlichen Lebensgewohnheiten seines Akolythen oder Parasiten: des „porc-drapeau" (des ‚Fahnenträgerschweins'). Es folgt eine Beschreibung des anschließenden feierlichen Ausweidens usw. bis zur völligen Ausschöpfung der Idee, die verschiedenen Begriffe – Jägerei und Militärwesen – unerlaubt miteinander zu verbinden und beide in einer Handlung zusammenzubringen, deren Wahrheit nicht bestehen kann[47]. Eine solche Schreibweise ist mehr als ein Spiel mit Metaphern; sie unterbindet jeden Realitätsappell, richtet das Interesse aus auf einen Signifikanten, der sich verweigert, d. h. sie greift letztlich die Grundlagen ihres Verständnisses selbst an. Der Jarrysche Text erzählt die Abenteuer der ‚Buchstäblichkeit', die der Sprache, dem Autor in dieser Sprache, widerfährt[48].

Der ‚Buchstabe'

Das Wortspiel stellt das Anagramm zur Schau, macht es an der Oberfläche des Diskurses konkret. Das Anagramm offenbart die Möglichkeiten der Sprache. Jarry verifiziert in gewisser Weise den Gedanken Saussures, dessen Arbeit zur gleichen Zeit entsteht: der Sinn eines Textes ist das Produkt einer Kombinatorik, er resultiert nicht aus etwas schon vorher unveränderlich Bestehendem. Das anagrammatische Verfahren bildet die eigentliche Grundlage der Kompositionsarbeit[49]. Man nehme „pal" und „phalle" und leite daraus „palotin" ab, das Wesen des Hybriden selbst, das immer wieder in Jarrys Texten auftaucht und dabei stets diesem Ursprung entspricht. Oder man betrachte die aus einer Tmesis hervorgehende Konstruktion „gazillon de l'oisouillis" in einem „refrain de mots", den sich M. Vieuxbois, eine Gestalt aus *L'Objet aimé,* vorträllert[50]. Oder auch die gerade erwähnte Jagd: Anagramme oder Schüttelreime, umgekehrte Metaphern, Kauderwelsch, Ticks – all diese Mißbräuche der Sprache haben ein und dasselbe Ziel: «Nous nous en tenons, et avec raison, à la lettre de l'histoire, car il n'y a que la lettre qui soit littérature»[51]. Es genügt also, dem ‚Buchstaben' freien Lauf zu lassen, die Worte zu zergliedern, sie zu verformen und wieder neu zu erstellen – nach allen Möglichkeiten, *die er vorgibt.* Dies wird einen Text ergeben, der Konnotationen aneinanderreiht, deren Abfolge quasi manipulativ durch sich verändernde graphische Elemente generiert wird, oder der aus einem verborgenen Element hervorgeht, dessen Denotation unbestimmbar ist und der eine Reihe von anscheinend absurden Aussagen zur Folge hat. Es wird sich ferner ein Text ergeben, dessen Ausrichtung nicht vorhersehbar ist, der teilweise agrammatisch und gänzlich unwahrscheinlich ist, ein Text, der die Gesetze der Kausalität nicht respektiert: das ‚Buchstäbliche' bricht die logische Kohärenz des Diskurses auf, d. h. es nimmt ihm seine Sinnintention und sein Verständnis[52]. Schließlich wird ein *artifizieller* Text entstehen, der auch als solcher ausgewiesen wird, ein Text, der herausgehoben aus der Sprache, entkonventionalisiert ist und der nicht durch die Norm beherrscht wird. Es entsteht ein von daher sehr persönlicher Text, ein ganz und gar auf das ‚Selbst', auf seinen Autor bezogener, ein ‚narzißtischer' Text und ein Text, der so noch nicht an die Öffentlichkeit getreten ist.

Der Widerspruch

Der Jarrysche Text ist ein Text, der eigentlich nicht möglich ist. Er ist unvereinbar mit den Gesetzen des normalen logischen und praktischen Denkens und auch nicht wieder in sie einzubinden – es sei denn ironisch. So ist die Kategorie der Fiktion etwa auf ihn nicht anwendbar. Er macht sich zur Regel, nichts Vorgegebenes als ‚Realitätsprinzip' und keinen Sinn als Wahrscheinlichkeitsprinzip aufzunehmen; er unterwirft sich nur einer einzigen Vorschrift: der des ‚Eigenen' – wo alle Gegensätze sich vereinen. Denn was ist das ‚Prinzip des Widerspruchs' anderes als ein Zusammentreffen der von außen auferlegten Normzwänge? Wenn nun ein Text die Gegenstände ‚buchstäblich' nimmt, so bedeutet dies, daß er die Sprache als Gegenstand nimmt statt der Gegenstände selbst – unbeschadet des Widerspruchs, den sie manifestieren (oder gerade um den Widerspruch durch die Sprache offenbar werden zu lassen). Inkompatibilitäten entstehen dort, wo der Inhalt aufhört, „solidarisch' zu sein mit dem für ihn vorgesehenen ‚Ausdruck'[53]. So sind das Wahre und das Falsche gleichzeitig als provokative Einheit in einen Mund gelegt. Hier ist ein Eckpfeiler des Jarryschen Systems zu erkennen: «Une chose est elle-même. C'en est en même temps la plus excellente réfutation»[54]; dasselbe vermag alles Gegenteilige zu bezeichnen: das Schmutzige ebenso wie das Reine[55]. «Le signe Plus ne combattra point contre le signe Moins. Comme de toute lutte, l'issue possible ne serait que l'anéantissement – car chaque adversaire est l'Infini – de l'un *et* l'autre principe, – ou leur réconciliation»[56]; das Widersprechende ist gleichzeitig auch das Weiterführende – ob Sinn, Geschichte oder Person (so etwa bei *César-Antechrist*[57]): das eine geht aus der ‚Auflösung' des (ihm vorausliegenden) anderen hervor. Wir haben es also mit ‚pendelartigen' Handlungen der Personen – der Paare – bei Jarry zu tun: die Sanduhr („le sablier") kann umgedreht werden, ebenso das Gedächtnis. Die Personen treten in ein Verhältnis zueinander, sie beinhalten auch das noch, was sie negieren, sie berufen sich unaufhörlich auf ihren eigenen . . . ‚Sturz' („chute"). Im Standardsystem wird das Individuum konstituiert durch eine deutliche Trennung, durch ‚Eigentümlichkeiten'. Bei Jarry hingegen ist gerade die Kompatibilität der ‚Differenzen' typisch für das Individuum.

Die Geschwindigkeit des Textes

Der Text bietet seinem Sinn keinen Ruhepunkt, der Sinn hat keinen Bestand; das seinerseits ephemere Zeichen, das ihn einsetzt, führt ihn in den Widerspruch. Der Text bewahrt den Sinn nicht: was er setzt, wird unmittelbar auch wieder durch ihn zurückgenommen. Sein ‚Ausdruck' ist nichts anderes als ein großes Dementi, ein Addieren von Antinomien, eine unendliche Korrektur ohne bestimmte Ausrichtung. Die Manipulationen, deren Aspekte (‚Buchstabe', Wortspiel, Zeichen) oben analysiert wurden, nehmen dem Begriff seine Dauerhaftigkeit und beziehen ihn auf eine temporäre, unvorhergesehene und unpassende Bedeutung. Nur wenn man schnell schreibt, wenn man nicht in der ‚Repräsentation' verweilt (oder sie, um keine Normen entstehen zu lassen, immer wieder wechselt), bewegt man sich auf der Ebene des ‚Buchstäblichen'. Dann nur kann man Nutzen ziehen aus der darin gründenden Freiheit, nur dann die ‚doxische' Tiefe meiden und schließlich die bloße Oberfläche, die Ebene des ‚Eigenen' erreichen. «Sengle construisait ses littératures, curieusement et précisément équilibrées, par des sommeils d'une quinzaine de bonnes heures, après manger et boire; et éjaculait en une écriture de quelque méchante demi-heure le résultat»[58]. Man schreibt in großer Eile und läßt doch immer wieder Zeit dazwischen verstreichen. Beckett: «La vitesse maximale est le repos.»

Die anhaltende Enttäuschung

Im traditionellen Text, im täglichen Leben erfährt man, daß eine Unsicherheit der Bedeutung (etwa in einer Erzählung), wenn sie überhaupt möglich ist, nicht andauert. Aus den Episoden geht notwendigerweise ein Epilog hervor und bietet eine Lösung an. Zwar regisitriert man während seiner Lektüre ein Sinndefizit, doch der kodierte Sinn ist schon im voraus zugesagt. Gerade deshalb, weil alle Aussagen zu einem einzigen, wahren Schluß zusammenlaufen, wird der Text als lesbar, als verstehbar angesehen: er hört auf, sobald er genug von dem offenbart hat, was er zurückhalten wollte. Ein solcher Text präsentiert sich als ein Konstrukt von sehr begrenztem Enttäuschungspotential; daher das durchschnittliche Vergnügen, das er vermittelt. Jarry jedoch enttäuscht maßlos; seine Schrift verfehlt radikal den Sinn. Seine provozierende Maxime lautet: «Il ne faut pas tout dire»[59]. Nicht aus Zurückhaltung oder als Täuschung, sondern aus dem für den Leser skandalösen Wunsch heraus, den Text nicht zu seinem ‚Ende' zu bringen: zu seiner Botschaft (oder überhaupt zu einer Botschaft). Der Jarrysche Text bietet keine Lösung an. Auch er funktioniert natürlich durch Sättigung, aber was er aufnimmt, ist in keines der herkömmlichen Verstehensmodelle zu intergrieren. Weder eine Moral noch eine Idee stehen ihm an: er bearbeitet ein substantielles, unbekanntes, dem Gedächtnis entnommenes Sprachmaterial. *Schreiben hört niemals auf:* «Le rapport de la phrase verbale à tout sens qu'on y puisse touver est constant»[60].

Das Reimspiel, das Manierierte, die Emphase des Textes

Jarrys Schreiben geht aus zwei Schreibweisen hervor, es entnimmt der Sprache zwei miteinander verbundene hyperbolische Ausdrucksweisen: das Einfache und das Komplexe, das Leichte und das Gelehrte. Einfache Verse alternieren nicht nur mit sorgfältig ausgefeilten, subtilen und gewichtigen Sätzen, sondern sie entsprechen ihnen, sind ihnen letztlich gleichgesetzt: das eine wie das andere ist unwahrscheinlich, das eine wird durch das andere unwahrscheinlich. Infolgedessen wird auch keine Einheit des Textes geschaffen. Jarrys Verfahren impliziert zwei Ebenen. Vorgegebene, fertige Reimspiele entstehen gleichsam mechanisch aus dem gemeinsamen Kulturgut: «La rôde, la rôde / Qui n'a ni pieds ni piaudes, / Qui n'a qu'une dent / Et qui mange tous les petits enfants»[61]. Dies sind ‚wahre' Sätze. (Jarry: «le mirliton a le son d'un phonographe qui ressuscite l'enregistrement d'un passé»[62].) Auf sie folgen jedoch – kontrapunktisch – andere, nie gehörte, gekünstelte Sätze von hoher Agrammatikalität, die allein an ihren Autor zu binden sind; Sätze, die nur deshalb, weil er sie ausdrückt, ebenfalls ‚wahr' sind, falls man sie ihm zugesteht. So zum Beispiel der Satz, der *Phonographe* eröffnet: «La sirène minérale tient son bien-aimé par la tête, comme un page d'acier serre une robe.» Schreiben ist *doppelseitig,* es bringt diesseits der Literaturen zum Halten (und leiert Kinderverse ab), aber es ‚verschiebt' auch nach jenseits der Literaturen (und feilt noch an der Form, die dort üblicherweise Verwendung findet). Schreiben spannt demzufolge einen neuartigen Raum auf, den der Unvereinbarkeiten, sprachlos und mehrsprachig, den spannungsreichsten aller Räume.

Kindersprache

Das Kind wird noch nicht durch die Ehrfurcht vor der Sprache erstickt, wie seine ‚bösen Wörter', seine Abzählverse, aber auch seine Liedchen beweisen. Alles, was ein Kind sagt, ist ‚gut'. Es fühlt seine

Grenzen, doch ist es ständig bestrebt, sie zu überschreiten: das Kind kümmert sich nicht um das, ‚was sich gehört'; gerade das, was sich nicht gehört, übt eine unwiderstehliche Anziehungskraft aus. Das Kind wird noch nicht von den Fesseln des ‚Vertrags' („contrat") gehalten. Unter ‚Vertrag' ist man zweigeteilt: man selbst und das Gesetz, ein Gesetz, dessen Vorschriften man übertritt oder befolgt, um zumindest bestimmten Bedürfnissen, etwa dem nach Kommunikation, nachkommen zu können. Ohne ‚Vertrag' wird diese Zweiteilung aufgehoben. Jarry bietet eine Sprache an, die der des Kindes vergleichbar ist: ohne Kategorien, ohne Moral, einmalig. Es ist ein Sprache, die mit Gegenständen spielt, sie sich (zu Willen) macht und sie wieder ausstößt, eine Srache, die ekelerregende, phantastische Tiere (Larven, Würmer, Kröten, Uhus . . .) hervorbringt, unanständige Wörter („Merdre!"), unfeine Pennälerszenen (im Klosett, beim Abortleeren), eine Sprache letztlich, die hervorbringt, *was immer ihr möglich ist,* die sich ganz in den Dienst ihres Benutzers stellt. Diese allmächtige, lustbringende, wahre Sprache realisiert infolgedessen all das, was man sich wünscht: «J'écris *phynance* et *oneille* parce que je prononce *phynance* et *oneille* et surtout pour bien marquer qu'il s'agit de *phynance* et *d'oneilles* spéciales, personelles, en quantité et qualité telles que personne n'en a, sinon moi»[63]. In dieser Sprache geht die Wirkung aus dem Wort hervor, nicht aus der Welt, für die das Wort steht. Sprecher und Sprache werden eins.

Reminiszenz

Jeder Text ist auch Intertext, zwischen Texten sind immer Beziehungen gegeben[64]. Dennoch wird – im gewöhnlichen literarischen Verfahren – die Entlehnung verschwiegen; man verbirgt seine Quellen, gibt seine Stimme als die seine aus. (Der Ruf der Originalität hat seine Vorteile, das Individuum ist bestimmt durch seine ‚Differenz'.) Jarry hingegen bekennt sich zur ‚Bibliothek', er versteht sein Werk als «œuvre unique faite de toutes les œuvres possibles»[65]; alle ‚anderen' Diskurse, ob typisch oder utopisch, so unpassend sie auch sein mögen, gehen ein in seine Komposition. Weit davon entfernt jedoch, eine wie immer geartete äußere, vorausliegende Autorität anzuführen, zerstört das (hyperbolische) Zitat vielmehr jede Abhängigkeit und konstituiert dort, wo die imitierten Texte und der imitierende Text zusammentreten, einen unbestimmbaren dritten Ort: den des ‚Eigenen' – ein unerwartetes Ergebnis. Die anderen, die in meiner Stimme sprechen – gerade das bin ich. Ich bin das Depot der Sätze Ubus, Halderns, Ablous, des Chores, meiner ‚Brüder'. Im Schreiben wird so die Sprache für einen bestimmten Gebrauch umgeformt.

Fäkal der Ihre (das Unreine ist es, was uns einander näherbringt)

Der Streit um die Poesie ist ein Streit um Worte: Apollinaire wagt sich 1913 an *zone, zinc, Ferdine,* Eluard kämpft noch 1938 um *pétrole, guéridon, déclic, bolide* (das auch zu Jarrys Lieblingswörtern gehört), *garçon* oder *alcool*[66]. Das wichtigste, das schlimmste Wort jedoch bleibt unausgesprochen: *Merde!*[67]. Die Scheiße ist in der Poesie von besonderer Bedeutung, weil sie hier das Ungesagte, das Unsagbare par excellence darstellt. Aber was genau hat es auf sich mit der ‚Materie' („matière") – um die von Jarry bevorzugte Umschreibung zu gebrauchen –, was hat es auf sich mit deren Verbannung aus dem Diskurs der Poesie? Man bemerkt schon auf den ersten Blick, daß diesem Motiv ein zentraler Platz in Jarrys Werk zukommt. Über die berühmte, so oft mißverstandene Aufforderung Ubus («Merdre!») hinaus beherrscht die Beschäftigung mit Exkrementen in jeder nur denkbaren Form die Szene. Oftmals in einem solchen Maße, daß sich die gesamte Handlung darauf reduziert: Achras verbüßt seine Strafe «pour son plus grand confort» auf einem Nachtstuhl thronend *(L'Autoclète)*; die beiden Rivalen aus *L'Art et la Science* sind Abortleerer; Ort der Handlung ist die Toilette; einer der beiden (Barbapoux) sieht sich der peinlichen Notwendigkeit gegenüber, sich in die Grube zu stürzen, um dem anderen (Ubu) zu entkommen, während dieser das gleiche Schicksal erleidet – «il prend siège; tout s'effondre» –, bevor er schließlich wieder thronen kann – «établi sur sa base». Moral: «Ce que l'homme dévore, il lui donne la vie et l'unit à son corps. Ce qu'il rend à la terre, il le rend à la nuit»[68]. Man erlebt die Person hauptsächlich bei dem – vergeblichen – Versuch, eine Trennung vorzunehmen zwischen dem, was das ‚Selbst' ist, und dem, was es nicht ist (Abfälle, Schmutz): der Text führt uns vor Augen, wie sie sich schließlich wieder vereinigt mit dem Produkt ihrer Entleerung; das ‚Eigene', d. h. das Nicht-Differenzierte, wird sichtbar auf der Ebene der Abtrittsgrube. Was nun Ubu betrifft, so repräsentiert er den ‚Scheißunfähigen' („l'inchiable"). Seine runde, volle Gestalt beinhaltet all das, was ihm seine bekanntlich zahlreichen und exzessiven Triebe zukommen lassen. Ubu assimiliert: es ist ein ‚Begehren' ohne Verdrängung, frei von jeder Gewissensbeschränkung, das ‚Es' inbegriffen. Durch das

Fäkalisieren wird somit die Sprache und ihr Subjekt nicht mehr durch Verbote begrenzt, sondern beide werden uneingeschränkten Begierden zugeführt[69].

Enthirnung

Da wird ein- und ausgeschlossen, geschnitten, zerrissen, getrennt. Unaufhörlich schildert Jarry die Vertreibung der Differenzierung, der Moralisierung (die Figur „La Conscience" wird in einen Koffer eingesperrt), die Entfernung und das Ausscheiden der ‚Materien' (der Scheiße, wie wir gesehen haben, aber auch der Hirnsubstanz[70]), die Beseitigung der ‚fremden' Organe (Penis, „oneilles"), umgekehrt aber auch Akte des Eindringens (Pfahl, Biß, Vergewaltigung). Man hat sozusagen teil an einem System der Reinigung des Subjekts, seiner radikalen Reduzierung auf das ‚Eine'. Der gesamte Text gibt sich der mehr oder weniger suggestiven und bildhaften Realisierung dieses Programms hin: die dramatischen oder schlicht erzählenden ‚Szenen' ahmen das Phantasma nach. Die Schauplätze, die Tiere, die Maschinen in ihm sind allein darauf beschränkt, selbst die Worte, die in keinem ‚Simulakrum' verankert zu sein scheinen. *Ein Text in seiner Gesamtheit enthirnt.* Das Subjekt wird gleichsam geschlachtet und zerlegt: sein Inneres wird herausgenommen und seine äußere Hülle nach innen gekehrt. Gibt es ein besseres Mittel, um jene Dualität von Seele/Geist und Körper zu negieren? Das Hin und Her des ‚Begehrens' füllt den gesamten Text aus, Scharen von Personen (und ein Apparat!) werden aufgeboten, um zu handeln, und eine Vielzahl anderer, um diese Handlungen zu erleiden. So etwa in der folgenden Sequenz:

BRUIT SOUTERRAIN: Pétrissant les glottes et les larynx de la mâchoire sans palais, / Rapide, il imprime, l'imprimeur. / Les sequins tremblent aux essieux des moyeux du moulin à vent. / Les feuilles vont le long des taquins au vent. / La mâchoire du crâne sans cervelle digère la cervelle étrangère / Le dimanche sur un tertre au son des fifres et tambourins / Ou les jours extraordinaires dans les sous-sols des palais sans fin. / Dépliant et expliquant, décerveleur, / Rapide il imprime, il imprime, l'imprimeur[71].

Hier wird Materie weggenommen, Materie hinzugefügt. Der Text spricht nicht über ein Thema, sondern er realisiert es, so anstößig es auch sein mag. Er ist zu verstehen als eine Maschine zur Durchführung jener ersehnten gewaltsamen Vereinigung; das Ausreißen und die Schreie des Ausgerissenen erscheinen nicht irgendwo im Text, sondern sie *sind* das Geschriebene selbst, das wir vor Augen haben.

Ein Text seines Autors

Das Werk ist ein Komplex von Worten, doch dieses Werk ist auch eine Handlung. Es konstituiert zudem keine wirkliche Einheit – es sei denn für den Bibliothekar: die aufeinanderfolgenden Texte bringen auf je spezifische Weise und oft mit unterschiedlichsten Mitteln weniger einen Sinn als vielmehr ein Bemühen zum Ausdruck. «L'œuvre, moment unique où il vit tout», vermerkt der Autor[72]. Das Werk ist gleichsam ein Punkt der ‚Verdichtung', auf den er hinarbeitet, ist gleichsam die wirre Bahn, auf der er sich über ‚Verschiebungen' fortbewegt. Schreiben schafft Intensität. Ein Subjekt widmet sich immer mehr, immer stärker seinen ‚Repräsentationen': jede Seite, jedes Stück bedeutet immer wieder eine Verbesserung, eine Vervollständigung des ‚Ausdrucks', ein wahreres Bild dessen, was an die Öffentlichkeit gebracht werden will. Nicht ohne Grund propagieren die Jarryschen Fiktionen die große Tat: die Spiele mit Zielscheiben, die Heldentaten auf dem Fahrrad, das Antreiben, die Schläge, die unvermittelten Verlagerungen einer sich ausbreitenden Kraft – all dies auf seiten der Helden ist verbunden mit dem Handeln des Autors, der in Wellen und mit Gewalt schreibt. Jarrys Schreiben hat die Struktur einer Ejakulation. Hier muß man wohl sagen, daß der Autor nicht losgelöst ist von dem, was er mit der Hand vollbringt[73].

7. Supplement: Der Gesang des Phonographen

Die tiefergehende Analyse einer Schrift Jarrys vor dem dargestellten Hintergrund wird uns erlauben, den Sinn dieses Schreibens am Text zu verifizieren. Eine solche sehr aufwendige Analyse kann in diesem Rahmen nicht in allen Einzelheiten vorgestellt werden. Zudem soll es hier weniger darum gehen, die Botschaft des Textes offenzulegen, als vielmehr sein Funktionieren zu beleuchten, d. h. zu sehen, wie Botschaften prinzipiell zustande kommen oder verfehlt werden. Das Folgende ist daher nur der Versuch, den von uns gewählten Belegtext in seinem Zusammenhang zu situieren[74] und damit auch alle seine Analoga und im weiteren das Werk als Ganzes erschließen zu können.

Wir stellen nun zehn Regeln zu einem (privaten) Verständnis von *Phonographe* vor, ohne dabei zwischen einer metasprachlichen Ebene der methodologischen Hinweise („Wie soll man an den Text herangehen?") Und einer Ebene der Beschreibung („Was beinhaltet der

Text?") zu unterscheiden; wir wollen nicht trennen, was in der Lektüre zwangsläufig ineinanderfließt: das Wenige, was ihr bewußt wird, von dem Vielen, das sie leistet. Unsere Lektüre war notwendigerweise fragmentarisch, wir haben kein abgeschlossenes Wissen aus dem Text bezogen. Wir bieten für den Text keine Lösung an und haben darauf verzichtet, ein Inventar seiner rhetorischen (stilistischen und linguistischen) Verfahren zu erstellen: dies ist bereits mit Erfolg gemacht worden[75], ohne daß man dadurch jedoch sehr viel klüger geworden wäre. Der uns interessierende ‚Gebrauch' eines Textes impliziert, daß man von einem bestimmten Punkt an von der rein sprachlichen zu einer anderen Ebene übergeht.

I. Der Text ist nicht allein anzusehen als eine Maschine, «dans laquelle on écrirait la lisant»[76] (das Lesen nimmt denselben Weg wie das Schreiben und hebt jeden Adressatenbezug auf), sondern er kann zudem aufgefaßt werden als jener ganz besondere Apparat, mit dem der Autor seine Lektüren vollendet, mit dem er sich als Leser vollendet. Der Text repräsentiert einen Dechiffriervorgang mit all den Widersprüchen, die diesen Vorgang kennzeichnen. Gerade diese Widersprüche sind es, auf die der Text zielt – wie Gewalttätigkeiten, die erlitten werden, in dem Augenblick, da der Schmerz zugefügt wird. Der Text zeigt, daß es sich dabei um einen Zustand des Glücks (der Liebe) handelt: ein weiterer ‚Widerspruch'.

II. Der Phonograph ist eine Maschine, die Gesang empfängt, aufnimmt, konserviert und wiederbelebt, eine Wundermaschine, eine Glücksmaschine. Die im Gedächtnis vergrabene Substanz kann wieder zum Vorschein kommen, sie erscheint wieder und verewigt sich beim Zuhören – und zwar gewaltsam. Das heißt, sie ist vom Gedächtnis unterschieden, sie stellt sich ihm entgegen. Sie verkörpert das ‚andere': was man hört, kommt aus einer anderen Quelle, ist nicht assimilierbar, tut dem Hörenden Gewalt an.

Ziehen wir hier die Parallele, die sich aufdrängt. In mehreren Sequenzen seines Werks hat Michel Leiris[77] die Bedeutungen eines Apparates zurückverfolgt, den er ‚Graphophon' nennt: dieses Instrument des Vaters dient der mechanischen Reproduktion von Tönen. Kontrapunktisch zu einem chirurgischen Eingriff im Hals empfindet das Kind (und damit der Autor) diese Reproduktion – metaphorisch oder nicht – als Exzeß, als Vergewaltigung. Es ist also eine Aggression im Spiel, ein Ausschaben, dessen Zweck es war, parasitäre Wucherungen zu beseitigen, die im Körper des Subjekts, genauer: in seinem Hals angesiedelt waren (das Kind mußte sich einer Mandeloperation unterziehen). Die Operation sollte die Rettung des ‚Eigenen' sein, stellt sich jedoch als Beschädigung dar. Der beschriebene Apparat verweist auf das Zerbrechen der Einheit des Subjekts. Die Operation sollte dem Kind angeblich das ‚andere' nehmen und ihm dadurch seine Stimme zurückgeben, doch als es den Behandlungsraum des Chirurgen wieder verläßt, ist das Kind stumm. Von diesem Augenblick an vermittelt der Apparat ihm das Bewußtsein, daß der erwähnte Fremdkörper mich bezeichnet: *das ‚andere' ist eben jene Macht, aus der meine eigene Stimme hervorgeht.* Jarry wird von dem gleichen Mechanismus fasziniert; er weist darauf hin, daß der Apparat – wie seine Form deutlich macht – weiblich ist. Der Hörer aber ist – wie die Walzen, die er eingelegt hat, andeuten – männlich; was man in der Hand hält, ist ebenso Geschlechtsorgan wie Hörorgan (unten und oben sind die beiden fürs ‚Zuhören' geeigneten Stellen). Man sieht, in welchem Sinn hier der Gesang ‚trägt': durch die Wunde, die das ‚Eigene' erlitten hat, aus der es geboren wurde.

III. Die Figur des Phonographen geht ein in das Feld des ‚Imaginären' einer Epoche, zieht das ‚Begehren' und die Aufmerksamkeit auf sich. Nadar, der Photograph, der Fanatiker des visuellen und auditiven Abdrucks, legt davon Zeugnis ab: wir werden eines Tages sagen können – schreibt er –, daß wir den großen Augenblick erlebt haben: «heure extraordinaire où le phonographe allait faire passer de l'imaginaire au réel le fantastique chapitre de Rabelais, – cueillant et couchant synoptiquement et synacoustiquement sur le papier, sans besoin du dégel, toutes les paroles surprises au vol et figées en l'air par la congélation»[78]. Paradoxerweise verdeutlicht der besagte Apparat, der ja den Klang der Worte auf seinen Membranen festhält, daß der Sinn in Bewegung ist: er setzt die Sprache frei, indem er sie unabhängig macht von ihrem Träger, vom ‚Buchstaben'. Von nun an können Signifikate unmittelbar in das Gedächtnis gelangen. Damit ist endlich die wahre Mobilität der Bedeutungen erreicht: das ganze ‚ozeanische' Szenarium des hier gewählten Textes unterstützt dieses Faktum.

Ziehen wir eine weitere Parallele und wenden uns Charles Cros und seinem ‚Paläographen' zu[79]. Dieser Apparat dient ebenfalls allein der Reproduktion der menschlichen Stimme; er wird uns von seinem Erfinder vorgestellt in einer wissenschaftlichen Beschreibung, die sich des gleichen metaphorischen Feldes bedient: nämlich des

Körpers. (Sein Hauptbestandteil beispielsweise ist ein ‚Zeigefinger'.) Die Maschine wird also auch hier als Analogon der Geste und der ‚Umarmung' empfunden – genau wie bei Jarry. Doch dies ist nur ein Aspekt. Einerseits leistet die Maschine offensichtlich einer fixen Idee Vorschub (Charles Cros sucht beharrlich nach einer Möglichkeit, Farben wiederzugeben, und in einem berühmt gewordenen Text[80] erleben wir ihn bei dem Versuch, die Liebesintensität aufzuzeichnen), andererseits ist sie Ausdruck eines Scheiterns (dem Erfinder gelingt es nicht, sie zu verwirklichen – Edison kommt ihm zuvor; die Liebende, die er für sein Experiment ausersehen hatte, macht ihn lächerlich). Es hat den Anschein, als würden diesem Apparat ein schuldhaftes Wissen und ein schuldhaftes Gedächtnis, eine schuldhafte Objektivität zugeschrieben, als würde er sich einem Verbot widersetzen: „Du sollst nicht zurückblicken!" wird Orpheus eingeschärft, und das, was er wiederfindet, indem er zurückblickt, stirbt. Jarry macht umgekehrt die Wiederbelebung der Sirene von der schmerzlichen Erstarrung des ‚Geliebten' abhängig. Umgekehrt, weil sie es ist, die singt. Der Schmerz jedoch ist der gleiche.

IV. Eine vierte Parallele muß in diesem Zusammenhang erwähnt werden: *La Mort et le Coquillage,* eine kurze Erzählung Maurice Renards aus dem Jahre 1907[81]. (Erst auf Umwegen werden die Mikroverfahren eines Textes spürbar: je mehr Vergleichspunkte gegeben sind, desto eher kann der Sinn eines Textes wirklich erfaßt werden.) Wir haben es hier mit der sukzessiven Darstellung zweier Hörvorgänge zu tun: ein melancholischer Musiker vernimmt über einen Phonographen die ‚lebende' Stimme seiner verstorbenen Freunde und wendet dann schließlich seine Aufmerksamkeit dem zu, «ce que dit la bouche d'une conque» (sic)[82]. Verzweifelnd kommt er dabei zu der Einsicht, daß es ihm nicht möglich sein wird, das Wahrgenommene in eine musikalische Notation zu übertragen. Was gibt der Phonograph (der auch in diesem Text als ‚Graphophon' bezeichnet wird) wieder? – Die Stimme aus dem Grab. Was gibt die Muschel wieder «avec les lèvres roses de sa valve»? – Die Agonie der Molluske, die sie hervorgebracht hat. Was macht die Musik? – Es gelingt ihr nicht, ‚dies' auszudrücken; und ‚dies' ist „la divine clameur sexuelle": «No m'arracha la conque miraculeuse, et courut au piano. Longtemps il essaya de noter la divine clameur sexuelle. A deux heures du matin, il y renonça. La chambre était jonchée de feuillets noircis et déchirés. – Tu vois, tu vois, – me dit-il, – je ne peux même pas transcrire le chœur sous la dictée! ... Il regagna son fauteuil, écoutant, malgré tous mes efforts, le pæan venimeux. Vers quatre heures, il se mit à trembler. Je le suppliai de se reposer. I secoua la tête, et parut se pencher au-dessus du gouffre invisible. A cinq heures et demie, il tomba, le front sur le marbre du foyer, – mort. Le coquillage se brisa en mille parcelles.» Das ‚melodische Gift' („poison mélodique") hat sein Werk getan. Wie heißt die Person, die an der Stimme zugrunde geht? – Nerval: der Grottenmann, der Sirenenmann[83]. Der Gesang geht hervor aus der Begegnung mit dem Geschlecht. Es ist der Gesang der Substanz, der Gesang des ‚Eigenen' und damit des Todes.

V. Wir fassen das bisher Gesagte zusammen und applizieren es auf den Text. Der Phonograph repräsentiert das unveränderliche Gedächtnis, dessen zwanghaften Mechanismus man beliebig auslösen kann mittels der Stimme, die es in mir trifft: das ‚andere' drückt mich aus in der Gewalt, die es mir antut.

VI. Der Phonograph repräsentiert die Leidenswerkzeuge so, wie die Passion im Gedächtniskörper entsteht. Alles ist außen, alles ist tief drinnen: es ist ein ‚Aufwachen'.

VII. Im Phonographen entsteht Liebe aus dem Austausch der männlichen und weiblichen Körperfunktionen.

VIII. Im Spiel sind drei Personen mit zwei Geschlechtern. Die Identität wird durch Zeichen geschaffen, die eine restaurierte Stimme denotiert. Unter dem Zwang der ‚Frau' ‚singt' der ‚Mann', doch seine Stimme, die seine Vollendung bedeutet, ist auch sein Tod.

IX. Der Phonograph ist etwas Mechanisches. Das Schreiben bringt die automatische Stimme der Körper zum Vorschein.

X. Der Dritte im Bunde ist der Zuschauer: er ist die Ursache des Gesangs, den *Sie* aus *Ihm* hervorlockt, er verschmilzt mit diesem Gesang beim Hören. Aber er löst sich auch wieder von ihm (im Text wird dies verdeutlicht durch die Umstände des ‚Umzugs'): er setzt den Mechanismus in Gang – oder auch nicht. Dies ist ein Faktum, aus dem man die Konsequenzen zu ziehen verstehen muß.

8. Vorbemerkung zu einem Schlußwort: «Prologue de conclusion»

Man soll nicht unbedingt zu einem Schluß kommen, denn man sollte nicht mehr ausdrücken wollen als unser Autor. Es wäre im übrigen auch nicht legitim, alles zu sagen; ein Text verlangt einen Rest und die Analyse die Unvollständigkeit – sofern sie nicht Substitut ihres Objekts sein will. Daher dieser Mittelweg: einerseits haben wir versucht, die Grundlagen der Mechanismen zu erhellen, die in dem gewählten Text zum Tragen kommen, andererseits haben wir darauf verzichtet, hier wiederzugeben, was sie – einmal in Gang gesetzt – notwendigerweise nach sich ziehen müßten. Angesichts der Komplexität der Schreibweise Jarrys wird man die Frage stellen, ob der Weg, den dieser Autor gewählt hat, nicht aporetisch, nur an seine Person gebunden ist und mit ihm zu Ende geht. Mir scheint, daß dies nicht der Fall ist. Cros, Renard, Leiris und einige andere mehr haben uns die Sicherheit geben können, daß sein Weg nicht unbedingt verfehlt war. Die Details, die im Verlauf dieser Arbeit aufgezeigt werden konnten, möge man sich noch einmal kurz vergegenwärtigen. Wir haben gesehen, daß die Kategorie der Negativität auf den Text Jarrys nicht anwendbar ist. Nicht zufällig liest man im Motto von *Ubu enchaîné* diese recht entschiedenen Worte des falschen Prometheus und wahren Usurpators: «Cornegidouille! nous n'aurons point tout démoli si nous ne démolissons même les ruines! Or je n'y vois d'autre moyen que d'en équilibrer de beaux édifices bien ordonnés»[84]. Auch die Kategorie der Destruktion greift nicht: Jarry macht Gebrauch von dem, was er auf den ersten Blick zu zerstören scheint: die französische Sprache kommt ihm zustatten, so wie sie ist, weil er sie sagen läßt, was er will. Jarry ist daher durchaus nicht inkompatibel mit anderen Formen von Literatur: er erhebt vielmehr ‚Anspruch' darauf, vollzieht sie (bis zur Vollstreckung). Ein weiteres Ergebnis: eine ‚Theorie' der ‚Avantgarde' erfordert eine andere, zweifellos wichtigere Theorie – die der Gemeinplätze, der gleichzeitigen Diskurse, jener Diskurse mithin, für die sie – aber nur von weitem gesehen – ein Gegengift zu sein scheint. Dichotomien bringen hier nichts ein: Jarrys Text enthält genau das, was er hinter sich läßt.

Das Werk Jarrys läßt eine ständige ‚Verschiebung' der Identitäten sinnfällig werden: der poetische Text besteht eben darin, das ‚Ich' zu spielen. Zu unserer Enttäuschung entfaltet das Werk einen Raum von konstanter, doch beweglicher Bedeutung. Man widersetzt sich der ‚Unlesbarkeit', die es produziert; man empfindet das Werk weder als zwanghaft noch als wundertätig[85]. Der Text Jarrys führt nicht in einen anderen Raum; er steckt diesen Raum sicher anders ab als traditionelle Texte, aber er behält ihn doch bei, er initiiert ein extensives Verständnis dieses Raums: «IL N'Y A QU'A REGARDER», schreibt er, «ET C'EST ECRIT DESSUS»[86]. Jarrys Text ist eine Anordnung, eine Multiplikation von Oberflächen; die phonographische Maschine hat ein helles Licht auf dieses Spiel geworfen. «La surface», schreibt Deleuze, «n'est ni active ni passive, elle est le produit des actions et des passions des corps mélangés. Il appartient à la surface de survoler son propre champ, impassible, indivisible»[87].

Jarry – läßt sich nicht situieren, nicht abgrenzen; es ist einfach Text. Er steckt mehr oder weniger in allem, was gesagt werden kann – ganz unmittelbar, an der Oberfläche. Man erfährt mehr darüber, als man am Anfang tatsächlich wissen wollte. Jarry? Ein Hang zum Individuellen, Persönlichen, Anarchophilen: Avantgarde – oder einfach Literatur.

Übersetzt von
Axel Hörning und Dieter Ingenschay

ANMERKUNGEN

1 Lewis Carroll (Humpty Dumpty in den Mund gelegt).

2 *Logique du sens,* Paris 1973, S. 28.

3 «Roland Barthes s'explique», in *Lire* (April 1979) S. 31.

4 Zur Begründung dieser Dominanzstruktur ist wiederholt Stellung bezogen worden. Vgl. zuletzt: F. Gaillard, «Au Nom de la loi: Lacan, Althusser et l'idéologie», in C. Duchet (Hg.), *Sociocritique,* Paris 1979, S. 11-24.

5 Verwiesen sei auf das ausgezeichnete Buch P. Boumards, *Les Gros Mots des enfants: caca, boudin, zizi!,* Paris 1979. Man findet dort – nicht ohne ein gewisses Vergnügen – das gesamte Grundinventar der ‚Überschreitung'.

6 Daher muß der politisch-literarische Weg in einer Sackgasse enden, daher seine Aporien und daher auch seine pessimistischen Tendenzen. R. Lourau gibt in seinem Buch *(Autodissolution des avant-gardes,* Paris 1980) eine recht gute Erklärung dafür.

7 Diese grobe soziologische Opposition müßte näher differenziert werden. Das Feld des ‚Imaginären' wird – abhängig von der geschichtlichen und kulturellen Orientierung des Subjekts – in jedem Fall vollständig und wirksam besetzt, selbst im Fall ‚niederer', populärer Literatur. Es ist mit Wahrscheinlichkeit davon auszugehen, daß das normierte ‚Simulakrum' auch denjenigen verführt, der sich vor ihm gefeit glaubt (vgl. dazu Verf., *Des Peurs,* ersch. demn., sowie Verf., «Esquisse d'une théorie des systèmes doxiques», in *Degrés* 24-25 (Winter 1980/81) d1-d23 und «Monomanie de la lecture I», in *Revue des sciences humaines* 177 (1980/81) S. 85-104.

8 Unter dem Begriff „conjoncture" (‚Konjunktur') – der sich im Französischen, anders als im modernen deutschen Sprachgebrauch, weitgehend seine ursprüngliche, allgemeine Bedeutung bewahrt hat – ist hier die aus dem Zu-

sammenspiel ihrer verschiedenen Faktoren hervorgehende soziokulturelle Gesamtsituation einer Zeit zu verstehen (d. Übers.).

9 Zum Zirkulieren der Inhalte im Feld des Literarischen vgl. Verf., *Production de l'intérêt romanesque I,* Den Haag/Paris 1973, S. 51 f. Zur Differenzierung der Konsumtionsebenen des Literarischen vgl. ebd. sowie die Aktualisierungen in «Le Roman de 1973», in *Rapports* 3 (1974) S. 81 f., und in «Méthode d'une recherche sur le roman», in *Recherches sur le roman I,* C.R.I.N., 1-2, Universität Groningen 1979, § 7.

10 Wir vertreten eine in gewisser Hinsicht gegenteilige These in «L'Intact: Jaques Rigaut – L'homme dans l'œuvre», erscheint in *Degrés* 26 (1981).

11 Das Abstecken von ‚Differenzen' nimmt einen großen Teil der Aktivitäten von Avantgardegruppen in Anspruch (vgl. R. Lourau, *Autodissolution des avant-gardes).* Jeder, der schreibt, schließt sich in dieser Hinsicht nicht nur in die ‚Rundgänge' einer schon bestehenden ‚Differenz' ein, sondern optiert für die *richtige* ‚Differenz' (die ‚Differenz' der ‚Differenz'). Die Abweichung kennt mithin keinen Ruhepunkt: die Norm stößt ab, aber der Ausdruck der Alterität, *sobald er existiert* und *sobald man über ihn verfügen kann,* ebenso . . .

12 Auf dem Kunstmarkt – schreibt E. Sanguinetti («Sociologie de l'avant-garde», in *Littérature et société – Problèmes de méthodologie en sociologie de la littérature,* Brüssel 1967, S. 11-18 und Diskussion) – ist die Avantgardeliteratur gut angelegt.

13 Wir untersuchen diesen Zusammenhang im Detail anhand der philosophischen Probleme, die die Veröffentlichung der Schriften J. Rigauts beinhalten (vgl. «L'Intact»).

14 Man kann die Spuren dieser ‚Reprise' verfolgen, in unserem Aufsatz «Inventaire des avant-gardes», in *Rapports* 4 (1980) S. 162-174.

15 Man kann sich davon überzeugen etwa bei der Lektüre des kürzlich erschienenen Werks von P. Wald Lasowski, *Libertines,* Paris 1980.

16 Vgl. Verf., *Production de l'intérêt romanesque,* wo dies in einem größeren Zusammenhang dargestellt wird. Doch man kann geteilter Meinung sein. Wir gehen davon aus, daß die interne Parabolisierung des romanesken Textes einem starken Einfluß durch den begleitenden Diskurs der Epoche unterliegt, der seinen Gebrauch determiniert, ferner, daß die Mimesisdoktrin, der sich der Roman unterwirft, seine Anpassung an die Norm verstärkt. Aber wir weisen auch darauf hin, daß dies freilich nicht bedeutet, daß eine Annahme der Norm in der Lektüre nicht auch unterbleiben könnte.

17 Vgl. zur Bedeutung dieses Begriffs Rimbauds Forderung nach dem *„dérèglement de tous les sens"*, in *Œuvres complètes,* Paris (Bibliothèque de la Pléiade) 1972, S. 251 (d. Übers.).

18 Man vergleiche nur etwa P. Fournel, *Clefs pour la littérature potentielle,* Paris 1972; *La Littérature potentielle (Créations – Re-créations – Récréations),* Paris 1973; und zuletzt J. Bens (Hg.), *Oulipo 1960-1963,* Paris 1981. Auch die Analyse G. Genettes, «Jeux oulipiques», *Furor* 1 (1980), vermittelt in diesem Zusammenhang interessante Aufschlüsse.

19 Es gibt Ausnahmen, zum Beispiel die Arbeiten von M. Arrivé: *Les Langages de Jarry,* Paris 1972, und *Lire Jarry,* Paris 1976.

20 Anspielung auf Mallarmés programmatische Äußerungen in seinem «Avant-dire au 'Traité du Verbe' (de René Ghil)», in *Œuvres complètes,* Paris (Bibliothèque de la Pléiade) 1945, S. 857 f. (d. Übers.).

21 Bd. 1, Paris (Bibliothèque de la Pléiade) 1972 (im folgenden abgekürzt als *O. C. I*).

22 Vgl. Verf., «Jarry: l'entrée à la littérature», in *Rapports* 4 (1980), S. 145-149.

23 Abgedruckt im Anhang zu dieser Arbeit, vgl. S. 292 f.

24 «L'intertexte inconnu», in *Littérature* 41 (1981) S. 4-7.

25 Die Ausgabe bei Fasquelle (1932) bietet lediglich eine Annäherung an die ursprüngliche Textgestalt. Eine brauchbare Rekonstruktion findet sich in der Ausgabe der Bibliothèque de la Pléiade.

26 Allerdings nicht in der – sehr verbreiteten – Fasquelle-Ausgabe, die in dieser Hinsicht eine Verfälschung darstellt. Vgl. *O.C.*I, S. 169 und S. 1097 f.

27 Eine Beschreibung des Wappens findet sich in *O.C.*I, S. 1098.

28 Auf der Rückseite des Titelblattes vermerkt Jarry: «On prépare: *Eléments de pataphysique; César-Antechrist* (avec des endroits où tout sera par blason, et certains personnages doubles).» Vgl. *O.C.*I. S. 170.

29 Der Holzschnitt erscheint im Text vor *Guignol,* aus dem das Stück entnommen ist, das als Grundlage unserer Analyse dienen wird (vgl. *O.C.*I, S. 180).

30 In dem Sinn, wie J.-F. Lyotard *(Discours, Figure,* Paris 1971, S. 60-72 und passim) diesen Begriff verwendet.

31 Unter dem Begriff „lettre" (‚Buchstabe') sind hier die Kräfte zu verstehen, die der sprachlichen Form inhärent sind. Er bezeichnet einen Signifikanten, der aus sich heraus Sinn zu erzeugen vermag (d. Übers.).

32 Diese Feststellung ist bereits getroffen worden. M. Arrivé schreibt in seiner Einleitung zu *O.C.*I, S. XIV, Anm. 1: «Mais quels sont, chez Jarry, les textes 'poétiques'? Et les textes *non* 'poétiques'?»

33 *Antéfixe,* Paris 1978, S. 22.

34 Jarry erläutert seine Vorstellungen am Ende von *Linteau,* dem Vorwort des Buches.

35 *O.C.*I, S. 173.

36 *O.C.*I, S. 241.

37 Zur Bedeutung dieses Begriffs vgl. G. Bataille, «La Notion de dépense», in *La Part maudite – Précédé de La Notion de dépense,* Paris 1967, bes. S. 33 ff.: «Le principe de la perte» (d. Übers.).

38 *Tout Ubu,* Paris (Le Livre de Poche) 1962, S. 149.

39 *La Chandelle verte – Lumières sur les choses de ce temps,* Paris (Le Livre de Poche) 1969, S. 290.

40 Gemeint ist Joseph Prudhomme, eine Gestalt Henry Monniers, die als Inkarnation des bourgeoisen, philisterhaften Denkens angesehen werden kann und deren Sprache sich v. a. durch Gemeinplätze und eine absurde Metaphorik auszeichnet (d. Übers.).

41 *Tout Ubu* S. 83.

42 *Tout Ubu* S. 20 f.

43 O.C.I, S. 292.

44 O.C.I, S. 171.

45 O.C.I, S. 173.

46 Vgl. M. Arrivé, *Les Langages de Jarry* S. 60.

47 Vgl. «Le Drapeau», in *La Chandelle verte* S. 188-192.

48 Das Jarrysche Verfahren kann damit zu dem Roussels in Beziehung gesetzt werden – auch M. Arrivé *(Les Langages de Jarry,* S. 79, Anm. 108) stellt diesen Vergleich an –: ausgehend von zwei Homonymen, besteht die Erzählung in der Darstellung von deren Beziehungen – auf dem kürzesten oder längsten Weg – ganz nach Belieben.

49 Vgl. J. Starobinski, *Les Mots sous les mots – Les Anagrammes de Ferdinand de Saussure,* Paris 1971, S. 20 und S. 127.

50 Zitiert bei M. Arrivé, *Les Langages de Jarry* S. 83.

51 *La Chandelle verte* S. 229 f.

52 Vgl. M. Arrivé, *Lire Jarry* S. 85.

53 M. Arrivé veranschaulicht dies in *Les Langages de Jarry* S. 78, 80, 88, und in *Lire Jarry* S. 11.

54 O.C.I, S. 704. Jarry trifft sich hier mit Jacques Rigaut (einem der ‚kleinen' Surrealisten) – eine Beziehung, die nicht zu übersehen ist (ebensowenig wie die Gründe dafür). Vgl. dazu unsere Erläuterungen in «L'Intact», bes. § 10.

55 Vgl. H. Béhar, *Jarry – Le Monstre et la Marionette,* Paris 1973, S. 168.

56 O.C.I, S. 291.

57 Vgl. O.C.I, S. 165.

58 *Les Jours et les Nuits.* Auch D. Roche bemerkt in *Récits complets,* Paris 1963, S. 16 f. – wäre es möglich, daß wir hier *die* Konstante des Poetischen berührt haben? –: «il est un moment en toute poésie où l'on sent l'accélération nous gagner, où l'on tire de toutes ses forces sur les rênes (. . .). L'authenticité du poème, (. . .) ce serait une course à ciel ouvert».

59 O.C.I, S. 171.

60 O.C.I, S. 172.

61 Worte des Chores in «Haldernablou», O.C.I, S. 223.

62 *Tout Ubu* S. 495.

63 *Tout Ubu* S. 407.

64 Vgl. Verf., *«Thèses préparatoires sur les intertextes»*, in: *Dialogizität in Prozessen literarischer Kommunikation,* ersch. Konstanz 1981.

65 O.C.I, S. 172.

66 «Quelques-uns des mots qui jusqu'ici m'étaient mystérieusement interdits», in *Œuvres complètes,* Bd. 1, Paris (Bibliothèque de la Pléiade) 1968, S. 691-718.

67 Auch heute noch. Die Resonanz, die etwa das Werk C. Prigents erfahren hat – wie im übrigen auch dieses Werk selbst –, ist in dieser Hinsicht als typisch anzusehen.

68 O.C.I, S. 191.

69 «Tout ce qui rentre fait vendre!», sagt das Sprichwort. – Wir halten es für falsch, der gängigen Interpretation zu folgen, die Ubu als Allegorie der Entfremdungen hinstellt: das Ungeheuer oder das Böse, das Kapital, der ‚Prudhomme' – in jedem Fall: das Verabscheuungswürdige! – ist *nicht* das ‚Andere', sondern das *durch Superfetation entstandene ‚Selbst'* des Autors (des Subjekts): Jarry verurteilt seinen Helden nicht, er stellt ihn dar und stellt sich ‚durch ihn hindurch' dar. So ist auch die Jarrysche Skatologie weder Satire noch Regression: die idealistische und die psychoanalytische Interpretation müssen daher notwendigerweise den Text verfehlen (vgl. H. Béhar, a.a.O. S. 164).

70 Das eine kann für das andere einstehen: „cervelle" (‚Hirnmasse') ist die Substanz dessen, was im Französischen mit dem Begriff „cerveau" bezeichnet wird (das ‚Gehirn' als Sitz des Denkens u.d.h. als Prinzip der Moralisierung und damit der Differenzierung – d. Übers.). Vgl. dazu die Deutung von M. Arrivé in *Les Langages de Jarry* S. 195.

71 *César-Antechrist,* in: O.C.I, S. 304.

72 O.C.I, S. 172.

73 «L'homme est un inséparable de son œuvre», so die Theorie der Konvention (vgl. H. Béhar, a. a. O. S. 250).

74 «Phonographe», in *O.C.I,* S. 185-187. Der Text war – im gleichen Jahr wie das Buch («Les Minutes de sable mémorial») – schon getrennt erschienen in der Zeitschrift *Essais d'art libre.*

75 Durch M. Arrivé (in *Langages de Jarry)* – allerdings global (auf das Gesamtwerk bezogen) und vor allem auf Ubu appliziert.

76 Nach der Formulierung D. Holliers – und J. Mehlmanns – in "Why are we in America?", *Critique* 391 (Dezember 1979) S. 1041.

77 «Perséphone», «Gorge coupée» (in *La Règle du jeu*) und (an anderer Stelle in *L'Age d'homme*). Wir folgen hier in etwa der Deutung dieser Episoden bei D. Hollier und J. Mehlmann (a.a.O. S. 1045-1049), ohne jedoch die Identität dieses ‚anderen' auf der Ebene eines Pseudo-Lesers (der sich in den Autor eingeschlichen hätte) zu situieren.

78 *Quand j'étais photographe,* Paris o.J., S. 252.

79 1877. Die Beschreibung dieses Apparates findet sich in C. Cros/T. Corbière, *Œuvres complètes,* Paris (Bibliothèque de la Pléiade) 1970, S. 579-582.

80 «La Science de l'amour», ebd. S. 223-234.

81 Wiederabgedruckt in *L'Invitation à la peur,* Paris 1970, S. 67-72.

82 Anspielung auf Hugos Gedicht «Ce que dit la bouche d'ombre», in *Les Contemplations* (d. Übers.).

83 Vgl. dazu Nervals Gedicht «El Desdichado», in *Œuvres*, Bd. 1, Paris (Classiques Garnier) 1958, S. 693: «J'ai rêvé dans la grotte où nage la sirène . . .» (d. Übers.).

84 O.C.I, S. 427.

85 Vgl. dazu M. Arrivé (in *Lire Jarry* S. 80 und S. 83 und in *O.C.I*, S. 1096).

86 O.C.I, S. 173.

87 *Logique du sens* S. 168.

Anhang

Phonographe

La sirène minérale tient son bien-aimé par la tête, comme un page d'acier serre une robe. Le livre se ferme pour écraser les mouches, 8 nimbés de gaze, abat-jour de lampes charbonnées . Elle plaque ses mains estropiées d'un geste brusque sur la droite et la gauche de la tête de son amant passager, et elle ne le blesse point, la vieille amoureuse, ni ses griffes ne l'écorchent: comme au vent d'hiver les bouts de branches sèches, le temps les a déclouées de son souffle froid. Ses doigts ont roulé sur le sol en jeu de quilles; paralysés, organes rudimentaires, ils ont disparu; et comme aux chevaux depuis le déluge, un seul os coiffé d'un seul ongle. Elle ne le blesse point, la vieille amoureuse, ni ses griffes ne l'écorchent: son doigt unique, col de fémur dont un fourmilier a lapé la moelle, greffe son érection cordée aux tragus de l'écouteur. Sabot de cheval, bec d'éguisier, piaffe et farfouille aux tragus qui, pour le métal instillé, t'encorbellent cinq minutes: tes bourdonnements s'étouffent au cérumen dont tu t'es oint depuis des âges, copulant avec tout venant. Et les deux noires sangsues pendent aux oreilles de l'écouteur.

Ainsi elle le tient bien en face, la sirène minérale; et il doit voir ses yeux qui, si nous les voyions, nous paraîtraient . . . – Au-dessous d'un plafond vitré, dans une gare . . . Noires monères mobiles et cahotées, se creusent et cillent les orbites de la sirène minérale. Il doit voir ses yeux et la voir toute, sa tête de chaux blanche et si froide et ses deux uniques bras de poulpe noirs et si froids. O le chant des stalactites de cuivre appendues à son palais, et le bruit de fer rouillé du maxillaire inférieur qui se déclenche! O entendre le chant sublime de l'argonaute de porcelaine, que des déménageurs trop pressés ont laissée emplie de rouleaux fêlés de cordes de piano. La mandibule s'abaisse et se relève comme une touche, mais empêtre ses dents cassées au bris des cordes et des marteaux:

O ma tête, ma tête, ma tête – Toute blanche sous le ciel de soie! – Ils ont pris ma tête, ma tête – Et l'ont mise dans une boîte à thé!

O la canicule des laques! – Le caramel de mes bras flasques – Qui montent, montent hors des draps moites. – O me plonger dans la chair fraîche!

O ma tête, ma tête, ma tête! – Sois mon oreiller dans ma boîte. – Dedans – Mets ta chair fraîche pour mes dents. – Ma tête, hibou économe – A grapillé de la chair d'homme – Et l'a mise dans une boîte à thé.»

La vieille sirène tombée au fond d'un lac pétrificateur, le chant des vieilles sirènes que la cristallisation paralyse, éclate et s'embrase comme un peu de poudre au contact des deux charbons de cornue qui brûlent de notes lumineuses les tympans de l'écouteur. L'inanimé froid se réchauffe et redevient mobile au contact de la chaude cervelle, à travers les oreilles percées de clous. Voici que les paroles se dégèlent par les airs de la mer boréale. La vieille sirène n'était qu'en léthargie, pas tout à fait morte, car la mort se prouve à la rigueur sanglée des maxillaires. Lève-toi, abaisse-toi, mandibule et fais des croix de ton bâton de chef d'orchestre. Bien que tu sois femme, je vois sur le mur l'ombre de ta barbe, comme un arbre miré dans l'eau, comme un lichen sur une pierre, ou plutôt comme un varech soudé à la bâillante mandibule inférieure de la nacre d'une huitre perlière. Chantez, stalactites de cuivre, dans les cavernes sous-marines, rouillez vos cordes d'acier au sel de la mer. Chantez toujours, pour que celui qui vous écoute ne se détourne pas. Mais il ne de détournera pas: la sirène minérale tient son bien-aimé par la tête comme un page d'acier serre une robe.

Lucien Dällenbach

DAS BRUCHSTÜCK UND DER REIM

ZU APOLLINAIRES *LUNDI RUE CHRISTINE*, EINEM ANGEBLICHEN ‚KONVERSATIONSGEDICHT'

1. Eine ‚völlig neue Ästhetik'

Im Hinblick auf die Gedichte, die den ersten Teil von *Calligrammes (Ondes)* ausmachen sollten und die er gerade noch einmal gelesen hatte, schreibt Apollinaire am 30. Juli 1915 an Madeleine Fagès: „. . . die Verse, die ich im Anschluß an *Alcools* geschrieben habe, gefallen mir sehr gut (. . .). Sie gehorchen einer völlig neuen Ästhetik, deren treibende Kraft ich seither nicht mehr wiedergefunden habe"[1]. Was hat es mit dieser Ästhetik auf sich? Welchen Status soll man ihrer Neuheit zuerkennen? Dies sind die Fragen, die der vorliegende Beitrag zu beantworten sucht, wobei er ein Gedicht von 1913 zum Prüfstein nimmt, in dem Apollinaire sich, Breton zufolge, „als im höchsten Grade ‚modern'"[2] erweist, und das in der Tat – in unserem heutigen Verständnis – alle Symptome der Modernität aufweist: *Lundi rue Christine* (s. *Anhang*)[3].

2. Kräfteverhältnis

Da sich die Modernität eines Textes unter anderem nach dem mehr oder minder starken Widerstand bemißt, den er der unifikatorischen Absicht einer Lektüre entgegensetzt, die Geschlossenheit und Kohärenz zu ihren Grundpostulaten erhebt[4], wollen wir die Relation Text/Lektüre als ein Kräfteverhältnis bezeichnen und uns fragen, welche der beiden Kräfte die Oberhand behalten wird. Wenn der Homogenisierungsprozeß hier auf einen fragmentarischen Text trifft – anders gesagt, auf einen Text, der von seiner Beschaffenheit her von allen am besten geeignet ist, solchen Homogenisierungsversuchen entgegenzuarbeiten – wird es ihm dann gelingen, den zerstückelten Körper des Gedichts zusammenzuflicken, indem er seine *membra disiecta* in einem einheitlichen semantischen Feld versammelt? Oder aber wird er scheitern, wenn er an sich unvereinbare Bruchstücke in dasselbe ‚Bett' zu zwingen sucht, wo sie doch nur im Raum des Gedichts ‚zusammenhalten' und dort auch nur vermittels bloßer Juxtaposition? Eines ist sicher, gleich wie der Konflikt ausgeht: Allein das Fragmentarische bei Apollinaire kann die Unterscheidung treffen und gerade dadurch seine wahre Identität enthüllen: Je nachdem es der Lektüre die Möglichkeit nimmt oder läßt, auf der Basis des oder der Vereinheitlichungspole zu operieren – in dem Sinne, wie bei Lautréamont ein Operationstisch nötig ist, damit die Begegnung zwischen einem Regenschirm und einer Nähmaschine stattfinden kann – derer sie bedarf, um die disparaten Äußerungen des Gedichts am selben Ort (wieder) zu versammeln, wird es seinen irreduziblen (modernen) oder vorläufigen (der Einheit verschriebenen) Charakter zu erkennen geben.

3. Ein dreimaliges Distinguo

Es gibt in der Tat solche und solche Fragmente. Sofern man nur die wichtigsten Modalitäten, in denen das Fragment bis heute gedacht wurde, überprüft und sie – ausgehend von der spezifischen Beziehung oder der Beziehung der Nicht-Beziehung, die das Fragment mit der Totalität unterhält – zu systematisieren versucht[5], erhält man drei Definitionen, die das Problem, mit dem *Lundi rue Christine* uns konfrontiert, und die Implikationen dieser Konfrontation erhellen.

Die erste – klassische – Definition faßt das Fragment als Teil eines Ganzen auf, dessen Unversehrtheit nicht in Frage gestellt wird. In dem Maße, wie die Geschlossenheit des Ganzen erlaubt, durch ein entweder deduktives (vom Ganzen zum Teil) oder induktives (vom Teil zum Ganzen) Verfahren ohne Auflösung der Kontinuität und unterschiedslos von einem Begriff zum anderen zu gelangen, ignoriert diese Definition des Fragments die dem *fragmentum* inhärente ‚Fraktur' und verallgemeinert den Begriff in unzulässiger Weise, indem sie ihn seines charakteristischen Merkmals beraubt.

Die zweite – mittelalterliche und romantische – Definition betrachtet das Fragment als Teil eines metaphysisch oder chronologisch von ihm abgekoppelten Ganzen. Aufgrund dieses Auseinanderklaffens und der Differenz im ontologischen Status, die das Fragment für die beiden Terme des Begriffspaares (göttlich vs. menschlich, Präsenz vs. Absenz, real vs. irreal) mit sich bringt, ist es allein befähigt, das Ganze, von dem es abgetrennt ist, zu vergegenwärtigen, indem es durch Extrapolation oder Evokation eine Vorstellung oder ein Bild davon gibt. Das heißt, es funktioniert im höchsten Grade synekdochisch – das Fragment ist hier *pars pro toto* – und mithin ist das deduktive Verfahren a priori ausgeschlossen, da man, um das Ganze zu erhalten, notwendig vom Fragment ausgehen muß, das es vermittelt. Überdies tritt das Fragment, je nachdem, ob das Ganze, auf das es verweist, zu rekonstituieren oder zu konstituieren ist, in zwei verschiedene thematische Bereiche ein und hat Teil an zwei unterschiedlichen Welten des Imaginären: Im ersten Fall, wo die Perspektive archäologisch ist, gehört es der Erinnerung zu und erscheint metaphorisch als Rest, Rückstand, Überbleibsel, Bruchstück, Krümel, Ruine, Spur, Denkmal oder Puzzle-Teil; im zweiten, wo die Perspektive eschatologisch oder utopisch ist, dient es der Phantasie als Sprungbrett und erscheint als Köder oder ‚Keim des Zukünftigen'.

Die dritte – moderne – Definition begreift das Fragment als Stück eines unwahrscheinlichen, widersprüchlichen oder nicht (re-)konstituierbaren Ganzen. Nachdem sich die Kluft zwischen Fragment und Totalität hier als unüberbrückbar erweist, kann letztlich das Fragment weder als ‚Moment' in einen Totalisierungsprozeß eintreten, noch eine endgültig abgetrennte *Einheit* konstituieren (das Fragment gedacht als eine Insel des Sinns oder wie ‚eingeigelt'). Sobald es sich in sich zusammenkrümmte und sich selbst genügte in einer fraglosen Selbstgegenwart, würde es eo ipso eine verdichtete Totalität en miniature bilden, die es substantialisieren und in eine der *Kurzformen* wie den Aphorismus, die Maxime oder die Sentenz verwandeln würden; auf diese Weise verlöre es wiederum sein charakteristisches Merkmal, das in einer sowohl internen wie externen Disjunktion besteht. Das bedeutet, daß der ihm zugestandene definitorische Spielraum eng ist, und daß ein folgerichtiges Nachdenken über das Fragment sich nicht allein die Ontologisierung der Totalität, sondern auch des Fragments selbst zu verbieten hat – woher die bei Blanchot oder bei Deleuze-Guattari deutlich spürbare Schwierigkeit rührt, eine Vorstellung vom Fragment zu geben, ohne es zu kategorisieren oder zu theoretisieren, wie auch die ständige Versuchung für die Lektüre, es durch die Reduktion auf ein die Einheit nicht *übersteigendes* Fragment zu neutralisieren. In *Monsieur Teste* schreibt Valéry, der im Umgang mit dem Fragment so überaus erfahren war: „Die Zusammenhanglosigkeit einer Rede hängt vom Zuhörer ab. Der Geist scheint mir so beschaffen, daß er in sich nicht unzusammenhängend sein kann"[6]. Wenn es nun aber wahr ist, daß es kein bruchstückhaftes Verstehen gibt, und daß das Imaginäre immer zusammenflickt oder ergänzt, steht dann nicht zu befürchten, daß sogar noch Grenztexte vereinnahmt, das heißt gewaltsam harmonisiert werden können durch eine Lesearbeit, die im Zeichen der Vereinheitlichung steht? In *Le Pas au-delà* macht Maurice Blanchot kein Hehl aus dieser Gefahr: „Aber wenn schreiben bedeutet, singuläre Markierungspunkte (Fragmente) zu setzen, von denen aus sich Wegstrecken angeben lassen, ohne daß sie jene miteinander verbinden oder auch nur berühren, sondern so, wie wenn sie sie auseinanderrissen (. . .), dann besteht immerfort die Gefahr, daß die Lektüre – statt die Vielfalt der einander überkreuzenden Wegstrecken mit Leben zu füllen – von ihnen ausgehend eine neue Gesamtheit wiedererrichtet oder daß sie gar (was noch schlimmer ist) in der Welt der Präsenz oder des Sinnes danach sucht, welcher ergänzungsbedürftigen Wirklichkeit oder Gegenständlichkeit die leer verbleibenden Stellen dieses Raumes entsprechen, der sich als ein komplementärer gibt, aber als ein zu nichts komplementärer"[7].

4. Reduzierungsunternehmen

Daß die Gefahr, auf die Blanchot hinweist, besteht, und daß sie sich als beinahe unumgänglich erweist, davon legt die Rezeption unseres Gedichts bedauerlicherweise ein beredtes Zeugnis ab: Unter allen Interpreten von *Lundi rue Christine* ist unseres Wissens nur einer dieser Gefahr nicht erlegen[8]. Was die anderen angeht, so zeigen sie sich in ihrem Bestreben, so schnell wie möglich den Raum des Gedichtes zu verlassen, einmütig darin, den archimedischen Punkt, dessen die Lektüre bedarf, um ihren Hebel anzusetzen, symptomatischerweise in einem *Prä-Text* zu suchen – ‚der Welt der Präsenz und der Bedeutung', von der Blanchot spricht – oder in einem *Archi-Text* (verstanden, im Anschluß an Gérard Genette, als gesetzgebende Instanz). Entweder wird das Gedicht bereitwillig auf die Umstände seiner Genese bezogen (Apollinaire, der eines Tages, anläßlich eines Treffens mit Freunden in einem Bierlokal in der rue Christine, deren Gespräch ‚aufzeichnet', so wie er das und das Gespräch an dem und dem Tag in dem und dem Eisenbahnabteil mitstenographiert hatte[9]), oder es wird der Gattung oder Quasi-Gattung zugeschrieben, die dafür zuständig wäre: dem ‚Konversationsgedicht'. Konfrontiert man die Realität des Gedichts mit diesen beiden Erklärungstypen, so wird man sich überzeugen, daß es sich in beiden Fällen um einen Gewaltstreich handelt, um eine Operation, die geradezu auf Biegen und Brechen die Komplexität des Textes von außen zu reduzieren sucht. Das Bierlokal als die Stelle benennen, in der alle Äußerungen verankert sind, das heißt absichtlich die Verwischung der Grenzen zwischen innen und außen zu verkennen, die das Gedicht herbeiführt, heißt mit Argumenten bloßer Wahrscheinlichkeit regelrecht Gymnastik zu treiben, um nicht die Widerlegung bestimmter Behauptungen gewärtigen zu müssen (z. B. Vers 5, 26, 36), heißt über die Tatsache hinwegzugehen, die schon ausreicht, um die Hypothese vom ‚aufgezeichneten' Text, ja sogar die Bezeichnung des Gedichts als *Text,* im linguistischen Sinne des Begriffs, umzuwerfen, nämlich die Tatsache, daß es hier keine zwei Äußerungen mit demselben Referenten gibt; sich auf ein angebliches ‚Konversationsgedicht' berufen, wofür *Lundi rue Christine* übrigens als Modell gilt[10], das heißt den recht wenig *konversierenden* Charakter des Gelegenheits-Textes zu ignorieren (dieser, der ostentativ der definitorischen Kennzeichen der Konversation entbehrt, richtet sich nach keiner der „Maximen" von Grice: Es gibt weder Gesprächsthema(-en), noch eine Konvention über die Relevanz des Gesagten, noch Kooperationsprinzipien, weil die Zusammenhanglosigkeit der Äußerungen hier so weit geht, daß sie den Gedanken der Unterredung selbst untergräbt[11]), heißt nur eine Diskursmodalität zu sehen, wo mehrere sich vermischen (abgesehen von einigen adressierten Sprechakten besteht das Gedicht aus Äußerungen, die unabhängig vom verbalen Austausch sind (Auflistung der umgebenden Gegenstände) oder sein können (Meta-Konversation oder Sich-Einschalten des Autors, gedankliche Reflexionen etc.)), und erneut (wenn auch dieses Mal verstohlen) eine genealogisch bedingte Erklärung zu geben. Das heißt, daß die beiden von den Interpreten mehrheitlich durchgeführten Homogenisierungsversuche zuerst darauf abzielen, das Gedicht zu *integrieren,* indem sie seine Bruchstücke entweder als *Reste* einer vergangenen Einheit (sie wären also Fragmente eines Fragments des täglichen Lebens), oder als Muster einer abstrakten und zeitlosen Einheit (die Konversation als Diskurstyp und das ‚Konversationsgedicht' als Gattung) darstellen. Wenn ferner nichts erlaubt, dies als Argument zu verwenden, um zu insinuieren, daß die Lektüre der Nicht-Reduzierbarkeit des Apollinaireschen Fragments beigekommen ist, indem sie sich mit einem Fragmentarischen in ihrem Sinne, das heißt vereinbar mit ihrer Absicht, versehen hat, so darf man umgekehrt geltend machen, daß diese Reduktionen doch wohl nicht so nachdrücklich wären, wenn der Widerstand des Textes geringer wäre, und – was in unserem Zusammenhang noch wichtiger ist – daß die Nachdrücklichkeit hier im Dienste einer *Repragmatisierung* des Gedichts steht. Man wird in dieser Hinsicht feststellen, daß beide Interpretationsversuche in komplementärer Weise auf dasselbe Ziel hinarbeiten, da die erste die disparaten Äußerungen versammelt, indem sie ihnen einen *Sitz im Leben* zuweist, während die zweite, auf dem Umweg über den Rekurs auf die Gattung, darauf abzielt, das Gedicht zu norm(alis)ieren, indem sie weismacht, es wäre ein institutionalisierter Sprechakt und insofern abhängig von einer Lektürekonvention. Von da ist es nur ein Schritt zu der Behauptung, daß der hauptsächliche Stein des Anstoßes hier die Depragmatisierung des Gedichts ist, ein Schritt, den zu tun eine Rückkehr zum Text uns einlädt.

5. Funktion der Leerstellen

Betrachten wir die Leerstellen von *Lundi rue Christine*. Wenn man nur, mit Bezug auf die Semiotik von Peirce und Ch. Morris, zwischen *semantischen, syntaktischen* und *pragmatischen Leerstellen* unterscheidet und ihnen ein zunehmend größeres Gewicht zuspricht (da letztere, im Unterschied zu den beiden anderen, grundsätzlich nicht durch den Übergang auf eine höhere Ebene zu füllen sind) wird man zu folgender Beobachtung geführt: Man kann die semantischen Leerstellen hier keineswegs dadurch füllen, daß man sie einer hierarchisch höheren Ebene zuschlägt, sie sind vielmehr eine Folge der syntaktischen Leerstellen, die ihrerseits auf die pragmatischen Leerstellen zurückgehen, wobei diese letzteren die Erklärung für die Kette zurückbehalten. Denn wenn es unmöglich ist, zu erfahren, was semantisch korrekte und daher verständliche Sätze ‚bedeuten‘ (obgleich einige unter ihnen aufgrund des Fehlens der Interpunktion verschiedenen Interpretationen zugänglich sind, z. B. Vers 39), so einerseits, weil der Leser nicht über die notwendigen Informationen verfügt, um dieses Asemantem (Eigenname), jene Deixis oder jene Anapher zu beziehen, und andererseits, weil er es hier mit Äußerungen ohne thematischen Bezug zu tun hat, und selbst deren Abgrenzung problematisch ist, was, von Anfang an, jeden Versuch vergeblich macht, sie in stabilen Konstellationen anzuordnen und die angebliche Konversation über Begriffe des *verbalen Austausches* zu strukturieren (Frage-Antwort, Beteuerung-Bewertung[12]). Folglich steht es außer Zweifel, daß die semantische Unbestimmtheit und die syntaktische Ambiguität (thematische und syntagmatische Relation der Verse untereinander), die hier zutage treten, der paradoxen – und von der poetischen Tücke Apollinaires sicherlich kalkulierten – Tatsache zuzuschreiben sind, daß die meisten der betreffenden Äußerungen wie situierte Sprechakte erscheinen, was ein Pleonasmus wäre, wenn sie nicht gerade hier von ihrer Sprechsituation abgetrennt wären und durch eben diese Abtrennung ihren pragmatischen Bezug verloren hätten. Um auch nur annäherungsweise die Beantwortung der Frage „Wer spricht zu wem, in welchem Zusammenhang, mit welcher Absicht, und bis wohin?" zu erlauben, eine Frage, von der der illokutionäre Wert oder, wenn man so will, das Intendierte der Äußerungen[13] abhängt, hätte Apollinaire die außersprachlichen Faktoren, die in jeden mündlichen Kommunikationsprozeß eingehen, verbalisieren müssen (ein Problem, das sich ganz besonders bei Theatertexten stellt). Daraus, daß er augenscheinlich genau das vermeiden wollte, läßt sich schließen, daß eine Repragmatisierung des Gedichts hier das antipoetischste Verfahren darstellt, in eben dem Maße, wie *Lundi rue Christine* seine Poetizität gerade auf die Aufhebung des lebensweltlichen Ursprungskontextes gründet, den gewisse seiner Äußerungen suggerieren. Gleichwohl muß man sehen, daß damit noch längst nicht alles gelöst ist. Wenn diese Aufhebung des Kontexts (und die Überführung in einen anderen, poetischen Kontext, die sie zur Folge hat) aus unserem Gedicht ‚eine Art sprachliches ready-made'[14] macht und die Mukařovskysche Definition der ‚poetischen Funktion' exemplarisch bestätigt, so kann diese Definition selbst nur unsere Frage erneut stellen: Was bewirkt, sobald diese Äußerungen von jeder Verbindung mit einem externen Referenten und bestimmbaren Sprechern abgeschnitten sind, daß sie poetisch zusammenhalten – wenn sie zusammenhalten? Liegt es einzig an der Aufhebung des Kontextes, daß sie sich offensichtlich in derselben Lage befinden, daß sie einander äquivalent sind, und daß sie, durch eben diese Abstraktion konkret geworden, denselben Klang haben, eingetaucht in eine Traumatmosphäre, wo jeder Unterschied sich verwischt[15]? Liegt dieser Eindruck von Einheit und Irrealität, den man bei der Lektüre verspürt und woher sicher die unleugbare Faszinationskraft des Gedichts rührt, an einem *textuellen* Faktor der Vereinigung und der Kohäsion?

6. Der Titel – eine Lokalisierung?

Der Titel des Gedichts scheint auf jeden Fall diese Rolle zu übernehmen. Würde nur er allein sich anbieten, so stellte sich das Syntagma *Lundi rue Christine* von sich aus als gemeinsamer Nenner der Bruchstücke dar, über die es hinausragt und die es subsumieren will. Bleibt zu untersuchen, ob und in welchem Sinne sich die Lektüre seiner als Basis der Vereinheitlichung bedienen kann. Dazu wollen wir zunächst die Beziehung erhellen, die den Titel mit den Äußerungen verbindet, als deren Verbindung er wiederum angesehen wird. Diese Beziehung ist offensichtlich eine Beziehung der Spannung. Doch auf welcher Ebene wird sie wirksam? Die Entscheidung für die Ebene der Semantik würde auf die Annahme hinauslaufen, daß alle Äußerungen des Gedichts jene Realität oder jenen Aspekt der rue Christine zum Referenten haben, was die Tatsachen aus gutem Grund bestreiten, da die Absicht Apollinaires, wieder einmal, gerade dahingeht, zu zeigen, daß ein gegebener und genau lokalisierter Raum ein auf die unendlich bunte Welt von gestern, heute und morgen geöffnetes Fenster ist (vgl. die Insistenz der raumzeitlichen Angaben und ebenso die Motive der Abfahrt und der Reise), und daß eine Straße genügt, um die verschiedenen Register der Sprache aufzurufen, Literatur- und Umgangssprache eingeschlossen. Das heißt, daß die Einheit des Ortes und der Zeit hier dazu dient, die geographische, zeitliche und sprachliche Vielfalt kontrastiv hervortreten zu lassen, von der dieser Ort und diese Zeit selbst erfüllt sind[16], und daß die homogenisierende Kraft des Titels, wenn es sie überhaupt gibt, andernorts zu suchen ist. Nach dem, was von der Depragmatisierung, die das Gedicht vorführt, gesagt wurde, ist man geneigt, sie auf der Ebene der Sprechsituation zu suchen. Reicht nicht das Syntagma „Lundi rue Christine" aus, dadurch daß es die raumzeitlichen Koordinaten der Sprechsituation bewahrt (in Ermangelung der anderen Faktoren, die bei ihrer Bestimmung eine Rolle spielen), die verstreuten Fragmente dadurch zu versammeln, daß ihnen derselbe Ort und dieselbe Zeit der Äußerung als ihr Ursprung zugewiesen werden? Man könnte das sicher aufrechterhalten, wenn die Überschrift nach dem Beispiel von Briefen oder Theaterdidaskalien funktionieren würde. Doch ist das hier der Fall? Abgesehen davon, daß die Lokalisierung der Äußerungen (die übrigens nicht zwingend ist) deren diskursive Heterogenität keineswegs reduziert (z. B. Vers 10), so zwingt die Tatsache, daß allein die Erwähnung „lundi" kein Datum konstituiert und wie der Typus selbst der falschen Präzisierung erscheint[17], dazu, die in Aussicht gestellte Vereinheitlichung wieder in Zweifel zu ziehen. Denn in dem Maße, wie die zeitliche Markierung es erlaubt, den Montag, an dem die Äußerungen ausgesprochen wurden, werden oder werden sollen, auf die Vergangenheit, die Gegenwart oder die Zukunft zu beziehen, modifiziert die Gedichtaussage, je nachdem, ob sie eine Vorzeitigkeits- (berichtete Rede), Gleichzeitigkeits- (‚Stenogramm' oder unmittelbare Rede) oder Nachzeitigkeitsbeziehung (imaginäre Worte oder Gedanken, antizipatorisch wiedergegeben) darstellt, dementsprechend die Art der Äußerungen selbst: in den beiden ersten Fällen beanspruchen sie Realitätsstatus; im letzteren geben sie sich fiktiv und setzen eine andere Totalisierungs- und Integrationsinstanz voraus: die psychische Verfaßtheit des Autors. Wie sollte es folglich ihre Aufgabe sein, dem Leser die zeitliche Dimension aufzuzeigen, für die er sich entscheiden soll, da sie ja selbst abhängig von dieser Dimension variieren? Käme der Leser aus diesem Teufelskreis heraus, würde er übrigens sogleich mit einer anderen Aporie konfrontiert: Ob er sich für die Vergangenheit, die Gegenwart oder die Zukunft entscheidet, er wird unfehlbar auf Äußerungen stoßen, die dieser Perspektive widersprechen, seine Ausgangshypothese umwerfen, eine neue aufstellen, diese ebenfalls falsifizieren, und so fort. Man sollte sich also hüten, darin einen ‚Sinnvermittler' oder einen ‚zweiten Schöpfer'[18] zu sehen, dessen Aufgabe es wäre, den Text ausgehend von den Materialien, die dieser lediglich liefern würde, zu konstruieren und zum Sprechen zu bringen. Weit davon entfernt, eine Art *Kitt* zu sein, womit man die Elemente nach Belieben anordnen und totalisieren könnte, besteht die raffinierte Modernität von *Lundi rue Christine* darin, Teile verschiedener Puzzles vorzulegen und eben diese Tätigkeit der Anordnung und Totalisierung zurückzuweisen: Wenn der Leser die Leichtfertigkeit jener Patience-Liebhaber ablehnt, die sich von Spielbeginn an die Freiheit nehmen, soundso oft zu mogeln, so gelangt er notwendig zu dem Schluß, daß einer Homogenisierung, die sich auf den Titel beruft, hier keine Chance bleibt, und daß man das Mosaik letztendlich nicht zusammensetzen kann. Das heißt, daß das Gesicht zur Vereinheitlichung gleichzeitig einlädt und sie verweigert *(double-bind)*, daß es dazu führt, daß man ‚sich immer mehr verheddert' (Vers 17), und daß es sich aufgrund seiner konstitutiven Polyvalenz und seiner außerordentlichen Labilität weder für *eine* Lektüre, sei sie auch polysemisch, noch für ein Konzert komplementärer Lektüren eignet, da ja die zeitliche Pseudospezifizierung in dem Maße, wie sie die Sprechsituation mit einem aleatorischen und unentscheidbaren Zug versieht, nicht nur zur Folge hat, daß sie die seriellen Lektüren, zu denen sie den Auftakt gibt, inkompatibel macht, sondern überdies den Widerspruch in sie selbst hineinträgt, indem sie jeder von ihnen den Stempel der Inkonsistenz aufdrückt. Wie könnte die Interpretationshypothese unter diesen Umständen noch sachdienlich sein? Der Gang der Interpretation zielt sicher nicht notwendig auf die Sättigung des Textes: Sie findet sich sehr gut mit einem nicht-semantisierten Rest ab, sofern er die Stichhaltigkeit ihrer Lesart nicht wieder in Frage stellt. Doch findet ihre Gültigkeit nicht ihre Grenzen, wenn jede Lektüre, die mit Texteinheiten mit einem starken Unbestimmtheitskoeffizienten zu tun hat, überdies auf Äußerungen stößt, die sich bald separatistisch gebärden und den Sinnhorizont, den die Lektüre freigelegt zu haben glaubte, dementieren? Nun, wir wissen es: Die bloße Absicht reicht noch nicht aus, dem Sinn ein Schnippchen zu schlagen, ihm einen Strich durch die Rechnung zu machen. Wenn *Lundi rue Christine* bis zum Erweis des Gegenteils als fähig gelten muß, jede hermeneutische Annäherung abzuweisen und zu disqualifizieren, so verdankt sich das der Tatsache, daß diese, im vorliegenden Fall, nicht über eine bloße Inkohärenz stolpert, mit der sie leicht fertig würde und die im übrigen nicht in der Lage wäre, dem Gedicht ästhetische Prägnanz zu verleihen, sondern daß sie einer *strukturierten Inkohärenz* (oder *Diskohärenz)* ausgesetzt ist, die, insofern sie auf einer aporetischen Logik beruht, sich als die ideale Strategie erweist, um jeder gewaltsamen Sinnzuteilung entgegenzuwirken. Da die Rede von *ready-made* war, wird man also mit der nötigen Vorsicht sagen, daß diese besonders hinterhältige Lektüreprogrammierung in diesem Zusammenhang eher an die vielfältigen konfligierenden und nicht harmonisierbaren Perspektiven der kubistischen Gemälde zu erinnern scheint, und daß Apollinaire mit der Verbindung von Rohmaterial und logischen Paradoxa, von konkreten Realitätsfragmenten und (de)konstruktiver Ausrichtung im vorliegenden Fall ein perfektes literarisches Äquivalent zu den Collagen seines Freundes Picasso aus jener Zeit geschaffen hat.

7. Rahmenwirkung

Daraus, daß die Pluralität des Textes auf semantischer Ebene gewahrt bleibt, folgt nicht, daß eine Totalisierung auf einer anderen Ebene a priori unmöglich ist. Verrät nicht die Art, wie das Gedicht mit seinen Rändern umgeht (es ist gewiß kein Zufall, daß die ersten vier Verse die einzigen sind, die eine (in etwa) homogene Sequenz bilden, und daß die ‚gespannte Erwartung' der Klausel sie wie eine Fermate nachklingen läßt), wenn nicht ein formales Bedürfnis nach Abgeschlossenheit, so doch zumindest die Absicht, eine *Rahmenwirkung* hervorzurufen, die die verstreuten Bruchstücke von Äußerungen einigermaßen in sich einschließen soll? Wie dem auch sei, wenn das Gedicht zerbirst, so erinnert die Bezeichnung des Gedichts als *Kalligramm* rechtzeitig daran, daß dieses Zerbersten als ‚schön' betrachtet wird. Sollte es zur Apollinaireschen Ästhetik des Disparaten gehören, das Gedicht durch seine Musikalisierung zu vereinheitlichen?

8. Reim und Schein

Der letzte Vers, auf den wir soeben aufmerksam gemacht haben, erscheint unter diesem Blickwinkel näher betrachtet werden zu müssen. Die „quinte major", ein Begriff aus dem Kartenspiel, dessen musikalische Konnotation Apollinaire geschickt ausnützt, bezeichnet eine Folge von fünf Karten derselben Farbe, beginnend mit dem As, und evoziert darüber hinaus den Akkord und eines der größtmöglichen Intervalle zwischen den Noten. Liegt darin nicht das vollendete Emblem einer Poetik, die das *Spiel* (in jeder Bedeutung des Wortes) und den Reim, bzw. das Spiel mit dem Reim, zu ihren wesentlichen Attributen macht? Abgesehen davon, daß diese Hypothese zu der pfingstlichen Grundlage dieser Poetik paßt (wer Gedicht sagt, sagt hier ‚Turmbauten zu Babel, in Brücken umgewandelt' (*Verbindungsbrücken*), da der poetische Hauch dem Gedicht eine Gestalt gibt, indem er die dissonante Stimmenvielfalt zu einer höheren Harmonie verschmilzt[19]) und daß sie mit dem Harmonieideal übereinstimmt, das Apollinaire ebenfalls in den kubistischen Collagen sieht (wenn diese letzteren ihren eigenen internen Zusammenklang ausgehend von Dissonanzen schaffen, so weil die disparaten und in sich indifferenten Materialien des Bildes[20] in demselben ‚Licht' baden), wirkt sie um so verführerischer, als sie hier durch Vers 10 gestützt zu werden scheint, der durch seine isolierte Stellung besonders hervorgehoben ist. Sollten wir endlich mit diesen beiden Versen, die offensichtlich in dieselbe Richtung gehen, eine Gebrauchsanweisung in Händen halten, die erlauben würde, einen Text, dessen semantische Vereinheitlichung sich als unmöglich erwiesen hat, auf eigentlich poetische Weise (verbindend) zu lesen? Das würde voraussetzen, daß die Depragmatisierung, von der die Rede war, alle Äußerungen des Gedichts affiziert, jedoch nicht das Gedicht selbst als *poëtische Rede*, und daß Apollinaire, wiewohl er sich dagegen sperrt, die sprachlichen (Intonation etc.) und außersprachlichen Faktoren, die aus der mündlichen Kommunikation herausgefallen sind, zu verbalisieren, andererseits bereit war, den Preis für eine gewisse Lesbarkeit zu zahlen, indem er eine kompensatorische Metasprache in sein Gedicht integrierte, die die einem solchen Text gemäße Art der Lektüre spezifiziert. Nun ist dies eine Hypothese, die nicht mehr als die vorhergehenden einer Überprüfung standhält. Denn sie setzt voraus, daß Apollinaire der Sprecher dieser Verse ist oder, zuallermindest, sie als Autor verantwortet, was keineswegs erwiesen ist. Sie nimmt ferner an, daß die explizite Poetik Apollinaires eindeutig ist – was ein Problem für sich darstellt – und daß sie immer von ihrer realen Praxis Rechenschaft ablegt, was ja noch nicht sicher ist. Kurz, sie unterschätzt die Interpretationsschwierigkeiten, die durch die beiden Verse, auf die sie sich beruft, aufgeworfen werden und die beträchtlich sind. Gibt man sich also nicht etwas schnell mit dem Interpretationsangebot der Klausel zufrieden, wenn man sie, als verstünde es sich von selbst, für den Bereich der Musik vereinnahmt? Wenn die „quinte major" wirklich die Entsprechung zum royal flushing im Poker ist, und wenn, in einer archaischen und molieresken Bedeutung, der Begriff eine Backpfeife bezeichnet (was in ziemlich lustiger Weise darauf hinauslaufen würde, daß der Paraklet-Wind, wenigstens dies eine Mal, sich zum Inspirator einer Schock- und Überraschungsdichtung mausert, die Schlag auf Schlag verabreicht wird), so erscheint er vom musikalischen Gesichtspunkt aus wie Kauderwelsch und, selbst in seiner modernen Form, wie reiner Unsinn: Im Gegensatz zur ‚übermäßigen Quint' gibt es die ‚Dur-Quint' (*quinte majeure) in Wirklichkeit nicht, da ja die Unterscheidung Dur/Moll auf die Quint keine Anwendung findet . . . Das heißt, daß der Ausdruck nach dem Muster des Mallarméschen „ptyx" die Logik des Gedichts und durch eben seinen Mangel an Kongruenz die Unwahrscheinlichkeit seiner Harmonisierung emblematisch darstellt. Mehr noch, und um nur die Bedeutung des Begriffs im Kartenspiel zu betrachten: Nachdem der Littré die Quint als eine „Folge von fünf Karten derselben Farbe" und die „quinte major" als eine „mit dem As beginnende Quint" definiert hat, bietet er ungerührt die folgende zusätzliche Bedeutung an: „falsche Quint, fünf Karten derselben Farbe, die nicht aufeinanderfolgen". . . Alles spielt sich so ab, als ob Apollinaire, als er vor der Frage stand, wie er sein Gedicht enden lassen sollte, und im Bewußtsein der hermeneutischen Tragweite, die jeder letzte Vers annimmt, gleichzeitig ein abruptes Ende (das die Wirkung gehabt hätte, das Gedicht in eine äußere, verständlichere Einheit aufzulösen) und ein betontes und zu offensichtlich reflexives Ende (das den Text dazu geführt hätte, sich auf sich selbst zurückzubeugen und sich selbst als Einheit zu konstituieren) vermeiden wollte, um stattdessen ein absichtlich doppelsinniges Ende zu wählen, das sich ebensogut als Moral (aber welche?) interpretieren ließe, wie man auch sagen könnte, das Gedicht ‚gehe aus wie das Hornberger Schießen' – dies die einzige Art, das Geschlossene und das Offene zu versöhnen, zu beenden ohne abzuschließen, und bis zuletzt den Reiz zu bewahren, den das Gedicht gerade seiner Unbestimmtheit verdankt.

Bleibt noch Vers 10, dessen Bedeutung ebenso zentral wie die der Klausel scheint, und den die Lektürehypothese, der er angeblich als Bürge dient, ebenfalls in dem Sinn, der ihr paßt, beansprucht haben könnte: indem sie ihn seinerseits der Mehrdeutigkeit beraubt, was im vorliegenden Fall einen wahren Kraftakt bedeutet. Denn in diesem Vers stellen alle Wörter ein Problem dar; das beginnt schon mit „ça". Was kann wohl dessen Referent sein? Der vorhergehende Vers, der sich durch ein insistentes Alliterieren von *f* auszeichnet? Die neun ersten Verse? Aber diese reimen offensichtlich nicht, es sei denn (vielleicht?) man weitet die Bedeutung des Wortes Reim beträchtlich aus und läßt ihn, wie ein moderner Gebrauch es erlaubt, jede Art von Analogie bezeichnen. Durch das konjugierte Verbum kommt eine zusätzliche Schwierigkeit hinzu. Drückt es die Modalität des Scheins aus (heimlicher Vorbehalt: „aber in Wirklichkeit reimt es sich nicht") oder ist es als abgeschwächte Affirmation (vom Typus: „das beginnt sich zu reimen") zu verstehen? Man weiß nicht recht. Sicher ist dafür, daß die Aussage „das Gedicht reimt sich" den logischen Widerspruch und die Perspektivendoppelung in das Innere des Textes einführt: Wenn sie wahr ist, wird sie vom Gedicht bestritten, denn es reimt sich nicht; ist sie falsch, so gibt das Gedicht ihr recht, und zwar aus demselben Grund . . . Aber es wäre auch möglich, daß ‚sich reimen', ähnlich der Bedeutung, die es in dem Ausdruck ‚darauf kann man sich keinen Reim machen' annimmt, ganz einfach ‚gehen, funktionieren, Sinn haben' heißt und keineswegs auf jenen poetischen Reim verweist, den *Lundi rue Chris-*

tine nur zum Schein evoziert, da es den Wortwitz vom Typus „la patronne est poitrinaire" bevorzugt, der dem Reim gegenüber den Vorteil hat, daß er dem poetischen Geist erlaubt, zu wehen wo er will, sich über die Welt der Korrespondenzen lustig zu machen, Äußerungen und Begriffe auf die unvorhersehbarste und hinterhältigste Weise zusammenzurücken, deren fundamentale Heterogenität durch eben dieses Zusammenrücken deutlich wird[21] – kurz, dem Leser „künstlerische Eindrücke (zu verschaffen), die sich einzig und allein der Harmonie der verschiedenartigen Beleuchtung verdanken ..."[22], was auf der im eigentlichen Sinn musikalischen Ebene des Gedichts als die genaue Entsprechung dessen erscheint, was die Diskohärenz auf der logischen und der semantischen Ebene war.

Unter diesen Umständen gibt man besser zu, daß ein so ambiger Vers ein Schlüssel ist, der zu allen Türen paßt – außer zu der des Reims! –, und daß man sich Illusionen macht, wenn man einer trugbildhaften (bauernfängerischen) Äußerung den Wert eines Anhaltspunktes oder einer Richtschnur zuerkennen will, deren privilegierte Position nicht ausreicht, um aus ihr eine Verstehenshilfe zu machen, selbst wenn sie allen Anschein dazu gibt – was ebenfalls und vielleicht mehr noch, erinnern wir daran, für Vers 48 gilt. Jenes Axiom der Mengenlehre zu vergessen, wonach ein Element grundsätzlich nicht die Menge, deren echter Teil es ist, selbst enthalten kann, ist hier wiederum gleichbedeutend damit, in die Falle zu gehen, die das Gedicht dem Wunsch nach Vereinheitlichung stellt.

Was sich folglich am Ende unserer Analysen herausstellt, ist daß alle Totalisierungsangebote, ob semantisch oder eigentlich ästhetisch, ebensoviele Verführungen oder Köder für die Phantasie des Lesers sind. Man würde sich indes täuschen, wenn man annähme, das Gedicht betreibe zweckfreie Mystifikation. Würde der Leser, ließe er sich nicht gewinnen durch das, was ihm in Aussicht gestellt wird, jemals in das Textlabyrinth eindringen, wo er sich schließlich verirren muß[23]? Wenn also Totalisierungsversprechen und Reime nötig sind, um die Lektüre in Gang zu bringen und zu dynamisieren, so muß auch die durch diese Köder hergestellte und durch die ambigen Zaubertricks des Wortspiels unterhaltene Erwartung enttäuscht, umorientiert, neu hergestellt und wieder enttäuscht werden, damit die Suche andauert und sich auf poetischer Ebene hält, berauscht von den Relationen, die sie zum Vorschein zu bringen glaubt, und euphorisiert von ihrer Frustration selbst in dem Augenblick, wo diese Relationen sich allesamt als unbeständig und ephemer oder als ebenso zweifelhaft erweisen, wie die vom Wortwitz geknüpften und wieder gelösten Verbindungen. Anders gesagt: zu einem Text, der sich nicht vereindeutigen läßt, tritt die unendliche Lektüre und eine – selbstverständlich perverse – Lust am Text. Fügen wir hinzu, aber das dürfte klar geworden sein, daß, wenn die Lektüre hier kein Ende mehr findet, sie das der Tatsache verdankt, daß das Apollinairesche Fragment ein System und doch auch wieder kein System darstellt, daß es weder zusammenhält noch auseinanderfällt, kurz: daß es eine Einheit vortäuscht, ohne sich je mit etwas anderem zu mehr als zu einem Trugbild von Einheit zusammenzuschließen. Man hat also Grund zu der Annahme, daß eine ‚völlig neue Ästhetik', selbst nach Rimbaud und Mallarmé, kein leeres Wort ist, daß die poetische Praxis Apollinaires, wenn nicht seine Theorie, von einer auf andere Art radikalen Modernität sein kann, als die meisten Apollinairianer zu ahnen scheinen, und daß diese Praxis, so wie sie sich namentlich in *Lundi rue Christine* manifestiert, die These lügen straft, nach der die Literatur immer um einige Jahrfünfte hinter den Versuchen der Malerei der gleichen Zeit zurückbleibt[24].

9. Das Gedicht als Sympton

Was den historischen Status einer solchen Praxis anlangt, so ist er ambivalent, wie alles, was wir bis jetzt gesehen haben. Was sich, maskiert, hinter der Anonymität des Gedichts verbirgt, ist ein Fallensteller und Manipulator von Sprachen, der es in der Tat versteht, sich der Verantwortung zu entziehen, indem er sich als Sprecher nicht manifestiert und Rohmaterial aus erster und zweiter Hand verwendet und damit gleichzeitig um so eindringlicher seine Begabung im Zusammenbasteln von Aporien, das heißt von ‚sprachlichen Querschlägern', die den etablierten Regeln und Konventionen nicht unterstehen, und im Erfinden von poetischen ‚Ungeraden' unter Beweis stellt. Ob dieser Status der Kunst (des Künstlers), der sicherlich ‚zum gegenwärtigen Zeitpunkt' nicht umrissen werden kann, sich als Rückzugsposition (allein das Alltägliche bleibt übrig, seit die ‚große Dichtung' den Horizont des Möglichen verlassen hat) oder als Spitzenposition (die Poesie weitet ihr Reich aus, da es keinen ihr vorbehaltenen Bereich mehr gibt) interpretieren läßt, auch dies gehört zu den Ambiguitäten der Moderne, deren Wirkungen sich ebenfalls nicht totalisieren lassen dürften.

10. In (aller) Kürze
„Ça a l'air de rimer" . . .

(Übersetzung: Johanna Hodel, Elke Kaiser, Bernhard Teuber)

ANMERKUNGEN

1 G. Apollinaire, *Tendre comme le souvenir,* Paris 1952, S. 103.

2 A. Breton, *Entretiens avec André Parinaud,* Paris 1952, S. 36.

3 Was, geben wir es zu, bei den sechzehn in *Ondes* versammelten Texten bei Weitem nicht der Fall ist. Liest man *Un fantôme de nuées,* dieses gleichzeitig mit *Lundi rue Christine* entstandene Gedicht, so kann man sich überzeugen, daß diese Texte von einer sehr unterschiedlichen dichterischen Ader und von einer weitaus geringeren poetischen Gewagtheit sind. Damit ist eine bewußt partielle und parteiliche Wertung ausgesprochen, die sich auf den *besseren* Apollinaire bezieht – jedenfalls auf das, was die Produktion des Dichters an Radikalerem und sicher für den heutigen Leser Interessanterem anbietet.

4 Daß es andere Lektüretypen gibt und gegeben hat (die selektive, die wir üblicherweise betreiben; die *subtile* Montaignes und der Mystiker; die ‚allegorische' Walter Benjamins, die sich an Symptomen orientiert; die pluralische des Barthes von *S/Z* beispielsweise), das liegt auf der Hand und die Literaturtheorie müßte dem mehr Rechnung tragen, als sie es üblicherweise tut. Wenn im vorliegenden Fall die Lektüre als Tätigkeit des Verbindens und der Integration uns, als die einzige für unsere Absicht methodologisch geeignete erschienen ist, so weil eine fragmentarische Lektüre prinzipiell nicht gestatten kann, den sehr verschiedenen Widerstand zu prüfen, den die (zerstückelten oder geschlossenen) Texte der Einheit und der Ganzheit entgegensetzen, und weil es dieser Widerstand als ein Modernitätssymptom ist, um dessen Prüfung es uns gerade ging.

5 Zu den Modalitäten dieser Beziehung s. die in dem Band *Fragment und Tptalität* (Hgg. L. Dällenbach und Ch. L. Hart Nibbrig) zusammengestellten Beiträge, Frankfurt (erscheint demnächst).

6 P. Valéry, Monsieur Teste, in *Œuvres,* Paris 1966, Bd II, S. 22.

7 *Le pas au-delà,* Paris 1973, S. 74.

8 Nämlich Philippe Renaud, der in seiner *Lecture d'Apollinaire* (Lausanne [2]1976 ([1]1969), S. 314-324 et passim) unser Gedicht einer minuziösen und sehr erhellenden Analyse unterzieht. Er möge unseren Beitrag als dem seinen in Freundschaft und Verehrung gewidmet betrachten, den wir voraussetzen und den wir lediglich ins rechte Licht bringen wollen, indem wir ihn ein wenig weitertreiben.

9 Zum Stenotypisten Apollinaire vgl. Ph. Renaud, *op. cit.,* S. 258. Wir wenden uns den Quellen dieser Art von Erklärung zu und zitieren die Geschichte des Gedichts', so wie sie Jacques Dyssord erzählt (vgl. die Anmerkungen in der Pléiade-Ausgabe der *Œuvres poétiques,* Paris 1956, S. 1074: „Die letzte Erinnerung, die ich an unsere Treffen mit Madsen und Apollinaire habe, ist ein Abend, den wir gegen Ende des Jahres 1913 in einem kleinen Café verbrachten, das Apollinaire in der rue Christine entdeckt hatte. Für den nächsten Tag stand meine Abreise nach Tunis bevor, und ich verabschiedete mich von meinen Freunden. Wir waren an jenem Abend die einzigen Gäste in dem kleinen Café. Eine Bedienung mit feuerroten Haaren und sommersprossigem Gesicht brachte uns in einem Raum, der in ein aquariumähnliches Licht getaucht war, zu trinken. Die Worte, die wir wechselten, finden sich in einem der schönsten Gedichte Apollinaires, das er mit rascher Feder auf dem Rand des Tisches niederschrieb. Mit ihrer Fermate leben sie weiter, so wie sie sind, in einem gleichsam von innen heraus erstrahlenden Mondlicht." Man sollte die Bedeutung dieses Zeugnisses nicht unterschätzen, da ihm die Ehre zukommt, fast ein halbes Jahrhundert hindurch die textuelle Realität des Gedichts verdunkelt zu haben.

10 So M. Décaudin in den Anmerkungen der Pléiade-Ausgabe, S. 1074. Hier die Autorität Apollinaires in Anspruch zu nehmen, der den Begriff gebildet und in Umlauf gebracht hat, heißt das nicht, die Interpretation auf eine Bezeichnung zu reduzieren, die selbst interpretationsbedürftig ist? Wenn wir mit der schlimmsten Hypothese annehmen, daß der Leser Apollinaire der erste war, der sein Gedicht reduziert und vereinheitlicht hat, sind wir dann auch schon gezwungen, ihm darin zu folgen?

11 Im Hinblick darauf sei betont, daß fast alle Äußerungen in *Lundi rue, Christine* die gewöhnliche Leistung vollbringen, sich dreist über alle ‚Bedingungen zur Zufriedenstellung des Hörers' hinwegzusetzen, denen ein auf einen anderen bezogener Sprechakt untersteht, da auf der Ebene von Pragmatik, Illokution, Proposition und Thematik keine Äußerung mit der vorhergehenden verknüpft ist. Zu dieser Bedeutung der ‚Bedingungen zur Zufriedenstellung des Hörers' s. A. Auchlin und A. Zenone, „Conversations, actions, actes de langage: éléments d'un systeme d'analyse", in *Cahiers de linguistique française,* Universität Genf 1980, S. 64-69.

12 In dieser Hinsicht ist es hochinteressant, die Originalversion von *Lundi rue Christine* mit der zu vergleichen, die Éluard in *Les sentiers et les routes de la poésie* (*Œuvres complètes,* Paris 1968, S. 534-540) anbietet. Obwohl man hier die Gattung (Radiosendung) berücksichtigen muß, ist es symptomatisch, daß Éluards Bearbeitung oder Durchführung (im musikalischen Sinne des Begriffs) die Unbestimmtheit und den Mangel an Kontinuität im Gedicht soweit als möglich zu verringern sucht: Nicht genug damit, daß er den Sprecherbezug der Antworten wiederherstellt und ihnen wieder eine Stimme gibt, indem er die Intonation vorschreibt, die er in höchstem Grade psychologisiert (*schnell und vertraulich, sehr objektiv, dramatisch*); da er sich für die Montage entschieden hat, ordnet er die Äußerungen auch neu oder trennt sie, nach Wahrscheinlichkeitskriterien, wobei er durchaus bei Bedarf Regiean-

weisungen einschiebt (*heiter und dem Klappern von Untertassen ähnlich, laut, um jemanden zu rufen, bemüht, sich zu erinnern*), und zu einer regelrechten *Inszenierung* des Gedichts gelangt, das er nach dem Muster eines Theatertextes behandelt, in der steten Erwartung einer Kontextualisierung. Auf diese Weise illustriert er gekonnt sein Thema, nämlich ‚daß die Poesie sich im Leben findet' und ‚zu einer Belehrung über die Dinge wird' (S. 532) – was darauf hinausläuft, daß man sie als *natürlich* bezeichnet, und daß man, ausgehend vom Gedicht oder gegen es, wie man sagen könnte, leicht stilisiert den Abend, an den Jacques Dyssord erinnert, neu geschaffen hat. Ein solches Vorgehen zeigt überdies, daß eine Poesie der Evidenz, der ‚Leichtigkeit', des Fließenden, des verbalen Austauschs, die zur wahren Kommunikation hin tendiert, ihr Gegenstück nicht finden kann, ohne ihre zerbrochenen Formen neu zu ordnen und sie in den Strom der ‚ununterbrochenen Poesie' zu gießen.

13 „Es ist eine banale Feststellung, daß die meisten Sprechakte (vielleicht alle) unmöglich zu interpretieren sind, wenn man nur die Äußerung selbst kennt und nichts über die Situation weiß: Dann wird man nicht nur die Motive und Wirkungen des Sprechakts nicht erkennen können, sondern man wird vor allem (...) den eigentlichen Wert des Sprechakts nicht genau beschreiben können, nicht einmal die Information, die er übermittelt." In der Tat, die Kenntnis der Situation, in der etwas gesagt wird, ist notwendig a) „um den Referenten der verwendeten Ausdrücke zu bestimmen" (Deiktika, Eigennamen, Substantive mit bestimmtem Artikel); b) „um eine Wahl zwischen verschiedenen Interpretationsmöglichkeiten einer ambigen Äußerung treffen zu können"; c) „um das Wesen der betreffenden Sprachhandlung zu bestimmen"; d) „um den normalen oder anormalen Charakter eines Sprechakts zu bestimmen" (O. Ducrot, Tz. Todorov, *Dictionnaire encyclopédique des sciences du langage,* Paris 1972, Art. „Situation de discours", S. 417 f.).

14 Ph. Renaud, *op. cit.,* S. 320.

15 Wir werden später zeigen, daß der Traumcharakter des Gedichts, der zu Recht von mehreren Interpreten hervorgehoben wurde, auch daher rührt, daß der Text die Logik des Unbewußten imitiert, die, wie man weiß, keinen Widerspruch kennt. Sobald die Äußerungen, die an und für sich weder wahr noch falsch sind und dies einzig und allein im Verlauf eines spezifischen Sprechakts werden, aus ihrem Kontext herausgerissen sind, sind sie auf ihren Wahrheitsgehalt hin nicht mehr überprüfbar: Sie gehören der Fiktion zu und folglich einer poetischen oder verwandten Lesart.

16 Eine solche Beobachtung lädt dazu ein, *Lundi rue Christine* in einer anderen Perspektive als der unseren zu betrachten, nämlich das Gedicht einzuordnen in die Tradition der Großstadtbeschreibungen, von Boileaus *Satire VI* über die „Embarras de Paris" zu den „Cris de Paris" in *La Prisonnière* über den „Tableau de Paris" Sebastien Merciers, das Paris der *Comédie humaine,* das Baudelaires und Walter Benjamins, und jene „Cries of London", die, in den *Mémoires de Fanny Hill,* Apollinaire fasziniert haben (vgl. M. Butor, „Monument de rien pour Apollinaire", in *Répertoire III,* Paris 1968, S. 279). Unter diesem Blickwinkel kann und muß man *Lundi rue Christine* sicherlich interpretieren als einen Versuch, einen mit den verschiedensten Dingen angefüll-

ten Raum *paradoxerweise im Rekurs auf das Fragment* (aber schon Balzac . . .) zu totalisieren, einen Raum, der aufgrund der Simultaneität der verschiedenen Kontexte, die er anbietet, sich nicht mehr anders summieren läßt, da die Deskription und die Narrativisierung, die die ‚diskursive Vermittlung der Geschichte' erlaubt. Offensichtlich in keinem Verhältnis mehr zu der Komplexität eines solchen Gegenstandes stehen. Was nun aber an diesem Totalisierungsversuch überrascht und ihn beispielsweise von dem unterscheidet, den Balzac etwa 80 Jahre früher – erfolgreich – unternommen hatte, ist die Tatsache, daß die Kontexte, die den verschiedenen Fragmenten des Gedichts entsprechen, sich hier als nicht harmonisierbar und inkompatibel erweisen. Aber greifen wir nicht vor . . .

17 In diesem Zusammenhang ist hervorzuheben, daß Apollinaire eines der mitstenografierten Gespräche (veröffentlicht in den *Salons de Paris* von 1914) wie folgt betitelt: *Gespräch, stattgefunden an einem Sonntag in der 2. Klasse des Zuges Paris-Chelles (Abfahrt 11.41 Uhr, Ankunft 12.01 Uhr) zwischen einem Mann, seiner Frau und einem jungen Mann aus ihrem Bekanntenkreis.* Die Entscheidung, ‚an einem Sonntag' im Vagen zu lassen, während die anderen Informationselemente überdeterminiert sind, könnte an die Unbestimmtheit von ‚am Montag in der rue Christine' erinnern, wäre da nicht die Korrektur durch das Partizip der Vergangenheit, das dem Betitelten und dem Gespräch selbst einen unbestreitbaren temporalen und modalen Status zuweist: den von realen Äußerungen, die „unmittelbar" aufgeschnappt und ‚mit zeitlicher Verschiebung' wiedergegeben wurden.

18 Vgl. Ph. Renaud, *op. cit.*, S. 349.

19 Vgl. eben dazu die Untersuchung Karlheinz Stierles.

20 In diesem Zusammenhang scheint ein Abschnitt aus den *Peintres cubistes* sich genau auf ein Gedicht wie *Lundi rue Christine* zu beziehen: „Ich habe keine Angst vor der Kunst und keinerlei Vorurteil, was das Material der Maler angeht. Die Mosaikkünstler malen mit Marmor und farbigen Hölzern. Es geht die Rede von einem italienischen Maler, der mit Fäkalien malte; während der Französischen Revolution malte einer mit Blut. Man kann malen, womit man auch will, mit Pfeifen, Briefmarken, Post- oder Spielkarten, Kerzenleuchten, Wachstuchfetzen, mit abknöpfbaren Krägen, Tapeten, Zeitungen . . ." (*Les peintres cubistes*, Paris 1913, Neuausgabe 1965, S. 38).

21 Vgl. eben dazu den Beitrag Jacques Dubois', der den unseren in dieser Hinsicht voll und ganz bestätigt.

22 *Les peintres cubistes, op. cit.*, S. 18.

23 Dies ist ganz offensichtlich genau das Problem, das gewisse moderne Texte aufgeben, die noch einen Schritt weiter gehen und auf jegliche *captatio benevolentiae* verzichten. Rächt sich diese unnachgiebige Radikalität nicht durch die Demobilisierung des Lesers, der einem Text ja gerade einen Vertrauensvorschuß geben muß, um mit dem Lesen beginnen zu können?

24 Da *Zone* und *Nature morte à la Chaise cannée* beide von 1912 datieren, hat man einigen Grund dazu, in Picasso und *Apollinaire ex acquo* die beiden Er-

finder der modernen Collage zu sehen. Das erklärt, warum der Dichter einer der allerersten war, die (treffend) von der kubistischen Collage sprachen und die die außerordentliche Bedeutung dieser Innovation im Bereich der Malerei unterstrichen.

Lundi Rue Christine

La mère de la concierge et la concierge laisseront tout passer
Si tu es un homme tu m'accompagneras ce soir
Il suffirait qu'un type maintînt la porte cochère
Pendant que l'autre monterait

Trois becs de gaz allumés
La patronne est poitrinaire
Quand tu auras fini nous jouerons une partie de jacquet
Un chef d'orchestre qui a mal à la gorge
Quand tu viendras a Tunis je te ferai fumer du kief

Ça a l'air de rimer

Des piles de soucoupes des fleurs un calendrier
Pim pam pim
Je dois fiche près de 300 francs à ma probloque
Je préférerais me couper le parfaitement que de les lui donner.

Je partirait à 20 h. 27
Six glaces s'y dévisagent toujours
Je crois que nous allons nous embrouiller encore davantage

Cher monsieur
Vous êtes un mec à la mie de pain
Cette dame a le nez comme un ver solitaire
Louise à oublié sa fourrure
Moi je n'ai pas de fourrure et je n'ai pas froid
Le Danois fume sa cigarette en consultant l'horaire
Le chat noir traverse la brasserie

Ces crêpes étaient exquises
La fontaine coule
Robe noire comme ses ongles
C'est complètement impossible
Voici monsieur

La bague en malachite
Le sol est semé de sciure
Alors c'est vrai
La serveuse rousse a été enlevée par un libraire

Un journaliste que je connais d'ailleurs très vaguement

Ecoute Jacques c'est très sérieux ce que je vais te dire

Compagnie de navigation mixte

Il me dit monsieur voulez-vous voir ce que je peux
faire d'eaux fortes et de tableaux
Je n'ai qu'une petite bonne

Après déjeuner café du Luxembourg

Une fois là il me présente un gros bonhomme
Qui me dit
Ecoutez c'est charmant
A Smyrne à Naples en Tunisie
Mais nom de Dieu où est-ce

La dernière fois que j'ai été en Chine
C'est il y a huit ou neuf ans
L'Honneur tient souvent à l'heure que marque la pendule
La quinte major

Calligrammes (1913)

Jacques Dubois

ZUR POETIK DES ‚MOT D'ESPRIT' BEI APOLLINAIRE

Wir gehen von der Hypothese aus, daß jede Art von Lyrik, jede dichterische Bewegung die Prädominanz eines besonderen rhetorischen Registers einhält und sich aus diesem definieren läßt. So konstituiert zum Beispiel die Romantik, schematisierend gesehen, die Funktionsweise ihrer Texte um die Metapher. Die romantische Lyrik ist metaphernzentriert – mag dies auch nicht mit der gleichen Absolutheit für die dichterische Praxis wie für die Vorstellungen gelten, die man sich gewöhnlich davon macht. Unter dieser Orientierung wirkt sie eher wie Fortführung und Wiederbelebung denn wie Erneuerung, verhält sie sich doch als Erbin einer langen Tradition. Eine derartig beherrschende Stellung der Metapher anzunehmen heißt für uns weniger, die Frequenz einer verwendeten rhetorischen Figur aufzulisten, als vielmehr eine paraideologische Funktion zu erfassen. Unter diesem Blickwinkel erscheint die Metapher als Instrument einer Sinntransformation, das entscheidend die dichterische Wirkung besorgt, ob man diese nun auf Ambiguität oder Polysemie zurückführt. Zum einen betreiben Metapher und verwandte Figuren (Vergleich, Allegorie, etc.) die poetische Vermittlung. Zum anderen sind sie als kodifizierte Kennzeichen einer Gattung, als ideologisierte Embleme der dichterischen Form Legitimitätsträger. Das derartig auf der metaphorischen Substitution basierende romantische Modell hat ein ungemein dauerhaftes Muster geschaffen, da es noch heute für einige Gruppen von Literaturbenutzern fruchtbar ist. Das schließt nicht aus, daß im romantischen Textkorpus auch andere Figuren eine Rolle spielen und der Hauptfigur Konkurrenz machen. So läßt sich zum Beispiel feststellen, daß bei manchen Dichtern, insbesondere bei Baudelaire, das Oxymoron, verbunden mit dem Paradoxon, die Metapher noch zu überbieten versucht, allerdings stellt das Oxymoron bei Baudelaire die metaphorische Ordnung nicht eigentlich in Frage, sondern führt eher deren immanenten Prozeß zu einer Art Höhepunkt.

Mit dem Symbolismus wird diese herrschende Ordnung wieder fragwürdig. Dies ist einer der Aspekte jener ‚Revolution der dichterischen Sprache‘, die in Frankreich um 1880 statthat. Rhetorische Figuren, die bis dahin als untergeordnet oder wenig gebräuchlich galten, rücken nun in den Vordergrund und erlangen strukturierende Funktion. Dabei handelt es sich um eine manchmal gewaltsame, häufig radikale Gewichtsverlagerung im rhetorischen Bereich: man hat Hand an die Metapher gelegt. Das Verfahren war dabei jedoch nicht einheitlich: jeder Dichter ist seinen eigenen Weg gegangen und hat versucht, sein eigenes System durchzusetzen, und sei es, indem er die Metapher gegen sie selbst kehrte. An Mallarmé und Verlaine, an Corbière und Laforgue wäre genauer zu untersuchen, an welcher Stelle im Werk sich die rhetorische Neuerung konzentriert. Man müßte darüberhinaus betrachten, wie sich Formen, die in der Folge auftreten, in symbolistischer Lyrik auswirken.

Wenn gleichwohl ein gemeinsamer Schnittpunkt zwischen den unterschiedlichen symbolistischen Poetiken existiert, so liegt dieser in der Bedeutung, die das Spiel mit dem „signifiant“ gewinnt. Die rhetorische Krise jener Epoche ist eine Krise der Bezüge zwischen der semantischen und der lautlichen Ebene, letztere übernimmt nun in der Textproduktion eine wesentlich determinierendere Funktion. In diesem uns vertrauten Kontext ist eine Figur von besonderem Interesse: das Wortspiel. Es schien wie geschaffen, in den neuen Vermittlungsstrategien der symbolistischen Schule eine herausragende Stellung einzunehmen. Da es genau an der Gelenkstelle von „signifié“ und „signifiant“ angesiedelt ist, kann es auf metaphorischer Ebene mit der Metapher in Kontakt treten und sich zugleich von einem anderen Bezugspunkt her gegen sie richten. Als ‚calembour‘ trägt es andererseits eine kulturelle Bedeutung oder ein kulturelles Ethos, das ihn normalerweise als mit Dichtung unvereinbar erscheinen läßt. In diesem Sinne verdammt ihn Verlaine zusammen mit allen geistreichen Bemerkungen:

> Fuis du plus loin la Pointe assassine,
> L'Esprit cruel et le Rire impur,
> Qui font pleurer les yeux de l'Azur,
> Et tout cet ail de basse cuisine!
>
> *(Art poétique)*

Und deshalb tritt er in der zeitgenössischen Lyrik nur unter Vorbehalt auf. Zwar kommt er etwa in den *Amours jaunes* von Corbière häufig vor, aber eben vor allem als Mittel der Parodie und der Ironie, als feine Pointe eines verbalen Mordes und der Verspottung. Dadurch, daß der ‚calembour' auf diesen negativen Gebrauch eingeschränkt ist, bewahrt er seine witzige oder komische Bedeutung und setzt dadurch das romantische Modell herab. In der Dichtung Mallarmés, wo er uns seltener begegnet, hat er bereits anderweitige Aufgaben übernommen. Einmal tritt er relativ offensichtlich und betont auf – aber nur da, wo ihn die klassische Prosodie erlaubt und unter Kontrolle hat, das heißt im Reim; ein anderes Mal ist er verborgener und macht, nahe am lapsus linguae, eine Entschlüsselung notwendig, zum Beispiel derart, daß die erotische Lesart eines gegebenen Textes auf einer nicht-erotischen Isotopie aufbaut.

Erst zu Beginn des 20. Jahrhunderts kommt dem ‚jeu de mot' oder ‚calembour' bei einigen Schriftstellern eine zentralere Funktion zu – als Element der Subversion des Poetischen und zugleich als Figur einer Vermittlung. Einer dieser Schriftsteller und wohl der herausragendste ist Guillaume Apollinaire, den die vorliegende Arbeit unter diesem Gesichtspunkt behandeln will. Andere Namen könnten in diesem Zusammenhang genannt werden, wie zum Beispiel Max Jacob. Das Auftreten des Wortspiels in der Prosa derselben Epoche müßte ebenfalls in Betracht gezogen werden. Wir werden uns hier auf Apollinaire beschränken und seine Versuche in dieser Richtung als exemplarisch vorstellen.

Der ‚calembour' beim Dichter der *Alcools* ist schon zum Gegenstand der Untersuchung gemacht worden. Jean-Claude Chevalier hat ihm 1966 eine ganze Analyse gewidmet[1]. Er konnte zeigen, wie der ‚calembour' in verschiedenen Texten die Bedeutungen organisiert und eine generative Funktion ausübt. Nach seiner Auffassung kultiviert Apollinaire die Zufälle, die die Sprache bereithält, um das Wirkliche besser erforschen und beherrschen zu können – in Entsprechung zu bestimmten Verfahrensweisen kubistischer Maler, aber im Gegensatz zu Jacob oder zu Roussel, die Phantasmagorien oder phantastische Effekte erzeugen wollen. Einen Schritt weiter geht Lionel Duisit in einer neueren Arbeit, die er als „Theorie abwertender Modi"[2] vorstellt, obwohl er dabei nur kurz auf Apollinaire zu sprechen kommt[3]. Er stellt insbesondere Überlegungen hinsichtlich einer Veränderung des dichterischen Ethos an, die der Gebrauch geistreich-witziger Wendungen bewirkt. Ihm zufolge wird dabei der ‚calembour' auf literarischer Ebene sinn- und wertmäßig vereinnahmt, wobei er jedoch seinen geistreichen Charakter gänzlich beibehält. Dies erkläre seine in sprachlicher wie ideologischer Hinsicht subversive Macht, aber auch seine beschränkte Leistung bei der Erzeugung von Bedeutungen. Ich werde die Analyse ausführlich an der Stelle wiederaufnehmen, bis zu der sie L. Duisit geführt hat und dabei auf die Fragen und Wertungen zurückkommen müssen, die seine Arbeit aufwirft.

Bekanntlich wollte Apollinaire für und durch die Dichtung eine entschieden neue Sprache erfinden. Dieses Vorhaben nimmt im dichterischen Text selbst Gestalt an:

> O bouches l'homme est à la recherche d'un nouveau langage
> Auquel le grammairien d'aucune langue n'aura rien à dire.

«On veut de nouveaux sons de nouveaux sons de nouveaux sons», heißt es auch in *La Victoire*. Apollinaire geht nicht so weit, diese „nouveaux sons" wirklich zu schaffen. Seine Art, der Herrschaft des Zeichensystems auszuweichen, von seinen Abnutzungserscheinungen unbehelligt zu bleiben, ist eine andere: Er nützt die Schwachstellen des Sprachsystems aus, um sie im Text nach einem neuen Prinzip anzuordnen. Diesen Weg geht er in den Collagen vom Typ *Lundi rue Christine* oder *Les Fenêtres*: das Gedicht besteht aus kontextlosen Redefragmenten, aus Sprechhandlungstrümmern, also aus Kommunikationszufällen. Paradox daran ist, daß das Ungewöhnliche der Texteinheit hier von einer stereotypen oder banalen Äußerung ausgeht. Allerdings sind die Beziehungen zwischen den sprachlichen Einheiten ganz und gar unkonventionell; sie setzen einen originellen semantischen Prozeß in Gang. Eine andere Möglichkeit liegt in den unterschiedlichen Formen des Wortspiels. Von den Schwachstellen der Rede wendet sich der Dichter zu denjenigen des Zeichensystems. Da die Sprache Homonyme kennt, und da ein und dasselbe Wort höchst unterschiedliche Bedeutungen haben kann, mag auch der Dichter nach dem Vorbild des Humoristen mit diesen Unbestimmtheiten spielen und aus diesen Mißverständlichkeiten seinen Nutzen ziehen. Je nachdem kann er eine Mehrdeutigkeit oder eine Fehldeutung erzeugen, genauer gesagt: er kann sie unterstützen. Und in der Tat wird kein Grammatiker oder Philologe in irgendeiner Sprache etwas daran auszusetzen haben, da diese Experten zuständigkeitshalber nur da eingreifen, wo es möglich scheint, die Bedeutung festzumachen. Allenfalls mögen ihnen solche Abwendungen von einer Grundregel und solcher Sprachmißbrauch mißfallen (oder sie zum Lachen bringen), der sich als neue Sprache ausgibt.

Apollinaire ergreift also die Möglichkeit, Dysfunktionen zu funktionalisieren. Darüber hinaus paßt er sie in den dichterischen Sprachgebrauch ein. Das heißt nicht, daß er das Wortspiel in großem Stile verwendet; er begnügt sich damit, es hie und da einzusetzen, um die rhetorischen Grundlagen des Gedichts zu unterminieren. Ich will versuchen, dies herauszustellen, indem ich zunächst die Position dieser Figur, dann ihre Funktion und schließlich ihre Bedeutung in einigen Texten aus *Alcools* und *Calligrammes* untersuche.

1. Stellung und Charakter des Wortspiels (‚jeu de mot')

Zur Eingrenzung und Beschreibung des Wortspiels bei Apollinaire scheinen sich zwei Kriterien nahezulegen: 1. als ‚calembour' ist es unmittelbar lesbar (erkennbar) – oder nicht; 2. es beruht auf einer starken oder schwachen Homonymie (was in einigen Fällen darauf hinausläuft, daß es ganze lexikalische Einheiten umfaßt) – oder nicht.

Es wäre vergeblich, auf eine klare Unterteilung zwischen lesbaren und nicht lesbaren Wortspielen zu hoffen; alle Grade von Lesbarkeit scheinen – teilweise nebeneinander – vorzukommen. Als ein deutlich erkennbares Beispiel kann man zwei wohlbekannte Verse aus *La Tzigane* anführen, in denen eine leichte orthographische Abwandlung einer Form bei ihrer Wiederaufnahme einen klaren Hinweis auf den Spielcharakter darstellt. Es ist ein Kennzeichen vorhanden, das das Wortspiel (‚calembour') unmittelbar hervorspringen läßt (wir haben es also hier mit zwei Bedeutungen zu tun, die auch durch zwei Formen ausgedrückt werden):

> Nous lui dîmes adieu et puis
> De ce puits naquit l'Espérance[4]

Die verschiedenartigen Fälle scheinen sich unter zwei Tendenzen subsumieren zu lassen, die in ihrer relativen Gegensätzlichkeit die Problematik des Wortspiels bei diesem Dichter bereits erhellen. Die eine Richtung macht das Wortspiel nicht nur als solches offenkundig, sondern bezeichnet es dazu noch durch einen deutlichen textimmanenten Verweis auf die Redeinstanz, selbst wenn dieser Verweis indirekt vorgenommen wird. Das solchermaßen an seine Hervorbringung gebundene Wortspiel wird als Überraschungseffekt zugleich bewußt in Anspruch genommen und abgemildert. Dies zeigt sich in einer Strophe aus *L'Ermite*, wo die Mehrdeutigkeit in ihrer Eindringlichkeit fast überladen ist:

Les humains savent tant de jeux l'amour la mourre
L'amour jeu des nombrils ou jeu de la grande oie
La mourre jeu du nombre illusoire des doigts
Seigneur faites Seigneur qu'un jour je m'enamoure

Die andere Tendenz hingegen verleiht dem Wortspiel einen kryptischen Zug. Damit ein Doppelsinn entsteht, bedarf es einer Auslegung durch einen erfahrenen Leser. So zum Beispiel, wenn der Dichter mit einem Wort spielt, das sich auf Französisch und in einer anderen Sprache lesen läßt. In *Ibis* (aus *Le Bestiaire*) wird die Beziehung des rätselhaften vierten Verses zu den drei vorhergehenden erst vollständig deutlich, wenn man zwei der Ausdrücke aus dem Lateinischen übernimmt („ibis" = du wirst gehen; „Nil" = nihil = nichts)[5]:

Oui, j'irai dans l'ombre terreuse
O mort certaine, ainsi soit-il!
Latin mortel, parole affreuse,
Ibis, oiseau des bords du Nil.

Festzuhalten ist, daß die beiden Tendenzen in ein und demselben Kontext verbunden auftreten können. Es ist in gewisser Weise sogar denkbar, daß diese rhetorische Figur durch die Spannung zwischen zwei Deutungsmöglichkeiten, die ihren Spielcharakter unterstreicht, gleichzeitig demonstriert und verborgen wird. Schon in *Ibis* dient die Erwähnung des Lateinischen im dritten Vers als Hinweis, als Lektürefährte. Klarer wird es dann, wenn Apollinaire eine Dame aus Amsterdam *Rosemonde* nennt (im gleichnamigen Gedicht): der Kommentar, den er zu dem Beinamen („la Rose du Monde") gibt, läßt in der „bouche fleurie en Hollande", die dieser Person zugesprochen wird, das Ergebnis einer niederländischen Lesart von Rosemonde (‚roos – mond') erkennen.

All dies zeugt davon, daß das Wortspiel in der Poetik Apollinaires sowohl e n t - als auch v e r - hüllt werden muß. Zuallererst v e r - hüllt:

In gebräuchlicher Verwendung hat der ‚calembour' den Charakter einer rätselhaften Andeutung. Er eröffnet seinen Doppelsinn nur demjenigen, der damit etwas anzufangen weiß. Eine Dichtung, die darauf bedacht ist, ihre Bedeutungen zu verdunkeln, hat im ‚calembour' ein ausgezeichnetes Mittel der Verschlüsselung oder Chiffrierung ihrer Texte. Als Kreuzungspunkt zwischen semantischen Registern (zwischen Isotopien) spielt der ‚calembour' eine entscheidende Rolle beim Schreiben bzw. Lesen, wenn er die Rätselhaftigkeit des Textes auf sich konzentriert. – Aber er muß eben aus dem angedeuteten Grunde auch e n t - hüllt, offenbart werden: Da er immer Gefahr läuft, mit einer etwas gehaltlosen, ja trivialen Praktik verwechselt zu werden, vermittelt ihm der Dichter dadurch Würde und Ernst, daß er ihn ankündigt, motiviert und entfaltet, – vorausgesetzt er tut dies selbst in aller Ernsthaftigkeit. Hier wird die Gewichtsverlagerung des ‚calembour' von einer rein witzigen zu seiner lyrischen Verwendung schon erkennbar.

Die bisher zitierten Beispiele, insbesondere die doppelsinnigen Ausdrücke, beruhten auf deutlichen Homonymien. Das ist bei Apollinaire nicht immer der Fall. Häufig erscheinen unvollständige oder annähernde Lautähnlichkeiten. Auch diese ergeben einen Sinn, aber einen Sinn, den man als embryonal bezeichnen kann. So zum Beispiel in folgenden zwei Versen aus *Merlin et la vieille femme,* wo man eine Beziehung zwischen „amants" und „mains démentes" sowie zwischen „seul laps" und „entrelacs" unterscheiden kann:

> Puis les pâles amants joignant leurs mains démentes
> L'entrelacs de leurs doigts fut leur seul laps d'amour.

Auch hier sehen wir uns wieder zur Entschlüsselung aufgerufen, aber wir erfassen lediglich erratische Bedeutungsfragmente. Als Chiffre wird das Wortspiel uneindeutiger. Im Extremfall trifft man auf jene für Apollinaire typischen Zusammenfügungen von Ausdrücken mit ähnlicher Konsonanz, die durch eine (oder mehrere) wiederholte Silben aufeinander beziehbar werden:

> Mon automme éternelle ô ma saison mentale
> Les mains des amantes d' antan jonchent ton sol
> *(Signe)*

Natürlich kann man der Meinung sein, daß es sich in diesem Falle gar nicht mehr um einen ‚calembour' im eigentlichen Sinne handele, sondern daß dieser sich in einem beliebigen Spiel mit Worten, in einer bloßen Alliteration auflöse. Indes würde man dann die Zielsetzung der Dichtung, die uns gerade beschäftigt, aus den Augen verlieren. – Das Vorhandensein von unzweifelhaften ‚calembours' spornt den Leser an, versetzt ihn in eine Erwartungshaltung und veranlaßt ihn, jedem möglichen Doppelsinn nachzuspüren. Ist der Leser erst einmal von einer solchen Kontamination sensibilisiert, kann das schließlich zu einer Art von Manie führen, die ja gerade mit der Hervorbringung von Wortspielen verbunden ist. – Aber wenn das Gedicht aufgrund von partiellhomonymen Ausdrücken fortschreitet, so zeugt dies von einer besonderen Strategie der Schreibweise. Jean-Claude Chevalier weist darauf hin, daß in Apollinaires dichterischem Idiolekt Lautgruppen wie [mã], [ma], [mɛ] regelmäßig wiederkehren und gewisse Wörter in Beziehung zueinander setzen. Auf diese Weise gewinnt das Wortspiel eine neue Dimension, die über die Ebene des jeweiligen Kontextes hinausreicht und ein Beziehungsgeflecht auf der Ebene des Gesamtwerks knüpft. Chevalier beschreibt dies folgendermaßen: „Die außerordentliche Fülle an solchen Beziehungssystemen in der Dichtung Apollinaires bewirkt, daß sie sich in bedeutungstragenden Einheiten organisieren: die Silben verwandeln sich in Elemente [neuer] Wörter. Überraschend ist dabei, daß die Schlüsselwörter dazu tendieren, sich in matrixartige Einheiten einzugliedern"[6]. Ohne weiter in die Analyse dieses generativen Verfahrens eintreten zu wollen, das auch mit einer gewissen Verfestigung einhergeht, möchte ich lediglich festhalten, daß hier die Verwendung des ‚calembour' mehr oder weniger einen Charakter der Initiation annimmt. Um zum Beispiel den „joli mai" im Vers „Le pré est vénéneux mais joli en automne" wiedererkennen zu können, muß man vertraut sein im Umgang mit der Dichtung Apollinaires: Nicht jeder beliebige Leser ist in der Lage, dieses dichterische Ummodeln des Kalenders nachzuvollziehen.

Erkennt man hieran den Sprachschöpfer? Vielleicht nicht. Zum einen bleibt die eben erwähnte Systematisierung der Texteinheiten in einem anarchischen Stadium (es sei denn, man würde die Sprache eines Dichters mit ihrer Anarchie definieren). Zum anderen ist dieses Phänomen nicht von jenem „congé de sens" [‚Sinnfreiheit'] begleitet, den Barthes für die Schaffung einer Sprache als notwendig erachtet. Hier, in den Texten aus *Alcools* wie aus *Calligrammes* mit all ihren subjektiven und biographischen Rückständen, behält trotz allem die affektive Textur die Oberhand über die textseitige.

2. Textkohärenz und Beziehung Metapher – ‚calembour'

Der ‚calembour' trägt in den Textverlauf sowohl ein verzögerndes als auch ein bewegendes Element hinein und beschreibt so eine komplexe Figur – ist er doch der Wendepunkt, an dem ein Sinnzusammenhang unterbrochen und eine neue Sinnrichtung angezeigt wird.

Ganz besonders herausgehoben wird diese Unterbrechung, wenn der ‚calembour' in der Reimstelle steht, wo er durch die Wiederholung offen zutage tritt. In diesem Falle ist er wie jeder Reim ein Eckpfeiler des Gedichts, und zwar ein starker Eckpfeiler, weil er in den syntagmatischen Fluß eine paradigmatische Bresche schlägt. An diesem durch den lautlichen Sperriegel gebildeten Haltepunkt werden durch die Homonymie (mindestens zwei) Bedeutungen übereinander gelegt, und wenn die Lektüre dann die Mehrdeutigkeit entschlüsselt, findet sie auch Gefallen daran. Darauf deutet der launige Dichter hin, wenn er zweimal das gleiche, etwas gekünstelt wirkende, doch ganz gut passende Wortspiel in den Reim setzt:

Le cuisinier plume les oies
Ah! tombe neige
Tombe et que n' ai-je
Ma bien-aimée entre mes bras,
(La blanche neige)

Les brebis s' en vont dans la neige
Flocons de laine et ceux d' argent
Des soldats passent et que n' ai-je
Un cœur à moi ce cœur changeant
Changeant et puis encore que sais-je
(Marie)

Aber genau hier stößt man auch auf das bewegende Element, die Dispersion. Die überraschende Wiederkehr eines Substantivs in Form eines Verbalsyntagmas mit Inversion entspricht einer plötzlichen Gabelung des Sinnzusammenhanges: sie beeinträchtigt die Textkohärenz. Der Bruch ist umso bemerkenswerter, als er sich in der Konfrontation einer einleitenden, sehr harmonisch in den Sinnzusammenhang eingefügten Metapher mit dem diesen Zusammenhang sprengenden ‚calembour' vollzieht. Im übrigen ist dieser Bruch freilich harmlos, da er eine nur sehr begrenzte Polysemie erzeugt und da er semantische Register auseinander legt, die die Liebessymbolik seit langem zusammengefügt hat. Immerhin wird damit aber indirekt ein Modell von Sinnfügung unterstellt und propagiert, das an anderer Stelle eine radikalere Anwendung finden kann. In einigen Passagen der *Calligrammes* werden die meisten sprachlichen Übergänge durch Wortspiele vollzogen, bezogen auf die Kategorien des vorherrschenden logischen Modells der Textkohärenz wird hier die Abweichung zur Regel:

Envolez-vous essaims des avions blonds ainsi que des avettes
Moi l' horizon je fais la roue comme un grand Paon
Ecoutez les oracles qui avaient cessé
Le grand Pan est ressuscité
Champagne viril qui émoustille la Champagne
Hommes faits jeunes gens
Caméléon des auto-canons.
Et vous classe 16
(Chant de l'horizon en Champagne)

Bei einem Ausschnitt wie diesem, in dem die Sinneinheit zerbrochen ist, kann man kaum entscheiden, ob der ‚calembour' die Brüche verursacht oder ob er – als immerhin auffälligstes Band zwischen den Aussageteilen – einheitsstiftend wirkt. Dies gilt natürlich für die am stärksten von der semantischen und logischen Diskontinuität betroffenen Dichtungen. Das doppeldeutige Wort hat darin weniger die Funktion, den fortlaufenden Sinnzusammenhang zu stören, als vielmehr diesen wiederherzustellen – zumindest immer dann, wenn er über eine Metapher wieder neu zu gewinnen ist. Im Extremfall wird das doppeldeutige Wort zum einzigen gemeinsamen Nenner zwischen heterogenen Sinneinheiten. So zum Beispiel in jenem Gedicht aus *Alcools* („A la fin les mensonges ne me font plus peur"), in dem durch die zweimal auftretende Wendung „Toute la sainte journée" eine Isotopie aus dem Bereich des Alltäglichen mit einer aus dem Bereich des Religiösen gekreuzt wird, – mit all der ironischen Widersprüchlichkeit und emphatischen oder pathetischen Übereinstimmung, die dies mit sich bringen kann.

Jedenfalls macht in solchen Texten das Wortspiel der Metapher die dominierende Stellung im Zentrum der Vertextungsstrategien streitig. In der Mehrzahl der Fälle findet man die beiden rhetorischen Figuren in enger Verbindung.

Wir wollen noch kurz bei der Frage verweilen, was die beiden theoretisch unterscheidet. Beide weisen eine ähnliche Struktur auf, die die Terminologie der neuen Rhetorik als „suppressive-adjonctive" [‚weglassend-hinzufügend'] bezeichnet. Indessen funktionieren sie genau gegenläufig, da die Metapher auf einer partiellen Bedeutungsentsprechung zweier lautlich verschiedener Lexeme beruht, während der ‚calembour' eine semantische Differenzierung innerhalb eines und desselben Lexems bzw. zwischen zwei homonymen Lexemen aufdeckt. Nähert die Metapher die Bedeutungsebenen einander an, so läßt das Wortspiel sie auseinandertreten. Es handelt sich hier also um eine Opposition von Homologie – Differenz, die, was die Arbeit am Text betrifft, in Oppositionen wie „Konvergenz – Divergenz" oder gar „Präsenz – Absenz" übertragen werden kann. Vor diesem Hintergrund versteht man besser, warum der ‚calembour' in der Nähe der Collage anzusiedeln ist, insofern er zunächst einmal das semantisch nicht Zusammenhängende anordnet und das Kontinuum bricht. Dadurch daß das Wortspiel sich einem geordneten Sinnzusammenhang widersetzt, trägt es dazu bei, den Text zu entgrenzen und zeigt somit, auf andere Weise und vielleicht in höherem Maße als die Metapher, seine Zugehörigkeit zum Bereich der Wunschhaftigkeit, dem Wunsch, der aus etwas Entbehrtem kommt. ‚Mögen Gänsefedern und wollige Ringellocken immer Schneeflocken sein: warum habe ich nicht [„que n'ai-je . . ."] . . .'

Aber, wie erwähnt, bei Apollinaire kommt es nur gelegentlich vor, daß die eine rhetorische Figur die andere ersetzt. In langen Gedichten wie *Zone* oder *Vendémiaire* wirken sie zusammen. L. Duisit hat dies gut am Beispiel der Kernstelle von *Zone* („Pupille Christ de l'œil") aufgezeigt, wo die beiden Figuren auf beinahe unauflösbare Weise amalgamiert sind. Was ermöglicht eine derartige Symbiose, und welchen Zweck hat sie? Das Ende desselben Gedichts kann uns helfen, dies klarer zu sehen:

> Et tu bois cet alcool brûlant comme ta vie
> Ta vie que tu bois comme une eau-de-vie
> [. . .]
> Ils sont des Christ d'une autre forme et d'une autre croyance
> Ce sont les Christ inférieurs des obscures espérances
> Adieu Adieu
> Soleil cou coupé

In eine rudimentäre Syntax ist hier ein komplexes Beziehungsspiel eingelassen. Auf einer ersten Ebene durchzieht der Widerspruch alle Motive: er setzt Leben gegen Tod, Wasser gegen Feuer, Klarheit gegen Dunkelheit, Hoffnung gegen Verzicht, Aufstieg gegen Abstieg, etc. Aber dies alles bildete bloß eine Reihe von Gegensätzen mit geringer Dynamik, wenn nicht der ‚calembour' diese Gegensätze in ein dialektisches Verhältnis brächte. Wie man zu Beginn und am Ende des Auszugs sehen kann, ist er direkt in die metaphorische Figur eingefügt, wie um deren Sinn oder Tragweite zu unterlaufen. Im ersten Fall, wo er mit dem Wort „eau-de-vie" spielt, kehrt er den Vergleich zwischen Alkohol und Leben um und löst ihn in einer doppelsinnigen Tautologie auf (Alkohol = Leben, Leben = Alkohol); auf diese Weise konstituiert er mit der Metapher eine Figur, die die Ambivalenz des angedeuteten Zusammenhangs (Alkohol; belebende u n d tödliche Kraft) und seiner Konsequenzen aufweist. Im anderen Falle vereinfacht ein doppeltes Wortspiel, dessen symmetrische Struktur die Orientierung erleichtert, die Bedeutung der dichten Metapher „Soleil cou coupé", indem er sie zwischen zwei entgegengesetzten Bedeutungen ausspannt. Ein erster ‚calembour', der das Bild einführt und es gleichzeitig integriert, sagt „adieu à Dieu", – wobei dieser Gott sich auf die beiden Symbolträger Christus und die Sonne zugleich bezieht; ein zweiter ‚calembour' – „coucou" –, den man aus dem Bild herauslesen kann, kündigt im Gegensatz dazu eine Ankunft, ein glückhaftes Kommen an. Der Sinn des Ganzen, der auf diese Weise in der Schwebe gehalten wird, kann nur durch eine transzendierende Denkbewegung eingeholt werden. Es geht hier um etwas anderes als um konkurrierende rhetorische Formen, um etwas anderes auch als um die Überlagerung zweier Isotopien oder zweier Tonarten (einer pathetischen und einer komischen etwa). In der Linearität des Diskurses bildet sich eine Enklave, die eine andere Sinndimension sichtbar werden läßt. Sie verschiebt und verwirrt das klassische Verhältnis zwischen syntagmatischer und paradigmatischer Ebene. Hier läßt sich eine andere Art der Bedeutungsstrukturierung ahnen.

3. Funktion und Bedeutung des ‚mot d'esprit'

Nach diesen Erörterungen werden wir vielleicht eher in der Lage sein, den Status des ‚mot d'esprit' in Texten von Apollinaire zu beschreiben. Zu diesem Zwecke möchte ich meine Beobachtungen denjenigen von L. Duisit gegenüberstellen, womit ich gleichzeitig dartun will, daß es seiner Interpretation, auf welch annehmbare Art sie auch die Problemstellung umreißen mag, hinsichtlich der Apollinaireschen Verwendung des Wortspiels und dessen Möglichkeiten an Perspektive fehlt.

Folgt man diesem Autor, so hat der ‚mot d'esprit' in der Dichtung keinen wirklich autonomen Status, da er zum einen eine Symbiose mit der Metapher eingeht und zum anderen nur eine Verfahrensweise unter anderen, assoziativ funktionierenden Figuren darstellt. Diese Tatsache verhindere, daß er vollends zu einer produktiven und eigentlichen Figur werde. Der eingeschränkte Gebrauch, den Apollinaire davon macht, könnte diesen Standpunkt berechtigt erscheinen lassen. Aber wir sind auf jene Fälle gestoßen, in denen der ‚calembour' eine eigenständige Wirkung zeitigt und eine Gewichtsverlagerung im rhetorischen System ins Werk setzt. Er funktioniert dann wie die feststehende Formel und wie der Ausgangspunkt aller Arten von lautlichen Rekurrenzen. Bei Apollinaire ist jeder Reim, jede lautliche Entsprechung eine potentielle Homonymie und damit Anfang einer neuen Sinnlinie. Mehr noch: selbst wenn der Dichter die Möglichkeiten des ‚calembour' nicht voll ausschöpft und seine Mehrdeutigkeit nicht auf größere Textsequenzen ausdehnt, so verleiht er ihm doch mehr als einmal die Aufgabe der Vermittlung zwischen den unzusammenhängenden Segmenten eines diskontinuierlichen Textes, eines Collage-Gedichts. Im übrigen stimmt es natürlich, daß der ‚calembour' nur selten isoliert auftritt und häufig derart mit der Metapher amalgamiert ist, daß er diese gelegentlich „naturalisiert". Indessen – und dies hat L. Duisit zuwenig berücksichtigt – sind die beiden Figuren nicht aufeinander rückführbar, weil ihre Strukturen in funktionaler Opposition zueinander stehen. Die eindeutigsten Fälle haben uns gelehrt, daß der ‚calembour' weniger stützende oder stärkende als subversive Wirkung im Rahmen der metaphorischen Substitution zeigt. Er ist in einer Hinsicht, wie Duisit darlegt, eine parasitäre Figur, andererseits aber auch eine Figur, die die Metapher entstabilisiert, indem sie auf deren nicht-analogen Bedeutungselementen insistiert, auf der Ungewißheit oder dem Schwanken ihres Sinns. Eine Figur schließlich, die, weil sie eher das Arbiträre des sprachlichen Zeichens hervortreten läßt und damit spielt, auf die andere Figur und auf den Unterschied dazu verweist.

Aber nun zur zentralen These von Duisit, nach der die Einführung des Wortspiels in die Dichtung die Aufhebung eines alten ästhetischen

Tabus bedeutet. Aus Tradition und Konvention hat der Lyriker in der Tat wenig Affinität zum Lachen und vermeidet eine Aussageform, die dem Bereich des Scherzhaften und Witzigen zugeordnet ist. Der moderne Dichter jedoch lehnt sich gegen diese Zensur auf und macht das Wortspiel in seinem rhetorischen System heimisch. Welche Tragweite hat dieser Handstreich und unter welchen Bedingungen spielt er sich ab? Für Duisit bewahrt das Wortspiel, das sich auch in anderen Diskursen wie der Werbung ausbreitet, in der Dichtung seinen eigentümlichen Charakter, obwohl es gleichzeitig auf der literarischen Ebene zum Gegenstand zusätzlicher Sinngewinnung wird. Zu dieser Einschätzung sind Vorbehalte und Differenzierungen geltend zu machen. Es versteht sich nämlich nicht von selbst, daß die scherzhafte und komische Dimension des Wortspiels mit dem lyrischen Ethos so einfach vereinbar sei. Dies ist der Ort, sich die Freudsche Theorie des Witzes ins Gedächtnis zurückzurufen, auf die unser Autor übrigens Bezug nimmt. Für Freud hängt die Wirkung des Witzes, also das Lachen, von der Tatsache ab, daß die freiwerdende Energie nicht wieder für einen anderen, insbesondere nicht für einen anderen affektiven Zweck eingesetzt wird. Das gelungene Wortspiel löst einen psychischen Mechanismus aus, indem es die Aufmerksamkeit maximal bindet und sie daran hindert, sich auf den Vorgang selbst zu richten. Dies erklärt die Verwendung der kurzen Formel und der sprachlichen Ellipse, einer leicht verständlichen und doch rätselhaften Ausdrucksweise, etc. Da das Lachen den Ernst des Gesagten zerstört und seine Entfaltung abbricht, ist der ‚mot d'esprit' am besten für einen örtlich begrenzten Einsatz im Inneren des Diskurses geeignet. Auf den ersten Blick scheint der ‚calembour' also schlecht vereinbar mit bestimmten elementaren Erfordernissen des dichterischen Diskurses. Andererseits haben wir gesehen, daß das Wortspiel bei Apollinaire, selbst wenn es den Bruch eines Sinnverlaufs bedeutet und gerade weil es diesen Bruch bedeutet, sowohl zur Mehrdeutigkeit des Textes beiträgt als auch die affektive Symbolik des Textes neu belebt. Heißt dies, daß die geistreiche und komische Wirkung durch das Wiedereinbringen der psychischen Energie in die Entwicklung einer lyrischen Bewegung aufgefangen wird? Ich glaube, daß diese Wirkung gerade blockiert wird, zum einen weil der Kontext dies nicht erforderlich macht, zum anderen weil sie sogleich von einer andersartigen Wirkung überlagert wird. Indessen, und darauf kommt es an, wird der witzige oder komische Effekt nicht einfach ausgelöscht. Er bleibt als Anspielung oder als Implikation im Text präsent und sie beeinflußt in dieser Form den vorherrschenden pathetisch-lyrischen Eindruck. Man könnte sagen, der doppeldeutige Ausdruck wirke wie ein Hintergedanke, der dem Text eine Distanziertheit verleiht. Das Ende von *Zone* ist in dieser Hinsicht beispielhaft. Hier, auf dem pathetischen Höhepunkt, finden sich recht handfeste Wortspiele, die aber die emotionale Wirkung keineswegs untergraben, sondern sie in eine gewisse Distanz zum ‚leidenden' Subjekt rücken und sie dadurch entdramatisieren. Dies entspricht dem so eigentümlichen lyrischen Ton Apollinaires von ebenso ernstem wie leichtem, trostlosem wie lustigem Charakter, der den Leser in seinen Bann schlägt und ihn doch auf Distanz hält. Die lyrische Stimmung wird dadurch nicht im geringsten abgeschwächt; sie gewinnt vielmehr, wie wir sehen konnten, eine zusätzliche Dimension.

Zusammenfassend gesagt drückt sich die Veränderung des lyrischen Ethos aus in einer Umkehrung der Beziehungen zwischen zwei nebeneinander bestehenden Bedeutungsbereichen. Das Lyrische drängt das Komische zurück, aber löscht es nicht aus: das Wortspiel trägt noch die Spuren des ‚calembour'. Auch hier liegt wieder der Vergleich mit einem Dichter wie Corbière oder auch Laforgue nahe. Gebrauchen diese das Wortspiel, so vorwiegend als witzige Pirouette, die ein dennoch vorhandenes emotionales Potential unterdrückt. Apollinaire begründet tatsächlich ein neues poetologisches Register, in dem diese rhetorische Figur ihre Ambivalenz voll entfalten kann[7].

Wenn man dem Wortspiel eine lyrische Bedeutung einräumt, kann man Lionel Duisit auch in einem dritten Punkt nicht folgen. Seines Erachtens hat der ‚calembour' in der Dichtung subversiven Charakter, und Apollinaire führte ihn um des Skandals und des Protestes willen ein. Diese Ausdrucksform trivialer Herkunft trage – durch die allgemeine Einschätzung, mit der sie belastet ist, wie durch die irreführenden Weichenstellungen, mit denen sie das Textverständnis erschwert – den Keim der Auflösung in eine hohe Gattung. Duisit faßt seine Position wie folgt zusammen: „Das Spiel mit Worten, das schon im Verhältnis zur Sprache als System subversiven Charakter hat und sich von Geschmacksvorschriften emanzipiert hat, verstößt gerade wegen seiner unberechenbaren Implikationen zwangsläufig auch gegen andere Normen"[8]. Ich glaube nicht, daß man auf diese Weise Beziehungen zwischen der Strategie Apollinaires und der der Surrealisten herstellen und den Gebrauch des Wortspiels in eine typische Geste der Provokation umstilisieren kann. Wenn auch ich von Subversion gesprochen habe, so hinsichtlich der Verschiebungen und Umwertungen im rhetorischen System des Textes selbst. Die Sprach- und Geschmacksnormen scheinen mir hier nicht in Frage zu stehen, und dies obwohl der Dichter eine neue Sprechweise erschaffen will. Wenn man so will, und soweit man diese Dinge überhaupt zu würdigen vermag, haben wir es hier viel eher mit einer inneren Revolution des Systems der Ausdrucksmöglichkeiten als mit einem Angriff auf d i e Literatur oder d i e Dichtung zu tun. Was uns dies am nachhaltigsten zu versichern scheint, ist, daß Apollinaire selbst das Wortspiel immer irgendwie in seine lyrische Tonart und dichterischen Modus integriert.

Auf diese Weise bereichert der Dichter von *Alcools* das Repertoire der dichterischen Rhetorik. Dieser Zugewinn geht zurück auf eine Anleihe bei einem kulturellen Fundus, den man als alltäglich oder volkstümlich bezeichnen kann. Bemerkenswert an dieser von Apollinaire vorgenommenen Umwertung ist, daß er einer rhetorischen Figur, die weithin als spielerisch und scherzhaft eingeschätzt wird, Ernst und Würde beimißt. Ebenso gilt, daß diese Umwertung eine große Zukunft hatte, da später so voneinander entfernte Dichter wie J. Prévert und Fr. Ponge – ganz zu schweigen von einigen Jüngeren – den ‚calembour' zu einer Schlüsselfigur ihrer „rage de l'expression" machen und sich damit in die Nachfolge des „Mal-Aimé" stellen.

(Übersetzung: Paul Geyer)

Anmerkungen

1 J.-Cl. Chevalier: „La poésie d'Apollinaire et le calembour"; in *Europe* 451-452 (1966), S. 56-76.

2 L. Duisit, *Satire, parodie, calembour – Esquisse d'une théorie des modes dévalués*, Saratoga, Anma Libri, Stanford French and Italian Studies 1978.

3 Ibid., S. 113-121.

4 Diese Passage war jüngst Gegenstand eines Kommentars von P.-P. Gossiaux: „Clef de *La Tzigane* de G. Apollinaire"; in *Les Lettres Romanes* XXXIII (1979), S. 303-308.

5 Eine bemerkenswerte Interpretation dieses Vierzeilers wurde vorgelegt von A Capatti: „Il poeta e l'edipo – Procedimenti enimistici in Apollinaire"; in *Lectures* (Bari, Dedalo Libri) 3 (1979), S. 73-92.

6 „La poésie d'Apollinaire et le calembour", S. 70.

7 Die Beziehung zwischen begrifflicher Uneindeutigkeit und ‚klanglicher' oder ‚ästhetischer' Ambivalenz im dichterisch gebrauchten ‚calembour' verdiente noch eine eingehendere Untersuchung.

8 „Satire, parodie, calembour", S. 120.

Wolfgang Preisendanz

DIE PLURALISIERUNG DES MEDIUMS LYRIK BEIM FRÜHEN BRECHT

Wer immer es ist, den ihr sucht:
ich bin es nicht.
Bert Brecht

I

Lyrische Avantgarden des Jahrhundertbeginns, die Struktur der modernen Lyrik: das sind Aspekte, unter denen Brechts frühe – etwa vom Ende des Weltkriegs bis 1927, dem Erscheinungsjahr der *Hauspostille*, reichende – Lyrik am allerwenigsten erörtert wurde. Den Interessenschwerpunkt der Diskussion bilden bis heute die ideologischen Bedeutungen und Inhalte, die lyrische Widerspiegelung bzw. Implikation der sozialen Situation und des historischen Milieus, der soziopsychologische Kontext der Thematik. Dominant blieb dabei – auch wo die frühe Lyrik allein oder hauptsächlich thematisiert wurde – stets die Frage nach deren Verhältnis zur politischen, marxistisch engagierten Lyrik der Folgezeit, egal wie dieses Verhältnis interpretiert und bewertet ward; jedenfalls bildet die spätere Lyrik den Kontext auch der Konzentration auf die Frühlyrik (sie bildet den latenten Kontext selbst dort, wo die Interpretation einzelner kanonischer Frühgedichte deren ‚lyrische' Integrität zu erweisen suchte). Vor der expliziten oder impliziten Folie der politischen Lyrik fiel dann der Hauptakzent auf den Zusammenhang von Thematik und Weltbild insbesondere der 1927 in der *Hauspostille* veröffentlichten Gedichte: Vitalismus, Nihilismus, anarchischer Nihilismus sind die (hart umstrittenen) Prädikate dieses Weltbilds[1]; ihm gegenüber treten spezifisch literarische Klassifizierungsversuche auffällig zurück; auch wo etwa auf die Spuren des Expressionismus abgehoben ward[2], geschah dies in erster Linie im Hinblick auf Relationen des Weltbilds und Lebensgefühls. Gerade die avanciertesten jüngsten Veröffentlichungen zur Frühlyrik[3] sind letztlich ausgerichtet auf das Wort, das Gedicht als ideologisches Zeichen.

Blockiert ward die Frage nach Brechts Position im ästhetischen Umbruch der Lyrik nach der Jahrhundertwende ferner auch dadurch, daß immer wieder versucht wurde, die Frühlyrik mit seinen im wesentlichen viel späteren kritischen, poetologischen, theoretischen Äußerungen über Lyrik zu vermitteln, sie überhaupt im Kontext seiner überwiegend seit der Wendung zum Marxismus entwickelten Theater-, Literatur- und Kunsttheorie zu betrachten, sie zu ihr ins Verhältnis – sei es des Hiatus oder des dialektischen Prozesses – zu setzen. Auch auf dieser Ebene führte die Konfrontation mit den beiden ‚Epochen' des Werks zu einem Sehzwang, der zur Folge hatte, daß die Frühlyrik, trotz aller sozialhistorischen oder psychoanalytischen Fundierung der Textanalysen, relativ immanentistisch, d. h. im Kontext der äußeren und inneren Biographie, des Gesamtwerks, der Brechtschen Poetik diskutiert wurde.

Indessen dürfte es für diesen Sachverhalt noch einen ganz anderen, unmittelbar in der Frühlyrik selbst liegenden Grund geben: sie scheint sich – sieht man einmal von dem Zeitindex der ihr zugewiesenen Ismen ab – von ihr selbst her kaum als Paradigma jener Modernität anzubieten, über deren Kriterien man sich seit Mitte des Jahrhunderts im wesentlichen verständigt hat; verständigt vor allem in bezug auf einen Grundzug, den das Einladungsschreiben zum Kolloquium gleich auf der ersten Seite geltend macht: „Diese ‚moderne' Lyrik stellt vor ihr Verständnis wie selten zuvor das methodische Problem ihrer Verstehbarkeit". Kann dies auch nur im geringsten Maß die frühe Lyrik Brechts berühren? Fällt sie im entscheidenden Punkt, in der hermeneutischen Provokation, nicht schlankweg aus dem Rahmen, den zur selben Zeit Apollinaires *Calligrammes,* Guillens *Cantico,* Ungarettis *Allegria,* Eliots *The Waste Land* abgesteckt haben?

„Der Ausbruch ins Irreale, die weit vom Normalen ansetzende Phantasie, die vorsätzliche Geheimnishaftigkeit, die Abriegelung der Sprache: dies alles kann vielleicht begriffen werden als Versuch der modernen Seele, inmitten einer technisierten, imperialisierten, kommerzialisierten Epoche sich selbst die Freiheit und der Welt das Wunderbare zu bewahren, das etwas anderes ist als die ‚Wunder der Wissenschaft'. Doch ist diese Lyrik auch geprägt von der Epoche, der sie ihre extreme Freiheit entgegensetzt. Die Kühle ihres Handwerks, ihre Neigung zum Experiment, ihre Härte des Herzens: solche und weitere Merkmale sind unmittelbar einwirkender ‚Zeitgeist'. Sie versucht das ‚synthetische Gedicht', worin die lyrischen Urbilder – Sterne, Meere, Winde – sich mischen mit Gebilden der Technik und Wörtern der Fachwissenschaft." So charakterisiert H. Friedrich[4] den „epochalen Strukturzwang", dem die moderne Lyrik folgt, mit Feststellungen, die seither in den einschlägigen Arbeiten immer wieder aufscheinen.

Vergegenwärtigt man sich die Lyrik im Umkreis der *Hauspostille*, so ist sofort ersichtlich, welche der angeführten Merkmale sich ihr zuordnen lassen und welche nicht. Den „Ausbruch ins Irreale", die „weit vom Normalen ansetzende Phantasie" gibt es hin und wieder, insbesondere in manchen der narrativ angelegten Gedichte der *Hauspostille* wie z. B. *Das Schiff* oder *Die Ballade vom Liebestod*. Die Mischung „lyrischer Urbilder" mit einem pointiert aktuellen Bildrepertoire und Vokabular ist ein hervorstechender Zug. Die „Härte des Herzens" wird, als Korrelat der Kälte der „großen Städte", als Korrelat einer „Erde voller kaltem Wind" (*Werkausgabe* Bd 8, S. 205) öfters thematisiert oder implizit im ‚Gestus' von Gedichten suggeriert. Aber von „vorsätzlicher Geheimnishaftigkeit", von „Abriegelung der Sprache" gegen die gesellschaftlich gebrauchten Sprachen kann nicht die Rede sein; die „Sprache der Ideologie des Alltagslebens" (V. Vološinov[5]) wird im Gegenteil dreist ins Gedicht hineingezogen. Auch kann nicht eigentlich von Neigung zum Experiment gesprochen werden, sofern dabei an eine Poesie gedacht ist, die radikal auf das Heuristische von Sprach- und Formexperimenten, von buchstäblich versuchsartigen Sprachgebilden gestellt ist, an eine experimentelle Poesie also, die den Sinn ihrer Gebilde nicht mehr im Hinblick auf subjektive Wirklichkeitsbezüge bzw. objektive Wirklichkeitskorrelate zu verstehen erlaubt. „Der von der *eigentlichen* modernen Lyrik geforderte Prozeß des Verstehens", so schrieb H. R. Jauss im Rahmen der Auseinandersetzung um Friedrichs Pilot-Buch, „läge demnach darin, nicht einfach Dunkelheit in Klarheit aufzulösen, sondern umgekehrt der Übersetzung des Themas aus Klarheit in Geheimnishaftigkeit zu folgen und im Verschwinden des Gegenstands den komplementären Vorgang, das Dichten des Gedichts in seiner beauté inutile zu erfassen"[6]. Im Blick steht hier, als Maßgabe für lyrischen Avantgardismus, eine poetische Sprache, die inkohärent und entsemantisiert erscheint, wenn man auf textexterne Korrelate abzielt, die aber ihre Semantik und Kohärenz gewinnt, wenn man die Erzeugung einer textinternen und sich okkasionell determinierenden Symbolik ins Auge faßt. Wo eine forcierte oder gar radikale Freisetzung der sprachlichen Bedeutungen von der Kommunikation eines konzeptualisierbaren Sinns zum Kriterium lyrischer Avantgarden wird, muß Brechts Frühlyrik (von der späteren gar nicht zu reden) ausgeschlossen bleiben, so daß endlich Brechts Lyrik selbst als politische im Hinblick auf Affirmationsverweigerung für die negative Ästhetik Adornos, verglichen etwa mit den Gedichten Celans, fatal ist: „Die hermetischen Gebilde üben mehr Kritik am Bestehenden als die, welche *faßlicher* Sozialkritik zuliebe formaler Konzilianz sich befleißigen [. . .]“[7]. Mustert man Lexika oder Literaturgeschichten, nach welchen Kriterien Gedichtwerke und Formen des lyrischen Diskurses avantgardistisch, „modernistisch“ genannt werden, so entdeckt man rasch das ausschlaggebende Gewicht der Hermetik: die Entlassung der Sprache „aus ihrer Funktion eines verbindlichen gesellschaftlichen Verständigungsmittels“[8] erweist sich als normativ für jenen Kanon lyrischer Avantgarde, in welchem Brecht nicht vorkommt.

Hermetik, Sprachmagie, absolute Poesie, poésie pure als Namen für eine in Opposition zur sozialen Sprachwelt stehende Poetik: dies konnte nun auch für den Begründer der mittlerweile so in Schwang gekommenen Dialogizitäts- bzw. Intertextualitätstheorien, für M. Bachtin nur die Steigerung und Radikalisierung jener Einheitlichkeit, Geschlossenheit und Einstimmigkeit bedeuten, die das Prinzip der Poesie (und d. h. für Bachtin in erster Linie der Lyrik) ausmacht und sie in Opposition setzt zur Redevielfalt, Orientiertheit an fremder Rede, Vielstimmigkeit des Worts im Roman: die „Idee der Pluralität sprachlicher Welten, die gleichermaßen ausdrucksvoll und mit Sinn versehen sind, ist dem poetischen Stil verschlossen“[9]. Deshalb befindet Bachtin, gerade im Hinblick auf die lyrische Avantgarde (Chlebnikov) nach 1900: „Es ist bezeichnend, daß der Dichter, wenn er die gegebene Hochsprache nicht akzeptiert, eher von der künstlichen Herstellung einer neuen, spezifisch poetischen Sprache träumt als von der Verwendung realer, vorhandener sozialer Dialekte“[10]. Der Roman dagegen (ich darf summarisch an Bachtins Konzept erinnern) „ist künstlerisch organisierte Redevielfalt, zuweilen Sprachvielfalt und individuelle Stimmenvielfalt“[11]; seine Sprache „ist ein System von Sprachen“[12], Manifestation eines „in der Rede differenzierten und mehrsprachigen Bewußtseins“, das sich „in den spezifischen Formen und Erscheinungen des verbalen Lebens“[13] bewegt. Rede-Interferenz, Sprachkontakte, Mehrfachcodierung sind die Folgen der beiden wesentlichen Faktoren des Romans: der „immanenten Dialogizität des Wortes (in Replik wie in monologischer Äußerung)“ und der „dialogischen Wechselwirkung mit dem fremden Wort im Gegenstand"[14]. Das Wort im Roman „lebt gleichsam auf der Grenze zwischen seinem eigenen und dem fremden Kontext"[15].

Alle diese Züge setzen nun – von einigen marginalen Erscheinungen abgesehen – das Wort im Roman in fundamentale Opposition zum Wort in der Poesie: dieses verlangt die Einheit und Vorbehaltlosigkeit aller semantischen und expressiven Intentionen des Autors, die „beständige und direkte Verantwortlichkeit gegenüber der Sprache des ganzen Werks als der *eigenen* Sprache, die unbedingte Solidarität mit jedem ihrer Momente, Töne und Nuancen", die „monologische Beharrlichkeit"[16]: „Die Sprache verwirklicht sich im poetischen Werk als unumstritten, unanfechtbar und umfassend. Alles, was der Dichter sieht, versteht und denkt, sieht, versteht und denkt er aus der Sicht der jeweiligen Sprache, in ihren inneren Formen, und es gibt nichts, das, um Ausdruck zu finden, den Wunsch nach einer anderen, fremden Sprache weckte. Die Sprache der poetischen Gattungen ist die einheitliche und einzige ptolemäische Welt, außerhalb derer es nichts gibt und nichts zu geben braucht"[17].

Allerdings hat nun kürzlich K. Stierle in seiner Studie „Identität des Gedichts – Hölderlin als Paradigma" eine Theorie des lyrischen Diskurses entfaltet, in welcher die „problematische Simultaneität von Kontexten" (als „positive Bestimmung der Transgression eines die mögliche Sprechkomplexität reduzierenden Diskursschemas" und als Korrelat der Artikulation eines „Subjekt(s) mit problematischer Identität") bestimmendes Merkmal des lyrischen Diskurses ist[18]. Dennoch scheint mir dies kein Befund zu sein, der für Bachtin mit der „ptolemäischen Konzeption" der sprachlich-stilistischen Welt lyrischer Dichtung in Konflikt käme. Indem Stierle seine Argumentation durch die Interpretation von Hölderlins Ode *Heidelberg* konkretisiert, wird deutlich, daß die „Multiplikation von Kontexten" in diesem Gedicht etwas anderes meint als die „Idee der Pluralität sprachlicher Welten", die für Bachtin der Lyrik fremd ist, während sie den Roman konstituiert.

Jedoch wird man fragen müssen, ob Bachtin nicht mit einer Vorstellung der „rein poetischen Gattungen" und zumal also der Lyrik operiert, deren Normativität beispielsweise gerade durch Brechts Lyrik bestreitbar wird. Wir konnten im deutschen Sprachbereich in der letzten Dekade eine tiefgreifende Wandlung der literarischen Trends und des literarischen Geschmacks beobachten: nämlich die Abwendung von der als kanonisch angesehenen avantgardistischen und experimentellen

Literatur, die Aufwertung von Gattungsformen und Sprechweisen, die entweder sich vom Prinzip der poésie pure lossagen oder die doch die Differenzqualität lyrischer Sprache und Form auf eine andere Grundlage stellen als die Lyrik in der Linie von Mallarmé bis Celan, von Dada bis zur konkreten Poesie. Bezogen auf Brechts Lyrik bedeutet dies, daß sie zum Teil im Hinblick auf die Lyrik-Szene von heute erheblich avantgardistischer erscheinen mag als die (wenigen) Namen der deutschen Lyrik – Trakl, Benn, Krolow, Kaschnitz –, die von H. Friedrich zu Repräsentanten der modernen Lyrik erhoben wurden. Dies ist das eine.

Das andere aber ist, daß neue literaturtheoretische Begriffe, Konzeptionen und Kategorien nicht nur zu innovativen Befunden führen, sondern auch unerkannte Aspekte in Werken aufscheinen lassen. Und dazu gehört nunmehr in vorderster Linie das metalinguistische Instrumentarium, das Bachtin inauguriert hat. Bezogen auf Brecht bedeutet dies die Möglichkeit, Beschreibungskategorien zu gewinnen, mit deren Hilfe die defiziente Diskussion der Frühlyrik im Kontext „lyrische Avantgarde", exponierte Modernität angesetzt werden könnte.

Bevor ich diese Möglichkeit ein Stück weit verfolge, ist eine Zwischenbemerkung am Platz: Brechts Frühlyrik oder auch nur die Gedichte der *Hauspostille* lassen sich nicht anhand des einen oder anderen Musters erfassen, wie dies mehr oder weniger, jedenfalls aber ohne gröbliche Verzerrung, im Fall von Trakl oder Benn, Ungaretti oder Saint-John Perse angeht. Was K. Stierle „für die Tradition der Lyrik von Petrarca bis zu den modernsten Formen ‚lyrischer Texte' " geltend gemacht hat, daß nämlich „das einzelne Gedicht Moment einer Serie [ist] und damit teilhat an einer es übergreifenden Identität", das bleibt bei Brecht sehr latent; mag er sich auch „in einem gewonnenen und gesicherten Spielraum"[19] bewegen, so vereinigt dieser Spielraum doch eine signifikante Polyphonie; signifikant schon insofern, als eine Hierarchisierung der ‚Stimmen' in Verbindung mit einer Vereinheitlichung der Vielstimmigkeit in einem ideologischen Konvergenzpunkt versagt bleibt. Gerade im Vergleich mit der zeitlich benachbarten hermetischen bzw. experimentierenden Lyrik erweist sich die abständige Teilhabe des einzelnen Gedichts an einer sie übergreifenden sekundären Identität. Ich muß deshalb notgedrungen auf eine Reihe von – zudem relativ langen – Gedichten zurückgreifen. Und da es natürlich nicht um deren Auslegung, sondern um eine prägnante, d. h. im Bezugsproblem fundierte Beschreibung geht, mag der Textaufwand als disproportional zu den reduktiven Ausführungen erscheinen. Worauf bereits der Titel des Beitrags verweist, daß nämlich die frühen Gedichte Brechts ein verbindendes Formprinzip, eine gemeinsame Strukturformel, eine einheitliche ‚Sageweise' nicht einmal qua Fluchtpunkt ausmachen lassen, bedingt und rechtfertigt das Verkürzende der Textauswahl; die Generalisierbarkeit des Beschreibungsrasters könnte nur ein Durchgang durch das gesamte Textkorpus erweisen.

II

VON SEINER STERBLICHKEIT

Mir sagte der Arzt: Rauchen Sie ruhig Ihre Virginien!
Um die Ecke muß schließlich mit oder ohne ein jeder.
In der Schleimhaut meiner Pupille z. B. sind krebsige Linien
Daran sterbe ich früher oder später.

Natürlich braucht einer deswegen nicht zu verzagen
So einer kann noch lange leben.
Er kann sich den Leib voll mit Hühnern und Brombeeren schlagen
Einmal natürlich reißt es ihn eben.

Dagegen aber richtet keiner was aus, weder mit Schnaps noch mit Schlichen
So ein Krebs wächst heimlich, ohne daß man ihn spürt.
Und womöglich bist du schon ausgestrichen
Und hast eben noch deine Braut zum Altare geführt.

Mein Onkel z. B. trug noch gebügelte Hosen
Als er schon lange gezeichnet war.
Er sah aus wie's Leben, aber es waren Kirchhofsrosen
Und an ihm war kein gesundes Haar.

Da gibt es Leute, die haben es in der Familie
Aber sie gestehen es sich nicht ein.
Sie verwechseln nicht Ananas mit Petersilie
Aber ihr Krebs kann ein Leistenbruch sein.

Mein Großvater wiederum wußte genau, was ihm blühte
Und lebte vorsichtig, peinlich nach dem Rezept.
Und brachte es so auf fünfzig Jahre, dann war er es müde
Aber so hätte freilich kein Hund einen Tag gelebt.

Unsereiner weiß: es ist keiner zu beneiden.
Jeder hat sein Kreuz, wie er immer war.
Ich selber habe ein Nierenleiden
Ich darf nichts trinken seit Tag und Jahr. (*WA* Bd 8, S. 114 f.)[20]

Die ursprüngliche und endgültige Überschrift (in der *Taschenpostille* 1926 noch *Der Virginiaraucher*) rückt das um 1922 entstandene Gedicht vor den Hintergrund eines historischen Textmilieus: in der deutschen Barocklyrik präsentiert sich das lyrische Ich in der Überschrift gern als dritte Person (Fleming: *Zur Zeit seiner Verstoßung*, Schirmer: *Sie liebt ihn*, Günther: *Als er seinem harten Schicksal nachdachte*). Interessanterweise finden sich solche Überschriften besonders oft bei Gedichten, die im sprachlichen Gestus der contractio und in der Thematisierung innerlicher Gefaßtheit Stoizismus als eine überpersönliche ethische Struktur ausdrücken[21]. Indem also der barockisierte Titel ein solches stoisches Verhältnis zum Affekt konnotieren läßt, gewinnt der folgende Text konstrastiven Charakter.

Das vordringliche Merkmal dieses Textes ist überhaupt die totale und vielfältige Rede-Interferenz. Zwar erscheint zunächst die Rede des Arztes als objekthaft dargestellte. Aber schon in den Versen 3 und 4 der ersten Strophe dringt die Rede des Aztes in die Stimme des lyrischen Ichs als Fremdbestimmung seiner Sprachlichkeit ein. Denn – man verzeihe die ‚Logelei' – wenn man den ganzen Text nach dem Doppelpunkt in der ersten Zeile als Rede des Arztes verstehen wollte, wäre das „Daran sterbe ich . . ." mit dem „Ich selbst habe ein Nierenleiden" nicht mehr vereinbar. Die Rede des lyrischen Ich ist permanent nach außen, an fremder Rede orientiert.

Die Spannung zwischen eben noch durchgehaltener, fast bis zur Schwundstufe reduzierter poetischer Sekundärstruktur und durchgreifender Prosaisierung der Diktion (betont noch durch das graphisch abgekürzte „zum Beispiel") bedarf sicher keiner näheren Demonstration. Der Ausdruck inwendiger Befindlichkeit projiziert sich durchaus in das Material notorisch umgangssprachlicher Idiomatik: „Einmal reißt es ihn eben", „Kirchhofsrosen", „was ihm blühte"; ich darf mir wohl pedantische weitere Belege ersparen. Der antilyrische Gestus, die Preisgabe der ‚Eigensprachlichkeit', das Dementi lyrischen Bewußtseins in der Form von Lyrik liegt auf der Hand. Aber dieses Dementi ergibt sich nur infolge der fundamentalen Rede-Interferenz: das lyrische Subjekt artikuliert sich in seiner Selbstreflexion mittels Reflexion über fremdes Sprachmaterial, über eine kollektive, gesellschaftstypische Weise des Redens über Krebs. Die Betroffenheit durch den Krebsverdacht drückt sich in einer ganz und gar von außen gegebenen, stereotypen Sprache aus; das lyrische Ich mißt seine eigene Situation mit fremden Sprachmaßstäben aus. Dabei wird übrigens die Bedeutung der

Überschrift doppeldeutig: die Distanz der eigenen Gedichtsprache zum verhaltenen Pathos stoizistischer Affektbewältigung bleibt die eine Bedeutung; die andere ergibt sich insofern, als das Reden vom eigenen Ich in der dritten Person darin begründet ist, daß sich das Ich nur im Reflex fremder Rede über seine Situation präsentiert. Was sich in der Korrelation von Thema und sprachlichem Verfahren darstellt, ist die Auszehrung der Autonomie eines lyrischen Bewußtseins, mithin der Identität eines eigenständigen lyrischen Diskurses zugunsten der Provokation, die innere Wirklichkeit in der Brechung durch das fremde Wort, in „habitualisierten Besprechungsmustern“[22] zu ‚erfahren‘. Das semantische Ergebnis dieser Brechung inwendiger Erfahrung im fremden Wort ist dann das Umschlagen aller Beschwichtigung, Bagatellisierung, Verharmlosung in Verdeutlichung der Unheimlichkeit, zu der sich das Sterblichkeitsbewußtsein im Gedanken an Krebs verdichtet.

Zum Vergleich sei noch kurz auf die *Ballade von der alten Frau* (Erstdruck 1923) hingewiesen:

BALLADE VON DER ALTEN FRAU

Sie hat sich montags noch einmal erhoben
Man hätt es ihr fast nicht mehr zugetraut
Die Grippe war für sie ein Wink von oben
Sie ist seit Herbst schon nur noch Bein und Haut.

Sie hat zwei Tage nur noch Schleim erbrochen
Und war noch, als sie aufstand, weiß wie Schnee
Versehen war sie ja auch schon seit Wochen
Sie trank ja auch schon nichts mehr als Kaffee.

Jetzt stand sie ja noch einmal auf vom Tode
Es war doch noch zu früh, das Sterbesakrament
Sie hätte sich von ihrer Nußkommode
Ja doch recht ungern diesmal schon getrennt.

Wenn auch der Wurm schon drin ist, so ein altes
Stück wächst ans Herz. Sie hätte es direkt
Vermißt, wie man so sagt. Nun, Gott erhalt es.
Sie hat jetzt noch mal Brombeern eingeweckt.

Auch hat sie sich die Zähne richten lassen.
Man ißt ganz anders, wenn man Zähne hat
Man legt sie nachts bequem in Kaffeetassen
Und hat sie morgens immer in die Stadt.

Sie hat auch einen Brief von ihren Kindern
Sie stehn von nun an ganz in Gottes Hand
Sie wird mit Gott noch einmal überwintern
Das schwarze Kleid ist auch noch gut im Stand.

(*WA* Bd 8, S. 115 f.)

Daß sich dieser Text durchweg fremder Rede öffnet, daß man sogar an uneigentliche direkte Rede denken könnte, liegt auf der Hand, besonders aufgrund der für mündliche Rede charakteristischen Floskeln, der gemeinhin als Füllsel verwendeten Wörter und Wortverbindungen wie „ja auch schon", „doch noch zu früh", „ja doch recht ungern". Aber zweifellos erscheint fremde Rede nicht als (im Sinne Bachtins) objekthafte. Vielmehr präsentiert sich durchgängig sprachliche Interferenz, Koexistenz zweier ‚Stimmen', Wechselbeziehung von Autorwort und fremdem Wort, ohne daß die Redeinstanzen eindeutig gegeneinander abzugrenzen wären, ohne daß man z. B. die sentenzhaften Formulierungen („so ein altes / Stück wächst ans Herz", „Man ißt ganz anders, wenn man Zähne hat (. . .)") einer eindeutigen Origo zuzuordnen vermöchte. Eine besondere Pointe liegt nun in den beiden Halbversen „Sie hätte es direkt / Vermißt, wie man so sagt": das ist ein expliziter Hinweis auf Redensartlichkeit, der anregt, das Element des Redensartlichen überhaupt zu bemerken: „nur noch Haut und Bein", „ein Wink von oben", „Versehen war sie ja", „noch gut im Stand" u. a. m. Ohne irgendwelche formalen Merkmale fremder Rede wird solche hier in versteckter Form in die Rede des lyrischen Subjekts eingeführt, die „pseudo-objektive Motivierung", als eine der Arten versteckter fremder Rede für Bachtin ein Charakteristikum des Romanstils, charakterisiert Brechts Gedicht: „Allen formalen Merkmalen nach ist die Motivation dem Autor zuzuordnen; der Autor solidarisiert sich formal mit ihr, aber genau genommen liegt die Motivierung im subjektiven Horizont einer Person oder der allgemeinen Meinung"[23].

Sucht man das *literarische* Milieu, auf welches das Gedicht verweist, so gerät man an das im Kabarett institutionalisierte Chanson als eine – besonders bei Frank Wedekind[24] – moderne Regenerationsform der Ballade, der Moritat, des Bänkelsangs. Für das Chanson und vornehmlich für seinen narrativen Typ ist (neben dem genauso häufigen Rollengedicht) die skizzierte Rede-Interferenz markant: von der Chanson-Lyrik wird der style indirect libre, die uneigentliche direkte Rede, wesentliches Verfahren im Roman des 19. Jahrhunderts, so ins Gedicht eingeführt, daß das Wort des Gedicht-Subjekts im fremden Wort und d. h. im fremden Standpunkt, im fremden Sprachmilieu gebrochen wird; das Gedicht-Subjekt begibt sich damit der ‚Autorität' seiner sprachlichen Norm und seiner ideologischen Bewertung. Allein schon die Wendung „Sie hätte es *direkt* vermißt" könnte, wäre Raum dafür, den Ausgangspunkt bilden zur Demonstration dieses für das Chanson weithin charakteristischen Zuges, sich sprachlich nicht selbst zu bestimmen, seine Sprache durch den Bezug zu Idiolekten oder Soziolekten zu relativieren.

Das Chanson als Produkt des literarischen Kabaretts markiert bei einem guten Teil der frühen Lyrik Brechts deren „Sitz im Leben". Brecht hat nicht nur seine Gedichte im Kreis der Augsburger Clique, der „Blase", zur Klampfe vorgetragen: „Und in himbeerfarbenen Hemden harpften / Wir am Abend im Melonenhut. / / 0 Gekreisch der schnarrenden Gitarren! / Ach, du himmlisch aufgeblähter Hals!" (*WA* Bd 8, S. 50). Er ist nicht nur in Berlin mit einer Reihe von Gedichten im Kabarett („Wilde Bühne") aufgetreten. Sondern er hat 1926 im Gespräch summarisch erklärt: „Meine Lyrik hat mehr privaten Charakter [als seine Stücke; W. P.]. Sie ist mit Banjo- und Klavierbegleitung gedacht und bedarf des mimischen Vortrags"[25]. Es ist also so wichtig, wie es R. Warning für das höfische Lied demonstriert hat, sie „in dieser [ihrer] institutionellen Funktion transparent zu machen"[26]. Dies kann hier natürlich nicht systematisch, im Blick auf Brechts eigene Melodien, seine Vortragspraxis und deren Resonanz, geschehen. Aber die Verbindung mit Form, Sprache und Ort des Chansons ist für die Spezifikation ihrer Modernität ein wesentlicher Gesichtspunkt, so daß wenigstens der Niederschlag dieser Verbindung im bloßen Text anvisiert werden soll.

E. Coseriu hat einmal die Sprache der Dichtung von der „Alterität" abgehoben, von der Ausrichtung auf einen anderen, die in jedem Sprachakt vorausgesetzt werde; „Dichtung ist dagegen wesentlich Tätigkeit eines absoluten Subjekts; der Dichter spricht mit niemand, er objektiviert einfach sich selbst [. . .], da sich in der Dichtung das empirische Subjekt als universelles Subjekt versteht und sozusagen die Verantwortung für alle möglichen Subjekte übernimmt"[27]. Die Stichhaltigkeit dieser These soll – schon mit Rücksicht auf die gegenwärtige literaturtheoretische Universalisierung des Dialogizitätsprinzips[28] – dahingestellt bleiben. Sie kommt aber insofern zupaß, als sie die Gegenposition Brechts zur Intention benachbarter avantgardistischer Lyrik profilieren kann, das geschichtliche, empirische Subjekt als Produzenten des Gedichts zu eliminieren. Damit verglichen stehen Brechts Gedichte im Zeichen einer exponierten Alterität, die dem Text noch eingeschrieben bleibt, wenn man von allen Faktoren der konkreten Inszenierung durch Melodie, instrumentale Begleitung, Mimik, Gestik, Intonation usw. absehen muß. Ein Beispiel, wie sich solche für das Chanson konstitutive Alterität durch den Redekontakt mit einem Bereich von Referenztexten ergibt, die selbst schon ein hochgradiger Publikumsbezug auszeichnet, bietet das wohl bereits um 1918 entstandene, in die *Hauspostille* aufgenommene folgende Gedicht:

PROTOTYP EINES BÖSEN

1
Frostzerbeult und blau wie Schiefer
Sitzend vor dem Beinerhaus
Schlief er. Und aus schwarzem Kiefer
Fiel ein kaltes Lachen aus.
Ach, er spie's wie Speichelbatzen
Auf das Tabernakel hin
Zwischen Fischkopf, toten Katzen:
Als noch kühl die Sonne schien.

2
Aber

3
Wohin geht er, wenn es nachtet
Der von Mutterzähren troff?
Der der Witwen Lamm geschlachtet
Und die Milch der Waisen soff?
Will er, noch im Bauch das Kälbchen
Vor den guten Hirten, wie?
Tief behängt mit Jungfernskälpchen
Vor die Liebe Frau Marie?

4
Ah, er kämmt sich das veralgte
Haar mit Fingern ins Gesicht?
Meint, man sieht so die verkalkte
Freche Schandvisage nicht?
Ach, wie macht er seine böse
Fresse zittern, arm und nackt?
Daß ihn Gott aus Mitleid löse
Oder weil ihn Schauder packt?

5
Sterbend hat er schnell geschissen
Noch auf seine Sterbestatt.
Aber wird man dort wohl wissen
Was er hier gefressen hat?
Kalt hat man ihn mit dem Schlangen-
fraß des Lebens abgespeist.
Will man da von ihm verlangen
Daß er sich erkenntlich weist?

Darum bitt ich hiermit um Erbarmen
Mit den Schweinen und den Schweinetrögen!
Helft mir bitten, daß auch diese Armen
In den Himmel eingehn mögen.

(*WA*, Bd 8, S. 22 ff.)

Schon die Strophennumerierung bedeutet den textüberschreitenden Bezug zu anderen Texten. Sie ist ein dem normalen Erscheinungsbild von Lyrik fremdes Element; man kennt sie nur aus dem Gesangbuch, vom Gedichtabdruck in älteren Lesebüchern oder, und dies betrifft das vorliegende Gedicht, von den Moritaten und Bänkelliedern, wo sie Korrelat der Bilder ist, auf die sich der Text bezieht und auf die der Vortragende zeigt. Der Gestus eines in deiktischer Kommunikation Vortragenden bestimmt das Gedicht überhaupt: er steckt in den buchstäblich rhetorischen Fragen und Exklamationen, in dem eine ganze Strophe besetzenden „Aber“, das den Sprung von der deskriptiven ersten Strophe zu den gleichsam im Verein mit dem Rezipienten reflektierenden Strophen 3-5 emphatisch signalisiert; er steckt schließlich in der von den numerierten Strophen graphisch, metrisch und referentiell abgesetzten Fürbitte, wie man sie neben moralisierender Auswertung in Moritaten oder Bänkelliedern finden kann.

Daß sich der Kontakt mit anderen Text- und Sprachmilieus durch das Ganze zieht, dürfte offensichtlich sein: während sich die erste Strophe im Milieu expressionistischer Verbildlichung von Negativitätserfahrung bewegt, kreuzen sich nach dem axialen „Aber“ christlich-altväterliche, aber drastisch profanierte und herabgesetzte Bilder und Wendungen mit modernen Vulgärausdrücken („Schandvisage“, „Schlangenfraß“). Kurzum, der ganze Text ist eine „hybride Konstruktion“[29], ein Schnittpunkt bzw. ein gegenseitiges Sich-Silhouettieren von Redeweisen, Sprachebenen, Sinn- und Werthorizonten, ohne daß diese objekthaft in die Autorrede integriert wären. Das Gedicht präsentiert sich als Projektion fremder Rede auf seinen eigenen Diskurs.

Ich werde auf die dubiose Verwendung des Parodiebegriffs im Fall Brechts noch zu sprechen kommen. Hier sei nur festgehalten, was ihr im vorliegenden Fall entgegensteht. Ich kann das polemische oder wenigstens aggressive Verhältnis zu einer Vorlage (Werk, Stil, Gattung) nicht ausmachen, das die eigentliche Parodie definiert, weder in der horizontalen Intertextualität, innerhalb des Textes, noch in der vertikalen Intertextualität, in der Beziehung zum Rezipienten. Sieht man den Moritatenstil als dominierende Vorlage, so muß man berücksichtigen, daß Brecht selbst und Gewährsleute seine durchaus positive Faszination von Moritat und Bänkelsang als Bestandteil von Jahrmarkt- und Schaubudendarbietungen bezeugt haben[30]. Mithin kann auch die Möglichkeit, daß das Aggressionsziel der Parodie die Rezeption bestimmter Vorlagen sein kann, nicht weiterhelfen. Was also ist die Funktion der skizzierten Projektion fremder Rede auf den eigenen Diskurs?

Man darf voraussetzen, daß die christlichen Vorstellungen des Himmels, des Sich-Verantwortens vor Christus, der Gottesmutter und Gott, nicht ernsthaft gemeint, sondern als fremde, abständige zitiert sind. Man wird übereinkommen, daß es sich in diesem Gedicht gleichwohl um ein Plädoyer für Erbarmen mit dem nicht von ungefähr der Bosheit Verfallenen handelt. Man wird ferner daran denken müssen, daß Brecht – mit welchem Verhältnis von Realität und Imagination auch immer – zu jener Zeit sein Selbstverständnis vielfach in die Bilder und Expressionen des Zynikers, des Asozialen, des Bösen projiziert hat. Der „Prototyp des Bösen“ schließt Selbstkonfrontation mit ein. Bezeichnend aber ist, daß dieses thematische Substrat der Selbstsicht und Selbstrechtfertigung nicht in der Sprache eines sich selber erfahrenden poetischen Subjekts zum Ausdruck kommt, sondern, wie ich zu zeigen versuchte, mittels Selbstapplikation vorgeprägter literarischer und lebensweltlicher Redeweisen.

Alterität im Sinn dialogischer Gedicht-Umwelt-Beziehung erscheint besonders deutlich in den gehäuften Wendungen wie „ich höre“, „sagt man“: Wendungen, mit denen sich das lyrische Subjekt explizit auf Kursierendes bezieht und in denen also der Replikcharakter des Gedichts ausformuliert ist. Ganze Gedichte (wie z. B. *WA* Bd 8, S. 132) bauen sich auf solcher replikhafter Bezugnahme auf, übrigens zunehmend auch in der späteren engagierten Lyrik. Potenziert wird diese dialogische Situation des lyrischen Bewußtseins dadurch, daß sich das Replizieren auf Kursierendes nicht monologisch, als Inwendiges entfaltet, sondern daß es als kommentierende, glossierende Rede auf eine Adressatenschaft verweist:

AUF DEN TOD EINES VERBRECHERS

1
Dieser, hör ich, wurde abberufen
Und sie trugen ihn nach dem Erkalten
In den „kleinen Keller ohne Stufen"
Aber dann blieb alles doch beim alten:
Einer nämlich ist jetzt abberufen
Aber viele bleiben uns erhalten.

2
Diesen, hör ich, sind wir losgeworden
Und er wird es nicht mehr weiter treiben
Er hat aufgehört, uns zu ermorden
Leider gibt es sonst nichts zu beschreiben
Diesen nämlich sind wir losgeworden
Aber viele weiß ich, die uns bleiben.

(*WA*, Bd 8, S. 133)

Bereits die Überschrift signalisiert den kommentierenden Bezug zu Gegenstand und Rezipienten, indem sie die Gattung Inschrift, Epigramm konnotieren läßt; jene Gattung also, die sich aus ihrer ursprünglichen Funktion als reale Aufschrift den Charakter der – in den Gegenstand verlegten – ‚Ansprache' anderer bewahrt hat; zum Beleg brauche ich nur auf das berühmte Epigramm auf die bei den Thermopylen gefallenen Spartaner verweisen. Entsprechend dem kommentierenden Gestus, den die Überschrift signalisiert, versteht sich das lyrische Subjekt denn auch ausdrücklich als ein stellvertretendes, solidarisches: „Diesen, hör *ich*, sind *wir* losgeworden". Aber im Wort des lyrischen Ichs präsentieren sich zitathaftes und eigenes Reden. Den Tod als Abberufung (wie zu jener Zeit als Abberufung zur Großen Armee in Todesanzeigen des „Stahlhelm, Bund der Frontsoldaten") zu bezeichnen, weist auf eine ganz andere Einstellung zurück, als wenn man von Losgewordensein spricht. Und nur mit jener Einstellung ist das tröstliche „Aber viele bleiben uns erhalten" in seinem Bewertungskontrast zum „losgeworden" zu vereinbaren. „Erkalten" dagegen als Umschreibung des Todes kann genausogut den Kontext feierlich-geschwollener wie zynischer Rede suggerieren. Die graphisch offen als Zitat gekennzeichnete Metapher für das Grab hinwieder läßt vorzugsweise an Ganoven- oder Gangsterjargon denken. Was ich mit diesen Spitzfindigkeiten zeigen möchte, ist die Zwiespältigkeit der Sprach- und somit der Bewertungsperspektive, die durch die Interaktion von zitathafter und authentischer Rede erzeugt wird. Es bedarf solcher Spitzfindigkeit, um wahrzunehmen, daß die ambivalente Erfahrung, die das Gedicht ausspricht – Erleichterung über das Verschwinden eines und Besorgtheit über das Weiterleben so vieler Verbrecher – sich in der ganzen ersten Strophe mittels polemischer Beziehung auf fremde Rede artikuliert, einer Rede, in der das Verhältnis von Gewinn und Verlust umgekehrt erscheint als wie im Sinn des lyrischen Ichs: „Das auf seinen Gegenstand gerichtete Wort stößt im Gegenstand mit dem fremden Wort zusammen“[31]. Natürlich fragt man sich aufgrund dieses Befunds, ob hier – fiktional oder aus realem Anlaß – vom Tod eines schlichten Verbrechers die Rede sein soll oder von einem, dessen Verbrechen („*uns* zu ermorden“) von ganz anderer Dimension ist. Ohne es beweisen zu können, halte ich das letzte, eben in Anbetracht der Doppelcodierung, für gewiß. Mit gutem Grund hat denn auch Alfred Andersch die 2. Strophe dieses Gedichts als Motto seiner letzten Erzählung *Der Vater eines Mörders*, nämlich Heinrich Himmlers, vorangestellt – egal ob mehr auf den Vater als Seelenmörder oder auf den Sohn als Millionenmörder gemünzt.

Als letztem Textbeispiel wende ich mich einem Gedicht aus der *Hauspostille* zu, das sich in bezug auf meine Argumentation vermutlich eher als ein Gegenbeispiel ausnimmt:

ÜBER DIE ANSTRENGUNG

1
Man raucht. Man befleckt sich. Man trinkt sich hinüber.
Man schläft. Man grinst in ein nacktes Gesicht.
Der Zahn der Zeit nagt zu langsam, mein Lieber!
Man raucht. Man geht k . . . . Man macht ein Gedicht.

2
Unkeuschheit und Armut sind unsere Gelübde
Unkeuschheit hat oft unsere Unschuld versüßt.
Was einer in Gottes Sonne verübte
Das ist's was in Gottes Erde er büßt.

3
Der Geist hat verhurt die Fleischeswonne
Seit er die haarigen Hände entklaut
Es durchdringen die Sensationen der Sonne
Nicht mehr die pergamentene Haut.

4
Ihr grünen Eilande der tropischen Zonen
Wie seht ihr aus morgens und abgeschminkt!
Die weiße Hölle der Visionen
Ist ein Bretterverschlag, worin Regen eindringt.

5
Wie sollen wir uns, die Bräute, betören?
Mit Zobelfleischen? Ah, besser mit Gin!
Einem Lilagemisch von scharfen Likören
Mit bittren ersoffenen Fliegen darin.

6
Man säuft sich hinauf bis zum Riechgewässer.
Die Schnäpse verteilt man mit schwarzem Kaffee.
Dies alles verfängt nicht, Maria, 's ist besser
Wir gerben die köstlichen Häute mit Schnee!

7
Mit zynischer Anmut leichter Gedichte
Einer Bitternis mit Orangegeschmack
In Eis gekühlt! malaiisch gepichte
Haare im Auge! o Opiumtabak.

8
In windtollen Hütten aus Nankingpapier
O du Bitternisfrohsinn der Welt
Wenn der Mond, dieses sanfte, weiße Getier
Aus den kälteren Himmeln fällt!

9
O himmlische Frucht der befleckten Empfängnis!
Was sahest du, Bruder, Vollkommnes allhier?
Man feiert mit Kirsch sich sein Leichenbegängnis
Und kleinen Laternen aus leichtem Papier.

10
Frühmorgens erwacht, auf haarigen Zähnen
Ein Grinsen sich find't zwischen faulem Tabak.
Auch finden wir oft auf der Zunge beim Gähnen
Einen bitterlichen Orangegeschmack.

(*WA* Bd 8, S. 207 f.)

In Rücksicht auf die in der ersten Strophe aufgezählten, buchstäblich trivialen Verrichtungen gewinnt das Wort „Anstrengung" im Fortgang des Gedichts eine paradoxe, pervertierte Bedeutung. Es bezieht sich auf die Anstrengung des Schlendrians, des Exzesses, des Lustprinzips. Von Spirituosen ist die Rede, vom ‚Koksen' und vom Opiumrausch, von ‚Unzucht', von einem Zustand, den man heute ausgeflippt nennen würde. Angelpunkt dieser Begriffsperversion ist der Befund, daß der Geist die Fleischeswonne verhurt, prostituiert hat. Normalerweise wird Anstrengung, nach Freud, auf Hemmungs- und Unterdrückungsaufwand, auf Triebbewältigung bezogen; hier geht es um die Anstrengung, die im Gegenverhalten liegt: im Genuß, in der Enthemmung, in der Ausschweifung; der Regress auf animalische Sensationen erfordert Leistung, das Lustprinzip schlägt ins Leistungsprinzip um. Daher steht die Entfaltung dieser Thematik im Zeichen sukzessiver und simultaner Alternation von Euphorie und Enttäuschung, nicht nur in der Sequenz des Textes, sondern dicht bei dicht in den einzelnen Bildern und Formulierungen, etwa in der leitmotivhaft wiederkehrenden „Bitternis mit Orangegeschmack" und ihren Varianten einschließlich dem „Lilagemisch von scharfen Likören / Mit bittren ersoffenen Fliegen darin". Soweit sei, in gerafftester Auslegung, das Bedeutungsangebot des Gedichts eingekreist. Als Komplement auf der stilistischen Ebene wäre die reichliche Metaphorik anzuführen, in welcher sich durchweg die Sphären des Geistes und der „Sensationen", die Momente der Klimax und der Antiklimax kreuzen.

Aber trotz den unterschiedlichen Sprachebenen, der Verquickung heterogener Bildfelder und Metaphernsphären, dem Zerreißen etablierter Assoziationen scheint sich auf den ersten Blick nichts für meine Argumentation vereinnahmen zu lassen. Und dennoch sehe ich auch hier die Solidarität der Sprache „mit jedem ihrer Momente, Tönen und Nuancen" preisgegeben; und zwar insofern, als sich im Gedicht selbst dessen Subjekt auf seine exzentrische, ekstatische, transitorische Existenz im Medium Lyrik bezieht. „Man macht Gedichte", am Ende der ersten Strophe, muß als Vorzeichen des ganzen folgenden Textes verstanden werden. Denn es handelt sich im Folgenden ja nicht um die Expression und Artikulation einer Perspektive auf Wirklichkeit; die Rede ist vielmehr von der Ausschweifungs-, der ‚Trip'-Funktion des eigenen Dichtens. Durch das ganze Gedicht konkurriert die poetische Transformation des referentiellen Substrats mit der Entblößung, der Denunziation dieser Transformation. Oder anders gesagt: es interferieren durchweg die Darstellung eines Lebenszustands *durch* die Sprache und die Erfahrung dieses Lebenszustands *in* der Sprache: „O himmlische Frucht der befleckten Empfängnis!" Auch hier also bewegt sich das lyrische Subjekt auf der Grenze zwischen dem einen und dem anderen, nämlich dem ihm selbst zum Gegenstand gewordenen eigenen Wort. So wird an diesem verhältnismäßig frühen (um 1920) Gedicht ein sozusagen metapoetischer Zug in Brechts Lyrik sehr deutlich, nämlich die Relativierung des Mediums Lyrik in diesem Medium selber.

Ich breche vorläufig die sicher viel zu fragmentarische Betrachtung dieses Gedichts ab, weil andernfalls ein zusätzlicher Aspekt zu berücksichtigen wäre, den ich (s. u.) in diesem Beitrag aussparen muß. Es bleibt noch ein zusammenfassender Rückblick.

III

Man hat (oft unter eilfertiger Berufung auf Brechts verfängliche Rede vom „Gebrauchswert" der Lyrik[32]) das Kommunikative, Leichtfaßliche, Unverschlüsselte der Lyrik Brechts betont und sie gerade deshalb aus der Diskussion strukturell avantgardistischer Gedichtwerke ausgegrenzt. Ich suchte zu zeigen, daß dieses prima vista Kommunikative eine dezidiert poetische, wenngleich spezifisch relativierte poetische Sprachverwendung zum Komplement hat, selbst und gerade wenn man Autoreflexivität der Sprache als deren Kriterium verlangt. Brechts Gedichte sind nicht minder ein „Dichten von der Sprache her" (H. Friedrich) als die Texte jener Lyriker, für die man diese Qualifikation reservieren wollte. Freilich sollte man die Poetizität der Brechtschen Frühlyrik nicht zu vindizieren suchen, indem man nach denselben Typen semantischer Ambiguität und nach solchen Möglichkeiten poetischer Polysemie fahndet, wie sie jene moderne Lyrik bestimmen, die ihren kleinsten gemeinsamen Nenner in der Analogie von Gedicht und absoluter Metapher, in der Autonomisierung der Signifikanten hat.

Poetische Sprachverwendung: ich sehe sie beim frühen Brecht wesentlich darin, daß das Medium Lyrik zum Vektor von Rede-Interferenz, Redevielfalt, Sprachenkontakt, Mehrfachcodierung wird[33]; daß – so fasse ich zusammen – die Struktur horizontaler, textimmanenter und vertikaler, textprofilierender Intertextualität zur ‚Bühne' eines in der Rede differenzierten und mehrsprachigen Bewußtseins wird. Was nach Bachtin dem substantiell lyrischen Diskurs versagt bleiben muß, die simultane Differenziertheit der Rede, wird hier Ereignis: die „Idee der poetischen Sprache" gerät bei Brecht gerade in Opposition zu einer „ptolemäischen Konzeption der sprachlichen (stilistischen) Welt"[34]. Bachtin sagt über das Prinzip der eigentlich poetischen Gattungen (und hebt diesen Satz selbst hervor):

„Alles, was in das Werk Eingang findet, muß in die Lethe versinken, sein vorheriges Leben in fremden Kontexten vergessen: nur ihres Lebens in poetischen Kontexten kann sich die Sprache erinnern (hier kann es auch konkrete Reminiszenzen geben)"[35].

Das lyrische Subjekt bei Brecht dagegen gewinnt sein Profil in der Preisgabe dieses Prinzips: es insistiert auf seiner heteronomen Sprachlichkeit, seinem Leben in fremden Kontexten, und zwar ohne Rücksicht auf die Lizenz, die Bachtin nach dem Doppelpunkt einräumt. Der Status der poetischen Exklave, den Bachtin für die Lyrik statuiert, wird dementiert.

(Allerdings wäre nun ins Auge zu fassen, was ich in diesem Beitrag noch nicht anschneiden, sondern nur durch den Verweis auf das zuletzt besprochene Gedicht oder das *Lied am schwarzen Samstag in der elften Stunde der Nacht vor Ostern*[36] andeuten kann, auf jenes Gedicht, das die „feixende" Unbelangbarkeit und Unvereinnahmbarkeit des lyrischen Subjekts, seine Opposition zu jedem Anspruch auf kommunikative Verbindlichkeit und Relevanz, zu jedem Versuch gesellschaftlicher Inbeschlagnahme als Motiv und Thema präsentiert: ins Auge zu fassen wäre die Erschaffung einer „karnevalesken Exklave"[37] mit allen Merkmalen karnevalisierter Literatur, als da sind Exzentrizität, Familiarisierung, Mesalliance, Profanierung, lachende Subversion[38]. Ich muß es vorläufig dabei bewenden lassen, auf diesen Aspekt einer Emanzipation des lyrischen Diskurses aus allen Ansprüchen auf pragmatische Relevanz und außerliterarische Institutionalisierbarkeit hinzuweisen. Die Entpragmatisierung im Hinblick auf die Normen und Konventionen eines verbindlichen gesellschaftlichen Verständigungsmittels, die in der hermetischen Lyrik beschlossen liegt, scheint in der karnevalisierenden Entpragmatisierung im Hinblick auf den institutionellen Rahmen des lyrischen Diskurses, in der karnevalesken Selbstausgrenzung des lyrischen Bewußtseins ihr Äquivalent zu haben.)

Selbstverständlich ist die textüberschreitende Beziehung zu anderen Texten in Brechts Frühlyrik vordem erkannt und hervorgehoben worden. Die Zitate, die Reminiszenzen, die Echos, die Anklänge einer Welt von Referenztexten – Bibel und Kirchenlied, Moritat und Bänkelsang, Balladentradition und Brettl-Texte – wurden registriert, und natürlich sind Rückgriffe auf Villon, Whitman, Rimbaud u. a. m. längst nicht mehr als „Einflüsse" oder gar Plagiate, sondern als produktive Aneignung erfaßt worden. In ihrem Zusammenhang mit der dominierenden Struktur dieser Lyrik wurden die genannten Phänomene nicht gesehen; folglich konnten sie auch nicht präzis mit der Modernitätsfrage in Verbindung gebracht werden, von der ich ausging. Hingegen rekurrierte man weitgehend auf die Kategorien des Parodistischen und der Verfremdung. Was die Qualifikation als Verfremdung angeht, scheint mir deren Problematik darin zu liegen, daß sich für die Brechtsche, wesentlich auf das Theater bezogene Funktionsbestimmung des V-Effekts schwerlich ein Analogon in seiner Lyrik finden läßt und daß andererseits der Verfremdungsbegriff der russischen Formalisten eine Entautomatisierung der Wahrnehmung meint, die man letztlich kaum mehr von der pragmatischen Funktion von Poetizität überhaupt abgrenzen kann[39]. Was die Vereinnahmung als parodistisch betrifft, so erlaubt die bislang übliche Subsumption aller textüberschreitenden Beziehungen zu anderen Texten unter diesen Begriff nicht mehr, fundamental parodistische Gedichte wie *Großer Dankchoral, Liturgie vom Hauch* oder gar später die *Hitlerchoräle* als solche zu spezifizieren. Ein strikter, präziser Parodiebegriff, zu dem als Definiens die „antithematische Behandlung" der Vorlage gehört[40], verfließt in kommoder schematischer Wortverwendung, die schließlich unbemerkt mit Bachtins ebenso weiträumigem Begriff des Parodistischen zusammenfällt, nur daß bei ihm diese Weiträumigkeit ihre Legitimation in seiner Konzeption des Karnevalesken hat; keineswegs aber identifiziert er Parodie mit dem ganzen Spektrum der Texte, in deren Sprache eigene und fremde Rede, eigener und fremder Kontext interferieren.

Um also meinen eigenen Argumentationsgang zusammenzufassen, greife ich nochmals nach K. Stierles Terminus der lyrischen Transgression[41]. Dann handelt es sich im lyrischen Frühwerk Brechts um eine gleichsam umgepolte Transgression, um eine Transgression des Mediums Lyrik, an dessen pragmasemiotische Funktion und kulturideologischen Status das Gedicht doch kontrastiv zurückgekoppelt bleibt. In der Realisierung eines zentrifugalen, tief relativierten Sprachbewußtseins, in der Manifestation eines multiplen, diskontinuierlichen, heteronomen Werksubjekts präsentiert und reflektiert sich diese Lyrik als ein poetisches und historisches Grenzphänomen. Sie indiziert ein modernes

Bewußtsein, das sich seiner eigenen rigiden Identität und Einheit zu entheben sucht: „Der Dichter solidarisiert nicht einmal mehr mit sich selber. Risus mortis. Aber kraftlos ist das nicht“[42].

Anmerkungen

1 K. Schumann, *Der Lyriker Bertolt Brecht 1913-1933*, Berlin (Ost) 1964 (statuiert Vitalismus); P. P. Schwarz, *Brechts frühe Lyrik 1914-1922 – Nihilismus als Werkzusammenhang der frühen Lyrik Brechts*, Bonn [2]1980; C. Pietzcker, *Die Lyrik des jungen Brecht – Vom anarchischen Nihilismus zum Marxismus*, Frankfurt 1974.

2 Repräsentativ: W. Muschg, *Von Trakl zu Brecht – Dichter des Expressionismus*, München 1961.

3 Neben Pietzker (s. Anm. 1): H.-Th. Lehmann/H. Lethen (Hgg.), *Bertolt Brechts „Hauspostille“ – Text und kollektives Lesen*, Stuttgart 1978. Im Versuch, eine nicht am Primat der Widerspiegelungs- bzw. Abbildfunktion orientierte materialistische Theorie des literarischen Textes zu entwickeln, suchen die Beiträge dieses Bandes die Gedichte der *Hauspostille* als eine eigengesetzliche Sprachpraxis zu begreifen; aber bei aller Abkehr von Pietzckers ideologiekritischer Position läßt die dezidierte Zurückbindung der Analysen an den Assoziationsspielraum einer kollektiven Lektüre eine strikte Thematisierung der Bezugsprobleme ‚Modernität‘ bzw. ‚Avantgardismus‘ nicht zum Zuge kommen.

4 H. Friedrich, *Die Struktur der modernen Lyrik – Von der Mitte des neunzehnten bis zur Mitte des zwanzigsten Jahrhunderts*, Hamburg 1956, S. 165 f.

5 V. N. Vološinov, *Marxismus und Sprachphilosophie*, hg. S. M. Weber, Frankfurt/Berlin/Wien 1975, S. 153 ff.

6 H. R. Jauß, „Zur Frage der ‚Struktureinheit‘ älterer und neuerer Lyrik“, in *Germanisch-romanische Monatsschrift* XLI (1960), S. 266.

7 Th. W. Adorno, *Ästhetische Theorie*, Frankfurt 1970, S. 218.

8 M. Naumann (Hg.), *Gesellschaft/Literatur/Lesen – Literaturrezeption in theoretischer Sicht*, Berlin/Weimar 1973, S. 318.

9 M. M. Bachtin, *Die Ästhetik des Wortes*, hg. R. Grübel, Frankfurt 1979, S. 178.

10 Ebd. S. 180.

11 Ebd. S. 157.

12 Ebd.

13 Ebd. S. 168.

14 Ebd. S. 172.

15 Ebd. S. 176.

16 Ebd. S. 178 f.

17 Ebd. S. 178.

18 K. Stierle, „Die Identität des Gedichts – Hölderlin als Paradigma", in *Poetik und Hermeneutik VIII – Identität,* hgg. O. Marquard/K. Stierle, München 1979, S. 517 ff.

19 Ebd. S. 523.

20 Brecht wird mit der Sigle *WA* vor Band- und Seitenzahl zitiert nach: Bertolt Brecht, *Gesammelte Werke in 20 Bänden,* Frankfurt 1967 (Werkausgabe Edition Suhrkamp).

21 Vgl. R. Alewyn (Rez.), „Hans Pyritz: Paul Flemings deutsche Liebeslyrik" (1932), in *Deutsche Barockforschung,* hg. R. Alewyn, Köln/Berlin 1965, S. 442; L. Spitzer, *Interpretationen zur Geschichte der französischen Lyrik,* hgg. H. Jauß-Meyer/P. Schunck, Heidelberg 1961, S. 51 f.; W. Preisendanz, „Präsente Bedrängnis – über ein Gedicht von Johann Christian Günther", in *Jahrbuch der Deutschen Schillergesellschaft* 18 (1974), S. 229 ff.

22 Zum Einebnungseffekt des alltäglichen, durch habitualisierte Besprechungsmuster geregelten Diskurses vgl. den Beitrag von W. Wehle in diesem Band, S. 15.

23 Bachtin, *Die Ästhetik des Wortes* S. 196.

24 Zu Brechts Faszination durch Wedekind siehe *WA* Bd 15, S. 3 f.

25 *Brecht im Gespräch,* hg. W. Hecht, Frankfurt 1975, S. 187; vgl. die betreffenden Berichte von Gefährten aus der Augsburger Zeit in *Brecht in Augsburg,* hgg. W. Frisch/K. W. Obermaier, Frankfurt 1976, S. 101-157.

26 R. Warning, „Lyrisches Ich und Öffentlichkeit bei den Trobadors", in *Deutsche Literatur im Mittelalter – Kontakte und Perspektiven,* hg. Ch. Cormeau, Stuttgart 1980, S. 121.

27 E. Coseriu in der Diskussion seiner Vorlage „Thesen zum Thema ‚Sprache und Dichtung' ", in *Beiträge zur Textlinguistik,* hg. W.- D. Stempel, München 1971, S. 283.

28 Während Bachtin monologische und dialogische ästhetische Kodierung als alternative Grundtypen unterscheidet, entwickelte (unter anderen) J. Kristeva ein Intertextualitätskonzept, das den Bachtinschen Begriff der Dialogizität so totalisiert, daß nunmehr jeglicher literarische Text in ihm selber oder in seiner Rezeption den Verweis auf seinen „dialogisme" mit sich führen soll. Bei M. Riffaterre („La syllepse intertextuelle", in *Poétique* 40 (1979), S. 496) wiederum ist Intertextualität grundsätzlich „le *mécanisme de la lecture* littéraire", indem jeder literarische Text „un ensemble de présuppositions d'autres textes" impliziere: Dialogizität bzw. Intertextualität erscheinen als Prinzip der Konstitution und Rezeption literarischer Texte, als Inbegriff literarischer Kommunikation. Was dabei verloren geht, ist die mit Bachtins typologischer Alternative gebotene Möglichkeit differenzierender Applikation.

29 Bachtin, *Die Ästhetik des Wortes* S. 195.

30 Vgl. *WA* Bd 17, S. 950; *Brecht in Augsburg* S. 174 f.

31 Bachtin, *Probleme der Poetik Dostoevskijs* (dt. A. Schramm), München 1971, S. 218.

32 *WA* Bd 18, S. 55

33 Unumgänglich war die Beachtung des Aspekts der Mehrfachkodierung schon bisher bei dem – in der Brecht-Literatur wie in Anthologien gleichermaßen beliebten – Gedicht *Von der Kindesmörderin Marie Farrar.* Die prägnante Unbestimmtheit der letzten, vorbehaltslosen Sprechinstanz mußte hier als hermeneutische Provokation aufgenommen werden. Mit Recht wendet sich H.-Th. Lehmann gegen Pietzckers Auffassung, die unterschiedlichen Sprechweisen seien als „Masken" eines im Grunde mit sich selbst identischen „Balladensprechers" zu begreifen: „Diese Hypostasierung eines identischen Subjekts *hinter* den Masken scheint uns [. . .] verfehlt, weil sie die Frage nach dem Subjekt *im* Textprozeß verschüttet" (Lehmann/Lethen, *Bertolt Brechts „Hauspostille"* S. 95; vgl. zudem die kritischen Bemerkungen S. 169 f.). Bei Pietzcker freilich ergibt sich diese Auffassung zwangsläufig aus seiner Methode, die lyrische Produktion des jungen Brecht zunächst psychoanalytisch zu hinterfragen und dann die psychogenetische Deutung wiederum gesellschaftshistorisch zu hinterfangen. Mit dem mittlerweile im Rahmen der literarischen Semiotik zur Geltung gelangten Verständnis der grundsätzlichen Intentionalität des literarischen Werkes bzw. der kategorischen Fiktionalität des lyrischen Subjekts als Bedeutungskomplex läßt sich die Annahme einer Korrespondenz zwischen Triebstruktur bzw. Sozialisationsprozeß einerseits, „Kunstgriffen der Ästhetik" (Brecht, *Tagebücher,* hg. H. Ramthun, Frankfurt 1975, S. 228) andererseits nicht vereinbaren.

34 Bachtin, *Die Ästhetik des Wortes* S. 180.

35 Ebd. S. 188.

36 LIED AM SCHWARZEN SAMSTAG IN DER ELFTEN STUNDE DER NACHT VOR OSTERN

1
Im Frühjahr unter grünem Himmel, wilden
Verliebten Winden schon etwas vertiert
Fuhr ich hinunter in die schwarzen Städte
Mit kalten Sprüchen innen tapeziert.

2
Ich füllte mich mit schwarzen Asphalttieren
Ich füllte mich mit Wasser und Geschrei
Mich aber ließ dies alles kalt, mein Lieber
Ich blieb ganz ungefüllt und leicht dabei.

3
Sie schlugen Löcher wohl in meine Wände
Und krochen fluchend wieder aus von mir:
Es war nichts drinnen als viel Platz und Stille
Sie schrieen fluchend: ich sei nur Papier.

4
Ich rollte feixend abwärts zwischen Häusern
Hinaus ins Freie. Leis und feierlich
Lief jetzt der Wind schneller durch meine Wände
Es schneite noch. Es regnete in mich.

5
Zynischer Burschen arme Rüssel haben
Gefunden, daß in mir nichts ist.
Wildsäue haben sich in mir begattet. Raben
Des milchigen Himmels oft in mich gepißt.

6
Schwächer als Wolken! Leichter als die Winde!
Nicht sichtbar! Leicht, vertiert und feierlich
Wie ein Gedicht von mir, flog ich durch Himmel
Mit einem Storch, der etwas schneller strich!

37 Den Begriff verdanke ich R. Warning, „Komödie und Satire am Beispiel von Beaumarchais“, in *Deutsche Vierteljahresschrift* 54 (1980), S. 549.

38 Dazu: M. Bachtin, *Probleme der Poetik Dostoevskijs* S. 119-154; ders., *L'Œuvre de François Rabelais et la culture populaire au Moyen âge et sous la Renaissance* (frz. A. Robel), Paris 1970, S. 12-101.

39 Vgl. R. Lachmann, „Die ‚Verfremdung‘ und das ‚Neue Sehen‘ bei Viktor Šklovskij“, in *Poetica* 3 (1970), S. 226-249; *Texte der russischen Formalisten,* Bd II, hg. W.- D. Stempel, München 1972, S. XVII ff.

40 Th. Verweyen/G. Witting, *Die Parodie in der neueren deutschen Literatur – Eine systematische Einführung,* Darmstadt 1979, S. 121-159.

41 K. Stierle, „Die Identität des Gedichts“ S. 513-523.

42 Bertolt Brecht, *Über Lyrik,* Frankfurt ^{2}1968, S. 74.

Wolf-Dieter Stempel

VELIMIR CHLEBNIKOV ODER DIE GRENZEN DER ENTGRENZUNG

0.1 Vor nunmehr bald 25 Jahren schrieb Hugo Friedrich im Vorwort zu seiner *Struktur der modernen Lyrik* (1956):

Was ist *moderne* Lyrik? Ich will mich auf keine Definition einlassen. Die Antwort mag sich aus dem Buche selber ergeben. Das Buch soll auch darauf antworten, warum ich so große Lyriker wie George und Hoffmannsthal übergangen habe, aber auch Carossa, R. A. Schröder, Loerke. Sie sind Erben und Spätklassiker eines vieljahrhundertjährigen lyrischen Stils, – eben desjenigen, von dem sich Frankreich vor 80 Jahren gelöst hat. Ich denke, niemand wird daraus den Schluß ziehen, ich hielte sie für überholt. Ich selbst bin auch kein Avantgardist. Mir ist bei Goethe wohler als bei T. S. Eliot. Aber darauf kommt es nicht an. Mich interessiert es, die Symptome der wagemutigen, harten Modernität zu erkennen, und ich bin der Meinung, unsere philologischen Wissenschaften müssen noch sehr viel mehr für eine solche Erkenntnis tun als das bisher geschah. (S. 8)

Wieviel wäre darüber zu sagen, über dieses Bekenntnis, sich ohne Ansehung persönlicher Neigungen oder besser Präferenzen vernachlässigten Aufgaben der Forschung zuzuwenden. . . Schwer vorstellbar, daß Friedrichs Beschäftigung mit Baudelaire, Rimbaud und Mallarmé so ganz der Ausfluß eines ‚uneigennützigen' wissenschaftlichen Interesses gewesen ist: daß nicht auch so etwas wie Faszination als wie immer gefühltes oder bewußtes Movens dabei im Spiele war, ein Moment jedenfalls, das sich dann bei den nur noch pauschal behandelten ‚modernen' Dichtern des 20. Jh.s nicht (mehr) eingestellt zu haben scheint. Da mag nun doch persönliche Präferenz der wissenschaftlichen Aufgabenstellung in die Quere gekommen sein (erkenntlich nicht nur an der Auswahl der im Textanhang repräsentierten Dichter – aus dem deutschen Bereich Benn, Kaschnitz, Krolow –, sondern z.B. auch in der Charakterisierung des Surrealismus[1]).

Aber so einfach ist die vorgenommene Perspektivierung, in der sich die moderne Dichtung des 20. Jh.s gewissermaßen als Nachhut der Avantgarde des 19. Jh.s präsentiert, nicht beiseite zu tun. Die Legitimationsfiguren Rimbaud und Mallarmé vom Sockel zu stoßen, wird sich niemand so leicht entschließen wollen: die Frage ist nur, inwieweit ihre Schatten reichen oder besser, salopp ausgedrückt, wie weit man mit ihnen auskommt, wenn man sich bestimmten Richtungen, die die Literatur des 20. Jh.s in seinen Anfängen bewegt haben, nähert, d.h. Bewegungen zu erfassen und verstehen sich anschickt, die, objektiv ja feststellbar, nachhaltig gewesen sind, die aber auch, subjektiv gesehen, der Faszination auf den literaturgeschichtlich halbwegs versierten Betrachter nicht entbehren. Dabei ist zu bedenken, daß es gar nicht allein um ‚Lyrik' mehr geht, vielmehr auch so etwas wie ‚künstlerische Existenz' und ‚ästhetische Aktion' in einem neuen Sinn bedeutsam werden. Unter entwicklungsgeschichtlichen Gesichtspunkten heißt das allerdings dann, daß eine umfassendere Würdigung des weitgehend noch unausgeschöpften, meist nur einseitig behandelten Werks von Alfred Jarry dringlich wird, der im Laufe seines kurzen Lebens vielleicht am sichtbarsten den ‚Übergang' vom 19. zum 20. Jh. vollzogen hat[2].

0.2 Natürlich ist es längst üblich und in gewisser Weise ja wohl auch problemlos geworden, die fraglichen Bewegungen des 20. Jh.s als etwas Neues zu verstehen, als Manifestation von Avantgarden also (die nun zum Teil wieder – ob mit Recht oder Unrecht, soll hier nicht direkt erörtert werden – den Fluchtpunkt für die Beurteilung späterer Entwicklungen abgeben, so z.B. wenn man bestimmte Richtungen der 60er Jahre als „Neo-Avantgarde" bezeichnet[3]). Aber die Grundsatzfrage nach dem Avantgarde-Charakter jener frühen Veränderungen ist damit, so scheint es, noch nicht vollkommen hinfällig geworden. Gewiß hat der Hinweis auf die Entwicklungen in der bildenden Kunst einigen Beweiswert, bedenkt man die grundlegende Bedeutung, die sie für das literarische Schaffen eben gerade dort hatte, wo dieses in heutiger Sicht avantgardistisch genannt zu werden pflegt. Dies gilt im besonderen Maße für Rußland, wo die unter dem Sammelbegriff ‚Futuristen' zusammengefaßten Dichter fast durchweg auch als Maler hervortraten und eine Gruppe sich direkt als „Kubo-Futuristen" bezeichnete. Aber auch unabhängig von der Frage, wie sich dieser Einfluß konkret ausgewirkt bzw. umgesetzt hat, verlohnt es, sich die Aspekte, unter denen der Avantgarde-Begriff zu sehen ist, zu vergegenwärtigen. Der mit einem gewissen Recht privilegierte Ansatz ist produktionsästhetischer Art und untersucht die historische Veränderung der Herstellung und der Verfahren, wobei die Frage anliegt, wie nationale Entwicklung zu der übergreifenden, in der sich der Prozeß des allgemeinen Fortschritts der Literatur hypostatisch abbilden läßt, in Beziehung zu setzen ist.

Nicht, daß bei dieser Perspektive die Ergebnisse der Analyse schon gleich mit aller Deutlichkeit den Avantgarde-Status der betreffenden Werke erwiesen oder bestätigten, ist doch, ganz allgemein gesprochen, nicht immer leicht und verläßlich Maß und Gewicht des déjà vu gegen das revolutionär Neuernde abzuwägen. Der gegebenenfalls in Programmschriften und Manifesten plakatierte Anspruch ist dabei grundsätzlich nur von geringer Hilfe, gilt es doch erst zu prüfen, inwieweit solche Programme in der poetischen Praxis auch verwirklicht werden.

Das geschichtliche oder besser gesagt historische Interesse verlangt nun aber nach Ergänzung, die im Ansatz freilich in manchen Verfahrensanalysen stillschweigend enthalten ist. Es ist heute vielfach von den verschiedenen „Bedürfnissituationen" die Rede, auf die die Literatur mit der Entwicklung entsprechender Formen antwortet, ein Begriff, der nun allerdings, nimmt man ihn recht konkret, auf die Avantgarde des beginnenden 20. Jh.s nicht recht passen will. Die Rezeption durch das zeitgenössische Publikum war, global gesprochen, so ablehnend, daß man die poetischen Aktionen auch nicht so ohne weiteres im Sinne einer Bedarfserweckung deuten mag. Nun liegt es nahe, ja gerade aus einem solchen negativen Befund ein Indiz für den Avantgarde-Charakter der entsprechenden Werke zu gewinnen. Aber es wäre dies doch ein mehr äußerlicher Befund, der im übrigen nur dann überhaupt verschlägt, wenn der Ablehnung später die Aufnahme folgt; denn wo kein Terrain gewonnen wird, da wird aus dem Avantgardist, wofern er nicht gleich die Flinte ins Korn wirft, bestenfalls so etwas wie ein Reservist, der, u.U. über das Grab hinaus, späterem Einsatz entgegenharrt. Nun ist von Bedürfnissituation ja wenigstens dort zu reden, wo sich ganze Schulen bilden und durch die Solidarität ihrer ästhetischen Aktionen gegenüber Frustationen von seiten des Publikums zeitweise Resistenz entwickeln. Es kommt dabei zu verselbständigten Entwicklungsprozessen der ästhetischen Produktion, die sich natürlich literarhistorisch rekonstruieren lassen; nur: wenn tatsächlich gilt, daß Produkte, die keinen Absatz finden, tote Materie, Texte also in solchem Fall „Sachen" oder „Artefakte" bleiben, dann steht auch eine solche Rekonstruktion in ihrer Sinnhaftigkeit letztlich unter der Prämisse einer schließlich vollzogenen Aufnahme der Neuentwürfe. Majakovskij hat in seinem Nachruf auf Chlebnikov (gestorben 1922) erklärt: „Chlebnikov ist kein Dichter für den Verbrauch. Ihn kann man nicht lesen. Chlebnikov ist ein Dichter für Produzenten"[4]. Wäre dem so gewesen und müßte man dieses Wort ernster nehmen als es gemeint sein konnte, würde Chlebnikov ganz in den Hintergrund der Avantgarde-Szene treten, und das Interesse an ihm wäre dann allenfalls rein philologischer Natur[5]. Nur die Tatsache, daß Chlebnikov ein Dichter auch für Leser geworden ist, wie begrenzt auch sein Publikum war und ist, rechtfertigt letztlich, ihn in seiner historischen Position zu würdigen. Avantgarde, so läßt sich wenigstens in bezug auf diesen Fall sagen, erweist sich oder wird als solche begreifbar erst aus der in der Rezeption gründenden Rückschau, und das heißt zugleich, daß so erst überhaupt die Frage hinreichend in den Blick genommen werden kann, worin ihr historischer Gewinn liegt. Dieser bleibt leer, wo, wie kenntnisreich und scharfsinnig immer, nur die neuen Verfahren entschlüsselt werden, ohne daß dabei deren ästhetischer Ertrag mit bedacht wird. Vielleicht ist es überspitzt oder vorschnell, diese scheinbar paradoxe Bestimmung des post-festum-Charakters der Avantgarde ganz allgemein zu postulieren (sie gäbe immerhin die Möglichkeit an die Hand, den Ausdruck Neo-Avantgarde für die Kunst der 60er Jahre, die ihr Publikum hatte, zu rechtfertigen). So oder so darf gelten, daß auch im besonderen Fall der Avantgarde die Notwendigkeit nicht entkräftet wird, literarische Werke unter ‚kommunikativen' Gesichtspunkten zu würdigen. Sie wird hier sogar pointiert durch den Umstand, daß der avantgardistische Text nicht nur (wie viele Werke von Rang, die nicht schon deswegen revolutionär sind) Lesegewohnheiten modifiziert, vielmehr ein ‚Grundkonsens' über seine Rezipierbarkeit überhaupt erst erreicht werden muß. Inwieweit diesem Gesichtspunkt Rechnung getragen werden kann, ist ein schwieriges methodisches Problem, zu dem hier nur wenige Bemerkungen gemacht werden können.

0.3 "Simultaneous the continuer of tradition, and the starting point of all types of futurist poetry" hat man Chlebnikov genannt[6], eine allzu salomonische und im Grunde wenig besagende Charakterisierung, aus der allenfalls abzulesen ist, daß die Forschung zu dem Dichter, den Boris Ejchenbaum einmal den „Meister aller modernen Dichtung" genannt hat[7], beide Richtungen verfolgt hat. Tradition, das bedeutet hier zum einen den Anschluß an die französischen Wegbereiter des 19. Jh.s, insbesondere an Mallarmé, hinsichtlich einer Reihe von Grundanschauungen (Selbstmächtigkeit des Wortes in der Dichtung und seine Befreiung von Alltagsbezügen und metaphysischer Betrachtung, Verabsolutierung der Ausdrucksebene, Steuerung der signifiants-Kombination vom Laut bzw. Klang her usw. bis hin zu symptomatischen Einzelheiten wie der Wertung des Alphabets als größtes Dichtwerk[8]). Tradition meint aber vor allem auch innerhalb Rußlands den engen Zusammenhang von Chlebnikovs Poetik mit der späteren symbolistischen Dichtung und Dichtungstheorie, insbesondere mit den Anschauungen A. Belyjs (etwa im Hinblick auf die Rolle von Synästhetik und Lautmetaphorik, die Gleichsetzung von Sprachschaffen und Mythenschaffen, den vitalistischen Einschlag usw.)[9]. Die Übergänge zwischen Symbolismus und Futurismus seien in einzelnen Bereichen „fließend" oder schwierig zu markieren, wird des öfteren versichert[10]. Kein Zweifel: Chlebnikov wäre ein dankbarer Fall für die Untersuchung der einleitend angedeuteten Frage, inwieweit Tradition nur als Voraussetzung in Anspruch genommen, wo sie als Grundmuster weitergeführt wird, welches Gewicht man ihr im Hinblick auf das Innovatorische zuzumessen hat bzw. welche Überschreitungen als konstitutiv für die Avantgarde anzusehen sind (Häufung bestimmter Verfahren, die einen qualitativen Sprung erzeugt, Verabsolutierungen, etwa im Zusammenhang mit der ‚Bloßlegung des Verfahrens', usw.).

0.4 Von alledem wird im folgenden nicht viel die Rede sein, und zwar nicht nur im Hinblick auf die Komplexität der skizzierten Fragen, auf die trotz vieler gewonnener Einsichten hinreichend präzise zu antworten noch nicht möglich ist, sondern weil das hier verfolgte Interesse so allgemein gehalten ist, daß das Problem der Traditionsgebundenheit an unmittelbarer Bedeutung verliert. Es geht bei dieser Skizze in erster Linie um den Versuch, den Beitrag Chlebnikovs anhand kurzer Textanalysen unter der in 0.2 herausgestellten Prämisse näher zu bestimmen. Dabei sollen praktischerweise Texte zugrunde gelegt werden, die so beschaffen sind, daß ihre Qualität als Avantgarde-Zeugnisse nicht vorgängig erst geklärt werden muß. Aufgrund der generellen Problematik, die am ausgezeichneten Fall des russischen Dichters erörtert werden soll, erübrigt sich jeder Anspruch, zu einer Gesamtcharakteristik von dessen Werk vorzudringen, ein Unterfangen, das in jedem Fall zum gegenwärtigen Zeitpunkt aussichtslos erscheinen müßte. Dies besagt zugleich, daß die vorgestellten Texte nicht als insgesamt repräsentativ für Chlebnikovs Schaffen angesehen werden dürfen. Sie sind jedoch charakteristisch für bestimmte Konzeptionen und Verfahren, die auch im Hinblick auf den fachlichen Schwerpunkt des Kolloquiums Interesse beanspruchen können.

1.1 Gleich der erste Text, der hier besprochen werden soll, ist den Kennern der modernen russischen Literatur, aber auch vielen Avantgarde-Fans so bekannt, daß man instinktiv zögert, ihn nach vielen Vorstellungen, auch im deutschsprachigen Raum, erneut zu präsentieren (Übersetzungen der Werke Chlebnikovs wie überhaupt die Beschäftigung mit ihm haben in Westeuropa allerdings praktisch erst mit den 60er Jahren begonnen). Es handelt sich um die berühmte „Beschwörung durch Lachen" (*Zakljatie smechom*), für deren Berücksichtigung, rein äußerlich gesehen, mehrere Gründe sprechen.

a) Der Text gehört zu den frühesten Werken Chlebnikovs. Er erschien im Almanach *Studio der Impressionisten*[11], einer Sammlung, die im Februar 1910 von dem Maler und Kunstkritiker N. Kulbin herausgegeben wurde, der selbst einen Essay über „Freie Kunst als Grundlage des Lebens" beisteuerte. Zwei Monate später folgte mit *Sadok sudej* (je nachdem „Eine Falle für Richter" oder auch „Behälter [genauer: ‚Aufbewahrungsort für Kleintiere, auch Fische'] der Richter"; der Titel stammt von Chlebnikov) die erste selbstständige Sammlung futuristischer Texte. Die „Beschwörung" ist mit Sicherheit *vor* 1910 entstanden. Eine „Variante" oder – wahrscheinlicher – Vorstufe dazu (abgedruckt in den 1914 von D. Burljuk herausgegebenen *Tvorenija 1906-1908* [‚Schöpfungen'] Chlebnikovs) enthält sämtliche Verse der „Beschwörung" (geringfügige Abweichung in V. 3, sowie in V. 5 u. 6), jedoch über den wesentlich umfangreicheren Text verstreut, vgl. die Gesamtausgabe Bd. 2, *Sobranie sočinenij I,* Nachdruck München 1968, S. 302. Die Titel der dt. Übertragungen dieses Textes von O. Pastior („Allerleilach") und P. Urban („Lach-alle") in *Werke* I, S. 24 f. beruhen auf einer mir nicht verständlichen Lesart des Originaltitels bei P. Urban (I, 395): „vsemiri" (russ. vse = ‚all-') statt „vremiri (sme juščiesja)", das als Bildung zu *vremja* ‚Zeit' ja durchaus für Chlebnikov charakteristisch ist. – A. M. Ripellino (*Poesie di Chlébnikov,* Torino 1968, S. 179) datiert die „Beschwörung" ohne Kommentar auf 1908.
b) Die „Beschwörung durch Lachen" ist das erste Beispiel für den futuristischen Slogan „Das Wort als solches". So ist auch in dem von A. Krucenych und Chlebnikov unterzeichneten Manifest von 1913, das diesen Slogan später als Titel erhielt, die Aussage: „von nun an konnte ein Werk aus *einem einzigen Wort* bestehen" (Hervorhebung im Text; vgl. II, 115) auf dieses Frühwerk Chlebnikovs zu beziehen. Der Essayist Oukovskij sieht in ihm den Beginn des Futurismus[12].
c) Das Werk hat den besonderen Beifall der futuristischen Mitstreiter gefunden. Majakovskij hat es regelmäßig auf seinen Rezitationstourneen vorgetragen. Auch Chlebnikov selbst scheint ihm besondere Bedeutung zugemessen zu haben; jedenfalls führt er es in zwei biographischen Notizen (von ca. 1914) zusammen mit nur ganz wenigen anderen Texten auf (vgl. II, 415, 416). In dem Vorwort von 1919 zur (nicht zustande gekommenen) ersten Chlebnikov-Ausgabe sagt der

Autor, daß in der „Beschwörung durch Lachen“ (wie auch in den Gedichten „Das Heupferdchen“ und „Bob-eobi“) „Knoten der Zukunft (waren)“ (II, 10). Es gibt mehrere deutsche Übersetzungen, die mit zwei Ausnahmen (H. M. Enzensberger und R. Fieguth) alle auf die Initiative von P. Urban zurückgehen, der für seine deutsche Edition mehrere deutsche Schriftsteller, die seiner Einschätzung nach „ein Verhältnis zu Chlebnikov hätten haben müssen“, bat, aufgrund von zur Verfügung gestellten Materialien (Transkription, Rohübersetzung, sprachliche Erläuterung) eine Version anzufertigen (vgl. dazu II, 603 ff. sowie I, 394 f.). Es ist klar, daß in Anbetracht der Besonderheiten der Sprachgestaltung eine deutsche Wiedergabe mit erheblichen Schwierigkeiten zu kämpfen hat. Gleichwohl vermag wenigstens in unserem Zusammenhang auch die Übertragung eine ungefähre Vorstellung von der Eigenart des Textes zu vermitteln. Anmerkungen zum sprachlichen Verständnis des Originals gibt im übrigen P. Urban (I, 394 f.).

Die im folgenden wiedergegebene Übersetzung ist eine Bearbeitung der Version, die R. Fieguth für die *Texte der russischen Formalisten II* im Zusammenhang mit der Übertragung des Chlebnikov-Essays von R. Jakobson von 1919/21 angefertigt hat[13]. Sie macht auch im deutschen Text sichtbar, wo die Wort*neuschöpfungen* des Originals auftreten.

Zakljatie smechom[14]

O, rassméjtes', smechači!
O, zasméjtes', smechači!
Cto smejútsja sméchami, čto smejánstvujut smejál'no,
O, zasmejtes' usmejál'no!
O rassméšisč nadsmejál'nych – smech usméjnych smechačéj!
O, issméjsja rassmejál'no smech nadsméjnych smejačéj!
Sméjevo, sméjevo,
Usméj, osméj, sméšiki, sméšiki,
Smejúnčiki, smejúnčiki'.
O, rassméjtes', smechači!
O, zasméjtes', smechači!

Beschwörung durch Lachen

Oh, lacht auf, ihr Lacherer!
O, lacht los, ihr Lacherer!
Die mit Gelächter lachen, die lachal lachantern.
Oh, lacht los lächeral!
Oh, Entlacher überlachaler, Lachen lächiger Lacherer!
Oh, verauslach dich auflachal, Lachen überlächiger Lacherer!
Lacherei, Lacherei,
Lächerle, verlächle, Lächeleien, Lächeleien,
Lachelanten, Lachelanten.
Oh, lacht auf, ihr Lacherer!
Oh, lacht los, ihr Lacherer!

1.1.1 Das Verfahren, das diesem Text seine Grundstruktur gibt, ist charakteristisch für Chlebnikovs Sprachschaffen. Es besteht darin, daß eine einheitliche „Wurzel“ in verschiedenen lexikalischen und morphologischen Möglichkeiten entfaltet wird, wobei es im vorliegenden Fall um die Wurzel *smech-* (‚lach‘) geht. Der ‚paradigmatische Durchlauf‘ benützt dabei nicht nur gebräuchliche Wörter des Russischen, sondern verwendet auch Wortneubildungen, die bei Chlebnikov keineswegs bloße Spielerei, sondern, wie das gesamte Verfahren, Ausdruck eines spezifischen Sprachdenkens sind, wie es zwar auch manchem anderen Futuristen, in besonders ausgeprägter Form jedoch Chlebnikov zu eigen ist. Es kann hier nur andeutungsweise umrissen werden. Die in unserem und in vielen anderen Texten Chlebnikovs zu beobachtende Hypostase der Ausdrucksform des Sprachzeichens, d.h. seiner sinnlichen Komponente in Gestalt des Klangs oder auch der Schrift, entspringt dem generellen Bestreben, nicht nur die semantischen Korrelate und damit auch ihre syntagmatische Organisation aus den Verschleifungen des ‚automatisierten‘ Alltagsgebrauchs zu befreien, sondern zugleich die feste Zuordnung zwischen Ausdrucks- und Inhaltsform in der Weise zu lockern oder zu lösen, daß der Klang für die Artikulation neuer, aber freilich kaum klar bestimmbarer, nur im sinnlichen Anreiz erfahrbarer Inhalte verfügbar wird. Es spiegelt sich in diesem Bestreben der von Chlebnikov auf vielerlei Weise betriebene Versuch, eine „Ursprache“ zu konstruieren, deren kategoriales Potential nicht auf Kommunikationslogik abgerichtet ist, sondern kosmische Gesetzmäßigkeiten abbildet, die in entsprechender Sprachgestaltung fühlbar gemacht werden können[15]. Wortschöpfung ist für Chlebnikov „das Aufreißen des sprachlichen Schweigens, der taubstummen Sprachschichten“ (II, 327), und das heißt nicht nur, daß die Lautform der Wörter auf die unterschiedlichste Weise verformt, sondern bisweilen auch gänzlich neu entworfen wird unter der Prämisse, daß in den einzelnen Buchstaben „Weisheiten“ oder „Wahrheiten“ enthalten sind („wir verstehen sie einstweilen noch nicht“ II, 316, 321). Aber auch da, wo die Gestalt des Einzelwortes respektiert wird, unterliegt dieses der schöpferischen Verfügung, die es entweder in ein neues Paradigma einführt, das nach Ähnlichkeit und Gleichheit von repräsentativen Ausdruckselementen eingerichtet ist, oder es in neue und seltsame syntagmatische Beziehungen versetzt. Im Gegensatz zur symbolistischen Korrespondenztheorie geht es hier nicht eigentlich um ‚metaphysische‘ Metaphorik, sondern um die erst in der Zukunft zu vollendende Konstruktion einer Sprache des „neuen Sehens", d.h. der sprachlich nicht mehr abstrakt vermittelten, sondern in ihr sich darstellenden Lebensunmittelbarkeit.

Muster solcher Sprachgestaltung und -verwendung liefern die verschiedenen historischen Formen der *zaum'*-(d. h. ‚Übersinn'-)Sprache, die nicht im Dienste kognitiver Verständlichkeit steht, sondern in dieser Hinsicht unverständliche, jenseits des Verstandes liegende und nur erfühlbare Inhalte vermittelt, wie z.B. Gebets- und Beschwörungsformeln, besondere Kultsprachen, Glossolalie, aber auch bestimmte Kinderverse u.ä.[16].

1.1.2 Ich will hier zunächst abbrechen, denn die Frage, die wir uns vorlegen müssen, läßt sich schon jetzt klar formulieren. Es geht schlicht darum, welche Bedeutung diesem Programm für ein Verständnis der entsprechenden Texte zuzumessen ist, wenn mit „Verständnis" nicht die über den Text vermittelte Einsicht in dieses Programm gemeint sein kann, die nur dem ‚Beobachter' zuteil wird, sondern die ästhetische Rezeption auf der Objektebene, die von der besonderen Gestaltung des gegebenen Textes ausgeht und sich nur dann vollziehen wird, wenn diese Gestaltung selbst aufgrund der in ihr angelegten Qualitäten dazu Anreiz gibt. Bloße Unverständlichkeit, das hat auch Chlebnikov gesehen, bedeutet noch nicht poetische Qualität; deswegen gilt für „unverständliche Gedichte" die Bedingung: „Sie müssen gut sein, sie müssen echt sein" (II, 317). Aber (Chlebnikov macht dazu keine weiteren Ausführungen): was ist „gut", was ist „echt"? Was ist „gut" an der „Beschwörung durch Lachen"? Daß der Rezipient durch die „Bloßlegung des Verfahrens", d.h. also hier die Entfaltung der thematischen Wurzel ‚lach-' gleichsam am Schaffensprozeß selbst als Erlebender beteiligt würde[17]? Aber diese Beteiligung ist nicht für sich selbst schon eine hinreichende ästhetische Kategorie, zumal die Einsicht in das Machen ja keineswegs restlos gewährt, vielmehr im vorliegenden Fall in einer eher trivialen Weise nur vermittelt wird: erkenntlich ist lediglich das paradigmatische Verfahren der „Wurzel"-Entfaltung als solches, während in die syntagmatische Organisation sowohl wie in die jeweilige Art der Neubildung nicht ohne weiteres Einsicht zu erlangen ist. Wenn aber eine solche Einsicht nicht gewährt wird, erscheint die Anordnung willkürlich, und diese Willkürlichkeit läßt dann auch kaum noch eine harmlose Freude am bloßen Spiel, am Jonglieren mit dem Wortmaterial aufkommen, da der Prozedur sozusagen kein

Risiko anhaftet und sie als ‚Kunst'-Fertigkeit nicht durchschaubar wird.

1.1.3 Nun hat die „Beschwörung", wie schon erwähnt, tatsächlich Gefallen gefunden. Wir wollen deshalb versuchen, den Text daraufhin zu befragen, welche Voraussetzungen für eine erfolgreiche Rezeption in ihm enthalten sind. Es ist dies ein nicht ganz leichtes Unterfangen, denn wenn gewiß die heutige Betrachtung von der Erfahrung und der Vertrautheit mit neueren Formen experimenteller Dichtung profitieren kann, so bleibt auch heute noch etwas von der charakteristischen Befremdlichkeit erhalten, die der avantgardistische Text seinerzeit erzeugen mußte. Gedichte mit nur einem Lexem, das mehrfach abgewandelt wird, sind, hier ist das Manifest von 1913 „Das Wort als solches" sicherlich im Recht (vgl. oben), vor Chlebnikov nicht verfaßt worden (und zumal nicht unter Einschluß von Wortneubildungen). Das, was man in der Rhetorik Paregmenon (Ableitung) nennt, ist eben eine jener Ausdrucksfiguren des rhetorischen Ornats, die zur absoluten Konstituente eines literarischen Gesamttextes zu erheben nur im Gefolge epatistischer Sprachgebärde unternommen werden konnte. Man kann es ja ruhig sagen: eine solch potenzierte Wiederholung, die einem Auf-der-Stelle-Treten gleichzukommen scheint, ist auch heute noch so eingängig nicht, kann auch heute noch Überdruß erzeugen, und dabei ist die „Beschwörung durch Lachen" noch das weitaus kürzeste in der Serie der „Wurzel"-Gedichte Chlebnikovs. Hinzu kommt, daß der Text zwar die lexematische Wiederholung z.T. syntaktisch organisiert, diese Organisation jedoch nicht immer mit letzter Sicherheit zu besstimmen ist. So läßt sich in V. 3 *čto* als Relativpronomen ‚die', als Fragepronomen ‚was' und eventuell auch als Konjunktion ‚daß' verstehen, und je nachdem ist die Aussage direkt an die „Lacherer" gerichtet, oder sie nimmt diese nur als Referenz (die hier gewählte Wiedergabe „Die. . . lachen" soll den umgangssprachlichen Charakter des relativ verwendeten *čto* zum Ausdruck bringen, der im übrigen auch für die Bildung *smechač* (V. 1 und 2) gilt). Unklar ist des weiteren in V. 7 *smejevo* (auch wenn man ganz außer Betracht läßt, daß die Originalausgabe zweimal *smejvo* bietet, was jedoch ein Druckfehler sein kann[18]): Ist es als Neubildung Substantiv (so Majakovskij) oder Adverb? Und wie verhalten sich die Imperative in V. 8 in der 2. Person Singular zu den nachfolgenden Substantiven im Plural, sind dies Ableitungen von *smeški* ‚Lächeln' oder Nomina agentis?

Nun sind solche Ambivalenzen der Zuordnung zum damaligen Zeitpunkt keine absolute Neuheit mehr und zumindest bei Mallarmé des öfteren anzutreffen. Aber ein charakteristischer Unterschied ist doch zu erkennen: Wo bei Mallarmé die Eindeutigkeit der syntaktischen Beziehung preisgegeben wurde, trat an ihre Stelle ein Potential von Beziehbarkeiten, das aus der Unterschiedlichkeit der zahlreich gebotenen semantischen Einheiten seine Möglichkeiten gewann. Aber gerade diese Voraussetzung entfällt nun bei einem Wurzelgedicht weitgehend, und es scheint, als ob die Organisation der Bedeutungseinheiten vielfach durch die Leere der lexematischen Gesamttautologie blockiert oder im Ansatz gleichsam in ihr zersetzt würde.

1.1.4 Es kann auch hier freilich nur skizziert und mit der gebotenen Vorsicht angedeutet werden, welche Wirkungsqualitäten in unserem Text angelegt scheinen. Ausgangspunkt ist das allgemeine Wahrnehmungsprinzip, demzufolge die Wiederholung des Gleichen die Aufmerksamkeit auf die Variablen konzentriert und diese dadurch aktualisiert[19]. Aber es ist dieses Prinzip nicht allein auf die Opposition gleichbleibende Wurzel *smech-* (‚lach-‘) vs. wechselnde Affixbildungen zu beziehen, sondern in einem allgemeineren und umfassenderen Sinn geltend zu machen, insofern die organisatorische Gestaltung des Textes insgesamt in ein dialektisches Verhältnis zur Wiederholung des Themaworts gesetzt ist. Zunächst ist global festzustellen, daß sich Anfang und Ende (V.1-2, 10-11) gleichlautend entsprechen, während sich ein Mittelteil, allerdings in unterschiedlicher Ausdehnung, davon abhebt. Dieser Kontrast stellt sich auf verschiedenen Ebenen dar:

a) Der Adressat der Aufforderung ist in je drei Versen zu Anfang (V.1, 2,4) und am Ende (V. 9,10,11) eine Gemeinschaft von ‚Lachbolden‘, während im Mittelteil das Lachen selbst im Sinne einer metonymischen Konzentration apostrophiert wird (V.5,6,8). Mehrzahl und Einzahl bzw. Menge und Einzelelement, menschliches Wesen und belebte materielle Entäußerung stehen sich hier gegenüber bzw. lösen sich ab.

b) Die Sprechhandlung des aussagenden Subjekts ist im wesentlichen in zweifacher Ausprägung gegeben: in der Aufforderung (V. 1-2 bzw. 10-11 sowie in V. 4,6,8) und im bloßen Anruf (V. 5, 9 und wohl auch 7)[20], so daß sich hier, innerhalb der semiotischen Kategorie des ‚Appells‘, (propositionaler) Sprechakt und reiner Äußerungsakt bzw. Einwirkung und bloße Einstellung gegenüberstehen und im Mittelteil abwechseln. Dabei wird quer zu diesem Gegensatz, aber innerhalb der gleichen Kategorie des Appells eine Opposition von Emphase und Verhaltenheit sichtbar (An-/Abwesenheit der Interjektion *o*), durch welche sich die erste Hälfte des Mittelteils von der zweiten unterscheidet (V. 4, 5, 6 vs. V. 7, 8, 9). Das Aussagesubjekt präsentiert sich somit in unterschiedlichen Einstellungsmodi: Interjektion und Imperativ indizieren zu Anfang und zu Ende eine affektische Grundeinstellung, die jedoch im Mittelteil durch den Wechsel von selbständiger Apostrophe und Imperativ einerseits und Emphase und Verhaltenheit andererseits dynamisiert wird.

c) Die besondere Bewegung, die den Mittelteil des Gedichts charakterisiert, kommt auch im Zusammenhang mit der Verteilung der ‚Basiskonstituenten' auf der Ebene der Versgestaltung zum Ausdruck. Während in V. 1-2 Imperativ und Vokativ ohne Zusätze vereint sind, zeigt V. 3 ansatzweise (in syntaktisch unselbständiger Form) eine erste Expansion durch die nähere Bestimmung von Lachhandlung und Lacher. In V. 4 tritt sodann der Imperativ in einfacher (adverbieller), in V. 5 der Vokativ in durch Genetivattribut und Apposition gesteigerter Erweiterung auf, während V. 6 eine Synthese aus V. 4 und V. 5 darstellt. Das Versvolumen ist dementsprechend (von V. 3 abgesehen) zur Mitte des Textes hin angewachsen; es verringert sich nun wieder gegen Ende zu, wobei die Expansion der zwei Basiskonstituenten auf die Stufe der einfachen Wiederholung zurückgenommen erscheint (V. 7, 8, 9).

d) Auch der Einsatz der Neologismen entspricht dieser übergreifenden Disposition. Zwar gehört *smechači* in V. 1-2 dazu, wenngleich nichts allzu Befremdliches an dieser, vornehmlich in der Umgangssprache produktiven Suffixbildung ist. Aber erst mit V. 4 beginnend und dann in größerem Umfang in V. 5 und 6 werden die Neubildungen qualitativ gewichtiger, weil ungewöhnlicher, und, in V. 5 und 6, dann auch quantitativ bedeutsamer, um schließlich gegen Ende zuerst quantitativ (V. 7), dann qualitativ abzunehmen.

Im Anschluß an die vorherigen Ermittlungen läßt sich das Auftreten der Neologismen somit funktional bestimmen, und zwar als eine im dynamischen Höhepunkt des expressiven Hervortretens des Subjekts erzeugte sprachliche Überentäußerung, die nun durchaus in dem Chlebnikov-Škovskijschen Sinne als Faszinosum der *zaum'* begriffen werden kann und zwar allein deshalb, weil es der Organisation des Textes selbst entspringt. Die *zaum'* ist hier gewiß, um den formalistischen Ausdruck zu gebrauchen, als Konstruktion „entblößt", weil nicht durch einen äußeren Zusammenhang motiviert, in dem sie auch in der traditionellen Literatur auftreten konnte; aber sie ist immanent motiviert durch eine Inszenierung, die, gewiß, in der Wurzelparadigmatik eine Bedingung ihrer Möglichkeit hat, aber sich gleichsam aus sich selbst heraus entwickelt.

Und so wird man vielleicht plausibel machen können, warum dieser Text Chancen hat, Rezeption anzureizen und zu binden. Er läßt sich lesen als eine mythische Modellsituation. Diese wird faßbar einmal am thematischen Gegenstand, dem Lachen, das hier, worauf der Titel ja schon hinweist, nicht als spontane Alltagsreaktion erscheint, sondern in seiner Potenzierung und Übersteigerung die Lenkung durch eine nicht mehr kontrollierbare Instanz anzeigt und dadurch eine schwer auslotbare Tiefendimension erhält. In diesem Zusammenhang ist auf die Besonderheit der Aufforderung zum Lachen hinzuweisen. „Sei spontan!", sagen die Sprechakttheoretiker, ist kein konsistenter, ist ein unsinniger Sprechakt, und wenn man auch gelegentlich sagt: „Lach doch mal!", so ist doch sofort klar, daß diese Redeweise nicht das Geringste mit dem Imperativ des Gedichts zu tun hat, der das Lachen ja nicht nur beschwörend gebietet, sondern auch auf dem Höhepunkt (V. 6) das Lachen selbst beschwört. Das implizierte Subjekt dieses Redeaktes wird somit der Erfahrungswelt enthoben, gibt aber durch die „symptomatischen" Sprachzeichen (im Bühlerschen Sinne) immerhin soviel von sich preis, daß dem Rezipienten Anreiz zu wechselndem Konkretisationsspiel gegeben wird. Dieses wird sich vergebens um reale Verdinglichungen bemühen, sich vielmehr von der sinnlich erfahrbaren Intensität und Dynamik dieses Sprachgestus anregen lassen, dessen Parallelismen ebenso die Beklemmung ritueller Insistenz vermitteln, wie die einschneidende Veränderung des Versrhythmus nach dem ‚Höhepunkt' (d. h. ab V. 7 *sméjevo sméjevo*)[21] einen ‚Gefühlseinbruch', ein Moment der Verunsicherung oder Resignation aufscheinen läßt, das im Abgang (V. 10-11) wieder gebannt ist.

1.1.5 Versuchen wir, ein vorläufiges Fazit zu ziehen. Der für Avantgarde-Dichtung charakteristische Sprung gegenüber der Tradition läßt sich in der hier im Vordergrund stehenden Perspektive der ‚poetischen Kommunikation' unter Bezug auf unser Textbeispiel in mehrfacher Weise bestimmen. Es gilt im vorliegenden Zusammenhang sicherlich auch der generelle, aus anderen Gattungen ebenfalls bekannte Umstand, daß die zur Schau gestellte Produktion einen tiefen Einschnitt in die ästhetische Erwartungshaltung bedeutete. Die Künstlichkeit in ihrem ästhetischen Ertrag zu fassen setzt eine neue Sensibilität voraus, die (wenn ich mich nicht täusche) auch bei Mallarmé nicht in dieser Weise gefordert war. Sagen wir lieber: die Entwicklung einer neuen Sensibilität, denn sie muß in irgendeiner Weise, wenn auch nur im Ansatz, vermittelt werden. Dies kann dadurch geschehen, daß Qualitäten der Gestaltung zum Anreiz geboten werden, die die Künstlichkeit nach der Seite hin abstützen, von der aus sie nicht als Simulierung noch als bloße Fertigkeit erscheint und jeglicher Unverbindlichkeit enthoben wird. Die „Beschwörung" trägt ihre Künstlichkeit zu Gesicht, aber diese verliert, versucht man nur, das äußere Erscheinungsbild zu durchdringen, ihre Willkürlichkeit, indem sie sich motiviert (inwiefern dies auch für die spezifische Form der Neubildungen gilt, die hier nur in ihrem generellen Aspekt gewürdigt wurden, wäre zu prüfen). Gewiß ist die Motivierung, ist die Dialektik der Bewegungen, die in den Versen aufgebaut wird, zu einem guten Teil hinter der Fassade der lexematischen Monotonie verborgen; nur in der Expressivität der Sprechakte und der Insistenz des Anrufs wird etwas von ihr unmittelbar faßbar. Aber auch dies, so scheint der Text zu bedeuten, ist eine neue Modalität der lyrischen Aussage: Der Urheber des Gedichts, hier nun verstanden als vom Rezipienten aus vielfältigen Aussageindizien gewonnenes semiotisches Konstrukt, unterstellt sich gleichsam der Sprache, die er als rätselhaft selbstmächtig erfährt. Nur in Umrissen vermag er daher unter diesem Vorgebot zu veranschaulichen, worin eine der tiefgreifenden Dimensionen dieser Selbstmächtigkeit wirksam wird. Es ist, wenn unsere Beobachtungen einige Plausibilität beanspruchen können, die mythische, die als solche frei von jeder raunenden Metaphysik gedacht werden muß, nur lediglich Bezug hat zu den Bereichen menschlicher Existenz, die sich ganz oder weitgehend der Verfügung im Handeln entziehen. Es scheint jedenfalls kein Zufall zu sein, daß in den vergleichbaren Gedichten Chlebnikovs vorzugsweise „Wurzeln" thematisiert werden, die deutlich in diese Richtung tendieren: „lieb-" (wie „lach-" mehrmals dargestellt), „vermög-/macht-". Welche konkreten Bezüge speziell zum Lachgedicht mitzudenken sind, ist noch kaum erforscht. A. M. Ripellino hat auf die Allegorie des Lachens im letzten größeren Werk Chlebnikovs *Zangezi* aufmerksam gemacht und im übrigen (ohne nähere Erläuterung) auf eine *Zarathustra*-Stelle als Ausgangspunkt hingewiesen[22]. Die Frage kann hier nicht weiter verfolgt werden.

2.1 Die Zurückstufung der inhaltlichen Aussage, so war bei der Besprechung des ersten Textes angedeutet worden, verlangt nach Kompensation, soll die Vollzugsmöglichkeit ‚poetischer Kommunikation' nicht im Bestand gefährdet werden. Es ist dies gewiß keine extravagante Grundannahme. Schon die Formalisten, von denen einige in der Anfangsphase die bei den Futuristen beobachtete Hypostase der Ausdrucksebene des Klangs und die damit postulierte *zaum'* zum Kennzeichen poetischer Sprache machen wollten, haben bald eingesehen, daß in solchen Fällen die Sprachlichkeit des Gedichts u. U. beeinträchtigt wird[23]. Aber sehen wir uns zunächst einen weiteren Text von Chlebnikov an:

Gewitter im Monat AU

Pupupopo! Das ist der Donner.
Gam gra gra rapp rapp.
Pi-pipisi. Das ist er.
Baj gsogsisi. Blitzezucken.
Wejgsogsiwa. Das bist du.
Goga, gago – das erhabne Donnergrollen.
Gago, goga!
Ssch. Ssch.
Mn! Mn! Mn!
Me – momomuna. Alles blaut.
Moa, moa,
mia sswu.
Wegj waj ewu! Das ist der Sturm.
Wsi sozern. We-zerzi,
wrawra, wrawra!
Wrapp! Wrapp! Wrapp!
Gull gulgota. Das ist das Rollen des Rollens.
Gugoga. Gak. Gakri.
Wuwa wewo. Kreise der Ringe.
Zirzizi!

Der Text ist 1919-21 geschrieben, aber seiner Anlage nach auch für die frühe Schaffensperiode charakteristisch; nach dem Zeugnis Raoul Hausmanns jedenfalls ließ Kadinsky im Cabaret Voltaire in Zürich 1916 „Phoneme von Chlebnikov in Gegenwart von Hugo Ball vortragen" – welche, ist unbekannt und nicht mehr zu klären[24]. – Die Übersetzung (von Rosemarie Ziegler; I, 64) ist hier verhältnismäßig problemlos, denn es waren lediglich die angefügten Prädikationen bzw. Benennungsakte zu übertragen, während sie sich bei den Lautkomplexen mit der bloßen Transkription des Originaltextes (die hier nicht ganz exakt erfolgt ist[25]) begnügen konnte.

2.1.1 **Die** Analyse des Gedichts hat sich in erster Linie mit der Lautschrift zu beschäftigen, die hier das *zaum'*-Konzept von einer anderen Seite verdeutlicht, von der oben bei dem kurzen Aufriß von Chlebnikovs Sprachschaffen die Rede war. Die fraglichen Lautformen sind hier ohne Bezug zu den russischen Wörtern, mit denen Donner, Blitz usw. bezeichnet werden und auch an andere Lautformen russischer Lexeme nicht anschließbar. Sie sind andererseits auch nicht vollkommen ad hoc gebildet, denn Chlebnikov hat in einer ganzen Reihe von Texten eine Semantik des Alphabets zu begründen versucht, die sich bald am Inhalt ihm prägnant erscheinender Vokabeln mit gleichem Anfangsbuchstaben orientiert, bald in nicht einsehbarer Weise entworfen wird und das generative Muster für Neubildungen abgeben sollte. So ist z. B. 'm' des öfteren im Zusammenhang mit ‚blau' anzutreffen, wofür nicht nur der obige Text Beispiele liefert (vgl. V. 10 und vielleicht noch 11 und 12), sondern etwa eine (nicht datierbare) „Lautschrift" („m = blaue Farbe", I, 59) und zwei weitere von 1922, wo „MAM EAMI" oder „Miwea-a" ‚Himmel' bedeutet, „Mimomaja" ‚Blau der Husaren' (I, 73) usw. Allerdings gilt diese Einheitlichkeit keineswegs durchgehend. Doch auch eine eventuell systematische Verwendung einer solchen Laut- oder Buchstabensemantik ändert nichts an der Tatsache, daß diese Namenschöpfung ebenso willkürlich bleibt, wie es das zugrunde gelegte Muster selbst ist. Willkürlichkeit, die nicht lediglich ein Oberflächenphänomen ist, überschreitet aber theoretisch bei ästhetischer Sprachgestaltung eine kritische Grenze, hinter der sie in doppelter Weise sinnlos zu werden droht: einmal als ästhetisches, sodann aber auch als sprachliches Faktum: Wenn der sinnlichen Komponente der Ausdrucksebene kein zumindest im Kern konventionalisiertes inhaltliches Korrelat mehr zugeordnet werden kann, tendiert sie in Richtung anderer Künste, als Laut zur Musik, als Schrift zur Malerei, ohne diese Künste jedoch zu erreichen, denn im ersten Fall ist sie „defekte Musik"[26], im anderen bestenfalls Ornament.

Da erzeugt auch die explizite Zuweisung von Inhalten, wie sie im „Gewitter" erfolgt, nicht viel Interesse. Lediglich dort, wo referentielle Schatten auftauchen (wo z.B. Lautnachahmung im Spiele ist), gewinnt dieses Verfahren einige Eindringlichkeit, allerdings, so mag auch hier gelten, unter der Voraussetzung entsprechender kontextueller Einbettung[27].

2.2 Es ist nun kein Zufall, daß Chlebnikov so gut wie keinen einzigen Text verfaßt hat, der nur Klangkombinationen enthielte, im Gegensatz z.B. zu A. Kručenych (der ebenfalls im Cabaret Voltaire bekannt war). Aber auch die bloßen Benennungen, die im obigen Text hinzugefügt werden, sind nicht rein serieller Natur. Sie tragen bei zur Entfaltung des im Titel genannten Themas, ohne gänzlich darin aufzugehen, wie an V. 5, der durch die Ähnlichkeit der Lautform mit V. 4 verbunden erscheint („Das bist Du" oder auch in V. 19 („Kreise der Ringe") ersichtlich wird. Freilich wird hier die Grenze der Sprachlichkeit zumindest in den Blick gerückt; die Gestaltungsqualitäten sind jedenfalls, auch ohne daß wir hier in eine eingehendere Analyse eintreten, mit denen, die in der „Beschwörung durch Lachen" zu erkennen waren, nicht gleichzusetzen. Dort war die Entgrenzung der sprachlichen Möglichkeiten, bei scheinbar paradoxer Begrenzung der Wurzel-Thematik, durch die Aussage, der sie unterstellt blieb, diesseits der kritischen Grenze gehalten worden. In dem Maße aber, wie eine solche Aussage, eine fundierende Illokution preisgegeben wird, gerät, so scheint es fürs erste, das Produkt ins ästhetische Niemandsland. Das Vorfeld dieser Zone hat Chlebnikov weidlich beackert, und es wäre an verschiedenen Beispielen zu zeigen, welch eindrucksvolle Ergebnisse er bisweilen dabei erzielte (vgl. aus der Lautschrift „Feiertag der Arbeit" von 1922 ausschnittsweise: „Leli lili – der Faulbeerschnee über einem Gewehr (. . .), Si-e-egsoj-Handschrift des Schwurs (. . .), Miopiopppi- Glanz der Augen grauer Heere", I, 73). Dem reinen Lautgedicht jedoch bleibt grundsätzlich die ästhetische Qualität eines je besonderen Laut-*Textes* versagt. Wenn Kručenychs Komposition *dyr bul ščyl ubeščur skum vy sobu r l ez* vor ähnlichen Erzeugnissen einige Berühmtheit erlangte, dann nicht wegen ihres besonderen ästhetischen Werts, sondern aus äußeren Gründen: Kručenych hatte später auf dieses Gedicht mit der Bemerkung hingewiesen, daß es russischer sei als die gesamte Dichtung Puškins, worauf es von Kritikern immer wieder zitiert wurde[28]. Daß, wie K. Malevič an M. Matjušin 1913 schrieb, auch die *zaum'* „Gesetz, Konstruktion und Sinn besitzt"[29] – dies war am bloßen Lautgedicht gerade nicht mehr zu erweisen.

2.3 Es ist dennoch damit nicht alles zu dieser Grenzfrage gesagt, und sie wird noch einmal aufzugreifen sein. Vorher ist es erforderlich, wenigstens pauschal von einem weiteren Schaffensbereich Chlebnikovs zu sprechen, auf den schon kurz hingewiesen wurde. Die Beschäftigung mit einer Ursprache, die stetige Bemühung, eine „Sternensprache" zu entwerfen, verlaufen nicht immer im Rahmen herkömmlicher poetischer Aussage, wie immer diese im Verlauf des 19. Jh.s erweitert wurde. Es geht hier auch weder um die Gattung des poème en prose noch auch (obwohl hier in einzelnen Fällen Vergleichsmöglichkeiten zu bestehen scheinen) um die in ihrem ästhetischen Status immer wieder neu zu befragende Prosa von der Art etwa von Heines *Reisebildern*, sondern um die in vielen Schriften in Form von Abhandlungen, theoretischen Entwürfen usw. niedergelegte ‚Forschungstätigkeit' auf verschiedenen Sachgebieten. So hat Chlebnikov (der ein Mathematik- und Biologie-Studium begonnen hatte) etwa chronologische Gesetzmäßigkeiten der Geschichte ermittelt; in der „Neuen Lehre vom Krieg" soll z.B. aufgezeigt werden, „daß sich Seeschlachten in 317 Jahren oder deren Vielfachem: in 317 x 1,2,3,4,5,6 wiederholen" bzw. „wie sich verschiedene Völker im Zeitraum von 317 Jahren und deren Vielfachem in der Seeherrschaft ablösen" (II, 187); über die theoretische Beschäftigung mit der Zeit geben viele und ganz unterschiedliche Texte Auskunft (berühmt wurde Chlebnikovs 1912 angestellte Berechnung des Untergangs eines mächtigen Staates für 1917). Diese Beschäftigung ist nicht ironisch, als Persiflage etwa auf die nichtwissende Wissenschaft, zu verstehen, sondern sie ist in einem noch näher zu bestimmenden Sinne ernstgemeint, genauso ernst jedenfalls wie die Betrachtungen über „Das Radio der Zukunft" (in denen sich richtig Vorausgeschautes mit Phantastischem mischt, II, 270) oder wie der utopische Entwurf „Wir sind die Häuser, wir sind die Straßenbauer" (der auf der Ebene des futuristischen ‚Urbanismus' liegt), in dem „Häuser-Pappeln", „Häuser-Häute", „Häuser-Haare", „Haus-Trompeten" als Bauwerke der Zukunft beschrieben werden (II, 240); genauso ernst, fügen wir hinzu, wie das öffentliche Auftreten Chlebnikovs, der den Zuhörern seines Vortrags an der Universität Roter Stern in Charkov (1920) erklärte, („es ist wahr, ich habe sie auf verfeinerte Weise gefoltert"), er sei „Marx im Quadrat", und „denen, die Mohammed bevorzugen", er „sei die Fortsetzung der Lehre Mohammeds, der verstummt ist und das Wort durch die Zahl ersetzt hat. Den Vortrag hatte ich genannt Koran der Zahlen" (Brief an die Schwester Vera, II, 500); er, der, als er starb (1922), nicht viel mehr als seinen Pappkoffer bei sich hatte mit der Aufschrift „Vorsitzender des Erdballs"[30].

2.4 Was mit all dem angedeutet werden soll, reicht weit über das Historisch-Biographisch-Anekdotische hinaus. In Chlebnikovs ‚Leben und Wirken' (wenn diese friedliche Formel hier überhaupt angemessen ist) bezeugt sich exemplarisch eine neue Existenzform ästhetischen Schaffens, bei der sich die Kunst ins Leben hinein verlängert, sich ihrer Maßstäbe und Regeln bedient, um somit unmittelbar die Handlungen des Lebens selbst als Kunst zu erfahren. Es ist schon bei ihm – auch bei anderen Futuristen, gewiß, aber bei ihm in unvergleichlich stärkerem Maße – ein ästhetischer Aktionismus wahrzunehmen, der, ob er sich gelehrter Klügelei oder des Happenings bedient[31], ob er Zukunft entwirft oder Geschichte collagiert, einen neuen Typus des Künstlers repräsentiert, der im 20. Jh. des öfteren noch verkörpert werden wird, aber letztlich seine Avantgardisten-Statur nicht einbüßen kann. Es ist dies ein Avantgardismus umfassenderer Art als der literarische, ebenso uneinholbar als Haltung, wie seine Taten zur Geschichte der Kunsterfahrung im 20. Jh. zählen; denn er liegt jenseits der Grenzen des praktischen Lebens, für deren Überschreitungen, Chlebnikovs Biographie zeugt davon, ein hoher Preis zu zahlen ist. Es ist ein Avantgardismus auch im Chlebnikovschen Sinne: die Antizipation einer utopischen Zukunft.

3. Vergegenwärtigt man sich diesen Aspekt, so wird man der allzu kategorischen Grenzziehung im Zusammenhang mit den poetischen Sprachexperimenten eine Nuance hinzufügen müssen. Auch wenn, das kann nach wie vor gesagt werden, Chlebnikov gerade dadurch aus der Reihe seiner futuristischen Mitstreiter hervorragt, daß er die Grenze zum Lautgedicht nie eigentlich überschritten hat, wie andererseits auch in seinen Kalkulationen und Traktaten stets ein poetischer Zug zu bemerken ist, so wird man doch grundsätzlich das Wissen um eine solche Form künstlerischer Existenz in das Verständnis ihrer Manifestationen einzubringen haben. Diese werden insgesamt zum Zeichen der neuen Form ästhetischen Handelns, und das heißt, daß auch die Zurücknahme der inhaltlichen Aussage nunmehr nicht als barer Verlust zu verbuchen ist. Der ästhetische Blick des Rezipienten ist durch sie hindurch auf ein neues Subjekt gerichtet, das sich, sagen wir es in Anlehnung an Mukařovkýs Begriff der „semantischen Geste"[32], durch eine „Lautgeste" kundtut (dieser Terminus hat im frühen Formalismus tatsächlich im Zusammenhang mit der Definition der poetischen Sprache eine Rolle gespielt, jedoch nicht in dem hier gemeinten Sinn[33]).

Freilich, ein Ausgleich für das, was die inhaltliche Aussage entbehrt, wird auch in dieser Perspektive nicht völlig gewährt. Aber der Rückbezug auf das Subjekt bietet der ästhetischen Erfahrung die Möglichkeit, die Willkürlichkeit der Manifestation in eine Dimension zu erheben, in der sie in einer freilich mehr allgemeinen Weise, als ikonisches Gesamtzeichen des Urhebers, sinnhaft werden kann.

Biographische Kenntnisse sind dabei nicht vonnöten. Es genügt das, was sich aus den in den Werken enthaltenen Indizien zusammentragen läßt. Werk – das heißt, haben wir gesehen, bei Chlebnikov auch „öffentliches Auftreten". Und so ist in den „Thesen für öffentliches Auftreten" (April 1917) zu lesen (II, 263 f.; Hervorh. im Text):

Es treten auf – Chlebnikov und Petnikov
1. Wir sind braungebrannte Jäger, die sich eine Mausefalle an den Gürtel gehängt haben, in der erschrocken mit schwarzen Augen das *Schicksal* zittert (. . .)

und zu Ende:

12. Über das Helium. Strahl der Welt. *Die Welt als Gedicht.*
13. Hymne auf die *aufgehende Sonne.* Wir flicken das verlotterte Gestirn der Sonne und klopfen mit Hämmern. Fürchtet euch, glaubt uns nicht. Wir sind zu euch aus der Zukunft gekommen, aus der Ferne der Jahrhunderte. Wir schauen auf eure Zeit vom Felsen der *Zukunft.* Wir lesen Gedichte. Aussprache.

ANMERKUNGEN

1 Vgl. S. 141, in der erweiterten Neuausgabe von 1967 (der betr. Text blieb unverändert) S. 192 f.

2 Vgl. den Beitrag von Ch. Grivel in diesem Band.

3 So P. Bürger, *Theorie der Avantgarde,* Frankfurt a. M. 1974, S. 76 ff.

4 Vgl. Velimir Chlebnikov, *Werke 1: Poesie,* hg. von P. Urban, Reinbek 1972, S. 9. Wo im folgenden nichts anderes vermerkt, wird diese Ausgabe (nur Band- und Seitenzahl) zugrunde gelegt. Band 2 enthält Prosa, Schriften und Briefe.

5 Von hundert, die Chlebnikov gelesen haben, sagt Majakovskij in diesem Zusammenhang, seien neunzig frustriert worden; „nur zehn (die Futuristen-Dichter, die Philologen des ‚Opojaz') kannten und liebten diesen Kolumbus neuer poetischer Kontinente, die jetzt von uns besiedelt und urbar gemacht werden" (ib.).

6 K. Pomorska, *Russian Formalist Theory and its Poetic Ambiance,* The Hague, Paris 1968, S. 95.

7 Zit. bei V. Markov, *The Longer Poems of Velimir Khlebnikov,* Berkeley 1962, S. 12. Ähnliche Charakterisierungen bei R. Jakobson u. a.

8 „Das Alphabet ist bereits ein Welt-Netz von Laut-Bildern“ (II, 315).

9 Vgl. zuletzt A. Hansen-Löve, *Der russische Formalismus,* Wien 1978, S. 66, 116, 118 f., 128.

10 Vgl. Hansen-Löve, *Der russische Formalismus,* S. 116 Anm. 252; D. Tschižewskij, *Die Anfänge des russischen Futurismus,* Wiesbaden 1963, S. 8 f.

11 Die genaue Bedeutung von „Impressionismus“ im Sprachgebrauch dieser Zeit ist schwer zu bestimmen. Gemeint ist im obigen Sinne letztlich ‚freie‘ oder ‚neue‘ Kunst. Vgl. dazu V. Markov (Hg.), *Die Manifeste und Programmschriften des russischen Futurismus,* München 1967, S. 6 f.; ders., *Russian Futurism,* Berkeley 1968, S. 3 ff.; Hansen-Löve, *Der russ. Formalismus* S. 61 ff.

12 Vgl. V. Markov, *Russian Futurism* S. 8.

13 Sowohl in *Texte der russischen Formalisten II* wie in der *Werke*-Ausgabe von P. Urban fehlt Vers 6 des Originaltextes (wie auch in dem Essay von Jakobson in seiner ursprünglichen Form, von dem die Übersetzung ausgegangen war; nach späterer Berichtigung des Originaltextes war eine entsprechendeVervollständigung der Übersetzung unterblieben). Die Ergänzung stammt von R. Fieguth, die Änderungen von mir.

14 Text nach der Gesamtausgabe Bd. 2 (*Sobranie Socinenij I*), Nachdruck München 1968, S. 35. (Zur Korrektur von V. 7 vgl. unten Anm. 18).

15 Vgl. Hansen-Löve, *Der russ. Formalismus* S. 115 ff.

16 Vgl. dazu etwa II, 316 ff., 327 ff., sowie V. Šklovskij, „Die Auferstehung des Wortes“, in *Texte der russ. Formalisten II,* S. 15 ff.

17 Vgl. Hansen-Löve, *Der russ. Formalismus* S. 121.

18 Die oben erwähnte frühere Fassung der „Beschwörung“ hat in der Tat *smejevo* (bzw. *smeevo*).

19 Vgl. dazu Hansen-Löve, *Der russ. Formalismus* S. 126.

20 Der Anruf tritt zwar auch in Kombination mit der Aufforderung auf (V. 1-2 bzw. 10-11, 6), ist dort jedoch funktional untergeordnet. Dies gilt sicherlich nicht für *smejevo* (V. 7), wenn man dieses, substantivisch, als Adressat der nachfolgenden Imperative *osmej, usmej* deutet. Die Apostrophe hat hier eigenständigen Wert; oder man sieht in der ganzen Konstruktion (V. 7-8) eine Verschränkung der beiden Akte.

21 Der Umbruch des Versrhythmus ist sowohl metrisch wie (durch die Paarbildungen in V. 7, 8, 9) semantisch wie (durch die Abwesenheit jeglicher syntagmatischen Beziehung) syntaktisch bestimmt.

22 *Poesie di Chlébnikov* S. 179. In der dt. Übersetzung von Zangesi ist der fragliche Abschnitt („Ebene XX“) ausgelassen (vgl. dazu I, 426). Die Nietzsche-Stelle im 4. Teil des *Zarathustra,* „Vom höheren Menschen“, Nr. 18-20.

23 Vgl. J. Tynjanov, *Das Problem der Verssprache,* hg. von I. Paulmann, München 1977, S. 105 f.; O. Brik, „Rhythmus und Syntax“, in *Texte der russ. Formalisten II,* S. 185 f., 213.

24 Vgl. Nachwort von P. Urban II, 567.

25 Alle s sind stimmhaft zu lesen. Ebenso die Kombination *Ssch.Ssch.*

26 Vgl. R. Jakobson, „Die neueste russische Poesie", in *Texte der russ. Formalisten II* S. 95.

27 Ein Beispiel bietet der im Sammelband von 1912 *Eine Ohrfeige dem öffentlichen Geschmack* enthaltene (vielleicht 1908 verfaßte) Text, in dem in V. 1 die Labiale, in V. 5 die Konsonantenverbindungen eine entsprechende Funktion ausüben:

Bobehobi sangen die Lippen
Weëomi sangen die Blicke
Piëëo sangen die Brauen
Liëëëj sang das Gesicht.
Gsigsigseo sang die Kette,
so lebte auf der Leinwand irgendwelcher Entsprechungen
außerhalb der Umrisse – das Gesicht

Die Lautverbindungen sind in der Übersetzung (von P. Urban I, 57) hervorgehoben, nicht jedoch im Original.

28 Vgl. V. Markov, *Russian Futurism* S. 44.

29 Zit. bei E. Kowtun, „Die Entstehung des Suprematismus", in *Kasimir Malevitsch zum 100. Geburtstag,* Galerie Gmurzynska, Köln 1978, S. 216.

30 Vgl. den „Aufruf des Vorsitzenden des Erdballs" II, 256, 264 u. ä. Zur historischen Würdigung dieser Rolle (u. a. mit Hinweis auf den „Oberdada" Johannes Baader) vgl. A. M. Ripellino, *Poesie di Chlébnikov* S. XIV ff.

31 Vgl. die Aktionen, die er in „Oktober an der Neva" berichtet (II, 285 ff.). Zum Aktionismus der Futuristen vgl. Hansen-Löve, *Der russ. Formalismus* S. 73 f.

32 Vgl. dazu M. Cerbenka, *Der Bedeutungsaufbau des literarischen Werks,* München 1978, S. 180 ff.

33 Vgl. dazu Hansen-Löve, *Der russ. Formalismus* S. 104, 106, 109 f.

Winfried Wehle

ORPHEUS' ZERBROCHENE LEIER
ZUR 'POETIK DES MACHENS' IN AVANTGARDISTISCHER LYRIK (APOLLINAIRE)

Julius Wilhelm zum 85. Geburtstag

I

Spätestens seit dem Symbolismus gilt Lyrik als schwierig – mit gutem Grund; scheint sie dies doch wissentlich in Kauf zu nehmen. Ob als Abwehr vor Mißbrauch, zum Ärgernis oder als Provokation, sie lebt seitdem mit dem hartnäckigen Vorurteil ihrer ‚Negativität'. Dennoch hat sie unbeirrt ihren Weg in die Kompromißlosigkeit des Experiments fortgesetzt. Symbolistische ‚Dunkelheit' wollte mit Sprachmagie entschädigen; Dada verstand die skandalträchtige Vernichtung alles Sinnvollen als bittersüße Analogie zur Sinnlosigkeit des 1. Weltkrieges; der Surrealismus erhoffte mit einer Befreiung von Sprachzwängen eine solche von Sachzwängen.

Soviel Widersätzlichkeit deutet jedoch auf handfeste Beweggründe. Zwei paradox anmutende Akte der Verweigerung insbesondere lassen darauf schließen. ‚Moderne' Gedichte machen ganz offensichtlich lieber Konzessionen an Schwerverständlichkeit als an landläufige Durchsichtigkeit, wenn es um die Auseinandersetzung mit ihrem eigentlich bedrängenden Problem geht, der Sprache, aus der sie gemacht sind. Diese Hinwendung zu ihrer eigenen Bedingung enthüllt sich als positives Interesse jedoch erst jenseits der Befremdlichkeit, die sie ihrer Lektüre verordnen. Der andere Akt des Widerstandes ist die Folge einer veränderten Welt. ‚Symbolismus' wird zum schmerzvollsten Opfer, das den seit 1880 Geborenen abverlangt wird. An seinem ‚Gesang' hatten sie das lyrische Sprechen, aber auch seine Geste der Weltentsagung erlernt. Seine narzißtische Erhabenheit lag jenseits aller Brücken zu einer unwürdigen Lebenswirklichkeit: ‚Der Dichter bestreikt die Gesellschaft' (Mallarmé). Dies aber mußte als ästhetischer Irrweg erscheinen, als sich unter dem Einfluß moderner Zivilisation die ‚sozialen Beziehungen' innerhalb weniger Jahre radikal veränderten[1]. Die Forderung der Stunde war eine ‚Ästhetik um des Lebens willen'. Sie setzt Symbolismus und Décadence unvermittelt zur literarhistorischen Vergangenheit herab. Sie gilt als Enderscheinung der ästhetischen Entwicklung, die im L'Art pour l'Art einst selbst moderne Errungenschaft war. Dagegen steht die neue Parole: ‚Dichter, besingen wir das Leben'[2]. Sie verordnet der Lyrik eine geradezu mimetisch anmutende Erneuerung. Dem Publikum bleibt dadurch ein empfindliches Paradox nicht erspart: die literarischen Wagnisse berufen sich auf Vollzugsformen der modernen Lebenswelt; doch niemals zuvor erschien ihr Lyrik so befremdlich. Eine avantgardistische Position war aber ohne diesen Verstehensverlust offenbar nicht zu gewinnen. Mit dem Futurismus, mit Apollinaire, Cendrars, Reverdy, Jacob, mit Dada, dem Expressionismus[3] und dem Surrealismus bricht die Lyrik vielförmig zur Erkundung jener Grenze auf, wo eine erschwerte Verständlichkeit schließlich die sprachliche Verständigung insgesamt aufs Spiel setzt.

Eine solch abweisende Gebärde ist aber nicht nur ein Problem für den Liebhaber von Lyrik, sondern auch eine methodische Herausforderung. Wie läßt sich sinnvoll *über* einen Gegenstand sprechen, der so wenig auf dieses ‚Gespräch' Rücksicht nehmen kann? Andererseits: kann man sich dieser Lyrik entziehen, solange nicht sicher ist, ob nicht gerade sie besonders auf die Erlösung durch den positiven menschlichen Grundantrieb wartet, der selbst dem Lallen und Schweigen noch einen Sinn zu geben bereit ist? Vielleicht ist ihre ‚Negativität'[4] nicht eigentlich Aufkündigung von sprachlicher Solidarität, sondern gerade Mitteilung ihrer Notwendigkeit. Selbst wo sie sich bis zum puren Dada verplappert, bleibt sie immerhin eine Verständigungshandlung, und sei es als die verstörende Demonstration ihrer Gefährdung.

Handlungstheoretisch gesehen lassen sich sprachliche Vorgänge (‚Rede') als Teil pragmatischen Handelns mit anderen Mitteln begreifen[5]. Literatur verhält sich zu ‚Rede' jedoch nicht einfach als ‚Diskurs'[6]. Diskursive Situationen kennen die lebensweltlichen Sprachbegegnungen in einem Ausmaß, daß ‚Rede' und ‚Diskurs' schon im Bereich alltäglichen Sprechens ein festes Wechselverhältnis bilden. Dient ‚Rede' der Vermittlung von kommunikativem Handeln, so tritt ‚Diskurs' dann in sein Recht, wenn der Redefluß problematisch wird. Er unterbricht das Miteinander-Sprechen, um Bedingungen und Voraussetzungen gestörter ‚Rede' auf eine gemeinsame Grundlage zu stellen. ‚Diskussionen', ‚Konferenzen', ‚Verhandlungen', ‚Kolloquien' beispielsweise sind diskursive Akte, um sich auf einen einvernehmlichen Sprachgebrauch zu verständigen. Sie sichern akuten Lebensinteressen einen reibungslosen Geltungsanspruch. In der Einheit von Rede- und Diskursakten hat dieser ‚primäre Diskurs' die Möglichkeit, Aussagen *und* das Schema dieser Aussagen zum Thema zu machen.

Was aber geschieht, wenn dieses homöostatische Vermögen seinerseits problematisch wird? Dann bedarf es einer meta-kommunikativen Institution, die diesen primären Diskurs zum Gegenstand eines Diskurses machen kann. Sie befaßt sich mit Fragen nach Grundsätzen unseres Handelns in Wort und Tat, die sich nicht mehr im Bereich der Redegegenstände klären lassen. Wie sehr entwickelte Kulturen mit solchen Fällen rechnen, zeigt sich am Rang, den sie den Instanzen zubilligen, an die sie sich dabei wenden: an Magie/Religion, Philosophie, Wissenschaft und – Kunst. Jede behandelt auf ihre Art Fragen, wo es ums Ganze geht. Ihre besondere diskursive Autorität baut auf zwei Grundbedingungen auf. Sie versuchen ihre Aussagen auf je eigene Weise gegen den Zugzwang der Lebensunmittelbarkeit abzusetzen. Dadurch erwirbt sich jeder dieser Meta-Diskurse eine seiner Aussageordnung entsprechende ‚Objektivität'. Allerdings bedarf es dazu besonderer Vorkehrungen. Im Gegensatz zu ‚Sprechhandlungsrollen'[7] der täglichen Rede werden sie nicht mit der Sprache erlernt und gehören deshalb kaum der primären Erfahrung an. Solche ‚sekundären Diskurse' sind gezielte Hervorbringungen konzentrierter menschlicher Geistestätigkeit und dürfen als reflexiv konstruiert gelten. Ihre besondere Qualität ist ihr Systemcharakter.

Literatur als einer dieser ‚sekundären Diskurse' erbringt ihre ‚Objektivität' auf dem unverwechselbaren, allein ihr vorbehaltenen Wege der Fiktionalisierung. Sie verschafft ihr die nötige Unabhängigkeit von der Handlungsunmittelbarkeit der Sprache. Wenn sich der ‚literarische Diskurs' ein eigenes ‚Aussage*system*' sichert, macht er sich die Schwäche der Sprache zu seinem Nutzen. Als Zeichensystem lebt sie von der Einhaltung von verabredeten Bedeutungen. In literarischer Verwendung jedoch geben vielfältige Signale zu erkennen, daß sie nicht den utilitaristischen Dienst der Umgangssprache leisten will. Vielmehr nimmt sie sprachliche Zeichen in übertragener, meta-phorischer Weise in Anspruch. Diese abweichende Sprachverwendung verleiht Literatur ein eigenes diskursives Statut im Verhältnis zu normalsprachlicher Verständigung[8].

Ihr ‚Systemcharakter' fällt traditionell ins Aufgabengebiet der Literaturtheorie. Literarische Diskurse sind jedoch von alters her enge Berührungen mit benachbarten diskursiven Disziplinen wie Religion, Philosophie und Wissenschaft eingegangen. Ein Wandel in ihren Wahlverwandtschaften hat jeweils einen nachhaltigen Einfluß auf die literarische Diskursordnung ausgeübt. So ist seit der Mitte des 19. Jahrhunderts das Selbstverständnis der Literatur unverkennbar auf das wissenschaftliche Modell des Erkennens eingegangen[9]. Hugo, Balzac oder Baudelaire konzipieren das neue Programm, daß ‚Natur' nicht eigentlich darin besteht, was menschlicher Wahrnehmung als gegeben entgegentritt, sondern was diese gedanklich und sprachlich daraus macht. Angesichts ihrer Trübung durch banale Interessen richtet sich das Ziel des Symbolismus vornehmlich auf ein „isolement de la parole"[10]. De-Naturierung war sein Grundsatz im Umgang mit dem unvermeidlichen Zitat des Realen, das Sprache semantisch mit sich führt und sich restlos nicht tilgen läßt. Ob sich auf diesem puristischen Wege allerdings die demiurgische Urgewalt des Wortes zurückgewinnen ließe, erschien schon Zeitgenossen als Phantasien aus dem ‚Ebenholzturm'[11].

Die Probleme, die der Symbolismus aufgeworfen hatte, schrieben dem, was nach ihm kommen sollte, das Programm seiner Pionierarbeit vor. Auch wenn es Mallarmé nicht wahrhaben will („la Nature a lieu, on n'y ajoutera pas; que des cités, les voies ferrées et plusieurs inventions formant notre materiel")[12]: angewandte Wissenschaften, Industrie, Technik oder Großstadtzivilisationen waren längst dabei, das Leben unwiderruflich umzugestalten. Dies konnte aber nur dem belanglos scheinen, der ‚Wirklichkeit' ohnehin woanders suchte. Bedingung dafür war jedoch eine entschiedene transzendentale Blickrichtung. Wo sie nicht so zu Gebote stand, konnte selbst die Lyrik in die ungewohnte Verpflichtung geraten, sich ‚auf den Stand der Zeit' zu bringen.

Doch mit nur lexikalischen und metaphorischen Verjüngungen war dem nicht Genüge zu tun. Erschüttert sah sich der Grundsatz der symbolistischen Poetik selbst: „La Poésie (...) une explication du Monde délicate et belle“[13]. Angesichts der ausgreifenden technischen und sozialen Unterwerfung dieser Welt seit der ersten industriellen Revolution war in Frage gestellt, ob menschliche Tätigkeit noch immer als ‚Entfaltung‘ („explication“) der ‚Natur‘ ausgelegt werden kann. Dann aber läßt sich ihr auch nicht länger mit einem lyrischen Diskurs gerecht werden, der die Welt der Erscheinungen zur Preisgabe eines kaum mehr vernehmbaren Verweises auf eine ohnehin ausgezehrte Idealität bedrängt. Eine grundlegende Hypothese deutet sich an: bezeichnet die literarhistorische Schwelle, die das beginnende 20. Jahrhundert im Bereich der Lyrik überschreitet, nicht eine einschneidend andere lyrische Diskursivität?[13a]

II

Wenn Apollinaire in diesem Zusammenhang von einem ‚neuen Realismus‘ spricht[14], dann verwickelt er die Poesie in eine ganz und gar ungewohnte Auseinandersetzung um die ‚Nachahmung der Natur‘ in der Kunst. Bis zum Symbolismus galt die Überzeugung, daß sich eine höhere Bedeutung hinter der Welt der Erscheinungen verbirgt: Sie aufzudecken sei die höchste Wissenschaft des Dichters[15]. Hier soll gelten, daß sich eine zeitgemäße Lyrik von dem Prinzip „Retour à la vie pour la vie" herleiten müsse[16]. Gerade die Entwicklung Apollinaires, Schlüsselfigur und Impresario dieser Avantgarde, zeigt beispielhaft, daß damit jedoch kein Naturalismus der Lyrik gemeint sein kann. ‚Zurück zur Natur‘ ja, aber ‚ohne sie nach Art der Photographen abzubilden‘ (O. C. III, 609). ‚Wirklichkeit‘ wird vielmehr zum Maßstab einer Befreiung von herkömmlichen Nachahmungsrezepten. Künstler wie Apollinaire brechen unter großem persönlichem Risiko mit einem verwurzelten ästhetischen Evolutionsschema des 19. Jahrhunderts. Dieses hatte auf die Frage nach dem Verhältnis von Kunst und Wirklichkeit eine doppelte, dialektisch verbundene Antwort gegeben: Eine realistische Tendenz mühte sich, nicht ohne Seitenblicke auf moralisch-didaktischen ‚Fortschritt‘, um die Darstellung, wie (schlecht) die Welt sei. Eine ästhetizierende hingegen rang um die Korrespondenz mit ihrer schöneren, besseren Analogie. Wer aber behauptet, die ‚Natur‘ sei das Maß der Dichtung, zugleich aber ein

‚realistisches‘ Abbildungsverhältnis ausschließt („la comparaison est impossible“; O. C. III, 802), setzt sich nicht nur gegen beide Tendenzen ab; er verläßt das bisherige dialektische Schema selbst. Dieser dritte Weg bezeichnet den theoriegeschichtlichen Ort des lyrischen Umbruchs zu Jahrhundertbeginn. Es verwundert daher kaum, daß sich seine Vertreter dadurch beide, Naturalisten und Symbolisten, zu Gegner machten.

Einer solchen Herausforderung kann aber nur standhalten, wer auf Fragen nach dem Wozu und Wie einer neuen Literatur überzeugende Antworten weiß. Apollinaire gibt ihr einen solchen, weithin gültigen Darstellungsgrundsatz. Kunst soll „aussi éloigné que possible de la nature” sein, „avec laquelle il ne doit avoir rien de commun” (O. C. III, 780). Um zukünftigen ‚Natur‘-Begriffen jeden Rückfall in herkömmliche Nachahmungsschablonen zu verwehren, bannt sie Apollinaire gleichsam mit ihrem sorgsam gehüteten Tabu: „tel est l’ouvrage poétique: la fausseté d’une réalité anéantie“ (O. C. III, 812). Zwar hatte sich gerade die Lyrik seit dem ‚L’Art pour l’Art‘ zunehmend zum Artifiziellen ihrer Wirklichkeitsbesprechung bekannt. Noch nie hatte sie jedoch mit solcher Radikalität das Gegenteil jeder „vraisemblance“, „fausseté“, zum Richtmaß ausgerechnet einer ‚Rückkehr zur Natur‘ erhoben. Das Paradox hat jedoch, in unvermutetem Sinne, Methode.

Seine Auflösung führt auf eine kapitale Neubegründung der Dichtungstheorie. Als „volonté toute puissante“ verändert der Dichter „l’ordre des choses, contrarie les causes et les effets et anéantit le souvenir et la vérité même de ce qui existait la veille pour *créer* une nouvelle réalité” (O. C. III, 802). Wo die Literatur geläufige Wirklichkeitsvorstellungen willentlich ‚irrealisiert‘, ist „fausseté“ ein Akt von ‚Falsifikation‘. Wenn sie gleichzeitig das Recht beansprucht, die verfügbar gewordenen Bestandteile unserer Wirklichkeitserfahrung nach einer eigenen ‚Logik‘ neu zu setzen, dann schafft sie neue Realitäten. Im Verhältnis zu ‚fausseté‘ ist solche ‚création‘ eine neue Hypothese auf die Wirklichkeit. Dieser poetische Abbau (‚changer l’ordre‘, ‚anéantir‘) und Neubau (‚créer‘) vorgefundener Realitätsbegriffe, anders gesagt das Zusammenspiel von ‚fausseté‘ und ‚création‘ ist in den Rang eines Fundierungsgrundsatzes dieser ‚neuen‘ Literatur getreten.

Mit ihm aber kommt unübersehbar seine Teilhabe an positivistischer Epistemologie ans Licht. Zunächst erreicht darin jene ebenso produktive wie problematische Tendenz zur Verwissenschaftlichung der Literatur einen neuen Höhepunkt[17]. Ein erheblicher Unterschied hatte sie jedoch bis zum Symbolismus gegen eine Gefährdung durch technizistisches Pathos in Schutz genommen: Ihr unitaristisches Erkenntnismodell. Noch nach A. Gides verbreiteter Auffassung arbeiteten der Dichter wie der Wissenschaftler auf dasselbe Ziel hin: „(il) recherche l'archétype des choses et les lois de leurs successions; il recompose un monde enfin, idéalement simple, où tout s'ordonne normalement"[18]. Beide, der Dichter insbesondere, suchen hinter den Erscheinungen der Welt, der eine induktiv ihre Gesetzmäßigkeit, der andere intuitiv eine verhüllte Harmonie, ein ästhetisches Eden. Beide teilen – noch – die Prämisse, daß die Welt von sich aus, in sich einen Sinn hat. Poetische und wissenschaftliche Aufmerksamkeit bilden gesetzmäßige Reihen (‚successions'), die alles auf ein allumfassendes Weltkalkül hinführen, von dem zugleich alles ableitbar wäre („L' Idée qui seule importe, en la Vie est éparse")[19]. Mit nahezu denselben Worten spricht auch Apollinaire von der Erstellung einer „succession d'événements". Allerdings geht er von erheblich gewandelten erkenntnistheoretischen Voraussetzungen aus. Er fordert: „Les arts soient au moins à la hauteur des progrès scientifiques et industriels" (O. C. IV, 445). Damit verpflichtet er die Darstellung der Künste auf das Modell der Wissenschaften. Definitiv haben also sie die Führung in menschlicher Erkenntnis übernommen – auf Kosten der lange Zeit herrschenden Religion und Philosophie. Nun sollen auch poetische Diskurse entscheidend nicht mehr nach vertikalen Analogien, sondern nach horizontalen Relationen verfahren. Auf der Strecke bleibt dabei die transzendentale Konstruktion menschlichen Wissens, ein Zeichen für das Ende der Vorstellung vom „analogischen Universum"[20]. Nicht nur, daß Kunst jetzt nach Belieben mit der ‚Realität' umspringen kann; an diesen Punkt drangen bereits psychische und künstliche Grenzüberschreitungen von Nerval, Baudelaire, Lautréamont oder Rimbaud vor. Vielmehr wird es geradezu ihr provozierendes Grundgesetz, sich durch die Vernichtung („réalité anéantie") bestehender Wirklichkeitsbegriffe erst zu legitimieren.

Die wohl ausschlaggebende Begründung besteht darin, daß die ‚Moderne' Ordnungen in der Welt nicht mehr als Einlösung kosmologischer Vorgaben, sondern als Produkte menschlicher, insbesondere künstlerischer Tätigkeit anzusehen bereit ist: „L'ordre qui paraît dans la nature (...) n'est qu'un effet de l'art" (O. C. IV, 21). Dies stellt bisherige Anschauungen gleichsam auf den Kopf. Nicht eine ultima ratio regiert letztbegründend unsere Wirklichkeit; es ist die menschliche Geistestätigkeit selbst, die unablässig Wirklichkeitsentwürfe herstellt. Ohne Dichter und Künstler insbesondere fiele alles ins ‚natürliche Chaos' zurück. ‚Natur' steht als bloße Materialität an. Diese Kunst, verstanden als eine Ordnungshandlung, vereitelt damit endgültig jeden weiteren Nachahmungsgedanken. Wie nie zuvor mit solcher Unbedingtheit ist, was wir für Realität halten, als selbstgeschaffen zur Geltung gebracht. Vor allem die Künstler können dies für sich beanspruchen. Sie sehen sich als die eigentlichen ‚Götter' dieser Moderne („Le Poète est analogue à la divinité; O. C. III, 809). Ihre Schöpfungen prägen „la figure de leur époque et docilement l'avenir se range à leur avis" (O. C. IV, 22). Die Mythe von Ikarus wird zur Parabel ihres neuen sozialen und intellektuellen Risikos. Erfinder und Forscher haben gerade am Beginn des 20. Jahrhunderts Menschheitsträume wie das Fliegen in die Tat umgesetzt, Mythen also ‚realisiert'[21]. Damit aber wurde diese moderne Zeit gleichzeitig entmythologisiert. Dem Dichter erwächst deshalb die Aufgabe, ihr neue Fabeln zu geben und, mythenbildend, ihre Entwicklung durch neue Vor-Bilder zu orientieren.

Dennoch begreift er sein Amt nicht mehr messianisch. Wo menschliche Tätigkeit sich zum Maß aller Dinge erhebt, überschreitet sie die Begrenzungen ihres historischen Erklärungsmodells, das Geniekonzept[22]. Das Vermögen der Imagination wird dabei absolut gesetzt. Begründungsgeschichtlich geht ihr Wissen auf den modernen Mythos des ‚surhomme' über[23]. Die Vorsilbe ‚sur' aber bezeichnet eindringlich die Verbindung zu der neuen Poetik, mit der es dieses programmatische Zeichen teilt, den ‚sur-réalisme'.

Die darin in Kauf genommenen Risiken einer unbeherrschten Entgrenzung haben nur allzu schnell historische Gestalt angenommen: in Marinettis *Marfarka il futurista,* der bedingungslosen Verherrlichung vitaler Willenskräfte im ‚superuomo'; in literarischen Untergrundereignissen wie dem Aufstieg Fantômas', dem Helden technisierter Verwerflichkeit[24]; in den Horrorexzessen des Théâtre du Grand Guignol, im Eintritt italienischer Futuristen in die faschistische Bewegung. Es fällt im übrigen schwer, darin keine Verwandtschaft mit den irrationalen Motiven des 1. Weltkrieges („la guerra sola igiene del mondo") und seiner Euphorie technischer Allmacht zu sehen („la guerre une chose charmante"; O. C. IV, 917).

III

Dieser epistemologische Umriß bildet den theoretischen Rahmen des untrennbaren Komplements von ‚fausseté', ‚*création*'. Es geht auf die Imaginations-Theorie zurück, die seit den 30-iger Jahren des 19. Jahrhunderts einen neuen Literaturbegriff entworfen hatte[25]. Der Imagination wurde einerseits die Gabe der Erkenntnis zugeschrieben, durch die – häßliche – Kontingenz der gelebten Wirklichkeit hindurch zu ihren höheren Begriffen vorzudringen. In poetologischer Hinsicht stand sie für die Grundbedingung aller Dichtung, der Hervorbringung von bildhaften Repräsentaten (‚images'). Den Mittelpunkt dieser ästhetischen Neuschöpfung der Welt bilden die poetologischen Grundoperationen von Analyse und Synthese: Synthese als Re-komposition des (Bild-)Materials, das aus der Analyse, d. h. De-komposition des Vorgefundenen gewonnen wurde[26]. ‚Création' in diesem Vorstellungskreis ist ein Akt der Enthüllung. Flauberts ästhetisches Darstellungsziel, das ‚faire voir', muß seinem Doppelsinn gemäß mit ‚sehen(d) machen' wiedergegeben werden.

Doch dieses imaginistische Dichtungskonzept enthielt bereits in sich selbst den Ansatz zu einem historischen Umschlag. Die spekulative Handlung von Analyse/Synthese ließ sich – scheinbar – bruchlos in jenen theoretischen Begründungszusammenhang übernehmen, der dem experimentellen Handeln der ‚positiven' Wissenschaften im 19. Jahrhundert zu ihrem Vorrang verholfen hatte. Die Imaginationstheorie wirkt deshalb poetologisch zunächst ungebrochen weiter. Nach Apollinaire läßt die Darstellung der Literatur nichts zu, „qui nous ressemble", aber alles „à notre image" (O. C. III, 783). Statt nachahmender Verdoppelung des Bestehenden ist auch hier bildhafte Re-Präsentation verlangt. Poetisches Handeln verwirklicht sich als „traduire la réalité" (O. C. IV, 444). Ungleich eindeutiger aber als bisher kommt es auf das Imaginat und weniger auf die ungereimten Realien an. Die Tätigkeit des Poeten behandelt das Material zwar „par une sorte d'analyse-synthèse" (O. C. IV, 445), dem zentralen Theorem Baudelaires. Allerdings bezieht es sich auf Picassos kubistische Malerei und ihre gegenstandsfreie Einbringung von gegenständlichen Bezeichnungwerten[27]. Diese Verschiebung im Modell besagt eindringlich, daß Imagination in ihrem Rang als „reine des facultés" zurückgestuft ist. Ihre Stelle hat ‚création' eingenommen: „Dieu et le poète *créent à l'envie*" lautet die Formel poetischen Handelns (O. C. III, 783). Die Gebärde der Wesensentfaltung sieht sich überwältigt vom modernen Gestus des Machens. Unwiderruflich behauptet sich fortan neben einer Lyrik im Zeichen des Sängers Orpheus[28] eine Dichtung im Zeichen von Prometheus, dem Anwalt von ‚techné' (Apollinaire: *Poème lu au mariage d'André Salmon*, in *Alcools*).

Was immer aber die Künstler und Poeten am wissenschaftlich-technischen Diskurs des Wissenserwerbs begriffen haben mochten, es kann nicht ihr erstes, wohl auch nicht das allein erregende Moment zum Sturm auf die traditionellen poetischen Leitbilder gewesen sein. Der Anteil, den sie seit alters an der Wirklichkeit nehmen, beschäftigt sich in erster Linie mit der menschlichen Praxis und ihren Lebensbegriffen. Das „revenir à la nature même" Apollinaires (O. C. III, 609) meint unverändert noch immer dieses ureigene Interesse der Dichtung. Bezogen aber auf ein Leben in und nach der Belle Epoque, wird ihr geradezu eine Auseinandersetzung mit der technisch-industriellen Revolution der Lebensumstände in dieser Zeit aufgedrängt. Sie vor allem schreibt den Künsten das ‚Gesetz' ihrer Modernisierung vor: „Les arts (...) soient au moins à la hauteur des progrès scientifiques et industriels" (O.C. IV, 444). Sie haben der menschlichen Fortbewegung den Begriff für Geschwindigkeit erschlossen[29]: Métro, Transsibirische Eisenbahn, Transatlantische Schiffslinien, das Auto, vor allem aber das Flugzeug machen die Illusion von der aufgehobenen Distanz, die Ubiquität, zu einer populären Vorstellung. Die Biographie von Blaise Cendrars liest sich wie ein Protokoll dieser Erfahrung. Sie haben die Schemata sozialer Kontakte tiefgreifend erweitert. Telegraphie, zumal die drahtlose, das Telephon insbesondere, Grammophon, Rohrpost, Elektrizität, Film, Nachtleben etc. führen, zusammen mit der räumlichen Vervielfältigung, zu einer Explosion kognitiver Ordnungsschemata und zu ungeahnter Verdichtung kommunikativer Berühungen insgesamt. Sie schaffen die neue Empfindung von der aufhebbaren Zeit, Omnipräsenz. Die Großstadt, einzigartiger Multiplikator und selbst ein Paradigma ‚moderner' Lebensbezüge, macht jeden zum Betroffenen dieses zivilisatorischen Fortschritts. Das Gefühl der Kollektivität[30] wird zu einer der erregendsten Erfahrungstatsachen moderner Gesellschaft. Sie hat ihre Ursachen in der Veränderung der Arbeitswelt mit der symptomatischen Einführung des Fließbandes und in der Verstädterung der Bevölkerung. Sie hat sozialtheoretisch ihren Niederschlag gefunden in der ‚conscience collective" (Durkheim) oder in der Anarchielehre Sorels; im Bereich literarischer Kritik führte der Sprung aus den subjektivistischen Traditionen zum Konzept einer ‚Anarchie littéraire' (A. Baju) oder zu J. Romains Unanimismus; sozialpsychologisch zur Behauptung eines kollektiven Unbewußten (C. G. Jung).

Dieses neue Lebensgefühl erhielt seine besondere Faszination dadurch, daß Omnipräsenz, Ubiquität, Kollektivität als Wirkungszusammenhang empfunden werden konnte, der, positiv genommen, einen Kult der Moderne begründete und alles Vergangene als ‚Passatismus' abwertete[31]. Seine Festlegung auf die Gegenwart als dem geschichtlichen Maß brachte eines der elementaren Denkbilder menschlichen Handelns, die raum-zeitliche Koordination, mit ihr letztlich die Logik der Kausalität als überschreitbar in Erfahrung. Ihre Stelle nimmt, zumindest in der künstlerischen Klärung, das Modell der Simultaneität ein. Inbegriff eines durch Technik herbeigeführten Wandels in den Vollzugsstrukturen des Alltags, bezeichnet es auf der einen Seite die ‚Poetik' dieser modernen Lebenswelt. Da es zugleich jeden betrifft und ihn zur Korrektur seiner Gefühlsurteile nötigt, bereitet Simultaneität andererseits den Boden für die neue Sensibilität des Maschinenzeitalters[32]. Wenn Kunst daher durch einen ‚Retour à la vie' gesunden soll, dann ist sie auf Simultaneität, der Quintessenz eben dieses ‚Lebens' als ihrem zeitgemäßen Interesse verpflichtet.

Dieses stellt sich ihr zunächst als ein poetologisches Problem, das unmittelbar den Begriff von ‚création' angeht. Als kognitive Entgrenzung des Lebensspielraums durch technischen Fortschritt beweist Simultaneität die Tatkraft menschlichen Leistungsvermögens. Die ‚moderne' Welt versteht sich, wie nie zuvor, als Gebilde aus Menschenhand. ‚Création' steht deshalb für Gestaltung und in diesem Sinne Überwindung natürlicher Zustände durch menschliche Arbeit. Die Ansicht tritt in den Vordergrund, daß diese geschaffene ‚Wirklichkeit' nicht länger mehr als eine unabhängige, objektive Struktur, sondern als eine von menschlicher Handlungsmächtigkeit abhängige Größe zu begreifen sei[33].

In der Konsequenz gewinnt ‚Natur' positiven Wert erst als überwundene. Sie wertet gerade das Unnatürliche, das Artifizielle gegenwärtiger Wirklichkeitskonstitutionen zur wahren ‚Realität' auf. Apollinaire gibt dafür ein aufschlußreiches Gleichnis: „Quant l'homme a voulu *imiter* la marche, il a *créé* la roue qui ne ressemble pas à une jambe". Der Vollzug eines solchen, auf technische Hilfsmittel gebauten Alltags erzeugt „sur-réalisme" bereits in der Lebensunmittelbarkeit (O. C. III,

609). Im Gegensatz zum kontemplativen ‚supernaturalisme' in der Kunsttheorie des 19. Jahrhunderts korrigiert diese Auffassung die traditionelle ästhetische Reflexion auf Wirklichkeit und setzt an die Stelle von platonisierendem ‚Schauen' die Faszination am ‚Herstellen'[34]: der konstruktivistische Ansatz hat seinen Einzug in die Dichtung gehalten. Gleichzeitig ist damit eine Grenzlinie zur literarischen Bewegung des Surrealismus gezogen. Die kulturkritische Herausforderung des 1. Weltkriegs hat im Vergleich dazu der surrealistischen Wirklichkeitsrecherche eine ‚sous-realistische' Wendung verliehen.

Aus diesem Modernitätsgefühl leitet Apollinaire den Fundierungsgrundsatz seines ‚neuen poetischen Realismus' her: „poésie et création ne sont qu'une chose" (O. C. IV, 85)[35]. Eine solche These ist allerdings eine Erklärung schuldig für die unüberschreitbare Schwelle zwischen ‚Herstellung' von Wirklichkeit im pragmatischen und sprachlichen Bereich. Die Frage kompliziert sich eher noch durch die kühne Aufgabenstellung dieser literarischen ‚création': „ordonner un chaos, voilà la création" (ebda.). Im Bereich sprachlicher Handlung können mit ‚Chaos', ungestalteter Natur, nur die alltäglichen Sprachspiele gemeint sein, in denen gelebte Wirklichkeit abgesprochen wird. Was an ihnen ungestaltet gelten darf, deckt sich wohl mit Sprachritualen, die im Konventionellen erstarrt sind. Ihr automatischer Zugriff macht sich besonders dann als beengende Vorurteilsstruktur bemerkbar, wenn er die Vielfalt des Lebens („la vie infiniment variée") in die Engpässe gedankenloser Redeweisen leitet. In Zeiten beschleunigter Umwälzung wie in den ersten 15 Jahren dieses Jahrhunderts kann dies Verzerrung, ja Verfehlung tatsächlicher Sachverhalte bedeuten. Genau da knüpft der gewichtige gesellschaftliche Auftrag an, den Apollinaire einer poetischen ‚création' zuweist: „renouveler sans cesse l'apparence que revêt la nature aux yeux des hommes" (O. C. IV, 21). Dichtung kann neue Erkenntnis erst in dem Maße stiften, wie sie die Voreingenommenheit eingeschliffener Wahrnehmungsmuster außer Kraft setzt. Im engeren Sinne treibt Literatur damit Sprachkritik[36].

Dieser Aufgabe konnte sie sich aber erst verschreiben, als ausreichend ins Bewußtsein gedrungen war, daß Leben und Sprechen zwar zwei aufeinander bezogene, dennoch selbständig organisierte Reihen menschlichen Handelns bilden. Je ausdrücklicher Sprache als Zeichensystem gedacht wurde, desto schärfer zeichnete sich die Vermittlung von Handeln und Sprechen als Prozeß einer unablässigen Vereinbarung ab[37]. Sprache kann ihre semiologische Tüchtigkeit nur dann erhalten, wenn zumal die Literatur diese sprachliche Erfassung der Lebenswelt (den ‚primären Diskurs') im Sinne einer permanenten („sans cesse") Definitionshandlung überwacht. Ein solcher poetischer Ordnungsgewinn (‚ordonner') wird allerdings nur dem zuteil, der es einerseits wagt, die Rolle eines „pèlerin de la perdition" anzunehmen; d. h. nichts weniger als die Bereitschaft, seine Besprechungsmuster von Wirklichkeit einer Demontage auszusetzen. Erst dann läßt sich andererseits „changer le sens des paroles" (O. C. III, 91). Ihre neue Bedeutungsfähigkeit reicht von der Aufnahme zeitgemäßer sprachlicher Bezüge zur Realität bis hin zum Entwurf utopischer Vor-Bilder.

IV

Die Frage ist, *wie* Lyrik dieser zugleich kritischen und kreativen Aufgabe Herr zu werden vermag. Als erste Maßnahme verordnet ihr Apollinaire dementsprechend und repräsentativ, was literarischen Umbrüchen seitdem ihre Signatur verleiht, Dekonstruktion. „Je n'écrirai plus qu'une poésie libre de toute entrave, serait-ce celle du langage", läßt er mit futuristischer Radikalität den Dichter Croniamental in der Erzählung *Le Poète assassiné* sagen. Nicht zuletzt deswegen erleidet er das Schicksal des Titels (O. C. I, 257). Diese befreiende Geste läßt innerhalb weniger Jahre die kühnsten Visionen des Symbolismus weit hinter sich. Verlaine hatte sie in *L'Art poétique* programmatisch gemacht: „Prends l'éloquence et tords lui le cou". Was sich von da an über den ‚vers libéré', ‚vers libre', das Prosagedicht, ‚Un coup de dés', zum freien Rhythmus, zu den ‚parole in libertà', den Ideogrammen Apollinaires bis zum ‚poème bruitiste' Huelsenbecks oder Balls phonetischen Gedichten entwickelt hat, war Stück um Stück dem rhetorischen Stilmodell und dem lyrischen Ideal des Sublimen abzuringen. Die Sprengung des Verses begleitet auf der Ebene der lyrischen Sujets ein unaufhaltsamer Abbau der Unterscheidung zwischen poetischem und nicht-poetischem Sprachmaterial. Alles darf sich nach und nach lyrisch vergegenständlichen.

Auf der Ebene des Bedeutungsaufbaus schließlich verblaßt die Vorbildlichkeit der „poésie pure'. Sie hatte ihre Textutopie im ‚chant'[38], der gegenstandsbefreienden Verwandlung der Sprache in Klang. Unerreichbares ästhetisches Gesetz war ihr die Musik, der alte romantische Traum. Deren Material und seine Verarbeitung gleicht mathematischen Operationen, die die Trübungen durch jeden Zufall ausschliessen. Dennoch ist ihr Produkt sublimste sinnliche Erfahrung. Die symbolistisch anmutende Befreiung der Dichtung von semantischen Verbindlichkeiten der Sprache bei den Futuristen, Apollinaire oder Dada aber verfolgt andere Ziele. Sie will im lyrischen Experiment gerade expressive Spielräume erkunden, die jenseits des bekannten Zeichengebrauchs liegen. Ihr Vorbild, die Summe aus Apollinaires erster lyrischer Phase, wird im zeitlich letzten, in der Darbietung ersten Gedicht der *Alcools* verkündet:

> Tu lis les prospectus les catalogues les affiches qui
> Chantent tout haut
> Voilà la poésie ce matin et pour la prose il y a les journaux
> Il y a les livraisons à 25 centimes pleines d'aventures
> policières
> Portraits de grands hommes et mille titres divers
>
> (*Zone;* O. C. III, 55)

Mit wörtlicher Anspielung an das symbolistische Dichtungskonzept („Chantent") entwirft Apollinaire die Umrisse seiner ‚modernen' Nachfolgepoetik („voilà la poésie *ce matin*"). Mit sicherem Gespür für die Differenz der Medien bezieht sich Apollinaire bei der Wahl seiner Vorbilder nicht direkt auf Analogien in der avantgardistischen Malerei, obwohl er an ihr und mit ihren Künstlern diesen ästhetischen Aufbruch ermittelt hat. Plakate, Prospekte, Kataloge bieten die sprachgerechten Paradigmen einer zeitgemäßen lyrischen Aussage. Selten wird so offenkundig, daß die damals vielstimmig beschworene Notwendigkeit einer Erneuerung der Literatur aus dem Leben sich vor allem anderen den dramatischen Veränderungen in dessen Realitätskonstitution stellen muß. Zeitung, Kino, Telphon, Café, die Großstadt haben grundlegend andere und anders gebildete Lebensbegriffe als bisher zur Norm gemacht. Ein ‚neuer Realismus' der Kunst hängt daher nicht so sehr von einer Kritik des Gegenstandes, sondern von der seiner Wahrnehmung ab. Diese fällt dann aber inhaltlich mit Simultaneität als der Grunderfahrung der Moderne zusammen. Von hier aus erklärt sich das poetologische Erfordernis: „concevoir un poème simultanément, comme une scène de la vie" (O. C. III, 890). Genau als solche kognitiven Alltagsszenen sind Zeitung, Kino, Plakat, Telephon etc. zu verstehen. Sie machen bereits vor, was eine neue Lyrik erst noch einzulösen hat. Die Flut von Experimenten mit der Form des Gedichts zeigt jedoch, welche Hindernisse auszuräumen waren, um lebensweltliche Simultaneität auch ästhetisch erfahrbar zu machen. Auch wenn ein Katalog unbedenklich graphische und ikonographische Signale kombiniert, es mußten erst die spektakulären Entgrenzungen des Gegenstandes im Kreise der Kubisten den Weg eröffnen, damit Apollinaire die einst in der Romantik eingeleitete Vermischung der Töne in der erneuerten Idee vom Gesamtkunstwerk auch literarisch vollenden konnte: „Mariant (. . .) comme dans la vie / les sons les gestes les couleurs les cris les bruits"[39]. Diese Simultaneität der Ausdrucksmittel setzt, wie der Katalog zeigt, die Freiheit ihrer raum-zeitlichen Inszenierung voraus. Als Anleitung für Dichtung führt sie unmittelbar in die Visualisierung der Sprache. Ansätze dazu hatte es bereits früher gegeben, in Hugos Figurengedichten, Mallarmés *Un coup de dés,* mit einem radikalen Höhepunkt in Marinettis *Battaglia Peso + Odore* im Anschluß an sein ‚technisches Manifest der futuristischen Literatur' (1912). Erst die syntaktische und semantische Freigabe der Sprache erlaubte es, die sprachlichen Zeichen wie gegenständliche Elemente in kubistischer Kunst zu handhaben. Apollinaire hat in den *Calligrammes* solche experimentelle Formen eines „lyrisme visuel" gesammelt (O. C. III, 901)[40]. Nicht zuletzt aber machen Katalog, Prospekt oder Plakat auf eine unbeschränkte Vereinbarkeit unterschiedlichster Gegenstände selbst aufmerksam. Was in Wort und Bild zur Auslage kommt, erfüllt seinen Zweck offenbar mit einem Minimum an geregelter Darbietung. Die so in den Vordergrund gerückte Vielfalt richtet eine unbekümmerte Huldigung ans Heterogene in der Welt.

Und doch haben die Benutzer keine erkennbaren Schwierigkeiten, sich in solchen Formen der Mitteilung zurechtzufinden. Was Künstler und Dichter dabei vor allem beeindruckt hat, verdeutlicht Apollinaire am Paradigma der Zeitung, auf das er sich mehrfach bezieht: „Une seule feuille traite des matières les plus diverses, parcourt des pays les plus éloignés" (O. C. III, 902). Eine Seite bringt sachlich und räumlich höchst unabhängige Informationen zusammen und gibt dadurch ein Beispiel für die Beherrschung von Simultaneität im Alltag. Sie erbringt insbesondere einen eingängigen Beweis für die Fragmentordnung zeitgenössischer Wirklichkeitsbilder. Die einzelnen Artikel und Notizen bleiben in einem weitgehend unverbundenen Nebeneinander stehen[41]; jeder Beitrag ist in erster Linie sich selber überlassen. Was aber im Hinblick auf Text und Inhalt wie eine Objektivierung erscheint, bezeichnet andererseits genau das Ausmaß einer persönlichen Mitarbeit des Zeitungslesers. Denn was die Aufmachung der Zeitung an Synthese einspart, kehrt auf seiten des Lesers als Aufwand wieder. Nicht nur, daß er das Informationsangebot einer Auswahl unterzieht; er stellt sich gewissermaßen seinen eigenen Text zusammen. Mehr noch aber steht ihm offensichtlich das Vermögen zu Gebote, die Zusammenhangslosigkeit der Einzelbeiträge aufzuheben und sie einem Bedeutungsrahmen zuzuordnen, der ihnen zumindest subjektiv einen Sinn gibt. Beide Fähigkeiten vereint bezeugen eine populäre Form alltäglicher ‚création'. Wer sie auszuüben vermag, hat neben seiner Logik der Sukzession und Finalität vor allem die ‚modernen' Gesetze der Gleichzeitigkeit zu beherrschen gelernt. Sie verlangen Entscheidungen immer mehr unter Bedingungen der Nebenordnung, mithin nach einer Logik der Relation.

Wird die Lyrik nach einer solchen ‚Poetik der Création' entworfen, dann verlangt sie von ihrem Publikum im Prinzip nichts anderes als die aktive Anwendung eben dieser Poetik der modernen Lebenswelt. Was dies jedoch konkret bedeuten kann, mag Apollinaires Gedicht *Les Fenêtres* exemplarisch veranschaulichen.

Du rouge au vert tout le jaune se meurt
Quant chantent les aras dans les forêts natales
Abatis de pihis
Il y a un poème à faire sur l'oiseau qui n'a qu'une aile
Nous l'enverrons en message téléphonique
Traumatisme géant
Il fait couler les yeux
Voilà une jolie jeune fille parmi les jeunes Turinaises
Le Pauvre jeune homme se mouchait dans sa cravate
blanche
Tu soulèveras le rideau
Et maintenant voilà que s'ouvre la fenêtre
Araignées quand les mains tissaient la lumière
Beauté pâleur insondables violets
Nous tenterons en vain de prendre du repos
On commencera à minuit
Quant on a le temps on a la liberté
Bigorneaux Lotte multiples soleils et l'Oursin du cou-
chant
Une vieille paire de chaussures jaunes devant la fenêtre
Tours
Les Tours ce sont les rues
Puits
Puits ce sont les places
Puits
Arbres creux qui abritent les Câpresses vagabondes
Les Chabins chantent des airs à mourir
Aux chabines marronnes
Et l'oie oua-oua trompette au nord
Où les chasseurs de ratons
Raclent les pelleteries
Etincelant diamant
Vancouver
Où le train blanc de neige et de feux nocturnes fuit l'hiver
O Paris
Du rouge au vert tout le jaune se meurt
Paris Vancouver Hyères Maintenon New-York et les
Antilles
La fenêtre s'ouvre comme une orange
Le beau fruit de la lumière

(*Calligrammes*, O. C. III, 160/161)

Der Autor hat diesen Text mehrfach als ein Schlüsselgedicht (O. C. IV, 493) dieser neuen Poetik gekennzeichnet. Demonstrativ eröffnet es den Zyklus der *Calligrammes*[42]. Wie *Zone* oder *Les Collines* ist es angewandtes Manifest einer „esthétique toute neuve" (O. C. IV, S. 1079). Seine Textfolge negiert weitgehend traditionelle Gedichte („je me suis enfin détaché / De toutes choses naturelles", *Collines,* V. 86/7); gerade dadurch aber qualifiziert es sich erst eigentlich als Maßnahme der Erneuerung. Die seit *Alcools* (1913) abgeschaffte Interpunktion führt die Befreiung des Verses über den Vers libre hinaus und nimmt bereits Maß für die Ideogramme. Auf der Ebene der Syntax verlieren grammatikalische Normen ihre Verbindlichkeit[43]. Zwar werden syntagmatische Einheiten aufgeboten (etwa V. 1, 2-4, 15-17, 27 f., 29 f.); ihre gegenseitige Zuordnung jedoch bleibt in der Schwebe. Bilden V. 1-3 oder V. 2-4 einen ‚Satz'? Nach der metaphorischen Logik des Gedichts kommt beides in Frage, ohne zwingend zu sein. Die Farbsignale des ersten Verses vermögen die beiden folgenden semantisch zu affizieren: das Papageienbunte (‚aras') als das ganze Farbenspektrum, ‚forêts natales", Grün, ‚pihi', der Vogel aus der Fabelwelt Chinas, dem Land der aufgehenden Sonne, Gelb; ‚abatis' assoziativ Rot. Nichts spricht auch gegen ein Syntagma aus V. 2-4: die Engführung der Vogel-Motive (‚aras'; ‚pihis'; ‚l'oiseau') und ihre Exotik stimmt mit der sublimen Substanz der Verse zusammen, ‚chantent', das bildlich für ‚un poème' steht. Diese gewollte Unentscheidbarkeit, hervorgerufen durch schwindende syntagmatische Vereinheitlichung, stellt den lyrischen Text unter das Gesetz von Parataxe. Abgeschlossene Satzgebilde, erst recht satzübergreifende Verbindungen werden zu einem eher seltenen Fall der Bedeutungsanleitung. Daß Apollinaire dabei Eindeutigkeit als Ziel sprachlicher Verständigung bewußt aufs Spiel setzt, zeigt seine antitraditionalistische Entschlossenheit: „j'ai fait mon possible pour simplifier la syntaxe poétique" (über *Les Fenêtres* ; O. C. IV, 478). Diese futuristische Geste hindert ihn jedoch nicht, sich theoretisch gegen den ungestümen Parolibrismus der Futuristen und den modischen Simultanismus von Barzun in Szene zu setzen. Seine Freiheiten wollen die Syntax lediglich ‚verknappen'. Modell ist der „style télégraphique"; das Ideal seines lyrischen Sprechens eine „poésie verticale ou polyphonique" (O. C. III, 884).

Daß dieser Rückzug aus grammatischer Eindeutigkeit einen Gewinn an poetischer Vielstimmigkeit (‚polyphonique') ermöglichen soll, läßt auf eine vorbedachte Sinnstrategie schließen. *Les Fenêtres* unterstreicht dies auch auf der Ebene seiner ‚énonciation'. Ein Vergleich mit lyrischen Sprechsituationen macht erst eigentlich fühlbar, daß hier unterschlagen wird, was dort ästhetischen Komfort schafft: das lyrische Ich. Wenn es in diesem Gedicht formal abwesend ist, so mag das belanglos erscheinen angesichts zahlloser Belege in der Geschichte der Lyrik. Ihnen ließ sich jedoch seine Abwesenheit zumindest strukturell einzeichnen: poetologisch durch die Einheit der Bildlichkeit etwa, emotional durch die Einheit einer Gestimmtheit, perspektivisch im Horizont einer subjektiven Setzung. Hier dagegen scheint eine spontane Vereinheitlichung des ‚énoncé' auf eine schlüssige Sprechsituation verstellt. Den Fragmenten einer Konversation (dazu zählen vermutlich die Verse 4/5, (6), 7, 8, 11, 12, 15, 16, 17 – höchstens ein Viertel des Gesamten) sowie der mutmaßlichen Entstehungsgeschichte dieses Gedichts zufolge wurde es für ein ‚poème-conversation'[44] in Beschlag genommen. Quantitativ gleichwertig schlagen aber immerhin Bildmomente mit Farb und Lichtmotiven (mindestens V. 1, 10, 12, 13, 14, 18, 20, 28, 32, 34, 36, 39, 40), ausgesuchte zoologische Bezüge (V. 2, 3, 13, 18, 26-31) oder Elemente aus dem Bereich Reise/Stadt (V. 2, 8, 21-24, 29, 33 ff., 37 f.) zu Buche. Sie lassen sich weder syntaktisch, artikulatorisch, noch thematologisch oder sentimental ohne weiteres zusammenbringen.

Das will nicht heißen, daß dies ausgeschlossen sein soll. Das Entscheidende besteht vielmehr darin, daß ein Text mit dieser reduzierten Prägnanz den Schlüssel seines Verständnisses in herkömmlicher Bereitwilligkeit nicht mehr ausliefert. Seine Mitteilsamkeit hat sich einem grundsätzlich anderen Interesse verschrieben. Sein beträchtlich verminderter Strukturierungsaufwand ist ein Attentat auf eine lyrische Selbstverständlichkeit: er entzieht dem Gedicht ein vertrautes Stück seiner Selbstidentifikation. Dadurch kompliziert sich die Lektüre, weil der Text von sich aus wenig tut, um seine Bedeutung anzuweisen. Im Durchgang durch die ‚Dunkelheit' eines Gedichts wie *Les Fenêtres* kann dafür allerdings die Einsicht entstehen, wie eine Vermittlung von Bedeutungen ursächlich von der Einfassung in textuelle Kohärenzmuster abhängt. Im Sinne der ‚neuen Lyrik' wäre darin ein erstes Positivum ihres Feldzuges gegen Traditionalismen zu sehen: in welchem Maße Konventionen von selbständigem Wahrnehmen entwöhnen können. Deswegen haben sich avantgardistische Gedichte dieser Zeit in einen Akt der ‚Entkontextualisierung' verwandelt. Sie weichen einer raschen Vereinnahmung aus, indem sie in ‚Inkohärenz' jenes läuternde Ärgernis veranstalten, das für den Zugang zu einem neuen lyrischen Diskurs entrichtet werden muß. Apollinaire hat mehrfach auf die „forme rompue" (O. C. IV, 875) seiner ‚modernen' Gedichte hingewiesen. Ihr konstruktiver Unzusammenhang war deshalb Teil eines wohlbedachten Konzepts. Aus seiner Sicht wird gerade die lockere Textur („sans lien apparent"; O.C. III, 699) zur ersten Voraussetzung seiner gelungensten Fälle lyrischer Simultaneität. Wie der Katalog seinen Objekten verleiht die Nebenordnung den einzelnen Notationen des Gedichts soviel Unabhängigkeit, daß ihr Spielraum schließlich dem Traum der symbolistischen Artistik nahe scheint: der Rückgewinnung der uranfänglichen Virtualität der Sprache.[45]. Entvereindeutigend übersteigt solches lyrisches Sprechen seinen denotativen Gebrauchswert und wird dadurch zur Herausgabe seines konnotativen Reichtums veranlaßt. Darauf gründet vor allem die avantgardistische Entschlossenheit, sich über eingeführte lyrische Raster hinwegzusetzen. Eine Poetik der Inkohärenz ist deshalb unter dem Gesichtspunkt dessen, was sie verhindern will, Darstellen durch Entstellen. Die erschwerte Wahrnehmung kommt zunächst als Abstandserlebnis zu Bewußtsein.

V

Solche Aktivierung des menschlichen Sinns für Mehrdeutigkeiten muß freilich mit einem prekären Preis bezahlt werden. Je weiter das Gedicht von seiner Seite aus eine Kohärenz unterdrückt, desto weniger legt es sich auf eine Bedeutung fest. Die vielseitigen Experimente zur Entgrenzung des lyrischen Ausdrucks thematisieren auf diese Weise eine ihrer sprachlichen Grundansichten: daß sich der Aussagereichtum der ästhetisch genutzten Sprache auch umgekehrt proportional zu ihrem Strukturierungsaufwand verhalten kann. Damit scheint avantgardistische Lyrik in diesem Punkt durchaus noch am Ziel symbolistischen Dichtens zu hängen. Dessen Verfahren versuchte, in einer kaum jemals weiter getriebenen Verdichtung der Sprache *(Le Verbe)* ihr orphisches Geheimnis zum Sprechen zu bringen. Im Vergleich dazu geht die nachfolgende Generation genau den umgekehrten Weg. Mit einer bis dahin niemals so konsequent gewagten strukturellen Verdünnung glaubt sie, die dichterische Sprache in ihre schöpferischen Möglichkeiten entlassen zu können. Ihre Entfaltung wird im

Prinzip nur durch zwei letzte Grenzen eingeschränkt. Die eine ist der Un-Text. In radikaler Unbestimmtheit verweigert er sich jeglicher Bedeutungsfessel. Dieser Grenze huldigen z. B. bruitistische Collagen der Dadaisten[46]. Am anderen Ende stehen vollkommen formalisierte Aussagen. Ihr Ideal ist logische Ein-Eindeutigkeit. Die poetischen Experimente selbst, gerade sofern sie lyrische Normen des 19. Jahrhunderts überwinden, bringen damit den historischen Text-Begriff insgesamt zum Einsturz. Ihm gegenüber sind sie *Prä-Texte.* Von ihnen aber geht ein Wagnis der modernen Literatur in sehr konkreter Weise aus.

Die absichtsvollen Inkohärenzen verändern nachhaltig die Anforderungen an die Lektüre[47]. Zwar müssen alle Texte wahrnehmend ‚realisiert' werden. Ein Gedicht wie *Les Fenêtres* aber wird in ganz anderer Weise erst in der Lektüre zum Abschluß gebracht. Vor allem die Beteiligung des Zuhörers – avantgardistische Gedichte wurden in beträchtlichem Maße auf literarischen Variétés dargeboten – oder des Lesers überführt einen solchen Prä-Text in einen Text. Wenn jedoch der Konvergenzpunkt einer Bedeutung soweit aus dem Gedicht hinaus in den Akt seiner Wahrnehmung verlagert wird, gewinnt es die neue Qualität einer relativ frei zu handhabenden Kombinatorik. Der Leser wird zum ‚Macher', der sich seine eigene Lesart herstellt. Die mobile Struktur des Gedichts verwandelt den Akt der Wahrnehmung in die Suche nach einem ‚Parcours' durch das Gedicht[48]. Andererseits, um dabei zu einem Sinn zu kommen, bedarf es im Grunde nicht mehr als die analoge Anwendung eben der Poetik der ‚création', welche von fortschrittlicher Lebenstechnik gefordert wird! Umgang mit dieser Lyrik ist deshalb aktive Bewußtmachung und Indienstnahme der Erfahrung von ‚création' als einem Grundbegriff gelebter Simultaneität[49]. In ihrer Perspektive soll ein Mangel an Kohärenz auf seiten des Textes einen Impuls zur Herstellung eines Kontextes auf seiten des Wahrnehmenden auslösen. Nur in dem Maße, wie dieser bereit ist, den assoziativen Spielraum des Prä-Textes von sich aus sinnvoll zu besetzen, läßt das Gedicht einen Zusammenhang zum Vorschein kommen. Dabei macht es auf eine andere Grundbedingung sprachlicher Verständigung aufmerksam. Es zeigt, wie sehr eine Bedeutungsgebung von den Kontexten abhängt, in die der Bedeutungsträger eingelassen wird. Die ebenso klare wie ungewohnte Aufgabe war damit gestellt: durch das – simultane – Gedicht eine Linie zu führen, die seine Bestandteile zur Einheit einer Mitteilung zusammenschließt. Allerdings hat diese Sinnkreation die ganze Last der an Poesie geknüpften Erwartung zu tragen, daß sie es sei, die ‚Wirklichkeit' authentisch, d. h. als ‚sur-réalisme' erst herstelle. *Les Fenêtres* kann daher in einem als „poème-événement"[50] und als Demonstration seiner Verstehensbedingungen gelesen werden.

Keine Lektüre aber, und erst recht nicht eine ‚poetologische', kann andererseits, wenn sie sich nicht in purer Zumutung verselbständigen will, ohne jede Mithilfe des Textes auskommen. Daß deshalb seine Kohärenz nicht beliebig herabzusetzen ist, wird unter dem Problem eines Konvergenzminimums wieder aufzunehmen sein. Hier geht es zunächst um die besondere Bedingung, daß ein solches textseitiges Erfordernis nicht in der weithin gepflegten Selbstkommentierung des Textes erwartet werden darf. Um einer ‚création' Raum zu schaffen, streut er, anders als bisher, keine Signale für das aus, was er eigentlich meint, sondern allenfalls solche, die dem Leser einen Weg dorthin weisen. Wo sich dies umfassender erhärtet, zeigt sich eine bedeutsame Verschiebung des lyrischen Interesses von dem, was zu sagen ist, auf das, wie es zu sagen ist[51]. Die Form der Aussage wird, in der Tendenz, mit der Aussage identisch. Wird diese ‚neue' Lyrik dadurch aber nicht ihrerseits ein unvermuteter Schauplatz für den Aufzug strukturellen Denkens als einer der beherrschendsten kognitiven Handlungsweisen der Moderne? Zumindest die Nähe zum analogen Prinzipienwandel in der damaligen Sprachwissenschaft bei Saussure ist nicht zu leugnen[52].

Wie zur Bestätigung ihres szientistischen Einschlags verlangt die neue lyrische Wahrnehmung von ihren verbliebenen Liebhabern gewissermaßen die Anwendung des Verfahrens von Hypothese und Falsifikation, um ihrem ‚Objekt' eine Bedeutung abzugewinnen. Da sich jedoch die Vorerwartung eines ‚kreativen' Publikums systematisch kaum fassen läßt, kommt es vor allem auf den Strukturwillen des Textes, auf die ihm eingezeichnete Hypothese an, die er ihm auf der Suche nach einem möglichen Sinn vorstreckt. Genau in dieser hypothetischen Funktion wollen die beiden Konvergenzfiguren verstanden sein, die sich aus *Les Fenêtres* ermitteln lassen. Die erste geht davon aus, daß das Gedicht als ‚Manifest' seiner eigenen Modernität gelesen werden kann[53]. Diesen Akzent setzt bereits der Titel. Da er ursprünglich „Robert Delaunay" lautete, nimmt er unmittelbar Bezug auf jenen Gemäldezyklus von Fenstern, die der Freund Apollinaires, ‚le simultané', im Rahmen seiner Berliner Ausstellung von 1913 gezeigt hat. Das Gedicht wurde eigens für den Ausstellungskatalog geschrieben. Diese historischen Umstände stellen den Text in einen bewegten kunsttheoretischen Zusammenhang. Die Anspielung des Titels auf die Fenster-Arbeiten des Malers ‚zitieren' die konstruktivistische Wende in seinem Schaffen. Mit *Fenêtres simultanées* vollzieht er um 1912 den entscheidenden Schritt hin zur gegenstandslosen Malerei („art inobjectif")[54]. Seine Versuche über den Kubismus hinaus lassen sich

Robert Delaunay,
Les Fenêtres simultanées sur la ville, 1912
(Kunsthalle Hamburg)

von einer Technik des ‚contraste simultané' leiten. Sie wird ihrerseits wiederum als bewußte Demontage eines Zitats veranstaltet. Delaunay greift das symbolwertige Motiv des Fensters (zur Stadt) auf, rekapituliert seine alte perspektivierende Ordnungsfunktion jedoch so, daß es eine erwartbare Aufteilung des Blickfeldes in Innen und Außen gerade unterdrückt[55]. Das Fenster räumt insofern seine privilegierte Stelle im Bild und nimmt an einem Außen und Innen zugleich teil. Damit verliert es weitgehend jede thematologische Wahrnehmungslenkung. Das gegenstandsenthobene Zusammenspiel der Farbelemente stuft es zu einer Komponente unter andern herab. Sein Ort im Ganzen muß vom Betrachter erst festgelegt werden.

Apollinaires Gedicht ruft damit den kulturgeschichtlichen Kontext auf, in dem damals die Debatte um eine Simultaneität in der Kunst geführt wurde[56]. Heuristisch scheint es durchaus möglich, diese Auseinandersetzung zum Ansatzpunkt für eine mögliche Konvergenz des Textes zu machen. „Il y a un poème à faire" (V. 4) setzt die Orientierung. In diesem Punkt immerhin verhehlt *Les Fenêtres* sein Anliegen auffälligerweise kaum – ein Zeichen für seine programmatische Entschlossenheit: es ist ein Gedicht über das Gedicht. Es steht in jener charakteristisch ‚modernen' Tendenz der Literatur, die in der ‚mise en abyme' ein Zeichen gesetzt hat für ihr wachsendes Bedürfnis nach reflexiver Selbstvergewisserung[57]. Gides Roman *Die Falschmünzer,* Prousts *Auf der Suche nach der verlorenen Zeit,* Pirandellos *Sechs Personen suchen einen Autor* haben nur nachdrücklichere Beispiele gegeben für eine auch in der Lyrik vorhandene Thematisierung ihrer eigenen Bedingungen.

Vielleicht darf man darin überdies ein Signal für Modernität ganz besonderer Art sehen. Wo sich das abgeschlossene Gedicht *Les Fenêtres* zugleich als das Projekt seiner selbst bespricht, will es, als sprachliche Form, seine simultane Offenheit verstetigen. Gegen alltagsbedingte Verfestigungen der Sprache sucht es den vorschnellen Abschluß seiner Möglichkeiten strukturell zu vereiteln. Das ‚simultane Gedicht' scheint dabei von dem Paradox fasziniert, als begrenztes sprachliches Gebilde sich dennoch als unbegrenzten Prozeß zu erhalten. Dies wäre eine lyrische Spielart des ‚work in progress'. Wenigstens am Rande ist auf die Problemverwandtschaft mit den Experimenten um einen Bewußtseinstil im Roman hinzuweisen. Dort geht es in vergleichbarer Weise darum, gegen die Verbindlichkeit fertiger Sprache deren Verfertigung, ihre Potentialität zu retten.

Unter diesen poetologischen Vorzeichen läßt sich eine der Lesarten von *Les Fenêtres* zum Sprechen bringen. Zunächst V. 5, dem eine syntaktische Brücke zu V. 4 unterstellt werden kann: „Nous l'enverrons en message téléphonique". Bezieht man den pronominalen Anschluß („l'“) auf „un poème à faire“ (V. 4), vermag er eine außerordentlich aufschlußreiche Verbindung zur Poetik dieser neuen Lyrik aufzudecken. Ein Gedicht, nach der Sprechsituation einer ‚telephonischen Mitteilung‘ konzipiert, muß sich dem Problem der Ubiquität stellen. In der jüngst begonnenen Ära der transatlantischen Fernverbindung wird Lyrik damit selbst zu einer Bühne dieses zeitgenössischen Ereignisses. Sie hat lyrisch der Vorstellung Rechnung zu tragen, daß räumliche Entfernungen nicht mehr in zeitlicher Sukzession erfahren werden müssen. Dieser Sprung aus dem Nacheinander durchdringt die Anordnung des Gedichts: seine metaphorischen Fragmente wahren untereinander eine diskontinuierliche Offenheit. Ihr poetisches Prinzip wird darin zugleich zur ‚Erklärung‘ von V. 33/37 f. Die im Telegrammstil („simple, rapide, avec des raccourcis“: O.C. III, 612) von ‚Parole in libertà‘ aufgereihten Städte haben, optisch und syntaktisch, ihre beschwerliche Distanz abgelegt. Sie kann von simultanem Lebensgefühl gleichsam entmaterialisiert werden, wenn sie die Begeisterung über moderne Kommunikationsmittel als reales Hindernis überspringt. Im Erlebnis von Apollinaires Freund Dalize oder des Weltenbummlers Cendrars (*Pâques à New-York*) ist diese Sichtweise überdies in die Tat umgesetzt worden. Wie überhaupt der Kosmopolitismus dieser Zeit als ein Ergebnis dieser neuen Raumerfahrung gelten darf. V. 37 f. wiederum koordiniert in der Kurzfassung eines Plakats (vgl. *Zone*, V. 11: ‚affiche‘) die versprengte ‚Geographie‘ dieses Gedichts: Paris (V. 37/35), das räumlich-sentimentale Zentrum[58], identifiziert ‚Tours‘ (V. 21), der Plural wohl als Zitat der Eiffelturm-Bilder Delaunays, die gleichfalls in Berlin ausgestellt waren. Von diesem Mittelpunktsmotiv aus läßt sich gewissermaßen ein ‚Stadtplan‘ auffalten: ‚Tours / ce sont les *rues* / Puits / ce sont les *places*‘. Die Kälte und Ferne von Vancouver (V. 33/34) (blanc de neige; feux nocturnes; l'hiver) bezeichnet den ‚Norden‘ dieses Gedichts. In anschaulicher rückläufiger Besetzung schließen sich von hier aus V. 29-32 auf: ‚nord‘; ‚chasseurs de ratons‘; ‚pelleteries‘; ‚diamant‘. Die Kälte des Nordens wird als eine Welt der Gewalttätigkeit („chasseurs de ratons“; „racler les pelleteries“) und der Disharmonie („L'oie oua-oua trompette“, V. 29) interpretiert. Sie wiederum bildet einen unmittelbaren Kontrast zu „les Antilles“ (V. 38). Dort läuft der Bereich einer exotisch-phantastischen Gegenwelt räumlich zusammen: die Tropen (V. 2: ‚aras‘; ‚forêts natales‘; ‚pihis‘); die Karibik (V. 26 ff.: ‚Câpresses‘;

,Chabins'); wohl auch die bizarre Welt des Ozeans (V. 18 f.), der die Kontinente trennt und verbindet.

Ganz im Sinne der Absicht, das Bedeutungsspiel nicht zu früh abzubrechen, muß die alternative Anschließbarkeit von „il y a un poème à faire" (V. 4) erwogen werden. Als Hauptsatz zu V. 2-3, „quant chantent les aras" (etc.) gerät das projektierte Gedicht unter den Einfluß der Farbassoziationen von ‚aras', ‚forêts natales', ‚pihis'. Deren Fluchtpunkt (V. 1 bzw. V. 36) nimmt doppelt eindringlich Bezug auf zur revolutionären Wende in die gegenstandslose Malerei bei Delaunay[59]. „Du rouge au vert tout le jaune se meurt" (V. 1) bezeichnet den halben Umlauf des Farbkreises. Mit der bahnbrechenden Farbentheorie von E. Chevreul (*De la loi du Contraste simultané des Couleurs*, 1839) war für Delaunay eine Malweise der ‚Peinture pure' in Aussicht gestellt. Wie Apollinaire selbst kommentiert, sei die dargestellte Natur kein „sujet de description" mehr, „mais un prétexte[!], une évocation (...) par des plans colorés qui s'ordonnent par des contrastes simultanés". Erst das Zusammenspiel kontrastierender Farben erzeuge, als „Gleichzeitigkeitsverhältnis von Teilung und Vereinigung"[60], das Bild. Dieser kunsttheoretische Kontext wird über V. 1 und 36 auf die Poetik des Gedichts projiziert. Er gibt die Möglichkeit, die Inkohärenzstruktur des Textes als Anwendung eines poetischen Kontrastprinzips zu sehen. Wie die Simultantechnik der Malerei aber dadurch die Wahrnehmung statischer Farben und Formen zu ‚dramatisieren' vermag, so verwandelt die lyrische Übergangslosigkeit die starre Sprachanordnung des Gedichts bei der Lektüre in einen kreativen Prozeß. Daß dabei das alte Gegenstandskonzept und thematische Klammern aufgelöst werden, dies aber dennoch als positive Errungenschaft zu verstehen ist, mag V. 13 andeuten: „les mains tissaient la lumière". Die – wissenschaftliche – Zerlegung des natürlichen Lichts in seine Komponenten läßt gerade erst in der Re-Komposition (‚tisser') der Malerei (‚les mains') die Farbe ‚zur Sprache' kommen. Von hier aus scheint es möglich, aus diesem Vers des Gedichts die Summe einer neuen Ästhetik herauszuheben. Sie wird besonders anschaulich, wenn die ambivalente Lesbarkeit des letzten Verses wie folgt akzentuiert wird: „Le beau: fruit de la lumière". Dann bekennt er den Grundsatz, daß Kunst (‚beau') die Wahrnehmung (‚lumière') verwandelter Natur (‚fruit') ist. Der ästhetische Aspekt, den ‚lumière' ausspielt, schlägt über einen Hell-Dunkel-Kontrast eine beziehungsvolle Brücke zu V. 16: „On commençera à *minuit.*" Andere Gedichte Apollinaires sichern die

Bedeutung, daß ‚Nacht' / ‚Dunkelheit' als Opposition zu ‚Tag' / ‚Licht', die damalige ‚Querelle' zwischen traditioneller und avantgardistischer Dichtung meint (Vgl. nur *La Jolie Rousse,* V. 13 ff; *Poème lu au mariage d'André Salmon,* Str. 2; oder *Les Collines* Str. 1-3). ‚Minuit', Nullpunkt des Tages, darf seit dem futuristischen Manifest von 1909 zugleich als Motiv dafür gelten, daß der Aufbruch zu einer neuen Kunst von einem Rückgang auf gleichsam traditionslose Voraussetzungen auszugehen habe[61]. „Nous tenterons en vain de prendre du repos" (V. 15) scheint bereits von einer charakteristischen Konsequenz aus einer solchen avantgardistischen Absonderung zu wissen: es ist der Zwang, den einmal eingeschlagenen Weg ins Experiment mit dem Mute desjenigen weiterzugehen, der sich den ‚Grenzen des Unbegrenzten und der Zukunft' (*La Jolie Rousse; Calligrammes,* V. 28 f.) verschrieben hat. Überdies steht er in Konkurrenz mit anderen Aufbruchsbewegungen wie Futurismus, Kubismus, dem Theater (Jarry) etc. Sie bringen sich gegenseitig in eine Art Überbietungsnot, wenn sie ihren Titel der Avantgarde halten wollen. Die ‚Rastlosigkeit' (‚sans repos') ist aber nicht zuletzt ein Erfordernis im Hinblick auf den selbstgestellten Sozialauftrag dieser neuen Literatur: „renouveler *sans cesse* l'apparence que revêt la nature aux yeux des hommes" (O. C. IV, 22). Erkenntniskritisch wirksam kann sie nur sein, wenn sie ihre Versuche nicht um schneller Ergebnisse willen durchführt, sondern den Prozeß der Erneuerung fortlaufend als solchen in Gang zu halten vermag. Auf die Selbstauslegung des Gedichts bezogen mag darin schließlich die Anspielung enthalten sein, auch seine Wahrnehmung nicht zu früh ‚zur Ruhe' kommen zu lassen.

Eine ausschließlich poetologische Möglichkeit der Konvergenz würde im übrigen einem simultanen Gedicht wie *Les Fenêtres* seine programmatische Offenheit geradezu wieder abstreiten. Zuviele Verse auch blieben unter diesem Gesichtspunkt ‚unbesetzt'. Mindestens ein zweiter Brennpunkt seiner Lesbarkeit scheint sich ihm nachweisen zu lassen, der sich im übrigen ursächlich mit dem anderen verknüpft zeigt. Bereits der erste Vers gibt in „se meurt" ein unüberhörbares Signal dafür, daß die ‚Fäden' dieses Textes (‚araignées'; ‚tisser', V. 13) in einem heftigen sentimentalen Zentrum zusammenlaufen. In Verbindung mit der zweiten Hälfte des zentralen V. 4 spielt das Gedicht bis in den Wortlaut hinein auf den Grundkonflikt an, der die Dichtung Apollinaires als verbindendes Substrat trägt.

Sieht man vom Prolog *Liens* ab, bildet *Les Fenêtres* das erste Gedicht in *Calligrammes*, gleichsam die Schwelle zwischen *Alcools* und dem zweiten großen Zyklus Apollinaires. Diese Position knüpft eine Verbindung (,Liens') zu dessen großer thematischer Konvergenzfigur des ,amour malheureux'. Richtungsweisende Lektüren haben in der relativ konstanten Bildlichkeit der *Alcools* eine Art metaphorisches Koordinatensystem gesichert[62]. Noch in vielen Texten der *Calligrammes* hat es deutliche Linien gezogen. In seinem Mittelpunkt steht der pathogene Ursprung von Apollinaires Dichtung: die unaufhebbare Verstrickung von männlichem und weiblichem Prinzip. Sie äußert sich in Gestalt gleichsam eines Triptychons. Als Urerfahrung steht die Unvereinbarkeit von Mann und Frau im Vordergrund. Sie verdichtet sich zu Apollinaires poetischem Grundton des ,mal-aimé'. Er hat sich im *Enchanteur pourrissant* früh ein literarisches Denkmal gesetzt. Sein Resümee: „Et j'avais la conscience des éternités différentes de l'homme et de la femme" (O. C. I, 98; 99). Obwohl unvereinbar, bleiben Mann und Frau dennoch untrennbar. Sie bedingen sich gegenseitig wie räumlich-vertikale und zeitlich-horizontale Komponente. Der Mann, zumal der Dichter, ist Abkömmling des Himmels; sein Sternzeichen ist die Sonne. Die Frau dagegen ist mit Erde und Wasser verbunden; sie steht im Zeichen des Mondes. Er, als Träger des Logos, übt das idealistische Amt des Sehers aus. Seinen Höhenflug zieht ihr chthonisch-irdisches Naturell, Inbegriff von Eros, zur Erde zurück. Der – traditionelle – Konflikt der nicht zueinander Findenden erzeugt den ,amour malheureux'. Und doch kann dieses kranke Gemüt des Dichters ein produktives Moment entbinden, das den Zwiespalt auf einer höheren Ebene, in der dritten Dimension aufzuheben vermag. Der Liebestod des Mannes ist Abstieg in die Unterwelt, aber verwandelnde Wiederauferstehung als Dichter *(Chanson du Mal-Aimé)*. Erlittene Liebe muß als unumgänglicher Preis für eine phönixhafte Wiedergeburt *(Zone,* V. 65) im Geiste der Poesie *(Poème lu au Mariage d'André Salmon)* entrichtet werden. In ihrer höchsten Konsequenz vollzieht sich mit dieser Läuterung zum Dichter zugleich die Überwindung des Sentimentalismus als thematischer Struktur in traditioneller Lyrik („A la fin tu es las de ce monde ancien", *Zone* V. 1) – der Bedingung wiederum für eine ,neue Ästhetik'.

Dieser thematische Kontext vermag *Les Fenêtres* ergänzend zum poetologischen zu organisieren. Als Angelpunkt bietet sich wiederum V. 4 an: neben der Spiegelung in sich selbst („il y a un poème à faire") bezeichnet die zweite Hälfte dieses Verses das dazugehörige Sujet des Gedichts, an dem es seine Poetik vorführen kann: „ sur l'oiseau qui n'a qu'une aile". Wie von einem Radiationszentrum aus lassen sich von hier ‚Bildnetze' („araignées") weben („tisser", 13). Der Vogel mit nur einem Flügel ist – das Gedicht *Zone* (V. 71/72) ‚erklärt' es – der ‚Pihi'! Der Sage nach kann er sich nur in die Lüfte erheben, wenn zwei sich vereinen – Sinnbild erfüllter Liebe. Bleibt einer allein, wie in *Les Fenêtres,* ist er der ‚malaimé'. Wie bereits erwogen, besetzt ‚pihi', das Fabeltier aus dem Land der aufgehenden Sonne, das dichtungstheoretische ‚Gelb' des Farbkreises (V. 1) auch sentimental. Das zum Sterben verurteilte ‚Gelb' („se meurt") weiß den Liebenden alleingelassen, der Aufschwung aus dem Einklang von Mann und Frau ist gescheitert. Stellt ihm aber V. 5, getreu der Kontrastpoetik, nicht den ungeheuerlichen („traumatisme géant", 6) Ersatz in einer unsentimentalen, futuristisch anmutenden Verbindung im Zeichen moderner Technik in Aussicht: „Nous l'enverrons en message téléphonique" (V. 5)? Der pronominale Anschluß, wo er auf „l'oiseau" (V. 4), den Dichter und Himmelssohn bezogen wird (vgl. *Collines,* Str. 6 ff.), zeigt ihn im neuen Licht des Avantgardisten („libre de tous liens", *Liens* V. 6). Frei von sentimentalen Abhängigkeiten („je mes suis enfin détaché / de toutes choses naturelles"; *Collines* V. 86 f.), versucht er nicht mehr, von der Höhe eines hochgestimmten Gefühls herab die Welt zu erschauen, sondern technisch („message téléphonique") und wissenschaftlich (*Collines,* V. 59 u. o.) ihre Zukunft vorauszuschauen.

Dennoch, diese prophetische Gabe läßt kaum, auch nicht in *Calligrammes*, ihren Liebestribut vergessen. Wenn der Pihi (V. 4) zum Gegenstand eines Gedichts gemacht werden, d. h. sich in ‚Gesang' („poème") verwandeln soll, muß er den ‚natürlichen' Gesang („chantent les aras", V. 2) naiv sich erfüllender Liebe („les aras dans les forêts natales") opfern (‚abattre'; Rot). Er bringt sich darin zugleich aber in einen unüberbrückbaren Gegensatz zu „l'oie" (V. 29): auf der einen Seite das symbolträchtige Fabeltier, auf der anderen das poesielose Haustier. Dessen Gesang ist fühllose (‚trompette') Kakophonie (‚oua-oua'). Im Gegensatz zum Gelb des Sonnenaufgangs („pihi") steht ihr Weiß mit der Kälte des Nordens (‚au nord') in Beziehung. Dieses Weiß aber gibt zugleich den ‚Ton' Nordamerikas (‚train blanc de neige'; ‚l'hiver', 34) an, wohin einst Annie Playden vor dem Dichter geflohen war und ihm das Stigma des ‚Mal-aimé' verliehen hatte. Diese Farbe aber erschließt nicht minder die Verse 10/9/8 sentimental: die *weiße* Krawatte des jungen Mannes wird befleckt (‚se mouchait dans'); diese Trübung gibt farblich zu verstehen, daß er „pauvre" ist; gegenüber der Schönheit der jungen Frau (V. 8) eine mit ‚unglückliche Liebe' zu besetzende Opposition. Im Sinne eines ‚contraste simultané' läßt sich von hier aus jedoch auch die dunklere (‚marronnes', 28; ‚Câpresses', 26) Analogie (‚des airs à mourir', 27) im exotischen Milieu anschließen: das Weibliche (‚Câpresses', 26, ‚Chabines', 28) ist auf allen Ebenen des Lebens das Unbeständige (‚vagabondes'), sich Entziehende (‚marronnes', 28, im Antillenfranzösischen), damit die grausame Passion des Männlichen, wie es ihm einst von Viviane im *Enchanteur pourrissant* als lebenslängliches Schicksal geweissagt worden war. Und noch immer trifft es vor jedem anderen den Dichter (‚chantent', 27), dessen ‚Gesang' eben diese unerlöste Abhängigkeit zum Gegenstand hat (‚des airs à mourir', 27).

Dieses Weiblich-Irdische, das aus den Brauntönen spricht, ergänzt sich bei Apollinaire in der Regel mit dem Bezirk des Wassers. Aus dieser Perspektive läßt sich aus der exotischen Szenerie (‚Les Antilles' 38) eine assoziative Brücke schlagen zur bizarren Meereswelt von V. 18 (‚Bigorneaux Lotte multiples Soleils et l'Oursin du couchant'). Diese niederen, primitiven Lebewesen des Wassers (Vgl. Viviane!) qualifizieren das Weibliche als das Kreatürlich-Instinktive. In der Sicht des zum Licht gerichteten Dichters erscheint die Orientierung am Weiblichen deshalb als eine Welt der Tiefe (vgl. V. 23 ff.: ‚Puits') mit ‚falschen Sonnen' (‚multiples soleils', 18). Das Wortspiel mit ‚soleils' (Sonne / kleine Meerestiere) setzt sich bildlich fort im ‚Oursin du couchant' (V. 18). Dessen sonnenähnliche Form wird von ‚du couchant' in dieser Anspielung gestützt und hilft zugleich rückläufig die Konnotation sichern, daß die Welt der naturhaften Liebe dem ‚Untergang' (‚couchant') geweiht ist[63]. Dieser ‚dunklere' Bereich des Weiblichen, an den sich der Dichter gebunden weiß, der ihm aber nur die Leiderfahrung des Ungeliebten (‚weiß') bereit hält, bildet dennoch (Vgl. *Poème lu au mariage d'André Salmon)* den kostbarsten Rohstoff der Dichtung (vgl. V. 32: ‚diamant'). Sein Licht (‚étincelant') kann freilich erst zur Entfaltung kommen, wenn er kunstvoll verarbeitet, d. h. poetisch veredelt wird. ‚Pihi' / ‚Gelb', das Motiv eines unter Opfern errungenen neuen Gesangs, wird von V. 1 dadurch farblogisch interpretiert: seine Möglichkeit setzt gleichermaßen Überwindung von ‚Rot', das Liebesopfer (vgl. „se meurt'; V. 27: ‚des airs à mourir'; *Chanson du*

Mal-aimé, Str. 4 f.), wie ‚Grün' (V. 2), die naive Erfüllung des Natürlichen voraus. Eine solchermaßen von Sentimentalismen und instinktiven Verhaftungen geläuterte Substanz der Dichtung kann nun auch von dem bereits gewürdigten neuen ‚Gesang' aufgenommen werden: ‚la fenêtre s'ouvre/comme une orange' (V. 39, 12). Eine solche neue Sicht in der Kunst (‚la fenêtre') eröffnet sich (‚s'ouvre') allerdings erst am Ende eines langen Weges (‚Une vieille paire de chaussures jaunes', 20) und nur sofern er über die Grenzen und Tabus herkömmlicher Vorstellungen vorzudringen wagt (‚Tu soulèveras le rideau', 11). Dieser banale Akt spielt in dieser Verbindung die mystische Symbolik einer romantischen Initiationshandlung aus, wie sie etwa Novalis in den *Lehrlingen zu Sais* gestaltet hat: ‚Et *maintenant* que s'ouvre la fenêtre' (12).

VI

So gelesen wird das Gedicht schließlich zur Bilanz seiner eigenen Avantgarde. Die hier vollzogene Lesart stellt ein Beispiel seiner Lesbarkeit insgesamt dar. Was an Bedeutung zu ermitteln war, muß stets als nur *ein* möglicher Parcours genommen werden. Darin eine metaphorische ‚Erfüllung' des Textes zu sehen hieße gerade, die in seiner mobilen Struktur abgesteckte Figur des Spielraums zu mißbrauchen. Seine Poetik der Kreation geht vielmehr das irritierende Wagnis ein, mit den Mitteln eben der Sprache, die sich normalerweise in den Dienst von Eindeutigkeit stellt, in lyrischer Verwendung zu einem unabschließbaren Vorgang zu verwandeln. Als Prä-Text käme sie dann nicht über einer endgültigen Bedeutung zur Ruhe, sondern forderte mit jeder neuen Lektüre den vorhergehenden Bedeutungsentwurf erneut heraus.

Ein solches ‚offenes Gedicht' hat allerdings den Rang eines avantgardistischen Ideals. Man mag den faszinierenden Gedanken nachvollziehen können, ein damals besonders intensives Lebenserlebnis auch seiner sprachlichen Bewältigung mitzuteilen. Angesichts der theoretisch und poetologisch zu überwindenden Schwierigkeiten mußten lyrische Experimente durchaus Auswüchse, Grenzüberschreitungen, Sprachzerstörungen bis hin zur Sprachlosigkeit in Kauf nehmen. Sie schärften jedoch dadurch gleichzeitig das Bewußtsein von den ‚Grenzen der Entgrenzung' (Stempel). Semantischer Mehrwert in poetischer Sprache kann durch eine noch so konzertierte Herabsetzung der Kohärenz nicht beliebig gesteigert werden. Wie weit auch Sprache etwa mittels Simultantechniken von ihrem ‚natürlichen' Sinnbereich abgehoben werden kann – ihre Öffnung wird zur Falle, wenn sie der Lektüre nicht wenigstens ein Minimum an eigener Bedeutungskoordination entgegenbringt. *Les Fenêtres* ließ sich zum Sprechen bringen, weil seine Segmente einem poetologischen und sentimentalen Kontext zustreben, der im Anspielungsreichtum dieses Gedichts relativ gesicherte Knotenpunkte besitzt.

Dennoch bleibt die Herstellung eines sinnhaften Zusammenhangs in hohem Maße dem Leser überlassen. Der bedeutende Anteil an subjektiver Entscheidung (‚*Tu* soulevera le rideau', 12) besagt, daß der Leser weniger einem gleichen Text*verstehen* als vielmehr der gleichen Text*tätigkeit* verpflichtet werden soll[64]. Als offene Kominatorik scheint sich das Gedicht dabei am eindeutigsten in der Dekonstruktion überkommener Textmuster festlegen zu lassen. Sein Akt der Verweigerung vor allen Dingen ebnet den Weg für Vorstöße ins Neuland der Expressivität. Insofern bildet diese ‚negative' Ermöglichung einen festen Bestandteil von ‚Avantgarde'[65]. Verständlicherweise trat deshalb das Aufbruchspathos und mit ihm das fieberhafte Abschreiten eines bislang kaum betretenen Bezirks sprachlicher Gestaltung in den Vordergrund. Je rücksichtsloser jedoch das Bemühen um Öffnung wurde, desto deutlicher zeichnete sich sein dazugehöriges Problem ab. Wenn die Komponenten des Gedichts im Sinne Baudelaires nur mehr ein ‚incitamentum' bilden, dann fällt einer kreativen Wahrnehmung die charakteristische Tätigkeit zu, die Assemblage von Einzelteilen durch Assoziationsbrücken zu verbinden. Bereits 1908 hat Apollinaire versucht, die Tragweite dieses Textverhaltens theoretisch und poetisch zu fassen (‚lyrisme neuf')[66].

Wohl mit Bezug auf das Traumbuch des Artemidorus hat der Vielbelesene diese Art der Sinnorganisation unter den Begriff der *Onirocritique* gestellt. Poetisch hat er ihn im gleichnamigen Prosagedicht (Febr. 1908; wieder: am Ende von *Enchanteur pourrissant,* 1909) in ein bis heute herausforderndes lyrisches Mobile gebracht. Erste Ansätze einer theoretischen Bestimmung enthielt der Artikel über *Jean Royère (La Phalange,* 15. 1. 1908). Dort hatte er einer mimetischen Rückbeziehung der literarischen Darstellung auf die Wirklichkeit jede Begründbarkeit abgesprochen und radikal ihre imaginative ‚Verfälschung' als Ziel der Kunst gefordert (s. o.). Positiv gewendet steht diese Ausrichtung an Vollzugsformen der Traumarbeit im Einklang mit der erregenden zeitgenössischen Entdeckung des Irrationalen als einem eigenwertigen Grund menschlichen Urteilens.

Eine Kunst onirokritischer Prägung unterzieht kulturell normierte Wirklichkeitsbilder einer ‚Kritik' im Sinne einer traumhaften Alternative. Nach Jarrys Vorgängerschaft[67] oder der futuristischen Aufwertung der menschlichen Instinkte kündigt sich mit Apollinaires Onirokritik ein neues Prinzip der literarischen Sprachverfertigung an. Von hier aus war es nur ein Schritt bis zum Traum oder dem Unbewußten als einem neuen ‚Gesetz' poetischer Kohärenzstiftung. Der Surrealismus vollendet deshalb konsequent nur eine Poetik, die ihm die Avantgarde erschlossen hatte. Gegenüber dem mathematisch-musikalischen Konzept des ‚absoluten Buches' in symbolistischer Dichtung endet er geradezu beim Gegenteil. Ihm kam zu Hilfe, daß sich freie Assoziationen selbst wieder in ein wissenschaftlich vertretbares System fügen und damit methodisch in Anspruch nehmen ließen. Diese Perspektive hatte den Surrealisten wohl schon der Psychiater Pierre Janet (*L'Automatisme psychologique*, Paris 1889 mit 9 Aufl. bis 1921) eröffnet[69].

Nichtsdestoweniger bewegten sich bereits die avantgardistischen Experimente auf einem schmalen Grat entlang der Grenze zum Scheitern. *Les Fenêtres* konnte exemplarisch belegen, daß die – poetische – Freigabe der Sprache zu assoziativer Verknüpfung zugleich ihre Preisgabe an die Willkür des Texthandelnden einschließt. Wie er die Fragmente des Gedichts einander zuordnet, hängt zu einem beträchtlichen Teil von der unverwechselbar persönlichen Antwort ab, mit der er auf seine Stimuli anspricht. Der Anteil des Zufalls an einer Bedeutung wird damit wie nie zuvor konstitutiver Teil des Dichtens. Je weiter die poetischen Texte eine Vollendung in den Akt ihrer Wahrnehmung hinausschieben, desto stärker bindet sich eine Poetik der Inkohärenz an die ‚Gesetze' einer Aleatorik[69]. Schon Apollinaires Versuche mit den ‚Poèmes-conversation' machen die Zufälligkeiten in simultanen Lebensszenen wie ‚Café' zum Vorbild ihrer poetischen Vergegenständlichung. Ein besonderes Beispiel dieser Tendenz – und ihrer Problematik – scheint *Lundi Rue Christine (Calligrammes)* zu geben. Seine forcierte Unterdrückung nicht nur phraseologischer, sondern auch metaphorischer Anknüpfungen kommt dem Montage-Verfahren der Malerfreunde sehr nahe[70]. So echt darin anekdotische Elemente zitiert werden, sie sind, wie ein Ready-made, arbiträr eingebracht. Ihre beliebige Anschließbarkeit kann statt in Vieldeutigkeit leicht in Bedeutungslosigkeit umschlagen. Die Überwindung ihrer defizienten Einbettung in der Wahrnehmung macht sich dadurch unmittelbar von jenem großen Zufall abhängig, den der Schlußvers von *Lundi Rue Christine* selbst vieldeutig zu kommentieren scheint: „la quinte major". Als Begriff des Kartenspiels besagt er, wie der Zufall aus heterogenen Spielkarten eine wohlgeordnete Reihe von fünf aufeinander folgenden Karten möglich macht. Auf das simultane Gedicht bezogen: genau so können seine ungereimten Bruchstücke durch einen glücklichen Zufall – der Lektüre – zu einem harmonischen („Ça a l'air de rimer", V. 10) Akkord zusammenstimmen (‚Quinte': Intervall von fünf aufeinander folgenden Tönen).

Diese poetologische Inanspruchnahme des Zufalls bildet ein Kernstück avantgardistischer Sprachexperimente. Neben und nach Apollinaire, ihm an Radikalität jedoch weit voraus, führen andere diesen Feldzug gegen die normale Sprache fort: der genannte Parolibrist Marinetti (*Zang Tumb Tumb*, 1914); Arthur Cravan, Autor, Herausgeber und Vertreiber der agressiven Zeitschrift *Maintenant;* Pierre Albert-Birots Figurengedichte, insbesondere aber alle auf Dada bezüglichen kabarettistisch-ätzenden Sprachzertrümmerungen etwa des Maler-Dichters Francis Picabia (*Poèmes isotropes*, 1917), besonders Hugo Balls Klanggedichte, Hans Arps a-sinnige Scheinsätze und der nachträglichen Begründung all dessen in Tristan Tzaras Manifest-Gedicht *Pour faire un poème dadaiste*[71]. Ein solch arbiträrer Fluchtpunkt der Sinnfügung, sofern dies überhaupt noch als Horizont des Dichtens in Frage kommt, verwandelt das Poem in ein aufsässiges Vexierbild.

Abgelöst von jeder Bedeutungsverpflichtung wird die Sprache des Zufalls zum Indiz dessen, was mit ihr auf dem Spiel stand. Eine Poetik, die das sprachliche Machen so vor – oder gegen – jede Sinnhaftigkeit stellt, wirft damit den Kontext als das große Problem dieser ‚modernen' Wirklichkeitsbehandlung auf. Der Entzug von schlüssigen Kontinuitäten nimmt dem Gedicht jeden Charakter einer Bestätigung. Gegenüber einer auf Verständigung angelegten Texteinstellung läuft sein Ziel auf Entvereindeutigung hinaus. Hierin mag sein kritisches Potential liegen: durch die offene Form der Dichtung den Leser aus alltäglichem Sprachverhalten freisetzen, sein kreatives Vermögen zu fordern und dadurch, nach Auffassung Apollinaires, die Welt zu verändern („Poème lu au mariage d'A. Salmon", V. 26 f.). Bereits Dada hat aber deutlich gemacht, daß das Vertrauen der damaligen „allégresse universelle" in die Veränderung (O. C. IV, 444) dem technischen Fortschritt nur allzu blindlings verfallen war. Haben die avantgardistischen Gedichte den Kontext nicht gerade deshalb ‚problematisiert', weil ihre Poeten sich seiner nicht gewiß waren? Das Aussetzen der mono-logischen Sprechgebärde traditioneller Lyrik mag deshalb gleichermaßen für den Anbruch eines Multiversums der Bedeutungen wie für das Ende ihres Universums zutreffen.

Dieser Preis für Avantgarde schließt auch die vom Publikum verlangte Mitarbeit ein. Wenn der Leser in der Herstellung ‚seines' Textes zur Erfahrung befreiter Sprache gelangt, dann doch unter dem Vorbehalt, daß er mit seinem Sinn auf sich allein gestellt bleibt. Moderne Lyrik gibt sich erkennbar nicht mehr zu einem Gemeinschaftserlebnis zwischen Autor und Publikum her. Eine Solidarität in komplizierten Empfindungen und Blickrichtungen scheint nurmehr defizitär vermittelbar. Die Vielfalt, die diese Lyrik gibt, muß am Ende mit Vereinzelung ihres Sinns quittiert werden.

Anmerkungen

1 Exemplarisch: Jules Romain, „Les sentiments unanimes et la poésie" (1905); in *Les Manifestes littéraires de la Belle Epoque,* ed. B. Mitchell, Paris 1966, S. 81 ff.

2 Vgl. F. Gregh, „Manifeste humaniste"; in *Manifestes littéraires,* S. 72 f.

3 Vgl. den großen Forschungsbericht von Richard Brinkmann, *Expressionismus. Internationale Forschung zu einem internationalen Phänomen;* Sonderbd der *DVjs,* Stuttgart 1980.

4 So der Ansatz von *Immanente Ästhetik – Ästhetische Reflexion. Lyrik als Paradigma der Moderne;* Hg. W. Iser, München 1966 (Poetik und Hermeneutik 2).

5 In diesem Punkt vgl. J. Habermas, „Vorbereitende Bemerkungen zu einer Theorie der kommunikativen Kompetenz"; in ders., / N. Luhmann, *Theorie der Gesellschaft oder Sozialtechnologie,* Frankfurt/M. 1975, S. 142 ff.

6 Vgl. die Auseinandersetzung bei K. Stierle, *Text als Handlung,* München 1975 (UTB 423), bes. S. 49 ff.

7 Vgl. W.-D. Stempel, „Sprechhandlungsrollen"; in *Identität* (hg. O. Marquard / K. Stierle), München 1979, S. 481 ff.

8 Vgl. Vf., „Beschreiben – Verstehen. Zur neueren Diskussion über das Verhältnis von literaturwissenschaftlicher und linguistischer Erkenntnis"; in *RJb.* 25/1974, S. 63-93.

9 Vgl. K. Heitmann für den *Französischen Realismus von Stendhal bis Flaubert,* Wiesbaden 1979 (Schwerpunkte Romanistik 16).

10 St. Mallarmé im „Avant-Dire“ zu R. Ghils *Traité du Verbe*, Paris 1886 (in *Œuvres complètes*, Ed. Mondot/Jean-Aubry, Paris 1945, S. 858).

11 F. Gregh, „Manifeste humaniste“, S. 71.

12 Mallarmé, *Oeuvres completes*, S. 647.

13 Valéry, Lettre à Mallarmé v. 18. 4. 1891.

13a Vgl. dazu insgesamt jetzt die vorzügliche Synthese von W. Pabst, *Französische Lyrik des 20. Jh.*, Berlin 1982 (Grundl. d. Romanistik 12).

14 Vgl. *Œuvres complètes de G. A.*, Hg. M. Décaudin (4 vol.), Paris (Balland/Lecat) 1966; Bd IV, S. 905) (Abgekürzt zit. O.C. IV, 905).

15 Vgl. G. Michaud (Hg.), *La doctrine symboliste* (Documents), Paris 1947, S. 56. Vgl. die eingehende Würdigung bei M. Kesting, „Aspekte des absoluten Buches bei Novalis und Mallarmé“; in *Euphorion* 68/1974, S. 419-436.

16 G. Batault, „Les tendances de la poésie contemporaine“; in *Mercure de France* v. 16. 9. 1912, S. 309. Zur Übersicht vgl. S. Neumeister, „Die französische Lyrik 1900-1918“; in H. Hinterhäuser / S. Neumeister, *Roman und Lyrik in Frankreich 1900-1918;* Wiesbaden 1979 (Athenaion Studientexte 6) S. 78 ff.

17 Die Studie von K. A. Ott über „Die wissenschaftlichen Ursprünge des Futurismus und Surrealismus“ (in *Poetica* 2/1968, S. 371-398) führt darüber einen überzeugenden Beweis.

18 A. Gide, „Traité du Narcisse“, in ders., *Œuvres complètes* (Ed. Martin-Chaffier) Bd I, Paris 1932, S. 216.

19 R. Ghil, *Traité du Verbe*, Paris 1886, S. 32.

20 Im Rahmen des von J. Taubes abgesteckten Problems („Noten zum Surrealismus“; in *Immanente Ästhetik*, S. 139 ff.)..

21 Vgl. etwa Chr. Baumgarth, *Geschichte des Futurismus*, Reinbek / Hbg. 1966 (rde 248/9) und P. Bergman, *Modernolatria et Simultaneità*, Uppsala 1962, mit detaillierter Anschaulichkeit.

22 Vgl. Art. „Genie“ von R. Warning im *Historischen Wörterbuch der Philosophie*, Bd III, Sp. 279 ff.

23 Vgl. den ideen- und geistesgeschichtlichen Einzugsbereich bei M. Carrouges, *La Mystique du surhomme*, Paris 1948.

24 Vgl. P. Bergman, *Modernolatria*, S. 388 ff. und die Anteilnahme der Avantgarde.

25 Zu Vorgeschichte und Entstehung W. Kreuzer, *Die Imagination bei Baudelaire*, Diss. Würzburg 1970.

26 Baudelaire, *Oeuvres complètes*, Ed. Cl. Pichois, Paris 1961 (Pléiade), S. 1038.

27 Vgl. M. Imdahl, „Cézanne – Braque – Picasso. Zum Verhältnis zwischen Bildautonomie und Gegenstandssehen“, in *Wallraf-Richartz-Jahrbuch* 36/1974, S. 349 ff.

28 Für Apollinaire mit E. Leube, „Metamorphosen des Dichters im Werk Apollinaires“; in: ders., / A. Noyer-Weidner (Hgg.), *Apollinaire – Aufsätze*

zur Literaturwissenschaft (II); *Zeitschrift für franz. Sprache u. Literatur* / Beiheft 7, Wiesbaden 1980; S. 75 u. ö.

29 Vgl. P. Berman, *Modernolatria*, S. 1-35 sowie Cl. Pichois, *Vitesse et vision du monde*, Neuchâtel 1973.

30 Vgl. bes. W. Pabst in der ‚Einleitung' zu dem von ihm herausgegebenen Interpretationsband *Die moderne französische Lyrik*, Berlin 1976, S. 7-48.

31 Vgl. stellvertretend das ‚Lob des Stadtlebens' in der Einleitung zum futuristischen Manifest Marinettis, „Distruzione della sintassi / Immaginazione senza fili / Parole in libertà" (11. 3. 13); in: *Marinetti e il Futurismo* (a cura di L. De Maria), Milano 1973 (Oscar Mondadori L 96); S. 99 ff.

32 Exemplarisch U. Boccioni, „Simultanéité futuriste", in *Der Sturm* Jg. 1913, S. 151. – Allg. vgl. R. Tessari, *Il Mito della machina*, Milano 1973.

33 Mit R. Guiney, *Cubisme et littérature*, Genève 1972, S. 72.

34 Bereits von H. Friedrich betont, der mit Valéry den etymologischen Sinn von Poesie als ‚fabrication' herausstellt (*Die Struktur der modernen Lyrik*, Reinbek / Hbg. 41971 der erw. Neuausg., S. 162 ff.).

35 Im Grunde ein Analogie-Prinzip, das nicht mehr transzendental sondern prospektiv ausgelegt wird und wiederum überraschende Ähnlichkeiten aufweist mit entsprechenden Begriffen der zeitgenössischen Sprachwissenschaft, wie H. H. Christmann nachgewiesen hat („Zum Begriff der Analogie in der Sprachwissenschaft des 19. Jahrh."; in: *Festschrift Kurt Baldinger*, Tübingen 1979, S. 102-115).

36 Damit in auffälliger Parallele zu Bergson und seinen Ideen über Literatur! Vgl. R. Arbour, *Henri Bergson et les lettres françaises*, Paris 1955. Im Ansatz eine handlungstheoretische Position, die später mit Wittgenstein gegen phänomenologische und strukturalistische Systembegriffe vorgebracht wird. Vgl. H. Lübbe, *Bewußtsein in Geschichten*, Freiburg 1972.

37 Eine Parallele zum Projekt einer Semiologie bei F. Saussure in eben dieser Zeit; ein Hinweis auf eine Prinzipienverwandtschaft? (Vgl. *Cours de Linguistique générale*, Hgg. Bally / Sechehaye, Paris 1964 u. ö., bes. S. 32 ff.; zuletzt gewürdigt von Th. M. Scheerer, *Ferdinand de Saussure*, Darmstadt 1980, S. 61 ff.).

38 Repräsentativ Mallarmé in seiner „Réponse à une enquête" von 1891 (in: *Oeuvres complètes*, S. 866 ff.).

39 Im Prolog zum Stück *Les Mamelles de Tirésias*. Bedeutsam ist in diesem Zusammenhang der Horizont des ‚Gesamtkunstwerks', auf den A. Noyer-Weidner als einer Grundorientierung dieser Lyrik verweist („Antitradition und Tradition: Zum Konzept einer ‚ganz neuen Ästhetik' in *Les Fenêtres* von Apollinaire"; in E. Leube / ders., Hgg., *Apollinaire*, S. 37-56).

40 Vgl. dazu W. Raible, *Moderne Lyrik in Frankreich*, Stuttgart 1972, S. 23 ff. und bes. W. Pabst, „Das Idéogramme lyrique und die Tradition der Technopaignia. Interpretationsversuch an Textbildern G. Apollinaires"; in Leube / Noyer-Weidner, *Apollinaire*, S. 1-30. – Allg. K.-P. Dencker, *Text-Bilder. Visuelle Poesie international*, Köln 1972.

41 Genau das hebt Apollinaire an der Malerei Delaunays hervor: „Rien de successif dans cette peinture; chaque ton appelle et laisse s'illuminer toutes les autres couleurs du prisme. C'est la simultanéite". Vgl. J. G. Clark, „Delaunay, Apollinaire et *Les Fenêtres*"; in *G. Apollinaire* 7/1968, S. 100 ff.

42 In dieser Bedeutung angemessen gewürdigt in der eindringlichen stilkritischen Analyse von A. Noyer-Weidner („Antitraditionalität und Tradition") sowie von F. Simonis, „Apollinaires neue Ästhetik zu Beginn der *Calligrammes – Les Fenêtres*", in *GRM* 58/1977, S. 60-75.

43 Zum bedeutsamen Zusammenhang mit parolibristischen Experimenten vgl. P. Bergman, *Modernolatria,* S. 337 ff. Ausführlich widmet sich H. Meter, *Apollinaire und der Futurismus,* Rheinfelden (Schäuble) 1977, diesem noch kaum erforschten Zusammenhang.

44 Zusammenfassend dazu Ph. Renaud, *Lecture d'Apollinaire,* Lausanne 1969, S. 269 ff.

45 Mallarmé: „Le Dire (. . .) retrouve chez le poète (. . .) sa virtualité" *(Oeuvres completes,* S. 887).

46 Vgl. H. Richter, *Dada – Kunst und Antikunst,* Köln ^{3}1974, S. 40 ff.

47 Vgl. die immerhin theoretische Nähe Valérys zur Avantgarde, wie sie K.-A. Blüher gezeigt hat („La fonction du public dans la pensée esthétique de Valéry"; in *Cahiers du 20e siècle* 11/1979, S. 105 ff.).

48 In Übereinstimmung mit Ph. Renaud, *Lecture d'Apollinaire,* S. 357, bezogen auf *Les Fenêtres.*

49 Unmittelbar dazu Apollinaire selbst: „la simultanéité (. . .) seule est création" (O. C. IV, 279), wiederum entwickelt an der Malerei Delaunays.

50 Breton über Apollinaires simultane Experimente *(Entretiens,* Paris 1952, S. 23).

51 In Übereinstimmung mit H. Friedrich, *Struktur der modernen Lyrik,* S. 149.

52 Vgl. Darstellung und Kritik, insbesondere der ideologischen und epistemologischen Voraussetzungen bei E. Coseriu, *Einführung in die Strukturelle Linguistik,* Tübingen (Roman. Seminar) 1969.

53 Vgl. F. J. Carmody, *The Evolution of Apollinaire's Poetics,* Berkeley/Los Angeles 1963, S. 104 ff.

54 Vgl. M. Imdahl, „Die Rolle der Farbe in der neueren französischen Malerei (Abstraktion und Konkretion)"; in *Immanente Ästhetik,* S. 195-225, der der kunsttheoretischen Erschließung des Gedichts die geeignete Grundlage verleiht. – Literarisch fruchtbar gemacht von W. Pabst, „Der Contraste simultané im Spiegel der Dichtung. Blaise Cendrars und seine poetischen Delaunay-Paraphrasen"; in: *Festschrift Otto von Simon* (Hg. L. Grisebach / K. Renger), Berlin 1977, S. 555-578.

55 Vgl. Imdahl, „Rolle der Farbe", S. 220.

56 Zu dieser Debatte ausführlich P. Bergman, *Modernolatria,* S. 337 ff.

57 Umfassend erarbeitet bei L. Dällenbach, *Le Récit spéculaire. Essai sur la mise en abyme,* Paris 1977 (Coll. Poétique).

58 Vgl. Clark, „Delaunay, Apollinaire et *Les Fenêtres*“, S. 106.

59 Vgl. Imdahl, „Die Rolle der Farbe“, S. 217 ff. – Noyer-Weidner, „Antitraditionalität und Tradition“, S. 52 f.

60 Beide Zitate Apollinaires und Klees nach Imdahl, „Rolle der Farbe“, S. 221.

61 Hier wie andernorts sowie in der verwendeten Bildlichkeit nicht ohne Berührungen mit dem Futurismus. Vgl. Carmody, *Evolution of A. 's Poetics.* S. 107 f. – Zum Aufbruch um Mitternacht, das bekannte Motiv aus dem ersten futuristischen Manifest, vgl. *Marinetti e il Futurismo,* S. 3.

62 Vgl. bes. M.-J. Durry, *Guillaume Apollinaire-Alcools* (3 vol.), Paris 1956/1964 – M. Décaudin, *Dossier d'Alcools,* Genève [2]1965 – Ph. Renaud, *Lecture d'Apollinaire* – J.-Cl. Chevalier, *Alcools d'Apollinaire, essai d'analyse des formes poétiques,* Paris 1970 – K. Heitmann, „Dichten mit elementaren Symbolen. Eine chthonische Zahl und eine ätherische Farbe bei Apollinaire“ (in *Poetica* 2/1968, S. 451-476); ders., „Dichterische Selbstfindung bei Apollinaire. Versuch einer Gesamtdeutung von „*Les Fiançailles*“ (in *GRM* 19/1969, S. 59-93); ders., „Le poète assassiné“ (in W. Krömer, Hg., *Die französische Novelle,* Düsseldorf 1976, S. 252 ff.) – E. Leube, „Le Poète assassiné. Zum dichterischen Selbstverständnis bei Apollinaire“ (in *Sprachen der Lyrik / Festschrift H. Friedrich,* Hg. E. Köhler, Frankfurt/M. 1975, S. 526 ff.).

63 Dieselbe Konvergenz weist H.-J. Lope in *Les Colchiques* nach (vgl. „Les Colchiques“, in *Die französische Lyrik,* Hg. H. Hinterhäuser, Bd II, Düsseldorf 1975, S. 197 f.).

64 W. Pabst kann diese Tendenz für die Idéogrammes sichern (vgl. „Das Idéogramme lyrique“, S. 22).

65 Vgl. zum Problem einer ‚Definition' von Avantgarde A. Marino, „Essai d'une définition de l'avant-garde“; in *Revue de l'Univ. de Bruxelles* Jg. 1975, S. 65-119 sowie M. Szabolcsi, „Avant-garde, Néo-avantgarde, Modernism: Questions and Suggestions“; in *New Literary History* 3/1971-73, S. 49-70. Weitgehend ungeklärt bleibt die Notwendigkeit, den Begriff historisch und systematisch zu differenzieren, ehe man die eine Bedeutung zur Begründung der anderen in Anspruch nimmt. Vgl. allg. die Einleitung S. 9-40.

66 Wiederum in bemerkenswerter Parallele zur ‚psycholinguistischen' Sprachauffassung bei S. Freud, wie sie H.-M. Gauger nachgewiesen hat („Sprache und Sprechen im Werk S. Freuds“; in *Der Mensch und seine Sprache,* Berlin 1979, S. 48-80).

67 Die H. Hinterhäuser in diesem Sinne deutlich gemacht hat (vgl. „Alfred Jarry: L'Homme à la hache“, in ders. / Hg., *Französische Lyrik,* Bd II, S. 167-178): „Jarry ist ein ‚pré-dada'“ (178).

68 Vgl. A. Balakian, „Méconnaissance de la psychanalyse dans le discours surréaliste“; in *Tel Quel* 46/1971, S. 67-82. – K.-A. Ott spricht in vergleichbarem Sinne vom ‚rationalen Gebrauch des Irrationalen' („Wissenschaftliche Ursprünge“, S. 373).

69 Vgl. Kap. 1. 6 bei W. Raible, *Moderne Lyrik* (S. 29 ff.).

70 Vgl. Ph. Renaud, *Lecture d'Apollinaire,* op. cit., S. 314 ff.
71 *Oeuvres complètes,* Bd I., Ed. H. Béhar, Paris 1975, S. 382.

Eberhard Leube

LYRISME UND 'LYRISCHE' IDENTITÄT ZUM GATTUNGSVERSTÄNDNIS DER AVANTGARDE AUS ANLASS APOLLINAIRES

Ogni vera opera d'arte
Ha violato un genere
stabilito
Croce, *Estetica* (1901)

Walter Pabst zum 9. März 1982

Der Lyriker Apollinaire ist ein Prosaautor – ein Romancier und Novellist. Eine vergleichende quantifizierende Bestandsaufnahme der beiden bisher in der Bibliothèque de la Pléiade erschienenen Bände kann diesen Befund bereits vorläufig bestätigen. Den 859 Textseiten der *Œuvres poétiques* (1965) stehen allein im ersten bisher veröffentlichten Band der *Œuvres en prose* (1977) 970 Seiten an *Contes et récits*, wie sie der Herausgeber Michel Décaudin genannt hat, gegenüber.

Auf die Bedeutung der Prosa im schriftstellerischen Selbstbewußtsein Apollinaires weist auch Décaudin im Vorwort zu dem genannten Band der *Œuvres en prose* mit Nachdruck hin[1]. Seine Prosa und die lyrische Dichtung schätzt Apollinaire gleich hoch ein, wobei der Akzent auf beiden Wörtern liegt: *gleich* und *hoch*. Im Zusammenhang mit der 1910 erschienenen Novellensammlung *L'Hérésiarque et Cie* schreibt er am 23. 8. 1915 an Madeleine Pagès: «Je l'aime beaucoup et ai la faiblesse de me croire un grand talent de conteur, je me crois aussi un grand talent de poète. Aucune modestie dans notre cas ma chérie[2].»

Charakteristikum mehrerer in seinen Werken auftretender Dichter (*poètes*) ist denn auch ihr Talent zum Geschichtenerzählen[3]. Tatsächlich können für Apollinaire die realitätsüberschreitenden Inhalte erzählender und lyrischer Dichtung identisch werden – sogar in der emotionalen Wertigkeit:

L'oiseau Roc célébré par les conteurs et les poètes[4].»

In der Schwierigkeitshierarchie der poetischen Ausdrucksmittel scheint ihm die Prosa sogar gelegentlich über der gebundenen Form angesiedelt[5].

Vor dem Hintergrund des Modernitätsverständnisses von Apollinaire ist aber eher von Bedeutung, daß für ihn die traditionelle Fixierung der Gattungsgrenzen obsolet wird: «C'est que, jusqu'à maintenant, le domaine littéraire était circonscrit dans d'étroites limites. On écrivait en prose ou l'on écrivait en vers (. . .). On peut être poète dans tous les domaines; il suffit que l'on soit aventureux et que l'on aille à la découverte», schreibt er in *L'Esprit nouveau et les poètes*[6], nachdem er schon 1906 auf eine Umfrage geantwortet hatte: *«Vers libre et classique, poésie et prose, théâtre, poème et roman* me paraissent des formes également excellentes[7].»

Apollinaires Äußerungen erweisen sich hier einmal mehr als zeitcharakteristisch. Tatsächlich verliert für viele Autoren der spät- und nachsymbolistischen Periode die Zuordnung ihrer Dichtungen zu einer bestimmten Gattungsform zugunsten des übergeordneten Zwecks dichterischer Selbstinszenierung an Bedeutung, eine Haltung, die oft im aktuellen Reizwort des *lyrisme* summiert wird[8]. Sehr deutlich wird dies in dem Motto formuliert, das der von Paul Fort und André Salmon 1905 begründeten Zeitschrift *Vers et Prose* von der ersten Nummer an beigegeben war: *«Défense et illustration» de la haute littérature et du lyrisme en prose en poésie. Lyrisme* ist hiernach buchstäblich in die Nähe von ‚hoher Literatur' gerückt; er findet sich in der Prosa – die zuerst genannt wird – ebenso wie in der lyrischen Dichtung[9]. Dabei verweist *Défense et illustration* ja nicht auf die Immanenz einer Poetik, sondern zielt ganz offenkundig auf existentielle Anliegen dieser Dichtung.

Wie sehr auch Apollinaire die dem Programm von *Vers et Prose* zugrundeliegenden Überlegungen vertraut sind, erhellt aus seinem das Motto der Zeitschrift aufgreifenden Urteil über Paul Fort, in dem zugleich einmal mehr der quasi-institutionalisierende, ‚inszenatorische' Aspekt von *lyrisme* zutagetritt: «Il a consacré sa vie entière à la défense du lyrisme, créant un théâtre, fondant une revue[10].»

Von hier läßt sich ein erster Ansatzpunkt für das Verständnis einiger zunächst überraschender Selbstinterpretationen finden, die Apollinaire mehreren seiner Prosawerke gegeben hat: Er bezeichnet sie als *lyriques*. In der von ihm auf Bitten seines Verlegers Kahnweiler verfaßten Subskriptionseinladung zu *L'Enchanteur pourrissant* von 1909 kann man folgende hymnische Selbstcharakterisierung lesen: «Plein d'idées toutes neuves et saisissantes dont l'affabulation philosophique n'a d'analogue dans aucune littérature, *L'Enchanteur pourrissant* de Guillaume Apollinaire, est un des livres les plus mystérieux et les plus lyriques de la nouvelle génération littéraire[11].» Lyrik also, sogar im Superlativ. Lyrisch immerhin noch im Komperativ nennt er in einem Brief an Madeleine Pagès vom 23. 2. 1916 die neue Novellensammlung *Le Poète assassiné:* «(. . .) *le Poète assassiné* n'est pas un livre terrible; c'est un recueil comme l'*Hérésiarque* mais qui contient plus de choses humoristiques que l'*Hérésiarque.* Il a pris titre de la première nouvelle qui est plus longue au demeurant que celles de l'*Hérésiarque* et d'un genre nouveau, c'est un essai de nouvelle lyrique je l'ai tenté déjà dans *Que vlo-ve?* et la *Serviette des poètes* et ici c'est une tentative de nouvelle plus lyrique avec un élément de satire[12]». Im Unterschied etwa zu André Salmon, Max Jacob oder Pierre Reverdy vermeidet Apollinaire in diesem Zusammenhang, das aus dem 19. Jahrundert überkommene Konzept des *poème en prose* zu aktualisieren.

Was *lyrique* eigentlich meint, gibt Apollinaire wie vieles andere explizit kaum preis. In der Programmschrift *L'Esprit nouveau et les poètes* kritisiert er jene zeitgenössischen Dichter, die über ihren Sprachexperimenten den *sens lyrique* beziehungsweise die *signification lyrique* zu kurz kommen ließen, um dann fortzufahren: «Ce sont des matériaux qu'amasse le poète, qu'amasse l'esprit nouveau, et ces matériaux formeront un fond de vérité dont la simplicité, la modestie ne doit point rebuter, car les conséquences, les résultats peuvent être de grandes, de bien grandes choses[13].» Unverkennbar ist in der Gewichtigkeit des redundanten Sprachduktus die Betonung des Inhaltlichen (*matériaux*), was auch immer damit gemeint sei, ebenso wie das Verlassen der Immanenz, die Öffnung von *lyrique* hin auf soziale Wertmaßstäbe (*grandes choses*).

Wenn man nun die von Apollinaire als *lyrisch* qualifizierten Prosaerzählungen auf diese beiden Aspekte hin befragt, ergibt sich folgendes: Vom Umfang her, in der Stillage und auch in der Lokalisierung des Geschehenshorizontes handelt es sich um einen sehr disparaten Komplex von Texten. Während in der *Pléiade* der *Enchanteur pourrissant* und der *Poète assassiné* jeweils ca. 70 Seiten einnehmen, bringen es *Que vlo-ve?* auf zehn und *La serviette des poètes* gar auf kaum mehr als drei Seiten. Der *Enchanteur* enträt jeder Gattungsbezeichnung – er ist schlicht und anspruchsvoll zugleich *un livre,* während die

Kennzeichnungen der übrigen drei Texte als *nouvelles* einen Erwartungshorizont stiften, den sie dann nur graduell unterschiedlich einlösen. Schon von daher sind Unterschiede in der Stillage vorgegeben, und zwar nicht nur im Verhältnis des *Enchanteur* zu den drei *Nouvelles*, sondern auch bei diesen untereinander. Auf der literalen Verständnisebene bezeichnen der auf die Sagenwelt des höfischen Romans zurückweisende Ort des *Enchanteur* einerseits und einige die europäische Alltagswirklichkeit vor dem 1. Weltkrieg verarbeitende Kapitel des *Poète assassiné* mit ihrer quasi-realistischen couleur locale andererseits die äußeren Punkte eines breiten inhaltlichen und sprachlich-stilistischen Spektrums.

Was aber verbindet die hier zur Diskussion stehenden Texte? Im Hinblick auf ihre postulierte ‚lyrische' Qualität ist zunächst in Erinnerung zu rufen, daß sie alle, bei grundsätzlicher Verrätselung, *Bericht von Handlung* sind, also in der 3. Person erzählt werden. Das gilt im strengen Wortsinn selbst für den *Enchanteur pourrissant,* auch wenn hier das epische Grundmuster immer wieder durch szenisch-dialogische Sequenzen verschleiert wird. Dazu kommt eine inhaltliche Übereinstimmung: Thematisch entspricht der Verwendung von *lyrique* in allen Fällen die Exposition von Dichterschicksalen. Zwei Titel geben das bereits preis, wobei die Verwendung der generischen Bezeichnung *poète* von vornherein beachtet werden sollte: *La serviette des poètes* und noch eindeutiger, im paradigmatischen Singular: *Le poète assassiné.* Man kann ergänzen, daß der Titel *L'Enchanteur pourrissant* dem in Struktur und Aussage recht nahe kommt: *enchanteur* erweist sich im Verlauf dieser Geschichte als Synonymon für *poète*[14]. In *Que vlo-ve?* gehört ein Dichter zu den Zentralfiguren.

Weiter: in allen vier Geschichten stehen diese Dichter in einem Spannungsverhältnis zwischen Ruhm und Tod. *Que vlo-ve?* mündet, rational unbegründet, in einen Lobpreis auf den Ruhm der beiden Hauptpersonen, die doch in schlichtester provinzieller Abgelegenheit lokalisiert sind; der *gloire* (. . .) *universelle* Croniamantals wird gleich zu Anfang des *Poète assassine* ein burlesker Abschnitt gewidmet[15]. Merlin, der *Enchanteur pourrissant*, fordert Morgane auf: *Proclame ma renommée*[16]; die vier Dichter der *Serviette* werden, warum auch immer, *incomparables*[17] genannt: *Et tous les quatre laissaient des poèmes si beaux qu'ils semblaient enchantés*[18]. In allen vier Texten finden die Protagonisten den Tod, wobei man ergänzen kann, daß sich dieser Vorgang jedesmal in einer weiblichen Präsenz kristallisiert. Die zeitgenössischen ‚ideologischen' Implikationen dieses Konzepts brauchen hier nicht vertieft zu werden[19].

In den vier hier zur Diskussion stehenden Texten erfolgt die Vermittlung von Ruhm und Tod der Dichter über den Mythos. Wenn wir dabei den rezeptionsgeschichtlichen Aspekt zurücktreten lassen, nehmen wir dies als notwendige Verkürzung bewußt in Kauf; tatsächlich setzt das komplizierte Geflecht hermetischer Anspielungen bei Apollinaire Kommentarinformationen voraus, die ihn zum unzeitgemäßen Lektüreobjekt machen.

Hier kann es nur um einige Aspekte der textimmanenten Konstitution von Mythos gehen. In allen Fällen zeigen sich die Dichter der Erzählungen als die Ebene der Alltagsrealität überschreitende Wesen, womit sie im übrigen den von Apollinaire in den *Méditations esthétiques* entwickelten Vorstellungen entsprechen, wonach dem Künstler *divinité* eigne und ihm demzufolge *inhumanité* innewohnen müsse[20] (das Wort bleibt bewußt ambivalent). Der hierin erkennbar werdenden Absicht, auf diese Weise die Außenseiterexistenz des Dichters gleichermaßen zu legitimieren und zu stabilisieren, entspricht auch die durchgängige Tendenz, die Protagonisten ins Zentrum einer Sonderwelt zu stellen, die ‚lyrisch' als eine von ihnen imaginierte aufzufassen ist – am deutlichsten im *Enchanteur pourrissant* und im XII. Kapitel des *Poète assassiné.* In beiden Werken wie in *Que vlo-ve?* stellt sie sich als Wald dar, über dessen imaginationsstiftende Macht sich Apollinaire gerade im Zusammenhang mit dem *Enchanteur* geäußert hat: «(...) ma première œuvre publiée (...) célébrait uniquement cette prodigieuse matrice qu'est la forêt, créatrice de prestiges et de vies sans cesse renouvelés[21]». Das Geschehen der *Serviette des poètes* spielt sich in der Isolation einer nicht lokalisierten Künstlerwohnung ab, und am Ende wird die das Konterfei der Dichter in sich vereinigende Serviette zur Sonne, um die die übrigbleibenden Künstler wie die Sterne kreisen[22].

Am konventionellsten, wenn man so will, erfolgt der mythische Einstieg beim *Enchanteur pourrissant*: Das erste Kapitel ist nichts anderes als eine kaum veränderte Fassung einer Version des Prosalancelot aus dem 16. Jahrhundert[23], aus der sich der menschlich-übermenschliche, der christlich-teuflische Charakter der Titelfigur ergibt; auf der Grundlage „externer" literarischer Absicherung kann der Zauberer danach seine durchaus selbständige Eigenexistenz führen.

Vorwiegend immanent begründet sich hingegen die mythische Figur Croniamantals, insofern als sein sich im Lauf der Erzählung vollendendes Leben zu Beginn aus der Perspektive seines vielfach literarisierten Nachruhms eingeführt wird; dazu treten gelegentliche Adaptationen an externe ‚Mythen' (z. B. Orpheus). Der Tod der vier Dichter in der *Serviette des poètes* gewinnt seine transzendierenden Aspekte unterschwellig schon im Ritual des Handlungsablaufs, explizit in dem Augenblick, als sich *grâce à la saleté coagulée et de diverses couleurs* die Züge der vier Dichter auf der Serviette wiederfinden – was auf der Realitätsebene des Geschehens durchaus als *vrai miracle* verstanden wird[24].

Ein vergleichbar immanentes Schema ruhmhafter Beglaubigung erfahren der Dichter Guillaume (‚Guyame le poète') und Que vlo-ve? in der gleichnamigen Erzählung, wobei die an sich auch im Wortsinn begreifbare Handlung durch die zielstrebige Mythisierung von Que vlo-ve? und der umgebenden Ardennen realistisch und unwirklich zugleich erscheint. In der hermetischen Aussage des Textes bedingt der Ruhm auch hier den Tod, der Erzähler setzt sich zur Aufgabe „de chanter la mort du Wallon Que vlo-ve? sur laquelle se lamentent tous les elfes de l'Amblève[25]." Die pessimistische Folie dieser Korrelation wird nunmehr erkennbar. Der Rekurs auf den Nachruhm bezeichnet auch die Unmöglichkeit einer Würdigung der künstlerischen Leistung zu Lebzeiten, einer aussichtsreichen Kommunikation mit der Welt.

Alle vier Geschichten enthalten, wie im folgenden zu zeigen sein wird, Inszenierungen des hier sichtbar werdenden Integrationsverlustes, wobei ein aus dem 19. Jahrhundert tradiertes literarisches Motiv, das des ‚romantischen' Doppelgängers, in einer bisher nicht gekannten hermetischen Komplexität eingesetzt wird, die auf eine radikale Infragestellung moderner künstlerischer Existenz und schließlich der Möglichkeit von Kunst überhaupt hinausläuft.

In einer Augenblicksvision erlebt der Held des *Poète assassiné,* wie sich ein Künstlerfreund verdoppelt: «(. . .) et quand la porte s'ouvrit ce fut dans la brusque lumière la création de deux êtres et leur mariage immédiat[26].» Wie in einem Kaleidoskop fallen die vier Gesichter der marionettenhaft rasch nacheinander gestorbenen Dichter in den vier Seiten der Serviette auseinander, bevor sie sich den Betrachtern in *einem* vierfachen Blick vereinigen[27]: Die vier Dichter, die in der kurzen Erzählung mit Namen und jeweils zwei Zeilen kurzer Charakterisierung scheinbar individualisiert vorgestellt werden, sind in dem iterativen Gang des rudimentären Geschehens austauschbar, und wenn der Text sie *incomparables* nennt, so geschieht das ironisch, denn die Qualifizierung steht im Plural, so wie auch ihre Elaborate hymnisch-pauschal beschrieben werden: «(. . .) *leurs poèmes étaient admirables*» [28], mehr nicht. Die Dichter, die da Tag für Tag nacheinander zum Essen erscheinen und die dennoch nichts voneinander wissen, denen die Freundin des Malers wortkarg und absichtsvoll jedesmal die infizierte Serviette vorlegt, sind Facetten, lebensuntüchtige Valenzen *einer*, letztlich nur in ihrem Schicksal Gestalt gewinnenden Autor-Vorstellung; die Aufsplitterung in vier schemenhafte Pseudo-Individualitäten gibt sich am Ende als Akt der Selbstzerstörung zu erkennen.

Doppelung als Spaltung der Identität, als Ambivalenz und damit zugleich als tendenzielle Selbstaufhebung markiert auch die – explizit nicht erläuterte – Parallelisierung von ‚Guyame le poète' und Que vlo-ve? in der gleichnamigen Erzählung des *Hérésiarque*. «Il faut maintenant prendre son courage à deux mains, car voici l'instant difficile. Il s'agit de dire la gloire et la beauté du gueux déguenillé Que vlo-ve? et du poète Guillaume Wirin, dont les guenilles couvraient aussi un bon gueux gueusant[29]». Andererseits ist der Komplementärcharakter der beiden Figuren auszumachen: Zum einen die schwächliche Gestalt des Dichters, die in manchem an den Typus des fin-de-siècle-Autors denken läßt: Er hat die Schwindsucht – übrigens dieselbe Krankheit, an der auch das Viergestirn der *Serviette des poètes* dahinsiecht. Ihm zur Seite steht die chthonische Erscheinung des unheimlichen Sängers, an den der Dichter durch das unvermittelte Geständnis seiner ewigen Zuneigung noch näher heranrückt, Göttlichkeit auch in ihrer Unmenschlichkeit darstellend.

Dem extensiven Vermittlungskonzept von *L'Enchanteur pourrissant* und *Le poète assassiné* entsprechend gewinnen hier die personalen Bezüge eine Komplexität und einen Systemcharakter, innerhalb dessen auch noch das beiläufig evozierte Minimaldetail zu einem polyvalenten Bezugspunkt desorientierten dichterischen Selbstwertgefühls werden kann.

So indiziert der Prozeß der körperlichen Desintegration Merlins im *Enchanteur*, dem seine Seele gewissermaßen beobachtend beiwohnt, nicht nur die genealogisch vorgegebene Antinomie von irdischer Vergänglichkeit und Unsterblichkeit, sondern auch den evidenten „ideologischen" Bruch zwischen Gott und Satan, die Spannung zwischen Kulturtradition und Barbarei der Moderne.

Bereits die sentimentale Grundsitutation, das Verhältnis zu der Dame du Lac, verweist in dem von Merlin leitmotivisch betonten Ähnlichkeitscharakter wiederum auf die Grundstruktur „romantischer" Entfremdung, den Doppelgänger. Auf dem Substrat identischer Voraussetzungen («Mais nous nous ressemblons, parce que je t'ai tout appris, tout ce qui me ressemble. Nous nous ressemblons et n'avons pas d'enfants qui nous ressemblent. Ô toi que j'aimais, tu me ressembles[30]») gedeihen unterschiedliche, ja einander entgegenlaufende Wertigkeiten. Das futuristische Schöpferbewußtsein des – männlichen – Dichters ist in der Unfruchtbarkeit der Frau aufgehoben. In dem grundsätzlich dialektischen Verständnismuster des Werks aber potenziert sich dieses soziale Defizit Merlins paradoxerweise in seiner Vollkommenheit. Er ist nämlich auch, wie wir an anderer Stelle gezeigt haben[31], wie Tiresias und die Sphingen, die an seinem Grab erscheinen, im Sinne einer im 19. Jahrhundert weitverbreiteten Auffassung ein Hermaphrodit und soweit die Verkörperung eines ambivalenten Vollkommenheitsideals. Schon deswegen darf er im Zeitalter der Barbarei nicht überleben – genauso wenig wie später im *Poète assassiné* der Zwitter Croniamantal.

Die zahlreichen Gestalten, die sich am Grabe Merlins das Stelldichein geben, beziehen ihr Leben aus der Vorstellung des ‚verwesenden Zauberers', und zwar nicht nur die ‚erfundenen', vorher nicht literarisch belegten, wie etwa die *trois faux Rois mages*[32]. Sie sind der Welt Merlins zugeordnet, erscheinen als seine Interpretationen, damit aber gleichzeitig als Emanationen seiner selbst, als eine disparate Kette von Teilidentifikationen, die von Fall zu Fall höchst unterschiedliche Wertigkeiten besitzen: ‚positive', ‚negative', häufiger noch in der Grundstruktur der Uneindeutigkeit, auf die hin dieses Werk wie auch die anderen drei Prosatexte angelegt ist, ambivalente. Das Gespräch des *Enchanteur* mit ihnen gibt sich so letzten Endes als ein Dialog mit sich selbst zu erkennen. Anders gesagt: Gerade in der Dialogstruktur des *Enchanteur pourrissant* verdeutlicht sich das Konzept von der Dissoziation des dichterischen Ich. Die *ubiquité* des *poète*, seine Präsenz in Dutzenden von Ausformungen seiner *imagination*, ist Fragmentarisierung und wird damit zugleich Ausdruck seines Identitätsverlustes. Die konzentrisch organisierte Welt Merlins zieht die Wesen aus den unterschiedlichsten Kultur- und Vorstellungsbereichen magisch an, um sie nach ihrem Auftritt ins Nirgendwo entgleiten zu lassen. Die Einheit, die sich in den jeweiligen Dialogen herstellt, wird so ständig aufs Neue aufgebrochen; es konstituiert sich daraus keine neue kulturelle Integrität, und stände sie im Zeichen des Untergangs.

Auf die dualistische Grundstruktur des *Enchanteur pourrissant* ist bereits hingewiesen worden. Dem Tod Merlins, seinem Scheitern im sozialen Umfeld, das sich im, wie zwar immer wieder gesagt worden ist, autobiographisch ausgelösten, aber im entscheidenden zeitgerecht ideologisch begründeten Konzept des Weiblichen kristallisiert, steht in *Onirocritique* der Sieg des „poète démiurge" (J. Burgos[33]) gegenüber, der sich in einer Kampf- und Siegesmetaphorik verdeutlicht, zu der die Proliferationsvisionen im Zeichen des numerus perfectissimus (*Je me vis au centuple; centuplé*) ebenso gehören wie die futuristisch-androgenetische Kinderproduktion (*Je procréai cent enfants mâles*[34]). Dennoch bleibt dieses sich gigantomanisch gebende Ich seiner Identität lange Zeit unsicher; die autosuggestive und dennoch wiederum nur ambivalente Erhebung über die Welt gelingt erst wenige Zeilen vor dem Schluß, nach einem erneuten Kampf mit dem Doppelgänger[35].

Die erneute Hinwendung zur Identitätsproblematik des modernen Dichters in *Le poète assassiné* legt endgültig auch deren Wurzeln offen. Überwunden, bis auf wenige Ausnahmen, scheint die pathetische Gebärde des endzeitlichen Zauberers aus dem arthurischen Sagenkreis. Der Schutzbereich der isolierten Eigenwelt, in dem sich die Vorstellungskraft des Dichters nur an sich selbst messen kann, ist nicht länger zu wahren: Kein Wald gibt länger den Hintergrund ab, auch nicht die der Öffentlichkeit gleichsam entzogene Privatwohnung eines Künstlers, wie in *La Serviette des poètes.* Bereits mit seiner Geburt taucht der Dichter in ein zeitgenössisch gesehenes Alltagsleben ein (um es freilich von Fall zu Fall, etwa zu satirisch-allegorischen Zwecken, wieder vorübergehend zu verlassen).

Croniamantal ist das Kind eines fahrenden Sängers aus den Ardennen und einer modernen Kentaurin[36]. Solch mythologisch gesicherte Robustheit der Abstammung bewahrt den Dichter nicht davor, sich nachher in der Welt als zu schwach zu erweisen[37]. Dies ist nicht die einzige Antinomie seines Wesens. Vorausgesetzt ist, wenn auch burlesk kaschiert, der Zweifel über seine geschlechtliche Identität; entsprechend uneinheitlich sind die Namen, unter denen er in den einzelnen Ländern verehrt wird. Von Anfang an ist so der gesellschaftliche Integrationsverlust des Dichters thematisiert, ein Phänomen, das am Ende der Erzählung seine negative Potenzierung in dem Denkmal aus Nichts erfährt, das die Freunde dem toten Croniamantal errichten.

«(. . .) j'ai vu sur les boulevards une rombière vêtue de petits miroirs appliqués et collés sur un tissu[38]»: Abermals funktioniert, wenn auch längst nicht immer evident, das System narzißtischer Zerspiegelungen der Hauptfigur an den existenziellen Wendepunkten seiner Biographie: Ahasver, im Gewand des degradierten Rabbi, den Croniamantal am Heiligen Abend auf der Beueler Rheinbrücke trifft, gibt sich im chiastisch organisierten Dialog der beiden als Spiegelbild zu erkennen, aber er entfernt sich in die entgegengesetzte Richtung[39]. In der kommerzialisierten Anpassung an den Publikumsgeschmack wird der *fopoîte*, der ‚falsche' Dichter Paponat, als das direkte Negativ Croniamantals vorgeführt; er ist der Dichter, der keiner ist, sondern „homme d'affaires excellent[40]". Dennoch bestätigt ihm Croniamantal wiederholt: «*Tu me ressembles*[41]». Abermals bezeichnet das Ähnlichkeitserlebnis eine doppelgängerhafte Komplementärerfahrung, ohne daß eine Vereinigung beider im Sinne harmonischer Integration des *einen* Dichters mit der Welt denkbar wäre.

Seinen Höhepunkt erlebt dieses Konfrontationsmuster mit einem Doppelgänger im XVII., dem vorletzten Kapitel, dessen zentrale Bedeutung durch das Aufgreifen des Titelwortes in der Überschrift unterstrichen wird: *Assassinat.* Im schon durch Merlin vorgegebenen Schema von Wissen und Ausweglosigkeit gerät der Held in den Sog der Welt, die die Sinnlosigkeit der Poesie deklariert und den Tod aller Dichter fordert. Der Vorgang vollzieht sich als Ritual und indiziert schon damit seinen paradigmatischen Charakter. Croniamantal, der Einzelgänger, verkörpert all das, was zum Untergang bestimmt ist, die „reine", im Sinne des aktuellen Utilitarismus und Fortschrittsglaubens nutzlose Dichtung. Ihm steht – man ist in der Zeit des 1. Weltkrieges – der den Geist der Zeit verkörpernde Deutsche Horace Tograth gegenüber, Autor auch er, wenn auch auf der Ebene des gelehrten Zeitschriftenartikels, dem pragmatisch-positivistischen Gegenmodell zur Dichtung: «L'article intitulé *Le Laurier* contenait une sorte d'historique de la culture du laurier en Judée, en Grèce, en Italie, en Afrique et en Provence. L'auteur donnait des conseils à ceux qui avaient des lauriers dans leurs jardins, il indiquait les usages multiples du laurier, dans l'alimentation, dans l'art, dans la poésie et son rôle comme symbole de la gloire poétique[42]». In ihm feiert die Naturwissenschaft ihren artifiziellen Triumph: Seine Faszination auf die Menge ist so groß, daß er – zumindest kosmetische – Wunder vollbringen kann. Die unmittelbare Konfrontation zwischen depravierter Dichtung und sich künstlerisch artikulierender Wissenschaft ist in dem apokalyptischen Konzept des *Poète assassiné* unvermeidlich, wobei die Rede Croniamantals verdeutlicht, daß selbst noch der Schauplatz als Sinnbild der Perversion überkommener Werte, als säkularisiertes Heiligtum der Dichtung bedeutsam wird: «Marseillais, Marseillais, pourquoi vous dont les ancêtres s'en sont venus du pays le plus purement lyrique, vous êtes-vous solidarisés avec les ennemis des poètes, avec les barbares de toutes les nations[43]?» Damit ist zugleich auch eine den Werksrahmen transzendierende mythologische Einstimmung in das Ende von Croniamantal gegeben. Orpheus erliegt der Wut der Mänaden[44].

In der Identifikation der sich im Dichter verkörpernden *poésie éternelle* mit der *création même*[45], die Croniamantal im Augenblick des Todes beschwört, scheint vorübergehend so etwas wie ein Fluchtpunkt im dramatischen Scheitern des Künstlers sichtbar zu werden. Apollinaires Werk ist voll von dieser Gleichsetzung[46], die übrigens schon bei Baudelaire im *Salon de 1859* vorweggenommen scheint: «Elle (*l'imagination*) a créé, au commencement du monde, l'analogie et la métaphore (. . .). Comme elle a créé le monde (on peut bien dire cela, je crois, même dans un sens religieux), il est juste qu'elle le gouverne[47]». Baudelaires eher zögernde Formulierung gewinnt bei Apollinaire erst ihren scheinbar ungebrochenen Absolutheitsanspruch. Sie wird aber auch im *Poète assassiné* nachträglich als zu optimistisch erkannt; denn der Anspruch auf die Beherrschung der Welt kann nicht länger aufrechterhalten werden. Schon Baudelaire läßt erkennen, daß die christlichen Konnotationen nicht zufällig sind: Dem ekstatischen Selbstverständnis des „poète assassiné" als Heilsbringer – und damit wird im Nachhinein auch die Angleichung der *Serviette des poètes* an das Schweißtuch der Veronika verständlich[48] – korrespondiert aber das klägliche Ende.

Aus der Fülle der Vorstufen des *Poète assassiné,* die Décaudin im umfangreichen Apparat des ersten Bandes der *OEuvres en prose* zusammengetragen hat, ergibt sich unter anderem, daß der Name Horace Tograth, der sicher nicht zufällig an Paponat assoniert, am Ende einer aufschlußreichen Kette von Metamorphosen steht. In einem möglicherweise schon auf das Jahr 1901 zurückgehenden Romanfragment heißt der Gelehrte Apollonius oder auch Apollodore Zabath[49]. Auch in der Endfassung des *Poète assassiné* ist er noch bisexuell[50]. Seine verschwiegene Angleichung an Croniamantal im Zeichen einer

(Selbst-) Negation der Dichtung kann als gesichert gelten. Der ursprüngliche Name Zabath deutet auf das apokalyptische Verständnis dieses Negationsprogramms[51]. Man kann den mehrstufigen Entstehungsprozeß des *Poète assassiné* als einen Vorgang konsequenter Chiffrierung verfolgen. Insofern bedeutet die äußerliche Verschiebung der Akzente vom Eschatologischen hin zur spezifischen Inszenierung einer Dichterproblematik keine Regression des poetischen Totalitätsanspruchs. Im Gegenteil: Dichtung ist nicht länger als bloßes Analogon zur göttlichen Schöpfung zu begreifen, sondern sie wird in der Inkarnation (christlicher) Kulturtradition mit ihr eins. Im Augenblick ihrer existenziellen Gefährdung offenbart die Dichtung ihre messianische Dimension und begründet darin zugleich ihren Untergang. Die Personenkonstellationen des *Poète assassiné* veranschaulichen nun aber endgültig, daß dieses Scheitern nicht einfach nur als ein dem Künstler sozial aufgenötigter, von ihm unbeeinflußbarer Vorgang gesehen werden kann, sondern daß die Kunst selbst die Gefahr einer Desintegration in sich birgt: «Il y avait encore dans l'atelier une chose fatale, ce grand morceau de miroir brisé, retenu au mur par des clous à crochet. C'était une insondable mer morte, verticale et au fond de laquelle une fausse vie animait ce qui n'existe pas. Ainsi, en face de l'Art, il y a son apparence, dont les hommes ne se défient point et qui les abaisse lorsque l'Art les avait élevés[52]».

Im vorletzten Kapitel des *Poète assassiné* gerät zur paroxystischen Selbstzerstörungsvision, was sich in der französischen Literatur des 19. Jahrhundert langsam (und nicht nur in der Lyrik) als Alptraum eingenistet hat: der Gedanke an den Moloch Wissenschaft, dem auch die Kunst anheimzufallen droht. Man vergegenwärtige sich, wie selbst Baudelaire den Angelpunkt seiner Existenz als lyrischer Dichter mit recht dialektischer Argumentation dem neuen Ideal angleichen kann, wenn er das antirationalistische Imaginationskonzept zu *la plus scientifique des facultés*[53] erklären kann; und auch Anfang dieses Jahrhunderts bedurfte es nicht der futuristischen Anpassungsdoktrinen, um Kunst und Künstler an die Welt der modernen Naturwissenschaften heranzuführen, indem ihr paradoxerweise analoge Strukturen zugestanden werden. Aufschlußreich, in welch apologetischen Formulierungen selbst Proust hier ein Parallelverhältnis auf der Basis eines anscheinend nicht angefochtenen Primats der Wissenschaft beschreiben kann[54].

Die Instabilität der Zentralfigur des *Poète assassiné* markiert sich nicht allein im machtlos-ekstatisch hingenommenen Ende, sondern mindestens ebenso prägnant in der sorgfältig verschlüsselten Auffächerung der Identität dieses *lyrique garçon*[55], deren einzelne Bezugspunkte nun keineswegs länger einer eindeutigen Positiv-Negativ-Zuordnung unterliegen: So wie Croniamantal selbst bereits der Eindeutigkeit enträt (und damit auch der ironisch-nachhaltig beschworene Ruhm in der Gefahr steht, ein Mißverständnis zu werden), so bleiben auch seine Spiegelungen mehrdeutig. Selbst die elitäre Erscheinung des deutschen chimiste-agronome Horace Tograth (der Anklang an *aristocrate* ist sicher nicht zufällig) steckt voller Ambiguität. Der brutale Wundertäter (auch hier sind die Anklänge an futuristische Visionen nicht zu übersehen), der sich als Helfer der Menschheit präsentiert, überschreitet in doppelter Hinsicht menschliches Maß, er ist auf perverse Weise „göttlich" und zugleich *inhumain* und damit eine perverse Inszenierung der Vollkommenheit, wie sie in den *Méditations esthétiques* für den Kunstler in Anspruch genommen worden ist[56].

Die Zerspiegelung der Titelfigur des *Poète assassiné* wird als eine total gemeinte dechiffrierbar; unter den Auspizien eines solchen Identitätsverlustes erscheint der Tod ebenso unausweichlich wie die ‚Realisierung' der *Apothéose* – so der Titel des Schlußkapitels – in dem Denkmal aus Nichts. Die Überschrift des Eingangskapitels *Renommée,* die hier scheinbar überhöhend aufgegriffen ist, wird ebenso wie sie selbst als ironische Sprechweise bloßgelegt und zurückgenommen.

Nochmals scheint hier zur Verdeutlichung ein kurzer Blick auf Proust angebracht, aus dessen *Recherche* sich eine zeitgenössische Bestätigung dieser Identitätsproblematik ableiten ließe, jene „Atomisierung" des Individuums, wie man es genannt hat[57]. Der fundamentale Unterschied zwischen Prousts und Apollinaires Verständnis vom Künstler liegt aber darin, daß bei Proust der Schriftsteller gerade die Möglichkeit hat, die Übersicht über die Welt zurückzugewinnen, während bei Apollinaire die Desintegration eben in dem Künstler kulminiert.

Die Dissoziation der künstlerischen Identität bei Apollinaire hat nun noch einen weiteren Aspekt, bei dem die Immanenz des Textes am Ende überschritten wird.

Das eminent lyrische Thema von der Situation des Dichters in der Welt wird, wie schon erwähnt, grundsätzlich im Geschehensbericht in der 3. Person vermittelt. Innerhalb dieses Rahmens ist die Spannweite groß: Sie reicht von der *Serviette des poètes,* wo die Dichter so weit Objekt geworden sind, daß sie nur besprochen werden und selbst nicht zu Wort kommen, bis zu den den Text dominierenden Dialogsequenzen in *L'Enchanteur pourrissant.* Es kommt aber weiteres hinzu. Der *Enchanteur pourrissant* wird von einem in der Ich-Form gehaltenen Fragesatz eröffnet, an den sich überleitungslos die Erzählung von Merlin und der Dame du Lac anschließt: «Que deviendra mon cœur parmi ceux qui s'entr'aiment? Il y eut jadis une demoiselle de grande beauté, fille d'un pauvre vavasseur. La demoiselle était en âge de se marier (usw.)[58]». J. Burgos hat diesen ersten Satz als einen Alexandriner identifiziert. Eine lyrische Einstimmung in das folgende Geschehen ist also gegeben. Zusammen mit dem *Onirocritique* betitelten Prosagedicht am Schluß, in dem sich das lyrische Ich abermals unmittelbar artikuliert, ist dadurch ein Rahmen geschaffen, in dem die das Werk beherrschende Merlin-Geschichte einen funktionalen Aspekt bekommt, zur Demonstration bzw. Exemplifikation, in gewisser Weise zur Allegorese gerät. Merlin aber und das sich am Anfang und Ende artikulierende Ich sind identisch. Die Frage sozialer Integration, die im Eingangssatz gestellt und im Verlauf des *Enchanteur pourrissant* negativ beantwortet wird, wird in *Onirocritique* leitmotivisch vertieft: «Mais j'avais la conscience des éternités différentes de l'homme et de la femme[59]». Der namenlose Träger des lyrischen Monologs an Anfang und Ende doppelt sich, sieht sich selbst zu, projiziert sich in eine mythisch-literarische Identifikationsfigur, um in ihr zu scheitern. Die lyrische Aussage ist sich der Unmittelbarkeit ihrer Wirkung nicht mehr sicher, sie kann sich nur noch als eine gebrochene darstellen.

Deutlicher noch als im *Enchanteur pourrissant* tritt dieser Doppelungs- und Verweisungscharakter der Dichterfigur in *Que vlo-ve?* zutage. Während der Titelheld sogar drei verschiedene Namen besitzt, hat er wenigstens noch zwei: Der bürgerliche Name von ‚Guyame le poète' lautet Guillaume Wirin. Aber in ihn hinein projiziert sich, kaum noch mißverständlich, der Erzähler oder vielmehr der Autor selbst, wenn er vor dem Höhepunkt der Geschichte zu seinem die Schemata des klassischen Epos travestierenden Apoll- und ‚Musen'-Anruf ansetzt: «Il faut maintenant prendre son courage à deux mains, car voici l'instant difficile. Il s'agit de dire la gloire et la beauté du gueux déguenillé Que vlo-ve? et du poète Guillaume Wirin (. . .). Allons d'ahan! . . . Apollon! mon Patron, tu t'essouffles, va-t'en! Fais venir cet autre: Hermès le voleur, digne plus que toi de chanter la mort du

Wallon Que vlo-ve? sur laquelle se lamentent tous les elfes de l'Amblève. Qu'il vienne, voleur subtil, aux pieds ailés, *Hermès, dieu de la lyre et voleur de troupeaux* (...). Qu'il amène avec soi mon second Patron, en mitre et pluvial, l'évêque saint Apollinaire. (...)[60]».

Schon in Apoll wird (wie so oft in Apollinaires Werk) eine nominale Teilidentität beschworen; in der Anrufung des *saint Apollinaire* im Zusammenhang mit dem Lobpreis auf den Dichter Guillaume Wirin stellt der auf dem Titelblatt rangierende Autor Guillaume Apollinaire eine für den Leser sichtbare und direkte Identitätsbeziehung zu ‚seinem' Helden her, fixiert ihn zugleich als Abspaltung und literarisierte Projektion seiner selbst. In das esoterische Schema der *Serviette des poètes* paßt derartig explizites Sprechen nicht. Im Kontext der gesamten Novellensammlung *L'Hérésiarque et Cie* lassen sich aber die vier *convives*, die einander nie zu Gesicht bekommen, mit den verschiedenen poetischen Selbstentwürfen der anderen Erzählungen in Übereinstimmung setzen, am augenfälligsten dort, wo der eine Dichter mit der spanischen Version des Vornamens Guillaume sich genau wie Guyame/Guillaume in *Que vlo-ve?* durch sein Geschichtenerzählen charakterisiert[61].

Kein Zweifel, daß die vier Geschichten Selbstinszenierungen Apollinaires darstellen und *als solche erkannt sein wollen.* Selbst der legendär-mythische Rahmen der Merlin-Geschichte ist buchstäblich von der ersten Zeile an demonstrativ autobiographisch besetzt; der *Poète assassiné* enthält ein das ganze Werk unterlagerndes kohärentes biographisches Substrat, das als solches erkennbar gehalten wird. Das aber macht den Avantgardisten Apollinaire und seine Faszination bei den jungen Künstlern seiner und der nachfolgenden Generation aus: Er richtet dort, wo etwa ein Autor wie Proust mit seiner literarischen Selbstprojektion die Kommunikationsfähigkeit von Literatur am spezifischen Gattungsmodell wie dem Roman zu erneuern trachtet, den Blick des Lesers auf die biographisch durchwirkte existentielle Totale. Im Individuum des Dichters, seiner ‚lyrischen' Haltung zur Umgebung artikuliert sich ein narzißtisch die Normen setzender Anspruch an die Welt.

Daß *lyrique* solchermaßen als Kennzeichnung einer von Gattungsgrenzen unbetroffenen Selbstinszenierung des Schriftstellers begriffen werden konnte, findet man von einer eigentlich unerwarteten Seite her bekräftigt. *Lyrisme* war um die Jahrhundertwende derart zum schillernden Reizbegriff gediehen, die klassischen Gattungsgrenzen waren im Gefolge romantischer Entwürfe ohnehin aufgebrochen worden, daß sich auch die Literaturwissenschaft immer stärker des Phänomens annahm. 1901 hatte Benedetto Croce das bekannte Diktum formuliert, daß jedes wahre Kunstwerk eine überkommene Gattung gesprengt habe[62]. Der gattungsüberschreitende Charakter von *lyrisme* ist selbst in der positivistischen Literaturwissenschaft mit recht weitgehenden Konsequenzen erörtert worden[63]. Die explizite *thematische* Determination von *lyrique* hingegen als Reaktion auf eine diffizil gewordene Identität des Individuums in der modernen Gesellschaft und der gattungsunabhängige Gebrauch des Terminus exakt in dieser Funktion sind um die Jahrhundertwende von dem bekannten Literarhistoriker Brunetière in seinen Vorlesungen zur *Évolution de la poésie lyrique en France au dix-neuvième siècle* mit auf den ersten Blick geradezu frappierenden Analysen beschrieben worden[64] – frappierend nicht zuletzt deswegen, weil sie vor dem Hintergrund eines von ihm vertretenen bürgerlichen Nützlichkeitsdenkens zu sehen sind, in das sich auch der Schriftsteller einzufügen habe[65]. Das scheint gelegentlich bis in die Formulierungen hinein an die Visionen vom Untergang der Poesie im *Poète assassiné* heranzureichen[66], und in gewisser Weise tritt Brunetières literaturgeschichtliche Abhandlung indirekt einen Wahrheitsbeweis für die literarische Ich-Inszenierung des Avantgarde-Autors Apollinaire an. Um so interessanter ist, wie er moderne Lyrik begründet: Er erkennt sie als literarische Antwort auf den zivilisatorischen Nivellierungsprozeß, die nicht an den Gebrauch bestimmter Gattungen, ja nicht einmal an bestimmte Sprechweisen gebunden ist. So markieren für ihn nicht nur die ichbezogenen, monologischen *Confessions* Rousseaus eine Revolution in der neueren französischen *Lyrik*[67], sondern sogar die frühen Romane der George Sand, denen unter dem signifikanten Titel *La Transformation du lyrisme par le roman* ein ganzes Kapitel gewidmet wird[68].

Mit ausführlichen Zitaten belegt Brunetière die (Selbst-) Stilisierung der Gestalten zu Ausnahmewesen („êtres plus qu'humains"[69]). Emphatisches Reden der Autorin von sich selbst im Zeichen der Identitätssicherung, und sei es in der 3. Person vermittelt, wird zum lyrischen Sprechen, genauer: ‚lyrisch' und dichterisches Reden von sich werden grundsätzlich identisch gesehen; die frühen Werke sind dementsprechend – die Qualifizierung wiederholt sich mehrfach –[70] „des romans personnels ou lyriques". George Sand bekommt damit neben Rousseau eine Schlüsselposition in dieser „Entwicklungsgeschichte" der neueren französischen Lyrik. Brunetières in über 30 Jahren zehnmal neu aufgelegtes Werk mit seinem Verständnis von Lyrik primär als Thema und Sinn, als ins Literarische projizierte Präponderanzsehnsüchte des Autorsubjekts liefert der Generation der Jahrhundertwende Begründungen für ‚lyrische' Gattungsüberschreitungen, die der Autor Brunetière im Grunde nicht billigen kann. Es wird aber hier eine Voraussetzung dafür erkennbar, unter der das von Apollinaire gebrauchte Oxymoron *nouvelle lyrique* keines ist, sondern als mythisch gesteigertes Reden von sich zu verstehen ist, das im Zeichen einer als existentiell empfundenen Identitätsgefährdung seine Rechtfertigung erfährt und bei der die Sprechweise sich erst als Funktion davon ergibt.

Nochmals: Die Ausführungen Brunetières gelten nicht der zeitgenössischen Dichtung, sondern einer Autorin der Romantik, und, was wichtiger ist, sie betreffen – sozialpsychologisch – die literarische Inszenierung eines weiblichen *Individuums* mit seinem Anspruch auf Selbstverwirklichung: «(. . .) c'est en effet le droit de la passion qu'elle chante: entendez, pour l'individu, le droit de s'opposer, du titre de sa passion, lui tout seul, à la société tout entière[71].» Brunetière sucht und findet in den literarischen Selbstprojektionen George Sands keinen transzendierenden Anspruch der Kunst.

An dieser Stelle aber überschreiten die jungen Autoren des beginnenden Jahrhunderts zunächst fast unmerklich den Gesichtskreis der Literaturvorlesungen des berühmten Meisters. Fast unmerklich – denn wenn Max Jacob in einem Brief an den Romancier Marcel Jouhandeau, wohlgemerkt über den autobiographischen Gehalt von dessen Romanen, halb enthusiastisch, halb kalauernd schreibt: «Il n'y pas de doute que tes œuvres sont de la poésie lyrique. Je tiens au mot lyrique: c'est la poésie du moi, de l'émoi, des mots, des maux (. . .)»[72], so ist zwar der gattungsüberschreitende Gebrauch von *lyrique* eindeutig, aber noch nicht der Sinn von *poésie du moi.* Unmißverständlich hingegen ist Jacobs Urteil über Jouhandeaus *Monsieur Godeau intime*, das sich in einem anderen an den Romancier gerichteten Brief findet.

Für Jacob verkörpert dieser Roman, in dessen Zentrum die mythische Selbstprojektion seines Verfassers steht, einen *nouveau lyrisme*, den er in der „précision dans la description d'une vérité lyrique" erblickt. Sie manifestiert sich für ihn im literarischen Entwurf des Autors von sich selbst, der des traditionellen Repertoires der Lyrik nicht mehr bedarf, weil die Besonderheit seiner Existenz selbst poetische Substanz ist: «Les lyriques ajoutent du rêve pour embellir la vérité, toi, tu n'as pu qu'être lyrique que parce que la matière l'était.» Den mythischen Identifikationsanspruch der Titelfigur unterstreichend, setzt Jacob den Ausruf hinzu: «Godeau! Nous sommes tous des Godeau!»[73]

In ganz verwandtem Sinn haben sich andere Autoren der Zeit geäußert. «Tout le pathétique d'une œuvre», konstatiert Pierre Reverdy 1924 in einem Interview, «au lieu de résider dans un sujet extérieur, existe déjà en germe dans l'individu", und er fährt fort: «Ce lyrisme qui va vers l'inconnu, vers la profondeur participe naturellement du mystère. La part faite au mystère, la conscience qu'on en a prise et le parti qu'ont décidé d'en tirer les poètes modernes caractérisent notre époque[74].» Die alte lyrische Kunst sei tot; man könne nicht länger einfach Gedichte schön deklamieren. Den *nouveau lyrisme*, den Lyrismus seiner Zeit, sieht er immer dann gegeben, «il apparaît chaque fois que l'auteur se fait une révélation au-dessus de lui-même.» Der ja nicht ganz einfache Satz von der Doppelung des Dichters in sein Werk hinein, als Begründung einer ihn am Ende selbst transzendierenden Erkenntnis, ist Reverdy so wichtig gewesen, daß er ihn in einem *Lyrisme* betitelten Essay gleichfalls wörtlich verwendet hat, allerdings mit dem skeptischen Nachsatz: «Mais se soucie-t-on de savoir si notre époque a besoin d'un lyrisme quelconque[75]?» Ohnehin seien verschiedene Kunstformen (*certains arts*) auf dem besten Wege, außer Mode zu kommen. In dem genannten Interview wird die Formel von der *révélation* an anderer Stelle variierend aufgegriffen und um die Perspektive des Lesers erweitert: «L'œuvre du poète étant une révélation qu'il se fait à lui-même en même temps qu'aux autres, on peut dire ici, qu'aimer et comprendre c'est égaler, et chacun selon ses forces choisit pour compagnon celui qui doit l'élever le plus haut ou le laisser le plus bas. Le poète et son lecteur se servent mutuellement de thermomètre[76].»

In der suggestiven Klimax *aimer – comprendre – égaler* formuliert sich nichts anderes als die zählebige Utopie der Avantgarde vom brüderlichen, sich wechselseitig befruchtenden Einverständnis zwischen Autor und Publikum. Der neue *lyrisme*, wie ihn Reverdy definiert, die narzißtische Rückwendung des Dichters auf sich selbst, seine ins Werk hinein projizierte mythische Selbstüberhöhung wird spätestens hier ihres scheinbaren Selbstzweckcharakters enthoben. Die surreale Inszenierung einer prekär gewordenen Dichterexistenz wird in ihren impliziten Appellabsichten offengelegt. Die *émotion* des Lesers oder Zuhörers, die sich nicht länger aus der *déclamation pénible* eines gefühlvollen Gedichts nähren kann[77], sieht sich aufs Neue gefordert, nunmehr auf den Dichter selbst gelenkt, soll sich an seiner Person kristallisieren. Für den Symbolismus, so beschreibt Tancrède de Visan, einer der Mitarbeiter an *Vers et Prose,* die ‚Modernität' dieser Strömung, «la vérité dans l'art ne réside ni dans l'exaltation de l'imagination, ni dans la description objective, mais dans l'expression ou l'essor de la personnalité entière[78].» So gesehen, kann Poesie zur Lebensform werden[79], muß das Bestreben des Schriftstellers dahin gehen, sein eigenes Leben auf Fiktion hin, als Kunstwerk zu entwerfen[80]. Von hier aus erfüllt sich auch die von verschiedenen Autoren der Zeit unablässig beschworene *attitude lyrique* – Max Jacob hat bezeichnenderweise von seiner eigenen *pose lyrique* gesprochen[81] – als Markierung des Schnittpunkts zwischen Leben und Literatur mit Sinn. Chancen wie Gefahren eines solchen poetischen Weltentwurfs hat von den Zeitgenossen keiner so prägnant wie Apollinaire in einem Alexandrinervers verdichtet, der sich in einem der an Lou gerichteten Gedichte findet:

Ma vie est un beau livre et l'on tourne la page[82].

Anmerkungen

1 *Œuvres en prose* I – Textes établis, présentés et annotés par Michel Décaudin, Paris 1977 (Pléiade), S. IX (künftig zitiert als *ŒEprose*).

2 G. A., *Tendre comme le souvenir,* Paris 1952, S. 103.

3 Vgl. z. B. *ŒEprose* I, S. 149, 191.

4 *Zone* (*Œuvres poétiques* – Texte établi et annoté par Marcel Adéma et Michel Décaudin, Paris 1971 (Pléiade), S. 41 (zitiert als *ŒEpoétiques).*

5 Vgl. Décaudin in *ŒEprose* I, S. X (*Introduction).* Von seinem Schriftstellerkollegen Abel Hermant, der die Überlegenheit der Prosa habe beweisen wollen, sagt A.: «M. Abel Hermant est orfèvre, c'est-à-dire qu'il n'écrit qu'en prose» (*Œuvres complètes de G. A.* (zitiert *ŒEc)* II – Édition établie sous la direction de Michel Décaudin, Paris 1966, S. 537).

6 *ŒEc* III, S. 901 und 907.

7 *Réponse à une enquête. Septembre 1906 (ŒEc* III, S. 780. Vgl. auch ebd., S. 930).

8 Vgl. dazu u. a. J. Rousselot, *Dictionnaire de la poésie contemporaine,* Paris 1970, S. 193 F. (S. v. *la poésie et la prose*), Walter Pabst, *Französische Lyrik im 20. Jahrhundert* Berlin 1982 (Grundlagen der Romanistik 12) [im Druck], besonders Kap. 2: „*Le Lyrisme* – ambivalenter Neologismus der Romantik". – Den überbordenden Gebrauch von *lyrisme* als Selbstinszenierung hat übri-

gens schon der zeitgenössische Essayist Émile Godefroy mit dem Pastiche eines Voltaireschen *conte philosophique* aufs Korn genommen: Vgl. Émile Godefroy, *Auzias,* in *Vers et Prose* 23 (1910), S. 56 ff., besonders S. 56-61: *Qu'est-ce que le Lyrisme?*

9 Tatsächlich sind die traditionellen Gattungsgrenzen für die Initiatoren der Zeitschrift belanglos gewesen. Ursprünglich hatte man an programmatische Titel wie *Revue des Œuvres lyriques* bzw. *L'Œuvres lyrique* gedacht, als man diese Tribüne für alle literarischen Ausdrucksformen der jungen zeitgenössischen Dichtung, nicht nur für die Lyrik im engeren Sinn, schuf, und schließlich, um nicht als Opernzeitschrift mißverstanden zu werden, die unverbindliche Bezeichnung gewählt (André Salmon, *Souvenirs sans fin* I, Paris 21955, S. 195.

10 *Œc* III, S. 784.

11 *L'Enchanteur pourrissant* – Édition établie, présentée et annotée par Jean Burgos (zit. *Ench.),* Paris 1972, S. LXIX.

12 *Tendre comme le souvenir,* S. 335.

13 *Œc* III, S. 904 f.

14 Es sei daran erinnert, daß Merlin von Elias mit „*Poète*!" angeredet wird (*Ench.,* S. 140).

15 *Œprose* I, S. 227 f. Vgl. Verf., „Le poète assassiné", in *Sprachen der Lyrik* (Festschrift Hugo Friedrich) Frankfurt/M. 1975, S. 530 ff., und ders „Metamorphosen des Dichters im Werk Apollinaires", in *Apollinaire,* hg. von E. Leube und A. Noyer-Weidner, Wiesbaden 1980, S. 77 ff.

16 *Ench.,* S. 32.

17 *Œprose* I. S. 193.

18 Ebd., vgl. S. 191: *Et leurs vers etaient admirables.*

19 Wir haben an anderer Stelle eine Skizze dieses Problems versucht: „Metamorphosen des Dichters", S. 85 ff.

20 *Œc* IV, S. 17.

21 *Tendre comme le souvenir,* S. 29.

22 *Œprose* I, S. 194.

23 Jean Burgos in *Ench.,* S. 3 ff.

24 *Œprose,* S. 193.

25 Ebd., S. 151.

26 Ebd., S. 255.

27 Ebd., S. 193 f.

28 Ebd., S. 192.

29 Ebd., S. 151.

30 *Ench.,* S. 170.

31 Metamorphosen des Dichters, S. 74 ff.

32 *Ench.,* S. 54 ff.

33 Ebd., S. 183.

34 Ebd., S. 182.

35 Ebd., S. 184.

36 Sie heißt Macarée (Vgl. M. de Guérin, *Le Centaure).* Attribut ihrer Modernität ist ihr Fahrrad. In einer frühen Version heißt der Vater übrigens *Qu vlov?* (sic): Vgl. *Œprose* I, S. 1161 f.

37 CRONIAMANTAL: Voyageur sans bâton, pèlerin sans bourdon et poète sans écritoire, je suis moins puissant que tout autre homme, je n'ai plus rien et je ne sais rien. . . (*Œprose* I, S. 269).

38 Ebd., S. 276.

39 Ebd., S. 283 ff.

40 Ebd., S. 295.

41 Ebd., S. 274.

42 Ebd., S. 290.

43 Ebd., S. 298.

44 Vgl. Verf., „Le poète assassiné", S. 543.

45 Œprose I, S. 298.

46 Ebd. Vgl. auch Verf., „Le poète assassiné", S. 543.

47 Baudelaire, *Œuvres complètes* II, éd. Cl. Pichois, Paris 1976 (Pléiade), S. 621.

48 *La Serviette des poètes: Œuvres* I, S. 194. Eine ironisch-versteckte Aufarbeitung des Messianismus beispielsweise auch in dem Gedicht *Le Tresor (Il y a)* mit dem dreimal verwendeten Vers *Le sauveur, un pauvre poète* (*Œpoétiques,* S. 325 f.). Die „Identifikation des einsamen und leidenden Künstlers mit Christus" in der Malerei der Jahrhundertwende erörtert J. A. Schmoll gen. Eisenwerth, „Zur Christus-Darstellung um 1900", in Roger Bauer u. a. (Hgg.), *Fin de siècle – Zur Literatur und Kunst der Jahrhundertwende,* Frankfurt/M. 1977, S. 403 ff.; Zitat: S. 412. Zum Entwurf des Kunstwerks als *acte gratuit* vgl. M. Raether, Der Acte gratuit. *Revolte und Literatur,* Heidelberg 1980, S. 218 ff.

49 *Œprose* I, S. 1265 ff.

50 Ebd., S. 294.

51 Tatsächlich sieht eine Vorfassung in ihm den Antichristen, so wie dort noch die Rolle Croniamantals von dem biblischen Patriarchen Henoch eingenommen wird, der in der Weihnachtsnacht auf die Erde gekommen ist, um die Welt vor dem Antichrist zu retten, freilich erfolglos (Œprose I, S. 1273 ff.). In der Weihnachtsnacht wiederum war Croniamantal seinem jüdischen Double auf der Bonner Rheinbrücke begegnet (Kap. XV). In diesem Zusammenhang ist das explizite Spiegelungsverhältnis zwischen Merlin und Énoch im *Enchanteur pourissant* höchst aufschlußreich:

ÉNOCH: (. . .) Un sauveur nous a été promis dans les temps. Est-on bien sûr qu'il soit venu?

L'ENCHANTEUR: Pourquoi m'interroges-tu, toi, qui me connais si bien? Patriarche, qui donc n'est pas un sauveur? Peut-être sera-tu toi-même le vrai sauveur quand tu reviendras mourir (*Ench.,* S. 138).

52 *Œprose* I, S. 256.

53 Brief an Asphonse Toussenel vom 21. 1. 1856 (*Correspondance* I, éd. Cl. Pichois/J. Ziegler, Paris 1973 (Pléiade), S. 336.

54 «(. . .) en étant artiste, c'est-à-dire qu'à condition, au moment où il étudie ces lois, institue ces expériences et fait ces découvertes aussi délicates que celles de la science (. . .) la vérité ne commencera qu'au moment où l'écrivain prendra deux objets différents, posera leur rapport, analogue dans le monde de l'art à celui qu'est le rapport unique de la loi causale dans le monde de la science (. . .)» (*A la Recherche du Temps perdu* III, éd. P. Clarac/A. Ferré, Paris 1959 (Pléiade), S. 888 f.).

55 *Œprose* I, S. 277. Nur im Spiegelungsschema der Erzählung erfüllt sich mit Sinn, wenn der Croniamantal begegnende Rabbi den eigenen „lyrisme inimitable" beschwört (S. 283).

56 S. o. Anm. 20.

57 Vgl. Erich Köhler, *Marcel Proust,* Göttingen 1958, S. 30.

58 *Ench.*, S. 2.

59 *Ench.,* S. 178, 180, 182.

6- *Œprose* I, S. 151.

61 Ebd., S. 191.

62 Benedetto Croces *Estetica* (1901) ist 1904 von H. Bigot ins Französische übersetzt worden.

63 Aufschlußreich ist hier besonders das Werk von Ernest Bovet, *Lyrisme, Epopée, Drame — Une loi de l'histoire littéraire expliquée par l'évolution générale,* Paris 1911. Vgl. z. B. S. 15: «Sans doute le lyrisme n'est pas lié le moins du monde à la forme de l'ode ou du sonnet, ni même au vers.» S. 226: «il y a des artistes dont la forme n'est pas cataloguée, ni facile à cataloguer, et dont l'activité n'en contribue pas moins à l'éducation esthétique d'un peuple» (usw.).

64 Zitiert nach Bd I, Paris 51909; 1. Aufl. 1894, 8. Aufl. 1924, 10. Aufl. o. J. (nach NUC).

65 S. 27 ff., 305 ff. und passim.

66 Vgl. *Œprose* I, S. 290 ff.

67 Brunetière, S. 63 ff.

68 Brunetière nennt *Indiana, Valentine, Lélia* und *Jacques:* S. 300 ff. Ähnlich, hier wohl im Anschluß an Brunetière, Bovet a. a. O., z. B. S. 117, 121.

69 Brunetière a. a. O., S. 301.

70 Zitat: S. 300. Vgl. auch S. 299 und 304.

71 Ebd., S. 301.

72 Max Jacob, *Lettres à Marcel Jouhandeau,* éd. Anne S. Kimball, Genève 1979 (TLF), S. 342 (4. 8. 33).

73 Ebd., S. 260 f. (17. 6. 26).

74 Benjamin Péret, «Pierre Reverdy m'a dit. . .», in Pierre Reverdy, *Nord-Sud, Self Defence et autres écrits sur l'art et la poésie (1917-1916),* Paris 1975, S. 230.

75 Pierre Reverdy, *Lyrisme* (1923), ebd. S. 185.

76 Benjamin Péret a. a. O., S. 232.

77 Reverdy, *Lyrisme* a. a. O., S. 184'

78 Tancrède de Visan, *L'Attitude du Lyrisme contemporain,* Paris 1911, S. 272.

79 «(. . .) je voudrais changer de peau tous les matins», schreibt Max Jacob am 8. 3. 26 an Cocteau, «c'est pourquoi j'ai pris goût au voyage et à ma poésie». (*Choix de lettres de Max Jacob à Jean Cocteau (1919-1944),* o. O. 1949, S. 38). Vgl. auch ebd., S. 15: «(. . .) faire servir la poésie (. . .) pour affirmer la supériorité du poète même s'il n'est pas devant le lecteur.» (Brief v. 4. 7. 30).

80 In diese Richtung weist schon Tancrède de Visan in seinem zuerst in *Vers et Prose* 1907 veröffentlichten Aufsatz «Sur l'œuvre de Paul Fort»: «(. . .) cette attitude lyrique qui consiste à impregner d'âme chaque paysage perçu, à faire vivre, selon le rythme de la conscience, les objets environnants. Par ainsi le monde extérieur emprunte la lumière de notre être et la nature se colore de la nuance de notre âme.» (*Attitude du lyrisme,* S. 132). A. Salmon spricht in bezug auf einen Dichterkollegen von „cette heureuse faculté de tout réduire en poésie" (*Souvenirs sans fin* I, S. 291).

81 «(. . .) moi je cherche, sans la trouver, une pose lyrique digne d'un poète inspiré» (*Les Feux de Paris,* in: N. Oxenhandler (ed.), *Max Jacob and Les Feux de Paris,* Berkeley – Los Angeles 1964, S. 282 [Univ. of California Publications in Modern Philology 36 (1951-1964)].

82 *Œpoétiques,* S. 412.

Klaus Dirscherl

WIRKLICHKEIT UND KUNSTWIRKLICHKEIT REVERDYS KUBISMUSTHEORIE ALS PROGRAMM FÜR EINE A-MIMETISCHE LYRIK

Für mein Reverdy-Seminar 1980
Car le poète est un four à brûler le réel[1]
Oublions les choses, ne considérons que leurs rapports[2]

1. Zum Verhältnis von Theorie und Praxis bei Reverdy

Die Lyrik Reverdys und seine Schriften zu Literatur und Malerei erscheinen aus heutiger Sicht als eine über lange Jahre hartnäckig verfolgte Auseinandersetzung mit ein und demselben Problem: sie bemühen sich um die theoretische Formulierung und praktische Erprobung einer a-mimetischen Ästhetik. A-mimetisch meint dabei nicht, daß die neue Kunst gänzlich auf den Bezug zur kunstexternen Wirklichkeit verzichten, wohl aber, daß sie sich nicht mehr auf einen imitativen Reflex derselben reduzieren lassen will. Die Diskussion ‚traditioneller' und ‚neuer' Verfahren der künstlerischen Darstellung von Wirklichkeit steht dementsprechend im Zentrum seiner sachverständigen Essays zum Kubismus und seiner programmatischen Schriften für eine ‚neue' Lyrik. Die problematisierende Handhabung traditionell mimetischer Sprechweisen der Lyrik, vor allem des Beschreibens, beherrscht analog dazu einen Großteil seiner dichterischen Produktion.

Eine plausible Vermittlung zwischen lyrischer Praxis und ästhetischer Theorie bereitet der Reverdy-Kritik[3] aus verschiedenen Gründen bislang Schwierigkeiten. Entweder man liest seine Gedichte als Texte, die in einer Abkehr von romantischer und symbolistischer Innenschau nahezu ausschließlich – für manche zu monoton – sich die äußere Wirklichkeit zum Gegenstand machen und diese dabei in zahllosen Variationen als ein schwer erfaßbares, der dichterischen Darstellung sich immer wieder entziehendes Phänomen präsentieren. Reverdy wird dann zum ‚Dichter der Wirklichkeit'[4]. Die spezifische ästhetische Vermittlung kommt in dieser Perspektive gegenüber der Frage nach dem existentiellen Warum einer solchen Fixierung zumeist zu kurz. Aus einer rein ästhetischen Perspektive wiederum werden Reverdys Gedichte gerne als mehr oder weniger geglückte Umsetzung kubistischer Darstellungsweisen in das Medium der Lyrik gelesen[5]. Hier weiß man dann aber meist nicht so recht, welche malerischen Mittel auch dichterische sein können, weiß vor allem nicht die ideelle Motivation zu erklären, die der Suche Reverdys nach neuen Ausdrucksweisen stets den existentiellen Impetus gibt[6]. Die Annahme der ersten Perspektive impliziert zumeist, daß man nicht erkennt oder erkennen will, daß Reverdys Gedichte, auch wenn er selbst den Eindruck erweckt[7], keine *direkte* Auseinandersetzung mit der Wirklichkeit sind, eigentlich auch nicht sein können. Sie verhindert die Erkenntnis des gattungsspezifischen Bezugsrahmens, in dem Reverdy seine existentiell motivierte, stets aber ästhetisch realisierte Auseinandersetzung mit der Wirklichkeit austrägt. Diese Bezugsrahmen sind, generell gesehen, die tradierten Formen mimetischer Kunst und Literatur, für den Lyriker Reverdy im besonderen das Beschreibungsgedicht, wie es das 19. Jahrhundert bis hin zu den Symbolisten zur dichterischen Darstellung von Wirklichkeit einsetzte[8]. Nützlich ist die Erkenntnis dieser (von der Reverdy-Kritik meines Wissens bislang übersehenen) Tatsache aber nicht nur für ein besseres Verständnis der Reverdy-spezifischen ‚Auseinandersetzung' mit der Wirklichkeit. Auch die Umsetzung kubistischer Prinzipien in die Lyrik läßt sich damit besser erklären. Denn das Beschreibungsgedicht, in der literarischen Tradition oft schon als Analogon zu den darstellenden Künsten konzipiert, bietet sich fast zwingend als jener Gedichttypus an, den a-mimetisches Dichten zu allererst überwinden oder aber für neue Ziele umfunktionieren muß. Thesenhaft verkürzt lassen sich also folgende Interpretationsperspektiven für die Lyrik Reverdys formulieren:

- Sie ist zu lesen als der Versuch einer praktischen Umsetzung seiner an der kubistischen Malerei entwickelten, aber auch für die Dichtung gültigen a-mimetischen Ästhetik.
- Sie ist zu lesen als eine kritisch modifizierende Praxis des traditionell mimetisch operierenden Beschreibungsgedichtes, wie es das 19. Jahrhundert kennt.
- Sie ist zu lesen als eine existentiell motivierte, im wesentlichen aber im ästhetischen Bereich ausgetragene Auseinandersetzung mit der kunstexternen, dem Menschen als unzugänglich erscheinenden Wirklichkeit.

2. Theorie

2.1 Historischer Kontext

Ein Blick auf die zeitgenössische Situation und den unmittelbar vorausgehenden historischen Kontext zeigt, daß Reverdy mit seinen Bemühungen um eine a-mimetische Kunsttheorie durchaus auf analoge Konzeptionen bei anderen Autoren zurückgreifen konnte. Sein Freund Max Jacob formulierte 1916 kategorisch im Vorwort zu seinen Prosagedichten: «Une œuvre d'art vaut par elle-même et non par les confrontations qu'on en peut faire avec la réalité»[9]. Apollinaire hebt 1912, noch vor seiner großen Kubismusschrift, in einem Aufsatz über die ‚neuen', die kubistischen Maler, als entscheidende Qualität ihrer Bilder hervor: «La vraisemblance n'a plus aucune importance, car tout est sacrifié par l'artiste à la composition de son tableau. Le sujet ne compte plus ou s'il compte, c'est à peine»[10]. Analog dazu erteilt Apollinaire dann bekanntlich auch in seiner programmatischen Rede «L'Esprit nouveau et les Poètes» imitationsästhetisch geprägten Literaturkonzepten eine Absage und fordert, wie Reverdy, vom Dichter wie vom Maler Kreativität statt Imitation[11].

Die entscheidende Anregung für die Entwicklung seiner a-mimetischen Ästhetik nennt Reverdy selbst: Stéphane Mallarmé[12]. Die Mallarmésche Unterscheidung zwischen dem „emploi élémentaire du discours" und der poetischen Sprachverwendung wird bekanntlich formuliert als eine Opposition zwischen mimetischer und a-mimetischer Vertextungsweise: dem „narrer, enseigner, même décrire" wird das „transposer un fait en sa presque disparition vibratoire" gegenübergestellt[13]. Die ‚Suggestion' tritt an die Stelle der Beschreibung, der Erzählung einer Sache[14]. Diese Ablehnung der rein darstellenden Funktion der Sprache, die Polemik gegen den „universel reportage"[15] vor allem naturalistischer Literatur kehrt bei Reverdy wieder in der Ablehnung alles Anekdotischen, alles Episodischen[16].

Der Kontext, in dem sich Reverdy auf Mallarmé beruft, nämlich in einem Aufsatz mit dem Titel „Le Cubisme, poésie plastique" (1919) ist für uns von besonderem Interesse. Denn hier geht er ausführlicher auf die von ihm wiederholt debattierte Frage der Vergleichbarkeit malerischer und literarischer Verfahren ein. Bemerkenswert ist zunächst seine These, daß Mallarmé (und auch Rimbaud) sehr viel früher eine a-mimetische Ästhetik praktizierten, als dies in der Malerei geschah, und daß es erst der genialen Ausnahmeerscheinung eines

Picasso bedurfte, um auch hier zu verwirklichen, was die Dichtung schon längst gewagt hatte: «Ce sont les poètes qui ont créé d'abord un art non descriptif, ensuite les peintres en créèrent un non imitatif» (NS 144). Unabhängig davon, ob nun Reverdy damit sachlich recht hatte oder nicht[17], muß man die literaturgeschichtliche Bedeutung dieses Vergleichs von Mallarmé und Picasso sehen: Mallarmé, dessen epochemachende Radikalität durch die nachfolgende Dichtergeneration verniedlicht und domestiziert zu werden drohte, wird hier unüberhörbar als Ahnherr einer prinzipiell neuen, der kubistischen Ästhetik beansprucht. Und diese Ästhetik hat weißgott nur wenig mit jenem feinfühligen Finassieren um Rhythmus-, Reim- und Tonnuancen zu tun, wie es für die ästhetischen Debatten des ausgehenden Symbolismus charakteristisch ist[18]. Mallarmé wird hier *gegen* die Rodenbachs, die Kahns, die Régniers, die sein Erbe zu pflegen meinten, zu einem avantgardistischen Vorreiter der a-mimetischen Kunst des Jahrhundertbeginns ausgerufen.

Das Grundprinzip der nicht-deskriptiven Lyrik, das die kubistischen Maler dann auch auf ihre Kunst übertragen hätten, formuliert Reverdy folgendermaßen: «Dégager, pour créer, les rapports que les choses ont entre elles, pour les rapprocher», und er führt genauer aus: «Les peintres (...) au lieu de (...) représenter (les objets), se sont servis de rapports qu'ils découvraient entre eux. Il s'ensuit une reformation au lieu d'une initation ou d'une interprétation. C'est un art de conception (...) La reformation de l'objet équivaut à la création poétique de la phrase non descriptive» (NS 144). Hier wird die neue Relation zwischen Werk und Wirklichkeit in einer Weise erläutert, die einerseits die Unterschiede zwischen literarischen und malerischen Mitteln beachtet, andererseits aber gerade die Gemeinsamkeit in den grundlegenden ästhetischen Prämissen als das eigentlich Aufregende der neuen, der a-mimetischen Künste herausstellt. Die Opposition „reformation" versus „imitation" des dargestellten Gegenstands macht freilich, wie schon die oben zitierte Apollinaire-Stelle, ganz deutlich, daß der Kubismus und mit ihm seine literarischen Freunde selbst in der entschiedensten Ablehnung mimetischer Darstellungsverfahren den Bezug zum Gegenstand nie ganz aufgeben. Noch in der Negation bleiben eben diese Verfahren und damit auch der Gegenstand zumindest fragmentarisch sichtbar[19].

2.2 Perspektive und Gegenstand

Die Zentralperspektive als Bedingung illusionistischer Darstellung von Gegenständen in ihrer räumlichen Gestalt sieht Reverdy, wie auch andere Theoretiker des Kubismus, als einen der Eckpfeiler mimetischer Kunst. Die Abkehr von dieser zu allererst räumlichen Zusammenhang, oft aber auch semantische Konsistenz stiftenden Darstellungsweise[20] wird deshalb als ein großer Schritt auf dem Weg zu einer Kunst gefeiert, die nicht mehr nur die Oberfläche der Dinge – „leur apparence visuelle" (NS 18) – darstellt, sondern das, was ‚ewig und fortdauernd' an ihnen ist (NS 19). In Paul Cézanne erkennt man einen Vorläufer, weil er Wirklichkeit «sans l'atmosphère qui l'enveloppe, sans l'aide de la perspective» (NS 146) darstellt. Der Kubismus begreift sich zunächst also als eine Kunst, die wegläßt, um so zu einer einfacheren, klareren Ausdrucksweise zu finden[21]. Gänzlich aufgegeben wird freilich perspektivisches Darstellen nicht. Es geht vielmehr um ein Aufbrechen der traditionellen Zentralperspektive, um eine Infragestellung des ein für allemal festgelegten point de vue und seine Konsistenz schaffende Funktion, weniger um deren völlige Abschaffung. Was sich zunächst rein negativ als ein „rabattement des plans"[22] verstehen ließ, wurde sehr bald als eine Vervielfältigung der Perspektiven in *einem* Bild begriffen: «(le cubiste) par la pensée tourne autour de l'objet pour en saisir plusieurs apparences successives»[23]. Was Gleizes und Metzinger hier als rein ästhetisches Verfahren erläutern, erhält bei Reverdy – wie immer – auch einen ideellen Stellenwert. Polyperspektivisches Darstellen erscheint ihm gleichsam als der künstlerische Vorgriff auf eine neue, eine vielleicht immer utopisch bleibende Seinsweise, die es dem Menschen – wäre sie realisierbar – erlauben würde, endlich seine von ihm so oft beklagte materielle Schwere, Unbeweglichkeit und körperliche Unteilbarkeit zu überwinden. Der neue Mensch besäße nämlich dann jene Qualität, die man bislang eben nur anhand kubistisch dargestellter Gegenstände vorgeführt bekann: «le don de se présenter à la fois ou alternativement, mais alors à un rythme très rapide, de face et de profil, et de se mouvoir très vite à travers les perspectives déroutantes» (NEP 42)[24]. Die Frage ist natürlich zu stellen, inwiefern pikturale Konzepte, wie die Polyperspektive, auch auf die Lyrik übertragbar sind. Die pragmatisch konstante Sprechsituation, wie sie im Beschreibungsgedicht des 19. Jahrhunderts praktiziert wurde, verstand sich ohne Zweifel als literarisches Äquivalent zur Perspektive, thematisierte man doch wiederholt diese spezifische Sprechsituation als eine ‚Schausituation', als eine Situation, die gerade auf die Konstitution ihres point de vue besondere Sorgfalt legte[25]. Reverdy freilich äußert sich zur Sprechsituation der neuen Lyrik allenfalls indirekt[26]. Gleichwohl läßt sich aus seinem experimentellen und höchst variablen Umgang mit dieser Textstruktur schließen, daß er analog zur Malerei ein Aufbrechen der pragmatische Konsistenz schaffenden Sprechsituation im Gedicht anstrebte und mit verschiedenen Formen des polyperspektivischen Redens operierte[27].

Das Aufbrechen der Perspektive stellt zu allererst natürlich den dargestellten Gegenstand oder besser die Gegenstandsabbildung in ihrer Konsistenz in Frage. Eine gebrochene Perspektive bedingt einen fragmentarisierten Gegenstand. Mimetische Kunst ist von der Oberfläche der Dinge fasziniert. Dem Kubisten gilt sie nichts mehr. Die Dinge werden aufgebrochen, ihr räumliches Volumen wird zu geometrischen Flächen eingeebnet, sie werden reduziert auf elementare Strukturkomponenten: «Les objets n'entrant plus que comme élément on comprendra qu'il ne s'agit pas d'en donner l'aspect mais d'en dégager, pour servir au tableau, ce qui est éternel et constant (par exemple la forme ronde d'une verre, etc.) et d'exclure le reste» (NS 19). Während mimetische Kunst ihre Gemachtheit verbirgt, legt die a-mimetische ihren Konstruktcharakter offen dar[28]. Nicht die *Reproduktion* eines Gegenstandes, sondern die *Komposition* eines Bildes oder Textes ist Aufgabe des kubistischen Künstlers, wobei Komposition als das kreative und wirklichkeitsunabhängige Zusammenführen („rapprochement") von Bildelementen, von Gegenstandsfragmenten zu einem neuen Kunstganzen, zu einem „ensemble" verstanden wird. Die zunächst destruktiv analytische, gleichsam negierend vorgehende Komponente des Kubismus versteht sich somit als Grundlage einer neuen, auf das Elementare zurückgreifenden Kreativität: „un art de création et non de reproduction" (NS 17) – so wird die neue Kunst immer wieder apostrophiert.

Analog zur analytischen Deformation und Fragmentarisierung der Gegenstände in der Malerei wird für die Literatur die Reduktion des Anekdotischen und weitergehend der Verzicht auf jegliche außersprachliche Referenz der Texte gefordert. Der Gegenstand, in mimetisch geprägter Literatur im Zentrum des Textes, wird zum bloßen Bauelement im Rahmen eines komplexen Text-Ensembles: «Un élément ne devient pur que dégagé du sentiment que lui confère sa situation dans la vie. Il faut le dépouiller de ce sentiment pour que dans lœuvre il joue un rôle sans détriment pour son ensemble» (NS 120). Weitergehend heißt es an anderer Stelle: «L'anecdote disparaît devant l'ensembles nouveau obtenu» (NEP 124). Dabei muß erneut betont werden, daß zumindest für Reverdy die kubistische „déformation des objets" (NS 19) stets mehr als nur einen ästhetischen Stellenwert hat. In seinen Augen richtet sie sich immer auch gegen die Wirklichkeit selbst, stellt sie doch deren herkömmliche Erscheinungsformen in Frage und demonstriert so die geistige Verfügungskraft des Menschen oder doch zumindest seinen Willen, sich die Materialität der Wirklichkeit verfügbar zu machen. Nur aus dieser Haltung heraus kann man seine Qualifikation des Kubismus als einer „lutte sourde et hasardeuse contre la masse opaque et durement fermée de la matière" (NEP 77) verstehen. Nur aus dieser Haltung heraus läßt sich auch plausibel erklären, warum Reverdy immer wieder von *Wirklichkeit,* von *Natur,* von *Gegenständen* redet, wenn er eigentlich von deren *Darstellungen* sprechen müßte, von den Wörtern, von den Bildern, die auf sie verweisen. Die berühmte Definition der „image" als eines „rapprochement de deux réalités plus ou moin éloignées" (NS 73), auf die wir noch zurückkommen werden, ist nur ein Beispiel für diese Redeweise[29].

2.3 Kunstwirklichkeit

Vor dem Hintergrund dieser Haltung ist auch der Begriff der Kunstwirklichkeit, der „réalité artistique", als einer eigenständigen, wirklichkeitsunabhängigen Kreation des menschlichen Geistes zu sehen, die Reverdy und die Kubisten stets in einem provokativen Gegensatz zur, man könnte sagen, ‚Naturwirklichkeit' setzen. In Reverdys «Essai d'esthétique littéraire» heißt es dazu: «Il faut préférer un art qui ne demande à la vie que les éléments de réalité qui lui sont nécessaires et qui, à l'aide de ces éléments et de moyens nouveaux purement artistiques, arrive, en ne copiant rien, en n'imitant rien, à créer une œuvre d'art pour elle-même. Cette œuvre devra avoir sa réalité propre, son utilité artistique, sa vie indépendante (...)» (NS 45). Nicht mehr nachgeordnete Imitationsstruktur einer kunstindifferenten Natur soll Kunst also sein. Sie beansprucht vielmehr den Statur der Realität für sich selbst. Insistierend werden Formeln geprägt, die die materielle Objekthaftigkeit des kubistischen Werks und damit gleichzeitig seine Loslösung von einer imitationsästhetischen Funktionalisierung betonen. Reverdy spricht von einem „art *matérialiste*“, von einem „art *réellement plastique* soucieux de la réalite des objets jusqu'à leur matière» (NS 190/189; Hervorhebungen von Reverdy).

Was hat man sich unter dieser ‚Materialität‘ der Kunst vorzustellen? Offensichtlich ist sie für die Maler leichter zu verwirklichen als für die Dichter. Der Verzicht auf eine illusionistische Verwendung malerischer Mittel läßt ihre Materialität ganz von selbst hervortreten. Die Farbe wird nicht mehr nuancenreich, wie bei den Impressionisten, verwendet (Vgl. NS 189 f.), sondern einfach und klar, gleichsam um ihrer selbst willen: «sans reflet . . . strictement scellée dans les fibres de la matière» (NEP 79). Alles, was Gegenstände ‚natürlich‘ erscheinen lassen könnte, Licht, pittoreske Details etc., wird getilgt. Aus der ehemals ‚umfassenden‘ Gegenstandsdarstellung wird ein bloßer Verweis auf den Gegenstand, eine Art „Gegenstandszeichen“[30]. Der zumindest zitathafte Bezug zur Wirklichkeit bleibt aber stets aufrechterhalten und ermöglicht so der ‚neuen‘ Kunst, ihr Spannungsverhältnis zur mimetischen Kunst zu bewahren und gerade dadurch ihren Erneuerungsanspruch stets sichtbar zu machen. Der Zitatcharakter der neuen Bildelemente ist es aber auch, der wesentlich zu ihrer Eigenständigkeit gegenüber der ‚Naturwirklichkeit‘ beiträgt. Als autonome Bauelemente in einer wirklichkeitsunabhängigen Komposition werden sie gleichsam zu Chiffren, die zwar noch auf ihren ehemaligen Verwendungskontext verweisen, die nun aber, befreit von mimetischer Funktion, selbst Dingcharakter erlangen. Reverdy spricht ganz in diesem Sinne bei den Bildern Braques von «signes de la pensée de Braque sur ces sortes de choses . . . qui me disent enfin ce que Braque pense du rôle que peuvent jouer un verre ou un poisson dans un tableau» (NEP 67).

In der Lyrik stößt die Verwirklichung dieser ‚Materialität‘ auf mediumspezifische Schwierigkeiten und zwar schon deshalb, weil dem sprachlichen ‚Material‘ des Dichters die Symbolfunktion gleichsam inhärent ist. Die prinzipielle Referentialität der Sprache zugunsten anderer Funktionen abzubauen, die ihren Materialcharakter besser hervortreten lassen, wird deshalb nie ganz gelingen. Reverdy war sich der Andersartigkeit seines Mediums immer bewußt. Gleichwohl strebt er zumindest eine Reinigung des lyrischen Diskurses von seinen illusionistisch-sinnlichen Komponenten an. Was den kubistischen Malern der Impressionismus mit seinem Farbenzauber ist, repräsentieren für Reverdy die symbolistische Schwelgerei im dekorhaften Detail («le décoratif, c'est le contraire du réel», GC 47)[31], der Stolz der Naturalisten auf ihren unermeßlichen Wortreichtum («des noms de fleurs inconnues, des noms mythologiques etc. – factice et mots clinquants», NS 121). Wenn er an Picasso die rigorose Beschränkung auf die einfachsten Formen preist (NS 198 f.), so plädiert er im Rahmen der Lyrik für eine „sobriété verbale", die er nur bei Mallarmé, nicht aber bei den Symbolisten verwirklicht sieht (NS 121 f.). In seiner Empfehlung, um der klareren Gegensätze willen auf das Adjektiv zu verzichten (NS 119), mag man zunächst eine Analogie zu Postulaten der Futuristen sehen. Deren lautstark gefeuerte ‚Freiheit der Wörter' ist aber letztlich mit der intellektuellen Disziplin und dem Bemühen um klare ästhetische Wirkungen, wie sie Reverdy und die Kubisten anstreben, nicht vereinbar. Reverdy macht denn auch an verschiedenen Stellen klar, was ihn von den Futuristen[32], auch von seinem Freund Apollinaire (NS 138/141) und später von den Surrealisten und ihrer zügellosen Erweiterung der ästhetischen Ausdrucksmöglichkeiten trennt[33]. „L'amour des mots tue le style" (GC 56), heißt es lapidar in *Le Gant de crin,* jener Schrift, mit der 1927 die Trennung von den Surrealisten besiegelt wird. In einer der ersten Würdigungen der Gedichte Reverdys hat Malraux 1920 bereits sehr klar die zentralen Merkmale einer Lyrik herausgestellt, die sich konsequent an kubistischen Idealen orientiert: «il (Reverdy) n'employait dans ses poèmes que les mots indispensables (...) il supprimait presque l'adjectif et toute image dans le vers. Le poème régulier est un *développement*; celui qu'instaura Reverdy était une synthèse. Pour y parvenir, il remplaça la ponctuation par un système de blancs, et infligea à ses œuvres un dépouillement chirurgical»[34]. Freilich hebt auch Malraux stärker den ‚negierenden' Aspekt des neuen Diskurses, sein „dépouillement chirurgical" hervor, ohne genauer zu sagen, welchen Stellenwert die Sprache in einer dergestalt ‚entblößten' Lyrik haben soll. Aufschlußreicher ist diesbezüglich eine der zahlreichen Überlegungen Reverdys über die Unterschiede von prosahaftem und dichterischen Wortgebrauch: «Les mots ne peuvent jouer leur rôle dans le discours qu'en perdant de leur densité. Isolés, ils sont support d'objets, dans le courant des phrases ils se désincarnent (...) ce qu'ils représentent en propre s'efface au profit de ce qui se dégage du mouvement de la combinaison où ils sont engagés» (LMB 154). Reverdy, hier übrigens wie auch anderswo durchaus in der Nähe Valéryscher Gedankengänge argumentierend[35], beschreibt in dieser zentralen Äußerung sehr feinsinnig den spezifischen Vorgang, den heute die Textsemantik Monosemierung nennt[36] und der die semantische Reduktion des Sempotentials eines jeden Worts durch seine mehr oder weniger starke Einbettung in den pragmatischen und syntaktischen Verwendungskontext bezeichnet. Aus Reverdys Perspektive gesehen heißt dies: Dichtung, die den Wörtern ihre semantische „densité" und damit ihre Eigenständigkeit zurückgeben will, muß Textstrategien, neue Anordnungsverfahren entwickeln, die eine bessere Entfaltung des Sempotentials der wenigen, sparsam verwendeten Wörter erlaubt.

Die neue Syntax, die Reverdy programmatisch in seiner Zeitschrift *Nord-Sud* fordert, ist im Verein mit einer besonderen typographischen Disposition des Textes dazu bestimmt, eben diese Erfordernisse zu befriedigen. „La syntaxe" wird neu definiert als „l'art de disposer les mots" (NS 81). Woher der Mallarmé-Verehrer Reverdy die Anregung zur typographischen Neuorganisation sprachlicher Darstellungsträger nimmt, liegt auf der Hand, noch dazu, wo er sich relativ deutlich gegen die stärker ikonischen, also ‚literaturfremden', letztlich erneut mimetischen Typographiemuster anderer Zeitgenossen, gemeint ist wohl Apollinaire, ausspricht[37]. Die neue Typographie verleiht überdies dem Gedicht etwas von jener Materialität, die als Kennzeichen a-mimetischer Kunst gilt. Der Text wird durch sie ja explizit zur Fläche und widerspricht so auf einer ihm spezifischen, einer ‚textmateriellen' Ebene der traditionellen (prosaähnlichen) Reduktion des Gedichts auf einen bloßen Ablauf von diskursiv miteinander verketteten Argumenten. Dem Bild-Ensemble des kubistischen Malers entspricht so das typographisch-syntaktisch organisierte Text-Ensemble des Lyrikers, der wie dieser seine aufs Elementare reduzierten Gegenstandsverweise auf der Fläche der Buchseite zu einem Kunstganzen zusammenfügt (NS 122). Die flächige, also anti-diskursive Disposition der einzelnen Textelemente erlaubt, ähnlich wie in der Malerei, die Erstellung einer Vielfalt neuartiger Zuordnungen zwischen den Elementen. An die Stelle des durch klare Grenzmarken (Satzzeichen) festgelegten Nacheinanders ganzer Sätze tritt das Nebeneinander konkurrierender Syntagmen, die es gilt zu verschiedenen, aber immer neuen „rapports" zusammenzuführen. An die Stelle des bloßen *Sinnverstehens,* wie es traditionelle Texte erfordern, tritt dann die kreative *Herstellung von Sinn* auf der Basis des vorgegebenen, anti-diskursiv organisierten Text-Ensembles[38]. Wir wissen, daß es in a-mimetischer Kunst gerade auf diese neuen, noch nie erprobten Relationen von Bild- oder

Textelementen ankommt. Mit der neuen Typographie läßt sich zudem sehr viel adäquater das verwirklichen, was Reverdy an einer aufschlußreichen Stelle des *Livre de mon bord* als die spezifisch poetische, im Gegensatz zur prosahaften Gedanklichkeit beschreibt: «Le poète pense en pièces détachées, idées séparées, images formées par contiguïté; le prosateur s'exprime en développant une succession d'idées qui sont déjà en lui et qui restent logiquement liées. Il déroule. Le poète juxtapose et rive, dans les meilleurs cas, les différentes parties de l'œuvre» (LMB 132). Das kubistische Prinzip der Bildkomposition auf der Basis von pragmatisch isolierten, von fragmentarisierten Gegenstandsverweisen erscheint hier erneut als unmittelbar auf die Lyrik übertragbar. Hier wie dort werden *nach* einem Prozeß des „*dépouillement*" die ehemals mimetisch funktionalisierten Darstellungsträger zu einer neuen, eigenständigen, kontextenthobenen Komposition zusammengefügt.

2.4. Image

Lyrik als Zusammenfügung oder Annäherung von sprachlichen Elementen, die von ihren üblichen kontextuellen ‚Begleitern' befreit sind und die im neuen, im ästhetischen Kontext durch ihr ungewöhnliches Zusammentreffen auch den Leser zur Partizipation[39] an dem vom Autor initiierten Kreationsvorgang anregen, Lyrik, die Kreationsstöße gibt, ohne bereits im voraus deren Ergebnis festgelegt zu haben, dieses Konzept von Lyrik begegnet uns erneut in der vielkommentierten, aber immer noch problematischen image-Definition, die Reverdy zum ersten Mal 1918 in *Nord-Sud* publiziert und die er dann in vielen variierenden, doch stets am gleichen Prinzip festhaltenden Formulierungen immer wieder aufgreift: «L'image est une création pure de l'esprit. Elle ne peut naître d'une comparaison mais du rapprochement de deux réalités plus ou moins éloignées. – Plus les rapports des deux réalités rapprochées seront lointains et justes, plus l'image sera forte – plus elle aura de puissance émotive et de réalité poétique (...) – L'émotion ainsi provoquée est pure, poétiquement, parce qu'elle est née en dehors de toute imitation, de toute évocation, de toute comparaison. Il y a la surprise et la joie de se trouver devant une chose neuve» (NS 73 f.). Beinahe ein jeder der hier verwendeten Ausdrücke negiert explizit oder implizit den traditionellen Metaphernbegriff, wie er jahrhundertelang gute Dienste leistete. Mit *image* bereits gebraucht

Reverdy bewußt ein Wort mit pikturalen Konnotationen, verzichtet auf den traditionsbeladenen Terminus *Metapher*. Als Instrument einer mimetisch orientierten Literaturästhetik diente die Metapher meist der besseren, der schöneren, der richtigeren Darstellung von Gegenständen, von Gegenständen jedenfalls, die nicht als solche, sondern allein wegen der Besonderheit ihrer Qualitäten in Frage und zur Rede standen. Die Metapher legte Eigenschaften frei, die man als schon vorhanden, aber noch nicht oder noch nicht so gültig formuliert ansah. Insofern lieferte sie stets eine Bestätigung von bereits Bekanntem oder zumindest als existent Postuliertem. Für Reverdy ist die image nun nicht mehr *eine* Art des Bedeutungstransfers von einem Kontext in einen anderen, als den man ja die Metapher definiert[40]. Für ihn wird sie zum zentralen Verfahren schlechthin, um poetischen Sinn oder – in Reverdys Terminologie – eine „réalité artistique" überhaupt erst zu schaffen. Während die Metapher ein Formulierungsverfahren war, versteht sich die image als ein Kreationsverfahren. Sie stellt jene „rapports" zwischen gewöhnlich für unvereinbar gehaltenen Elementen her, die zur Schaffung einer ästhetischen „chose neuve", einem „ensemble nouveau" führen. Sie leistet genau das, was Reverdy anderswo als das Spezifikum der Dichtung überhaupt bezeichnet[41], nämlich „le lyrisme qui va vers l'inconnu" (GC 36) zu produzieren[42]. Genau an dieser Stelle beginnt nun aber die Problematik, die Reverdy für sich und seinen Leser schafft. Mit einer solchen Ausweitung des image-Begriffs postuliert er ja nicht nur eine Funktionsgleichheit, sondern auch eine Strukturgleichheit von image und Lyrik. Anders gewendet heißt dies, daß der lyrische Text insgesamt, nicht nur die in ihm verwendeten images, jene kreativen Inbezugsetzungen leisten soll, die das Ziel a-mimetischer Kunst sind.

Es ist nun nicht schwer, hinter Reverdys Konzeption der image die Kompositionsweise des kubistischen Tableaus zu erkennen. Und in der Tat verwendet Reverdy, wenn er über diese Tableaus spricht, ebenfalls den Begriff image[43]. Das Verständnis des Begriffs macht er uns damit sicher nicht leichter. Unübersehbar wird nun aber die zentrale Rolle, die diesem Terminus bei der Ausprägung der Reverdyschen Ästhetik zukommt. Mit dem Versuch seiner begrifflichen Füllung, die Reverdy ja in größeren zeitlichen Abständen immer wieder in Angriff nimmt[44], geht es um mehr, als die Förderung eines neuen Metaphernverständnisses. Es geht darum, eine Formel zu finden, die die Ziele und Kompositionsprinzipien einer neuen Kunst so bestimmt, daß sie für Lyrik und Malerei gleichermaßen gültig sind. Daß dabei die Erklärungskraft des image-Begriffs für Einzelphänomene am Text stumpf wird, mag man angesichts des Brückenschlags zwischen beiden Künsten, der Reverdy damit zumindest theoretisch gelingt, in Kauf nehmen. Irritierend muß dagegen weiterhin ein bislang noch nicht geklärter und von der Reverdy-Kritik auch selten als irritierend empfundener Riß zwischen Theorie und Praxis empfunden werden, der hier nur kurz aufgezeigt, in den folgenden Interpretationen aber zumindest versuchsweise gekittet werden soll. Trotz der theoretisch zentralen Rolle der image greift Reverdy in seiner Lyrik eher zurückhaltend zum bildlichen Sprechen, sei es nun traditioneller oder etwas ungewöhnlicherer Art[45]. Malraux' bereits zitierte Feststellung, Reverdy verzichte gänzlich auf images[46], ist zwar übertrieben. Doch fällt es nicht schwer, eine ganze Reihe von Texten zu finden, und zwar durchaus typische, die fast ganz ohne sie auskommen[47]. Muß man also Reverdys image-Definition lediglich als ein Theorem ansehen, das zwar auf kubistische Bilder, wohl auch auf surrealistische Texte, kaum aber auf seine Gedichte anwendbar ist? Oder hatte er Angst, wie ein Kritiker vermutet[48], vor der Explosivkraft seiner neuen Definition, die die Surrealisten bekanntlich so fruchtbar machten, daß er sie für sich selbst nicht so recht nutzen mochte? Oder meint er, wenn er von image redet, etwas anderes als das, was seine Zeitgenossen, die Surrealisten, und auch die Reverdy-Kritik darunter verstehen? Fragen, die sich stellen, ohne daß sie – zumindest vorläufig – eine befriedigende Antwort finden können.

3. Die Praxis

Reverdys Lyrik löst sich weit behutsamer von der Tradition, als dies seine theoretischen Äußerungen zunächst erwarten lassen. Man hat sicher nicht zu Unrecht vom ‚symbolistischen Erbe' in seiner Dichtung gesprochen[49], wenngleich er sich wiederholt explizit vom Symbolismus absetzt. Gedichte wie *Son de cloche, Le soir, Champagne, Le côté bleu du ciel, Peut-être personne*[50], erinnern in ihrer Thematik, wenn nicht in ihrem Aussehen in der Tat etwas an Régnier oder Samain. Der Abend, eine herbstliche Landschaft, welke Blätter, eine untergehende Sonne, ein altes Haus, all das vermittelte sicher auch in den zwanziger Jahren bereits ein déjà-vu-Leseerlebnis. Doch wesentliche Momente der symbolistischen Abendbeschreibung fehlen in diesen vermeintlichen Reprisen eines alten Gegenstands. In einer rigorosen Beschränkung auf das Wichtigste werden sprachliche Mittel sehr viel sparsamer, beinahe monoton eingesetzt. Die Landschaft ist nicht mehr mit allem nur erdenklichen Redeschmuck zu einer Seelenlandschaft, zur Projektionsebene eines état d'âme umgestaltet. Überhaupt fehlt die Perspektivierung des Geschauten durch ein subjektives Ich weitgehend. Auch die affektive Wertigkeit der evozierten Dinge ist nur mehr oberflächlich gesehen dieselbe. Man betrachte etwa folgenden Text:

SON DE CLOCHE[51]

Tout s'est éteint
Le vent passe en chantant
Et les arbres frissonnent
Les animaux sont morts
Il n'y a plus personne
Regarde
Les étoiles ont cessé de briller
La terre ne tourne plus
Une tête s'est inclinée
Les cheveux balayant la nuit
Le dernier clocher resté debout
Sonne minuit

Abend oder Nacht sind nicht mehr Indiz für ersehnte Ruhe, sondern Vorboten eines drohenden Stillstands, vielleicht des Todes. Glockenklang verheißt nichts Gutes mehr. Er klingt hohl. Gerade die sublimen Momente des Übergangs von einem Bereich in den anderen, die die Symbolisten wort-zelebrierend immer wieder beschworen, werden auch von Reverdy mit Vorliebe aufgegriffen. Nicht aber, um sie erneut zu zelebrieren, sondern um sie durch eine geringfügige Veränderung in der klischeehaften Formulierung, durch eine ,Entstellung' im Kontext als fragwürdige Formel, eben als déjà-vu-Ideal einer larmoyanten und doch so selbstzufriedenen Dichtergeneration bloßzustellen und um sie dann in einem neuen, weniger illusionistisch operierenden Kontext als Bedeutungsfragmente eines erst zu erarbeitenden Sinns zu vermitteln. Wenn ich deshalb zuerst ein Beschreibungsgedicht[52] interpretiere, das in vieler Hinsicht deutlich hinter den ,kubistischen' Zielsetzungen seines Autors zurückbleibt, so um einerseits einen für Reverdys Œuvre durchaus repräsentativen Text, gleichsam eine Vorstufe a-mimetischen Dichtens vorzustellen und um andererseits anhand dieses Gedichts auf jene Strukturen beschreibender Lyrik besonders aufmerksam zu machen, die in radikaleren Umsetzungen der Theorie Reverdys im Zentrum seiner praktischen Infragestellung mimetischer Dichtung stehen.

3.1. Die problematische Beschreibung: *Abat-jour*

ABAT-JOUR[53]

Autour de la table
Au bord de l'ombre
Aucun d'eux ne remue beaucoup
Et quelqu'un parle tout à coup
Il fait froid dehors
Mais là c'est le calme
Et la lumière les unit
Le feu pétille
Une étincelle
Les mains se sont posées
Plus bleues sur le tapis
Derrière le rayon une tête qui lit
Un souffle qui s'échappe à peine
Tout s'endort
Le silence traîne
Mais il faut encore rester
La vitre reproduit le tableau
La famille
De loin toutes les lèvres ont l'air d'être ferventes et de
prier

Die Konstitution des Gegenstands, in anderen Gedichten Reverdys sehr viel problematischter, erfolgt hier auf relativ konsistente Weise. Zwar wird er dem Leser nicht, wie häufig noch im 19. Jahrhundert, bereits im Titel oder in den Anfangsversen vorgegeben. Er läßt sich jedoch im Verlauf des Textes zweifelsfrei erschließen – beschrieben wird hier eine Gruppe von Menschen in abendlicher Runde – und dementsprechend rückt auch, wie im traditionellen Beschreibungsgedicht, seine *Qualifikation,* nicht seine *Konstitution* in den Vordergrund des Interesses. Der Text beginnt beschreibungstypisch mit der lokalen Determination des Gegenstands (V. 1-2), um ihn dann selbst, freilich auf eine höchst unspezifische Weise, mit dem pronomen „eux" einzuführen, gleichsam als ein Sinnvakuum, bei dem nur das Merkmal

(Pluralität) festgelegt wird, nichts sonst, was irgendwie zu seiner Individualisierung und Identifizierung dienen könnte. Auch die syntaktische Einführung dieses Pronomens im Rahmen eines Negationssatzes, dessen vollständiges Subjekt „aucun d'eux“3 lautet, ist so gestaltet, daß man es an dieser Stelle wohl kaum bereits als gegenstandskonstitutives Zeichen erkennt. Als ‚Gruppe‘ wird denn auch der Gegenstand bis zum Ende nicht mehr thematisiert. Seine Darstellung erfolgt zunächst gleichsam in Fragmenten. Einzelne Mitglieder der Gruppe („aucun d'eux“3, „quelqu'un“4) werden genannt. Körperteile („les mains“10, „une tête“12, „un souffle“13, „les lèvres“19) stehen für Individuen, deren Identität nicht der Text, sondern erst der Leser versuchsweise erstellt. „La famille“18, typographisch auffällig eingerückt, bietet sich am Schluß des Gedichts als gemeinsamer semantischer Nenner, als Identifikationsmöglichkeit für diese Gruppe von Menschen an, die bis dahin nur schemenhaft dargestellt wurde. Freilich, dies gilt es festzuhalten, der Kurzvers „la famille“18 ist ein syntaktisches Fragment ohne explizite Anbindung an den vorausgehenden oder nachfolgenden Satz. Nichts an seiner defizienten syntaktischen Einbettung in den Text macht erkenntlich, worauf er sich bezieht. Allein semantische Merkmale und seine auffallende typographische Position im Text-Ensemble zu lesen, die bis dahin dem Leser als Teile einer Gesamtsicht zwar beschrieben, in ihrem Zusammenhang jedoch noch nicht benannt wurden. Gerade die kontextuelle ‚Entblößung‘ dieses Verses ist es, die seine freie Inbezugsetzung zu anderen Elementen der Beschreibung erleichtert, ohne sie zwingend herbeizuführen. Fast wie ein Gedichttitel, dessen syntagmatische Einbindung in den Textverlauf ja ebenfalls gelockert ist, entfaltet er so sehr viel freier sein Sempotential, bietet sich an als Isotopiestifter bislang nur schwach gebundener Darstellungselemente. Der diskursive Textverlauf, der hier – in *Abat-Jour* – noch relativ intakt ist, wird bei Reverdy wiederholt durch Satzfragmente dieser Art auf besondere Weise strukturiert. Die syntagmatischen Verknüpfungsprinzipien treten für eine Weile außer Kraft, werden ersetzt durch andere, hier semantische Kriterien der Inbezugsetzung, die ihrerseits weit weniger präzise Zuordnungen ergeben. Bei alledem ist in diesem Gedicht unverkennbar, daß trotz fragmentarisierter Darstellung des Gegenstands seine Konstitution durch den Leser letztlich möglich ist und zwar auf eine Weise, die bei aller anfänglichen Unsicherheit der Identität keinen großen Interpretationsspielraum läßt. Die Ablösung vom mimetischen Beschreibungsgedicht ist eingeleitet, aber nicht vollzogen.

Ähnliches läßt sich anhand der Sprechsituation des Gedichts zeigen. Traditionellerweise steht der point de vue des Sprechers in enger Beziehung zur lokalen Determination des beschriebenen Gegenstands. Beide Faktoren werden nicht selten ausführlich thematisiert oder sind doch zumindest aus den versprachlichten Beobachtungen eindeutig ablesbar. Aus welcher Perspektive nun macht der Sprecher in *Abat-jour* seine Beobachtungen? Von wo aus betrachtet er die von ihm beschriebene Menschengruppe? Die akustische Wahrnehmung in Vers 4 legt nahe, daß er sich im Innern des mitbeschriebenen Raumes befindet. Ebenso die Feststellung: „Il fait froid dehors“$_5$, besonders, wenn man erfährt, daß ein Feuer den Innenraum erwärmt. Der folgende Vers freilich – „Mais là c'est le calme“$_6$ – stellt diese Perspektive in Frage. Das adversative „Mais“ setzt den Vers in Opposition zur Feststellung in Vers 5, macht ihn zu einer Beschreibung des Innenraums, nachdem in Vers 5 über das Draußen gesprochen wurde. Das Deiktikum „là“, mit dem hier auf den beschriebenen Ort gezeigt wird, impliziert zudem, daß der Beschreibende aus der Distanz, von draußen also, seine Feststellung macht. Überprüfen wir, ob die bisher für eine Innenperspektive vereinnahmten Äußerungen auch aus anderer Perspektive plausibel bleiben! Der Gedichtbeginn (V. 1-3) könnte auch aus einer Außenperspektive formuliert werden. Für Vers 4 aber würde die Annahme der Außenperspektive bedeuten, daß die Feststellung „Et quelqu'un parle tout à coup“$_4$ eine visuelle, nicht eine akustische Wahrnehmung beschreibt. Diese Qualität des Visuellen offenbart sich aber erst im nachhinein, nach einer Revision der zu Beginn angenommenen Perspektive. Was bedeutet dies im Rahmen der von Reverdy entwickelten Ästhetik? Durch den Wechsel oder doch zumindest die Labilität der vom Text konstituierten Perspektive wird der Leser zur Korrektur einer eingangs als eindeutig erkannten Bedeutung aufgefordert. Die Infragestellung der Erstperspektive liefert gleichsam eine zweite Bedeutung nach, eine Bedeutung freilich, die erst erschlossen werden muß und die auch dann keinesfalls die Erstbedeutung verdrängt, sondern sich lediglich als konkurrierende Mitbedeutung anbietet. Der Leser erfährt so konkret, daß die Bedeutung einer Sache von der angelegten Perspektive abhängt und daß sie deshalb auch als eine stets neu zu erstellende Größe angesehen werden muß. Die Perspektive andererseits erweist sich als eine jener sinnstiftenden Strukturen, die es zu ambiguieren gilt, will man das bloße Sinnverstehen, wie es mimetische Literatur erfordert, zu einer kreativen Herstellung von Sinn wandeln.

Bleiben wir bei dem aufgrund von Vers 6 angenommenen Außenstandpunkt des Betrachters! Die folgende Beobachtung, daß der Lichtkegel die Leute zu einer Einheit fügt (V. 7), entspricht dieser Perspektive, die von außen, durch ein Fenster, den abendlichen Raum im Blick hat. Doch die akustischen Wahrnehmungen in V. 8 und V. 13 (eventuell auch V. 15) widersprechen ihr erneut. Und auch die Feststellung „Mais il faut encore rester“ (V. 16) bekommt erst Sinn, wenn sie aus der Sicht jener formuliert ist, die sich im Inneren des beschriebenen Raums befinden. Vers 17 stellt den Leser sodann erneut vor die Frage, aus welcher Sicht ihm das Beschriebene präsentiert wird. „La vitre reproduit le tableau“ könnte heißen, daß sich im reflektierenden Fenster des beleuchteten Raums das Bild der abendlichen Runde widerspiegelt[54]. Doch auch aus der Außenperspektive, zu der im übrigen auch Vers 19 zurückkehrt, ergibt dieser Vers einen plausiblen Sinn: Erst durch die Scheibe gesehen, von außen, durch den Fensterrahmen, der wie ein Bildrahmen fungiert, wird für den Betrachter aus der Vielfalt der Einzelelemente ein Tableau. Erst die Einnahme eines distanzierten und gleichzeitig die Sicht limitierenden point de vue vermittelt einen Zusammenhang, der vordem nicht erkennbar war. Angaben zum Betrachtungsrahmen indizieren bei Reverdy häufig die Beschränktheit des Beobachterstandpunkts[55]. Ein Rahmen begrenzt, gibt nicht alles frei, was zur Gesamtheit des Geschauten gehört. Aber er ermöglicht gleichzeitig die beunruhigende Vielfalt geschauter Einzelphänomene zu einer verläßlichen Einheit zusammenzufügen, einer Einheit freilich, die vieles, vielleicht sogar das Wichtigste wegzulassen gezwungen ist. Insofern fungiert der Wahrnehmungsrahmen bei Reverdy nicht selten als Signal der Rückkehr zu festen Konturen, zu sicherer Erkenntnis, gleichzeitig aber auch als Indiz des Stillstands eines Erkenntnisvorgangs, der – solange er in Bewegung ist – zwar beunruhigt, aber auch ständig eine Sinnerweiterung verspricht[56]. Die Fragmentarisierung und potentielle Erweiterung des Gegenstands hängt also eng mit der eingeschränkten und/oder labilen Beobachterperspektive zusammen. Der im traditionellen Beschreibungsgedicht ein für allemal festgelegte und kaum je variable Beobachterstandpunkt[57] wird bei Reverdy zu einer Textstruktur, auf die kein Verlaß mehr ist. Sie läßt den Leser im Lesevorgang die Beschränktheit vertrauter Erfassungsmodi erfahren, ermöglicht gleichzeitig aber eine komplexere, eine im wörtlichen Sinn ‚viel-seitigere' Darstellung des Gegenstands. Sie ist ein Versprechen auf mehr Sinnstiftung und ihr Risiko zugleich.

Die Ambiguierung der Gegenstandsqualitäten durch die Perspektive findet nun in diesem Gedicht ihre Verstärkung auch durch andere Qualifikationsverfahren. Beschreibungsgesten in der Form von Satzfragmenten (V. 9, 12, 13, 18), von Negationen (V. 3), von Einschränkungsformeln (V. 3, 13, 19) sorgen fast durchgehend dafür, daß die auf solche Weise artikulierten Eigenschaften schwer erkennbar, ungenau oder doch veränderlich erscheinen. Einige werden so formuliert, als würden sie im Moment der sprachlichen Erfassung gerade zur Existenz kommen oder sie eben wieder verlieren („Un souffle qui s'échappe à peine"$_{13}$). Ein Nochnichtganz, ein Nichtmehr, ein Nichtganzdeutlich kennzeichnet den beschriebenen Gegenstand durchwegs, läßt ihn als schwer beschreibbar erscheinen, so, als entzöge er sich einer fixierenden Versprachlichung. Begründet ist dieses Moment der Veränderlichkeit natürlich in seiner thematischen Struktur. Die hier beschriebene Familie am Abend wird mehrfach als ein Gegenstand charakterisiert, der sich am Schnittpunkt zweier Bereiche, in einer Situation befindet, die im Begriff ist, sich zu verändern. Die Ortsbestimmung zu Beginn der Beschreibung – „Autour de la table"$_{1}$ – wird sogleich umformuliert zu einer Grenzlage: „Au bord de l'ombre"$_{2}$. Die Typographie der ersten beiden Verse unterstreicht dabei visuell das semantisch artikulierte Merkmal. Die traute Familienrunde am gemütlichen Tisch, das was man oberflächlich zunächst als Reprise jener „douceur du foyer" ansehen könnte, wie sie die Romantik beschwor[58], wird so von Anbeginn in einer bedrohlichen Situation, ‚am Rande des Schattens' gesehen. An der Grenze zwischen Hell und Dunkel, dort, wo man die Dinge, die Individuen gerade noch erblicken kann, wo sie bereits etwas von ihrer klaren Konsistenz verlieren, wo nur mehr Teilansichten statt des Ganzen erkennbar sind, genau in dieser Übergangszone versucht der Beobachter seinen Gegenstand zu beschreiben. Der Lichtbereich erscheint – wie häufig bei Reverdy – als ein positiver Bereich der (wenn auch vom Stillstand bedrohten) Bewegung. Lebendigkeit, gelegentliche Geräusche, zwar von einer kaum noch wahrnehmbaren Art, sind u. a. Kennzeichen dieses Bereichs. Ganz einfache, elementare ‚Vorgänge' finden hier statt („Les mains se sont posées/Plus bleues sur le tapis"$_{10\text{-}11}$). Manche wurden eben abgeschlossen. Das passé composé in Vers 10 ist ein Indiz dafür. Andere dauern nur kurz an. Die Vereinzelung der ‚Agenten' („quelqu'un parle"[4], „une tête qui lit"[12]) trägt mit dazu bei, daß man sie allesamt vom Dunkel der Nacht, der Passivität, der Nichtwahrnehmbarkeit bedroht sieht. Die Schwere des Schlafs steht gegen den Willen zum Wachbleiben (V. 14-16). Der Grenzbereich, eingangs nur örtlich qualifiziert, wird so im Verlauf des Gedichts zu einer komplexen Interferenzzone, in der Hell und Dunkel, Beweglichkeit und Unbeweglichkeit, Wachheit und Schlaf, Reden und Verstummen um die Vorherrschaft ringen. Auch der Titel erhält aus dieser Sicht eine tiefere Bedeutung. „Abat-jour" steht einerseits natürlich für den Lampenschirm, der die Unterscheidung von Hell und Dunkel zu allererst produziert. „Abat-jour" ist nun aber auch in einem übertragenen Sinn zu lesen; denn hier ist die Rede von jener Situation des Tagesablaufs, in der der Tag, der Bereich der Helligkeit – *le jour* – endgültig abgelöst wird durch die Nacht, in der die Helligkeit unterdrückt, ‚niedergeschlagen', verdrängt wird.

An dieser Stelle ist auf den Ablauf der Äußerungen im Text einzugehen, der verschiedentlich als ein zeitliches Nacheinander thematisiert wird (V. 4, 10, 14, 16). Die erwähnten ‚Aktivitäten' werden fast alle am Anfang genannt, zu Beginn der Erfassung des Gegenstands. Gegen Ende gewinnt zusehends Müdigkeit, Körperschwere die Oberhand. Der Stillstand läßt sich nicht mehr verhindern. Dieser Prozeß des allmählichen Einhaltens, der Verfestigung von ehedem Beweglichem wird auch auf der Wahrnehmungsebene nachvollziehbar. Was zu Gedichtbeginn als Momentanbeobachtungen, als veränderbare Zustandsangaben zu lesen war, ordnet sich am Ende zu einem „tableau"[17]. Es wird thematisiert als feste Zusammenfügung unveränderlicher Elemente. Aus dem Film, so könnte man sagen, wird ein Standbild. Daß gerade an dieser Stelle des Gedichts, wo sich für den Betrachter die zunächst labile Perspektive endgültig zu stabilisieren scheint, die abendliche Situation sich als eine Gebetsstunde darstellt, zeigt, wie subtil Reverdy ästhetische und existentielle Aussagen ineinander verschränkt. Der Moment des Gedichts, der ein Ende der problematischen Erfassung des Gegenstands zu markieren scheint, der Moment, der eine Fixierung und damit – aus der Sicht der Reverdyschen Ästhetik – eine gefährliche Verfestigung momentaner, lebendiger Eindrücke anzeigt, eben dieser Moment beschreibt die Familie am Abend in einer frommen Haltung. Heißt dies, daß damit der Betrachter ans gute Ende seiner Beschreibung, zu einer befriedigenden Sicht der Dinge gelangt? Mitnichten. Denn selbst hier macht der Text deutlich, daß auch diese letzte Erkenntnis fraglich ist, fraglich deshalb, weil auch sie eine Folge des labilen Standpunkts des Betrachters ist: es handelt sich nämlich um *seine* ‚Ansicht' der Dinge ‚aus der Ferne', wie der letzte Vers bei genauer Betrachtung deutlich macht. Die Gebetshaltung wird explizit als eine *Haltung*, als der Schein einer Handlung beschrieben: „*De loin* toutes les lèvres ont l'air d'être ferventes et de prier"[19].

Verfestigung, Stillstand, körperliche Schwere, das sind für Reverdy Themen von gleichermaßen ästhetischer und existentieller Relevanz, die er immer wieder als Gegenpol zu geistiger Beweglichkeit und Kreativität darstellt[59]. Und nicht selten setzt er sie dabei mit jenen anderen Oppositionspaaren in eins, die wie ein Leitfaden sein Werk durchziehen, dem Gegensatz zwischen Dunklem und Hellem, zwischen Stummen und Beredtem. Die Überschreitung der Grenze vom Dunklen zum Hellen erscheint dabei stets als erstrebenswert und gefährlich zugleich. Das Scheitern von Grenzüberschreitungen wird in vielen Variationen beschrieben. In einem wichtigen theoretischen Text, der zum ersten Mal 1924 in *La Révolution surréaliste* erschien, sieht Reverdy den Dichter als einen Grenzgänger – «dans une position toujours difficile et souvent périlleuse, à l'intersection de deux plans au tranchant cruellement acéré» – und er fährt fort in dieser aufschlußreichen Lagebestimmung des Dichters in der Welt:
«Prisonnier dans les apparences – à l'étroit dans ce monde, d'ailleurs purement imaginaire, dont se contente le commun – il en franchit l'obstacle pour atteindre l'absolu et le réel; là son esprit se meut avec aisance. C'est là qu'il faudra bien le suivre car ce qui *est* ce n'est pas ce corps obscur, timide et méprisé que vous heurtez distraitement sur le trottoir (...) mais ces poèmes (...) ces cristaux déposés après l'effervescent contact de l'esprit avec la réalité» (NS 211 f., Hervorhebung von Reverdy). Erneut wird hier Grenzüberschreitung als eine ästhetische *und* existentielle Aufgabe zugleich gesehen. Was bedeutet dies für die Gedichte Reverdys? Was bedeutet es für seine theoretischen Schriften? Reverdy bekräftigt hier eigentlich – ansonsten ganz in der Nähe Mallarmés argumentierend – den ganz und gar romantischem Denken verpflichteten Zusammenhang von Leben und Werk und stellt ihn gleichzeitig auf den Kopf. Nicht mehr der Dichter prägt das Werk, sondern das Werk den Dichter. Die schöpferische Arbeit wird in einer Weise ernst genommen, daß Probleme der ästhetischen Praxis immer auch zu Problemen der Lebenspraxis werden. Dies kann nun auch erklären, warum die allermeisten seiner Gedichte – obwohl

nur wenige davon Dichtung explizit zum Thema machen – von poetologischer Relevanz sind. Wo immer Reverdy die kunstexterne Wirklichkeit zum Gegenstand seiner Lyrik macht, gerät ihm dies zu einer Auseinandersetzung des wahrnehmenden Subjekts mit dem kunstindifferenten Gegenstand. Wirklichkeit wird kaum je um ihrer selbst willen thematisiert. Sie wird vielmehr meist so ‚in Szene gesetzt', daß ihre ‚Ereignisse' auch als Momente eines ästhetischen Geschehens gelesen werden müssen, daß ihr Primärsinn immer auch einen ästhetisch relevanten Sekundärsinn enthüllt.

All dies kann ich hier nur anreißen[60]. Zumindest soll damit aber verdeutlicht werden, daß der spezifischen Struktur unseres Gedichts, der fragmentarischen Konstitution seines Gegenstands, der semantischen Labilität der Gegenstandsmerkmale, dem Wechsel in der Wahrnehmungsperspektive mehr als ein rein ästhetischer Stellenwert im Rahmen der Tradition des Beschreibungsgedichts zukommt. Reverdys Gedichte thematisieren und praktizieren die von ihm auch theoretisch of diskutierte Auseinandersetzung des menschlichen Geistes in seiner Beweglichkeit und Kreativität mit der kunstindifferenten, von materieller Unbeweglichkeit gekennzeichneten Wirklichkeit. Unbestreitbar ist dabei, daß durch diese Sekundärsinngebung den Gedichten letztlich doch wieder jener Symbolcharakter zukommt, den ihr Autor – im Gegensatz zu den Symbolisten – eigentlich abbauen wollte[61]. Trotzdem unterscheiden sich Reverdys Texte wesentlich von denen seiner symbolistischen Vorgänger. Denn immer dort, wo es ihm gelingt, seine Thematik in die Faktur des Gedichts selbst umzusetzen, wo z. B., wie in „Abat-jour", *Veränderung, Grenzüberschreitung* oder andere Programmpunkte seines Wertsystems nicht bloß benannt, sondern für den Leser im Prozeß der Lektüre erfahrbar werden, verwirklicht er jene Konkretheit und ‚Realität' der Erfahrung, die der symbolistischen Dichtung fehlt.

3.2 Das Text-Ensemble als kreatives Potential: *Départ*

DÉPART[62]

L'horizon s'incline
Les jours sont plus longs
Voyage
Un cœur saute dans une cage
Un oiseau chante
Il va mourir
Une autre porte va s'ouvrir
Au fond du couloir
Où s'allume
Une étoile
Une femme brune
La lanterne du train qui part

Wiederholt hat Reverdy die Erschließung des noch ‚Unbekannten' seiner Lyrik zur Aufgabe gesetzt. *Départ,* ein für die Sammlung *Les Ardoises du toit* durchaus repräsentativer Text, strebt dieses Ziel auf sehr viel konsequentere Weise an, als dies in *Abat-jour* geschieht. Die Benennung eines gemeinsamen Referenzbereichs der hier gemachten Äußerungen, das, was wir gewöhnlich ‚Gegenstand' nennen, fällt erheblich schwerer. Obwohl die meisten Verse Sätze oder doch zumindest Satzteile aus einer Beschreibung zu sein scheinen, greift ihre referentielle Funktion nicht mehr so recht. Die durch sie benannten Teilgegenstände fügen sich nicht zu einem verständlichen Gesamtbild. Offensichtlich wird hier nicht mehr ein dem Text vorgeordneter Gegenstand beschrieben, sondern vielmehr mit funktionsentbundenen Beschreibungsgesten die Konstitution eines neuen, noch nicht geschaffenen, eines noch unbekannten Gegenstands postuliert.

Einige der durch typographische Anordnung geschaffenen Versgruppen lassen zwar auf mikrostruktureller Ebene einen gewissen semantischen und syntaktischen Zusammenhang erkennen. Ihr diskursives Nacheinander ergibt jedoch zunächst keinen zusammenhängenden Sinn. Die I. Versgruppe (V. 1-3) kann man – eine gewisse Vertrautheit mit der Reverdyschen Lyrik vorausgesetzt – als Teilstück einer Abendbeschreibung ansehen[63]. Der Vers 3 – „Voyage" –

läßt sich in diesem versuchsweise angenommenen Gegenstandsbereich freilich nur schwer unterbringen. Seine sprachliche Einfachheit, kontextuelle Freiheit und semantische Isoliertheit weisen ihn vielmehr als eines jener ‚reinen Elemente' aus, die Reverdy durch rigorose Diskursreduktion zu verwirklichen trachtet und die dann im Rahmen einer kubistisch inspirierten Text-Ensemble-Komposition verschiedene labile Bindungen mit anderen Textelementen des Gedichts eingehen können[64]. Die II. Versgruppe (V. 4-6) beschreibt, so könnte man sagen, einen Vogel, freilich auf eine Art, die letztlich ungeklärt läßt, ob nicht eigentlich von einem Herzen die Rede ist, das metaphorisch mit einem Vogel in eins gesetzt wird. Die III. Gruppe (V. 7-10) beschreibt das Licht in einem Gang. Doch auch hier stellt metaphorische Rede den zunächst konstituierten Referenzbereich in Frage. Die IV. Versgruppe schließlich (V. 11-12) läßt keinerlei semantischen Zusammenhang erkennen. Interessanterweise sind es nun gerade die destabilisierenden Faktoren in den einzelnen zu Versgruppen geordneten Beschreibungsfragmenten, die semantische Relationen zu anderen Gruppen ermöglichen. „Une étoile"$_{10}$, in der III. Gruppe metaphorisch verwendet, wäre eine plausible Ergänzung für die in der I. Gruppe angefangene, aber nicht ausgeführte Abendbeschreibung. Auch der ‚Vogel' aus der II. und die ‚Laterne' aus der IV. Gruppe könnten gut in diesem Kontext figurieren.

Offensichtlich lassen sich hier jene sinnkreativen rapprochements erstellen, die in Reverdys Konzept einer a-mimetischen Lyrik eine so zentrale Rolle spielen[65]. Festzuhalten dabei aber ist, daß der Anstoß zu solchen tentativen Inbezugsetzungen auf makrostruktureller Ebene zumeist von den destabilisierenden Faktoren auf mikrostruktureller Ebene ausgeht. Gerade die vom Text explizit vollzogenen rapprochements, etwa durch syntaktische, typographische oder reimmäßige Zuordnung lassen den Leser semantische Diskontinuität im kleinen erfahren und regen ihn so zur makrostrukturellen Neuorganisation der verfügbaren Textelemente an. Festzuhalten ist auch, daß eine solche versuchsweise Neuorganisation nur deshalb so leicht möglich ist, weil viele der Textelemente syntaktisch und pragmatisch so beschaffen sind, daß sie auf vielfältige Weise mit anderen Elementen zu neuen Einheiten kombinierbar sind. So ist z. B. das Fehlen eines expliziten Sprechsubjekts, zusammen mit der referentiellen Diskontinuität der Äußerungen, dafür verantwortlich, daß in diesem Gedicht kaum eine immanente Kontextbildung stattfindet. Dies aber bedeutet, daß die hier in einem Text-Ensemble vereinten Äußerungen weitgehend von jenen kontextuellen Determinanten befreit sind, die einen mimetisch funktionalisierten Diskurs auszeichnen. Sie sind damit frei für kreative Inbezugsetzungen mit anderen Textelementen. Auch die Struktur der meisten Sätze und Satzteile – sie fallen zudem häufig mit der Verseinheit zusammen – fördert ihre Verfügbarkeit, ihre relativ freie Anschließbarkeit.

Versuchen wir nun, einige der möglichen rapprochements zu erstellen, ohne damit aber den Anspruch zu erheben, das Kreationspotential dieses a-mimetischen Beschreibungsgedichts ganz auszuschöpfen[66]! Die mögliche Ergänzung der Eingangsdarstellung des Abends durch die Verse 5, 10 und 12 erwähnten wir schon. Das zunächst in seiner mikrostrukturellen Umgebung isolierte „Voyage“$_3$ bildet eine Isotopie mit dem Titelwort „Départ” und dem Schlußvers des Gedichts. Alle drei hier verbundenen Textelemente stehen in exponierter und zugleich isolierter Position. Die damit gebildete semantische Achse ragt also in gewisser Hinsicht über die anderen erstellbaren Isotopien hinaus, ohne daß an dieser Stelle bereits zu sagen wäre, welche Funktion dieser Hervorhebung zukommt. Der mikrostrukturell isolierte letzte Vers: „La lanterne du train qui part“$_{12}$ läßt sich aber auch als Subjekt des reflexiven Nebensatzes[67]: „Où s'allume“$_9$ lesen. Denn die Tatsache, daß sein ‚eigentliches‘ Subjekt – „Une étoile”$_{10}$ – metaphorisch gemeint ist, also kontextambiguierend wirkt, fördert natürlich die Inbezugsetzung von „Où s'allume” mit Vers 12, der ebenfalls eine Nominalphrase mit dem Sem [+ Licht] enthält. Syntagmen, wie das „Où s'allume“, artikuliert in einer Verseinheit und ausgestattet mit der Fähigkeit, eine Reihe weiterer gleichrangiger Syntagmen anzuschließen, verwendet Reverdy des öfteren und schafft so die Voraussetzung für die Initiierung polyvalenter rapprochements[68]. Nicht selten unterstützt dabei die typographische Anordnung, wie hier eine Auffächerung der Textelemente, den Vollzug des syntaktisch angelegten rapprochement-Angebots:

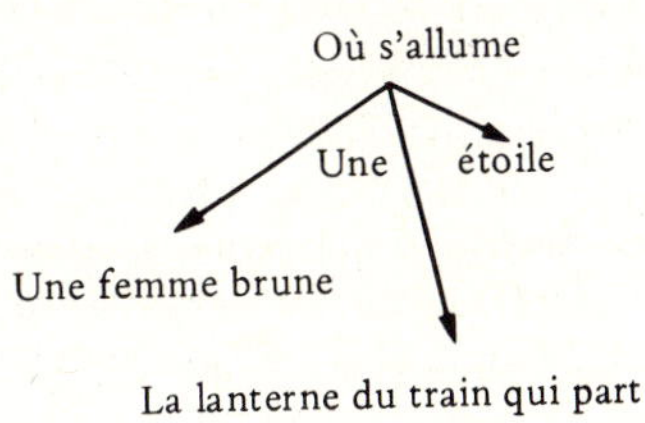

Ein Satz mit ähnlicher Funktion ist der Vers 6: „Il va mourir“. Das Pronomen „Il“ bezieht sich zunächst natürlich auf den unmittelbar vorangehenden Vers: „Un oiseau chante“$_5$, durch metaphorische Ineinssetzung aber auch auf „Un cœur“$_4$. Der Tod wird dem Vogel *und* dem Herzen prophezeit. Ihre Eingeschlossenheit mag man als Ursache dafür ansehen („Un cœur saute dans une cage“). Solche Folgerungen zieht der Text aber nicht explizit. Ein Rest semantischer Labilität bleibt bestehen, eben aufgrund des metaphorischen Zusammenschlusses von „cœur“ und „oiseau“. Dies aber hat zur Folge, daß der Satz „Il va mourir“ mit seinem sinnoffenen Pronominal-Subjekt vom mikrostrukturellen Kontext semantisch nicht ganz ‚absorbiert‘ wird, daß er für weitere rapprochements in einem generell destabilisierten Text sich anbietet. In dieser erweiterten Perspektive wird nun auch eine Inbezugsetzung mit Vers 1: „L’horizon s’incline“ denkbar. Das Sichneigen des Horizontes oder der Erde steht auch in anderen Gedichten metaphorisch für das Zuendegehen des Tages. Dieses ‚Zuendegehen‘, in Vers 1 im „s’incline“ angelegt, würde durch ein rapprochement mit Vers 6 zu einem ‚Sterben‘ verschärft. Das vielfältig anschließbare Textelement „Il va mourir“ hätte so zwischen der Abendbeschreibung in der I. und der Vogelbeschreibung in der II. Versgruppe einen semantischen Zusammenhang hergestellt. Sicher ist er nur von prekärer Natur. Das bereits kommentierte „Voyage“$_3$ bleibt allemal ein destabilisierender Faktor. Es ist jedoch nicht zu verkennen, daß trotz der vielfältigen Kombinierbarkeit aller 12 Verse untereinander mit dem „Il va mourir“$_6$ den beiden ersten Versgruppen eine gewisse Konsistenz verliehen wird. Die vorher bereits gegebene negative Komponente wird durch diesen Vers verschärft. Er setzt ein Schlußsignal in der Mitte des Textes, dem dann im folgenden Vers sofort widersprochen wird:

Une autre porte va s’ouvrir$_7$

Damit beginnt die zweite Hälfte des Gedichts. So wie Vers 6 als eine Art Schlußvers angesehen werden kann, mag man Vers 7 als die potentielle Eröffnung eines Satzgebildes ansehen, an die sich die folgenden Syntagmen anschließen lassen. Die reimtechnisch und durch syntaktische Analogie deutlich unterstrichene Oppositionsbeziehung zum Nachbarvers 6 räumt auch dem Vers 7 eine Sonderstellung ein und läßt beide zu einer Art Scharnier innerhalb des ständig zur Desintegration tendierenden Text-Ensembles werden. Gerade der hier durch das rapprochement so fühlbar gemachte Gegensatz zu

Vers 6 gibt der semantischen Information in Vers 7 eine positive Konnotation. Die folgenden Textelemente verstärken sie noch: Nachdem in der ersten Hälfte des Gedichts das Zuendegehen thematisiert wurde, ist hier von der Öffnung, vom Hellwerden, vom Aufbruch die Rede. Dem geschlossenen Raum („dans une cage“4), der zum Tode führt, wird gegenübergestellt der Raum, der sich zum Licht hin öffnet. Auch der Eingangsvers zur ersten und der zur zweiten Gedichthälfte erscheinen aus dieser Perspektive als zwei gegensätzliche und aufeinander beziehbare Aussagen:

L'horizon s'incline1
Une autre porte va s'ouvrir7

Der Horizont als eine ‚sich schließende Tür‘ im Außenbereich läßt sich in Bezug setzen zu „Une autre porte“ als ein ‚sich auftuender Horizont‘ im Innenbereich[69].

Semantische Oppositions- und Analogiebildung sind also die Kompositionsprinzipien, die – initiiert vom Text – zu einer versuchsweisen, einer kreativen Neuorganisation der diskontinuierlich beschreibenden Sätze und Satzfragmente dieses Gedichts führen. Dabei darf nicht verschwiegen werden, daß wir zu einer Reihe der semantischen rapprochements durch Rückgriff auf œuvre-spezifische, nicht allein textspezifische Sekundärbedeutungen gelangen. Nur auf einige solcher für die Lyrik Reverdys intertextuell konstistenter Wortbedeutungen kann hier hingewiesen werden, so etwa auf die Besetzung von Wörtern wie „étoile", „chanter", „oiseau", „porte ouverte" mit den Wertbegriffen Kreativität, Beweglichkeit, Veränderung. Dem Reverdy-Kenner sind sie vertraut[70] und hilfreich, wenn sie auch zu einer völligen Auflösung der in vielen Texten gegebenen Sinnpolyvalenz nur selten ausreichen. Die erstellten Bezüge bleiben zumeist prekär. Sie bleiben es, weil die Zuordnungen labil sind. Sie müssen es bleiben, weil Reverdy bei der Komposition seiner Text-Ensembles häufig an zentraler Stelle einen Faktor semantischer Ambivalenz einsetzt, der unauflösbar bleibt, der aber gerade deshalb den Prozeß der kreativen Neuorganisation immer wieder in Gang setzt.

In unserem Gedicht ist der Begriffsbereich *Reise* ein solcher Faktor. Ich wies bereits darauf hin, daß der Vers 3 – „Voyage“ – in seiner mikrostrukturellen Umgebung isoliert, dafür aber in einem deutlichen Bezug zum Gedichtende steht. Man würde dieses metrisch und syntaktisch überall einfügbare Element gerne in der zweiten

Hälfte des Gedichts sehen, im positiv konnotierten Bereich, wo von aufkommender Helligkeit, von Abreise die Rede ist, von jenem Aufbruch, der auch im Titel angekündigt wird. Und doch steht „Voyage“3 im Zentrum *des* Textbereichs, gebunden durch einen Reim, der überwiegend Negatives evoziert. Damit setzt Reverdy ein deutliches Signal zur Überprüfung unserer Zuordnungen (im übrigen nicht das einzige), v. a. zur Überprüfung der Frage, ob der im Titel und dann vorwiegend in der zweiten Gedichtshälfte thematisierte ‚Aufbruch‘ tatsächlich ein wünschenswertes, ein positives Ereignis ist. „Départ”, „voyage“, das sind Begriffe, die bei Reverdy für jene Grenzüberschreitung stehen, die er auch in anderen Gedichten thematisiert und die dort wie hier als ein diffiziles Unternehmen erscheint. In unserem Text nun plaziert Reverdy die Grenzüberschreitung konnotierenden Elementen sowohl im negativ, als auch im positiv besetzten Bereich. Er zwingt uns also, sie auf ihre ‚Verträglichkeit‘, auf ihren rapport mit beiden Bereichen zu überprüfen. Dabei zeigt sich, daß „voyage“ durchaus in beiden einen Platz hat. Reise, das bedeutet, wie der Titel sagt, auch Abreise, Entfernung, Trennung. Es bedeutet nicht nur Aufbruch, sondern auch Zuendegehen, impliziert Risiko im Unbekannten und Trennung von Bekanntem. Damit ist klar, daß „départ“ als Formel für den in Reverdys Ästhetik so zentralen Begriff der Grenzüberschreitung zwar durchaus positive, hoffnungsvolle Konnotationen enthält, Konnotationen, die auch unser Gedicht bestätigt, daß diese Formel aber auch in Bezug zu ihren negativen Äquivalenten gesehen werden muß.

Mit den hier vollzogenen rapprochements ist das Kreationspotential dieses Gedichts sicher nicht erschöpft. Auch eine intersubjektiv verbindliche Sinngebung wurde damit nur in sehr beschränktem Ausmaß geleistet. Dies würde an der Intention des Autors vorbeigehen, der mit seinem Text-Ensemble zwar zur versuchsweisen Herstellung von im Text nicht explizierten Sinnordnungen anregen will, der aber auch dafür sorgt, daß die dergestalt ermöglichten Ordnungen ihren prekären Status des jederzeit Veränderlichen, ihre zu weiterer Kreation anregende Sinnlabilität nie ganz verlieren. Mit der antidiskursiv ausgerichteten Organisation von funktionsuntüchtig gemachten Beschreibungsgesten zu einem neuartigen Text-Ensemble will Reverdy ja nicht mehr außersprachliche Wirklichkeit beschreibend in ihrer Existenz bestätigen, sondern zur kreativen Neubildung noch nie erstellten Bezügen zwischen eigentlich vertrauten Dingen anregen und auch selbst gelangen. Er will ‚schreiben', nicht ‚beschreiben', wie George Braque einmal die Neuorientierung a-mimetischer Kunst pointiert auf einen Nenner brachte, so wie die Kubisten ‚malten' und nicht ‚abmalten'[71]. Denn nur so ist zu erwarten, daß er jene so oft beschworene „réalité artistique" schaffen kann, die autonom neben der kunstindifferenten Wirklichkeit existiert und die mimetisch gar nicht darstellbar ist[72]. Daß er dabei nicht zu einem abstrakten Dichter wird, bleibt Reverdy stets ein Anliegen. Die Negation mimetischer Kunst und dahinter die agressive Haltung gegenüber der kunstexternen, als kunstfeindlich angesehenen Wirklichkeit geht bei Reverdy – wie bei den Kubisten – nie bis zur völligen Loslösung aus jeglichem Wirklichkeitsbezug. Eine aufschlußreiche Bestimmung dichterischer Aufgaben aus dem *Gant de crin* macht dies sehr deutlich und kann uns gleichzeitig noch einmal veranschaulichen, wie sehr Reverdy trotz seiner konsequent a-mimetischen Ästhetik sich selbst 1927 immer noch (oder schon wieder?) in der Tradition des Beschreibungsgedichts bewegt: «Le poéte ne doit pas perdre son rang de *spectateur* particulier et supérieur, subtil, pénétrant, imaginatif, et capable de relier toutes choses par des rapports qu'il est seul capable de leur découvrir et de *faire voir*» (GC 38; unsere Hervorhebung).

Wäre noch zu fragen welche Bedeutung wir nun, mit Blick auf die hier gemachten Erkenntnisse, der oben zitieren und zu vielen Fragen Anlaß gebenden image-Definition beimessen können. Sicher läßt sie sich weiterhin – wie dies die Surrealisten taten – als Definition eines neuen, gewagteren Typs von Metapher lesen, der die Ineinssetzung auch von semantisch für unvereinbar gehaltenen Wörtern postuliert. Zur Erklärung der Lyrik Reverdys wäre sie dann aber fast unbrauchbar. Versteht man jedoch unter dem „rapprochement de deux réalités plus ou moins éloignées", unter der „création pure de l'esprit", die die image ja leisten soll, die Beschreibung jener Textkompositionstechnik, die – analog zur kubistischen Malerei – weitgehend kontextfreie Gegenstandsverweise heterogener Art zu einem neuen Text- oder Bild-Ensemble zusammenfügt, dann läßt sich Reverdys image-Konzept als theoretischer Vorentwurf des neuen a-mimetisch ausgerichteten Beschreibungsgedichts lesen. Auch die pikturale Konnotation dieser berühmten Bild-Definition bekäme so einen tieferen Sinn; denn nicht mehr nur einzelne Metaphern fielen dann unter den Begriff der image, sondern die Text-Ensembles selbst. Sowohl das kubistische Tableau als auch das Reverdysche Text-Ensemble regen nämlich an zur Bildung jener rapprochements, die den menschlichen Geist aus der kunstindifferenten Wirklichkeit herauszuführen und an eine als „valeur d'attente" (NEP 68) bezeichnete ‚Kunstwirklichkeit' heranzuführen versprechen.

Anmerkungen

1 Pierre Reverdy, *Le Gant de Crin,* Paris 1968 (= GC), S. 14.;

2 George Braque, *Le Jour et la Nuit,* Paris 1952, S. 15.;

3 Eine hilfreiche Bibliographie gibt M. Bishop, *Reverdy – A Bibliography,* London 1977.

4 Vgl. dazu u. a. J.-P. Geay, «La quête du réel dans l'œuvre poétique de Pierre Reverdy», in *Revue esthetique* 23 (1970) S. 189-203; D. J. Grossvogel, "Pierre Reverdy: The Fabric of Reality,", in Yale *French Studies* 21 (1958) S. 95-106.

5 Vgl. M. Guiney, *Cubisme et litterature,* Genf 1972, oder R. W. Greene, *Six French Poets of Our Time – A Critical and Historical Study,* Princeton, New Jersey 1979, v. a. S. 28-58. Eine sehr gute Einführung zu Reverdy gibt immer noch G. Picon, «Poétique et poésie de Pierre Reverdy», zuletzt in G. Picon, *L'Usage de la lecture,* Paris 21960, S. 239-261. Eine kenntnisreiche Darstellung der historischen Entwicklung der poetologischen Positionen Reverdys bietet R. W. Greene, *The Poetic Theory of Pierre Reverdy,* Berkeley 1967.

6 Reverdy bezeichnet wiederholt die „identité de la destinée poétique et de la destinée humaine" als zentrale Motivation seines Dichtens; vgl. Pierre Reverdy, *Nord-Sud, Self Defence et autres ecrits sur l'art et la poesie (1917-1926),* Paris 1975 (= NS), S. 213.

7 Reverdy spricht gerne von Wirklichkeit, wenn er eigentlich von der Darstellung oder von Darstellungsformen der Wirklichkeit reden müßte; so etwa wenn er die poetische Syntax folgendermaßen beschreibt: «La phrase, la forme qui rejoignent les éléments de la réalité externe par de plus mystérieux rapports», in *Notes eternelles du present – Ecrits sur l'art (1923-1960),* Paris 1973 (= NEP), S. 125.

8 Vgl. dazu etwa K. Dirscherl, *Zur Typologie der poetischen Sprechweisen – Formen des Besprechens und Beschreibens in den „Fleurs du Mal",* München 1975.

9 Max Jakob, *Le Cornet à dés,* Paris (Poésie/Gallimard) 1967, S. 23.

10 Guillaume Apollinaire, „Du sujet dans la peinture moderne" in *Les Soirées de Paris* no. 1 (1972) S. 2.

11 «C'est que poésie et création ne sont qu'une même chose»; in *Œuvres complètes de Guillaume Apollinaire,* hg. M. Décaudin, Paris 1966, Bd. 3, S. 907. Daß der Jahrhundertbeginn so etwas wie das zeitweilige Ableben mimetischer Kunst und Literatur mit sich brachte, machen eine Reihe der Beiträge dieses Bandes, v. a. jene zu Apollinaire, deutlich. Ob freilich der

Surrealismus die Prinzipien der neuen a-mimetischen Ästhetik konsequent weiterführte, ist sicher nicht so eindeutig zu bejahen, wie dies R. Stamelman, "Surrealist Poetry: The Revolt against Mimesis", in *Kentucky Romance Quarterly* 22 (1975) S. 561-571, tut. Im surrealistischen Interesse am Unbewußten als einem bis dato von der Kunst noch nicht hinreichend erfaßten Bereich der Wirklichkeit ist zweifelsohne die Rückkehr zu einer neuen Art des Mimetismus angelegt. Vgl. zu dieser Frage R. Warnings Beitrag in diesem Band.

12 Vgl. *Nord-Sud,* S. 143. Auch Baudelaires Aufsätze über E. A. Poe beeinflußten Reverdy diesbezüglich; vgl. das Interview von P. Guth mit Reverdy im *Figaro littéraire* no. 524 (5.5.56) S. 4 und Greene, *Poetic Theory,* S. 61 ff.

13 St. Mallarmé, *Œuvres complètes,* hgg. H. Mondor/G. Jean-Aubry, Paris 1945, S. 857.

14 Vgl. dazu G. Regn, *Konflikt der Interpretationen – Sinnrätsel und Suggestion in der Lyrik Mallarmés,* München 1978, S. 116 f.

15 Mallarmé, *Œuvres complètes,* S. 857.

16 Vgl. *Nord-Sud,* S. 52 ff., 20, 42 ff.

17 Mallarmés Aufsatz "The Impressionists and Edouard Manet" von 1876 zeigt, daß der Autor des *Coup de dés* seine eigene ästhetische Position als durchaus im Einklang mit den mimetisch-evokatorisch malenden, von den Kubisten verpönten Impressionisten sah; vgl. *Documents Stéphane Mallarmé*, I, hg. C. P. Barbier, Paris 1968, S. 57-86.

18 Vgl. M. Décaudin, *La crise des valeurs symbolistes – Vingt ans de poesie francaise (1895-1914),* Toulouse 1960.

19 Eine erhellende Darstellung der für den Kubismus grundlegenden Dichotomie zwischen autonomem Werk und latent weiterbestehender Referentialität der Darstellungsverfahren gibt M. Imdahl, „Cézanne – Braque – Picasso: Zum Verhältnis zwischen Bildautonomie und Gegenstandssehen", in *Wallraf-Richartz-Jahrbuch* 36 (1974) S. 325-365. Die Fixierung der Kubisten auf eine Wirklichkeit, die man nicht mehr abbilden, von der man sich aber auch nicht lösen will, kommt auf paradoxale Weise in einer Formulierung D.-H. Kahnweilers zum Ausdruck, die die Leistung des Kubismus in den Horizont abendländischer Imitationsästhetik zu stellen versucht. Dort heißt es: «c'est le monde extérieur qui est le miroir de l'art plastique» (D.-H. Kahnweiler, *Juan Gris,* Paris 1946, zit. nach M. Guiney, *Cubisme et litterature,* Genf 1972, S. 27.).

20 Genauer zur differenzierten Handhabung perspektivischen Darstellens seit der Renaissance M. Imdahl, „Überlegungen zur Identität des Bildes", in *Identität,* Poetik und Hermeneutik VIII, Hgg. O. Marquard/K. Stierle, München 1979, S. 186-211.

21 Wenn ich in dieser Präsentation der kubistischen Theorie, so wie sie Reverdy entwickelte, zumeist von der Negierung tradierter Konzepte ausgehe und erst in einem zweiten Schritt das sozusagen ‚positive' Programm der neuen Ästhetik vorstelle, so hat dies nicht nur einen heuristischen, sondern auch einen

historischen Grund. Die bekannte Differenzierung des Kubismus in eine analytische und synthetische Phase schlägt sich auch in der Theoriebildung insofern nieder, als man zunächst präziser zu formulieren wußte, was der Kubismus nicht will, weniger genau, was er Neues leistet. Trotzdem bedingen natürlich die Negierung alter und die Praxis neuer Verfahren stets einander und sind spätestens in der Lyrik Reverdys – die freilich erst einsetzt, als der malerische Kubismus seine ‚heroischen' Jahre schon hinter sich hat – kaum mehr von einander zu trennen.

22 Guiney, *Cubisme et littérature*, S. 8.

23 Gleizes/Metzinger, *Du Cubisme,* Paris 1912, zitiert nach Guiney, S. 8.

24 Hinzuzufügen wäre, daß Reverdy auch in den aufkommenden Film hochgesteckte ästhetische Erwartungen setzte und daß er gerade im Verfahren der Segmentierung der dargestellten Dinge durch das filmische Medium eine der herausragenden Möglichkeiten der neuen Kunstform sah; vgl. «Cinématographe», in *Nord-Sud,* S. 91-96.

25 Dirscherl, *Zur Typologie,* S. 149 ff.

26 Der Begriff der Sprechsituation oder ähnliches ist als Terminus nicht geläufig. Aus verschiedenen Äußerungen (vgl. etwa *Nord-Sud,* S. 120, *Le Livre de mon bord,* Paris 1970 (= LMB), S. 154, geht jedoch deutlich hervor, daß Reverdy einem Abbau situationeller Elemente, einer weitgehend kontextentbundenen Sprechverwendung das Wort redet.

27 Der häufige Tempuswechsel, verbunden mit einer irritierenden Verwendung wechselnder Personalpronomina, sind dabei nur die Oberflächensignale einer komplexen Verschränkung unterschiedlicher Sprechsituationen, eines wiederholten Wechsels der sprachlichen Perspektiveträger. Man vgl. etwa «Eclaircie» in *Plupart du temps, 1915-1922,* Paris (Poésie Gallimard) 1969, Bd. I, S. 180, oder das sehr schwierige Gedicht mit dem bezeichnenden Titel «Perspective» in *Sources du vent,* Paris (Poésie Gallimard) 1971, S. 180. Eine naive Auflistung der Pronominawechsel gibt A. Rizzuto, *Style and Theme in Reverdy's "Les Ardoises du toit"*, University of Alabama Press 1971, S. 41 ff. Gute Beobachtungen zum „transfer de perspective" macht M. A. Caws, *La Main de Pierre Reverdy,* Genf 1979, S. 42 ff., ohne freilich auf den Stellenwert dieser Textqualität im Rahmen einer kubistisch inspirierten poetik einzugehen.

28 Den wirkungsästhetischen Konsequenzen dieser Umgewichtung, dieser mise en relief des darstellerischen Mediums zuungunsten des (eventuell noch) darzustellenden Gegenstands geht M. Smuda nach in *Der Gegenstand in der bildenden Kunst und Literatur – Typologische Untersuchungen zur Theorie des ästhetischen Gegenstands,* München 1979.

29 Die Problematik solcher Terminologie braucht hier nicht gelöst zu werden, so lange sie als solche erkannt ist. Für Reverdy wurde die Ineinssetzung von Wirklichkeitsdarstellung und Wirklichkeit insofern zu einem Problem, als er erst in seinem *Livre de mon bord,* lange Jahre nach der engagierten Propagierung kubistischen Gedankenguts in den zwanziger Jahren, allmählich sich einzugestehen schien, daß die neue Ästhetik zwar die Darstellungsformen, nicht aber den tatsächlichen Zugriff zur Wirklichkeit verändert hat.

Sehr viel differenzierter, letztlich desillusioniert sieht Reverdy die Relation Dichter/Wirklichkeit in dem wichtigen Essay «Le poète secret et le monde extérieur» (1938), wenn er schreibt: «Le jeu de la perception des rapports, qui intellectualise le contact entre objet et sujet, est un exercise dangereux – il frustre la sensibilité qui se referme toujours, en somme, sur le vide. Elle se heurte à une sorte d'invisible filet de séparation qui empêche toujours le sujet et l'object de se joindre – elle s'y prend comme dans un piège», in *Cette émotion appelée poésie – Ecrits sur la poésie,* Paris 1974, S. 130 f.

30 Den Begriff übernehme ich von W. Haftmann, *Malerei im 20 Jahrhundert – Eine Bild-Enzyklopädie,* München 1965, S. 79. Auf den Zeichencharakter kubistischer Bildelemente geht genauer J. Laude, „Picasso et Braque, 1910-1914: La Transformation des signes", in *Le Cubisme,* Travaux IV, Saint-Etienne 1973, S. 7-28, ein. Er weist dabei auf die interessante Tatsache hin, daß beinahe gleichzeitig mit dem Kubismus die Saussuresche Linguistik entwickelt wurde und auch Roman Jakobson an der Entwicklung seiner Konzepte arbeitete.

31 Vgl. auch *Le Gant de crin,* S. 95, *Nord-Sud,* S. 41.

32 Vgl. *Nord-Sud,* S. 23 f., S. 105.

33 Vgl. Ch. Bachat, «Reverdy et le Surréalisme», in *Europe* 46 (1968) S. 79. 100.

34 *La Connaissance* (janvier 1920), abgedruckt in *Mercure de France* no. 344 (1962) S. 27.

35 Vgl. etwa P. Valéry, «Poésie et pensée abstraite», in *Variété V,* Paris 1945, S. 127-162.

36 W. Kallmeyer et al., *Lektürekolleg zur Textlinguistik,* Frankfurt 1974, Bd. 1, S. 119 ff.

37 Vgl. *Nord-Sud,* S. 122.

38 In dieser Gegenüberstellung von Sinnverstehen und kreativer Herstellung von Sinn greife ich die Opposition von „wiedererkennendem" und „autonomem" Sehen auf, wie sie M. Imdahl für die unterschiedlichen Rezeptionsmodi der mimetischen und der kubistischen Malerei ansetzt; vgl. Imdahl, „Cézanne – Braque – Picasso", S. 325.

39 Die Rolle des Autors skizziert Reverdy wiederholt als die eines Idealrezipienten, der – überrascht von der Neuartigkeit des geschaffenen Text-Ensembles – jene „émotion" verspürt, die oberstes Wirkungsziel der neuen Kunst ist. «Ainsi toute œuvre créée doit, une fois faite, avoir quelque surprise pour son auteur lui-même» (*Nord-Sud,* S. 59). Analog dazu sieht er auch die Rezeptionsaufgabe des Lesers als kreative Wahrnehmung an, betont aber wiederholt die Schwierigkeit dieser Aufgabe; vgl. dazu *Nord-Sud,* S. 206, und *Cette émotion appelée poésie,* S. 112 f.

40 Neben anderen Tropen, die die Rhetorik differenzierend vorsieht.

41 «Dègager, pour créer, les rapports que les choses ont entre elles, pour les rapprocher, a été de tous les temps le propre de la poésie», *Nord-Sud,* S. 144.

42 An einer wichtigen Stelle des *Livre de mon bord* beschreibt Reverdy die Herstellung dieser neuen, noch nie formulierten „rapports" als das tragende Prinzip der a-mimetischen Kunst: «Ce qu'on appelle réalité en art c'est un ensemble de rapports dont la justesse parvient à nous donner une image vive et susceptible de provoquer une émotion plus intense et surtout plus constante que le vrai. Par le rapprochement des choses, par leurs rapports les plus lointains, en apparence même inexistants, on arrive à la surréalité» (LMB 112).

43 Vgl. etwa *Notes éternelles du présent,* S. 65.

44 Vgl. dazu P. Camminade, *Image et métaphore – Un problème de poétique contemporaine,* Paris 1970, S. 10 ff.

45 A. Fongaro, «La poétique de Pierre Reverdy», in *Cahiers du Sud* no. 327 (1955), S. 266-286; bestreitet etwas beckmesserisch die Originalität der Metaphern Reverdys. Rizzuto fühlt sich darauf bemüht, ihnen eben diese Qualität zuzuerkennen (vgl. *Style and Theme,* S. 98 ff.). Caminade, *Image et métaphore,* geht auf Ambiguitäten in der image-theorie selbst ein (S. 18). Doch alle betrachten die Reverdysche image im wesentlichen als eine neu definierte Wortfigur und nicht als Konzept einer ‚Textfigur'.

46 S. o. S. 11.

47 Vgl. etwa «Air», in *Plupart du temps,* Bd. 1, S. 186.

48 Zitiert bei Caminade, *Image et métaphore,* S. 19.

49 Vgl. Greene, *Six French Poets,* S. 23 ff.

50 *Plupart du temps,* Bd. 1, S. 184; S. 169; S. 228; Bd. 2, S. 35; *Sources du vent,* S. 182.

51 *Plupart du temps,* Bd. 1, S. 184. G. M. M. Colvile gibt eine Interpretation dieses Gedichts, die sehr gut die Ambiguierung der hier verwendeten symbolistischen Bildelemente, die Aushöhlung und Negativierung der einstmals positiv besetzten Bedeutungsträger herausarbeitet; vgl. *Vers un langage des arts des années vingt,* Paris 1977, S. 66-75.

52 Wesentliche Kennzeichen des Beschreibungsgedichts, wie es das 19. Jahrhundert praktizierte, sind u. a. folgende:

1. Die fast völlige Indienstnahme des Diskurses für eine komplexe Qualifikation eines Gegenstands, der in seiner Existenz als vorgegeben angesehen wird. Einer Vielfalt von vor allem semantisch wirksamen Qualifikationsverfahren steht die meist zu Gedichtbeginn bereits eindeutig geleistete Konstitution des Gegenstands gegenüber, die in der Regel durch rekurrente Referenzsignale immer wieder bestätigt wird.
2. Das weitgehende Verschwinden des Sprechsubjekts hinter den Äußerungen, besser den ‚Wahrnehmungen' zum Gegenstand und seiner Umgebung. Das Sprechsubjekt im Beschreibungsgedicht ist also ein Betrachter, und der Text gibt sich als die Versprachlichung der Beobachtungen eben dieses Wahrnehmungssubjekts, das, zumeist von einem fixen point de vue aus, eine Vielzahl von Merkmalen des Gegenstands abschildert.

53 Pierre Reverdy, «Les Ardoises du toit», in *Plupart du temps*, Bd. 1, S. 173.

54 „La vitre“, „la glace“, auch „la surface de l'eau“ als „miroir“, das sind geläufige Ineinssetzungen einer Lyrik, wie der Reverdys, die Mimesis zu einer ihrer zentralen Fragestellungen macht; vgl. dazu Caws, *La main de Pierre Reverdy,* S. 58 ff., S. 82 f.

55 1916 stellte er eine ganze Gedichtsammlung unter den Titel *La lucarne ovale.* Vgl. dazu auch Caws, *La main de Pierre Reverdy,* S. 104 f.

56 Wie bereits in Anm. 24 angedeutet, sieht Reverdy auch in der fragmentarisierten Bildsukzession, wie sie der damalige Stummfilm bot, ein seinen eigenen Vorstellungen verwandtes ästhetisches Verfahren. Denn auch im Kino werden dem Zuschauer lediglich Bauelemente eines Ganzen geliefert: «L'esprit du spectateur fait le reste», *Nord-Sud,* S. 92.

57 Einschränkend ist hier zu sagen, daß Baudelaire bereits – wenn auch sehr vereinzelt – mit einem variablen, aber doch vorhersehbar variablen point de vue experimentiert; vgl. «Le Masque», in *Les Fleurs du Mal.*

58 Vgl. dazu H. R. Jauß, *Ästhetische Erfahrung und literarische Hermeneutik, Bd. 1: Versuche im Feld der ästhetischen Erfahrung,* S. 343 ff.

59 Vgl. etwa folgende Stelle: «(...) chaque fois que l'esprit a abouti à une forme dont la perfection lui apparaît, par ce qu'elle a de fermé, de limité et de limitant, de contraignant, il est tenu et comme irrésistiblement poussé à se dégager, à sortir de ses liens», *Notes éternelles du présent,* S. 87.

60 Am deutlichsten geht dies aus der Arbeit von Caws, *La main de Pierre Reverdy* hervor, die einen etwas unsystematischen Katalog rekurrenter Themen Reverdyscher Lyrik aufstellt und dabei zu dem erstaunlichen, von der Vf. allerdings nicht als erstaunlich aufgefaßten Ergebnis kommt, daß beinahe alle der dargestellten Themenbereiche stets sowohl ästhetische Prämissen als auch existentielle Grundfragen des Autors ins ‚Wort‘ setzen, daß also letztlich die meisten Gedichte Reverdys stets eine poetologische und eine existentielle Interpretation postulieren.

61 Vgl. dazu *Le gant de crin,* S. 95. D. J. Grossvogel hat zweifelsohne nur theoretische Äußerungen dieser Art und nicht die Gedichte selbst im Blick, wenn er allzu forsch von Reverdys Lyrik behauptet: "there are no symbols in this poetry“, vgl. Grossvogel, "P. Reverdy – The Fabric of Reality“, S. 102.

62 *Plupart du temps,* Bd. 1, S. 179. Die erste Fassung dieses Gedichts von 1917 trägt keinen Titel und verzichtet weitgehend auf die für Reverdy typische mise en page; vgl. P. Reverdy, *Au soleil du plafond et autres poemes,* Paris 1980, S. 31.

63 Die Metapher der ‚sich neigenden‘ Erde oder des ‚sich neigenden‘ Horizonts verwendet Reverdy wiederholt im Kontext seiner zahlreichen Abendbeschreibungen; vgl. etwa *Plupart du temps,* Bd. 1, S. 186, S. 228.

64 Vgl. *Nord-Sud,* S. 120, zitiert oben auf S. 8.

65 Die Interpretation des Juan-Gris-Bildes «Compotier et carafe», die Colvile in *Vers un langage des arts,* S. 44 f., gibt, zeigt sehr schön, wie kubistische Bilder zu ähnlicher Sinnstiftung qua rapprochements einladen. Das Fehlen klarer, mimetisch funktionalisierter Konturen, die neue Verwendung der Farbe, die einander überlappenden Gegenstandszeichen postu-

lieren – wie die Beschreibungsfragmente des Juan-Gris-Freundes Reverdy – die tentative Erstellung sinnvoller Bezüge, ohne daß jedoch diese rapprochements jemals zur eindeutigen Herstellung eines konsistenten Gegenstandsbilds führen würden.

66 Die methodischen Konsequenzen, die sich für die Interpretation von kubistisch inspirierten Text-Ensembles und von Texten mit ähnlichen ästhetischen Voraussetzungen eben aus der Tatsache ergeben, daß sie den Leser zur kreativen Erschließung konkurrierender Sinnstrukturen anregen, bedürfen einer ausführlichen Diskussion. Zweifelsohne hat man unter anderem *hier* die Anstöße zu jener sinnkreativen Lektüre zu suchen, die seit einiger Zeit im Kielwasser der Gruppe Tel Quel praktiziert wird. M. Imdahl weist darauf hin, daß auch die kubistischen Bilder bereits von ihrer Konzeption her divergierende Sinngebungen bedingen und erklärt die Widersprüche in der Kubismus-Kritik als eine Konsequenz eben dieser sinnproduktiven Werkstrukturen; vgl. Imdahl, „Cézanne – Braque – Picasso", S. 327.

67 Oder handelt es sich um einen Fragesatz?

68 Vgl. dazu Rizzuto, *Style and Theme,* S. 69 ff., und genauer E. Sellin, "The Esthetics of Ambiguity: Reverdy's Use of Syntactical Simultaneity", in *About French Poetry from DADA to "Tel Quel"-Text and Theory,* hg. M. A. Caws, Detroit 1974, S. 112-125.

69 Vgl. dazu den Eingangsvers: «Le soir couchant ferme une porte», sowie die ganze Abendbeschreibung des Gedichts «Sur le talus», in *Plupart du temps,* Bd. 1, S. 175.

70 Vgl. etwa J. P. Richard, *Onze études sur la poésie moderne,* Paris 1964, S. 13-29; oder M. A. Caws, *La main de Pierre Reverdy.*

71 G. Braque, *Der Tag und die Nacht – Aus den Aufzeichnungen 1917-1952,* Zürich 1953, S. 17.

72 Analog dazu sucht Braque (in den Worten M. Imdahls), im Tableau ein „Ausdrucksäquivalent" für eine mimetisch nicht darstellbare Schönheit zu schaffen; vgl. Imdahl, „Cézanne – Braque – Picasso", S. 335. Ein wesentlicher Unterschied zwischen Tableau und Text scheint jedoch der zu sein, daß ein Braque oder Picasso dieses „Ausdrucksäquivalent" im Bild selbst vorlegt, die Kunstwirklichkeit also selbst produziert, während ein Reverdy die Erstellung dieser mimetisch nicht darstellbaren „réalité artistique" durch seine Text-Ensembles erst postuliert; vgl. etwa *Le Gant de crin,* S. 44.

Rainer Warning

SURREALISTISCHE TOTALITÄT UND DIE PARTIALITÄT DER MODERNE

ZUR LYRIK PAUL ÉLUARDS

Hans Robert Jauß zum 60. Geburtstag

Die Frage nach der Modernität des Surrealismus hat Antworten gefunden, die einander ausschließen. Die einen sehen in ihm eine geradezu paradigmatische Realisierung moderner Kunst, die anderen glauben vorgeblichen Avantgardismus als in Wahrheit retrograd denunzieren zu müssen[1]. Wer sich mit solcher Widersprüchlichkeit auseinandersetzen will, hat zunächst nach ihrer Ursache zu fragen. Diese Ursache ist ein offenbar nicht hinreichend reflektierter Modernitätsbegriff. Was die Kunst der Moderne von der aller vorausliegenden Epochen unterscheidet, ist der Verlust epochaler Einheit. Mag man auch über Anfang und Ende der Romantik streiten, so bleibt ihr doch der Charakter einer in sich geschlossenen und demgemäß prägnant beschreibbaren Epoche unbestritten. Für die Moderne gilt eben dies nicht mehr. Stendhals berühmte Gleichsetzung des Romantischen mit dem heute Aktuellen und morgen schon Veralteten[2] antizipiert einen Modernitätsbegriff, der nicht mehr epochal, sondern nur noch aktualistisch als die jeweilige Gegenwart gefaßt werden kann. Stendhal ist es auch, der als erster jene geschichtliche Erfahrung benennt, die die Einordnung der Gegenwart in eine umfassende Epoche unmöglich macht: «Quel changement de 1785 à 1824. Depuis 2000 ans que nous savons l'histoire du monde, une révolution aussi brusque dans les habitudes, les idées, les croyances, n'est peut-être jamais arrivée»[3]. Stendhal reflektiert die Bewegtheit einer Gegenwart, in der die gesellschaftlichen Umwälzungen so rasch aufeinanderfolgen wie nie zuvor. Diese Erfahrung aber hat sich über das 19. Jahrhundert hinaus bis in unsere eigene Gegenwart fortgesetzt. Man hat sie beschrieben als eine Erfahrung der Beschleunigung, die zu einem Bewußtsein von Modernität führte, das sich nur noch von sich selber abstößt[4]. ‚Modern' bzw. ‚Moderne' bezeichnen fortan nicht mehr eine Epoche, sondern eine als bloßer Durchgangspunkt erfahrene Gegenwart.

Dieser Verlust des Epochencharakters erklärt die Vielgestaltigkeit von Kunst im Zeichen der Moderne ebenso wie die Schwierigkeiten ihrer Theorie. Letztere ist, da sie als Theorie das Heterogene gleichwohl unter übergreifende Kategorien bringen muß, prinzipiell nicht frei von Normativität. Sie muß folglich ihre begriffliche Basis so formulieren, daß diese unhintergehbare Normativität mitreflektiert ist. Ein solcher Versuch liegt vor in D. Henrichs Bestimmung moderner Kunst über den Begriff der Partialität[5]. Anknüpfungspunkt ist ihm dabei die Aussage Hegels, daß Kunst in der nachromantischen Gegenwart angesichts des zu sich selbst gekommenen Geistes den von ihr ursprünglich erhobenen Anspruch einer unvertretbaren Form der Vermittlung von Selbst und Sein nicht mehr aufrechterhalten könne. Kunst sei, so die Formel aus der Einleitung zur Ästhetik, „nach der Seite ihrer höchsten Bestimmung für uns ein Vergangenes"[6]. Henrich versucht nun, diesen Gedanken vom partialen Charakter gegenwärtiger Kunst aus den Prämissen Hegelscher Geschichtsphilosophie herauszulösen und so umzudefinieren, daß eine im Konzept der Partialität gründende Theorie moderner Kunst kompatibel wird mit modernen Philosophien der Selbstentfremdung des sich zum Problem gewordenen Subjekts, Philosophien also, die sich mit Namen wie Nietzsche, Freud, Darwin oder Marx verbinden. Partiale Vermittlung meint demgemäß nicht einfach eine quantitativ mindere Form klassisch-romantischer Totalvermittlung, sondern eine qualitativ neue Form von Vermittlung, eine Vermittlung im Zeichen problematischer Subjektivität. Henrich nennt sie eine „unvordenkliche", das heißt eine solche, „die vollzogen werden muß, ohne daß man sich ihrer vergewissern kann"[7]. Sie ist Vermittlung aus unverfügbarem Grund.

Damit aber vermag sie zurückzugewinnen, was Hegel ihr absprach. Auch partiale Kunst kann in dem Maße zum Ort exemplarischer Wirklichkeitserfahrung werden, wie sie problematische Vermittlung selbst zu ihrem eigentlichen Gegenstand erhebt. Partialität impliziert somit Reflexivität. Gewiß ist Reflexion bereits eine zentrale Bestimmung romantischer Kunst. Dort aber ist sie dem – fragmentarischen – Kunstwerk als das Bewußtsein utopischer Einheit eingeschrieben. Partiale Kunst hingegen ist in sich selbst reflektiert, und zwar in doppelter Weise. Zum einen reflektiert sie die problematische Genese ihrer

Vermittlung, indem sie sie als ihr eigentliches Thema inszeniert, und zum anderen zwingt sie, indem sie dies tut, den Betrachter zur Reflexion auf diese ihre Reflektiertheit, führt sie zu einer ästhetischen Erfahrung, deren Gegenstand das Spannungsverhältnis von vollzogener Vermittlung und uneinsichtigem Grund selbst wird. Daraus resultiert die Ambivalenz ihres Formbegriffs. Partiale Kunst zerstört die traditionellen Konnotationen von Form wie Stimmigkeit, Geschlossenheit, Zuordnung von Detail und Ganzem. Der Formbruch ist ihr wesentlich. Gleichwohl aber ist sie – als Vermittlung, die sie bleibt – nicht pures Formdementi. Vielmehr macht sie, wie unter anderem das Beispiel der Montage oder der Collage zeigt, den Formbruch zum Formprinzip. Sie muß, um nochmals Henrich zu zitieren, „Form und Formbruch in einem sein und durch diese Einheit ihre beiden Bedeutungselemente gegeneinander oszillieren lassen“[8].

Partialität, doppelte Reflexion, Formbruch als Kompositionsprinzip – das sind Kategorien, die Modernität wesentlich als Antiromantik definieren und sich demgemäß orientieren an Manifestationen von Kunst, für die Totalitätsverlust zur dominanten Signatur geworden ist. Damit aber scheinen sie geeignet, die Frage nach der Modernität der surrealistischen Avantgarde neu zu stellen und neu zu beantworten. Die im folgenden zu entwickelnde These wird sein, daß der Surrealismus im Schein von Partialität Totalität modelliert, daß er die Reflektiertheit des Kunstwerks selbst romantisierend zurücknimmt in eine dem Kunstwerk eingeschriebene Reflexion auf utopische Versöhnung, und daß demgemäß nur scheinbar zum Formprinzip gemachte Formbrüche in Wahrheit aufgehoben sind in einer verborgenen thematischen Einheit. Ich will die damit angedeutete problematische Modernität der Surrealisten zunächst an den zentralen Kategorien ihres poetologischen Sekundärdiskurses und sodann an exemplarischen Beispielen ihres lyrischen Primärdiskurses aufzeigen.

I

Im Dezember 1927 veröffentlichten André Breton und Paul Éluard in der *Révolution surréaliste* ihre gemeinsam verfaßten *Notes sur la poésie*[9], eine Kontrafaktur von Reflexionen, die Paul Valéry im Sommer des gleichen Jahres in der Zeitschrift *Commerce* publiziert hatte. Diese Kontrafakturen, bei denen sich die Autoren inspirieren ließen von Lautréamonts Umgang mit moralistischen Maximen, gaben sich nicht als solche zu erkennen, waren also als eine Falle angelegt, in der sich zeitgenössische Leser in der Tat auch fingen. Gleichwohl sind sie mehr als ein bloßes Spiel mit dem Leser. Was in ihnen wiederkehrt, sind die zentralen Programmpunkte des Surrealismus selbst, und indem sie diese Programmpunkte nunmehr in der Antithese zu Valéry formulieren, verdeutlichen sie besser als die bekannteren Manifeste die Distanz des surrealistischen Poesiebegriffs zu jenem Typus intellektualistischer, formreflektierter Lyrik, wie ihn Valéry repräsentiert.

Was Breton und Éluard diesem Intellektualismus entgegensetzen, ist der emphatische Appell an eine verlorengegangene Unmittelbarkeit und Sinnlichkeit lyrischen Sprechens. «La pensée a les deux sexes; se féconde et se porte soi-même», so hatte Valéry gesagt. «La pensée n'a pas de sexe; ne se reproduit pas», so antworten Breton und Éluard gleich in einer der ersten Kontrafakturen (Bd 1, S. 474). Darin kündigt sich bereits jene zentrale Definition der Poesie an, die in der Valéryschen Vorgabe und in der surrealistischen Replik wie folgt lautet:

Valéry: La poésie est l'essai de représenter, ou de restituer, par les moyens du langage articulé ces choses ou cette chose, que tentent obscurément d'exprimer les cris, les larmes, les caresses, les baisers, les soupirs, etc., et que semblent vouloir exprimer les objets, dans ce qu'ils ont d'apparence de vie, ou de dessein supposé. Cette chose n'est pas définissable autrement. Elle est de la nature de cette énergie qui se dépense à répondre à ce qui est ...

Breton/Éluard: La poésie est l'essai de représenter, ou de restituer, par des cris, des larmes, des caresses, des baisers, des soupirs, ou par des objets *ces choses* ou *cette chose* que *tend obscurément d'exprimer le langage articulé*, dans ce qu'il a d'apparence de vie ou de dessein supposé. Cette chose n'est pas définissable autrement. Elle est de la nature de cette énergie qui se refuse à répondre à ce qui est ... (Bd 1, S. 1469 bzw. 475).

Valéry definiert lyrische Expressivität in versteckter antiromantischer Polemik als eine sprachlich konstituierte, das heißt als das Ergebnis einer kalkulierten Inszenierung, die eine wesentlich sprachlose Sensibilität erst und nur im Medium der Sprache zu sich selbst kommen läßt. Es ist bekannt, wie radikal Valéry – in der Nachfolge Mallarmés – diese Konstitutionsleistung der Sprache dachte. Die Wörter werden angeordnet zu spezifischen ‚Konstellationen', die alle diskursive Referentialität tilgen zugunsten einer musikalischen Suggestivität textimmanenter Beziehbarkeiten. In Valérys Vortrag über *Poésie pure* aus dem Jahre 1927 ist ausdrücklich von einer solchen Musikalisierung der Objekte die Rede, und ihr Ergebnis ist gedacht als Einklang dieser spezifischen „sensibilité qui est gouvernée par le langage" mit der Gestimmtheit einer offenbar geschichtslos gedachten menschlichen Psyche: «Les objets et les êtres connus sont en quelque sorte – qu'on me pardonne l'expression, musicalisés; ils sont devenus résonnants l'un par l'autre, et comme accordés avec notre propre sensibilité»[10]. Dieser wesentlich harmonistischen Konzeption lyrischer Expressivität setzen Breton und Éluard eine Expressivität des „refus" entgegen, und im Sinne dieses „refus à répondre à ce qui est" sind jene Schreie und Tränen, jene Küsse und Zärtlichkeiten, aber auch jene Gegenstände zu verstehen, denen die Surrealisten die Kraft des Unmittelbaren, denen sie, wie ein Éluardscher Zyklus betitelt ist, eine *Vie immédiate* zurückgeben, die sie in den Dienst einer neuen Sinnlichkeit lyrischen Sprechens stellen wollen. «Restituer par des cris, des larmes, des caresses, des baisers, des soupirs, ou par des objets ces choses ou cette chose que tend obscurément d'exprimer le langage articulé».

Solche Geringschätzung des „langage articulé" liest sich zunächst nur wie der uralte Topos vom Zurückbleiben der Sprache hinter dem, was sie sagen soll, von jener essentiellen Armut der Sprache[11], die nach Hermeneutik, nach verstehender Auslegung als ihrem Komplement verlangt. Wenn aber nur dieser Topos gemeint wäre, dann bliebe unklar, wie Poesie die ihr abverlangte Restitution authentischer Erfahrung überhaupt sollte leisten können. Tatsächlich steht der Begriff des „langage articulé" in einem an dieser Stelle noch verdeckten Oppositionsverhältnis. Er bezeichnet nur das Negativ einer Konzeption poetischer Sprache, die eine spätere Kontrafaktur positiv zu bestimmen sucht:

Valéry:	Le lyrisme est le genre de poésie qui suppose la voix en action – la voix directement issue de, ou provoquée par –, les choses que l'on voit ou que l'on sent comme présentes.
Éluard/ Breton:	Le lyrisme est le genre de poésie qui suppose la *voix inactive* – la voix indirectement retournant à, ou provoquant, – les choses que l'on ne voit pas et dont on éprouve l'absence. (Bd 1, S. 1470 bzw. 477)

Den Bezug von Lyrik auf Abwesenheit kennt natürlich auch Valéry. „Absence" aber meint dort – wiederum in der Tradition Mallarmés – die Negativität der Fiktion, die Nichtung des Gegenstands mit dem Ziel, ihn als fiktiv gesetzten zu seiner sprachlichen Wesenheit kommen zu lassen. Anders die Surrealisten. Abwesenheit meint hier nicht die ontologische Nichtung als Komplement fiktiver Setzung, sondern die existentielle Erfahrung einer Leere, einer Selbstentfremdung, die als solche dialektisch bezogen ist auf die Möglichkeit ihrer Aufhebung. Eben diese Möglichkeit bietet die „voix inactive", eine Stimme, die weniger spricht als lauscht, registriert, niederschreibt, was ihr eine überindividuelle Instanz gleichsam in die Feder diktiert.

Diese „voix inactive" verweist somit auf die für den Surrealismus zentrale Konzeption der écriture automatique, einer Niederschrift der Sprache des Unbewußten im Zustand des Tagtraums. Die Bedeutung, die die Surrealisten der Traumerfahrung beimaßen, ist bekannt. Man weiß heute auch, daß ihr Begriff des Traums und des Unbewußten bei aller Berufung auf Freud nicht schon der Freudsche war. Gewiß blieben solche Berufungen nicht bloß nominelle. Die Freud-Rezeption war immerhin so intensiv, daß eine Vertrautheit mit den Grundkonzepten der Psychoanalyse vorausgesetzt werden kann. Der Bezugsrahmen aber, in den diese Rezeption einging und der sie spezifisch deformierte, war der einer romantisierenden Parapsychologie in der Tradition des 19. Jahrhunderts. Schon die Tatsache, daß Breton im ersten Manifest den Traum mit dem „merveilleux", dem Wunderbaren, gleichsetzt, macht deutlich, daß es ihm nicht um das Unbewußte im Sinne Freuds gehen konnte. Als einen „message subliminal" hat er an anderer Stelle die écriture automatique definiert und damit eine für seinen Traumbegriff viel wichtigere Quelle benannt: den Engländer F. W. H. Myers, der das „moi subliminal" weniger als einen Ort der Unverfügbarkeit denn als ein umfassenderes, ein gesteigertes Bewußtsein definiert hatte: «Une conscience plus vaste, des facultés plus profondes, dont la plupart restent virtuelles en ce qui concerne la vie terrestre, dont la conscience et les facultés de la vie terrestre ne se sont dégagées qu'à la suite d'une sélection et qui s'affirment de nouveau dans toute leur plénitude après la mort»[12]. Gewiß hat Breton das, was Myers hier einer postmortalen Transzendenzerfahrung vorbehalten wissen will, emphatisch als ‚materialistische' Diesseits-Utopie verkündet. Davon unberührt bleibt indes die positive Valorisierung der Traumwelt als eines Ortes der Fülle und der Authentizität. Entsprechend romantisierend-substantialistisch ist die Konzeption der Sprache, die sich mit dem Begriff der „voix inactive" verbindet. Das Ich spricht nicht, sondern es wird gesprochen. Was durch es spricht, ist jedoch nicht ein abgespaltenes, dem Subjekt unverfügbares Es, sondern ein dem bloß instrumentalen „langage articulé" entgegengesetzter authentischer Diskurs, in dem die Dinge und die Wörter noch identisch sind. Die Surrealisten haben geträumt von einer Welt aufgehobener Oppositionen, und zu diesen Oppositionen zählt zuvörderst die von Signifikat und Signifikant. Wörter sind „créateurs d'énergie", wie wiederum Breton sagt, sie bezeichnen nicht, sie vermitteln nicht die Welt des „moi subliminal", sondern sie sind mit dessen Strebungen selbst identisch: «Les mots font l'amour»[13].

Was diese Liebe zeugt, ist das surrealistische Bild. In ihm kulminiert die Suche der Surrealisten nach einer neuen Sinnlichkeit lyrischen Sprechens. Daß sie nicht von „métaphore", sondern von „image" sprechen, ist bereits eine erste Definition. Die Metapher wird der instrumentalen Sprache zugeschlagen, dem „langage articulé". Sie beruht, ob als Ornatus oder als interpretierende Prädikation, auf Vergleichsoperationen zwischen einem primum und einem secundum. Im Bild hingegen ist diese Opposition wiederum als aufgehoben gedacht. Es wird nicht konstruiert über ein logisches tertium, sondern es stellt sich ein, es ergibt sich im Liebesspiel der Wörter, in überraschenden Koppelungen heterogenster Seinsbereiche, wie sie dem „langage articulé" unbekannt sind. Es entzündet sich gerade in der intellektuellen Unvermitteltheit solcher Koppelungen, in der Reibung eines Wortes am anderen. Ein höchst einfaches syntaktisches Verfahren, die präpositionale Verbindung zweier Nomina über „de" oder „à", kann so zum dominanten Stilistikum surrealistischer Poesie werden: „La fée du sel", „cuisses de verre", „ma femme aux épaules de champagne". In solchen Reibungen sieht Breton aufleuchten, was er die „lumière de l'image" nennt: eine Entladung höchster Spannung, ein Feuerwerk, das die Nacht des Traums zum Tage macht, zu einer märchenhaften „féerie intérieure"[14]. Surrealistische Poesie besteht wesentlich in diesen Bilderwelten. Sie werden – so lautet zumindest die Theorie, die später zu problematisieren sein wird – nicht eigentlich hergestellt, sondern im Sinne des Automatismus erlauscht, registriert, niedergeschrieben. Angesichts dieser ihrer Vorgegebenheit entziehen sie sich jener Gefahr des Mißbrauchs, vor dem Valéry warnt:

Valéry: L'abus, la multiplicité des images produit à l'œil de l'esprit un désordre incompatible avec le ton. Tout s'égalise dans le papillotement.

Breton/Éluard: La multiplicité jamais abusive des images produit à l'œil de l'esprit un désordre éminemment compatible avec le *ton*. Tout se précise dans l'éblouissement. (Bd 1, S. 1472 bzw. 480)

Auch hier wieder geht es um die Aufhebung einer Opposition. In der Traumrede der „voix inactive" fallen Sehen und Hören zusammen. Ihre Sinnlichkeit ist die des gehörten Bildes, das, wie Breton andernorts formuliert, eindringlicher ist als das anschaubare[15]. Der Ton der Poesie ist somit der ihrer allein für das logische Denken chaotischen Bilderwelt selbst, nicht erst die Musikalisierung evozierter Gegenständlichkeit in kalkulierten sprachlichen Konstellationen.

Damit erklärt sich zugleich auch die Absage an die traditionellen Verfahren solcher Musikalisierungen wie Metrik und Reim. Unterscheidet Valéry zwischen „vers donnés" und „vers calculés", so wird für Breton und Éluard der „vers donné" zum Vers schlechthin, also zu dem allein rhythmischen Bewegungen folgenden vers libre, der „vers calculé" hingegen zur steifen „opération arithmétique" (Bd 1, S. 1471). Entsprechend hart ist die Absage an den Reim:

Valéry:	La Rime – constitue une loi indépendante du sujet et est comparable à une horloge extérieure.
Breton/ Éluard:	La rime constitue une loi dont dépend le sujet et est comparable à une paire de claques. (Bd 1, S. 1472 bzw. 480)

Kulminieren für Valéry im Reim die Gesetze sprachlicher Musikalisierung, so ist er für Breton und Éluard Inbegriff einer abstrakten Harmonie, die sie als die Kakophonie einer Ohrfeige der wahren Harmonie jener „féerie intérieure" entgegensetzen, in der Gehörtes und Gesehenes in eins zusammenfallen.

Das Poetische ist wesentlich vorgegeben in dieser phantastischen Bilderwelt des Unbewußten, es ist nicht das Ergebnis von Kalkül und Konstruktion. Poesie ist „révélation", ist Nachschrift, ist Mimesis von Totalität[16]. Dieser Gedanke von der Vorgegebenheit des Poetischen durchzieht die gesamten *Notes,* und er findet seinen wohl programmatischsten Ausdruck in der Entgegensetzung von „poésie" und „poème":

Valéry:	Construire un poème qui ne contienne que poésie est impossible. Si une pièce ne contient que poésie, elle n'est pas construite; elle n'est pas un poème.
Breton/ Éluard:	Construire une poésie qui ne contienne que poèmes est impossible. Si une pièce ne contient que poésie, elle est construite; elle est un poème. Elle n'est pas la poésie. (Bd 1, S. 1472 bzw. 480)

Ein romantisch konnotierter Begriff von Poesie, gegen den Valéry hier implizit polemisiert, wird von den Surrealisten aufgegriffen und gegen Valéry gewendet. Poesie ist Spontaneität, ist Rückkehr zu einer verlorengegangenen, aber prinzipiell noch zugänglichen Authentizität, ist fragmentarische Restitution einer Totalitätserfahrung, wie sie die Traumwelt ermöglicht. So erklärt sich die scheinbare Paradoxie, daß für Valéry, den Anwalt der Konstruktion, das Gedicht niemals, für die Surrealisten hingegen immer abgeschlossen ist:

Valéry: Un poème n'est jamais achevé – c'est toujours un accident qui le termine, c'est-à-dire qui le donne au public. Ce sont la lassitude, la demande de l'éditeur, – la poussée d'un autre poème. Mais jamais l'état même de l'ouvrage (si l'auteur n'est pas un sot) ne montre qu'il ne pourrait être poussé, changé, considéré comme première approximation, ou origine d'une recherche nouvelle. Je conçois, quant à moi, que le même sujet et presque les mêmes mots pourraient être repris indéfiniment et occuper toute une vie. Perfection c'est travail.

Breton/Éluard: Un poème est toujours achevé – il ne peut être à la merci de l'accident qui le termine, c'est-à-dire qui le donne au public. Ni, comme le croient les cochons, de la lassitude, de la demande de l'éditeur, ni de la «poussée» d'un autre poème. Toujours l'état même de l'ouvrage (si l'auteur est un sot) fait croire qu'il pourrait être «poussé», changé, considéré comme première approximation, ou origine d'une recherche nouvelle. Nous concevons, quant à nous, que le même sujet et les mêmes mots devraient ne servir qu'une fois et ne pas nous occuper plus d'une seconde. «Perfection» c'est *paresse*. (Bd 1, S. 1473 bzw. 481 f.)

Für Valéry steht die moderne Selbstvermittlung des lyrischen Subjekts nicht mehr im Zeichen organischer Totalität, sondern im Zeichen einer stets revidierbaren Approximation. In der formreflektierten Kunst der Moderne ist „perfection" identisch mit unendlicher Perfektibilität. Für die Surrealisten hingegen ist gerade der Verzicht auf Arbeit am Material die Chance zu Authentizität. „Perfection" liegt in der Faulheit, der passiven Hingabe an die Stimme des Unbewußten. Mag die Aufzeichnung dieser Stimme auch nur fragmentarisch gelingen, so sind es doch Fragmente, denen eine utopische Totalität eingeschrieben ist.

II

Die *Notes sur la poésie* bewegen sich im Rahmen der Valéryschen Vorgaben. Sie erlauben eine in ihrer Antithetik prägnante Artikulation surrealistischer Poetik, blenden aber zugleich die dieser Poetik immanenten Spannungen aus. Man kann sie geradezu als einen Kompromiß zwischen Bretonscher Orthodoxie und Éluardscher Liberalität ansehen. Dabei hat zweifellos Éluard die größeren Konzessionen gemacht, denn der radikale Anspruch, den Breton mit dieser Poetik verbindet, ist, wiewohl nicht expliziert, so doch durchaus aus ihnen ableitbar. Für ihn nämlich impliziert die Absage an das „poème" im Namen einer vorgegebenen „poésie" des Unbewußten eine Aufhebung jener Grenze zwischen Kunst und Wirklichkeit, an der Éluard durchaus festhalten wollte.

Eine Diskussion dieses kritischen Punktes surrealistischer Poetik kann anknüpfen an Bretons zentrale Definition im ersten Manifest:

SURRÉALISME, n. m. Automatisme psychique pur par lequel on se propose d'exprimer, soit verbalement, soit par écrit, soit de toute autre manière, le fonctionnement réel de la pensée. Dictée de la pensée, en l'absence de tout contrôle exercé par la raison, en dehors de toute préoccupation esthétique ou morale.[17]

Surrealistische Kunst soll sich nicht nur von bürgerlicher Moral emanzipieren, sondern darüber hinaus als Kunst, als eine der Lebenswirklichkeit entgegengesetzte Welt schönen Scheins sich aufheben. Die romantische Utopie einer Poetisierung des Lebens wird damit um jene Prämisse gebracht, die in der Romantik selbst unbefragt blieb: die Bindung der Utopie an den ästhetischen Schein. Poesie wird von den Romantikern emphatisch als poiesis, als Herstellen, als Machen begriffen. Nur als pathetischer Akt, nur als genialisches Heraussetzen eines Neuen und Anderen, nur im Festhalten an der ästhetischen Grenze kann Kunst provozieren, was jenseits ihrer liegt: gesellschaftliche Praxis. Eben diese Grenze will Breton aufheben. Die „féerie intérieure" ist keine Scheinwelt, sondern das Reich der Authentizität. Poesie ist nichts Hergestelltes, ist nicht Kunst, die sich von der Wirklichkeit absetzt, sondern Kunst, die Wirklichkeit geworden ist und der man sich folglich hingeben kann im Zustand der „paresse", in der Passivität des Lauschens und Registrierens. Poesie kann damit unmittelbar, das heißt nicht mehr auf dem Umweg über Kunst, über den ästhetischen Schein, praktisch werden: «Qu'on se donne seulement la peine de pratiquer la poésie. N'est-ce pas à nous, qui déjà en vivons, de chercher à faire prévaloir ce que nous tenons pour notre plus ample informé?»[18]. Das sich isolierende Genie der Romantik ist dem Kollektiv der Surrealistengruppe gewichen, die ihrerseits einer entfremdeten Gesellschaft den Weg der Authentizität weist. Die Traumwelt steht prinzipiell jedermann offen, der Surrealismus, so Breton noch 1933, proklamiert die „égalité totale" vor dem „message subliminal"[19].

Breton hat diese „égalité totale“ ernsthaft angesehen als einen Beitrag des Surrealismus zur kommunistischen Revolution. Er wähnte die surrealistische Doktrin im Einklang mit dem historischen Materialismus als eine Umkehrung der Hegelschen Philosophie[20]. Er hat sich zeitlebens der Einsicht verschlossen, daß die Aufhebung der Opposition von Kunst und Wirklichkeit eine schlechte Aufhebung von Utopie bedeuten mußte, daß ihr Ergebnis nicht eine poetisierte Wirklichkeit war, sondern die Selbstaufgabe einer Bewegung, die nur als ästhetische sich hätte legitimieren können. Als Pierre Naville im Jahre 1926 die Gruppe vor die Alternative ‚Geist oder Fakten‘ stellte, wäre die einzig mögliche und sinnvolle Selbstverteidigung eine Zurückweisung eben dieser Opposition gewesen. Breton aber weist sie nicht zurück, sondern sucht sie wiederum dialektisch aufzuheben in einer ‚Praxis‘ des Wunderbaren, des „merveilleux“[21]. In dieser Antwort manifestiert sich die fundamentale Selbstwidersprüchlichkeit einer Bewegung, die das Ästhetische glaubte entgrenzen, die den Schein glaubte realisieren zu können und dabei nicht merkte oder wahrhaben wollte, daß diese Realität nur die einer Exklave war. Der Gruppeneffekt hatte zu der Selbsttäuschung geführt, daß man als gesellschaftliche Wirklichkeit vermeinte, was in Wahrheit eine Welt des Scheins geblieben war. Was den Surrealismus fortan charakterisierte, war das unvermittelte Nebeneinander politischer Auseinandersetzungen und Verketzerungen einerseits und einer wohl nicht zufällig um dasselbe Jahr 1926 mit Macht einsetzenden poetischen Produktion andrerseits. Die Bewegung überlebte in dem, wo ihr System seinen blinden Fleck hatte: in ihren Werken, in der umgrenzten Welt ästhetischen Scheins.

Bretons Rolle in der Gruppe, deren Identität er prägte und mit seinen Verketzerungen auch wieder zerstörte, ist so ambivalent wie die Einstellung zu seinem eigenen Werk. Indem er das surrealistische Programm in der écriture automatique aufgehen läßt, drängt er sein eigenes lyrisches Werk in eine Randstellung, die es nicht durchweg verdient, aus der es aber bis heute kaum erlöst ist[22]. Andrerseits hat all sein Engagement für den Automatismus nicht den Verdacht der Mystifikation entkräften können. Die These von der vorgegebenen Poesie des Unbewußten verschweigt das ästhetische Interesse am Wort, an jener Sprache, die als Material poetischer Konstruktion nicht anerkannt werden durfte. Daher seine Polemik gegen das futuristische Programm der parole en libertà, das auf einer „croyance enfantine à l’existence réelle et indépendante des mots” beruhe: «Il ne s’agit pas du tout pour nous de réveiller les mots et de les soumettre à une savante manipulation pour les faire servir à la création d'un style, aussi intéressant qu'on voudra. Constater que les mots sont la matière première du style est à peine plus ingénieux que présenter les lettres comme la base de l'alphabet. Les mots sont, en effet, bien autre chose et ils sont même peut-être *tout*». Das muß bekräftigt werden, und je öfter es geschieht, desto verräterischer werden die Formulierungen: «Encore une fois», so heißt es gleich darauf, «tout ce que nous savons est que nous sommes doués à un certain degré de la parole et que, par elle, quelque chose de grand et d'obscur tend impérieusement à s'exprimer à travers nous, que chacun de nous a été choisi et désigné à lui-même entre mille pour formuler ce qui, de notre vivant, doit être formulé»[23]. Das Subjekt der écriture automatique wird gesprochen, aber es ist doch ein ‚bis zu einem gewissen Grade' redebegabtes Subjekt, das sich durchaus auch die Freiheit nimmt, der „voix inactive" aktiv nachzuhelfen.

An dieser Stelle ist noch einmal auf Bretons Konzeption des surrealistischen Bildes zurückzukommen. Mit Nachdruck hat er bestritten, daß sich dessen Leuchtkraft irgendeinem Kalkül, irgendeiner Intentionalität verdanke. Am radikalsten fällt diese Behauptung der Arbitrarität in *L'Amour fou* aus: «Il suffit de relier n'importe quel substantif à n'importe quel autre pour qu'un monde de représentations nouvelles surgisse aussitôt»[24]. Das ist die reine Orthodoxie: auch das Bild ist nichts Hergestelltes, ist nicht Kunst, nicht Schein, sondern Aufscheinen einer poetischen Wirklichkeit, Aufblitzen einer vorgegebenen „féerie intérieure". Was aber tatsächlich den Reiz des surrealistischen Bildes ausmacht, ist nicht etwa Arbitrarität, sondern eine kalkulierte strukturelle Prägnanz, welche unter Umständen sehr viel komplexer sein kann als die herkömmlicher Metaphern. Arbeit, nicht Passivität führt zu solcher Prägnanz. Man kann sich hierfür kaum ein schöneres Beispiel wünschen als ein angeblich ‚automatisches' Bild, das sich zu Beginn des 26. Abschnitts von *Poisson soluble* findet:

La femme aux seins d'hermine se tenait à l'entrée du passage Jouffroy, dans la lumière des chansons.[25]

Sarane Alexandrian scheint nicht bemerkt zu haben, was er anrichtete, als er aus den ihm zugänglichen Cahiers die ursprüngliche Version dieses Satzes veröffentlichte:

Je m'étais approché ce soir-là par désœuvrement de la femme fatale. La femme fatale, ou ce qui pouvait passer pour tel se tenait immobile à l'entrée du passage Jouffroy, dans la lumière des chansons.[26]

Die Diskrepanz zwischen behauptetem Automatismus und tatsächlichem Kalkül ist offenkundig. In der Substitution von „femme fatale" durch „femme aux seins d'hermine" enthüllt sich das Bild als gezielte Enttrivialisierung, als Eingriff des Ästheten André Breton, der sich als solcher hartnäckig verleugnete. Das Bild selbst ist denn auch keineswegs arbiträrer als etwa die traditionellen „seins de marbre", im Gegenteil: was sich da reibt, kann sich nur deswegen so leuchtend entladen, weil die Nomina-Koppelung gleich auf mehreren Ebenen restringiert ist: einer denotativen (das helle Weiß), einer assoziativen (sanft, geschmeidig, zum Streicheln einladend), einer konnotativen (märchenhafte Kostbarkeit) und schließlich, nicht zu vergessen, einer phonetischen (heller Vokalismus, stimmhafter Konsonantismus). Seine volle Prägnanz aber gewinnt das Bild erst im Rahmen seiner kontextuellen Determinanten. Offenkundig ist das Bestreben, den mit dem Bild der „lumière des chansons" endenden Satz auch mit einem Bild beginnen zu lassen. Der damit erzielte Harmonie-Effekt wird unterstützt durch die radikale Poetisierung der prosaischen Syntax. Der Satz ist insgeheim metrisiert zu einer Sequenz von drei Sechssilblern und einem aufgipfelnden Achtsilbler: «La femme aux seins d'hermine / se tenait à l'entrée / du passage Jouffroy / dans la lumière des chansons». Zu dieser Poesie aber will das Prosaische des ersten Satzes der ursprünglichen Version nicht mehr passen. Er wird gestrichen, die Szene beginnt unvermittelt mit der märchenhaften Fee am Eingang der zur „féerie intérieure" gewandelten Passage Jouffroy.

Die écriture automatique prätendiert ästhetische Entgrenzung, prätendiert die Überführung eines umgrenzten Bereichs schönen Scheins in die grenzenlose Poesie des Unbewußten, wo Kunst bereits Wirklichkeit, wo der Schein zur authentischen Erfahrung geworden ist. Sie kann aber den Kunstcharakter, kann das Ästhetische nicht leugnen und diskreditiert sich damit auf beiden Ebenen: der der behaupteten Authentizität und der des faktischen Scheins.

Es ist das Verdienst Paul Éluards, diese Duplizität in aller Deutlichkeit erkannt und aus ihr die sich anbietenden Konsequenzen gezogen zu haben, indem er für die Perspektivierung der ästhetischen Grenze plädiert. Erstmals in der Einführung zu *Les Dessous d'une vie* aus dem Jahre 1926, in elaborierter Form dann 1937 in den *Premières Vues anciennes* differenziert er zwischen „rêves", „poèmes" und „textes automatiques":

On ne prend pas le récit d'un rêve pour un poème. Tous deux réalité vivante, mais le premier est souvenir, tout de suite usé, transformé, une aventure, et du deuxième rien ne se perd, ni ne change. Le poème désensibilise l'univers au seul profit des facultés humaines, permet à l'homme de voir autrement, d'autres choses. Son ancienne vision est morte, ou fausse. Il découvre un nouveau monde, il devient un nouvel homme.
On a pu penser que l'écriture automatique rendait les poèmes inutiles. Non: elle augmente, développe seulement le champ de l'examen de conscience poétique, en l'enrichissant. Si la conscience est parfaite, les éléments que l'écriture automatique extrait du monde intérieur et les éléments du monde extérieur s'équilibrent. Réduits alors à égalité, ils s'entremêlent, se confondent pour former l'unité poétique. (Bd 1, S. 550)

Entgrenzung gilt hier allein noch im Blick auf das Material poetischer Bearbeitung, nicht für die poetische Produktion selbst. Sie setzt sich gleichermaßen ab von der bloß erinnerten Traumerfahrung wie von der provozierten, aber gleichwohl passiven Erfahrung in der écriture automatique, um in solcher Differenzierung den eigenen, den spezifisch lyrischen Erfahrungswert begründen zu können. Die Diskrepanz dieser Aussage von der Absage an das „poème" in den *Notes sur la poésie* ist offenkundig. Sie zeigt, wie sehr Éluard sich dort der Bretonschen Orthodoxie beugte. Breton seinerseits hat denn auch später in den *Entretiens* mit André Parinaud diese den ästhetischen Schein rehabilitierende „division par genres" der „hérésie majeure" geziehen, hat sie denunziert als „ultra-rétrograde et en contradiction formelle avec l'esprit surréaliste"[27]. Er hat nicht gesehen oder sehen wollen, daß Éluards Grenzziehung einen Befreiungsakt aus den Selbstbehinderungen surrealistischer Programmatik darstellte, daß auch der Surrealismus nur in der gewagten Bindung an den ästhetischen Schein sein provokatives Potential entfalten konnte[28]. Das schließt nicht aus, daß Éluard auch in seinen „poèmes" zwar nicht durchweg, aber doch häufig mit der Traumfiktion arbeitet. Aber es ist dann eben eine Fiktion, die als solche nicht mehr unter dem Anspruch steht, in ihrer eigenen „écriture" als Sprache des Unbewußten zu fungieren. „Rêve" bzw. „sommeil" wird in Éluards Lyrik zur metaphorischen Bezeichnung eines Raumes affektiven Sprechens, in dem die Ich-Grenzen probeweise gelockert und hinausgeschoben werden, aber allemal unter der Kontrolle der Ich-Funktionen. Das „poème" ist Produkt einer „conscience", die die Elemente innerer Erfahrung mit denen äußerer Erfahrung in die Prägnanz einer „unité poétique" überführt.

Mit all dem nähert sich Éluard jener Valéryschen Position, gegen die er in den *Notes* zusammen mit Breton opponiert. Poesie ist nicht passives Lauschen, nicht „paresse", sondern Konstruktion, Inszenierung, Modellierung von Erfahrung, „travail" also durchaus im Sinne Valérys. Andrerseits aber wird deutlich, daß Éluard das utopische Moment des surrealistischen Poesiebegriffs auch für das „poème" in Anspruch nimmt. Das Gedicht soll eine neue Sinnlichkeit ausspielen gegen die entsinnlichte Realität, soll einem „nouvel homme" einen „monde nouveau" entdecken. Die entscheidende Differenz zur Bretonschen Orthodoxie besteht somit darin, daß die Inszenierung nicht geleugnet wird. Damit aber kann die Lyrik Éluards zum ausgezeichneten Demonstrationsobjekt für jenes Spannungsverhältnis werden, das surrealistische Totalität zur Partialität der Moderne unterhält.

III

Die Reputation des Lyrikers Paul Éluard ist eigentümlich zwiespältig. Die einen feiern ihn als eine der größten lyrischen Begabungen der jüngeren Moderne, die anderen vermissen aggressive Verve, beklagen die Tendenz zu einer ‚weichen' Expressivität, zu einem latenten Klassizismus, zu einer fundamentalen Positivität der in diesen Texten modellierten Erfahrung, die zu einer verdächtig raschen Vereinnahmung durch den bürgerlichen Kulturbetrieb geführt habe. Diese Ambivalenz ist in der Tat nicht aufhebbar. Nur sollte man sie nicht als einen Rückfall gegenüber dem surrealistischen Programm betrachten, sondern eher als Indiz der problematischen Modernität dieses Programms selbst. Éluard ist keine Randfigur der Bewegung. Er steht, wie die enge Zusammenarbeit mit Breton bezeugt, durchaus mit in deren Zentrum, und wenn er sich von bestimmten orthodoxen Positionen löste, so führte dies doch nicht zur Aufgabe der Grundprämissen. Wenn er nicht bereit war, den ästhetischen Schein preiszugeben, so bekannte er sich doch damit nur zu dem, was die Bewegung insgesamt charakterisierte und was ihr Wortführer nur überwunden wähnte. So gelangen ihm Werke, die, indem sie ihren Werkcharakter nicht verleugnen, das Programm der Traumpoesie prägnant inszenieren. Als ein erstes Beispiel wähle ich einen Text aus dem Zyklus *La Rose publique* (1934):

TOUT AIGUISÉ DE SOIF
Tout affamé de froid

Une sublime chaleur bleue
S'appuie aux tempes des fenêtres

Belle alignée de plumes jusqu'aux limbes
La parfumée la rose adulte le pavot et la fleur vierge de la torche
Pour composer la peau enrobée de femmes nues

Des vannes luisent dans la porte
Il faut passer malgré le tour câlin qu'a pris la lutte
Passer les coteaux les grands lits végétaux
Saupoudrès de soleil

Et continuer

L'orage de la belle saison est comme une main sans doigts
Comme un chat dans un sac
Une fumée d'autruche annonce l'été tumultueux
Émaillé de poisons

Les soifs varient vont par des brumes dégradées
Jusqu'à l'auberge au flot
Des pierres brûlantes à cheval sur des buveurs enragés. (Bd 1, S. 438)

Der Text kann als repräsentativ gelten für surrealistische Hermetik. Alle Merkmale, die moderne Lyrik seit Rimbaud oder Mallarmé charakterisiert, scheinen hier versammelt. Der erste Eindruck ist der einer Abfolge disparater und bereits in sich selbst äußerst schwieriger Bilder. Diese Schwierigkeit gründet vor allem in dem, was H. Friedrich die „Unbestimmtheitsfunktion der Determinanten"[29] genannt hat, das heißt in den zahlreichen bestimmten Artikeln, die eine Vertrautheit mit dem Gegenstand voraussetzen, welche der Leser nicht teilt: „la rose adulte"$_4$, „le pavot"$_4$, „la porte"$_6$, „la lutte"$_7$, „les coteaux"$_8$, „l'orage"$_{11}$, usw. Diese Unbestimmtheitsfunktion der Determinanten hat zur Folge, daß die Frage nach dem metaphorischen oder nichtmetaphorischen Status der Bilder zunächst unentscheidbar bleibt. Die beiden expliziten Vergleiche der Verse 11 und 12 suggerieren zwar eine nichtmetaphorische Lesung, scheinen aber trotz relativ leichter Konzeptualisierbarkeit im Sinne von ‚Ohnmacht', ‚Machtlosigkeit' den mit dem Vergleich behaupteten Erklärungs- und Erhellungswert eher zu dementieren als einzulösen. Für die disparate Abfolge bezeichnend sind bereits die beiden ersten Verse, die – als ein offenbar besonders gelungenes surrealistisches Bild – Eingang fanden in den *Dictionnaire abrégé du Surréalisme* (Bd 1, S. 744). Gleich der Anfang also, so möchte man meinen, ist damit als kontextunabhängiges Detail ausgewiesen, das nicht Auftakt sein kann zu einem als organische Totalität konzipierten Gedichtganzen. In der Tat kontrastiert die Evokation eines strahlend heißen Sommertages und eines Interieurs mit der folgenden Phantasmagorie von Federn und Blumen, die allenfalls über das Bild weiblicher Nacktheit auf die Eingangsverse beziehbar bleibt. Im Zeichen markierter Inkohärenz steht sodann der Übergang von diesen nackten Frauen zum Bild leuchtender, vielleicht metallisch glänzender Wehre, gefolgt von der Evokation eines Kampfes und dem Bild einer weiten, ‚sonnenbestreuten' Flußlandschaft. In ihr scheint plötzlich ein Sturm ausgebrochen, der in rätselhafter Weise verglichen wird mit einer fingerlosen Hand und einer in einen Sack gesperrten Katze. Noch unerklärlicher wirken die Bilder vom ‚Straußenrauch' oder ‚Straußendunst' und von der Giftglasur des stürmischen Sommers. Mochten die Strauße noch tropische Gefilde evozieren, so gelangen wir schließlich mit den letzten Versen unvermittelt in Nebelschwaden, durch die Durstende zu einer Flußherberge hinabzusteigen scheinen. Der Text löst damit zwar beide Titelvarianten ein, aber, so will es scheinen, doch nicht in der Form, daß sich seine Bilderfolge zu einer thematischen Einheit zusammenfügt.

Verschiedene Verfahren unterstützen diesen Eindruck der Inkohärenz, so die Syntax. Sie ist entweder elliptisch (Verse 3 bis 5 und 17), oder aber parataktisch mit dem Effekt einer bloßen Reihung inkompatibler Bildblöcke. Die wenigen Ansätze zur Hypotaxe (Verse 7, 9, 14) entbehren jeder hierarchisierenden Funktion, die interpretatorisch relevant werden könnte, sondern sie wirken ihrerseits additiv reihend, so vor allem im Falle der beiden Partizipien (Verse 9 und 14), die den Wert eines Nomens haben und sich damit dem dominanten syntaktischen Charakteristikum des Textes einfügen: seiner antisyntagmatischen Strategie paradigmatisch gereihter Nomina, seinem emphatischen Nominalstil[30]. Vor allem aber verdankt sich dieser Effekt der Adiskursivität der pragmatischen Unbestimmtheit des Textes. Wir haben kein Sprecher-Ich, keine Sprechsituation und damit keinerlei deiktisches Bezugssystem, mittels dessen sich die disparaten Bilder koordinieren ließen. Man fühlt sich erinnert an Mallarmés Formel von der „disparition élocutoire du poète" als der Vorbedingung einer Befreiung der Wörter von ihrer üblichen referentiellen Bedeutung: «ils s'allument de reflets réciproques comme une virtuelle traînée de feux sur des pierreries, remplaçant la respiration perceptible en l'ancien souffle lyrique ou la direction personnelle enthousiaste de la phrase»[31]. Eine solche Dialektik, wie sie für Mallarmés Lyrik konstitutiv ist, setzt auch unser Text in Gang. Seine Adiskursivität hat zur Folge, daß der Leser um so intensiver nach immanenten Beziehbarkeiten über formale Kriterien wie Oppositions- oder Äquivalenzrelationen sucht. Er wird dabei aber sehr bald zu der Einsicht gelangen, daß solche formalen Kriterien weniger wichtig sind als bestimmte Assoziationen und Konnotationen, die sich zunächst einschleichen und im Textverlauf zunehmend stabilisieren. Die Evokation von Hitze und weiblicher Nacktheit, die Verbindung von Aggressivität und Zärtlichkeit, schließlich das gierige Stillen des Durstes suggerieren immer mehr eine metaphorische Lesung der Bilderfolge im Sinne einer sexuellen Wunscherfüllungsphantasie. Der mit Éluard vertraute Leser wird zudem in der Mohnblume und in der Evokation eines Fallgefühls (Verse 3/4) Signale für eine Schlafsituation erkennen[32], das Ganze also als Traumfiktion lesen und demgemäß die disparate Bilderfolge auf einen verborgenen Sinn befragen.

In der Tat steckt in dieser Bilderwelt eine äußerst dichte Sexualsymbolik, so die Blumen- und Landschaftssymbolik von „rose“$_{4}$, „pavot“$_{4}$, „coteaux“$_{8}$, „lits végétaux“$_{8}$, „orage“$_{11}$, „été tumultueux“$_{13}$, „flot“$_{16}$ „pierres brûlantes“$_{17}$, sodann die – von Freud so benannte – Zimmer- und Haussymbolik von „fenêtres“$_{2}$, „porte“$_{6}$, „auberge“$_{16}$[33]. Mit dieser Symbolik aber wird die Diskontinuität der Textoberfläche transparent auf eine verborgene Kontinuität, welche die Integration weiterer, symbolisch nicht unmittelbar abgedeckter Details erlaubt, wie insbesondere die Verbmetaphern von „passer“$_{7/8}$ und „continuer“$_{10}$ sowie die Sadismen der beiden Vergleiche in den Versen 11 und 12. So ergibt sich eine thematische Einheit, die die Titelerwartung gleich mit dem ersten Vers aufnimmt und im weiteren Textverlauf bis hin zum Höhepunkt des Schlußverses einlöst: eine personifizierte Hitze lehnt sich in zärtlicher Gebärde an kühlende Fensterschläfen, auf die Evokation weiblicher Nacktheit folgt das Durchbrechen eines verführerisch leuchtenden Tores, das Eindringen in eine sonnenbeschienene Flußlandschaft, ein Fortfahren, das in dieser Landschaft einen ohnmächtigen Sturm entfesselt, bis schließlich die Durstbegierden an einer Flußherberge gelöscht werden. Dieser thematischen Einheit fügen sich auch jene typisch surrealistischen Bilder, die über das syntaktische Verfahren des complément de nom scheinbar Unvereinbares zusammenzwingen. So verliert die mit „tempes des fenêtres“$_{2}$ behauptete

Personifikation auf der Ebene latenter Symbolik den Charakter eines semantischen Skandals. Ähnlich wird „la fleur vierge de la torche“$_{4}$ lesbar als eine Inversion (für „la torche de la fleur vierge“), die „rose adulte“ und „fleur vierge“ in verssymmetrische Position bringt und damit das Objekt des Begehrens in den beiden Varianten gereifter und jungfräulicher Weiblichkeit symbolisiert. Die „fumée d'autruche“ schließlich kann zum einen auf „plumes“$_{3}$ rückbezogen werden (was durch den Parallelismus „Belle alignée“$_{3}$ / „belle saison“$_{11}$ gestützt würde) und also Straußenfedern als verführerischen Frauenschmuck evozieren. Zum anderen konnotiert der Strauß die Hitze tropischer Gefilde, womit sich das Bild in die symbolische Isotopie von „orage“$_{11}$ und „été tumultueux“$_{12}$ einfügt. Dabei darf natürlich auch die phonetische Suggestivität dieser Koppelung nicht übersehen werden, die eine das gesamte Gedichtende überziehende u-Sequenz einleitet: „f*u*mée“$_{13}$/ „autr*u*che“$_{13}$ / „*tu*m*u*lt*u*eux“$_{13}$ / „br*u*mes“$_{15}$ / J*u*squ'au“$_{16}$ / „br*û*lantes“$_{17}$ / „s*u*r“$_{17}$ / „b*u*veurs“$_{17}$.

Damit wird bereits deutlich, daß die thematische Kontinuität zusätzliche Stützungen erfährt. Der Diskontinuitätseffekt der parataktischen Syntax wird kompensiert über phonetische Rekurrenzen, die eine bestimmte Tonlage schaffen, vor allem aber über raffinierte Rhythmisierungen. Die Bedeutung des Rhythmus für surrealistische Lyrik kann gar nicht hoch genug eingeschätzt werden. Wenn Valéry formale Elemente wie Vers und Metrum als ein noch sinnfreies Anfängliches bestimmt, das die poetische Konstitution eines Sujets erst in Gang setzt[34], so ist den Surrealisten der Rhythmus das Instrument par excellence, diese Opposition von Form und Gehalt aufzuheben, indem er selbst bereits eine aller semantischen Kon- bzw. Rekonstruktion vorausliegende thematische Einheit suggeriert. In unserem Text geschieht dies zunächst innerhalb der einzelnen Versgruppen durch unmerkliche Übergänge vom vers libre zu metrisch gebundenen Sequenzen und umgekehrt. Zu nennen sind hier vor allem gezielt eingebaute Sechssilbler. Sie akzentuieren bald den Auftakt von Versgruppen (Vers 3), bald auch deren Mitte (Vers 16), vorzugsweise aber das aufgipfelnde Ende, so in den Versen 9 und 14, die beide mit dem jeweils vorausgehenden Versende gekoppelt sind zu einem Alexandriner: „les grands lits végétaux / Saupoudrès de soleil“; „l'été tumultueux / Émaillé de poisons“. Ein Alexandriner eröffnet auch die letzte Versgruppe. Er ist über die irreguläre Zäsur nach der vierten Silbe verfremdet und stellt diese Verfremdung zugleich in den Dienst seiner Semantik. Die aus acht Silben bestehende zweite Vershälfte bewirkt einen Überhang, der die Evokation eines immer tieferen Abstiegs akzentuiert. Mit dem Enjambement wird dieser Abstieg geradezu dramatisiert zu einem letzten Verweilen, einem Endstau vor dem den ganzen folgenden Vers erfassenden Rejet, das seinerseits in einen Sechssilbler gefaßt ist: «Les soifs varient/vont par des brumes dégradées//Jusqu'à l'auberge au flot». Untereinander sind die einzelnen Versgruppen wiederum gezielt organisiert zu einer zunächst ansteigenden (zwei, drei und vier Verse), dann anhaltenden (ausgegliederter Einzelvers) und schließlich wieder leicht abfallenden (vier und drei Verse) Bewegung. Dem entspricht die Zentrierung der den Nominalstil unterbrechenden, bedeutungsschweren Verbmetaphern in der Gedichtmitte, wo sie zusätzlich akzentuiert sind über Anaphorisierung mit Versetzung zum Versbeginn („passer"$_{7/8}$) und über Ausgliederung zum Einzelvers („Et continuer"$_{10}$). Die unpersönliche Konstruktion dieser Infinitive schließlich, das „Il faut passer" verweist auf das ihnen zuzuordnende Subjekt, auf das sexuelle Begehren als den Träger des latenten Traumgedankens. Damit aber zeichnet sich schließlich auch eine Kompensation der, wie wir sahen, deiktisch nicht manifestierten Sprechsituation ab. Die in diesem Ausfall gründende Adiskursivität der ‚Textoberfläche' steht in einem Komplementärverhältnis zur Diskursivität der ‚Tiefenstruktur'. Die Nichtmanifestation eines lyrischen Ichs ist eine Strategie, die bewußt und kalkuliert das inszeniert, was die écriture automatique voraussetzt: das Unbewußte als die verborgene Sprechinstanz, als jene „voix inactive", wie sie uns aus den *Notes sur la poésie* bekannt ist. Diese „voix inactive" hat sich damit aber als Gegenteil der Mallarméschen „disparition élocutoire du poète" erwiesen. Stand jene für eine essentielle Negativität der Fiktion, für die Tilgung jedweder Diskursivität, so leistet die surrealistische „voix inactive" gerade umgekehrt die Überwindung schmerzlich empfundener „absence", die Überführung von Abwesenheit in Anwesenheit, in die Fülle einer poetischen Bilderwelt, mit der der Text seine nur scheinbar verlorene Diskursivität zurückgewinnt.

Welcher Art aber ist diese Diskursivität? Die Bilderwelt unseres Textes leistet zunächst eine Metaphorisierung der Geliebten zur Landschaft, zu einem „paysage féminin", wie Éluard an anderer Stelle sagt (Bd 1, S. 437). Dieser „paysage féminin" ist Gemeingut der Surrealisten und nicht von ihnen erfunden. Was sie dabei aus literarischen Traditionen, insbesondere aus der Romantik, was sie aus den Symbolkatalogen der Freudschen *Traumdeutung* bezogen, inwieweit sie schon auf zeitgenössische Theorien des kollektiven Unbewußten zurückgreifen konnten, all dies ist weniger wichtig als die Intensität, mit der sie diese Bilder aktualisieren und elaborieren. Nicht zufällig werden in unserem Text mit „torche“$_{4}$, „coteaux“$_{8}$, „orage“$_{11}$ und „flot“$_{16}$ die vier Elemente aufgerufen: eine zur Natur mythisierte Geliebte erscheint als Medium universaler Versöhnung. Die „reconstitution de l'Androgyne primorial“ hat Breton noch 1953 programmatisch gefordert, die Wiederkehr des ursprünglichen Androgyns, von der der platonische Mythos berichtet[35]. Surrealistische Liebeslyrik und die Éluards zumal beschwört in immer neuen Varianten diese Wiederkehr, die Vereinigung von Anima und Animus in den „grands lits végétaux / Saupoudrés de soleil“. Sie kennt daneben aber auch die Angstträume von der bösen Fee, der Hexe, die diese „lits végétaux“ verwandelt in einen „été tumultueux / Émaillé de poisons“. Nicht zufällig also ist gerade dieser Parallelismus in unserem Text auch rhythmisch so deutlich markiert. In ihm verdichtet sich die Ambivalenz dieser zum sexualisierten Universum mythisierten Geliebten, die ihr Vorbild der bald zum Engel, bald zur femme fatale stilisierten Geliebten der Romantiker nicht verleugnen kann. Von hierher erklären sich auch die zunächst rätselhaften „limbes“$_{3}$, also die Vorhölle als Ort der Begegnung mit weiblicher Nacktheit. Was sie ankündigen, wird in der letzten Versgruppe elaboriert. Der Parallelismus „jusqu'aux limbes“$_{3}$ / „Jusqu'à l'auberge au flot“$_{16}$ suggeriert eine semantische Identität von „limbes“ und „auberge“, er dämonisiert den Ort der Erfüllung und bereitet damit das geradezu danteske Schlußbild jener Dürstenden vor, die, rittlings von heißen Steinen besessen, wütend ihre Begierden stillen. Dieses Bild führt zugleich auch eine andere Ambivalenz zum abschließenden Höhepunkt, die erstmals mit dem zynisch-brutalen «Il faut passer malgré le tour câlin qu'a pris la lutte»$_{7}$ thematisch wird: die Ambivalenz von Libido und Aggressivität, die Triebmischung im Sexualakt. Die sadistischen Vergleiche der Verse 11 und 12, in denen die Verstümmelungs- und Verwaltigungsphantasie noch stilistisch durch die abgehackt wirkende Reihung von Einsilblern akzentuiert wird, weisen zugleich auf dieses „Il faut“ zurück und auf die „buveurs enragés“ des Schlußbildes voraus. Eros und Thanatos werden diskursiv vermittelt, sexuelle Aggressivität ist poetisiert zu jener „bienfaisante cruauté“, die Éluard und seine Freunde an Buñuels *L'Âge d'or* so bewunderten und – bezeichnenderweise – gegen Vorurteile der Psychoanalyse glaubten ausspielen zu müssen (Bd 2, S. 1007).

In der Tat ist unser Text dem Freudianismus nahe und fern zugleich. Seine Dialektik von oberflächlicher Diskontinuität und verborgener Kontinuität liest sich zunächst als eine Inszenierung entstellender Traumarbeit, die dem Leser zugleich den Weg weist, durch diese Entstellungen hindurch den Sinn des latenten Traumgedankens zu dechiffrieren. Das Dechiffrierte selbst aber ist schon nicht mehr das Unbewußte im Freudschen Sinn. Gerade weil unser Text thematisch wie strukturell Freud so nahe scheint, gilt es auf die entscheidende Differenz hinzuweisen, die darin liegt, daß die Symbolik der Traumsprache für Freud selbst immer schon in den Entstellungsprozeß der Traumarbeit einbezogen und nicht etwa diskursiv geordnet ist. Kohärenzbildung erscheint bei ihm erst als Endstufe der Traumarbeit, als bereits sekundärprozeßhafte Bearbeitung mit dem Ziel möglichst vollkommener Entstellung: der Traum verliert den Anschein der Absurdität und Zusammenhanglosigkeit, er wirkt sinnhaft, „aber dieser Sinn ist von der wirklichen Bedeutung auch am weitesten entfernt“[36]. Genau umgekehrt verhält es sich in unserem Gedicht: Kohärenz ist hier Merkmal des Latenten. Die Symbole selbst sind diskursiv geordnet, sie sind die Sprache jener „voix inactive“, die alle Abwesenheit in Anwesenheit und Erfülltheit überführt. Mit all dem aber fällt unser Text zurück hinter das, was er an Freudianismen in sich aufzunehmen sucht. Die Regression, die er im Freudschen Modell des Doppelsinns inszeniert, mündet nicht in Abgründigkeit und Unverfügbarkeit, sondern in eine zeitlose Natur als Ort universaler Vermittlung. Der „paysage féminin“ wird gerade in seiner dramatischen Bewegtheit zum poetischen Raum der Versöhnung, zu jenem utopischen „monde nouveau“, den Éluard in seiner Bestimmung des Gedichts dem „nouvel homme“ zuweist. Er ist angesiedelt in der epistemologischen Zäsur, die zwei Diskurse über das Unbewußte voneinander trennt. Eine Freudianische Struktur ist romantisch besetzt im Sinne von Disparatheit und Homogenität, von Fragment und Totalität.

IV

Unsere Interpretation hat die Bewegung einer Lektüre nachzuzeichnen versucht, die sich zunächst veranlaßt sehen mag, die Dunkelheit des Textes zu interpretieren als Manifestation einer „ontologischen Dissonanz“[37], um schließlich in deren genaues Gegenteil einzumünden: in mythische Bilder universaler Vermittlung. Diese mythische Grundstruktur des surrealistischen Gegenkosmos sei im folgenden weiter verdeutlicht anhand eines Textes aus *La Vie immédiate* (1932), der als Komplementärtyp zu dem eben Betrachteten angesehen werden kann:

LA SAISON DES AMOURS

Par le chemin des côtes
Dans l'ombre à trois pans d'un sommeil agité
Je viens à toi la double la multiple
À toi semblable à l'ère des deltas.

Ta tête est plus petite que la mienne
La mer voisine règne avec le printemps
Sur les étés de tes formes fragiles
Et voici qu'on y brûle des fagots d'hermines.

Dans la transparence vagabonde
De ta face supérieure
Ces animaux flottants sont admirables
J'envie leur candeur leur inexpérience
Ton inexpérience sur la paille de l'eau
Trouve sans se baisser le chemin d'amour

Par le chemin des côtes
Et sans le talisman qui révèle
Tes rires à la foule des femmes
Et tes larmes à qui n'en veut pas. (Bd 1, S. 364)

Was im Vergleich zum vorhergehenden Text besonders auffällt, ist die deutlich manifestierte Sprechsituation. Die auch hier wieder parataktisch gereihten Aussagesätze werden dominiert von einem feierlich-gebetsmäßigen Eingang, der in dem performativen „Je viens à toi“[3] kulminiert, und dieser Bezug auf die Angesprochene geht durch bis in die letzte Zeile. Allein, so deutlich die Sprechsituation markiert ist, so wenig scheint sie durchzuschlagen auf die semantische Ebene, im Gegenteil: sie leistet zunächst einmal eine zusätzliche Akzentuierung der „Unbestimmtheitsfunktion der Determinanten“. Die wiederum auffällig zahlreichen bestimmten Artikel evozieren ein Wissen, das die Angesprochene teilt, dem Leser aber entzogen scheint. Gerade die Reichhaltigkeit der Deixis führt so zu einer besonders spürbaren Dissoziation zwischen fiktiver Sprechsituation einerseits und Rezeptionssituation andrerseits. Entsprechend rätselhaft ist die Bilderwelt, die auch hier wieder in zunächst äußerst kühn, ja ‚arbiträr‘ wirkenden Nomina-

Koppelungen kulminiert: „L'ombre à trois pans"$_{2}$, „l'ère des deltas"$_{4}$, „fagots d'hermines"$_{8}$, „paille de l'eau"$_{13}$.

Wenn somit eine den Leser aussperrende Sprechsituation die semantischen Dunkelheiten steigert, so wird doch andrerseits eben diese Sprechsituation zum Motor der Suche nach der mit ihr zugleich verschleierten und behaupteten Diskursivität des Textes. In der Tat wird diese Suggestion einer thematischen Einheit noch vor aller semantischen Interpretation eingelöst auf der Ebene des Rhythmus. Er ist bei weitem nicht so bewegt wie in unserem ersten Gedicht. Auffällig ist die Annäherung an die Strophenform bei gezielter Überdehnung der dritten Versgruppe, die damit als semantisch zentral ausgewiesen wird, auffällig ist der mit der Reprise von Vers 1 in Vers 15 gegebene Rahmeneffekt, auffällig ist schließlich die Rücknahme des vers libre nicht in ein festes Metrum, wohl aber in Verse mit nur geringer Silbenvarianz. Abgesehen von den sechsilbigen Auftaktversen 1 und 15 haben die meisten Verse um 10 Silben. Abweichungen nach unten gehen nicht unter 9, solche nach oben nicht über 13 Silben. Der vers libre wird damit zu einer feierlich getragenen Bewegtheit gedämpft, zu einer sakralisierenden Diktion, die vor allem durch leicht versetzte, gleichwohl aber deutlich spürbare anaphorische Reprisen bzw. Parallelismen gekennzeichnet ist (Verse 3/4, 12/13, 17/18) und insgesamt den Eindruck einer in sich geschlossenen, gebetsartigen Apotheose erweckt.

Die semantische Analyse kann sich von dieser Vorgabe des Rhythmus leiten lassen. Als Schlüssel für eine vermutete thematische Einheit kann die diesmal direkt benannte Traumsituation dienen: „Dans l'ombre à trois pans d'un sommeil agité"$_{2}$. Diese „trois pans" können zunächst Dreidimensionalität meinen, womit der immaterielle Schatten materialisiert wird zu einem Raum der Schwere und Undurchdringlichkeit. Vorbereitet ist damit jener Gegensatz zur „transparence vagabonde"$_{9}$ des Antlitzes der Geliebten, der, wie wir sehen werden, die zentrale Oppositionsstruktur des Textes darstellt. Mitaufgerufen ist zugleich eine konnotative Bedeutung: als magische Dreizahl suggerieren die „trois pans" ein Arkanum, den Ort märchenhafter Verwandlung des Dunkels der Nacht in die Helle einer „féerie intérieure". Schließlich fällt auf, daß die Dreizahl mit der Evokation eines Deltas am Ende der ersten Versgruppe, also an markierter Position, indirekt wiederaufgenommen wird. Dieses Delta aber ist seinerseits Merkmal jenes uns bereits bekannten „paysage féminin", zu dem auch in diesem Text wieder die poetische Gegenwelt ausgestaltet ist. Konnotiert wird damit der Sitz weiblicher Fruchtbarkeit, womit sich eine Lesung der Dreizahl im Sinne Freudscher Sexualsymbolik anbietet[38]. Inwieweit ihr diese symbolische Bedeutung tatsächlich zukommt, ob es sich um eine bisexuelle oder, wie Freud gegen W. Stekel eher annehmen möchte, um ein männliches Symbol handelt, all dies braucht hier nicht zu interessieren. Wichtig ist allein die Bedeutung psychoanalytischer Symbolik für die Surrealisten selbst, und für sie gilt, daß sie die ersten waren, die diese Symbolik zu einem der wichtigsten konnotativen Kodes ihrer Texte machten. Sie stehen damit am Anfang einer Entwicklung, als deren Ende man den Nouveau Roman ansehen könnte. Was dieser – etwa bei Robbe-Grillet – nur noch als kulturelle Stereotypen zitiert und im seriellen Spiel ironisch auflöst, hat für die Surrealisten noch die Bedeutung eines Neuentdeckten, das man in provokativer Absicht kulturellem Wissen zu integrieren sucht. Bei Éluard zumal ist dieser Kode, wie bereits unser erster Text zeigte, allgegenwärtig, und so wird man ihm auch die zunächst so rätselhafte Dreizahl zuordnen müssen. Der „chemin des côtes“$_1$, die entpersönlichende Adjektiv-Nominalisierung „la double la multiple“$_3$ und schließlich die „ère des deltas“$_4$ mythisieren die Geliebte zu einer vielarmigen, fruchtbaren Deltalandschaft, wobei der Weg des Ich über diese ‚Hänge‘ hinab zu diesem ‚Delta‘ als Rückkehr erscheint, als Regression in jene Urzeiten, da Deltas entstanden. Denn nicht etwa von „l'aire des deltas“ ist ja die Rede, sondern von „l'ère des deltas“, von einer Delta-Ära, womit zugleich eine erste Einlösung des Titels gegeben ist: Die „ère des deltas“ ist eine ins Kosmogonische gesteigerte *Saison des Amours*.

Auf dieser Ebene mythisierender Überhöhung verliert der Übergang zu Strophe II den Eindruck des Disparaten, des Diskontinuierlichen. Hinter Vers 5 steckt der surrealistische Mythos der die schuldige Männerwelt erlösenden femme-enfant[39], eine Evokation von Reinheit und Unschuld, welche die Uranfänglichkeit der Delta-Ära aufnimmt und zum Meer als dem symbolischen Urprinzip des Weiblichen überleitet. „Mer voisine“$_6$ setzt zusammen mit „printemps“$_6$ die Konnotation fruchtbarer Feuchtigkeit frei, womit „les étés de tes formes fragiles“$_7$ lesbar wird als der zu sommerlicher Hitze erregte Körper der Geliebten[40]. So sind es auch in diesem Text wiederum Assoziationen und Konnotationen, welche die zunächst disparat erscheinende Bilderfolge homogenisieren und unter eine thematische Einheit bringen. Auf dieser Ebene durchgängiger Konnotation von Fruchtbarkeit bzw. Befruchtung verliert auch der auf der Ebene manifester Bildlichkeit wohl schwierigste Vers des ganzen Gedichts viel von seiner Rätselhaftigkeit: „Et voici qu'on y brûle des fagots d'hermines"$_{8}$. Das „Et" hat offensichtlich dissoziierenden Effekt, es ist ein „et d'attaque rythmique"[41], ein Aggressivitätssignal, das zusammen mit dem deiktischen „voici" auf die Aggressivität des Bildes selbst hinlenkt: „on y brûle des fagots d'hermines". Hugo Friedrich übersetzt: „Und siehe, es brennen Hermelinbündel darin"[42]. Das scheint mir zu harmlos. Es brennen keine Hermelinbündel, sondern man verbrennt sie, und dieses „on" ist lesbar als Produkt entstellender Traumarbeit. Dahinter verbirgt sich das Traum-Ich selbst, genauer: das Es des latenten Traumgedankens. Dabei bleibt die Referenz von „y" ambig. Sie kann das Meer sein, womit eine Vereinigung des Gegensätzlichen, des weiblichen Wassers und des männlichen Feuers bedeutet wäre. Sie kann aber auch der sommerlich heiße Körper selbst sein. Die Verse 7 und 8 enthalten nämlich einen versteckten Parallelismus, der die Äquivalenzrelation „étés"$_{7}$ / „brûle"$_{8}$ einerseits und „formes fragiles"$_{7}$/ „fagots d'hermines"$_{8}$ andrerseits freisetzt. Das uns bereits von Breton her bekannte weiße Hermelin hat auch in Éluards Bestiarium seinen festen Platz[43]. An dieser Stelle erscheint es im sadistischen Bild von Hermelin-Bündeln, von Bündeln weißer Pelze, die im roten Feuer verbrannt werden. Dem steht nicht entgegen, daß das Hermelin nur im Herbst und Winter ein weißes Fell trägt. Vielmehr wird gerade damit die zunächst rätselhafte Ineinssetzung der Jahreszeiten fortgeführt. Mit „printemps"$_{6}$ war erstmals explizit auf den Titel Bezug genommen. Man kann diesen Titel, wie das Hugo Friedrich getan hat, mit „Liebesfrühling" übersetzen, muß aber wissen, daß „saison des amours" idiomatisch ‚Paarungszeit' heißt. Und tatsächlich geht es ja auch nicht speziell um den Frühling, sondern um eine metonymische Kette, die von „printemps"$_{6}$ über „étés"$_{7}$ zu den Herbst und Winter konnotierenden „hermines"$_{8}$ führt: die „saison des amours" ist beim Menschen an keine Jahreszeit gebunden. „Brûler des fagots d'hermines" enthüllt sich damit als ein die latente Sadoerotik verhüllendes Bild für die im Liebesakt verbrannten sommerlich heißen „formes fragiles" der Geliebten.

Es dürfte klargeworden sein, wie diese Lesung zu verstehen ist und wie nicht. Mit ihr ist das Gedicht ebenos wie das vorhergehende interpretiert als eine fiktional konstituierte Traumerfahrung, in welche Freudianismus und Tiefenpsychologie als – für die Zeitgenossen provozierendes – kulturelles Wissen konstitutiv eingegangen sind. Manifestes und Latentes also sind gleichermaßen als kodiert zu betrachten, mit anderen Worten: auch das Latente steckt im Text und nicht etwa in der Psyche des Autors. Regressive Phantasiebildung ist fingiert, und ihr Produkt, der von Freud so genannte Doppelsinn, ist folglich eine Struktur, über die der Text seine ästhetische Prägnanz gewinnt. Vorausgesetzt ist also nicht etwa eine Konvertibilität von Traum und Traumfiktion, sondern das genaue Gegenteil, die Insistenz auf der Fiktion, auf der ästhetischen Grenze. Das entspricht im übrigen ziemlich genau der Art, in welcher Freud selbst an einem locus classicus das Verhältnis von Traum und dichterischer Fiktion bestimmt hat, ohne daß damit suggeriert sein soll, Éluard habe diese Stelle gekannt. Es ist der Schlußpassus des Aufsatzes *Der Dichter und das Phantasieren*, wo Freud ausführt, daß die Tagträume der Poesie nicht einfach mitgeteilte, sondern spielerisch inszenierte seien und erst damit ästhetisch rezipierbar würden: „Der Dichter mildert den Charakter des egoistischen Tagtraums durch Abänderungen und Verhüllungen und besticht uns durch rein formalen, das heißt ästhetischen Lustgewinn, den er uns in der Darstellung seiner Phantasie bietet“[44]. In diesem Gedanken von der Bestechung durch formalen Lustgewinn manifestiert sich natürlich wieder Freuds negativ konnotierter Traumbegriff, der sich von der positiven Valorisierung des Unbewußten bei den Surrealisten unterscheidet. Éluard inszeniert seine Fiktion nicht mit dem Ziel der Bestechung, sondern um den Ambiguitäten des Automatismus zu entgehen. Das Latente ist für ihn nicht ein Verdrängtes, dessen Wiederkehr Peinlichkeit auslösen könnte, sondern eine von bürgerlicher Moral unterdrückte Authentizitätserfahrung, Inbegriff des Poetischen selbst.

So ist auch in diesem Gedicht die Freudsche Struktur des Doppelsinns wiederum vorfreudianisch besetzt. Die dritte Versgruppe macht dies besonders deutlich. „Transparence“$_{9}$ bildet mit „ombre“$_{2}$ die zentrale Opposition des Gedichts. Sie wird besonders herausgehoben durch den syntaktischen Parallelismus „Dans l'ombre à trois pans“$_{2}$/ „Dans la transparence vagabonde“$_{9}$ einerseits und durch die gezielte Verortung von „transparence“ genau in der Gedichtmitte. Die Geliebte wird zum Bezugspunkt eines Aufstiegs aus undurchdringlichen Schatten in höchste Klarheit. Diese Klarheit aber ist die ihres ureigensten Elements, des Wassers. In ihrem Antlitz, so heißt es, schwimmen herrliche Tiere, womit die Metonymie von „mer voisine“$_{6}$ der Identifikation gewichen ist. „Face supérieure“$_{10}$ legt nahe, diese Tiere als

Augenmetapher zu lesen, was durch „candeur“$_{12}$ und „inexpérience“$_{12}$ gestützt wird. Mit dieser Reinheit und Unschuld, um die das Ich die Geliebte beneidet, wird der Sadismus des Liebesakts entsühnt: «Ton inexpérience sur la paille de l'eau / Trouve sans se baisser le chemin d'amour»$_{13/14}$. ‚Stroh des Wassers‘ ist ein weiteres, typisch surrealistisches Bild. Isoliert betrachtet, scheint es Bretons Forderung nach höchstmöglicher Arbitrarität geradezu exemplarisch einzulösen, ist doch solche Arbitrarität für ihn unter anderem dann gegeben, wenn das Bild die „négation de quelque propriété physique élémentaire“ impliziert[45]. In unserem Beispiel aber wird die wechselseitige semantische Negation von Stroh und Wasser ganz offensichtlich kontextuell so funktionalisiert, daß aus purer Widersprüchlichkeit ein Spannungsverhältnis entsteht, und erst damit gewinnt das Bild ästhetische Prägnanz. In Fortführung der Fruchtbarkeitsisotopie determiniert das Stroh das Wasser konnotativ als Lagerstätte, das Wasser das Stroh als das Liebeslager einer regressiven Traumphantasie. Prägnanz meint also nicht Auflösung des semantischen Skandals, meint nicht konzeptualisierende Vereindeutigung, Rückführbarkeit des einen auf das andere. Die Spannung, der Konflikt bleibt bestehen, aber eben damit ist Arbitrarität überwunden. Pure Kontingenz ist nicht konfliktuell, da Konfliktualität allemal Strukturiertheit voraussetzt, und sei sie noch so elementar.

Der „chemin d'amour“$_{14}$, den die Geliebte mühelos findet, steht in chiastischer Opposition zum „chemin des côtes“$_{15}$, der letzten Versgruppe: wo jener eine syntaktisch transparente Periode abschloß, eröffnet dieser eine erstmals elliptische Syntax, die eine höchst instabile Semantik zur Folge hat. Der Subjektbezug ergibt sich allein noch durch den Parallelismus zu Vers 1. Das Ich ist machtlos geworden, „sans le talisman“$_{16}$, wobei eine Lesung dieses Talismans wiederum als Sexualsymbol natürlich naheliegt. Syntaktisch wäre aber auch ein Übergang des Subjektbezugs auf die Geliebte möglich, was sich insbesondere durch den Parallelismus „sans se baisser“$_{14}$/ „sans le talisman“$_{16}$ stützen ließe: die Geliebte, ohnehin mit dem „chemin des côtes“ identisch, findet den Weg der Liebe ohne alle magische Hilfe. In jedem Fall ist dieser „talisman“ ambivalent, verkündet er doch Glück und Trauer zugleich, und wenn sich das Lachen als Zeichen erotischer Erfüllung all jenen mitteilt, für die die Geliebte einsteht, so sieht die Tränen nur derjenige, der sie nicht mag, also, wie der oppositive Parallelismus der Verse$_{17/18}$ suggeriert, der Sprecher selbst. Mit dieser dysphorischen

Evokation von Tränen und Schmerz endet das Gedicht, und es nimmt mit diesem Ende jene Negativität in sich auf, die es als fingierte Traumphantasie euphorisch kompensierte.

Seit der Arbeit von H. J. Monnerot[46] ist immer wieder von einer Affinität des Surrealismus zum gnostischen Erlösermythos gesprochen worden, und in der Tat hat der späte Breton selbst einmal gefordert, daß die poetische Intuition zurückführen solle auf den „chemin de la Gnose, en tant que connaissance de la Réalité suprasensible, ‚invisiblement visible dans un éternel mystère'"[47]. Kaum ein anderes Gedicht Éluards bietet sich einer quasi-gnostischen Lesung sosehr an wie die *Saison des amours* mit ihrer Erhöhung der Geliebten zu einer mythischen Inkarnation von Unschuld und Reinheit, mit ihrer für alle Mystik so typischen Ambivalenz von Erotisierung und Auratisierung, mit dem Aufstieg des Ichs aus dunklen Schatten in kristallene „transparence". Diese Bewegung aber gilt es nicht isoliert zu sehen, sondern in dialektischer Beziehung zu jenem Abfall aus strahlender Helligkeit in undurchdringliche „brumes", wie ihn *Tout aiguisé de soif* thematisiert. So stehen unsere beiden Texte, typologisch betrachtet, in einem offensichtlichen Komplementärverhältnis. Sie bezeichnen die beiden Pole des Éluardschen Erlösungsschemas, freilich zugleich auch die Grenze seiner quasi-gnostischen Lesbarkeit. Denn in der Gnosis selbst öffnete sich das in Opposition zur Welt stehende pneumatische Selbst dem Anruf eines weltjenseitigen Gottes. Ein solcher Transzendenzbezug ist dem Surrealismus fremd. Das aus der bürgerlichen Ordnung retirierende unweltliche Selbst projiziert nicht einen unweltlichen Gott, sondern die naturhaften Bilder eines „paysage féminin". Die „réalité suprasensible", von der Breton spricht, meint keine Spiritualisierung, keine Pneumatisierung des Selbst, sondern eine gesteigerte Sinnlichkeit, meint die authentischen Bilder der „féerie intérieure". So auch Éluard: die „transparence vagabonde" der Geliebten steht für eine restituierte Sinnlichkeit und damit zugleich für die Sprache, in der diese sich artikuliert. Daß die Wörter einander lieben, diese Aussage Bretons gilt auch für Éluard. Wie die Wörter die Geliebte erotisieren, so erotisiert die Geliebte jene Sprache, der sie sich verdankt. Sprache und Geliebte werden letztlich identisch, und wenn surrealistische Lyrik die Geliebte feiert als Medium universaler Versöhnung, so ist dieses Medium stets auch die Sprache selbst. Prägnant hat das Jakob Taubes formuliert, der die Analogie von Gnosis und Surrealismus ebenso betont wie die historische Differenz, die sich auftut zwischen dem gnostischen „metá“ und dem „sur“ der Surrealisten: „Die Poesie ist das einzige Jenseits, nicht weil sie den Bogen spannt zwischen ‚Diesseits‘ und ‚Jenseits‘, zwischen Oben und Unten: Sie ist das Jenseits selbst. Das Wort bezeugt nicht, sondern ist selber Transzendenz“[48].

V

Die surrealistische Entpersönlichung des lyrischen Subjekts fällt in eine Zeit, da auch der linguistische Strukturalismus das sprechende Subjekt zu entmächtigen begann, indem er die Sprache von einem dezentrierten System her dachte. Zu dieser linguistischen Opposition von parole und langue aber läßt sich kaum ein größerer Gegensatz denken als die Utopie der Aufhebung einer sich selbst entfremdeten Rede in der „voix inactive“ eines substantialistisch gedachten und positiv valorisierten kollektiven Unbewußten. Der Surrealismus provoziert die moderne Herrschaft des Signifikanten, indem er festhält am transzendentalen Signifikat, an einer Konzeption von Sprache, die Begehren und Erfüllung ineins ist. In diesem romantisierenden Substantialismus des erotischen Wortes kulminiert die surrealistische Poesie der Identität. Sie entzieht sich damit zugleich jener Reflektiertheit, über die sich die partiale Kunst der Moderne bestimmt: „Das moderne Werk hat sich selbst zum Thema. Es will zeigen, auf welche Weise es zustande kam, seine Genese durch sich selbst mit zum Vorschein bringen. Dadurch wird es zugleich zum Programm. Es vermittelt keine Idealität, ohne zugleich die Darstellung der Idealität für das Wesentlichere zu erklären“[49]. Surrealistischer Lyrik ist solche Selbstreflektiertheit so fremd, daß ein Baudelaire-Gedicht wie etwa *Spleen* II («J'ai plus de souvenir que si j'avais mille ans») weitaus moderner erscheint. Ein von unausgesprochener Angst, von Weltangst beherrschtes Ich vermag sich nur noch in eine Sequenz von wahllos erinnerten oder vorgestellten Orten zu projizieren. Sekretär, Pyramide, Grab, Friedhof, Boudoir – all dies sind Embleme einer unvordenklichen Vermittlung, einer Vermittlung aus unverfügbarem Grund. Als letzte Projektion seiner Angst aber erscheint die in Einsamkeit und Verlassenheit singende Sphinx. Mit ihr vollzieht Baudelaire eine Reflexion vom Vermittelten auf die lyrische Vermittlung selbst, eine Überführung thematischer Angst in die Idealität des poetischen Mediums[50]. Bei Éluard hingegen haben wir eine klare Zweiteilung: auf der einen Seite eine nicht in sich selbst reflektierte lyrische Diskursivität, auf der anderen Seite Programmgedichte, die diese Diskursivität ihrerseits diskursiv inszenieren. Als Beispiel für ein solches Programmgedicht wähle ich *Le Baillon sur la table*, ebenfalls aus *La Vie immédiate:*

LE BAILLON SUR LA TABLE

1 Ancien acteur qui joue des pièces d'eau
2 De vieilles misères bien transparentes
3 Le doux fer rouge de l'aurore
4 Rend la vue aux aveugles
5 J'assiste au lever des murs
6 À la lutte entre la faiblesse et la fatigue
7 À l'hiver sans phrase

8 Les images passées à leur manière sont fidèles
9 Elles imaginent la fièvre et le délire
10 Tout un dédale où ma main compliquée s'égare
11 J'ai été en proie il y a longtemps
12 À des hallucinations de vertus
13 Je me suis vu pendu à l'arbre de la morale
14 J'ai battu le tambour de la bonté
15 J'ai modelé la tendresse
16 J'ai caressé ma mère

17 J'ai dormi toute la nuit
18 J'ai perdu le silence
19 Voici les voix qui ne savent plus que ce qu'elles taisent
20 Et voici que je parle
21 Assourdi j'entends pourtant ce que je dis

22 En m'écoutant j'instruis. (Bd 1, S. 388)

Die Verse 1-7 bringen den Auftakt, zentriert um das Bild einer wohltuend grausamen Morgenröte, die die Blinden wieder sehen macht, der Mittelteil (Verse 8-16) evoziert rückschauend die moralisierenden Bilder einer persönlichen Bekenntnislyrik, jener Lyrik also, der noch der Knebel im Munde steckte, der dritte Teil (Verse 17-21) paraphrasiert die surrealistische „voix inactive", der Schlußvers schließlich bringt die fazithafte Verdichtung des Programms: indem das Ich in sich hineinlauscht, wird es zum Sprachrohr einer verschütteten Wahrheit. Überdeutlich erinnert ein solcher Text in Thematik und Struktur an entsprechende Programmgedichte der Romantik, wie sie sich zum Beispiel in Hugos *Contemplations* finden[51]. Hier wie dort haben wir die oppositive Absetzung des neuen Dichtens von überkommenen Formen, hier wie dort wird lyrische Authentizität einem utopischen Totalitätsanspruch unterstellt, hier wie dort wird das Postulat eines authentischen Diskurses seinerseits diskursiv vermittelt. Die surrealistischer Lyrik generell eingeschriebene Reflexion auf utopische Totalität wird hier thematisiert, der Text selbst aber – und das ist das Entscheidende – ist wiederum nicht reflektiert.

Das gilt auch für sein programmatisches Bild vom Blendeisen der Morgenröte, an dem sich unsere bisherigen Beobachtungen zum surrealistischen Bild zusammenfassen und pointieren lassen. Wenn partialer Kunst Bilderwelten eigen sind, die, wie Henrich formuliert, „das Bewußtsein vermitteln, von Bildlichkeit emanzipiert zu sein"[52], so scheint der Surrealismus dieser Tendenz in besonderem Maße entgegenzukommen. Die unvermittelte Koppelung von Heterogenem und der aus solcher Kollision resultierende Schockeffekt erinnern an das spezifisch moderne Verfahren der lyrischen Montage[53] und sind bisweilen auch als solche angesprochen worden. Gegen solche Modernisierung indes ist festzuhalten – und unsere Analysen haben dies im einzelnen belegt –, daß das surrealistische Bild wesentlich nicht montiert ist, sondern kontextuell eine scheinbar verlorengegangene diskursive Einbettung zurückgewinnt. Das gilt auch im vorliegenden Fall: «Le doux fer rouge de l'aurore / Rend la vue aux aveugles»$_{3/4}$. Wieder ist die zunächst so arbiträr scheinende Nomina-Koppelung gleich auf mehreren Ebenen restringiert. So sind „fer rouge" und „aurore" über die Farbe Rot und die blendende Helligkeit des Sonnenlichts denotativ vermittelt, und das Adjektiv „doux" bringt bei aller vordergründigen Erschwerung in Wahrheit eine weitere, diesmal konnotative Vermittlung ins Spiel, nämlich die mythische Struktur des zugleich verletzenden und heilenden Eisens[54], womit sich auch die Paradoxie einer das Augenlicht zurückgebenden Blendung löst. Evoziert wird ein Akt heilsamer Blendung, der sich kontextuell als bildhafte Inszenierung surrealistischer Poesie enthüllt: das Blendeisen der am Horizont aufscheinenden neuen Dichtung macht die Blinden wieder sehend, der grausame Akt restituiert eine verlorengegangene Sinnlichkeit, er ist eine „bienfaisante cruauté", eine Blendung, die zu sehen erlaubt, was den nur vermeintlich Sehenden verschlossen blieb.

Mit dieser Struktur hochgradiger Verfremdung bei beibehaltener Diskursivität entfernen sich die Surrealisten von modernen Verfahren lyrischer Montage nicht selten bis zu dem Punkt, wo ihre provokativ gemeinten Bilder der Nacht abgleiten in manieristische Spielerei. Wenn die Kunst der Moderne ihre Eigenart darin findet, daß sie über historische Stilformen frei verfügt, daß sie Stilisierungen an die Stelle eines spezifischen Stils setzt, so zeigt sich auch hier wieder die problematische Modernität des Surrealismus darin, daß er gerade nicht stilisiert, nicht historische Stilformen zitiert, imitiert, montiert, sondern unvermerkt in sie zurückfällt. Die ambivalente Rezeption Éluardscher Lyrik, auf die ich oben hinwies, dürfte sich unter anderem daraus erklären, daß ihre semantische Aggressivität konfligiert mit der Rätselstruktur tendenziell conceptistischer Bilder. „Doux fer rouge de l'aurore" ist ein solches concetto, dessen Künstlichkeit indes noch durch den semantischen Gehalt ausbalanciert wird. Andernorts läuft das Dargestellte Gefahr, von manieristischem Spiel überwuchert zu werden, so zum Beispiel in der Blumen-Sequenz in *Tout aiguisé de soif*. Man fühlt sich bei solchen Stellen erinnert an Valérys Warnung vor dem Mißbrauch, vor der unkontrollierten „multiplicité des images"[55]. Wo das Poetische wesentlich über das Bild definiert, ja geradezu mit dem Bild bzw. der Bilderfolge gleichgesetzt wird, da ist die Gefahr der Manier immer nahe. Was Éluard im allgemeinen noch unter Kontrolle hält, wird bei Breton bisweilen unerträglich, so etwa in *L'Air de l'eau* (1934), vor allem aber in *L'Union libre*, dessen Peinlichkeiten nicht in dem bestehen, wovon die Rede ist, sondern in der Art, wie davon die Rede ist. Als Beispiel zitiere ich den Schluß:

> Ma femme aux fesses de grès et d'amiante
> Ma femme aux fesses de dos de cygne
> Ma femme aux fesses de printemps
> Au sexe de glaïeul
> Ma femme au sexe de placer et d'ornithorynque
> Ma femme au sexe d'algue et de bonbons anciens
> Ma femme au sexe de miroir
> Ma femme aux yeux pleins de larmes
> Aux yeux de panoplie violette et d'aiguille aimantée
> Ma femme aux yeux de savane
> Ma femme aux yeux d'eau pour boire en prison
> Ma femme aux yeux de bois toujours sous la hache
> Aux yeux de niveau d'eau de niveau d'air de terre et de feu[56].

Das ist keine erotisierte Sprache, sondern ein Bilderkitsch, der alle Erotik tötet.

Tendenzieller Manierismus ist der Preis, um den die Surrealisten eine unmittelbare Sinnlichkeit lyrischen Sprechens restituieren wollten zu einer Zeit, da moderne Kunst die ihr spezifische Sinnlichkeit als

Produkt von Reflektiertheit erkannt hatte. Ich komme damit zum Abschluß noch einmal auf die *Notes sur la poésie* zurück, und zwar auf jene Stelle, wo sich Breton und Éluard von jener „sensibilité formelle" absetzen, die Valéry als eine gleichsam zu sich selbst gekommene Rhetorik bezeichnet hatte:

Valéry: L'ancienne rhétorique regardait comme des ornements et des artifices ces figures et ces relations que les raffinements successifs de la poésie ont fait enfin connaître comme l'essentiel de son objet; et que les progrès de l'analyse trouveront un jour comme effets de propriétés profondes, ou de ce qu'on pourrait nommer: sensibilité formelle.

Breton/ Éluard: L'ancienne rhétorique regardait comme des ornements et des artifices ces figures et ces relations que les grossièretés croissantes de la poésie ont fait enfin connaître comme la négation de son objet; et que les progrès de l'analyse trouvent déjà comme effets de propriétés dérisoires, ou de ce qu'on pourrait nommer: sensibilité à la noix. (Bd 1, S. 1471 bzw. 478 f.)

Der polemische Gestus einer solchen Abwertung ‚formaler Sinnlichkeit' zu totaler Insensibilität kann nicht darüber hinwegtäuschen, daß die Surrealisten sämtlich durch die Schule eines Mallarmé, eines Valéry, eines Apollinaire gegangen waren, und daß auch ihrer utopischen Rücknahme von Kultur in Natur Intellektualität eingeschrieben bleibt. Die angestrebte Erotisierung der Sprache gelang ihnen am ehesten noch auf der Ebene des Rhythmus. Vornehmlich über seine rhythmische Bewegtheit suggeriert der surrealistische Text seine Verlockungen und Verweigerungen, bietet er sich an als Gegenstand einer erotischen Lektüre, die der Enträtselung seiner Bilder noch gar nicht bedarf. Auf der Ebene dieser Bilder selbst aber wird unübersehbar, wie sehr man anfällig blieb für jene „ornements et artifices" der Rhetorik, die man glaubte hinter sich gelassen zu haben. „Seins d'hermine", „lumière des chansons", „tempes des fenêtres", „fleur vierge de la torche", „fumée d'autruche", „l'ère des deltas", „paille de l'eau" – wenn wir dieser Bilder noch einmal gedenken, so bleiben ihr sinnlicher Reiz und ihre Evokationskraft unbestritten. Aber sie können doch nicht verleugnen, wie sehr sie sich der Konstruktion, dem intellektuellen Kalkül verdanken, und wenn sich Éluard anders als Breton zu solchem Kalkül, wenn er sich zur stilistischen Arbeit bekennt, so kann er doch nicht verhindern, daß auch seine Lyrik stets Gefahr läuft, auf beiden Ebenen, auf der ihres Stils wie auf der ihrer Semantik, zu verlieren. Da der ästhetische Reiz ihrer Bilderwelten nicht in der Offenheit sprachlicher Konstellationen gründet, sondern in hermetischen Verschlüsselungen, läßt die Provokation in dem Moment nach, wo der Leser den symbolischen Kode erkennt und scheinbare Partialität in Totalität zu überführen vermag. Umgekehrt aber gerät die solchermaßen verrätselte Semantik ins Zwielicht eines unpoetischen Substrats, das erst in der Verrätselung die Dignität des Poetischen erfährt. Und so ist denn die Utopie lyrischer Totalvermittlung immer schon in sich selbst gebrochen durch die gegenstrebigen Tendenzen einer Befreiung von Verdrängtem einerseits und manieristischer Verdrängung des zu Befreienden andrerseits.

Diese Grundambivalenz des surrealistischen Textes verschärft sich in dem Maße, wie seine Semantik selbst jenes subversive Potential verliert, das ihr in den zwanziger und frühen dreißiger Jahren noch zukommen mochte. Nur eine oberflächliche, der Geste des Protests aufsitzende Lesung könnte der surrealistischen Avantgarde Paradigmastatus in bezug auf eine Theorie moderner Kunst zuerkennen. Surrealistische écriture ist kein Lettrismus avant la lettre, die Apotheose der „voix inactive" keine Antizipation Derridascher Kritik des abendländischen Phonozentrismus, die Entpersönlichung des Subjekts keine Dezentrierung im Sinne Lacans, Bretons „murmure inépuisable" nicht das Raunen jenes anarchischen, jenes als Nichtrede denunzierten Substrats diskursiver Ordnungen, von dem Foucault handelt.

Nicht minder einseitig freilich als ungerechtfertigte Modernisierungen ist die Denunziation des Surrealismus als einer regressiven Bewegung im Namen einer ‚wahren' Avantgarde, der ihre eigene Normativität aus dem Blick gerät. Ein kritischer Dialog wird nur dort sich einstellen können, wo wir in scheinbarer Nähe Distanz gewärtigen. Wenn der Surrealismus für uns noch Provokation sein kann, dann gerade in solcher Distanz zu jenen Fixpunkten der Moderne, denen er scheinbar so nahe ist. Jede Definition der Moderne hat ihre normativen Implikate, und sicher ist auch das Konzept der Partialität von solcher Normativität nicht frei. Immerhin aber wird man sagen können, daß diese seine Normativität weit zurücksteht hinter der einer utopischen Totalvermittlung, und gerade hier, in der radikalen Normativität seiner Utopie, wird man die anhaltende Provokation des Surrealismus sehen müssen. Wir können diese Utopie nicht thematisieren, ohne daß Partialität horizonthaft mitgegeben wäre. Ihre innere Gebrochenheit, ihre Selbstwidersprüchlichkeit wird vor diesem Horizont unübersehbar. Umgekehrt aber bleibt jede Thematisierung von Partialität unspezifisch, die sich nicht abhebt von einem Horizont utopischer Versöhnung. Der Surrealismus ist eine Provokation der Moderne im Herzen der Moderne selbst. Er war immer schon geschichtlich, immer schon überholt, ohne daß er sich je hätte musealisieren lassen.

ANMERKUNGEN

* Die Vorlage entstand im Anschluß an eine Beschäftigung mit dem Surrealismus in zwei Oberseminaren an der LMU München (Zur Lyrik Éluards, WS 1979/80; Modellierungsfunktionen des Lyrischen, SS 1980). Den Diskussions- und Interpretationsbeiträgen dieser Seminare verdankt sie mannigfache Anregungen.

1 Repräsentativ für die erste Richtung: P. Bürger, *Der französische Surrealismus,* Frankfurt/M. 1971, für die zweite: J.-L. Houdebine, «Le concept d'écriture automatique: sa signification et sa fonction dans le discours idéologique d'André Breton», in *Littérature et idéologie* / Colloque de Cluny II, 1970, S. 178-192, sowie die Diskussion S. 193-201. Beide Positionen berufen sich auf marxistische Prämissen.

2 *Racine et Shakespeare* (1823), Kap. III, Ausgabe Garnier-Flammarion, Paris 1970, S. 71 ff.

3 Ebd. S. 74.

4 Siehe hierzu H. R. Jauß, „Literarische Tradition und gegenwärtiges Bewußtsein der Modernität", in *Literaturgeschichte als Provokation,* Frankfurt/M. 1970, S. 11-66, insbes. S. 50 ff.

5 „Kunst und Kunstphilosophie der Gegenwart (Überlegungen mit Rücksicht auf Hegel)", in *Immanente Ästhetik – Ästhetische Reflexion,* hg. W. Iser, München 1966 (Poetik und Hermeneutik II), S. 11-32, sowie die Diskussion S. 524-531.

6 Hg. F. Bassenge, 2 Bde, Frankfurt/M. o. J., Bd 1, S. 22.

7 A. a. O., S. 20.

8 Ebd. S. 30.

9 P. Éluard, *Œuvres complètes,* hgg. M. Dumas/S. Scheler, 2 Bde, Paris 1968 (Bibl. de la Pléiade), Bd 1, S. 473 ff. Éluard wird im folgenden nach dieser Ausgabe im laufenden Text zitiert. Die Valéryschen Vorlagen der jeweiligen *Notes* sind in den Anmerkungen abgedruckt, worauf ebenfalls im laufenden Text Bezug genommen ist.

10 Zit. nach *Œuvres,* hg. J. Hytier, 2 Bde, Paris 1957 (Bibl. de la Pléiade), Bd 1, S. 1459.

11 Siehe dazu H. Blumenberg, „Sprachsituation und immanente Poetik", in *Immanente Ästhetik – Ästhetische Reflexion,* S. 145-155, hier S. 145.

12 Zum „merveilleux" s. *Manifestes du surréalisme,* Paris (Pauvert) 1962, S. 27 ff., zum „message subliminal" s. *Le message automatique* (1933), in *Point du jour,* Paris 1970, S. 172-198, hier S. 191. Myers zitiere ich nach J.-L. Houdebine, «Méconnaissance de la psychanalyse dans le discours surréaliste», in *Tel Quel* 46 (1971) 67-82, hier S. 76.

13 *Les Mots sans rides*, in *Les Pas perdus* (1924), Paris (Gallimard) 1970, S. 138-141, hier S. 140 f.

14 Zu Bretons Theorie des surrealistischen Bildes s. *Manifestes*, S. 34, und vor allem S. 51 ff., zur „féerie intérieure", ebd. S. 194, Anm. 1. Die Beispiele finden sich in der Sammlung *L'air de l'eau* (1934) sowie in *L'union libre* (1931), beides in *Clair de terre*, Paris 1969, hier S. 166, 169 und 93.

15 *Le message automatique*, S. 194.

16 Ebd. S. 191. Zur letztlich mimetischen Konzeption der écriture automatique s. auch die Formel „vous n'aurez plus qu'à copier ce que vous voyez" aus einem Leonardo da Vinci-Zitat, ebd. S. 175.

17 *Manifestes*, S. 40.

18 Ebd. S. 31 f.

19 *Le message automatique*, S. 191.

20 *Manifestes*, S. 171.

21 *Légitime défense*, in *Point du jour*, S. 32-54, hier S. 48.

22 Den Versuch einer Ehrenrettung der frühen Gedichte unternimmt E. Lenk in ihrer anregenden Monographie *Der springende Narziß – André Bretons poetischer Materialismus*, München 1971, S. 3 ff. Eher kursorisch sind die Analysen bei Bürger, *Der französische Surrealismus*, S. 166 ff.

23 *Légitime défense*, S. 44.

24 Zit. nach der Ausgabe Paris (Gallimard) 1971, S. 90.

25 *Manifestes*, S. 114.

26 *Le Surréalisme et le rêve*, Paris 1978, S. 137. Rätselhafterweise will Alexandrian durch Teilveröffentlichungen aus den Cahiers den Vorwurf nachträglicher Eingriffe entkräften (S. 136). Auf seinen eigenen Kommentar zur Neufassung unserer Stelle gehe ich nicht im einzelnen ein. Er interpretiert sie im Sinne ‚verdichtender' Traumarbeit und übersieht dabei das Entscheidende: daß solche ‚Verdichtung', wenn man denn diese Kategorie heranziehen will, eine inszenierte ist und sich also sehr wohl von ästhetischen Gesichtspunkten leiten läßt.

27 *Entretiens avec André Parinaud*, Paris 1969, S. 105 f.

28 Diese Grundproblematik des ‚surrealistischen Imperativs' hat J. Habermas anläßlich H. Marcuses Selbstrevokation in *Konterrevolution und Revolte* (1973) angesprochen: „Wir lernen einen Marcuse kennen, der vor den Folgen einer Entdifferenzierung von Kunst und Leben erschrickt. Die Kunst darf nicht den surrealistischen Imperativ vollziehen und entsubliminiert ins Leben übertreten. Nur als Kunst kann sie ihr radikales Potential ausdrücken. Die subversive Wahrheit der Kunst erscheint einzig in der Transformation der Wirklichkeit in Schein" (*Kultur und Kritik*, Frankfurt/M. 1973, S. 347); ähnlich neuerdings K. H. Bohrer, „Der Irrtum des Don Quixote oder Der Schein in der Kunst ist ihre Grenze", in *Literaturmagazin* 12, Hamburg S. 57-81, insbes. S. 61: „In dem Augenblick, da sie (die Surrealisten, R. W.) den Schein des Machens nicht mehr ertrugen, begaben sie sich ihrer schärfsten Waffe".

29 *Die Struktur der modernen Lyrik*, Hamburg 1967, S. 160 f.

30 Siehe hierzu H. Meschonnic, «Un langage-solitude – Les formes-sens de la 'Vie immédiate' d'Éluard», in *Pour une poétique* III, Paris 1973, S. 181-274. Dieser Artikel ist aufgrund seiner konkreten Textbeobachtung eine der ergiebigsten Untersuchungen der gesamten Éluard-Literatur.

31 *Œuvres complètes,* hgg. H. Mondor/G. Jean-Aubry, Paris 1945 (Bibl. de la Pléiade), S. 366.

32 Schlüsselfunktion hat hierfür insbes. *Comme une image* Nr. XIII («Je sors des caves de l'angoisse»), Bd 1, S. 263.

33 Siehe hierzu die Symbolkataloge vor allem in der – seit 1926 in französischer Übersetzung vorliegenden – *Traumdeutung* Kap. VI/E (Studienausgabe Bd 2, Frankfurt/M. 1972, S. 345 ff.) und in den *Vorlesungen zur Einführung in die Psychoanalyse,* 10. Vorlesung (Studienausgabe Bd 1, S. 159 ff.). Eine Lesung von „vannes“ im Sinne von ‚Flußwehre‘ scheint mir durch „luire“$_{6}$ und insbesondere durch die Isotopierbarkeit mit „coteaux“$_{8}$ und „grands lits végétaux“$_{8}$ nahegelegt. Die Sexualkonnotation von „portes“$_{6}$ wäre damit noch unterstützt. „Vannes“ kann allerdings auch – darauf hat mich W. Preisendanz hingewiesen – ‚Schwungfedern‘ bedeuten („pennes les plus grandes des ailes d'un oiseau“, *Larousse du XXe siècle*). Auch in diesem Fall ergäbe sich eine Isotopierbarkeit (mit „plumes“$_{3}$ und „fumée d'autruche“$_{13}$) und mit ihr die Möglichkeit einer symbolischen Lesung, die mir aber weniger prägnant erscheint als die erstere.

34 Siehe dazu insbes. «Au sujet du Cimetière Marin», in *Œuvres,* Bd 1, S. 1496-1507, hier S. 1504.

35 *Manifestes,* S. 360. Platon, *Symposion* 189e-191d. Bretons Berufung auf den Androgyn-Mythos ist ein zentraler Bezugspunkt der Arbeit von X. Gauthier, *Surréalisme et sexualité,* Paris 1971.

36 *Traumdeutung,* S. 472.

37 Leitbegriff des Mallarmé-Kapitels bei Friedrich, *Struktur,* S. 130 ff.

38 *Traumdeutung,* S. 352.

39 Die ausführlichste Begründung dieses Mythos im Gewand der Melusinensage findet sich in Bretons *Arcane 17,* Paris (Sagittaire) 1947; siehe dazu die Interpretation von M. Beaujour, «André Breton mythographe: 'Arcane 17'», in *André Breton,* hg. M. Eigeldinger, Neuchâtel 1970, S. 221-240. Zur Allgegenwärtigkeit der femme-enfant bei den Surrealisten siehe auch die von X. Gauthier zusammengetragenen Belege (*Surréalisme et sexualité,* S. 109 ff.).

40 Zu dieser Lesung vgl. folgende Stelle aus «Son avidité n'a d'égal que moi», Bd 1, S. 446 f.:

> Donne ta force ta chaleur
> L'été massif brutal amer
> De tes paumes et de ta bouche
> Donne ta fatigue limpide.

41 Meschonnic, «Un langage-solitude», S. 215.

42 *Struktur,* S. 221.

43 So z. B. Bd 1, S. 237; Bd 1, S. 439; Bd 2, S. 764.

44 Studienausgabe Bd. 10, S. 169-179, hier S. 179.

45 *Manifestes,* S. 54.

46 *La Poésie moderne et le sacré,* Paris 1945.

47 *Manifestes,* S. 363.

48 „Noten zum Surrealismus", in *Immanente Ästhetik – Ästhetische Reflexion,* S. 139-143, hier S. 143.

49 „Kunst und Kunstphilosophie der Gegenwart", S. 28.

50 Zu dieser Deutung des Schlusses im Sinne ästhetisch aufgehobener Weltangst siehe H. R. Jauß: „Die Sphinx, in deren Evokation sich die ‚rêverie pétrifiante' vollendet, ist die letzte Gestalt der Verdinglichung des lyrischen Ichs, Platzhalterin des untergegangenen Subjekts und Ursprung des Gesangs, der Aufhebung des Schreckens in Poesie, ineins" („Der poetische Text im Horizontwandel der Lektüre", in *Romanistische Zeitschrift für Literaturgeschichte* 2/3, 1980, 228-274, hier S. 253).

51 So vor allem V 25 (*Ô strophe du poète*) oder V 23 (*Pasteurs et troupeaux*).

52 „Kunst und Kunstphilosophie der Gegenwart", S. 22.

53 Siehe hierzu W. Iser, „Image und Montage – Zur Bildkonzeption in der imagistischen Lyrik und in T. S. Eliots Waste Land", in *Immanente Ästhetik – Ästhetische Reflexion,* S. 361-393, hier insbes. S. 378 ff.

54 Diese mythische Struktur hat M. Riffaterre in seiner Interpretation der Stelle zu Recht herausgearbeitet. Er widerspricht damit aber seiner eigenen Formel einer „incompatibilité totale entre *doux* et *fer rouge*". „Fer rouge" muß von vornherein als Brenn- oder Blendeisen, also als Folterinstrument, kann nicht einfach als „ligne rouge" gelesen werden. Thematisch wird damit sofort die Paradoxie heilsamer Grausamkeit und damit die mythologische Konnotation, die eine nur scheinbare Inkompatibilität tilgt («La Métaphore filée dans la poésie surréaliste», in Riffaterre, *La Production du texte,* Paris 1979, S. 217-249, hier S. 232 f.).

55 Siehe oben S. 487.

56 Zit. nach *Clair de terre,* Paris 1969, S. 94 f.

Max Imdahl

ZU PICASSOS BILD "GUERNICA"

Inkohärenz und Kohärenz als Aspekte moderner Bildlichkeit

(Abbildungen S. 568 bis S. 575)

I

In Hinsicht auf die moderne Lyrik ist die Frage nach dem Verhältnis zwischen Kohärenz und Inkohärenz wiederholt erörtert worden. Man muß es wohl so verstehen, daß sich in der modernen Lyrik Kohärenz und Inkohärenz gegenseitig verdeutlichen. Kohärenz wird als Zusammenhalt und Ganzheit stiftende Gestaltungskraft deutlich in eben dem Maße, in dem die zusammengehaltenen Teile als eigentlich inkohärente, unvereinbare deutlich werden. Inkohärenz kann bestehen durch die Relation der Teile zueinander, Kohärenz dagegen durch ihre Relation zum Ganzen. In diesem Verständnis ist das Verhältnis zwischen Kohärenz und Inkohärenz ein solches des Konflikts und der Konfliktüberwindung in einem.

Die Frage nach dem Verhältnis zwischen Kohärenz und Inkohärenz betrifft nicht nur ein zentrales Problem der Lyrik, sondern auch der bildenden Kunst im zwanzigsten Jahrhundert, wobei freilich zu erörtern bleibt, ob und unter welchen Bedingungen das Verhältnis zwischen Kohärenz und Inkohärenz ein zentrales Problem vornehmlich der Kunst des zwanzigsten Jahrhunderts ist und auf eine Wirklichkeit verweist, die mit den Mitteln der traditionalen, durchgehend mimetischen Darstellungsweise nicht mehr zu formulieren ist. Dazu nur die wenigen und äußerst knappen einleitenden Andeutungen. Überhaupt sind – angesichts der Differenziertheit der hier thematischen Problematik – unsere Darlegungen in diesem Aufsatz nur eine Skizze.

Was die Malerei angeht, so ist die traditionale Bildkomposition seit den Anfängen der Renaissance grundsätzlich mit einer mimetischen Darstellungsweise verbunden: Die mimetische Darstellungsweise orientiert sich in Zeichnung und Farbe an der empirischen, das heißt an der außerbildlich vorgegebenen Sichtbarkeitswelt und transformiert sie in eine ideale bildliche Ordnung. Diese selbst besteht durch kanonische Proportionierung der einzelnen Bilddinge, durch sinnfällige und oft rational überprüfbare Perspektivierung des Raumes, durch planimetrisch kompositionelle wie auch koloristische Harmonisierung und Totalisierung der Bildwelt, wobei diese sämtlichen, das Einzelne und das Ganze bestimmenden Qualitäten sämtlich auseinander hervorgehen. Die Relationen der Teile zueinander und zum Ganzen sind gleichgestimmt, wie ebenso die Vollkommenheit des Ganzen und die Vollkommenheit der Teile in wechselseitigem Fundierungsverhältnis bestehen. Von einem Verhältnis zwischen Kohärenz und Inkohärenz, in welchem sich Kohärenz und Inkohärenz gegenseitig verdeutlichen, kann unter keinem Aspekt die Rede sein.

Unter der Bedingung einer grundsätzlich mimetischen Darstellungsweise steht die ideale bildliche Ordnung anschaulich ein für eine mögliche ideale Ordnung der außerbildlichen Sichtbarkeitswelt, sie entspricht der Idealitätsvorstellung seit der Renaissance und erfüllt den Anspruch darauf, mit und in einem Bilde die außerbildliche Sichtbarkeitswelt über deren natürliches Aussehen hinaus, aber in Bindung an dieses, zu idealisieren, nämlich im Bilde und als Bild zum Vorschein zu bringen, was in der außerbildlichen Erscheinung nur unvollkommen zum Vorschein kommt. Und wenn auch, zum Beispiel im neunzehnten Jahrhundert, eine Bildtheorie wie die von Friedrich Theodor Vischer prinzipiell zwischen direkter und indirekter Idealisierung unterscheidet – insoweit nämlich eine Dominanz der direkten Idealisierung der Vervollkommnung des je Einzelnen (einer Figur oder eines Dings) auf Kosten der Konstitution eines Ganzen (also der gesamten Bildwelt) und umgekehrt eine Dominanz der indirekten Idealisierung der Konstitution eines Ganzen auf Kosten der Vervollkommnung des je Einzelnen zugute kommt –, wenn auch diese Unterscheidung zwischen widersprüchlichen oder einander ausschließenden Gestaltungsmodalitäten ein Potential innerbildlicher Unausgeglichenheit grundsätzlich offenhält, so ist doch nicht zu bezweifeln, daß die Ästhetik Vischers alle Extreme der direkten wie auch der indirekten Idealisierung verurteilt und mithin die Forderung nach einer Bildlichkeit vertritt, in der jenes Potential der Unausgeglichenheit erst gar nicht zum Tragen kommt[1].

Bei durchgehendem, das heißt alle Bilddinge erfassendem Ähnlichkeitsbezug auf die außerbildliche Sichtbarkeitswelt treten das je Einzelne und das Ganze, direkte und indirekte Idealisierung in ein innerbildliches Versöhnungsverhältnis, welches selbst – zugunsten seiner eigenen Idealität wie auch zugunsten seiner Funktion, für die Idealität der außerbildlichen Sichtbarkeit anschaulich einzustehen – jegliche Dissens- oder Konflikterfahrung notwendig ausschließt: Gemäß dieser traditionalen, mimetisch orientierten Bildidee ist das Bild ein idealer Kontext, in dem sich das Verlangen des Menschen nach einer an die Sichtbarkeitswelt gebundenen, in der Sichtbarkeitswelt so aber niemals hervorscheinenden Harmonie erfüllt. Selbstverständlich aber bleiben der Anschauung einer solchen Bildlichkeit gerade diejenigen Vorstellungen von Welt verschlossen, welche die Empirie sprengen, und zwar in der Anschaulichkeit eines Bildsystems, das sich jeder durchgehenden Ähnlichkeitsreferenz auf die außerbildliche Sichtbarkeitswelt begibt, indem es inkohärent gesetzte Gegenstandsdaten zur Kohärenz in sich aufgehoben enthält und mithin eine Ineinandergeltung von Kohärenz und Inkohärenz stiftet. Die durch ein derartiges Bildsystem provozierte Vorstellung ist durch Empirie nicht einzuholen. Um das Gemeinte in diesem einfachsten Sinne und zugleich in Rücksicht auf die Situation des beginnenden zwanzigsten Jahrhunderts zu konkretisieren: Man kann die außerbildliche Sichtbarkeitswelt schlechterdings nicht mit den Augen des Kubismus sehen.

Unter den Aspekten von Inkohärenz und Kohärenz, deren bildgestiftete Ineinandergeltung für bestimmte Ausprägungen moderner Bildlichkeit kennzeichnend ist, soll im folgenden von Picassos Bild „Guernica" die Rede sein. Das Bild „Guernica" ist eines der bedeutendsten Gemälde unseres Jahrhunderts, und in der Ineinandergeltung von Inkohärenz und Kohärenz ist es komplex wie kein anderes modernes Bild. In Picassos Bild „Guernica" bezieht sich die bildgestiftete Ineinandergeltung von Inkohärenz und Kohärenz zum einen auf die sehr besondere Darstellungsweise von Figuren und Dingen, welche als eben diese Darstellungsweise im Beschauer die überempirische Vorstellung der in der Empirie nie sichtbaren Totalität und auch Expressivität von Figuren und Dingen erweckt, und zum anderen bezieht sich die bildgestiftete Ineinandergeltung von Inkohärenz und Kohärenz auf die Szene, indem sie im Beschauer die Vorstellung einer außerempirischen, metaszenischen Ereigniseinheit erweckt, innerhalb derer Handlungsträger mit je verschiedener, direkter, metaphorischer und metonymischer Bedeutung ohne Preisgabe ihrer je verschiedenen und empirisch inkompatiblen Sinnebenen gleichwohl konfliktlos koexistieren und koagieren. Die im Beschauer als Vorstellung erweckte metaszenische Ereigniseinheit ist ohne jedes empirische Korrelat, und sie ist fundiert in jener überempirischen Vorstellung von Figuren und Dingen. Das alles wird des näheren auszuführen sein. Um aber diese Komplexität zu erörtern und bewußt zu machen, bedarf es ebenso grundsätzlicher wie ausführlicher Vorüberlegungen, die das Ineinandergelten von Inkohärenz und Kohärenz an solchen Beispielen erläutern, die weniger komplex sind als das Bild „Guernica". Dabei nehmen die Vorüberlegungen einen nicht geringen Teil unserer Abhandlung ein. Sie werden auch deswegen an anderen, weniger komplexen Beispielen zur Sprache gebracht, weil das Bild „Guernica" angesichts der ungeheuren Betroffenheit und Erschütterung, die es im Beschauer auslöst, nicht geeignet ist, an ihm Vorüberlegungen anzustellen.

II

Ich möchte zunächst ein graphisches Gebilde von Josef Albers, nämlich eine von Albers selbst so bezeichnete „Strukturale Konstellation" (Abb. 1; Zeichnung aus der Serie der „Strukturalen Konstellationen", 1957-58) als ein visuelles Erklärungsmodell für den Zusammenhang zwischen Kohärenz und Inkohärenz – sozusagen für das Kohärenzverhältnis zwischen Kohärenz und Inkohärenz – zur Diskussion stellen[2]. Die „Strukturale Konstellation" ist als das eine und selbe graphische Gebilde auf mehrfache, sogar gegensätzliche Weise zu verstehen, nämlich zum einen unter dem Aspekt äußerster Klarheit und Eindeutigkeit und zum anderen unter dem Aspekt äußerster Unklarheit und widersprüchlicher Mehrdeutigkeit. Und zwar sind die Daten, welche die Klarheit formulieren, zugleich die Daten, welche die Unklarheit formulieren.

In der „Strukturalen Konstellation" besteht Klarheit durch ein inversionssymmetrisches planimetrisches System: Was links oben ist, ist in Umkehrung rechts unten. Als eine planimetrische Gegebenheit ist dieses inversionssymmetrische System eine notwendige und rational durchschaubare Kohärenzstruktur. Stellt man die „Strukturale Konstellation" auf den Kopf, so ändert sich schlechterdings nichts. Gemäß der inversionssymmetrischen Struktur sind oben und unten austauschbar, das Gebilde und sein Bezug auf den Beschauer bleiben dasselbe. Wie immer man darüber streiten möchte, ob die Austauschbarkeit von oben und unten entweder ein Höchstmaß an Klarheit oder schon ein Übergang ins Unklare ist – eine (wenn man so sagen darf) eindeutige Unklarheit besteht jedenfalls durch die verschiedenen räumlichen, perspektivisch bedingten Lesarten, welche die „Strukturale Konstellation“ ermöglicht und sogar provoziert. Diese räumlichen Lesarten schließen einander aus, sie verhalten sich inkohärent zueinander, wiewohl sie in jenem planimetrischen und selbst kohärenten symmetrischen System bedingt und im Bezug auf ihre gemeinschaftliche Verursachung durch dieses System kohärent sind. Man könnte von einer Struktur sprechen, in welcher Kohärenz und Inkohärenz kohärieren. So ist zum Beispiel der mittlere, durch zwei Querlinien unterteilte Rhombus in seiner perspektivisch-räumlichen Lesbarkeit entweder der in Untersicht gegebene Boden eines (gleichsam) doppelschächtigen Kastens, dessen Öffnungen oben links zu sehen sind, oder der in Aufsicht gegebene Deckel eines ebensolchen Kastens, dessen Öffnungen unten rechts zu sehen sind, wobei im Rhombus selbst das Entweder-Oder zu einem Sowohl-Als-Auch verdichtet ist. Ähnliches gilt auch für die gesamte „Strukturale Konstellation". Sie provoziert partielle und inkohärente räumliche Lesarten, die sich in jenem Rhombus zur Ununterscheidbarkeit ineinander vermitteln und die unaufhörlich alternieren in einer Konkurrenz mit absoluter Chancengleichheit, welche selbst durch das planimetrisch-symmetrische System besteht. Man kann, angesichts des immer wieder sich erneuernden und grundsätzlich nicht aufhörenden Wechsels der perspektivisch-räumlichen Erscheinungen, die Anschauung der „Strukturalen Konstellation" nicht abschließen, sondern nur abbrechen.

In der „Strukturalen Konstellation" ist die Inkohärenz der in ihren Sichtweisen widersprüchlichen und auch nicht zu bewältigenden räumlichen Mehrdeutigkeit schlechthin unkorrigierbar und in diesem Sinne auch keineswegs willkürlich oder kontingent, denn jede Korrektur der räumlichen Mehrdeutigkeit zugunsten einer räumlichen Eindeutigkeit müßte die Symmetrie des planimetrischen Systems zerstören und mit dieser dessen Klarheit und Eindeutigkeit, wie umgekehrt das planimetrische System als ein symmetrisches zu nichts anderem führen kann als zu jenem räumlichen Konflikt. Die „Strukturale Konstellation" von Josef Albers ist eine aporetische Struktur, und zwar treten widerstrebige Mehrdeutigkeit und Eindeutigkeit, Inkohärenz und Kohärenz in eine Beziehung wechselseitiger Fundierung und damit (um einen Ausdruck von Karlheinz Stierle zu verwenden) in ein reziprokes Thema-

Horizont-Verhältnis: Die perspektivisch-räumliche Inkohärenz ist thematisch unter dem Horizont der planimetrisch-symmetrischen Kohärenz, und die planimetrisch-symmetrische Kohärenz ist thematisch unter dem Horizont der perspektivisch-räumlichen Inkohärenz[3]. Oder: Die immer nur partiellen und unaufhörlich einander ablösenden Aktualisierungen des bald auf- und bald untersichtigen räumlichen Erscheinens sind thematisch unter dem Horizont des planimetrisch-symmetrischen Ganzen als eines immer gegenwärtigen Potentials, wie dieses selbst als ein Aktuales nur thematisch sein kann unter dem Horizont des Potentials jenes unaufhörlichen Wechsels einander widersprechender Raumsensationen. Alles ist da, das perspektivisch Untersichtige, das perspektivisch Aufsichtige, das Symmetrische. Und alles tritt als Thema unter den Horizont des je anderen. Nichts kann sich gegen das je andere endgültig durchsetzen. Alles ist präsent und auch nicht. Die sukzedierenden, partialen und einander widersprechenden perspektivischen Projektionen sind bedingt in der Simultanpräsenz des planimetrisch-symmetrischen Linearsystems als eines klar gegliederten Totalen, welches selbst als ein simultan Präsentes jenen Sukzessionen des räumlichen Sehens zum Opfer fällt und dennoch in ihnen gegenwärtig oder jedenfalls wirksam bleibt in eben dem Maße, in welchem die Sukzessionen Bewegungen ohne jegliche Finalität sind. Wie sollte man sich das alles vorstellen können ohne die Evidenzerfahrung durch ein augenfälliges Modell (Abb.1), und wie sollte man über das alles überhaupt sinnvoll – und das heißt auch mit dem Anspruch auf intersubjektive Verständlichkeit – sprechen können ohne die Evidenzerfahrung eines augenfälligen Modells? Zweifellos ist die „Strukturale Konstellation" von Josef Albers ein (und gewiß nicht der einzige) Anlaß, über das Verhältnis zwischen Bildlichkeit und Sprache und über das jeweilige Leistungsvermögen von beiden ernstlich nachzudenken. Denn was sich über die „Strukturale Konstellation" sinnvoll und überprüfbar aussagen läßt, ließe sich (vielleicht?) ohne diese nicht sinnvoll und überprüfbar sagen und bedenken.

Versteht man es grundsätzlich, so ist die Perspektive (sei sie nun auf eine Achse oder auf einen Fluchtpunkt orientiert) im Rahmen ihres üblichen oder regulären Gebrauchs ein in sich selbst einheitliches Projektionssystem. Sie dient – mit Panofsky zu reden – einer „Befestigung und Systematisierung der Außenwelt"[4]. Als ein in sich selbst einheitliches Projektionssystem projiziert die Perspektive ein dreidimensionales Etwas, das außerhalb der Projektion existiert oder als ein außerhalb der Projektion Existierendes vorstellbar werden soll: Die Perspektive ist ein in sich selbst einheitliches Projektionssystem zur Vereinheitlichung und Idealisierung der außerbildlichen Raum- und Körpersichtbarkeit und auf diese bezogen. Dagegen ist die „Strukturale Konstellation" von Albers eine in sich selbst uneinheitliche und widersprüchlich mehrdeutige perspektivische Raumprojektion, wenngleich diese fundiert ist in der Eindeutigkeit des planimetrisch-symmetrischen Liniensystems und umgekehrt das planimetrische Liniensystem in jener widersprüchlichen Raumprojektion fundiert: Was die „Strukturale Konstellation" von Josef Albers raumperspektivisch projiziert, kann nicht anders als nur im Modus der Projektion bestehen und nicht als etwas zu Projizierendes, das unabhängig von der Projektion bestünde oder als bestehend vorstellbar wäre. So ist es unmöglich, die „Strukturale Konstellation" als ein selbst dreidimensionales Gebilde, nämlich als das, wovon sie eine Projektion ist, räumlich zu realisieren. Ein solches Gebilde kann es in der Dreidimensionalität nicht geben, es existiert nur als Schein, wobei sich die Frage stellt, ob und mit welchem Recht und in welchem Sinne von Schein dann zu sprechen ist, wenn dieser nicht – wie ein Pseudos – etwas schon Existierendes, Vorgegebenes vortäuscht, sondern wenn das, was er vortäuscht, selbst nur als Schein sein kann. Perspektive im Rahmen ihres üblichen oder regulären Gebrauchs ist eine abstrakte Perspektive, insofern sie auf eine außerbildlich bestehende oder jedenfalls grundsätzlich als bestehend vorstellbare dreidimensionale Realität referiert und diese bildlich ersetzt. Dagegen ist die Perspektive in der „Strukturalen Konstellation" eine vergleichsweise konkrete, indem sie das, worauf sie referiert und was sie bildlich ersetzt, als Bild selbst stiftet: Man kann den sehr besonderen Sachverhalt in Wahrheit nur paradox formulieren.

Die „Strukturale Konstellation" von Josef Albers ist – nach allem Gesagten – eine Gesamtstruktur, in der sich das Unvereinbar-Inkohärente der jeweiligen raumperspektivischen Erscheinungen und das Kohärente des planimetrisch-symmetrischen Liniensystems zur Kohärenz ineinander vermitteln, also kohärieren zum Ausdruck eines Übergegensätzlichen, einer Konfliktstiftung und Konfliktüberwindung in einem. Gerade in diesem Kohärieren von Inkohärentem und Kohärentem liegt es begründet, daß die „Strukturale Konstellation" einander widersprechende Sichtweisen zur Gleichwertigkeit in sich aufgehoben enthält und insofern eine Seinsheit anschaulich und auch bewußt macht, die – wie immer sie an sich existieren sollte oder auch nicht – unter den Normen einer empirisch orientierten Bildlichkeit und Ganzheitsvorstellung nicht mehr angemessen zu diskutieren ist und die ohne das Bild kein Aussehen hätte. Das Bild verbildlicht diese Seinsheit als eine nicht zu bewältigende, unfaßbare, aber nicht so, daß der Beschauer in der Anschauung des Bildes das Unfaßbare nur sieht, sondern vielmehr so, daß ihm im Bilde das Unfaßbare in seiner Unfaßbarkeit sichtbar, das heißt zur sichtbaren Evidenz faßbar wird. Das Unfaßbare wird dem Beschauer als ein solches faßbar in eben dem Maße, in dem ihm faßbar wird, daß Subsysteme der perspektivischen Zusammenhangbildung ihr jeweiliges kohärenzstiftendes Vermögen verlieren an ein Gesamtsystem, welches selbst – über alle empirischen, außerbildlichen Erfahrungen eines körper-räumlichen Zusammenhangs hinaus – evidentermaßen kohärent ist. Das Totale der „Strukturalen Konstellation" besteht aus partialen, empirisch orientierten Perspektivsystemen, und diese partialen, empirisch orientierten Perspektivsysteme verbinden sich in empirischer Widersprüchlichkeit zum Totalen. Die Perspektive – eigentlich das Paradigma einer Einheit stiftenden und das sehende Subjekt normativ setzenden visuellen Raumbeherrschung – okkupiert das Subjekt und läßt es in der Anschauung inkohärenter und wechselnd einander ausschließender Raumprojektionen nicht zur Ruhe kommen. Und ebenso schlägt das inversionssymmetrische Ebenensystem – eigentlich eine Konstruktion rationaler Ordnung und Überschaubarkeit – gegen das Subjekt zurück, indem es jene inkohärenten, einander ausschließenden Raumprojektionen zwingend, das heißt in unauflöslicher Kohärenz hervorbringt. Um es zu wiederholen: Das empirisch orientierte Perspektivische ist das jeweils Partiale, und die empirisch widersprüchliche Verknüpfung des jeweils Partialen ist das Totale. Das Totale ist das empirisch immer nur Partiale.

III

Unter den hier thematischen Gesichtspunkten eines wechselseitigen Bedingungs- und Kohärenzverhältnisses zwischen Kohärenz und Inkohärenz und der damit gegebenen bildlichen Repräsentation einer grundsätzlich unsichtbaren, das heißt in der empirischen Erscheinungswelt so niemals begegnenden Seinsheit, lassen sich auch Bilder des Kubismus diskutieren, zum Beispiel Picassos Bild „Violon" (Abb.2; 1912, Moskau, Puschkin-Museum). Es ist kein Zweifel, daß Picassos Bild eine Geige zum Gegenstand hat, kein Zweifel aber auch, daß es eine Geige nicht so zeigt, wie sie in ihrer außerbildlichen Sichtbarkeitsgegebenheit aussieht. Denn diese ist immer nur jeweilig, einansichtig oder – mit Husserl zu reden – „abgeschattet", insofern eine Geige wie überhaupt ein dreidimensionaler Gegenstand niemals als Ganzes, das heißt in seiner faktischen Allansichtigkeit simultan gesehen werden kann. «La perspective traditionelle ne me satisfait pas. Mécanisée comme elle est, cette perspective ne donne jamais la pleine possession des choses»[5]. Diese Aussage stammt von dem Kubisten Georges Braque, und zwar hat Braque kurz vor Beginn der Epoche des Kubismus im Hinblick auf eine seiner Zeichnungen aus dem Jahre 1908 darauf hingewiesen, daß es notwendig sei, „drei Figuren zu zeichnen, um jeden körperlichen Aspekt einer Frau wiederzugeben, genauso wie ein Haus im Grundriß, Aufriß und Schnitt gezeichnet werden" müsse[6] (Abb. 3; Georges Braque, Studie zu „Grand nu", 1908, Zeichnung, Tinte auf Papier, Besitz unbekannt). Das Unzulängliche der empirischen, ‚abgeschatteten' Einansichtigkeit des Gegenstandes wird in der frühen Zeichnung von Braque überwunden durch Vervielfältigung der Figur, ihrer Haltungen und ihrer empirischen Ansichten – ein erster Schritt zur kubistischen Darstellungsweise, die in sehr ähnlichen Entwicklungen von Picasso und Braque ausgebildet wurde und die jene Vervielfältigung des Empirischen überwand.

Picassos Bild (Abb. 2) ist ein von jeder empirischen Erscheinungsgegebenheit einer Geige abweichendes und unabhängiges System aus facettierten und geschichteten, mehr oder weniger kleinen und mehr oder weniger scharf voneinander abgesetzten Teilflächen und enthält die entscheidenden Darstellungsdaten (oder, in den Worten Kahnweilers, die „realen Einzelheiten"[7]), die sich auf eine Geige beziehen: Schnecke, Griffbrett, Schallöcher, Saiten, Saitenhalter, Holz, aber auch nach innen schwingende Linien als Daten der Form des Resonanzkörpers sowie Helldunkelgegensätze und gewisse abgetreppte Flächenschichtungen als Momente der Körperlichkeit. Diese Daten genügen, um eine Geige als einen identifizierbaren Gegenstand zu erkennen, wo immer im Bilde die Daten sich befinden und in welcher Sichtbarkeitsweise sie auch immer gegeben sind – sie sind sämtlich auf die Geige bezogen und in ihrem gemeinschaftlichen Bezug auf die Geige semantisch kohärent. In Picassos Bild sind die semantisch kohärenten Darstellungsdaten syntaktisch inkohärent lokalisiert im Verhältnis zur empirischen, immer nur einansichtigen Erscheinungsgegebenheit einer Geige und zugleich raumperspektivisch divergent projiziert: die Schnekke in Seitenansicht, das Griffbrett in doppelter, senkrechter und schräger Vorderansicht, der Saitenhalter in Schrägsicht, die Schallöcher in Ansicht, aber das eine größer und perspektivisch näher, das andere kleiner und ferner. Dabei werden, durch Inkohärenz, diese zur Identifikation der Geige aufrufenden Daten auf jeweils besondere Weise als sie selbst thematisiert. Die Schallöcher werden zum Beispiel in eben dem Maße thematisiert, in dem sie sich gerade nicht dort befinden, wo man sie aufgrund mitgebrachter visueller Erfahrung erwartet. Oder: Die Tatsache, daß eine Geige aus Holz besteht, wird in dem Maße thematisiert, in dem Holz in einer Form oder in Formen erscheint, die gerade nicht mit der Form einer Geige übereinstimmen. Oder: Eine Geige ist körperlich, dreidimensional, aber in Picassos Bild wird das Körperliche der Geige vergegenwärtigt durch solche Licht-Schatten-Bildungen und durch solche Schichtungen, die – auf kubistische Weise – Körperlichkeit grundsätzlich und nicht mit Bezug auf die immer nur ansichtsbedingt ‚abgeschattete' Erscheinungsweise einer Geige zur Geltung bringen. Wenn man in der Sprache die Merkmale einer Geige (notwendigerweise nacheinander) aufzählt, so hat sie eine Schnekke, Schallöcher, sie hat Saiten, sie besteht aus Holz und sie ist körperlich – alle diese nacheinander (und nur nacheinander) benennbaren Eigenschaften einer Geige, die im Begriff „Geige" zusammengefaßt sind, werden in Picassos Bild dissoziiert und im Modus ihrer Inkohärenz jeweils thematisiert. Denn wenn das Aus-Holz-Sein einer Geige als solches thematisiert werden soll, kann das Holz nicht in der Form einer Geige erscheinen, weil dann die Form der Geige ebenso thematisiert wäre wie das Holz. Wenn gleichwohl die im Bilde dissoziierten Daten die Vorstellung des Gegenstandes Geige ermöglichen, ja erzwingen, so handelt es sich doch nicht um eine solche Vorstellung, wie diese durch eine konsequent mimetische, am Maßstab der Empirie kohärente Darstellungsweise bewirkt wird. Die Gesamtstruktur des Bildes von Picasso ist nicht-mimetisch, das heißt Maßstab von Empirie und Mimesis inkohärent. Mimetisch sind allein die jeweils partialen oder partiell gekennzeichneten, im Bilde aber empirisch inkohärent gesetzten Gegenstandsdaten.

Picassos Bild „Violon" ist nicht nur eine Struktur aus empirisch inkohärent gesetzten Gegenstandsdaten, es ist auch eine formale Kohärenz- und Totalitätsstruktur, die das Bild in seiner Gegebenheit als Komposition aus immanenter, selbstgesetzlicher Ordnungskraft hervorbringt und die als diese selbstgesetzliche Ordnung unter empirisch-mimetischen Gesichtspunkten gar nicht zu diskutieren ist. Ihre Wahrnehmung erfordert grundsätzlich nicht ein empirisch wiedererkennendes (und empirische Inkohärenzen feststellendes) Gegenstandssehen, wohl aber ein sehendes (sozusagen musikalisches) Sehen, welches sich – unabhängig von jeglicher Gegenstandsidentifikation – auf ein selbstgesetzliches Relationsgefüge aus Richtungen im Verhältnis zu Richtungen, aus Linien im Verhältnis zu Linien, aus Flächen im Verhältnis zu Flächen sowie aus Farben im Verhältnis zu Farben orientiert, sich also auf jene gegen alle Gegenständlichkeit indifferente Kohärenzstruktur und deren Kräfte richtet[8].

In Picassos Bild sind die formalen, von aller visuellen Gegenstandsempirie einer Geige (und auch von allen empirischen Inkohärenzen) unabhängigen kohärenzstiftenden Kräfte der Komposition schwieriger zu beschreiben als in der „Strukturalen Konstellation" von Albers (Abb. 1), wo die Kohärenz rational durchschaubar als inversionssymmetrisches System besteht. Aber vielleicht kann man im Hinblick auf das Bild von Picasso sagen, daß die beiden die Form des Resonanzkörpers partiell angebenden Schwunglinien rechts von der Bildmitte auf die Ovalform des ganzen Bildes anspielen; daß sich die Schallöcher in Relation zu diesen Schwunglinien wie auch zum Oval des ganzen Bildes verhalten; daß das rechte Schalloch sich nahe der Bildachse befindet und daß diese Position des rechten Schallochs noch bestätigt erscheint durch den senkrechten Schatten darüber; daß die Schnecke, oben im Bilde, wiederum auf die Ovalform des Bildganzen verweist; daß überhaupt die hellen und dunklen, die größeren und kleineren, die entbreiteten und die einander verdeckenden und getreppten Flächen, aber auch die senkrechten, waagerechten und schrägen Richtungswerte zusammen mit den gerundeten für ein gleichsam musikalisch sehendes Auge zu einer rhythmischen Gesamtkonstellation zusammenspielen, das heißt zu einer kompositionellen Totalität – wie immer sich in Picassos Bild die Evidenz des Totalen einer systematischen Begründbarkeit entzieht (im Unterschied zur „Strukturalen Konstellation" von Albers). Was sich dem nicht wiedererkennenden, sondern sehenden Sehen, also einem nicht begrifflich identifizierenden, sondern gleichsam musikalisch sehenden Auge unmittelbar darbietet, ist – mit einem Worte von Juan Gris – die immanente „Architektur" des Bildes[9], die sich nach Regeln bestimmt, die nicht mehr mimetisch bezogen sind auf die empirische Sichtbarkeitsgegebenheit des Gegenstandes, der denotiert werden kann. Erfaßt man die immanente Kohärenz- und Totalitätsstruktur des Bildes als eben diese Architektur, so spielt die Frage nach empirischen Kohärenzen oder auch Inkohärenzen keinerlei Rolle: Die immanente Architektur des Bildes ist als Kohärenz- und Totalitätsstruktur gegen alle empirischen, kohärenten oder auch inkohärenten Sichtbarkeitsgegebenheiten indifferent: sie ist gegen alles Gegenständliche grundsätzlich indifferent.

Es ist indessen – um das bisher Gesagte zusammenzufassen – nicht zu bezweifeln und auch nicht näher anzuführen, daß in Picassos Bild „Violon" die formale, selbstgesetzliche und gegen alle visuelle Gegenstandsempirie indifferente Kohärenz- und Totalitätsstruktur der Komposition gebildet ist aus der empirisch inkohärenten Lokalisation der partialen Gegenstandsdaten und folglich empirische Inkohärenz und selbstgesetzliche Kohärenz ineinandergelten, kohärieren. Gerade im Kohärieren von empirischer Inkohärenz und autonomer Kohärenz oder, genauer, im Kohärieren des formal selbstgesetzlichen Kohärenten mit dem empirisch Inkohärenten beruht die Leistung des Bildes, und gerade dieses Kohärieren qualifiziert das Bild als eine selbst totale Anschauungsgegebenheit, die übergegensätzlich ist und in der außerikonischen, empirischen Sichtbarkeitswelt von Gegenständen nicht ihresgleichen hat. Was aber kann das Bild in dieser Qualität des Übergegensätzlichen, die in der empirischen Sichtbarkeitswelt von Gegenständen ohne ein Gleiches ist, für die Vergegenwärtigung des Gegenstandes leisten und welcher Art ist die Vergegenwärtigung?

Was Picassos Bild „Violon" leistet, läßt sich sprachlich – wie auch bisher – unvermeidlich nur in aufeinanderfolgenden Schritten, aber auch nur approximativ und gewiß nicht ohne ein hohes Irrtumsrisiko formulieren. Erstens ist zu sagen, daß das Bild als eine im Vergleich zur empirischen, immer nur einansichtigen Gegenstandssichtbarkeit inkohärente Struktur nicht nur die empirische Sichtbarkeitsgegebenheit überhaupt relativiert oder gar destruiert, sondern daß es zugleich die Gegenstandsvorstellung in eben dem Maße provoziert wie auch als Vorstellung thematisiert und zum Bewußtsein bringt, in dem es sie – thematisch – von der empirischen Sichtbarkeitsgegebenheit befreit. Die empirische Inkohärenz kommt sowohl dem Gegenstande selbst als auch der Gegenstandsvorstellung zugute. Was den Gegenstand betrifft, so ist es ausgeschlossen, ihn mit seiner empirischen Sichtbarkeitsgegebenheit und mithin auch mit seinem Abbild zu verwechseln: Es wird ein Irrtum ausgeschlossen, auf den der Surrealist Magritte mit seiner Graphik «Ceci n'est pas une pipe» ausdrücklich aufmerksam zu machen sich genötigt sah (Abb. 4; nach Michel Foucault, «Ceci n'est pas une pipe», 1973, dt. Ausg. München 1974, dort Abb. S. 5). Eine Beischrift ‚Ceci n'est pas un violon' erübrigt sich in Picassos Bild vollends – zugunsten des Gegenstandes. Und was die Gegenstandsvorstellung betrifft, so ist auch sie grundsätzlich erweitert, indem sie sich nicht in empirischer Gegenstandserscheinung und deren Abbild erfüllt[10].

Es ist zweitens zu sagen, daß sich die von Picassos Bild provozierte und thematisierte Gegenstandsvorstellung gerade auch deswegen nicht in visueller Gegenstandsempirie und deren Abbild erfüllt und auf beides nicht abzielt, weil das Bild eine autonome, selbstgesetzliche Kohärenz- und Totalitätsstruktur ist, welche jene empirischen Inkohärenzen in sich aufgehoben enthält und in (und zu) der das Inkohärente kohäriert. Die durch die empirischen Inkohärenzen provozierte Gegenstandsvorstellung ist auf das Bild selbst als auf eine Kohärenz- und Totalitätsstruktur unlösbar bezogen. Gerade diese beschränkt den vorgestellten Gegenstand nicht auf irgendein beliebiges und immer nur ‚abgeschattetes', ansichtsbedingt empirisches Erinnerungsbild, sie bringt ihn vielmehr mit Notwendigkeit als einen in Totalität vorgestellten ins Spiel. Diese auf Totalität gerichtete Gegenstandsvorstellung übersteigt die empirische, immer nur ‚abgeschattete' Gegenstandssichtbarkeit, sie ist vielmehr über empirisch, was besagen soll, daß sie das Empirische, immer nur ‚Abgeschattete' als das Überstiegene bei sich hat. Die empirische Inkohärenzen implizierende formale Kohärenz- und Totalitätsstruktur des Bildes kann als ein Sichtbarkeitsdiagramm oder als ein sichtbares Strukturmodell für die totale Gegenstandsvorstellung, aber auch für die totale, in ihrer Totalität selbst unsichtbare Gegenstandsgegebenheit fungieren: Die sichtbare und auf Anschauung angewiesene Bildstruktur ist auf die überempirische Totalitätsvorstellung des Gegenstandes wie auch auf die in ihrer Totalität unsichtbare Gegenstandsgegebenheit selbst bezogen (oder jedenfalls beziehbar), indem sie sich zugleich von beidem unterscheidet. Eben diese Unterschiedenheit kommt nicht nur der Totalität des vorgestellten oder auch gegebenen Gegenstandes zugute, sie kommt auch der Totalität des Bildes als einer Anschauungsgegebenheit sui generis zugute, einer Anschauungsgegebenheit nämlich, die in der visuellen Gegenstandsempirie ohne ein Gleiches ist. Bild und Gegenstand konkurrieren und kollidieren nicht. Es wird weder das Bild auf ein mimetisches Gegenstandssurrogat beschränkt, noch wird der Gegenstand in Vorstellung oder auch Gegebenheit auf seine empirische Sichtbarkeit beschränkt. In seiner empirische Inkohärenzen in sich aufgehoben enthaltenden Kohärenz- und Totalitätsstruktur ist das Bild eine eigengesetzliche Tatsächlichkeit, ein „tableau objet“[11], das – ohne ein Gleiches in der visuellen Gegenstandsempirie und insofern eine Sache selbst – für den Gegenstand in seiner vorgestellten oder auch gegebenen, immer aber die ansichtsbedingte Empirie übersteigenden Totalität anschaulich und ohne Konflikt einsteht. Restriktionen durch die empirische Erscheinungsgegebenheit des Gegenstandes entfallen in der Anschauung des Bildes, aber auch nur in dieser: In der Anschauung des Bildes, und nur in dieser, wird die vorgestellte oder auch gegebene, immer aber die empirische Anschaulichkeit übersteigende Gegenstandstotalität als dieses die Empirie Übersteigende anschaulich.

Guillaume Apollinaire hat den grundlegenden Gedanken geäußert, daß die kubistische Malerei – wie sie zum Beispiel in Picassos Bild „Violon“ gegeben ist – eine Kunst der Vorstellung und nicht der Nachahmung sei. „Der Kubismus unterscheidet sich dadurch von der früheren Malerei, daß er nicht eine Kunst der Nachahmung, sondern eine Kunst der Vorstellung ist, die sich bis zum Schöpferischen zu erheben sucht. Indem der Maler die vorgestellte oder die erschaffene Wirklichkeit wiedergibt, kann er den Anschein dreier Dimensionen erwecken; er kann gewissermaßen kubisch malen. Er könnte das nicht, wollte er lediglich die geschaute Wirklichkeit darstellen, sofern er nicht durch Verkürzungen oder Perspektive eine Augentäuschung hervorbrächte, wodurch die Qualität der vorgestellten oder erschaffenen Form entstellt würde.“ Apollinaire spricht vom Kubismus als einer „Kunst, neue Ganzheiten mit Elementen zu malen, die nicht der geschauten, sondern der erkannten Wirklichkeit entlehnt sind“[12]. Apollinaire sieht sogar in der kubistischen Malerei Tendenzen zu einer Bildlichkeit angelegt, in der das gegenständliche „Sujet“ nicht mehr zählt – „oder wenn es zählt, so doch nur wenig“. „Man bewegt sich derart auf eine völlig neue Kunst zu, die für die Malerei das gleiche bedeutet, was man bisher schon als Funktion der Musik gegenüber der Literatur angesehen hatte. Sie wird reine Malerei (‚peinture pure‘) sein, ebenso wie die Musik reine Literatur ist“[13]. Man kann die Kubismus-Interpretation Apollinaires radikalisierend in dem Sinne zusammenfassen, daß das in das Bild vorstellend hineinzusehende gegenständliche „Sujet“ der Anschauung des Bildes selbst als einem Phänomen des unmittelbaren Hinsehens zum Opfer fällt. Oder, in unserer Terminologie gesprochen: An die Stelle des wiedererkennenden, den Gegenstand identifizierenden Sehens tritt das sehende Sehen.

Das Umgekehrte ergibt die Interpretation Kahnweilers, die sich ebenfalls auf kubistische Bilder in der Art von Picassos „Violon" bezieht. Entsprechend der Interpretation Kahnweilers ist die kubistische Bildlichkeit eine neue Sprache: „Eine unerhörte Freiheit schenkt diese neue Sprache der Malerei. Sie ist nicht mehr an das mehr oder weniger ‚naturähnliche' optische Bild gebunden, das ein einziger Standpunkt von einem Gegenstande gewährt." Kahnweiler unterscheidet zwischen der vorherrschenden, aus geometrischen Formen bestehenden Gesamtkomposition des Bildes als einer „Art Formenschema" einerseits und den partialen, empirisch dissoziierten gegenständlichen Darstellungsdaten als „realen Einzelheiten" andererseits. Was das Formenschema betrifft, so wird es unabhängig von den realen Einzelheiten „einfach als eine Anordnung von Flächen, Zylindern, Vierecken usw. gesehen". Der Theorie Kahnweilers zufolge steht es für nichts anderes ein als für die Grundstruktur unserer Anschauungsformen von Dreidimensionalität. Das Formenschema bezieht sich auf die Bedingungen unserer Wahrnehmung von Körper und Raum und ist identisch mit der Makrostruktur des Bildes als einer Komposition aus Flächen, Zylindern, Vierecken usw. Dagegen erlauben es die dissoziierten realen Einzelheiten, das Formenschema auf einen bestimmten Gegenstand hin zu qualifizieren. Entsprechend der Kubismustheorie Kahnweilers ist das Formenschema mitsamt den realen Einzelheiten eine Anregung für den Beschauer, in seinem Bewußtsein den fertigen Gegenstand als einen zwar nicht anschaulich gegebenen, aber doch in seiner Anschaulichkeit vorgestellten zu konstruieren: „Durch die im Bild angebrachten realen Einzelheiten entsteht ein Reiz, an den sich Erinnerungsbilder anknüpfen, die im Bewußtsein nun aus dem realen Reize und dem Formenschema den fertigen Gegenstand konstruieren. So entsteht im Bewußtsein des Beschauers die volle gewünschte körperliche Darstellung." Kahnweiler spricht in diesem Zusammenhang von „Assimilationsprodukt". Ausdrücklich stellt Kahnweiler fest, daß der „geometrische Eindruck" des kubistischen Bildes „völlig verschwindet, sobald sich – dank der Gewöhnung an die neue Ausdrucksweise – der Vorgang des Hineinsehens richtig vollzieht", und zwar ist das Hineinsehen „Hineinsehen von Gegenständlichem"[14].

Unterscheidet man angesichts eines kubistischen Bildes zwischen Hinsehen und Hineinsehen oder auch – in unserer Terminologie – zwischen bildbezogenem sehenden Sehen und wiedererkennendem gegenstandsbezogenen Sehen, welches selbst an Erinnerungsbilder anknüpft, so entspricht der „geometrische Eindruck" dem bildbezogenem Hinsehen, die „volle gewünschte körperliche Darstellung" dagegen dem gegenstandsbezogenen Hineinsehen, wobei im Bildverständnis Kahnweilers das Hinsehen dem Hineinsehen zum Opfer fällt. Daß jegliches gegenständliche Bild eine Veranlassung des vorstellenden Hineinsehens von Gegenständlichkeit ist, kann gar nicht bezweifelt werden. Problematisch ist allerdings das Verhältnis zwischen dem vorstellenden, gegenstandsbezogenen Hineinsehen einerseits und dem bildbezogenen Hinsehen andererseits. Es ist eine sehr prinzipielle Frage, ob und inwieweit in der Anschauung eines Bildes überhaupt das vorstellende Hineinsehen von Gegenständlichkeit das Hinsehen auf das Bild selbst aussetzen und mithin das nur einem Hinsehen zugängliche Anschauliche des Bildes einer hineingesehenen, vorgestellten Gegenständlichkeit zum Opfer fallen, „verschwinden" kann. Entfällt aber der geometrische Eindruck des kubistischen Bildes, so entfällt das Bild selbst. Was ein solches – wenn man so will – negatives Bildverständnis betrifft, so ist es begründet in einer offensichtlich verkürzten Interpretationsperspektive. So ist gegen die Interpretation Kahnweilers einzuwenden, daß sie das bildgegebene und auch nur in einem Bilde zu gebende Ordnungsverhältnis zwischen der geometrischen Gesamtkomposition und den partialen (dissoziierten) gegenständlichen Darstellungsdaten als das Relationsgefüge einer übergegensätzlichen und außerbildlich gar nicht begegnenden Totalität nicht reflektiert. Ein solcher Verzicht aber unterbietet das Bild oder, im Sinne des Kubismus gesprochen, das Bild als „tableau objet"[15], als eine Sache selbst. Das Bild als eine Sache selbst ist im Bildverständnis Kahnweilers sinnlos – was übrigens der entschiedenen ablehnenden Haltung dieses Autors gegenüber aller gegenstandslosen Malerei entspricht.

Ein Vergleich der von Kahnweiler vertretenen Interpretation des kubistischen Bildes mit der von uns vorgeschlagenen erbringt sowohl Übereinstimmung als auch Unterschiede. Übereinstimmung besteht in der Wertung der partialen und dissoziierten Gegenstandsdaten. Unstreitig bedürfen sie der vom Beschauer mitgebrachten visuell-empirischen Gegenstandserfahrung, um überhaupt im Bezug auf Gegenständlichkeit identifiziert zu werden. Unstreitig ist auch, daß sich die partialen Gegenstandsdaten – die „realen Einzelheiten" – mit dem verknüpfen, was die Struktur des Bildes ausmacht und was Kahnweiler als eine „Art Formenschema" bezeichnet. Die realen Einzelheiten qualifizieren das Formenschema auf einen bestimmten Gegenstand hin. Und unstreitig ist schließlich, daß sich das kubistische Bild in der Lokalisation der partialen Gegenstandsdaten keineswegs nur auf eine einzige, immer nur jeweilige Ansicht des Gegenstandes bezieht, also „nicht mehr an das mehr oder weniger ‚naturähnliche' optische Bild gebunden" ist, „das ein einziger Standpunkt von einem Gegenstande gewährt"[16]. Ein ganz entscheidender Unterschied zwischen der Auffassung Kahnweilers und der unsrigen besteht indessen in der Einschätzung des Formenschemas. Im Verständnis Kahnweilers ist es eine Offenlegung derjenigen Sehbedingungen, die unserem empirischen Sehen von Körperlichkeit überhaupt zugrunde liegen, wobei es gleichgültig bleibt, von welchem jeweiligen Standpunkte aus und in welcher jeweiligen Ansicht das Körperliche gesehen wird: Als eine Offenlegung der Bedingungen unseres empirischen Körpersehens schlechthin ist das Formenschema gegen alle Spezifizierungen des jeweiligen Standpunkts und der jeweiligen Ansicht indifferent, es ist immer identisch und kann gerade vermöge seiner gegen Jeweiligkeiten indifferenten Identität in unserem Bewußtsein die Vorstellung aller derjenigen, wie immer verschiedenen empirischen Erinnerungsbilder eines Gegenstandes provozieren, die wir in uns haben. Jedwedes empirische, wie immer besondere und jeweilige standpunkt- und ansichtsbedingte gegenständliche Erinnerungsbild ist vorstellend in das Formenschema hineinzusehen, und jedesmal bringt es, sobald sich die jeweilige Vorstellung vollzogen hat, das Formenschema selbst zum Verschwinden – genau so, wie im tatsächlichen empirischen Körpersehen die Bedingungen dieses Sehens nicht mitgesehen werden.

Im Verständnis Kahnweilers ist das kubistische Bild als die Verknüpfung des Formenschemas mit partialen und dissoziierten gegenständlichen Darstellungsdaten nicht selbst ein übergegensätzliches, außerhalb des Bildes gar nicht sichtbares Totales, sondern es ist ein summatives Vorstellungsangebot beliebig abrufbarer empirischer Erinnerungsbilder, welche – jeweils voneinander divergierend – immer wieder wechseln und einander ablösen. Gewiß bietet sich keines dieser Erinnerungsbilder (in traditioneller, mimetischer Darstellungsweise) zur unmittelbaren Anschauung dar, wohl aber ist ein jedes als eine Selbstleistung im Bewußtsein des Beschauers provoziert – freilich immer mit dem Ergebnis einer Vorstellung dessen, was ohnehin jeweils in standpunkt- und ansichtsbedingter Jeweiligkeit schon gesehen worden oder auch zu sehen ist: Als die Verknüpfung von Formenschema und partialen und dissoziierten gegenständlichen Darstellungsdaten ist das kubistische Bild im Verständnis Kahnweilers nichts anderes als die Provokation einer unbestimmten Vielzahl von gegenständlichen Vorstellungsmöglichkeiten, die jeweils empirisch determiniert sind, sich aber nicht selbst im Bilde als einer der Anschauung gegebenen Totalität zusammenschließen. Das Summative des vielfältigen Vorstellungsangebots, nicht aber das übergreifende Totale ist in der Interpretation Kahnweilers die Leistung des kubistischen Bildes. Wie sonst sollte die Anschauung des Bildes den vom Bilde erweckten Gegenstandsvorstellungen wirklich zum Opfer fallen, wie sonst sollte der geometrische Eindruck und mit diesem die allererst augenfällige Makrostruktur des Bildes selbst wirklich verschwinden[17]?

Unterschiedlich zu Kahnweilers Interpretation erkennt die unsrige im Formenschema, das heißt in der Makrostruktur des kubistischen Bildes eine selbstevidente, übergegensätzlich-ganzheitliche und in der Empirie nicht antreffbare Anschauungsgegebenheit, welche empirisch inkohärente Gegenstandsdaten zur Kohärenz in sich vereinigt. Gemäß dieser Interpretation ist die Bindung des Hineinsehens an das Hinsehen oder die Bindung der durch das Bild provozierten Gegenstandsvorstellung an die konkrete Bildanschauung schlechterdings unverzichtbar, wenn überhaupt das Bild als eine selbstevidente und übergegensätzliche Anschauungsganzheit begriffen und die Gegenstandsvorstellung sich nicht im Reproduzieren von Erinnerungsbildern erfüllen, sondern über das ohnehin schon Gesehene und empirisch sichtbar Gegebene hinausführen soll: wie anders als durch die Anschauung und nur durch die Anschauung des Bildes als einer eigengesetzlich konstruktiven Destruktion der visuellen Gegenstandsempirie über alle Destruktion hinaus, das heißt als einer empirische Inkohärenzen versöhnt in sich aufgehoben enthaltenden Kohärenz- und Totalitätsstruktur, die in der Empirie ohnegleichen ist, die es ohne das Bild nicht gibt und die – eben als Bild – nur für die Anschauung gemacht ist. Das Bild als eine Anschauungsgegebenheit, die in der empirischen Sichtbarkeitswelt ohne ein Gleiches ist, ist das sine qua non für die Gegenstandsvorstellung, die ihrerseits in der Sichtbarkeitsempirie ohne ein Gleiches ist. Von einem Verschwinden des Bildes und seines geometrischen Eindrucks dann, wenn sich der Vorgang des Hineinsehens der Gegenständlichkeit in Anknüpfung an gegenständliche Erinnerungsbilder richtig vollzogen hat, kann gemäß unserer Bildauffassung keineswegs die Rede sein. Was wäre das Bild wert, wenn es die in Anknüpfung an jeweilige Erinnerungsbilder „volle gewünschte körperliche Darstellung" nicht grundsätzlich überböte und diese Überbietung nicht an sich bände. Verschwände das Bild als jene für die Anschauung gemachte wie ebenso nur der Anschauung zugängliche totale und hochkomplexe, empirische Inkohärenzen in sich aufgehoben enthaltende Kohärenzstruktur, so könnte, ja müßte sich die Vorstellung, um überhaupt ein System zu gewinnen, tatsächlich allein an empirisch immer nur ansichtsbedingten, ‚abgeschatteten' gegenständlichen Erinnerungsbildern orientieren auf Kosten der Anschauung des Bildes. Was dagegen durch die Bildanschauung und in ihr vorstellbar wird, ist auf die visuelle Gegenstandsempirie nicht mehr zurückführbar und auch nicht einholbar durch solche Gegenstandsvorstellungen, die sich nur auf die visuelle Empirie beziehen und nur diese ersetzen. So verhält es sich auch mit der „Strukturalen Konstellation" von Josef Albers (Abb. 1), jedenfalls insoweit, als die inkohärenten perspektivischen Sichtweisen als die Provokation eines gegenstandsbezogenen Raumsehens (von und in Kästen) kohärieren in der Mitgegebenheit und auch Mitgesehenheit eines planimetrischen Kohärenzsystems, das als ein solches nichts außer sich bedeutet: Das Projizierte wird durch das Planimetrische überboten, und das Ganze ist durch Erinnerung an schon Gesehenes nicht einzuholen. Es bedarf – unverzichtbar – der Anschauung der „Strukturalen Konstellation" selbst.

IV

Der Kubismus hat viele und nicht nur eine Deutungsmöglichkeit ausgelöst – sei es, daß er unter „Verachtung" aller „Sinnenfreude" nach der „Wesenheit, nach der reinen Idee" trachtet[18], sei es, daß er „die Malerei an sich" darstellt[19], sei es, daß er „durch fast gewaltsame Neuerung und Veränderung, durch Verzerrung, Zerlegung sowie durch neue Synthesen, die reicher sind als die Naturbilder", eine „dauernde und umfassende Aktivierung der Vorstellungskraft" erbringt[20]. Entsprechend dem in unseren Ausführungen thematischen Aspekt wird das kubistische Bild als eine eigengesetzliche Kohärenz- und Totalitätsstruktur aus empirisch inkohärent gesetzten Gegenstandsdaten zur

Diskussion gestellt, das heißt als eine übergegensätzliche Anschauungsgegebenheit, die in der außerikonischen gegenständlichen Erscheinungswelt ohne ein Gleiches ist. Die von dieser übergegensätzlichen Bildtotalität provozierte Gegenstandsvorstellung ist notwendig selbst auf Totalität orientiert und mit Bezug auf die außerikonische gegenständliche Erscheinungswelt überempirisch, insofern sie das Empirische als das Überstiegene bei sich hat. Und zwar ist die überempirische Gegenstandsvorstellung, die durch das Bild erweckt wird, an die Anschauung des Bildes selbst gebunden: Thematisiert – wie schon gesagt – die Kubismus-Interpretation Apollinaires die Anschauung des Bildes gegen die Vorstellung des Gegenstandes, insofern das gegenständliche „Sujet" nicht mehr zählt – „oder wenn es zählt, so doch nur wenig" –, und thematisiert die Kubismus-Interpretation Kahnweilers die Vorstellung des Gegenstandes gegen die Anschauung des Bildes, insofern der „geometrische Eindruck" des Bildes „verschwindet", tendiert unsere Auffassung zu einer Äquivalenz von Anschauung und Vorstellung zugunsten einer überempirischen Totalitätsvorstellung des Gegenstandes, welche ohne die Anschauung des Bildes nicht zu gewinnen ist. Nach den Darlegungen von Maurice Raynal „verliert sich" Picasso „nicht in der Bewunderung der Natur, er denkt sie". „Das will heißen, daß Picasso der als unvollkommen bekannten Anschauung des Auges die des Geistes hinzufügt: das Objekt entsteht in seiner Imagination aus sich selbst (...). Dergestalt ist das Bild nicht mehr eine anekdotische Nachbildung, sondern eine Art von Wort, das heißt eine Gegebenheit, die ihre Existenzberechtigung in sich selbst trägt"[21] – wobei allerdings zu fragen bleibt, ob das Wort, unterschiedlich zum kubistischen Bild als einer der Anschauung gegebenen übergegensätzlichen Totalitätsgestalt, nicht der Gegenstandsvorstellung zum Opfer fällt, die es erweckt.

Nach den Ausführungen von Lorenz Dittmann, die auf den Interpretationen von Walter Biemel aufbauen, ist die geometrische Gestalt kubistischer Bilder zu verstehen als die Darstellung des Willens. „Die geometrische Form kubistischer Bilder ist als Willensform Darstellung der bloßen Form des Willens." Dittmann exemplifiziert auch an Picassos Bild „Violon" (Abb. 2): „Picassos ‚Violine' (. . .) zeigt von links nach rechts in die Tiefe gestufte, geometrisch begrenzte Flächen. Die Helligkeiten und Dunkelheiten des Bild-‚Grundes' steigern die Tiefenspannung: dem hellen Grau links oben antworten auf der rechten Seite tiefes dunkles Braun und Schwarz. Auch laufen mehrere Schrägen als Fluchtlinien nach rechts in die Tiefe. Der Violinkörper aber ist, im Konflikt zu dieser Tiefenflucht, scharf nach links gedreht. Diese Wirkung bringt vor allem die abrupte perspektivische Verkleinerung des linken Schalloches zustande. Der Gegenstand ist nichts anderes als eine durch eine gemalte hellbraune Holzmaserung bezeichnete Materialisation der geometrischen Kraftfelder, er ist ohne eigene Konturlinien – in seiner entgegengesetzten Tiefenorientierung aber behauptet er sich als Widerstand und Gegenkraft zur Kraft der Spannungsfelder. Der Gegenstand ist Produkt der Willensform in ihrer geometrischen Gestalt – und zugleich ihr Widerstand. Gerade die Widerständigkeit des Gegenstandes weist die geometrische Formung als Willensform aus. Wille fordert Widerstand." Dittmanns Interpretation thematisiert den Gegensatz, den Konflikt, die Dissonanz, nicht aber die bildgestiftete übergegensätzliche Ganzheit. Gegenstand und Wille, Wille und Widerstand vermitteln sich, Dittmann zufolge, im kubistischen Bild als der „Darstellung der Genesis von Gegenständen, ihrer Umformung und Zerlegung, und der darin erscheinenden Willensdimension des Subjekts"[22]. Demnach ist die kubistische Formensprache Darstellung eines Prozesses von Gegenstandskonstitution, sie zeigt diesen Prozeß, sie zeigt aber nicht, als was der Gegenstand konstituierbar wird: als eine Wirklichkeit in Totalität über die Empirie hinaus[23].

Innerhalb der kubistischen Bildkonzeption ist besonders hervorzuheben die von Juan Gris so bezeichnete „deduktive Methode" im Unterschied zu den sonst üblichen induktiven Verfahrensweisen der Malerei[24]. Entsprechend der deduktiven Methode ist das Bild zuallererst intentioniert als eine autonome, nicht-mimetische oder jedenfalls am Maßstab von Mimesis und Empirie gar nicht zu messende und auf nichts außer sich selbst verweisende Ganzheitsstruktur, das heißt als eine „architecture picturale" aus reinen, der Bildfläche selbst dicht verhafteten Linienbewegungen und Formfeldern. Die erste Bildidee bezieht sich auf ein Phänomen des sehenden, nicht des wiedererkennenden Sehens. In der Stiftung des Bildes als einer in und durch sich selbst begründeten Ganzheit erblickt Gris die eigentliche künstlerische Leistung einer jeden Malerei, auch derjenigen, in der sich das Bildergebnis nicht einer deduktiven, sondern induktiven Methode verdankt, wobei allerdings zu bemerken bleibt, daß sich Gris' Ästhetik der Bildlichkeit niemals auf die sogenannte gegenstandslose Malerei erstreckt. Auch die Bilder des Juan Gris referieren auf das Gegenständliche – das Gegenstandslose widerspricht dem Kubismus.

Gemäß der deduktiven Methode zielt der Bildentwurf nicht von vornherein auf eine empirische Inkohärenzen implizierende Kohärenz- und Totalitätsstruktur, wohl aber auf die „architecture picturale" als solche, das heißt auf eine grundsätzlich gegenstandslose Ganzheitsgestalt. Die einzelnen partialen und sich empirisch inkohärent zueinander verhaltenden Darstellungsdaten des Gegenständlichen werden aus der Systematik der schon vorangelegten und in sich selbst begründeten bildlichen Ganzheitsgestalt gewonnen und dienen erst im nachhinein deren gegenständlicher Qualifikation, wenn zum Beispiel (Abb. 5; „Nature morte à la carafe", 1917, Zeichenstift, 39 x 27,6 cm, Musée National d'Art Moderne, Centre Ceorges Pompidou, Paris) ein in sich selbst relationales Gefüge aus flächenverhafteten Linienbewegungen sowie schwarzen, weißen und von Grau in Weiß gleitenden Formfeldern durch die (nachträgliche) Zutat weniger Zeitungsbuchstaben oder einer holzartigen Maserung auf eine Zeitung, auf einen Tisch und – vermöge dieser Spezifikationen und im Zusammenhang mit ihnen – das gesamte Formenensemble auf ein Stilleben mit Tisch, Zeitung und gläserner Karaffe verweist, welche selbst in einem jede bloße Einansichtigkeit überbietenden Sichtbarkeitsausdruck zur Anschauung kommt. Als ein vorgefaßtes gegenstandsloses und totales Relationsgefüge aus Richtungen im Verhältnis zu Richtungen, aus Linien im Verhältnis zu Linien, aus Formfeldern im Verhältnis zu Formfeldern, ruft das Bild aus sich heraus die ihm gemäßen und es gegenständlich spezifizierenden Darstellungsdaten auf, die sich, gemessen an der empirischen Einansichtigkeit und gemessen an der außerikonisch gegebenen räumlichen Perspektivität, inkohärent zueinander verhalten und zugleich im Kontext des Bildes als einer übergegensätzlichen Kohärenz- und Totalitätsstruktur kohärieren. Die Leistung des Bildes besteht wiederum darin, als eine empirische Inkohärenzen in sich aufgehoben enthaltende Kohärenz- und Totalitätsstruktur eine überempirische Totalitätsvorstellung von Gegenständen oder auch gegenständlichen Zusammenhängen zu erwecken und für diese überempirische Totalitätsvorstellung ein anschauliches und auf Anschauung angewiesenes Strukturmodell zu liefern.

V

Es ist grundsätzlich berechtigt, Picassos Bild „Guernica" (Abb. 6; 1937, 351 x 782 cm, Öl auf Leinwand, Prado, Madrid) als eines der bedeutendsten Bilder unseres Jahrhunderts unter den Kategorien von Kohärenz und Inkohärenz zu diskutieren auf der Grundlage unserer bisherigen Darlegungen zum Kubismus und über diese hinaus. Es wurde einleitend angedeutet, daß in Picassos Bild „Guernica" die bildgestiftete Ineinandergeltung von Kohärenz und Inkohärenz nicht nur die sehr besondere Darstellungsweise von Figuren und Dingen betrifft, sondern ebenso deren konfliktlose Koexistenz und Koaktion zugunsten einer sehr besonderen Szene.

Das Sujet des Bildes „Guernica" ist nicht eine Geige oder ein Stillleben mit Zeitung, Tisch und Karaffe, das Bild ist vielmehr ein historisch veranlaßtes, in seiner Gewalt unmittelbar erschütterndes und in seinen sehr verschiedenen (und vordergründig inkompatiblen) Sinnebenen hochkomplexes Ereignisbild. Die Genese des Bildes ist kompliziert, neuerdings wurde der Holzschnitt „Der behexte Stallknecht" von Hans Baldung Grien als „Initialschock" des Gemäldes genannt, insofern das „Behexen" als Ausdruck einer unerklärlichen Macht und das Resultat der Magie des Bösen den Künstler „zu seinem Werk anregen" konnten[25]. Und was das Bild in seiner Endgestalt betrifft: wie immer die Einheit des Ortes herrscht – alles spielt sich in einem einheitlichen Raum, in einem Unterstand ab – und wie immer die Gebärden und Gesten der meisten menschlichen und tierischen Handlungsträger jeweils aktuelle, unmittelbar jetzthafte Aktionen des Entsetzens und des Schmerzes ausdrücken, so unmöglich ist es, das verbildlichte Ereignis in der szenischen Zuordnung und Rollenbestimmung der Handlungsträger auf ein tatsächliches oder in empirischer Tatsächlichkeit vorstellbares Geschehen zu beziehen oder es als eine Einheit der klassischen drei Einheiten, der Einheit des Ortes, der Einheit der Zeit und der Einheit der Handlung zu begreifen – und ebenso unmöglich ist es, das Bild solchen Ereignisdarstellungen zuzurechnen, die auf einen kohärenten, mythisch, biblisch oder historisch vorgegebenen Handlungszusammenhang referieren. Szenische Kohärenz im Sinne der Empirie, im Sinne der Einheit der klassischen drei Einheiten oder im Sinne der literarischen oder historischen Referenz besteht (wie noch zu zeigen sein wird) in Picassos Bild nicht. Aber wenn auch das Bild solchen Kohärenzen sich verschließt, so wird man es dennoch nicht unter dem Gesichtspunkt der Willkür einer privaten Mythologie oder einer bloß subjektiv-unverbindlichen Phantasmagorie des Malers diskutieren können. Einer derart eingrenzenden Deutung widersetzt sich die Bildmacht als solche. Und es wäre auch irrig, die historische, aktuell politische Dimension des Bildes zu leugnen. Sie besteht zweifellos, und sie ist einbezogen in die unmittelbar aktuelle Betroffenheit, die das Bild im Beschauer auslöst. Das Guernica-Bild ist ein exemplarisches Bild des Desasters und des Elends und selbstverständlich thematisch bedingt durch den Bombenangriff: Es ist um so entsetzlicher, als die Verursacher dieses Entsetzens nicht selbst ins Bild kommen – sie sind nur indirekt gegenwärtig als das schon nicht mehr formulierbare Böse.

Man sieht, innerhalb eines und desselben perspektivisch verzogenen Raumes, Darstellungen (sehr besondere Darstellungen) von Menschen, Tieren und Dingen – eine junge, verzweifelt klagende Frau mit totem Kind, eine hereinstürzende, schutzsuchende Frau, eine brennende Frau, eine Lichtträgerin, man sieht ein Mischgebilde aus Mensch und Statue, nämlich die offensichtlich hohle und dennoch wie jetzthaft aufschreiende Figur eines Kriegers, welche zerbrochen am Boden liegt mit zerbrochenem Schwert und sprießender Blume[26], man sieht einen Stier, ein verletztes und schrecklich sich gebärdendes Pferd, einen Vogel und eine Deckenlampe in der Form eines Auges.

Gemessen an der außerbildlichen, immer nur einansichtig sichtbaren Wirklichkeit ist die Verbildlichung der Menschen, der Tiere und der Dinge deformiert und inkohärent, so in der Dissoziation partialer Darstellungsdaten, in der Ineinanderblendung verschiedener perspektivischer Teilaspekte, in den disproportionierenden Dehnungen, Vergrößerungen und Verkleinerungen der Körperteile wie überhaupt in den erregenden Verläufen der Konturen. Es herrschen nicht mehr, wie in Picassos Bild „Violon" (Abb. 2) als einem Werk des Kubismus zu Beginn des Jahrhunderts, facettierte und geschichtete, mehr oder weniger kleine und mehr oder weniger scharf voneinander abgesetzte Teilflächen, wohl aber Figürliches konturierende Linien. Und während im Kubismus zu Beginn des Jahrhunderts die Facetten eine formal selbstevidente Kohärenz- und Totalitätsstruktur bilden, sind im Guernica-Bild die Kohärenz- und Totalitätsstrukturen gebildet durch jene selbst Figürliches konturierenden Linien. Denn wie sollte man (um nur dieses eine Beispiel anzuführen) verkennen, daß der Kopf der gestürzten Kriegerfigur (Abb. 7) eine durch Konturverlauf gebildete und geschlossene Form ist, daß die Öffnung des Mundes und die Einbuchtung zwischen Mund und Nase bei aller empirischen Deformation formal sinnfällig korrespondieren und daß die wiederum empirisch dissoziierte Lokalisation der Augen in jene geschlossen konturierte Kopfform kontrastierende Richtungen einbringt, die eine mittig senkrecht, die andere schräg und entsprechend der Richtung des Halses. Man kann gerade in diesem konturbestimmten Figurieren (und nicht kleinteiligen Facettieren) einen Ausdruck klassischen Formsinns erkennen, wobei das Figurative mit kubistischen Vergegenwärtigungsabsichten verschmilzt[27]: Die jeweilige Figuration erweckt die Vorstellung von Menschen, von Tieren, von einer Krieger-Statue und von Dingen, und sie treibt zugleich diese Vorstellung über die empirische, einansichtig ‚abgeschattete' Erscheinung hinaus vermöge einer in ihren linearen Verläufen, Korrespondenzen und Detailverortungen formal selbstevidenten Totalitätsgestalt, die jene empirischen Inkohärenzen zur Kohärenz in sich aufgehoben enthält. Eben diese Provokation einer überempirischen, das heißt das Empirische als das Überstiegene bei sich führenden Figuren- oder auch Dingvorstellung ist eine Errungenschaft des Kubismus, sie ist in Picassos Bild „Guernica" aber auch eine Errungenschaft über das kubistische Bildkonzept hinaus. Denn wenn, wie zum Beispiel in der Figur des Krieger-Denkmals, Verschiedenheiten oder gar Inkohärenzen ineinandergelten, wenn sich nämlich Denkmal und aufschreiender Mensch, zerbrochene Statue und szenischer Akteur, in einem und demselben Bildwert assimilieren, so ist auch dies nur möglich in einer durch den einen und selben Bildwert erweckten überempirischen Vorstellung: In dieser kohäriert das Inkohärente des Denkmals und des szenischen Akteurs.

Zugleich sind – aufgrund derselben Relation zwischen empirischer Inkohärenz und formaler, selbstevidenter Kohärenz – die figuralen Gestaltungen in Picassos Bild „Guernica" Ausdrucksträger einer äußersten Gebärdenintensität, die als solche wohl auch auf ein Figurengebaren in Einansichtigkeit Bezug nimmt, aber dieses in ein sonst Unsichtbares steigert: gewiß auch zum dynamischen Simultanausdruck von Bewegung. Man kann, wenngleich in verschiedenen Gewichtungen, von einer Multifunktionalität der bildlichen Vergegenwärtigung sprechen, welche sowohl eine die visuelle Erfahrung übersteigende figürliche Totalitätsvorstellung als auch eine die visuelle Erfahrung übersteigende Expressivität betrifft.

In Picassos Bild „Guernica" sind alle Figuren und Dinge im Modus einer überempirischen Vorstellung präsent vermöge einer Darstellungsweise, in welcher empirische Inkohärenzen zu formaler Kohärenz kohärieren. Diese überempirische Vorstellungen erweckende Darstellungsweise ist zugleich die conditio sine qua non für die Vorstellbarkeit einer Gesamtszene, in welcher Handlungsträger mit semantisch verschiedenen Bedeutungen zu einer gleichwohl widerspruchslosen szenischen Handlungs- und Sinneinheit kohärieren. Diese semantische Inkohärenzen zur Kohärenz vereinigende Handlungseinheit ist eine grundsätzlich außerempirische und nicht nur eine überempirische Vorstellungswirklichkeit (in dem schon erläuterten Verständnis, daß das Überempirische das Empirische als das Überstiegene bei sich hat): Sie ist keinerlei Übersteigung von etwas, wohl aber eine Setzung schlechthin.

Was erstens die semantischen Inkohärenzen betrifft, so kann man unterscheiden zwischen den Kategorien eines direkten, eines metaphorischen und eines metonymischen Bedeutens. Unstreitig kann die ihr totes Kind tragende und zum Stier verzweifelt aufblickende Frau in direkter Bedeutung eine Frau mit totem Kind in der konkret-aktuellen Situation des Bombenangriffs auf Guernica bezeichnen – wie ebenso, in gleichfalls direkter Bedeutung, die beiden anderen Frauengestalten, die schutzsuchende und die brennende, auf das historische Ereignis verweisen. In jener Frau mit dem toten Kind verknüpft sich aber der direkte Bezug auf die historische Aktualität mit einer biblischen Sinndimension, insofern man – was kaum zu vermeiden ist – hier zugleich eine Anspielung auf den Kindermord oder – womöglich – eine Metamorphose oder auch Vorwegnahme des Pietà-Motivs erkennt[28]: Historische Aktualität und biblische Allusion konvergieren widerspruchslos zu einem und demselben bildlichen Anschauungswert. Dieser ist in nicht-mimetischer Darstellungsweise nicht nur der Anlaß einer alle empirischen, immer nur jeweiligen und partialen Erscheinungsmodalitäten übergreifenden Vorstellung – er ist ebenso der Ausdruck einer verzweifelten Frau mit totem Kind, wie er auch der Ausdruck der Verzweiflung einer Frau mit totem Kind ist. Man kann nicht mehr unterscheiden, ob die Verzweiflung einer Frau mit totem Kind oder eine verzweifelte Frau mit totem Kind verbildlicht ist. Es ist das dieser (durchaus nicht selbstverständlichen) Ununterscheidbarkeit innewohnende und in der besonderen figurativen Darstellungsweise offenbarte Absolute, das jene Alternative einer Referenz auf die historische Faktizität oder auf den biblischen Text zuläßt und zugleich übergreift.

Die Deutung der Tiere ist uneinheitlich, sei es, daß das Pferd entweder den geschlagenen (bzw. noch zu schlagenden) Franco-Faschismus oder das gemarterte spanische Volk bedeutet, sei es, daß der Stier, zu dem die Mutter mit dem toten Kind klagend und in Verzweiflung aufblickt, entweder die unzerstörbare Kraft des spanischen Volkes oder „Brutalität und Dunkelheit" bedeutet. Picasso selbst soll im Jahre 1945 in einem Interview gesagt haben: „Der Stier ist nicht der Faschismus, aber Brutalität und Dunkelheit (. . .). Das Pferd bedeutet das spanische Volk"[29]. Die gegebene Bildgestalt erlaubt diese sämtlichen Deutungen, allerdings immer unter der (in unserem Zusammenhang) entscheidenden Bedingung, daß das Pferd nicht einfach nur ein Pferd sein kann, wie auch der Stier als der szenische Adressat der Schmerzensgebärde jener Frau mit totem Kind nicht nur ein Stier ist, sondern als Stier etwas anderes bedeuten muß. Die Tiergestalten sind, im Unterschied zu den fliehenden und brennenden Frauen wie auch im Unterschied zur Frau mit dem toten Kind, metaphorische Bedeutungsträger, und als solche unterscheiden sie sich wiederum von der Figur des Kriegers. Denn insofern diese ein Kriegerdenkmal mit abgebrochenem Schwert und sprießender Blume bezeichnet, ist ihre Bedeutung metonymisch. Es besteht eine Sinnberührung zwischen dem zerbrochenen Denkmal und geschlagenem Heldentum sowie zwischen der aufsprießenden Blume und Wiederaufleben in Frieden. In der Lichtträgerin bekundet sich, wie ähnlich in der New Yorker Freiheitsstatue, der Anspruch auf Freiheit und Aufklärung[30]. Unter stilgeschichtlichem Aspekt handelt es sich um die Anspielung auf ein klassisch-griechisches Frauenprofil, aber eben nur um eine Anspielung und nicht um ein klassisches Gesicht. Schließlich repräsentiert die Deckenlampe in der Form eines sehenden Auges mehr als nur eine Deckenlampe, wiewohl sie auch diese repräsentiert. Die Darstellung erweckt eine überempirische Vorstellung, und diese schließt das eine wie das andere als Potentialität in sich ein.

Was zweitens die Vorstellung der außerempirischen szenischen Sinneinheit betrifft, in welcher jene semantischen Inkohärenzen der jeweiligen Handlungsträger kohärieren, so ist sie gebunden an die Selbstevidenz des Bildes als einer formal ganzheitlichen, alles Einzelne in sich einschließenden Gesamtkomposition. In seiner formalen Gestalt ist das Bild ein farbloses, das heißt Buntfarben ausschließendes Gesamtsystem, in dem Makro- und Mikrostruktur sich wechselseitig fundierend ineinandergreifen. Die Makrostruktur ist bestimmt durch klare planimetrische Richtungswerte innerhalb des so und nicht anders begrenzten Bildfeldes: durch die Betonung der senkrechten Mittelachse, die mit der linksseitig scharf begrenzten Lichtfolie hinter der Lichtträgerin gegeben ist; durch den an einen griechischen Tempelgiebel erinnernden Dreiecksaufbau, der mit dem am Boden zerbrochenen Kriegerdenkmal einerseits und mit der hereinstürzenden Frau andererseits gegeben ist; durch die vertikal orientierten Formationen beiderseits, die links mit der Gruppe des Stiers und der ihr totes Kind tragenden Frau und rechts mit der brennenden Frau gegeben sind und die das Ganze im Sinne eines Dreiflügelaltars oder eines Triptychons gliedern – das alles mit dem Gesamtergebnis, daß sich Giebelkomposition und Triptychon[31], antike und christliche Form, zu einem konzentrischen, durch die ausdrücklich gemachte Mittelachse noch eigens betonten Aufbau durchdringen. Diese Durchdringung innerhalb der Makrostruktur des Bildes durchdringt sich ihrerseits mit dessen Mikrostruktur, nämlich mit einem System aus wechselnd größeren und kleineren schwarzen, weißen und grauen Flächenbezirken, die – akzentuiert durch lineare Duktusvielfalt – die gesamte Bildfläche in erregendem Rhythmus überziehen. In seiner Gesamtheit stellt sich Picassos Bild als eine ganzheitliche und in sich selbst hochkomplexe, in ihrer Makrostruktur monumental gegliederte und zugleich in ihrer Mikrostruktur erregend rhythmisierte Ausdrucksphänomenalität dar, die – als solche über Empirie und Mimesis erhoben – aus den überempirische Vorstellungen erwekkenden Einzelfigurationen der Figuren und Dinge gebildet ist: Vermöge ihrer selbstevidenten Ganzheitsgestalt bringt die in ihrer Makrostruktur monumental gegliederte und in ihrer Mikrostruktur erregend rhythmisierte Ausdrucksphänomenalität des gesamten Bildes sowohl die im Modus einer überempirischen Vorstellung präsenten Figuren und Dinge in einen notwendigen, ganzheitlichen Zusammenhang, wie sie zugleich die Vorstellung einer szenischen Totalität eröffnet, welche die inkohärenten Sinnebenen des direkten Bedeutens (in den Frauen), des metaphorischen Bedeutens (in den Tieren) und des metonymischen Bedeutens (in der Statue des Kriegers) ohne Verlust ihrer Verschiedenheit und dennoch konfliktlos in sich einbegreift. Die überempirischen Vorstellungen des jeweiligen Figürlichen und Dinglichen gehen auf in der Vorstellung einer außerempirischen Szene.

VI

Picassos Bild „Guernica" vereinigt die im Modus einer überempirischen Vorstellung präsenten Figuren und Dinge mitsamt deren semantisch verschiedenen, direkten, metaphorischen und metonymischen Bedeutungen zur Vorstellung einer außerempirischen, empirisch schlechthin nicht vorstellbaren Ereignistotalität, das heißt einer metaszenischen Ereigniseinheit jenseits jeder empirisch bestimmten (oder bestimmbaren) szenischen Einheit, welche auf die semantische Kompatibilität der koagierenden Rollenträger oder auch, zum Beispiel, auf die Einheit der drei Einheiten, der Einheit des Ortes, der Einheit der Handlung und der Einheit der Zeit zu beziehen wäre: alle diese Bestimmungen betreffen nicht die metaszenische Ereigniseinheit. Picassos Bild „Guernica" referiert auf die Vorstellung der metaszenischen Ereigniseinheit, indem es zum einen die überempirische, durch empirische Erinnerungsbilder nicht einzulösende Vorstellung von Frauen, von Tieren und von einer Statue erweckt, und indem es zum anderen und darüber hinaus die metaszenische Ereigniseinheit als den vorgestellten und nur als Vorstellung möglichen szenischen Zusammenhang stiftet, mithin die außerempirische Sinneinheit aus den Sinnebenen des direkten, des metaphorischen und des metonymischen Bedeutens selbst setzt. Die vorgestellte metaszenische Ereigniseinheit ist von grundsätzlich anderer Art als die überempirische Vorstellung von Figuren oder Gegenständen, einer Geige (Abb. 2), einer Frauengestalt oder einer Statue zum Beispiel. Sind nämlich diese, als solche, Gegebenheiten der außerikonischen Wirklichkeit, so ist die metaszenische Ereigniseinheit ohne jedwedes außerikonische Vorkommen und zudem ohne literarische Referenz. Das Bild erweckt die Vorstellung der metaszenischen Ereigniseinheit, indem es eine Ganzheit ist, innerhalb derer – vertreten durch die Frauen, die Tiere und die Statue – die verschiedenen und am Maßstab eines empirischen szenischen Handlungszusammenhanges inkohärenten Geltungen des direkten, des metaphorischen und des metonymischen Bedeutens gleichwohl zu szenischer Kohärenz kohärieren und auch kohärieren können, weil die Bildfigurationen der Frauen, der Tiere und der Statue selbst überempirische Vorstellungen erwecken, die mit der empirischen Sichtbarkeitsgegebenheit von Frauen, von Tieren und von einer Statue nicht zu verwechseln sind. Wie aber die überempirische Vorstellung von Frauen, von Tieren und von einer Statue bildbedingt und mit nichts schon Gesehenem zu verwechseln ist, so ist – erst recht und darüber hinaus – die auf dieser überempirischen Vorstellung aufbauende Vorstellung der metaszenischen Ereigniseinheit bildbedingt und mit nichts Gegebenem zu verwechseln: Die Vorstellung des außerempirischen, nicht gegebenen Szenischen gründet in der Vorstellung des überempirischen, nicht gesehenen Figürlichen.

Es ist die in Picassos Bild thematische Vorstellung einer metaszenischen Ereigniseinheit, welche verschiedene und sogar einander widersprechende Deutungen (zum Beispiel des Stiers oder des Pferdes) trägt, und es ist die Vorstellung der metaszenischen Ereigniseinheit, die Handlungsträger mit direkter, metaphorischer und metonymischer Bedeutung konfliktlos vereint, und zwar mit dem sehr besonderen Ergebnis, daß das historisch faktische Schreckensereignis des Bombenangriffs auf Guernica ohne Preisgabe seiner historischen Faktizität in den Kontext eines absoluten, zeitlich und örtlich nicht mehr determinierbaren Geschehens eingeht, aber auch umgekehrt dieser Kontext – wiederum ohne Preisgabe seiner Absolutheit – nicht ohne jenes Faktisch-Historische ist. Wie immer, ganz zweifellos, die unmittelbare Betroffenheit, die das Bild im Beschauer auslöst, gerade auch dem Schreckensereignis in Guernica gilt, so eröffnet doch die Integration des Historisch-Faktischen in einen zeitlich und örtlich nicht mehr determinierbaren Kontext eine Vorstellung, die ohne das Bild nicht zu gewinnen ist.

Wichtigste Einsichten in Entstehung, Bedeutungsvielfalt und formalen Aufbau des Bildes „Guernica“ werden Rudolf Arnheim verdankt. So findet sich bei Arnheim die Feststellung, daß die Figuren und Dinge, die Menschen, die Tiere und die Statue im Bilde konfliktlos koagieren oder koexistieren. “Neither the broken warrior nor the bull nor the bird is a stranger in the setting of the picture, in the sense in which (. . .) the female figure of Liberty (. . .) in Delacroix‘ ‚Liberty Leading the People on the Barricades‘, is a stranger among the faithfully portrayed contemporaries of the painter. By 1937 the art of painting had made possible a reality level at which deformities of shape and space and incongruities of subject matter portray the world as it is. At that level the broken warrior and the frightended women have equal reality status. But in order to establish this level, the painter had not only to remove the appearance of the women and of the setting sufficiently from that of the actual Basque town and its inhabitants, he had also to dematerialize each object and to break up the continuity of physical space. The fragmentary statue could not assume the same status as the horse if the volume of the horse's body were not similarly decomposed into fragments in the cubist manner"[32]. Und grundsätzlich heißt es: "The deformed figures of much modern art are not monsters when they appear in an equally deformed world. Few of Picasso's deformed women and children are properly interpreted as ‚distorted'. The creatures of Bosch or Brueghel are monsters because the realistic treatment of shape, color, and space puts them in a setting of material solidity, in which their shapes and actions must be taken literally"[33]. Die deformierten Figurationen in Picassos Bild „Guernica" sind dagegen im Verständnis Arnheims nicht wörtlich zu nehmen.

Es läßt sich – gerade auch im Sinne der Interpretation Arnheims – durchaus nicht bezweifeln, daß die Wirklichkeitsebene, von der Arnheim spricht und auf der die Handlungsträger in szenisch inkompatiblen Rollen gleichwohl konfliktlos koexistieren und koagieren, eine unbedingt positive Sinndimension des Bildes ist, und es bleibt selbstverständlich auch ganz unproblematisch, diese Wirklichkeitsebene grundsätzlich mit der von uns angesprochenen metaszenischen Ereigniseinheit gleichzusetzen. Übereinstimmung besteht auch darin, daß die von Arnheim angesprochene Wirklichkeitsebene wie ebenso die metaszenische Ereigniseinheit eine Realität in der Vorstellung ist – sehr im Unterschied zu Delacroix' Bild „Die Freiheit führt das Volk auf die Barrikaden" (Abb. 8; 1830, 260x325 cm, Louvre, Paris), wo die prinzipiell mimetische Darstellungsweise eine prinzipiell empirische und in diesem Sinne vorstellungsfeindliche Gleichstellung der allegorischen Figur der Freiheit mit den sonstigen zeitgenössischen Figuren ermöglichen kann, zum Beispiel mit dem Porträt von Delacroix selbst: als sei die Figur der Freiheit eine reale Figur wie die anderen Figuren auch[34]. Angesichts des Bildes „Guernica" ließe sich dagegen – um auf eine Definition von G.-Albert Aurier zurückzugreifen – von einer Bildlichkeit sprechen, welche „das Gegenständliche auf das, was für seinen Zeichencharakter wesentlich ist, reduziert und insofern das Recht hat, die Gegenstandsformen zu übertreiben, zu mildern, zu deformieren". Aurier hat diese Feststellung in Hinsicht auf eine Malerei getroffen, die er die „ideistische" nennt und die er vor allem in der Kunst Gauguins verwirklicht sah. Die „ideistische" Bildlichkeit vermeidet es, „den trügerischen Eindruck von Natur zu geben, der auf den Betrachter wie die Natur selbst wirken würde", sie ist prinzipiell nicht-mimetisch, selbstgesetzlich und ihrem Wesen nach „dekorativ", wobei sich – in der Begrifflichkeit Auriers, aber auch in der von Maurice Denis – Dekoration und Expression zur Ununterscheidbarkeit ineinander vermitteln. Die Definition des Kunstwerks, so schreibt Denis, „c'est d-être à la fois décoration et expression, ornement et poésie; c'est de fuir le trompe-l'œil et le mensonge". Im Selbstverständnis der ideistischen Malerei und deren Theorie ist ein solcher Satz gegen alle Ausprägungen des Realismus gerichtet, innerhalb dessen das Zeichen von dem, was es bezeichnet, nicht unterschieden werden soll[35]. Im Verständnis der ideistischen Malerei ist das Bild durchaus nicht auf ein mimetisches Surrogat beschränkt. Gerade diese Beschränkung wird der empirisch-mimetischen Darstellungsweise vorgeworfen.

Daß die Darstellungsweise in Picassos Bild „Guernica" durchaus nicht-mimetisch und insofern eine Provokation der Vorstellung ist, hebt selbstverständlich auch Arnheim hervor. Wenn gleichwohl ein möglicher Unterschied zwischen der Bildinterpretation Arnheims und der unsrigen besteht, so besteht er allein in Hinsicht auf die Frage, wie die durch das Bild provozierte Vorstellung beschaffen ist, ob sie sich wenn auch nicht in empirischen Abbildern so doch in empirischen Erinnerungsbildern erfüllt oder nicht und ob und wie sie sich mit der Anschauung des Bildes vermittelt. Dazu die folgenden Überlegungen.

Den zitierten Sätzen Arnheims zufolge ist jene Wirklichkeitsebene durch eine Bildfaktizität „etabliert", die sich als eine Gesamtstruktur aus durchgehend deformierten Einzelfigurationen erweist. Die deformierten Einzelfigurationen bedeuten nicht Monstren (wie bei Bosch oder Brueghel), sondern Frauen, Tiere und eine Statue, und dies in eben dem Maße, in welchem die deformierten Figurationen nicht als sie selbst und „wörtlich" genommen, wohl aber die Frauen, die Tiere und die Statue in sie hineingesehen werden. Nimmt man es systematisch, so läßt die Interpretation Arnheims eine sehr wichtige Unterscheidung zwischen den Kategorien einer eigentlichen und einer uneigentlichen bildlichen Gegenstandsrepräsentation oder auch zwischen den Kategorien eines eigentlichen und eines uneigentlichen Gegenstandssehens zu, wobei der Kategorie des eigentlichen Gegenstandssehens eine mimetische, der des uneigentlichen Gegenstandssehens dagegen eine nicht-mimetische Gegenstandsdarstellung entspricht. Nur einem uneigentlichen Gegenstandssehen erweisen sich die deformierten Figurationen nicht als Monstren – die Deformationen zählen nicht, wenn die Frauen, die Tiere und die Statue in sie hineingesehen werden. Unter diesem Aspekt ist eine Parallele der Bildauffassung Arnheims zu der Kahnweilers unverkennbar: Gemäß der Interpretation Kahnweilers fällt der geometrische Eindruck des Bildes dem hineingesehenen Gegenständlichen zum Opfer, wie gemäß der Interpretation Arnheims die Deformationen den hineingesehenen Frauen, den Tieren und der Statue zum Opfer fallen. Jedesmal ist das Hineingesehene ein Erschließungsprodukt im Bewußtsein des Beschauers, jedesmal ist es eine durch das Bild veranlaßte, aber von der Anschauung des Bildes abgelöste Vorstellung. Kann sich aber die Rolle des Bildes als eines selbst Anschaulichen und Anschauungswürdigen darin begründen und erschöpfen, eine von der Anschauung sich ablösende Vorstellung zu erwecken? Ist dann überhaupt noch von Bildlichkeit zu reden? Diese Frage ist wie schon an Kahnweiler so auch an Arnheim zu richten, wie immer die Auffassungen beider Autoren nicht vollends übereinstimmen.

Unterschiedlich zu Kahnweilers Interpretation des kubistischen Bildes beschreibt Arnheim die Komposition des Bildes „Guernica" als solche selbst, das heißt er würdigt sie als eine der Anschauung gegebene Phänomenalität, die gegenständlich nicht determiniert und auch unter gegenständlichen Vorstellungskategorien nicht zu diskutieren ist, wenngleich (nolens volens) Gegenstandsdaten zur bildtopographischen Orientierung benutzt werden. So heißt es zum Beispiel: "Picasso prevented the composition from falling to pieces by the symmetrical correspondence of the flanks – the bull at the left, the falling woman at the right – and the roughly equilateral triangle culminating in the oil lamp. The triangle is low, vaguely outlined, pierced by protruding shapes, and there is no tidy distinction between what is going on inside it and outside it. Many shapes, similar in size and character, strongly bent, jagged, narrow, cover the total surface of the canvas rather evenly"[36]. Wie sollten diese Feststellungen Arnheims nicht die Anschauung des Bildes betreffen, und wie sollten sie anders als in der Anschauung des Bildes zu treffen sein, also das Hinsehen und nicht das Hineinsehen oder das sehende Sehen und nicht das wiedererkennende Gegenstandssehen voraussetzen?

Es läßt sich indessen in keiner Hinsicht bezweifeln, daß die Formelemente der von Arnheim beschriebenen und als sie selbst für anschauungswürdig erachteten Bildkomposition in einem unauflöslichen Zusammenhang mit den sämtlichen Deformationen bestehen, die im Verständnis Arnheims zwar nicht ein eigentliches Gegenstandssehen von Monstren oder Mißgestalten, aber doch ein uneigentliches Gegenstandssehen, das heißt ein Vorstellen von Frauen, von Tieren und einer Statue auslösen und in dieser Funktion für die Anschauung nicht eigentlich zählen. Für das Bild entscheidend ist aber eben jener unauflösliche Zusammenhang, er ist geradezu bildkonstitutiv, und er betrifft zugleich das bildgegebene Wechselverhältnis zwischen Anschauung und Vorstellung: den entscheidenden und bildkonstitutiven Zusammenhang zwischen Form und Deformation reflektiert Arnheim nicht oder jedenfalls nicht ausdrücklich. Arnheim stellt, mit anderen Worten, das Bild nicht als eine der Anschauung gegebene eigengesetzliche Kohärenz- und Totalitätsstruktur aus empirischen Inkohärenzen zur Diskussion und bringt mithin nicht die in diesem Kohärieren selbst übergegensätzliche Bildqualität zur Sprache, welche – als eben diese – selbst überempirische Vorstellungen erweckt, das heißt Vorstellungen von Figuren und Dingen über deren empirisch einlösbares Erscheinen hinaus. Wird aber dieses Darüberhinaus verkannt (oder interpretatorisch nicht ausdrücklich gemacht), verbleibt also das Vorgestellte im empirisch Einlösbaren, so zerfällt der bildkonstitutive Zusammenhang zwischen Kohärenz und Inkohärenz und mit diesem zugleich der Zusammenhang zwischen Anschauung und Vorstellung: Entweder gewinnt man die empirisch einlösbare Vorstellung von Frauen, von Tieren und einer Statue, wobei diese Vorstellung die Anschauung des Bildes als einer formalen Komposition aus Dreiecken, aus Formen von ähnlicher oder auch verschiedener Art aussetzt, oder man nimmt anschauend das Bild als eine formale Komposition aus Dreiecken, aus Formen von ähnlicher oder auch verschiedener Art wahr, wobei jene Vorstellung von Frauen, von Tieren und von einer Statue gar nicht erweckt wird.

Vergleicht man (zweifellos vereinfachend) die Interpretationen Kahnweilers und Arnheims, so reflektieren beide nicht auf das Bild als eine selbst anschauungswürdige, selbstevidente, das heißt eigengesetzlich notwendige Kohärenz- und Totalitätsstruktur aus empirischen Inkohärenzen. Kahnweilers Interpretation eines kubistischen Bildes, zum Beispiel des Bildes „Violon" (Abb. 2), läßt sich in diesem Sinne zusammenfassen: Sie reflektiert auf das Bild als auf das Vorstellungsangebot eines Gegenstandes, einer Geige, in der unbestimmten Vielfalt jeweils möglicher, das heißt empirisch determinierter gegenständlicher Erinnerungsbilder. Das Bild ist, nach Kahnweiler, über jede nur empirisch-mimetische, standpunkt- und ansichtsbedingte Gegenstandsdarstellung hinaus, indem es jene Vielfalt der jeweils möglichen Erinnerungsbilder zuläßt. Das Bild ist indessen nicht verstanden als eine Totalitätsgestalt. Es ist als ein nur summatives Angebot gegenständlicher Vorstellungen offen auf die Summe dieser Vorstellungen und fällt jeder dieser Vorstellungen jeweils zum Opfer. In der Konsequenz, daß die Anschauung des Bildes der Gegenstandsvorstellung jeweils zum Opfer fällt, ist Kahnweilers Interpretation des kubistischen Bildes eindeutig: Anschauung ohne Gegenstandsvorstellung ist sinnlos.

Arnheims Interpretation des Bildes „Guernica" unterbietet das Bildverständnis Kahnweilers und überbietet es zugleich. Sie unterbietet es, indem sie das Bild durchaus nicht als ein summatives, auf die Vielfalt jeweils möglicher Erinnerungsbilder offenes Vorstellungsangebot deutet. Denn Arnheim spricht zwar wie selbstverständlich von bestimmten Figuren und Gegenständen, er liefert aber – unterschiedlich zu Kahnweiler – keinerlei Begründung für deren besondere und bildgegebene, am Maßstab der Empirie deformierte Figuration. Sodann überbietet Arnheims Bildinterpretation das Bildverständnis Kahnweilers, indem sie das Bild in seiner Gesamtkomposition für anschauungswürdig erachtet: Das Bild ist als komponierte Anschauungsgegebenheit nicht schlechthin sinnlos. Jedoch schließt die Bildinterpretation Arnheims das folgende Alternativverhältnis zwischen Anschauung und Vorstellung ein oder jedenfalls methodisch nicht ausdrücklich aus: Entweder fällt das Bild als ein Phänomen der Anschauung, nämlich als eine Ganzheitskomposition aus Dreiecken, aus Formen von gleicher und von verschiedener Art, der Vorstellung von Frauen, von Tieren und einer Statue zum Opfer, oder diese Vorstellung fällt der Anschauung des Bildes als jener Ganzheitskomposition zum Opfer. In dieser Konsequenz ist die Interpretation Arnheims zweideutig. Die eine wie die andere Einstellung verfehlt das Bild als eine eigengesetzliche, empirische Inkohärenzen versöhnt in sich aufgehoben enthaltende Kohärenz- und Totalitätsstruktur, und zugleich verfehlt die eine wie die andere Einstellung die durch das Bild erweckte Totalitätsvorstellung als eine solche, die sich dem Maßstab der außerikonischen Sichtbarkeitsempirie entzieht. Und schließlich: Wie sollte die in Picassos Bild „Guernica" thematisierte metaszenische Ereigniseinheit, nämlich der szenische Zusammenhang von Handlungsträgern mit verschiedener, direkter, metaphorischer und metonymischer Bedeutung, eine Vorstellungswirklichkeit derjenigen Art sein, die sich im Vorstellungsrahmen empirischer Gesehenheiten aufhält?

Was unsere Interpretation des Bildes „Guernica", aber auch des Bildes „Violon" betrifft, so setzt sie – um schon Gesagtes zu wiederholen und auch zu ergänzen – die Selbstevidenz des Bildes als einer formalen, eigengesetzlichen Kohärenz- und Totalitätsstruktur aus empirischen Deformationen und Inkohärenzen voraus. Eine solche übergegensätzlich komplexe, empirische Inkohärenzen zu eigengesetzlicher Kohärenz versöhnende Totalitätsstruktur hat in der empirischen, außerikonischen Sichtbarkeitswelt kein Vorkommen, sie ist vielmehr eine genuine Hervorbringung des Bildes und nur des Bildes. Ihre Erfahrung bedarf der konkreten, aktuell sich ereignenden Bildanschauung und ist ohne konkrete Bildanschauung nicht zu gewinnen. Für die Anschauung einer übergegensätzlichen, eigengesetzlichen Kohärenz- und Totalitätsstruktur aus empirischen Inkohärenzen ist das Bild selbst als ein Phänomen der Anschauung unersetzlich, und seine Anschauung ist unersetzlich für die Vorstellung, die es erweckt. Und zwar ist das Bild, das Bild „Violon" wie ebenso das Bild „Guernica", als eine übergegensätzliche, empirische Inkohärenzen zu formaler, eigengesetzlicher Kohärenz vereinigende Totalitätsstruktur der paradigmatische, der konkreten Bildanschauung zugängliche und auf konkrete Bildanschauung angewiesene strukturale Rahmen, der sich mit empirisch nicht einzulösenden Totalitätsvorstellungen auffüllen läßt – mit der überempirischen Vorstellung einer in der Lebenswelt existenten Geige oder gar mit der außerempirischen Vorstellung einer in der Lebenswelt überhaupt nicht denkbaren Szene, einer metaszenischen Ereigniseinheit nämlich, innerhalb derer die Frauen, die Tiere und die Statue in jeweils überempirischer Vorstellungsgegebenheit zur Kohärenz ihres jeweiligen direkten, metaphorischen und metonymischen Bedeutens koexistieren und koagieren. Mit alledem ist selbstverständlich nicht gesagt, daß das Bild, das Bild „Violon" wie ebenso das Bild „Guernica", als die jeweils anschauliche und unverzichtbar anschauliche Rahmenbedingung der jeweiligen Totalitätsvorstellung das Vorgestellte in einer Art Eins-Zu-Eins-Verhältnis abbildet oder auch abbilden könnte. Wenn aber das Bild als eine übergegensätzliche Kohärenzgestalt aus Inkohärenzen die paradigmatische strukturale Rahmenbedingung der von ihm jeweils provozierten Totalitätsvorstellung ist, läßt sich von der Anschauung des Bildes nicht absehen: Dann nämlich bestünde – unausweichlich – die Gefahr, entweder die Bildanschauung überhaupt zu negieren zugunsten einer befreiten, empirisch einlösbaren Vorstellung, oder eine ebensolche Vorstellung in ein alternatives

Verhältnis zur Anschauung des Bildes zu bringen – beides zum Schaden des Bildes als einer Anschauungstotalität sui generis wie auch zum Schaden der durch diese fundierten Totalitätsvorstellung eines Dinglichen, Figürlichen oder auch Szenischen über das empirisch Gegebene und empirisch Vorstellbare hinaus.

Jedes wie immer auf Vorstellung angelegte Bild ist auf die Korrelation von Anschauung und Vorstellung angelegt, es kann sich nicht der Vorstellung, die es provoziert, zum Opfer bringen. Es ist eine elementare Aufgabe der Malereikunst, Vorstellung und Anschauung miteinander zu vermitteln, sei es, daß – im Sinne der italienischen Renaissance und in deren Begriffen gesprochen – eine an der Empirie orientierte Idealitätsvorstellung („disegno interno") das Bild als eine mimetische Anschauungsgegebenheit („disegno esterno") hervorbringt, die mit jener Vorstellung korreliert, sei es, daß – im Sinne des Kubismus und der an ihn anschließenden Konzeption – das Bild als eine nicht-mimetische, empirische Normen außer Kraft setzende Anschauungsgegebenheit mit Vorstellungen sich auffüllt, die mit jener Anschauungsgegebenheit korrelieren. Wie immer die Vorstellungen voneinander verschieden sind – die eine, empirisch orientierte, der sich das Anschauliche des Bildes verdankt, von der anderen, über- oder gar außerempirisch orientierten, die sich dem Anschaulichen des Bildes verdankt –: niemals bringt die Vorstellung die Anschauung oder umgekehrt diese jene zum Verschwinden. Was verschwindet, ist die Alternative von Vorstellung und Anschauung. Und nur in der Anschauung gewinnt die Vorstellung aktuelle Präsenz.

VII

Wichtige Thesen der Kunsttheorie Adornos lassen sich unter den Kategorien von Kohärenz und Inkohärenz und insbesondere unter dem Gesichtspunkt der Beziehung zwischen beiden diskutieren, wenngleich Adorno nur den Begriff der Kohärenz, nicht aber den der Inkohärenz verwendet. Es mag nützlich sein, Adornos Überlegungen in knapp-systematischer Darstellung in Erinnerung zu rufen und sie zu den Grundsätzen der vorstehenden Bildauffassung ins Verhältnis zu setzen, gerade auch im Hinblick auf Picassos Bild „Guernica" als einer der wichtigsten, hochkomplexen und paradigmatischen Schöpfungen der modernen Malerei[37].

Was innerhalb der Theorie Adornos erstens die Kohärenz betrifft, so ist sie für das Kunstwerk schlechthin spezifisch und unter keinem Aspekt wegzuargumentieren, denn die „bestimmte Antithese eines jeglichen Kunstwerks zur bloßen Empirie erfordert dessen Kohärenz". Adorno erachtet „die unabdingbare Nötigung zur Kohärenz, die stets zerbrechliche Utopie der Versöhnung im Bilde" für grundsätzlich gegeben, wie immer Kohärenz mit Inkohärenz korreliert. Das Kunstwerk kann als solches die Qualität der Kohärenz nicht abwerfen. Was dagegen, zweitens, die Inkohärenz betrifft, so ist sie „fehlender Zusammenhang" oder „Krisis des Sinns" und spezifisch für die Moderne, welche selbst – Adorno zufolge – Kohärenz als Schein entlarvt: „Der Schein der Kunst, durch Gestaltung der heterogenen Empirie sei sie mit dieser versöhnt, soll zerbrechen." Adorno erläutert den Durchbruch zur Inkohärenz am Beispiel der (im Kubismus entwickelten) Montage, die er für alle nachimpressionistische, „neue Kunst" exemplarisch setzt in Hinsicht darauf, daß das „Gefädel, das organizistische Ineinander (. . .) durchschnitten" und überhaupt „der Glaube zerstört" werden solle, „eins füge sich lebendig zum anderen". Nach der Meinung Adornos ist „Montage" als das Prinzip der Moderne „die innerästhetische Kapitulation der Kunst vor dem ihr Heterogenen", wobei – mit Adorno – festzustellen bleibt, daß das solcher ‚montagehafter' Inkohärenz selbst innewohnende Zusammenhanglose vorzüglich eine Eigenschaft der Mikro- und nicht Makrostruktur des Werks ist. Dazu der Satz: „(. . .) der Mikrostruktur nach dürfte alle neue Kunst Montage heißen." Die Vermittlung von Inkohärenz und Kohärenz (oder auch von Kohärenz und Inkohärenz) ist somit bestimmt durch ein Verhältnis zwischen Mikro- und Makrostruktur, und was, nunmehr drittens, dieses Vermittlungsverhältnis betrifft, so beschreibt Adorno es in offenkundig unterschiedlicher Bewertung bald als Dilemma und bald als sine qua non – sei es, daß „Unverbundenes (. . .) von der übergeordneten Instanz des Ganzen zusammengepreßt" wird, „so daß die Totalität den fehlenden Zusammenhang der Teile erzwingt und damit freilich aufs neue zum Schein von Sinn wird", sei es, daß sogar „die sogenannte absurde Literatur" teilhat „an der Dialektik, daß sie als Sinnzusammenhang, in sich teleologisch organisiert, ausdrückt, daß kein Sinn sei, und dadurch in bestimmter Negation die Kategorie des Sinns bewahrt": „Noch wo die Kunst gegen ihre Neutralisierung zu einem Kontemplativen revoltiert, auf dem Äußersten von Unstimmigem und Dissonantem besteht, sind ihr jene Momente zugleich solche von Einheit; ohne diese würden sie nicht einmal dissonieren."

Es ist hier nicht näher zu erörtern, daß – und aus welchen vor allem in der „Negativen Dialektik" (1964) dargelegten Gründen – die Kunsttheorie Adornos, zumal die der Moderne, Kohärenz mit Sinn und Sinn mit Schein ineinssetzt, wenn es zum Beispiel heißt, „Schein" sei „die Kunst am Ende dadurch, daß sie der Suggestion von Sinn inmitten des Sinnlosen nicht zu entrinnen vermag": eben wegen jener für jegliches Kunstwerk verbindlichen „Nötigung zur Kohärenz". Und es ist hier auch nicht aufzuführen, welche Argumente gegen die von Adorno behauptete Ineinssetzung von Sinn und Schein formuliert worden sind und ob und mit welchem Recht die negative Kategorie des Scheins durch die positive des Vor-Scheins ersetzt werden kann oder muß, eines Vorausscheinens und nicht eines Zum-Vorschein-Bringens[38]. Was hier interessiert, ist allein die Wechselbeziehung zwischen Kohärenz und Inkohärenz, von der die Theorie Adornos handelt. Soll nämlich – wie es nahegelegt ist – die Auffassung Adornos von der modernen Kunst generell so verstanden werden, daß niemals Kohärenz, dagegen immer Inkohärenz als „fehlender Zusammenhang" und „Negation des Sinns" primär und thematisch ist und Kohärenz eigentlich unthematisch und nur sekundär sich entweder zu jenem Thema als „oktroyierte Einheit" dissonant verhält oder in dessen Funktion tritt und garantiert, daß die Daten des Unzusammenhangs „zählen" oder (in der vom Autor zitierten Redeweise der Künstler) „sitzen" und nicht „ohnmächtig verpuffen", so ist solchem Verständnis geradezu exemplarisch Picassos „Guernica" entgegenzuhalten: als eine Bildlichkeit, in welcher Inkohärenz sowohl als Thema selbst wie auch in der Funktion für Kohärenz zur Geltung kommt, das heißt für eine ihrerseits thematische Einheit, die ohne das offensichtliche, gezeigte Kohärieren von ebenfalls offensichtlichem und gezeigtem Inkohärentem nicht sein kann, die also – übergegensätzlich und radikal innovativ – auf nichts sonst gegebenes Einheitliches oder auch Uneinheitliches referiert und gewiß nicht zu deuten ist als ein „Harmonie-Ideal", das „Anbiederung an die verwaltete Welt" befürchten läßt.

Entsprechend der Theorie Adornos ist die Absicht der modernen Kunst eindeutig gegen Einheit und Sinn gerichtet. „Negation der Synthesis" werde „zum Gestaltungsprinzip", und noch „gegen ihren Willen" gerieten „Kunstwerke zu Sinnzusammenhängen, wofern sie Sinn negieren". Diese Aussagen kann Picassos Bild „Guernica" widerlegen, indem es – was ausgeführt werden sollte – als die Vorstellungseröffnung einer metaszenischen Ereigniseinheit eine Struktur der Synthesis ist. Vermöge bildgestifteter, wahrhaft errungener und nicht ungemeinter oder nur unvermeidlicher Kohärenz von Inkohärentem ist das historisch faktische Schreckensereignis des Bombenangriffs auf Guernica aufgehoben im Kontext eines absoluten, zeitlich und örtlich nicht mehr determinierbaren Geschehens, welches selbst gleichwohl ohne den Bezug auf das Historisch-Faktische nicht verstanden und von diesem nicht abgelöst werden kann.

In Adornos Theorie der Moderne ist Kohärenz entweder ein Instrument für Inkohärenz, um Sinnlosigkeit gleichsam zu präzisieren, oder Kohärenz ist oktroyierte Form und damit eine Behinderung des Sinnlosen, sogar letztenendes ein genuines Unvermögen der Kunst, Inkohärenz und Sinnlosigkeit ohne die Mitkonstitution von „Sinn-Ähnlichem" zu exponieren. Im einen wie im anderen Falle wird das Verhältnis zwischen Kohärenz und Inkohärenz gemessen am Maßstab der Inkohärenz. In Picassos Bild „Guernica" dagegen ist das Verhältnis zwischen Kohärenz und Inkohärenz zu messen am Maßstab ihrer Vermittlung. Eben dieses Kohärieren von Inkohärenz und Kohärenz ist die eigentliche Botschaft. Sie ist eine Vermittlung von Historie und Mythos, das heißt eine Aussicht, die Sinnlosigkeit des Historischen zu bewältigen. Die Vermittlung von Inkohärenz und Kohärenz ist eine Perspektive auf Freiheit von Sinnlosigkeit.

Anmerkungen

1 Friedrich Theodor Vischer, *Ästhetik oder Wissenschaft des Schönen (Die Künste)*, Stuttgart 1853-54, S. 547, 574 ff.

2 Zu den „Strukturalen Konstellationen" s. (u. a.) François Boucher, *Josef Albers – Trotz der Geraden*, Bern 1961; Eugen Gomringer, *Josef Albers – Das Werk des Malers und Bauhausmeisters als Beispiel zur visuellen Gestaltung im 20. Jahrhundert*, Starnberg 1968; Gottfried Boehm, „Die Dialektik der ästhetischen Grenze – Überlegungen zur gegenwärtigen Ästhetik im Anschluß an Josef Albers", in *Neue Hefte für Philosophie* 5 (1973), bes. S. 131 ff.; Max Imdahl, „Überlegungen zur Identität des Bildes", in *Identität*, hg. von Odo Marquard und Karlheinz Stierle, München 1979, S. 206 ff.

3 Zum reziproken Wechselverhältnis zwischen Thema und Horizont s. Karlheinz Stierle, „Was heißt Rezeption bei fiktionalen Texten?", in *Poetica* 7 (1975), S. 345 ff.

4 **Erwin Panofsky**, „Die Perspektive als ‚symbolische Form'", in *Vorträge der Bibliothek Warburg,* 1924/25, Leipzig, Berlin 1927; zitiert wird nach Erwin Panofsky, *Aufsätze zu Grundfragen der Kunstwissenschaft,* hg. von H. Oberer und E. Verheyen, Berlin 1974, S. 40.

5 Zitiert nach Katalog Georges Braque, 18. Oktober bis 15. Dezember 1963, München 1963, S. 12 (Text von Douglas Cooper). – Auf eine mögliche Beziehung zur Philosophie Husserls hat Guy Habasque, „Cubisme et Phénoménologie", in *Revue d'esthétique* II (1949), S. 151 ff., hingewiesen.

6 Interview (wohl um 1908) von Gelett Burgess mit Georges Braque, in *The Architectural Record,* New York (Mai 1910); zitiert nach Edward Fry, *Der Kubismus,* Köln 1966, S. 61, – man kann hinweisen auf das Motiv der „Drei Grazien", welches als ikonographisches Thema jenes formale Darstellungsprogramm in sich einbeschließt.
Die Literatur zum Kubismus ist – wie ebenso die zu Picasso – nahezu unübersehbar und hier nur in äußerst knapper Auswahl anzugeben. Eine nützliche (von Claudia Müller getroffene) Auswahl findet sich in *Zeichnungen und Collagen des Kubismus: Picasso – Braque – Gris,* Katalog der Kunsthalle Bielefeld, 1979. Das genannte Buch von Fry liefert eine reich dokumentierte Rezeptionsgeschichte der kubistischen Malerei zur Zeit ihrer Blüte.
Im Verlaufe unserer folgenden Darlegungen wird insbesondere auf die Kubismus-Theorie von Daniel Henry Kahnweiler, *Der Weg zum Kubismus,* München 1920; Neuauflage Stuttgart 1958, Bezug genommen. Im übrigen ist der Anmerkungsapparat auf ein Minimum beschränkt. Zu einer ausführlicheren Diskussion wichtiger Kubismus-Theorien s. den Aufsatz „Cézanne – Braque – Picasso: Zum Verhältnis zwischen Bildautonomie und Gegenstandssehen", in *Wallraf-Richartz-Jahrbuch* XXXVI (1974), S. 325 ff. Die dort unternommene Interpretation kubistischer Bilder stimmt mit der hier vorgebrachten nicht in sämtlichen Gesichtspunkten überein – gerade auch in Rücksicht auf die hier thematische Dialektik von Inkohärenz und Kohärenz. Wichtig neuerdings Gundolf Winter, „Zur Genese der kubistischen Bildvorstellung bei Picasso, Braque und Gris", in Katalog Bielefeld, S. 327 ff.

7 Kahnweiler, o. Anm. 6, S. 49 ff.

8 Zur Unterscheidung zwischen sehendem Sehen und wiedererkennendem Gegenstandssehen s. den Aufsatz „Cézanne – Braque – Picasso", o. Anm. 6; S. 325 ff.

9 S. zum Begriff der Architektur in Anwendung auf ein Bild die Angaben in unserer Anm. 24.

10 Unter den für jede Bilddefinition grundlegenden Kategorien von Anwesenheit, Abwesenheit und Abwesenheit in Anwesenheit oder auch unter den Kategorien von Aktualität, Potentialität und Potentialität in Aktualität läßt sich in Hinsicht auf Picassos Bild „Violon" folgendermaßen formulieren: Das Bild als das Anwesende ist auf den Gegenstand bezogen, aber es ist nicht mit dessen Anwesenheit zu verwechseln, es täuscht dessen Anwesenheit nicht vor. Insofern ist der Gegenstand in der Anwesenheit des Bildes in Abwesenheit anwesend. Und ebenso ist der Gegenstand als das Abwesende, das heißt als das mit der Anwesenheit des Bildes nicht zu Verwechselnde, anwesend im

Modus seiner Vorgestelltheit. Oder auch: Die aktuelle Abwesenheit des Gegenstandes entspricht seiner potentiellen Anwesenheit, welche selbst als diese Potentialität sich aktualisiert in der Anschauung des Bildes als einer aktuell anwesenden Gegebenheit, die nicht mit der aktuellen Anwesenheit des Gegenstandes zu verwechseln ist.

11 Zum Begriff des „tableau objet" s. Albert Gleizes, ,,La peinture et ses lois", in *Vie des lettres et des arts,* Paris (mars 1923) S. 52. – Vorher hat Georges Braque, ,,Pensées et réflexions sur la peinture", in *Nord-Sud,* Paris (décembre 1917), den Begriff des „fait pictural" verwendet; s. auch Fry, o. Anm. 6, S. 157.

12 Guillaume Apollinaire, *Les Peintres Cubistes,* Paris 1913 (im Kap. VII, octobre 1912); zitiert nach Fry, o. Anm. 6, S. 124.

13 Ebenda (février 1912); zitiert nach Fry, o. Anm. 6, S. 122.

14 Kahnweiler, o. Anm. 6 (1958), S. 49 ff., 62.

15 S. o. Anm. 11.

16 S. o. Anm. 14.

17 Kahnweilers Interpretation des kubistischen Bildes ließe sich im folgenden Sinne an den Selektionsmöglichkeiten erläutern, die der berühmte Text von Gertrude Stein zuläßt:

eine Rose ist eine Rose ist eine Rose ist eine Rose ist. . .
eine Rose ist. eine Rose ist. eine Rose ist. eine Rose ist.
eine Rose ist eine Rose: ist eine Rose.
eine Rose ist eine Rose.
eine Rose ist eine Rose.
eine Rose ist eine Rose.

Der Text wäre (analog zu Kahnweilers Verständnis des kubistischen Bildes) das Angebot verschiedener Selektionen, die einander ausschließen und von denen mithin jede dasjenige, was sie nicht einbegreift, außer Betracht läßt. Das, was der Text als eine sozusagen musikalische, sich durch sich selbst aufladende und grundsätzlich nicht aufhörende rhythmische Folge ist, zählte nicht mehr, wenn die eine oder andere Selektion jeweils vollzogen ist (wie ebenso – im Verständnis Kahnweilers – das Bild und sein „geometrischer Eindruck" nicht mehr zählen, sobald die eine oder andere ,,volle gewünschte körperliche Darstellung" in es hineingesehen ist).

18 Zum Beispiel Michel Puy, ,,Les Indépendants", in *Les Marges,* Paris (juillet 1911); zitiert nach Fry, o. Anm. 6, S. 71.

19 Zum Beispiel Pierre Reverdy, „Sur le cubisme", in *Nord-Sud,* Paris (mars 1917); zitiert nach Fry, o. Anm. 6, S. 155.

20 So Eduard Beaucamp, ,,Der Modus der Linien und die Kunst der Möglichkeiten", in *Pablo Picasso: Eine Ausstellung zum hundertsten Geburtstag – Werke aus der Sammlung Marina Picasso* (Ausstellungskatalog München, Köln, Frankfurt/Main, hg. von Werner Spies), München 1981, S. 86.

21 Maurice Raynal, *Kubismus,* Genf 1921, S. 49.

22 Lorenz Dittmann, „Die Willensform im Kubismus", in *Argo – Festschrift für Kurt Badt,* Köln 1970, S. 410 ff., bes. 409, 411 ff. Dittmanns Aufsatz

geht aus von Walter Biemel, „Bemerkungen zur Polyperspektivität bei Picasso", in *Philosophisches Jahrbuch* 74, München 1966, S. 154 ff., sowie Walter Biemel, „Philosophische Analysen zur Kunst der Gegenwart", in *Phaenomenologica 22,* Den Haag 1968, S. 236 ff. – Anderes besagt eine Andeutung von Herbert Molderings, „Film, Photographie und ihr Einfluß auf die Malerei in Paris um 1910. Marcel Duchamp – Jacques Villon – Frank Kupka", in *Wallraf-Richartz-Jahrbuch XXXVII,* 1975, S. 282 (Anm. 18), derzufolge sich der Kubismus Braques und Picassos auf „die Bewegung des modernen beschleunigten und daher fragmentarischen Wahrnehmungsprozesses" bezieht.

23 Wiederholt hat die neuere Picasso-Literatur auf den vom Maler verwendeten Begriff des „trompe-l'esprit" hingewiesen, zum Beispiel Beaucamp, o. Anm. 20, S. 86, und vorher Bernhard Kerber, „Trompe-l'œil und trompe-l'esprit – Zur Medienreflexion im Kubismus", in *Zeichnungen und Collagen des Kubismus,* Ausstellungskatalog Bielefeld, s. o. Anm. 6, S. 315 ff. Nach der Überlieferung von Françoise Gilot hat Picasso sich folgendermaßen geäußert (Françoise Gilot/Carlton Lake, *Leben mit Picasso,* München 1965, S. 73 f.): „Das papier collé war in Wirklichkeit die große Entdeckung, obwohl man vom ästhetischen Standpunkt aus ein kubistisches Gemälde vorziehen mag . . . Das papier collé sollte beweisen, daß verschiedenartige Texturen in eine Komposition eingehen können, um im Bild zu einer Wirklichkeit zu werden, die mit der Wirklichkeit in der Natur in Konkurrenz tritt. Wir versuchten, vom trompe-l'œil loszukommen, um ein trompe-l'esprit zu finden. Wir wollten nicht länger das Auge narren; wir wollten den Geist narren. Das Zeitungsblatt wurde niemals benutzt, um eine Zeitung daraus zu machen, sondern um zu einer Flasche oder etwas ähnlichem zu werden. Es wurde niemals buchstäblich, sondern immer als ein Element benutzt, das von seiner gewöhnlichen Bedeutung in eine andere Bedeutung verwiesen wurde, um einen Schock zwischen der gewohnten Bestimmung an seinem Ausgangspunkt und seiner neuen Bestimmung am Zielpunkt auszulösen. Wenn ein Stück Zeitungspapier eine Flasche werden kann, gibt uns das auch etwas zum Nachdenken, sowohl über Zeitungen als auch über Flaschen. Dieser umgepflanzte Gegenstand ist in einen Bereich eingegangen, für den er nicht gemacht ist, in dem er bis zu einem gewissen Grade seine Fremdheit behält. Und diese Fremdheit war es, über die wir die Menschen nachdenken lassen wollten, weil wir recht gut wußten, daß unsere Welt immer fremder wurde und nicht gerade beruhigender." Picassos zitierte Ausführung trifft eine gewisse Unterscheidung zwischen einem kubistischen Gemälde und einem papier collé, also einer kubistischen Collage. Wollte man diese Unterscheidung präzisieren, so überwindet das kubistische Gemälde die dem Beschauer vertraute Erscheinungsgegebenheit der Dinge. Dagegen überwindet das papier collé das dem Beschauer vertraute Bewußtsein von den Dingen.

24 Juan Gris hat seine ‚deduktive Methode' theoretisch erläutert in einem 1927 an der Sorbonne gehaltenen Vortrag. Dieser ist ungekürzt in deutscher Übersetzung erschienen in *Querschnitt,* (Januar 1925). Grundlegend zum Verständnis der Malerei von Gris: Daniel Henry Kahnweiler, *Juan Gris, sa vie, son œuvre, ses écrits,* Paris 1946. S. (u. a.) ferner: Ernst Strauss, „Über Juan

Gris' ,Technique Picturale'", in Ernst Strauss, *Koloritgeschichtliche Untersuchungen zur Malerei seit Giotto,* (Deutscher Kunstverlag) 1972, S. 92 ff.

25 Werner Spies, „Picasso und seine Zeit", in *Pablo Picasso* (Ausstellungskatalog München, Köln, Frankfurt/M.), o. Anm. 20, S. 29 f.
Aus der umfänglichen Literatur zum Guernica-Bild sind die folgenden Publikationen hervorzuheben, auf die sich unsere Darlegungen ohne ausführlicheren Anmerkungsapparat stützen: Rudolf Arnheim, *Picasso's Guernica – The Genesis of a Painting,* Berkeley (Univ. of California Press) 1962; Anthony Blunt, *Picassos's Guernica,* London (Oxford Press) 1969; *Guernica. Kunst und Politik am Beispiel von Guernica – Picasso und der spanische Bürgerkrieg.* – Eine Ausstellung der Neuen Gesellschaft für Bildende Kunst Berlin (Ausstellungskatalog hg. von Manfred Bardutzky u. a.), Berlin 1975; Jean-Louis Ferrier, *Picasso. Guernica – Anatomie d'un chef-d'œuvre,* Paris 1977; Frank D. Russell, *Picasso's Guernica – The Labyrinth of Narrative and Vision,* London 1980. – Unserem eigenen Interpretationsversuch, in Picassos Bild „Guernica" eine komplexe, sowohl das Figürliche und Dingliche als auch das Szenische erfassende Ineinandergeltung von Inkohärenz und Kohärenz zu erweisen und eben diese Ineinandergeltung als bildkonstitutiv und sinnstiftend auszulegen, waren wiederholte Gespräche mit Michael Hesse, Norbert Kunisch und Gundolf Winter sehr förderlich.

26 Arnheim, o. Anm. 25, S. 19: „The one man, half sculpture, half human (...)"

27 Faßt man die kubistische Position, wie sie in Picassos Bild „Violon" gegeben ist, als These auf, so besteht in Picassos klassizistischem Stil der 20er Jahre die Antithese in einem unbedingt konturfreundlichen Figurenstil, welcher selbst bezogen ist auf die empirische, ansichtsbedingte Erscheinungsgegebenheit einer Figur. Die Synthese beider Positionen ist dann die Konstitution eines konturfreundlichen Figürlichen aus (nicht mit) Gegenstandsdaten, deren Zuordnung jedoch von der ansichtsbedingten Erscheinungsgegebenheit einer Figur abweicht zugunsten eines bildgestifteten Zusammenhangs. Falls eine solche dialektische Entwicklung angenommen werden kann, bliebe noch eigens zu fragen (hier aber nicht zu erörtern), ob und in welchem Maße Picassos „Synthetischer Kubismus" der Zeit um 1915 jenen unmittelbar anschließenden Klassizismus vorbereitet hat.

28 Russel, o. Anm. 25, S. 125 ff.; s. vorher auch Blunt, o. Anm. 25, S. 74.

29 S. dazu *Guernica* (Ausstellungskatalog Berlin), o. Anm. 25, S. 62.

30 Ebenda S. 59. S. auch André Fermigier, *Picasso,* Paris (Le Livre de Poche) 1969, 4. Auflage 1979, dort S. 261.

31 S. dazu *Guernica* (Ausstellungskatalog Berlin), o. Anm. 25, S. 58, dort die entsprechende Strukturskizze.

32 Arnheim, o. Anm. 25, S. 21.

33 Ebenda S. 21.

34 Daß das Bild von Delacroix innerhalb jener prinzipiell mimetischen Darstellungsweise gleichwohl zwischen der allegorischen Figur der Freiheit und den sonstigen zeitgenössischen Figuren differenziert, beweist die Rauchwolke, welche die Figur der Freiheit selbst, aber auch die ihr benachbarte Figur

eines jugendlichen Kämpfers hinterfängt, isoliert, sogar nimbiert. Nimmt man es genau, so ist die eindeutig allegorische Figur der Freiheit von den eindeutig zeitgenössischen Figuren der Kampfszene ebenso isoliert, wie sie zugleich in diese integriert ist, und zwar ist die Dialektik von Isolation und Integration bedingt in der Mehrdeutigkeit des Rauchs und der Figur des jungen Kämpfers: Wie der Rauch sowohl Rauch als auch Nimbus ist, so ist der jugendliche Kämpfer sowohl Person als auch – vom Rauch nimbiert – Personifaktion, nämlich Personifikation von Jugend und Zukunft. In der Mehrdeutigkeit des Rauchs als Rauch und als Nimbus und des jugendlichen Kämpfers als Person und als Personifikation sind die eindeutig allegorische Figur der Freiheit und die eindeutig zeitgenössischen Figuren der Kampfszene ohne Verlust ihrer jeweiligen Identität dennoch ineinander vermittelt: Es besteht ein Übergang von den zeitgenössischen Figuren, die Personen sind, über die Figur des jugendlichen Kämpfers, die Person und Personifikation ist, zu der Figur der Freiheit als Allegorie – alles das innerhalb des Mimetischen.

35 G.-Albert Aurier, „Le symbolisme en peinture", in *Mercure de France* (1891); Abdruck in Aurier, *Œuvres posthumes,* Paris 1893, S. 205-219; Maurice Denis, *Nouvelles théories sur l'art moderne, sur l'art sacré,* 1914-21, Paris 1922, S. 181; zu allem Wolfdietrich Rasch, „Fläche, Welle, Ornament – Zur Deutung der nachimpressionistischen Malerei des Jugendstils", in *Festschrift Werner Hager,* hg. von Günther Fiensch und Max Imdahl, Recklinghausen 1966, bes. S. 144 ff.

36 Arnheim, o. Anm. 25, S. 26.

37 Theodor W. Adorno, *Ästhetische Theorie* (Gesammelte Schriften Bd. 7), Frankfurt/M. 1970. Die folgenden Zitate werden nicht einzeln nachgewiesen; sie finden sich in den Ausführungen zu „Krise des Sinns" (S. 229 ff.), zu „Harmoniebegriff und Ideologie der Geschlossenheit" (S. 235 ff.) sowie zu „Affirmation" (S. 239 f.).

38 Ernst Bloch, *Ästhetik des Vor-Scheins 1,* hg. von Gert Ueding, Frankfurt/M. 1974.

Nach Drucklegung meines Textes erreichte mich der nachfolgend mit Zustimmung des Absenders auszugsweise abgedruckte Brief von Herrn Eberhard Fisch, Datteln (24. 4. 82):

„Die jüngste Entdeckung (. . .) von Werner Spies ist Ihnen sicherlich bekannt: Die Lichtträgerin in ‚Guernica' geht auf die unheilbringende Hexe bei Baldung (gen. Grien) zurück. Dies steht aber im Widerspruch zu der gängigen Interpretation, die Lichtträgerin bringe Licht und Hoffnung in das Dunkel und Grauen der Szene und sei somit eine „Verwandte" der Freiheitsstatue in New York. In der Zeitschrift für Kunstpädagogik 1/1977 habe ich eine Hypothese veröffentlicht, nach der die Lichtträgerin die Initiatorin des Unheils, der Angreifer ist – eine auf die Opfer herunterfliegende Kriegsfurie bzw. der Engel des Bösen, Lucifer. Werkimmanent wird das vor allem belegt durch den Stoß gegen den Pferdekopf, der nach links herübergerissen ist (Indizien: die nachschwingende Pferdemähne sowie die nachströmenden Haare der Lichtträgerin), und durch den weit vorgestreckten Arm mit dem Windlicht, der das Gegenstück zu dem Arm des Verteidigers mit dem abgebrochenen Schwert unten am Boden bildet. Beide Fäuste mit den symbolischen Gegenständen darin umspielen exakt die Mittelsenkrechte des Bildes. Das Windlicht bildet die Spitze des großen flachen Dreiecks, das aus der leichtverwundeten Frau am Boden, dem tödlich verwundeten Pferd und dem zerstückelten Krieger besteht – das dunkle Windlicht dominiert also einen Haufen aus Leid und Tod. Dagegen dominiert die betont strahlende Deckenlampe das gesamte Bild – das „Licht des Guten" (Gottesauge) ist letztlich stärker als das „Licht des Bösen". Soviel in Kürze. –

Eigenltich möchte ich Ihnen von einer anderen Entdeckung berichten, die anscheinend in der Fachliteratur unbekannt ist. Eine zweite große Anregung zu ‚Guernica' hat Picasso von Delacroix' Bild ‚Das Massaker von Chios' bezogen. Es handelt sich dabei um neun Übernahmen, deren Reihenfolge von rechts nach links beibehalten ist:

1. Ganz rechts jeweils eine Frau mit hoch erhobenen Armen.
2. Links daneben und darüber der türkische Reiter, der den Säbel aus der Scheide zieht, um den Opfern die Köpfe abzuschlagen. Seine Aktionsrichtung geht von rechts oben nach links unten.

3. Die am Boden hockende Frau mit der offenen Brustpartie schaut nach oben. Ihr Kinn ist betont, die Stirn wird von einer Kontur durchschnitten. Man vergleiche sie mit der Frau am Boden rechts in ‚Guernica'.
4. In beiden Bildern erscheint am unteren Bildrand in der Mitte ein abgebrochenes Schwert. Auch der Winkel ist gleich.
5. Links von der Mitte liegt ein Mann am Boden jeweils in völlig hilflosem Zustand, schwerverwundet bzw. tot.
6. Der helle, ruhige Grieche entspricht dem hellen und statischen Stierkopf in ‚Guernica'. Die rechte, senkrechte Kontur bildet jeweils eine betonte Barriere gegen die dynamische Dramatik von rechts her.
7. Die Mutter blickt jammernd und hilfesuchend zu dem Mann bzw. Stier empor.
8. Dicht am linken Bildrand erscheint jeweils ein sehr kleines Kind (bei Delacroix sind es zwei Kinder).
9. Der Rauch im Hintergrund entspricht dem rauchartig emporsteigenden Stierschwanz.

   Fazit: Die Figur des türkischen Reiters, der mörderische Feind, entspricht der Lichtträgerin in ‚Guernica'. Dies ist ein wichtiges Indiz für den negativen Charakter der Lichtträgerin, des hellen Engels mit dem dunklen Licht. (. . .)"

Ob man nun die Lichtträgerin als Furie, ob man sie, unter Hinweis auf Picassos „Monotauromachie" (1935), als Bannerin des Stiers oder, wieder anders, als Repräsentation von Freiheit und Aufklärung interpretiert – die höchst anregenden Hinweise Fischs stellen die von uns beschriebene metaszenische Einheit nicht in Frage.

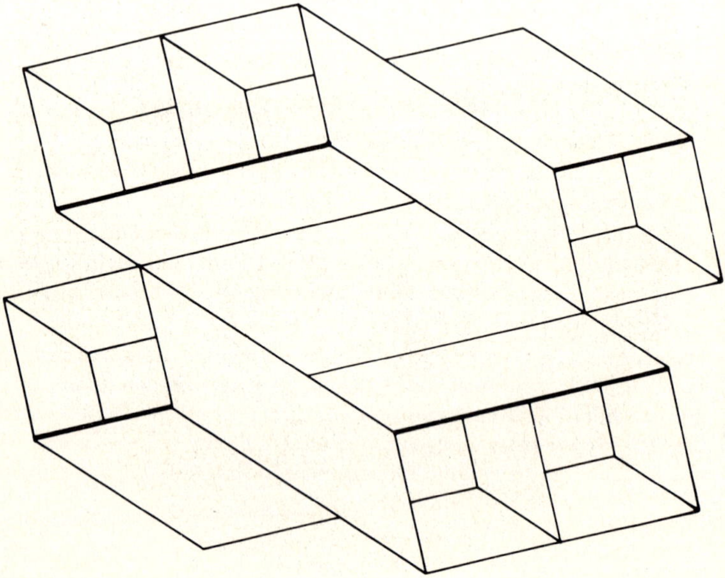

Abb. 1 Albers: Strukturale Konstellation

Abb. 2 Picasso: Violon

Abb. 3 Braque: Studie zu „Grand nu"

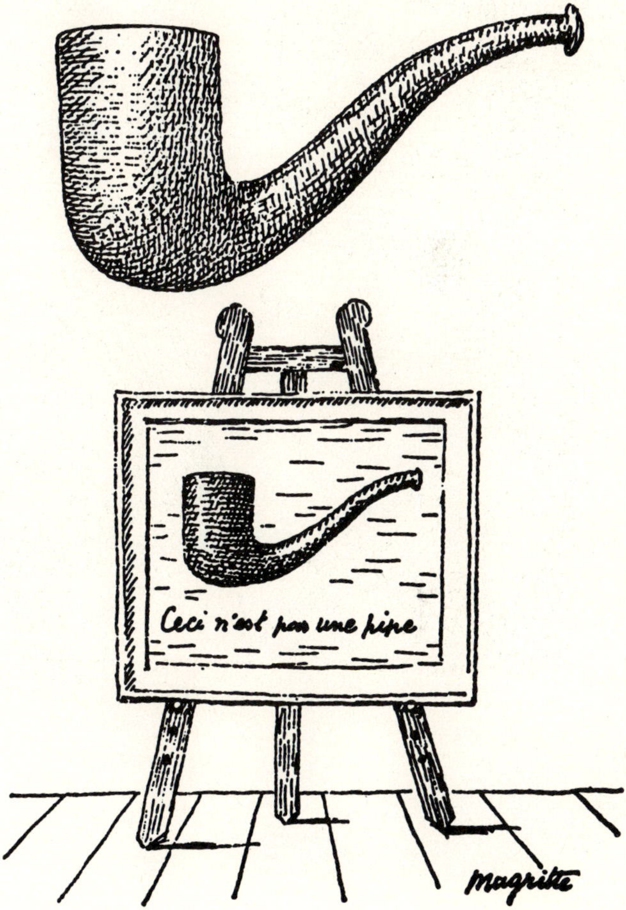

Abb. 4 Magritte: Ceci n'est pas une pipe

Abb. 5 Gris: Nature morte à la carafe

Abb. 6 Picasso: Guernica

Abb. 7 Picasso: Guernica (Ausschnitt)

Abb. 8 *Delacroix: Die Freiheit führt das Volk auf die Barrikaden*